聖明極盛之世？

明清社會史論集

徐泓——著

序言一

陳支平

徐泓先生的又一部大作《明清社會史論文集》在聯經出版公司出版，這令我十分地高興和敬佩！

在當今台灣學界研究明清史的學人中，能夠在大陸和台灣兩岸同行中同時產生重大學術影響力的，徐泓先生大概可以首屈一指了。就台灣的情景而言，現在任職於台灣各重要高校和研究機構的優秀中青年明清史學者，大部分出自徐泓先生的門下，明清史研究蔚然成風，以致引起某些心存高遠的人士，格外地不服氣，指責徐泓先生為「學閥」。

「學閥」一詞，據我猜測，可能是源於漢唐時期的門閥制度吧？故而又有更加嚇人的名稱：「軍閥」。大概就是因為中國近代以來的「軍閥」過於嚇人，一九四九年之後，大陸的各界人士，不時地要狠狠地批判「軍閥」一番，「軍閥」的名聲臭不可聞。連累之下，「學閥」一詞，也就很難吃香，流行不起來。替代之法，啟用了「權威」或「學術權威」的雅稱。

「權威」一詞，是頗為符合中國國情與馬克思主義原理相結合的原則的。在先秦的典籍中，「權威」即已出現，如《呂氏春秋》云：「萬邪並起，權威分移」；西方洋人恩格斯亦云：「一方面是一定的權威，不管它是怎樣造成的，另一方面是一定的服從，這兩者都是我們所必須的。」有了這雙重的保障，即使是到了二十世紀六、七〇年代大陸「紅衛兵」造反之時，革命小將們也不敢造次，擅自消滅「權威」二字，只是在前面多加了兩個字，成為「反動學術權威」。至於偉大領袖毛主席，自然就成了「絕對權威」或「至高無上的權威」。由於有這樣的辭源關係，徐泓先生在大陸明清史學界中，沒有人稱他為「學閥」，倒是不時有同行稱之為「明清史學術權威」。顧頡剛先生是橫跨十九世紀和二十世紀的人物，學問精深，二十世紀五十年代之前，已經被戴上了「學閥」的帽子，但到了六〇年代以來，換了一頂帽子，即「學術權威」或「反動學術權威」。

如此說來，徐泓先生在台灣被指責為「學閥」，在大陸被同行尊稱為「明清史權威」，倒也不是不可以欣然接受。無論是「學閥」、「軍閥」，還是「學術權威」，都不是任何人心存高遠、想當就能當得上的事情。比如歐洲中世紀的勇士唐．吉訶德，很有拯救世道的雄心壯志，但是沒有聽說人們稱他為「軍閥」。再如我們古代的吳人孫山先生，「解名盡處是孫山，賢郎更在孫山外」，榮登榜末，我們總不好稱他為「學閥」吧？就說眼前的事吧，我和我所認識的許多同行，在歷史學界謀飯碗也有三、四十年了，也都很希望有人稱我等為「學閥」，但是遺憾的是，時至今日，沒有！

無論是「學閥」也好，「學術權威」也罷，人們對這兩個詞的解讀可能有許多的不同，但是有一點是毫無疑問的，這就是「學閥」和「學術權威」，是必須經過自身艱辛地學習、勞動、探索，從而形成足以影響同行學人以至後世的學術成果和學術流派。從這樣的認識出發，徐泓先生被譏責為「學閥」，還是美譽為「學術權威」，都是實至名歸、受之無愧。從二十世紀六〇年代開始，徐泓先生在明清鹽業史研究、明清社會經濟發展與社會風氣變遷研究、明代家庭、婚姻及人口研究、明清歷史地理與城市史研究、明清史源學與《明史紀事本末》的校證，以及學術史的研究回顧與史料編纂等等領域，都做出了卓有創見的研究成果。尤為難得的是，他於古稀之年，尚能密切注視國際上明清史研究的最新動向，向國內同行及時介紹國際上明清史研究的熱點問題，如關於「新清史」問題的討論，何炳棣先生研究成果的引進等等，在大陸明清史學界產生了熱烈的反響。如此看來，徐泓先生「學閥」和「學術權威」的帽子，還得繼續戴下去。

我和徐泓先生相識已有三十餘年，我們既是同鄉，又是同行。為了避免「親親相護」的嫌疑，我就不好對本書中的大作高論妄加評說了；再說，金聲玉振，文心雕龍，又何須我來饒舌！徐泓先生徵序於我，我就藉此機會，聊些跟徐泓先生似乎有些關連的「學閥」、「學術權威」的事情，以供徐泓先生及我們的同行們一笑。不妥之處，還望各位見諒！

二〇一七年三月十日於廈門大學國學研究院

序言二：讀徐泓先生《明清社會史論集》感言

常建華

二〇一〇年我主編《中國社會文化史叢書》，設想以出版台灣社會史學者的著作為主，首先想到的就是著名明清史專家徐泓先生。徐先生慨然允諾出版一本明清社會史論集，不過由於先生是一位教學研究繁重、社會活動眾多而且做事非常認真的學者，一直未能撥冗成書。今天終於看到徐先生精選的社會史文集，我十分感謝與高興，在此表示祝賀！

徐先生是前輩學者，書成囑我作序。晚學如我，深感惶恐，想到徐先生的大作我以往都拜讀過，還是恭敬不如從命，就談談自己的學習感受吧。

在我看來，徐先生所選論文都是精品力作，屬重磅宏文。有關明代社會風氣的論文，事關明代社會變遷與性質，學術價值重大。雖然著名歷史學家吳晗、傅衣凌兩位先生首先提出這一問題，但均未展開並進一步證實，徐先生則利用豐富的地方誌等資料，分江浙、華北、華南全面深入考察，證實這一明中葉之後社會風氣變化的普遍性與深刻性，證實商品經濟發展作為深層原因的作用。特別是有關華北社會風氣的研究以往最為薄弱，徐先生的研究實有開創意義。不僅如此，先生還重點考察福建地區，並延伸至清代，使人進一步加深了對社會風氣變化不平衡性與層次性的認識。閱讀徐先生研究社會風氣的論文，我們可以從大量豐富的文獻中，進一步開展不同地區、不同社會風氣事項的探討。徐先生的論文，也發揮了開學術風氣的作用。雖然後來有關明代社會風氣的論文如雨後春筍，但是論文的學術功力與底蘊多不及先生，徐先生在這一領域的研究，仍屬學術標竿。

婚姻家庭是社會史的核心問題，二十世紀八〇年代海峽兩岸興起社會史研究，都開始關注這一問題，一改之前明清時期婚姻家庭問題幾乎無人問津的局面。就明代而言，徐先生實是明代婚姻家庭，特別是家庭研究的開拓者。徐先生受社會學的影響，同時首先從制度入手，勾畫出明代的婚姻家庭制度與基本內容，彌補了以往研究的不足。

人口問題是理解社會的基本要素，明朝初年政府組織過大規模的移民，影響深遠。及至今日，華北地區多數人自稱是明初，特別是洪武時期從山西洪洞大槐樹下遷徙到現住地的，可見弄清楚明初人口狀況，特別是移民問題，對於理解社會、認識生活的重要性。徐先生採取計量方法，以《明實錄》為基本資料，分別就洪武時期、永樂時期移民進行了全面細緻地分析綜合，歸納出明初移民歷史的過程、規模及基本情形，不僅成為了解民初移民整體歷史，而且研究地方人口來源時重要的參考文獻。徐先生關於明初移民的論文，屬奠基性的研究。

社會史研究離不開探討各種社會群體，徐先生深入研究了明代灶戶，有助於我們認識明代的社會結構。徐先生圍繞鹽業生產型態的變化討論灶戶的階級分化，從灶戶的生產、生活狀態，呈現了明代社會下層的面相。徐先生早年以研究明清鹽業生產成名，而對灶戶的研究，顯示出經濟史與社會史結合的特色與風範。

長期以來明清社會不是被認為停滯不前，就是被看作缺乏活力。旅美著名歷史學家何炳棣先生利用科舉考試文獻，探討了明清時期的社會流動問題，認為當時社會流動比較活躍，提出明清時期普通家庭通過科舉變為官員向上流動的比例在下降，即使如此三代無功名或只有過生員的家庭仍占有百分之四十二的觀點，引起學界的高度關注。也有人懷疑這一觀點，徐先生不僅致力於將何先生的巨著《明清社會史論》譯成中文，還利用新出的科舉文獻，多出何先生當年分析樣本的二．五倍，重新計算，得出與何先生近似的結論。對於徐先生這一為他人做嫁衣裳的行為，令我極為嘆服！想到當年著名物理學家諾貝爾獎獲得者楊振寧、李政道的物理發現，由於物理學家吳健雄的驗證才得以公認，徐先生的後續研究，為華人世界的學術研究再添佳話。

如上所述，徐先生對於明清社會史的貢獻是多方面的，事實上先生還有與社會史密切相關的其他研究。如徐先生在明清城市史方面也有開創性的探索，希望先生另外早日結集出版，嘉惠學林。

二〇〇一年南開大學中國社會史研究中心主辦「歷史上的中國人口行為國際學術討論會」，我提交了一篇關係明代溺嬰問題的論文，徐先生應邀不克出席會議，但答應評論拙文，寄來認真寫就的評論意見，實事求是，指出拙文不足，使我獲得教益。此後與徐先生交往增多，越來越感受到先生為人熱情誠懇，對學術事業十分執著，成為我心目中敬畏的師長。今天我參與先生文集的出版事宜，再續文字之緣，將自己學習先生大作的體會談出，願與讀者一起分享。

二〇一七年三月九日於南開大學中國社會史研究中心

目次

代序：研究明清史的學與思

一九六一年泓考入臺灣大學歷史學系本科讀書。臺灣大學歷史學系創立於一九二八年。一九四九年國民政府遷到台灣前後，一批由大陸來的史學家至本系任教，他們多來自北大、清華和中央大學，老一輩有沈剛伯、劉崇鋐、夏德儀、張貴永、李宗侗、勞榦、姚從吾、方豪、楊雲萍，青壯年老師有傅樂成、杜維運、許倬雲、吳相湘、余又蓀、李定一、林瑞翰、李守孔、孫同勛、張忠棟、王德毅等，名師雲集，是當代中國史學界一時之選。

泓於大學本科一年級時，上夏德儀老師的「中國通史」課。夏老師個頭高，穿著一襲中式長衫，說一口江北揚州話，聽起來格外有中國的感覺。他講課條理清晰，板書字跡方整，清瘦蒼勁有力，常指點我們進一步閱讀課外讀物，激起我們全班同學讀史興趣。二年級時，夏老師講授明清史，我們都去選課，用的教科書是他在北京大學念書時孟森先生寫的《明清史講義》；《明史講義》是台灣書店出版的，《清史講義》是正中書局出版的。由於《明史講義》排版校對不善，錯字甚多，於是夏老師引導我們讀《明史》與《明史講義》相對校，當我們校出錯字來就很興奮，頗有成就感，後來知道夏老師以此教我們學陳垣先生宣導的史源學。三年級時，泓又選修了夏老師的「史部要籍解讀」，熟悉中國古代史的重要典籍。講到明清史書時，他就指導我們讀史語所出版的《明清史料》，先從句讀開始，讀沒有斷句標點的明清檔案。在閱讀明清史原典的過程中，更親切地感受明清時代人與事的震撼，因而決定跟隨夏老師攻讀明清史。

當時，國民政府為慶祝中華民國建國五十週年，以《清史稿》為基礎，修訂出版《清史》，定為繼二十四史之後的又一部「正史」。但《清史》匆促成書，相當不理想，連標點句讀的錯誤都到處可見。於是，夏老師指導泓以「清代地理沿革考」為題，撰寫學士論文，主要用《清實錄》校對《清史．地理志》。在這過程中，泓翻讀了《清實錄》《東華錄》和清代地方誌，除找到相關史事記載外，也常看到一些過去完全不知道的清代史事記載，同時對清代各地地名有較多的認識，收穫很大。這就正式開啟了泓的明清史研究歷程。

臺大歷史學系本科畢業後，泓先後考入臺大歷史學研究所碩士班和博士班，繼續在夏老師指導之下，以明清鹽業為主要對象，研讀明清歷史。

由明清鹽業史研究出發

泓選擇明清鹽業史研究，其實是受到一些現實因素影響。那個時候，泓常聽諸如計程車司機等人講到：裕隆汽車是國民黨培植的產業，壟斷台灣的汽車工業，車子品質不好又貴。泓頗有同感，對這種壟斷有些痛恨。讀碩士時，在夏德儀老師帶領下做了許多明史論文摘要，看到何維凝先生講明代的鹽戶和何炳棣先生分析揚州鹽商的論文，感覺明清鹽業壟斷的情況和現代如出一轍。

何維凝畢業於中央大學經濟系，從事鹽政工作，一生蒐集鹽政史料。抗日戰爭勝利，台灣光復，何先生擔任台南鹽廠廠長，將這批資料帶到台灣，並出版《中國鹽書目錄》。何先生去世後，何夫人何龍澧芬女士將其畢生的文章集結為《中國鹽政史》。泓後來讀到這本書，才對鹽政史料的情況有初步的認識。從該書序言中，泓得知何維凝的何斯美堂藏書全數捐給中央圖書館（今國家圖書館），立刻前往確認圖書典藏情況。當時這批資料尚未編目，幸好圖書館館員們破例幫助讓泓先看，泓得以利用其中關於兩淮的一百二十種資料撰寫研究論文。後來知道主持道光年間淮鹽改革的陶澍的文集在傅斯年圖書館，可惜有目無書，幸好不久這部文集就由文海出版社影印出版。掌握了這些寶貴的關鍵史料，泓的碩士論文《清代兩淮鹽場的研究》得以順利進行。

當時，台灣不少學者受到韋伯學說影響，認同中國經濟發展沒有現代資本主義理性的說法，泓也以為這可以用來解釋明清鹽業發展無法近代化的問題。中國鹽商可能是當時全世界最有錢的人，但中國鹽商資本卻沒有向資本主義轉化，應是由於鹽業資本的壟斷性格，使商人不需改良產銷就可以獲暴利。過去有段時期，台灣學界研究氛圍不容許談資本主義萌芽，但泓已注意到這個問題的存在。商人生活奢侈，送紅包、模擬士人生活藉以提高社會地位等非經濟因素，阻礙了中國資本主義發展，造成道光以後鹽商消乏，鹽業中落。第一個討論這個問題的華人學者是何炳棣，他的論文 "The Salt Merchants of Yang-chou: A Study of Commercial Capitalism in Eighteenth-Century China" (*Harvard Journal of Asiatic Studies* 17[1954])，已成為鹽業史的經典。泓也是受了這篇文章的影響展開論證，但泓把重點擺在鹽業生產方面，討論鹽場的生產組織、生產型態與鹽場社會的階級分化。

鹽業史研究的困難，在於鹽務制度極為複雜。唯有將鹽務程式搞清楚，才能真正釐清相關問題。泓展開對鹽業與鹽務的研究，先從全國最重要且史料最豐富的清代兩淮鹽區入手，再研究明代全國的鹽業與鹽務。

通過進一步研究，泓發現，在中國，從古至今，許多資本家與政治權勢結合，巧取豪奪，生活奢華，完全不符合韋伯所謂的資本主義精神與倫理，但這些資本家不但未衰落，其事業反而越加興盛，這使泓不得不重新思考清代鹽商衰落的原因。過去認為的奢靡說、捐輸宗族說、為善說、窖藏說等，似乎不能解釋其衰落的關鍵。因為這些鹽商衰落的因素，在鹽商興盛時就存在，不是衰落時的現象。於是，泓寫了一篇論文〈清代兩淮鹽商沒落原因的探討〉（發表於《徽學》第七期〔二〇一二〕，頁一〇一—三二），修正自己過去的說法。泓認為導致鹽商衰落的關鍵原因是銀錢比價，而不是過去所談的奢靡說等說法。鹽商賣鹽得的是銅錢，支付鹽價、鹽稅和捐輸用的是白銀，清初銀錢比價在一兩銀比銅錢八百文左右，光此一項就賺得兩成利潤，乾隆末期以後，銀錢比價大為變動，漲到一兩白銀比銅錢一千三百文至一千四百五十文，遂使鹽商在銀錢比價上要虧損三成至四成五。尤其是到了道光年間，銀錢比價的趨勢達一兩銀子比一千五、六百文錢，甚至高達兩千文以上，鹽商光是銀錢比價上的虧損就高達五、六成以上，甚至達到百分之百，運銷官鹽已經毫無利潤可言。正如魏源所說：「本高價重鹽不銷，減價敵私商失算。曩時銀賤尚支持，銀價日高銷折半。」銀錢比價的虧損過大，不是其他營運利潤，或政府恤商政策所能彌補。這從比較乾隆中期與末期兩淮鹽商營運的成本及利潤，其盛衰關鍵就很明顯了。

但歷史研究的開展往往受限於現存的史料，像私鹽的營運與發展就是一個重要卻難以處理的問題。由於官鹽的生產場地成本僅是市場價格的七十分之一，落差巨大，營運私鹽只要躲過官方緝拿，便可獲暴利。私鹽營運除了需要資金外，還要冒緝私的風險，而黑社會是最好的管道。可惜能看到的只有關於私鹽被抓的法令與案例，缺乏私鹽營運的具體史料；因此，難以深入處理這個問題。私鹽販運有極大風險，雖然可以買通官道上的機構，但作弊有一定的限度，不可能全部夾帶在官鹽中，故而不可能只靠官道，大部分是另闢蹊徑。泓曾在日本天理大學見過一張地圖〈滁州並廬和各屬引地及各走私要隘地圖〉，其中就標明私鹽走私要隘。《天下郡國利病書》中亦提到，有一個小鎮因是私鹽必經之地而繁榮起來。由於材料的限制，泓的研究在寫完兩本學位論文之後便暫時停下來。當時雖然已經知道中國大陸收藏鹽務的檔案很多，但尚未開放，戒嚴時代也不容許我們去大陸蒐集史料，難有進一步的研究成果出來。現在資料開放了，可以找到大批研究的好資料，鹽業史的研究可以繼續作較深入而仔細的研究，泓卻年過古稀，恐難有成，還有待年輕的朋友們的努力了。

轉入明清社會經濟發展與社會風氣變遷研究

轉入明清社會經濟發展與社會風氣變遷研究，這要從博士班考試講起。當年臺大博士班入學考試只考口試，通過後必須在一年之內完成資格考的筆試，才能算正式入學。在和夏老師討論考試範圍的過程中，談到明代後期政治黑暗，經濟卻很繁榮的奇特現象。那時已經可以在中研院看到部分資本主義萌芽相關論著，於是夏老師就出了這一道題目，要泓討論明代後期政治和社會經濟發展的關係。

一九七四年，泓在臺大教書後第一次申請國家科學委員會專題計畫補助，便用這個題目。由於抗戰時寄存美國國會圖書館的北平圖書館藏書，在一九六〇年代中期送還中央圖書館，當時的館長蔣復璁先生奉命接掌台北故宮博物院，便將這批書帶至故宮。泓一星期要教五班中國通史，只有一天空下來可以去故宮，翻閱其中的明代方志風俗志部分。當時交通極為不便，去一趟故宮，來回得要四個小時。泓花了一年的時間，才看完他們收藏的明代方志，並在摘抄風俗志的同時，把其他部分也認真地流覽一遍，抄了五本筆記本的其他社會經濟史料，最後寫成研究報告。

一九八六年，韓國東洋史學會召開「明末社會變化與文化新傾向研討會」，邀泓和中文系吳宏一教授一起參加，我們兩人不約而同選擇明代後期時代變遷的議題，他講的是明代後期文體變遷漸漸朝向通俗化、世俗化，泓則談在社會經濟高度發展衝擊下的社會風氣變遷。泓本來想將整理的材料完整寫出來，後來發現光是江南的部分篇幅已經很長，於是先發表了以江南為例的〈明末社會風氣變遷〉。在「第二次中國近代經濟史研討會」時，泓再把華北部分寫出來，與江南作一個對照。這篇論文後來得到國科會的優等研究獎。雖然泓覺得應該再做其他地方以相對照，無奈正忙於行政工作，沒有足夠時間做研究，只好暫時放下。這方面後來在台灣有林麗月、邱仲麟、巫仁恕、王鴻泰、吳奇浩等接著做下去，已有很好的研究成果出來。

二〇〇二年，泓從暨南國際大學退休，轉到東吳大學歷史系教書，得以擺脫行政事務羈絆，有比較多的時間放在研究與教學。在社會風氣變遷方面，先後發表兩篇關於明清福建社會風氣變遷的論文，一篇題為「明代福建社會風氣的變遷」（發表於《東吳歷史學報》，第一五期〔二〇〇六〕，頁一四五—一七一），另一篇題為「風華再現：清代福建社會風氣的變遷」（發表於《歷史人類學學刊》，第四卷第二期〔二〇〇六〕，頁三七—七〇），又完成題為「明清廣東社會經濟與社會風氣的變遷」的「國科會」專題計畫的研究報告（二〇〇九年十月）。通過這些研究，泓發現華南的福建與廣東的社會風氣變遷趨勢雖大體與江南和華北相似，卻又各有特色。明清之際的動亂與海禁、遷海等事件，嚴重地打擊福建社會與經濟，以致風氣大為改變，「由奢入儉，由華返樸」，「風華不再」。康熙二十二年之後，明鄭投降，台灣納入清朝版圖，沿海展界、復界與開海禁，農工商貿易復甦與發展，無論沿海或內地，均隨商品經濟、海外貿易的發展轉變，從衣食住行的物質文化開始，競相華侈僭越，「風華再現」，然後及於人倫道德關係之精神文化，重演明代從前期的儉約變為後期的奢靡的社會風氣變遷歷史。令人吃驚的是廣東方志的作者，對廣東的風俗的書寫注重在少數民族地區的開發及其與漢民族文化的差異，因此方志中呈現的社會風氣變遷，與同屬華南的福建有相當的差異，這是值得進一步研究的。

從事明代家庭、婚姻及人口研究

明代家庭、婚姻及人口研究也是很有意思的課題。讀研究所時，泓曾選修當時臺大農業推廣系楊懋春教授的「中國社會史專題」，要求寫報告。泓當時正在讀何炳棣先生的《明清社會史論》（*The Ladder of Success in Imperial China*），對社會階層流動很有興趣，便選了社會階層流動巨大的先秦時代，討論儒道墨法的社會思想。泓看了一些社會史相關研究論著，尤其佩服瞿同祖和仁井田陞的研究取徑，他們以法律條例、判例來討論其中反映的中國社會，對泓很有啟發。從他們的論著中知道除判例外，小說的事例也可以當作史料用，於是開始讀「三言二拍」、《金瓶梅》等明代小說。泓本來就愛看小說，但過去只把它們當故事書躺在床上讀，現在不同了，是坐在書桌前，嚴肅地把小說當史料讀，抄寫與論文相關的文字。後來寫了一個關於家庭的研究計畫，申請到東亞研究計畫獎助。八〇年代後期，泓把這篇舊稿找出來，改寫為〈明代的婚姻制度〉，發表在《大陸雜誌》上。文章中運用《古今圖書集成．閨範典》內大量的〈列女傳〉女性婚姻資料，做了一個統計，分析明代女性的初婚年齡、地區與時間分類的表，後來常被討論明代婦女與婚姻史的朋友所引用。這篇文章也得到「國科會」優等獎。後來主編《輔大歷史學報》的朋友希望泓給他們一篇文章，泓就用法律條文和小說材料，寫成〈明代家庭的權力結構及其成員間的關係〉，被大陸出版的多卷本《中國家庭史》引用。

人口研究的部分，一九八〇年代受臺大城鄉所之邀在城市史課堂上講南京，泓找了一些南京的資料，其中談到明太祖革命初期南京人口的構成。以往論者多認為明太祖討厭南京人；因此，打下南京後將南京人遷到雲南，而從江浙遷移大量人口填補。這個說法主要見於民國時期編的《首都志》。《首都志》是地理學家王煥鑣所編，過去大家都認為是一部很好的書。牟復禮教授（Frederick W. Mote, 1922-2005）在“The

Transformation of Nanking, 1350-1400"in *The City in Late Imperial China*, ed. G.W. Skinner [Stanford: Stanford University Press, 1977 , 101-153.（中譯作〈元末明初時期南京的變遷〉，收入施堅雅主編，葉光庭等譯，陳橋驛校：《中華帝國晚期的城市》，北京：中華書局，二〇〇〇。）文中很稱讚《首都志》，所以泓也跟著這樣講。但後來發現有問題，最明顯的是明太祖當時正在創建革命根據地，怎麼可能打下南京之後把自己的老同志搬走呢？而且《首都志》說明太祖打下南京後將南京人口遷至雲南，但雲南遲至洪武十五年才歸屬大明帝國。再看文中引用的《天下郡國利病書》，回查史源後發現版本有問題，再往前追，文中提及此事發生在洪武十三等年，這也不對，更確定資料有些問題。

於是，泓從《明太祖實錄》著手，找到洪武二十四年時的一條資料，提到曾有人建議明太祖學漢高祖的辦法，把全國各地有錢有勢的人搬來繁榮京師，太祖原來並不贊成，這時想想才覺應該如此，遂下令移民一萬四千三百多戶，這就證明了此前南京並無大量的人口移入移出。後來泓又比對洪武初期與洪武二十四年戶口普查得到的黃冊人口數字，由《明實錄》中找到南京洪武初年的戶數數據，進一步估算不同戶別一戶應有多少丁口，推估出洪武初年的南京人口總數，再與洪武二十四年的數字加以比對。一個地方若未出現大規模移動，人口應呈自然增長，而當時南京人口確有自然增長現象，顯然這個問題值得再深入討論。

〈明初南京的都市規劃與人口變遷〉（發表於《食貨月刊》，復刊第一〇卷第三期，頁八二－一一六）也是受到牟復禮教授啟發。他的題目很好，談明太祖如何將南京從革命根據地蛻變成首都，當時大家都認為這是一篇城市史經典之作。但泓細讀之後，發現還有許多可深入研究的問題，如都市計畫中土地分區利用的問題等。此外，牟先生引用的資料並不多，特別是《明太祖實錄》中有很多材料都沒有運用，於是泓寫了這篇較長的文章，比對《明太祖實錄》的相關材料，輯成一個明太祖時代南京都城營建年表，將明太祖的政治大事與都城的營建作歷史分期，具體說明每一個階段的營建工作與明初幾個大事件之間的關係。接著討論南京都城規劃時的基本理念及其實踐。並以此為代表作通過教育部審定的教授升等。

一九八一年，中研院召開「第一屆歷史與中國社會變遷（中國社會史）研討會」，會中泓提出一篇文章討論明代初年的戶口移徙，這個問題在《明史・食貨志》中雖有一些數字，但規模多大並不清楚。後來看到譚其驤教授〈中國內地移民史湖南篇〉（發表於《史學年報》，第一卷第四期〔一九三二〕，頁四七—一〇四）一文，以湖南人來源為例，討論中國的內地移民（Internal Migration），認為研究人口必須談人口遷徙，並檢討幾種人口史資料如族譜的優缺點，對泓啟發甚大。泓遂以此著手，從大槐樹故事談起。當時大家開始注重數字，一九七八—一九七九年，泓在哈佛進修時，曾上過Robert W. Fogel與David S. Landes合開的課"Quantitative Method for Historians"，也想利用數字進行分析，但必須能找到數據。從美國回來後，泓曾申請哈燕社研究計畫補助，做《明實錄》分類目錄。當時從明太祖做到武宗，仔細讀了《明實錄》，泓記得《明實錄》中有許多戶口遷徙數字，遂將卡片找出來，作數量統計分析，依移出、移入與時間、空間分類，推算出明太祖初年遷徙人口最低數字，約有一百五十至一百六十萬。後來又接著做永樂年間的移徙。

明初大移徙的原因很多，有的是社會經濟方面的問題，如戰亂造成荒田復墾問題；有的是全國人口空間分布的調整問題，如將人口過剩的狹鄉移到人口稀少的寬鄉。當時就將山西過多的人口遷往人口密度低的華北大平原，移去的人都依人丁數分給田地，並給農具、牛、種子，同時優免稅糧。泓發現移民後農村經濟恢復很快，曾有一位派去驗收屯墾成果的官員回來報告，明太祖看完報告後說：「如此則吾民之貧者少矣！」另一個原因和軍事活動有關。明代將元末群雄投降的部隊和北方擄獲及投降的少數民族軍兵全分散至各地居住，但其領袖則留置京師，以消弭反側。對於西南的民族，中書省本來也建議遷到中原，但由於種族太複雜而放棄，改在險要地方設堡，每堡之間約六十里距離，修整道路，強化衛所體制，以加強少數民族控制。

還有一種移民是首都移民。泓發現「靖難」之變後，由於戰事慘烈，人口大量流失，方志上多說這是「燕王掃北」的結果，許多地方空了出來，於是明廷又由山西移了一大批人到華北平原，特別是北京所在的北平布政使司。很早以前，泓讀《禹貢半月刊》，看過郭豫才〈洪洞移民傳說之考實〉（發表於《禹貢半月刊》，第七卷第一〇期，頁一〇）的論文，談河南汲縣找到一個關帝廟的碑，記載澤州建興鄉大陽都里長郭全帶領全里里民搬到河南汲縣西城南社雙蘭屯居住的故事，泓以此出發，談永樂年間的移民。永樂移民的一個特點是首都遷至北京後，將大量南京官民移居北京，但北京附近被戰亂破壞的經濟和社會秩序應如何恢復？後來在《明太宗實錄》看到永樂初年的報告說：經過四年戰亂，北京一帶人口大量減少，土地荒蕪，作為首都不應如此，因此首要之務便是處理北京的人口與社會經濟恢復問題。明朝自洪武十一年以來，首都在南京；永樂元年，改行南北兩京制度，永樂七年以後，永樂帝長年駐北京，除南京的六部外，另在北京設行在六部，且將北平布政司的層級提高到中央六部級，特設北京行部。永樂十九年首都北遷，中樞移至北京，行在六部改為正式的六部，北京直屬六部管轄，北京行部遂廢。仁宗力圖將首都移回南京，北京行部曾一度復設。宣宗即位，京師定於北京，北京行部再廢。自明英宗朝以後，一般史書記載已經混淆，多誤以為北京行部是中央部會之一；近代學者更多有誤解，這是因為行部的編制是六部級的，甚至比中央六部還高，有二位尚書四位侍郎。而實際上，它只是是直隸中央的省政府。明末，黃景昉《國史唯疑》中已注意到這個問題。泓從此出發，蒐集更多史料，把整個問題講清楚。這篇論文題名「明北京行部考」，一九九四年在普林斯頓大學的葛斯德圖書館寫成，寫完後給牟復禮先生和劉子健先生看，劉先生很高興，還幫泓寫了一個跋，後來發表在《漢學研究》，第二卷第二期（頁五六九—五九八）。

官方移民與自發移民不同，自發移民是自願的，出自地區間的吸力與推力，時間長，效果慢。明太祖和成祖想要迅速達成效果；透過規劃，強力推行，但必然有人反對，只能用強迫手段。宣德以後，雖然曾有人提議仿照洪武永樂移民例，對漢中地區進行移民，但朝廷認為時局已經穩定，不應再由官方發動移民。泓沒有做自發移民的研究。因為當時成文出版社雖出版一些鄉土誌，刊載某地某村的始建時，戶口從哪裡移來，是很好的史料；但台灣現存鄉土誌不多，自忖必須看過很多家譜才能進行研究，遂就此停下。一九九二年，曹樹基在加州大學洛杉磯分校（UCLA）黃宗智教授那邊作訪問研究，回大陸時經過香港，暫住在泓家。那時他正在寫鼠疫與人口變遷的文章，對人口史的研究很在行，便建議他利用地利之便，可做田野調查，到當地去廣泛搜尋家譜資料和訪談耆老。他告訴泓大陸各地新編的地名誌有大量移民史料可供運用，後來他利用這些史料估算出來明初的大移民有一千多萬，占全國人口六分之一。《中國移民史》（福建人民出版社，一九九七）第五卷〈卷後記〉就談到這段往事。

涉足歷史地理與城市史研究

泓研究城市史是從歷史地理方面入手的，後來與都市計畫相結合，主要是做城市的形制和景觀研究。中學時，泓就對地理有興趣。當時高中的地理課本是師大地理系王益厓教授《中國地理》（台北：正中書局，一九五七）的節本，高中時泓買了這本書對著地圖看，將書中講的每一個地名在地圖上標出來，對中國地理區劃、河流、山川的基本知識便是由此而來。泓原本想考師大史地系，但老師說師大限制太多，且要服務三年；於是泓改以臺大為第一志願，第二志願則是師大史地系。當年聯考的數學題目很難，很多人得零分，泓也只考得十分；因此，錄取總分大為降低，臺大歷史系大概三百三十分左右就可以進去了。泓以第一名三百八十二分考入；自我感覺良好，與那些念理工科的建中同學相處，沒有低人一等的感覺。

大學時代跟著夏德儀老師讀《中國通史》、《史部要籍解題》及《明清史》，大四時在夏老師指導下寫學士論文。那時台灣的中國歷史地理教學研究仍停留在地理沿革及政區變遷的研究，不像大陸歷史地理學界大力開展以地理學的角度研究歷史上的自然地理和人文地理。泓的歷史地理研究也是從沿革地理入手，當時讀《清史．地理志》，發現不但記載錯誤不少，而且標點錯誤很多，於是選定《清代地理沿革考》為學士論文題目，另起爐灶，從《清實錄》中將省、府、州、廳、縣等地方行政單位的置廢沿革相關史料抄出，重編《清史稿．地理志》的地理沿革部分。那時兩岸的清代檔案還沒有公開，不能使用，也不知道台北故宮博物院典藏圖書中有清國史館編寫的《國史地理志》，只能參考剛影印出版的《清實錄》。現在如果要做這個題目，能運用的史料就更原始，可以做得更好，相信大陸正在進行的國家纂修「清史」工程就是這樣做的。

泓將這本論文與《清史稿．地理志》相核對，寫了一篇論文〈《清史．地理志》初校〉，一九七七年在《臺大文史哲學報》第二六期發表，後來國史館校注《清史稿》和大陸纂修清史工程都參考這篇論文。清代地理沿革研究還有一些值得注意的問題，例如，清初不斷新置州縣，後來雍正皇帝生氣了，認為有過分擴張和濫設之嫌而下令加以限制。但如永寧等新縣的設置，其實有特殊目的，並非如皇帝所說的單純擴充員額。後來泓將這些發現寫在《清代地理沿革考》的緒言中，本來碩士論文也打算以此為題再深入研究，後來因為被鹽業史的研究所吸引而放棄。

念研究所時，泓選修了一門夏德儀老師開設的歷史地理相關課程。夏老師與顧頡剛先生是好朋友，受顧先生的影響也關注歷史地理，在一九七二年退休前開了一門多年想開一直沒開成的「中國歷代地理」

課。這門課結合講授與實做，教我們研讀研究地理沿革必讀的《漢書．地理志》，參考清人王先謙的《漢書補注》，補以地方誌地理誌古蹟項下漢某城遺址在某縣某鄉某村的記載，將漢代郡國及縣的地點相當於民國地圖上的地點考證出來。最後參考楊守敬畫的《歷代輿地沿革圖》。這本歷史地圖以清朝地圖為底，是黑色，上面套印紅色的漢代至明代的地圖。選課的同學，泓記得有孫鐵剛（政治大學歷史系教授）和黃沛榮（臺灣大學中文系教授），我們每個人分別做幾個郡，不但要寫文字考證，也要畫圖。最後泓把所有資料重新整理，並補足沒人選做的郡國資料，用玻璃紙畫出西漢各郡分圖，然後拼起來，畫成西漢郡國全圖。我們未受過繪製地圖的專業訓練，完全是土法煉鋼，但夏老師很高興，還請臺靜農老師題字。這幅地圖如今已經很破舊，前幾年送到裱背店裱裝起來珍藏。多年後，在美國看到大陸出版譚其驤先生主編的《中國歷史地圖集》（北京：中國地圖出版社，一九八二），兩相比對之下，相差不太多，好是高興。

泓真正開始關注城市史，是因為建國中學初中同班同學茅聲燾在臺大土木系主任任內推動「建築與城鄉研究所」的成立，他當時找了從哥倫比亞大學回來的王鴻楷教授和哈佛大學回來的夏鑄九教授籌備。夏鑄九和其他建築學界學者不同，關懷弱勢，極富社會批判精神，主張建築與規劃不能脫離人與歷史，要求研究生必修建築史和城市史課程，以培養研究生的社會正義感、人文關懷和歷史深度。王鴻楷也是泓初中同班同學，夏鑄九則是初次見面，但氣味相投，一見如故，便與內人王芝芝教授一起承接城市史的課，她教西方城市史，泓教中國城市史。講中國古代城市及建築歷史的研究，離不開創始的中國營造學社，但這批學者都沒有來台灣。為使學生接上傳統，當年夏鑄九在哈佛留學時便影印《中國營造學社彙刊》這部台灣禁書，偷偷夾帶回來。此後我們兩個人常常在出國時看到相關資料，如大陸的《文物》、《考古》上的古代城址考古調查和發掘報告，就複印帶回來，後來將一些有忌諱的文詞刪去，改編為講義，一九八四年由明文書局以《中國建築史論文選輯》為名出版，學生才有參考資料可讀。城鄉所規劃的城市史課程一開始找泓去講南京，此後泓也一直持續開課。此期間泓曾寫了兩篇討論明代南京的人口遷移和城市形制與城市規劃及其象徵意義的論文。

提倡和推動華南研究

華南學派結合歷史學與人類學，提倡文獻與田野調查並重，在當代學術界有重要影響，而泓對華南研究也盡過棉薄之力。一九九一年，泓接受香港科技大學的邀請籌設人文學部，泓注意到人文學部員額少，要有所發展必須要有特色，於是決定以香港所在的華南地區之發展歷史作為教學研究重點之一，從澳門東亞大學找來蔡志祥博士負責，聯絡牛津大學科大衛教授（David Faure）、耶魯大學蕭鳳霞教授、中山大學陳春聲教授、劉志偉教授和匹茲堡大學廖迪生博士、華盛頓大學張兆和博士等人發展華南研究，籌設成立了華南研究中心。他們做得很好，主張結合歷史學與人類學，並提出文獻與田野調查並重的研究理念，除個人研究成果外，還創辦《田野與文獻：華南研究數據中心通訊》和《歷史人類學學刊》，後來被稱為「華南學派」。

泓回到台灣以後，也一直提倡華南研究，主張把台灣史放在華南的脈絡中討論。在籌設暨南國際大學歷史系所時，就如此設計，並將台灣史與華南為主要原鄉的海外華人史領域結合起來，由於台灣這方面的師資不夠，就請廈門大學陳支平教授和莊國土教授、鄭振滿教授，中山大學陳春聲教授、劉志偉教授來作一年或一個學期的客座教席。現在台灣一些作華南歷史研究的青年學者，多從此培養出來。

泓提倡華南研究，自己也應該做些貢獻。於是，後來投入福建築城和經濟發展及社會風氣變遷等相關議題的研究。研究福建築城運動，主要是讀了陳正祥的《中國文化地理》，他在書中提到中國南方沒有城，泓覺得很有意思，便開始關注福建築城問題，果然發現福建早期大部分州縣並沒有城，明代才陸續有幾波築城運動，將所有地方行政中心與軍事中心都興築城牆，民國時期拆牆運動興起之前，幾乎所有福建的城牆都是明代興建的。初步成果寫成〈明代福建的築城運動〉（發表於《暨大學報》，第三卷第一期〔一九九九年二月〕，頁二五—七六），其中討論地方官員及地方士紳在築城經費籌措及營造工程統籌，啟發費絲言《談判城市空間：都市化與晚明南京》（Siyen Fei, *Negotiating Urban Space: Urbanization and Late Ming Nanjing* [Cambridge, Mass.: Harvard University Asia Center, 2009]）對南京地區縣城營建的討論。清代的城承襲明朝，在這個基礎上修建。泓也蒐集了不少史料，但只完成初步研究報告，還未改成論文出版。

在研究福建築城的基礎上，泓又研究廣東的築城，明代部分初稿已經寫就，〈從「軍七民三」到「軍三民七」和「官三民七」：明代廣東的築城運動〉，發表於《中國地方誌》，二〇一八年第一期，清代部分的研究正在進行。華南的城市、城牆及其作為公共工程的營建，地方勢力與地方政府之間如何合作，也值得研究。泓發現同是華南的廣東，築城的主導力量與福建有很大的不同，福建由地方官和士紳主導，廣東除地方官和士紳外，衛所官軍在城池營造的作用比福建大得多，其中原因還有待進一步討論，可與楊聯升開拓性的論文〈從經濟角度看帝制中國的公共工程〉（發表於《國史探微》〔台北：聯經出版公司，一九八三〕，頁一八九—二六六）對話。

著力史源學與《明史紀事本末》校證

長期以來，我們一直對清人谷應泰的《明史紀事本末》給與高度評價，認為無論是內容史料，還是史論評價，都非常好，是一部優秀的明朝歷史著述，完全可以作第一手史料來引用。但是，近年來，在泓的提倡下，台灣的明史研究學者展開了《明史紀事本末》校讀工作，從史源學的角度來剖析這部書，證實其無論是內容，還是史論，都是拼湊、移植來的，甚至互相矛盾，絕不是一部優秀的史著。

史源學的訓練是歷史學入門的基本工夫。從前我們上明史課時，《明史紀事本末》是一本主要讀物，當時一路讀下來，沒有特別的想法，總覺得這本書把明代政治史事的本末交代得很清楚，是本好的參考書。九〇年代中期，泓自己教明史時，就想帶著學生讀《明史紀事本末》，模仿杜維運老師校注《二十二史箚記》的方法，叫學生去找史源。這本是陳垣先生開創的史源學方法。夏老師也是這樣教我們的，老師曾教一位學長念《史記》和《漢書》，比對《漢書》承襲《史記》之處。後來泓讀《明史．食貨志》，參考和田清的《明史食貨志譯注》，他們也是比對《明史．食貨志》引用的材料後，注出《明史》記載與原始史料的差異，訂正其錯誤。

過去我們一直認為，《明史紀事本末》是一部好書，尤其史論部分寫得很好，見解高超，文字典雅。但是，很多人也懷疑谷應泰這本書稿是偷來的或買來的，張心澂的《偽書通考》甚至將之列為極少數的明清偽書之一。泓為讓學生們做史源學練習，就先做一個示範，當時選了其中〈開國規模〉，這是過去普遍認為寫得較好的一篇。泓根據《明太祖實錄》等原始史料與〈開國規模〉的文字一一比對後，發現差異不少，甚至明顯是《明史紀事本末》轉引原始史料不慎的錯誤，寫了〈《明史紀事本末．開國規模》校讀：兼論其史源運用及其選材標準〉（發表在《臺大歷史學報（傅故校長孟真先生百齡紀念論文集）》，第二〇期（一九九六），頁五三七—六一五），除校對文字外，並討論其作者及史書編撰水準問題。後來，泓又陸續做了幾篇校讀，包括〈《明史紀事本末·嚴嵩用事》校讀：兼論其史源運用及其選材標準〉（發表在《暨大學報》，第一卷第一期（一九九七），頁一七—六〇）、〈《明史紀事本末·南宮復辟》校讀：兼論其史源、編纂水準及其作者問題〉（發表在《明史研究論叢（中國社會科學院歷史研究所暨明史研究室成立五十週年紀念專輯）》，第六輯（二〇〇四），頁一六七—一九三）和〈《明史紀事本末·仁宣致治》校注〉，《東吳歷史學報》，第三八期（二〇一八年六月），頁九五—一七三）。

泓到東吳大學歷史學系後，吳懷祺教授趁來演講的機會代大陸《史學史研究》向泓邀稿，於是把〈《明史紀事本末》的史源、作者及其編纂水平〉這篇文章寫出來（發表在《史學史研究》，二〇〇四年第一期，頁六二—七一）。再後來，泓向教育部顧問室申請了一個校讀《明史紀事本末》的讀書會，希望集眾人之力對這本書作徹底的校注工作，將各章各卷做出來。目前，這項工作還沒有完成，但已經有部分成果陸續發表。如林麗月教授〈讀《明史紀事本末·江陵柄政》：兼論明末清初幾種張居正傳中的史論〉（發表於《台灣師大歷史學報》，第二四期（一九九六），頁四一—七六）發現，〈江陵柄政〉內容與後面的評論立場完全相反。邱炫煜教授〈谷應泰《明史紀事本末》的史源新詮〉（發表於《簡牘學報》，第一五期（一九九三），頁二三五—二五七）考證出，《明史紀事本末》中的「谷應泰曰」和蔣棻的《明史紀事》（國家圖書館藏鈔本）一模一樣，同時《明史紀事》大部分章節名稱和《明史紀事本末》也完全相同，確定是谷應泰抄來或買來的。當時谷應泰找了一批人來編寫《明史紀事本末》，每個人依據史料不同，屬於急就章，有些內容和史論是硬湊起來的，就編輯來說不是一部好書。張岱寫《石匱書》時在谷應泰那裡看崇禎朝的邸鈔，一方面寫自己的書，一方面也幫忙谷應泰寫《明史紀事本末》。胡一民研究張岱就發現《石匱書後集》中一些篇章與《明史紀事本末》內容一模一樣，如李自成、張獻忠等部分，有一稿兩用的可能。

未來希望能有時間，多找幾位朋友一起完成校注工作。最近有進展了，廈門大學歷史系劉婷玉副教授與廈門大學出版社冀欽先生申請到一個研究計畫獎助，找我參與共同為出版一個新的《明史紀事本末》校注本而努力。

投入明清歷史地位討論

明清王朝處於傳統中國社會的末期階段，其在中國歷史上的地位一直是人們好奇的問題，也是每一位明清史研究者繞不開的課題。明清歷史地位的討論，也因此從明清史研究初始階段就開始了。但因為立場、識見以及占有史料的差異，研究者的觀點也不盡相同，甚至互相對立。尤其是圍繞「新清史」論戰，近幾年又形成一股熱潮。

正是這樣，研究明清史的人，不論做什麼具體領域的研究，都會關注明清時代的歷史地位。我們說，評價一個人物或時代，雖要依據史實，但不可諱言，評價卻常受時空環境影響。清末以來，因為革命反滿，學界、政界與輿論大貶清朝。民國初年以來，為追求民族復興，針砭弊病，而有新文化運動，清算傳統歷史文化。離現代最近的明清時代遂首當其衝，咸以為是中西發展消長的關鍵時期，從政體專制，思想禁錮，閉關自守國策，到社會經濟停滯等，逐漸被貼上標籤。明清時代的歷史地位；因此，被貶至最低。國共內戰，國民黨為鞏固政權，乃利用特務，加強對學術和輿論的控制。學者文人為反抗國民黨統治，遂採取指桑罵槐的方式，拿明史出氣，以古非今，影射國民黨政府為明朝，李自成為紅軍。其中，吳晗《朱元璋傳》、丁易（葉鼎彝）《明代特務政治》和郭沫若《甲申三百年祭》就是最好的樣板。於是，明代的地位更加貶低，被認為是中國歷史上政治最黑暗的時代，君主專制，宦官濫權，特務荼毒，朝士或熱中黨爭，或專心貪瀆；苛捐重稅，地主鄉官橫行鄉里，欺壓人民；士人苦悶，或空談心性，或奢靡淫逸。終致民變四起，國家滅亡。很多學者還認為，與秦漢隋唐宋相較，無論典章制度建設，還是文治武功，明代都缺少足以誇耀的成績，顯得黯然失色。尤其明代與緊接的清代是處於長期停滯的傳統中國社會（或稱封建社會）的晚期，本身並無克服停滯性的能力，是造成近世中國沒落的關鍵時刻，得負起近代中國衰落的責任。這種評價太受政治環境左右，並不客觀公平。泓過去也和大多數人一樣，頗受影響。但是，隨著時代進步，中國國力強化，兩岸三地經濟力量提升，尤其是改革開放後中國大陸的政治、社會、經濟、軍事和學術文化突飛猛進，中國以大國姿態崛起，民族自信心大為增強，中國學者遂能比較正面地看待中國歷史，尤其是明清歷史。而世界各國學者也受此影響，開始重估明清的歷史地位。

重估明清歷史地位，最重要的起點是中國學者尤其是二十世紀三、四〇年代的左派學者提出「中國資本主義萌芽」問題的討論，這個研究範式在五〇年代以後大為興盛，不但挖掘出前所未見的大量相關史料，而且粉碎了長期占統治地位的「中國社會停滯論」，大大地推動了明清社會經濟史的研究，進一步深化我們對明清社會與文化的理解，人們心目中的明清歷史面貌為之一變。於是，重估明清歷史的著作不斷湧現。最著名的是何炳棣的“The Significance of the Ch’ing Period in Chinese History”（〈清代在中國歷史上的重要性〉）與“Salient Aspects of China’s Heritage.”（〈中國歷史遺產的幾個值得思考的顯著特色〉）。而中國學者李伯重，西方學者王國斌（R. Bin Wong）、彭慕然（一般誤為「彭慕蘭」）（Kenneth Pomeranz）和貢德・弗蘭克（Gunder Frank）對東西經濟與歷史之比較，又否定歐洲中心論的提法，提倡要公平看待明清中國。十四至十五世紀的歐亞大陸大明王朝是最強盛的國家，連不可一世的帖木兒帝國也向明朝朝貢；晚明中國更被認為是十六、十七世紀的世界經濟中心，那時候的江南經濟發達，社會繁榮，文化優雅，是令今人嚮往的生活時空。為整理這一重估明清歷史地位的史學史，泓先在二〇一一年發表了〈明史在中國歷史上的地位〉，收入陳支平主編《明朝在中國歷史上的地位》（天津：天津古籍出版社，頁一—七）。最近又整理中國資本主義萌芽討論的歷史，完成一篇〈「中國資本主義萌芽」研究範式與明清經濟史研究〉，肯定中國資本主義萌芽問題研究範式為尋求適合解釋前近代的明清社會經濟發展的貢獻。這篇文章先在雲南大學林文勛校長與黃純豔院長策劃的「中國經濟史講座」上宣讀，修改後刊登於《中國經濟史研究》，二〇一八年第一期，演講紀錄則發表於林文勛與黃純豔主編《中國經濟史研究的理論與方法》（北京：中國社會科學出版社，二〇一八）。

至於清代的歷史地位，在何炳棣的文章發表後，已在史學界取得共識，大家不再一味地反滿，貶低清朝的歷史地位。尤其中華人民共和國建立後，強調民族融合，中華民族一家親，肯定少數民族的貢獻；清代歷史的研究與著作大受重視，不但維護整理出版主要典藏於中國第一歷史檔案館的清代檔案，而且傾全國史學界之力編寫三千萬字的《清史》。

一九九六年，新當選的美國亞洲研究學會主席羅友枝（Evelyn S. Rawski）教授發表就職演講〈再觀清代：清代在中國歷史上的重要性〉"Presidential Address: Reenvisioning the Qing: The Significance of the Qing Period in Chinese History," *The Journal of Asian Studies* 55: 4(1996.11)。羅友枝不同意何炳棣對清廷「漢化」問題的論斷，認為清王朝能維持近三百年的統治的關鍵，主要原因不在於「漢化」，而在於他們對不同地區採取不同文化政策。透過整合各種不同語言，信仰不同宗教，維持不同文化的民族和地區，清朝統治者將帝國打造成一個多元民族的國家，因此能有效地處理與內陸亞洲蒙、回、藏、維等非漢族的關係，從而良好有效地統治清帝國。接著，知名的《國際歷史評論》（*International History Review*）一九九八年六月出了一期討論清朝帝國主義的專號（*Special Issue on Manchu Imperialism*）。不久之後，所謂的「新清史四書」，即羅友枝《清代宮廷社會史》（*The Last Emperors: A Social History of Qing Imperial Institutions*）、柯嬌燕（Pamela Kyle Crossley）《半透明之鏡：清帝國意識型態中的歷史與族性認同》（*A Translucent Mirror: History and Identity in Qing Imperial Ideology*）、路康樂（Edward J.M. Rhoads）《滿與漢：清末民初的族群關係和政治權力》（*Manchus & Han: Ethnic Relations and Political Power in Late Qing and Early Republican China, 1861-1928*）、歐立德（Mark C. Elliott）《滿洲之道：八旗制度和中華帝國晚期的族群認同》（*The Manchu Way: The Eight Banners and Ethnic Identity in Late Imperial China*）陸續出版，「新清史」學派逐漸成形。二〇〇四年，衛周安（Joanna Waley-Cohen）在《激進史學評論》（*Radical History Review*）全面評述「新清史」，「新清史」學派正式成立。

何炳棣重力反駁，指出羅友枝忽視滿族之所以能夠有效地統治人口最多、政治傳統和文化最悠久的中國，在於他們成功地運用漢族傳統和制度。羅友枝提出遼、金、元、西夏政權統治漢人與漢地，都只任用漢族官員，但在意識形態上卻拒絕漢化的說法，是片面而錯誤的。何炳棣特別分析遼、金、元、西夏四個政權最終都採用漢文化和制度，甚至意識形態上以漢族五德終始的正統論合理化其政權。何炳棣還批評羅友枝忽視國際學術研究的共識，全然不顧各種前人研究中關於征服王朝要鞏固其統治，漢化是不可避免的結論。他質疑羅友枝討論中國歷史文化，只強調占少數的百分之三的民族，放棄對占百分之九十七的漢族及其文化之關注，這樣的論述怎麼站得住腳？何先生強調拋棄漢化因素，就無法理解清帝國統治成功原因。隨後，西方學者和華裔學者分別就研究立場、運用史料及論爭議題核心——「漢化」問題開展論爭。二〇〇〇年以後，隨著相關論著的陸續譯介，兩岸史學界也加入討論，論爭劇烈而白熱化，甚至出現某種程度的意氣相爭。

泓因此整理「新清史」論爭的歷史，撰寫〈「新清史」論爭：從何炳棣、羅友枝論戰說起〉一文，說明其緣由和發展，釐清西方學界一些爭辯以及其後引發兩岸學的關鍵，既點明論爭蘊含的某些政治性質，也呼籲學者謹守學術規範，以使日後討論更能回歸學術本質。該論文在《首都師範大學學報（社會科學版）》，二〇一六年第一期（頁一—一三）刊出後，受到各界關注，先後被收錄於《新華文摘》，二〇一六年第一〇期（頁五七—六二）和《歷史學文摘》季刊，二〇一六年第二期（頁三二—三四），並在網上轉載，產生了一定影響。

譯注何炳棣《明清社會史論》及重估明清向上社會流動率

重估明清時代的歷史地位，就不能不提何炳棣教授的《明清社會史論》（*The Ladder of Success in Imperial China: Aspects of Social Mobility, 1368-1911*. [New York and London: Columbia University Press, 1962.]）。他在這本書中大量運用附有三代履歷的明清進士登科錄及會試、鄉試同年齒錄等鮮為人注意的科舉史料，作量化統計，分析社會流動。在資料的數量與涵蓋面，均遠遠超越前人，統計分析的樣本，進士達一萬四、五千名，舉人貢生達兩萬多名。分析結果，以平均數而言，明代平民出身進士約占總數百分之五十，清代則減至百分之三十七．二；而父祖三代有生員以上功名者，則由明代的百分之五十，升至清代的百分之六十二．八。可見，平民向上流動機會漸減。而在清朝，尤其清代後期，大行捐納制度，導致富與貴緊密結合，影響力量趨強，遂使平民向上流動機會大減。何炳棣教授在書中也討論了向下流動及其導因，闡明促進社會流動的各種制度化與非制度化管道的存在。他認為，明清社會幾乎沒有制度化的機制，阻止高地位家庭長期地向下流動，均分遺產的習俗可能是最有力的因素。除縱向垂直的上下流動外，何炳棣教授又專章討論士農工商、軍民匠灶的橫向水平流動，並論及社會流動的地域差異和影響社會流動的各種因素。社會流動比較研究的結果，何炳棣教授認為明初菁英的社會流動率，「即使近代西方社會菁英社會流動的樣本，也可能很難超越」。

《明清社會史論》作為中國史研究、社會史研究與東亞史研究及社會科學界劃時代的經典巨著，泓捧讀已久，近年決定把它譯成中文，以廣流傳。以一九六七年的修訂本為底本，泓不只是單純翻譯正文，還做詳細注釋，除一一查對何教授引用之原始文獻，還原於譯文之中，若有出入則以「譯者注」形式說明，其特色是力求詳盡，徵引許多何先生未引用的史料和近人研究的成果。何先生認為這「足以教導入門者如何蒐集與運用史料」。由於這本書出版已五十多年，在此期間有不少相關文獻與研究論著出版，與何教授對話。對於不同的意見及補強或修正的文獻資料，泓也以「譯者注」形式說明。長達萬言的「譯者注」，何先生讀後高興地說：「對泓這個原作者以及廣大讀者都極有參考價值」。編排上也大大改善了英文原著中的排印次序與方式，將全書每一注腳都與同頁正文密切聯繫，何先生說：「讀來令人重生親切之感」。這個《明清社會史論》譯注本，得到何先生的讚許，應該是比英文原版更為理想的版本。自二〇一三年年底由台北聯經出版公司印行以來，已多次刷印，最近修訂，不久將再版；北京中華書局也在二〇一九年年底印行簡體字版。

但這本書究竟是五十多年前的著作，何先生做此研究時，只能使用北美的圖書館館藏。現今中國大陸圖書已經開放，能運用的圖書比之從前不知多了多少倍。以研究明代向上社會流動為例，明代的進士登科資料，何教授運用來作統計分析的只有二十二科，大陸各大圖書館和藏書樓現存的進士登科資料（包含登科錄、會試錄、進士同年錄、進士履歷便覽）未為何炳棣教授使用的達五十九科，共一百四十種，不但未被使用的科數是何炳棣教授使用過將近三倍，而且分布均勻，明代每一皇帝統治時期都有，大有利於進一步研究明代舉人的社會流動。於是，泓帶著研究生到大陸來廣蒐明代進士登科資料，取得明代向上流動分析樣本五十七科一萬五千五百二十八件，比何先生的二十二科六千三百三十二件，多了兩倍半。統計分析結果，以平均數而言，明代平民及父祖三代為生員出身進士占總數百分之五〇・八八，而仕宦之家出身的進士占百分之四九・一二。比何先生的百分之四九・四六比五〇・五四，我們的統計結果與何先生的統計結果，只有一個百分點的差別，相差甚微。何炳棣教授的平民向上流動機會占了整體官員的一半以上的論點得到進一步的支持，也證實了「績學博一第者強半寒素之家」及所謂明朝「官場對有才能人士開放」的傳統說法。因此，我們的研究再度證明，何炳棣教授在科舉與傳統中國社會階層與社會流動研究史上，無論在運用的史料，還是統計分析的方法，其開創的地位及獲致結論的堅實，均歷久彌新，屹立不動。這項研究成果已分別發表於〈《明清社會史論》譯注及其後續研究：重論明代向上社會流動〉，《中國社會歷史評論》，第一七卷上（二〇一六年十月）和〈明代向上社會流動再探〉，《歷史人類學學刊》，第一五卷第一期（二〇一七年四月）。

致力研究回顧與史料編纂

在五十餘年的研究歷程中，泓也曾致力於明史研究回顧與相關史料等的編纂工作。一九六〇年代中期，哈佛燕京社資助臺灣大學歷史系編寫《中國史論文提要》。在此之前，由於政治局勢的緣故，一九四九年以前在大陸出版的文史論著，多因作者未來台而被深鎖於圖書館特藏室不開放閱覽。學生能閱讀的書刊不多，歷史系學生的學習只能依賴課堂講義及教科書。一九六〇年代中期以後隨著台灣政治的逐漸鬆綁，一九四九年以前出版的書刊逐漸開放，但多藏於南港「中央研究院」，閱讀很不方便。當時的系主任許倬雲老師就向哈佛燕京學社申請資助編寫《中國史論文提要》計畫，動員歷史系師生，選擇重要的學術期刊論文，編寫提要。負責明史部分的是夏德儀老師，蔣孝瑀學長和泓擔任研究生助理。後來孝瑀學長赴牛津深造，改由尹章義接替。《明史論文提要》的編寫。這對泓全面掌握台灣明史研究的方向與內容大有幫助。但不知何故書稿並未出版。泓到東吳大學以後，深感這本《明史論文提要》是研讀明史的入門好書，就在歷史學系李聖光主任的大力支持下，把夏老師交給泓的定稿整理出版（台北：東吳大學歷史學系，二〇一〇）。

一九六〇年代末期，正中書局打算編輯出版一套《六十年來之國學》（一九七四），讓泓負責明史和台灣史。他們原本要做的是關於史書《明史》的研究回顧，而泓誤會了，做了民國以來六十年間學界研究明史的成果總結，主編程發軔教授寬容大度，就依泓繳交的文稿排版印行。近年來，由於圖書資料開放，相關著述資訊較為完整，發現舊文遺漏和錯誤不少，於是將原只有四萬多字的文章增補為九萬多字的〈民國六十年間的明史研究：以政治、社會、經濟史研究為主〉，刊登在《明代研究》第一二、一三、一四期（頁一一九—一七〇、一八七—二三二、一四一—一六二）。二〇一一年底，承臺大出版中心主任的暨大老同事項潔教授邀約，將這篇文章連同其他評介明史研究學者及其作品的文章集結起來，以「二十世紀中國的明史研究」為題出版。

泓編災害史料也和建國中學老同學茅聲燾教授有關。當時他們主持國科會「台灣大型防災研究計畫」（一九八二年起，五年為一期，共三期），研究台灣地震、風災、水災、旱災，有儀器的數據從日據時期開始，但沒有儀器的年代只能靠史料補充，遂計畫做地震、風災、水災、旱災和冰雹雨雪等災害史料的編纂。由於計畫人員都是理工背景，對史料的蒐集考證不熟悉，於是茅聲燾找泓來編一本日據時代以前的台灣天災史料集，泓就找了吳密察教授、賴惠敏教授、李今芸教授、牛道慧教授等幾位朋友，在方豪老師〈二十世紀以前台灣地震記錄匯考〉（發表於《現代學苑》，第一卷第一、二、三期〔一九六四〕）和曹永和院士《台灣早期歷史研究》（台北：聯經出版公司，一九七九）等研究成果的基礎上進行增補。我們從故宮博物院藏的清朝檔案和台灣公藏方志中抄出相關檔案資料，最後由泓逐一整理、考證和注釋，並請賴惠敏畫了一系列的清代台灣地理沿革圖，這本書稿《清代台灣天然災害史料彙編》一九八三年由國家科學委員會出版，成為許多研究台灣震災、風災學者的主要資料。

一九九九年台灣九二一大地震後，災害問題更受重視，在廈門大學陳支平教授的建議下，泓在既有的基礎上進行增補工作，把過去未發現的史料，特別是大陸檔案開放後陸續發現的大量新史料納入，在暨大博士生張繼瑩協助下，編成《清代台灣自然災害史料新編》（福州：福建人民出版社，二〇〇七）。新編的史料集篇幅，比原來增加了約三分之一，不但豐富了災害實況的記載內容，而且改正了一些舊編的錯誤。

培育明清史研究人才

泓從二十世紀七〇年代末開始，先後在臺灣大學、暨南國際大學、東吳大學等指導碩士研究生四十七名；從八〇年代起，先後在臺灣大學、中國文化大學、暨南國際大學、政治大學、清華大學。等指導博士研究生十三名。他們畢業以後，很多人留在台灣、香港、大陸以及美國、韓國等科研院所、高等學校，繼續從事明清史研究和教學工作。經過他們自己的刻苦努力，許多人已經成為知名的明清史專家。例如，賴惠敏是泓指導的碩士（一九八二）、博士（一九八九），畢業後在中央研究院近代史所工作，擔任研究員，學術專長為清代家族史、社會經濟史，著有《明代南直隸賦役制度的研究》、《天潢貴冑：清皇族的階層結構與經濟生活》、《續修澎湖縣誌·財政篇》、《但問旗民：清代的法律與社會》、《清代的皇權與世家》等專著，並發表論文數十篇。二〇一四年，她因專著《乾隆皇帝的荷包》而獲得科技部頒發的年度傑出研究獎，這是台灣地區獎勵傑出科研人才的最重要獎項。現任中央研究院史語所研究員的于志嘉，就在泓鼓勵下寫作學士論文《明代的軍戶》（一九七八），而終身研究明代軍戶與衛所，著有《衛所、軍戶與軍役：以明清江西地區為中心的研究》、《明代軍戶世襲制度》等。邱澎生是泓指導的碩士（一九八九）、博士（一九九五），先在中央研究院史語所工作，擔任研究員，最近離開香港中文大學教授職位，轉任上海交通大學講座教授。他關注明清商業法律與市場演化，出版《十八、十九世紀蘇州城的新興工商業團體》、《當法律遇上經濟：明清中國的商業法律》、《當經濟遇上法律：明清中國的市場演化》、*The Discourse on Insolvency and Negligence in Eighteenth-Century China.* 等專著，發表論文數十篇。邱仲麟是泓指導的碩士（一九九一）、博士（一九九七），先任淡江大學副教授，現為中央研究院史語所研究員，著有《獨裁良相張居正》、《人口增長、森林砍伐與明代北京生活燃料的轉變》、《保暖、炫耀與權勢——明代珍貴毛皮的文化史》、《明代的煤礦開採——生態變遷、官方舉措與社會勢力的交互作用》等書文百餘部篇，在明清都市社會、生態環境、明清社會慈善、中國近世醫療文化等領域均有建樹，獲得過中央研究院二〇〇六年輕學者研究著作獎。巫仁恕是泓指導的碩士（一九九一）、博士（一九九六），為中央研究院近代史所研究員兼副所長，專長領域是明清城市史與明清社會文化史，主要研究成果集中在明清城市群眾集體抗議、明清物質文化與消費文化，出版《奢侈的女人：明清時期江南婦女的消費文化》、《品味奢華：晚明的消費社會與士大夫》、《激變良民：傳統中國城市群眾集體行動之分析》等，發表論文數十篇。費絲言是泓指導的碩士（一九九七），現為美國賓州大學（University of Pennsylvania）歷史系教授，其《由典範到規範：從明代貞節烈女的辨識與流傳看貞節觀念的嚴格化》和*Negotiating Urban Space: Urbanization and Late Ming Nanjing*（Harvard East Asian Monographs）對史學界影響甚大。唐立宗是泓指導的碩士（二〇〇一），現為暨南國際大學副教授，出版有《在「盜區」與「政區」之間》〈從《定氛外史》看明代惠州礦徒事件、劃疆分邑與士民議論〉等書文十數部篇。吳大昕是泓指導的碩士（二〇〇二），研究倭寇，著有《猝聞倭至——明朝對江南倭寇的知識（一五五二—一五五四）》等，現為東北師範大學歷史系教授、博導。

另外，泓還指導一些國際學生。如韓國尹貞粉是泓指導的碩士（一九八二），現為韓國德成女子大學教授，曾任韓國東洋史學會會長、明清史學會會長。

對於研究生的指導，泓首先注重基本功，要他們熟悉中國史尤其明清史的基本史實、史料學與常識，遵守學術規範。大家依各自的興趣與能力，選擇研究關注的領域。先熟悉相關領域的研究狀況，研讀重要論文、專著，然後再找題目。題目決定後，便開始擬定研究計畫，注重問題意識的梳理，還要總結前人研究成果，找出前人研究的破綻或不足之處，作為入手的著力點。泓還鼓勵同學們去外系修習相關輔助學科，協助建構自己的研究與解釋體系。在臺大教書時，邱澎生、費絲言、巫仁恕、邱仲麟等都去修習黃應貴老師的人類學，對他們的論文幫助甚大。泓還要求他們培養討論的風氣，大家同讀一本書，交流心得；擬好的研究計畫和寫好的文章，師生一同論辯，效果很好。同學們選定的領域都不一樣，但皆卓然有成。

除了在台灣教書授課、指導研究生，近些年泓還被聘為大陸廈門大學人文學院終身講座教授、閩南師範大學閩南文化研究院特聘教授、吉林師範大學講座教授、中國社會科學院歷史研究所明史研究室客座研究員、南開大學歷史學院講座教授等。尤其在廈門大學、南開大學，泓都開設了明清史課程。教書授課、指導學生，也是泓的樂趣。

回顧與展望

雖然在這四十多年中，泓作了一些研究，探討了一些問題，也有一些發現。但越來越覺得自己所知甚少，至今還有太多的明清史事泓不知道和不了解，有太多的問題要進一步探討。如今卻已經到了古稀之年，應該退休了。今後想做的事，除了將手邊未完成的研究計畫執行完畢，就是要把已結案的研究計畫寫成論文，並且整理舊作，集結成書，給自己的研究生涯作個總結。

經常有一些年輕的朋友問泓該如何進入明清史研究之門，泓除以上述回顧來現身說法外，對於正在學習明清史及未來可能投入明清史研究的年輕朋友，泓期許他們能夠從「通」、「博」、「專」三個方面努力。「通」與「博」是對歷史基本知識的掌握，「專」是對自己關注的研究領域下的工夫。但這還不夠，應該注意到史學的經世致用，及其對個人為人處世的作用。

「通」、「博」是做研究的基本功，要研究明清史，中國通史尤其是明清通史知識要豐富，基礎要穩固，選擇幾部重要的明清通史書籍認真地讀，基本史實要記憶，人地時事應有基本概念，不能到時候再查。「專」的部分是指自己的研究領域重要的問題及其相關論著要熟讀。在「通」、「博」的基礎上，了解自己的研究與整體大歷史之間的關係，雖然為了研究需要，下筆之時不免要有所取捨，但有大歷史的基礎，小歷史才不會被切開，孤立起來。做研究要從前人研究成果出發，以前人研究為基礎，並能與其他相關論著對話；因此，必須確實掌握前人和近人研究的成果。為熟悉研究行情，應讀一些研究回顧和研究入門的書，並應擺在手邊，隨時查找，如：山根幸夫的《中國史研究入門》、岸本美緒等編的《中國史研究入門》、日本史學會編的《史學雜誌》每年的五月號〈回顧和展望〉、中國社科院歷史所編的《中國歷史研究動態》和《中國歷史學年鑒》等，都是必要讀的參考書。要注意新書、新文章，經常逛圖書館或上

Google和百度搜尋，以跟上研究行情。特別是幾個重要學報如我們的《明代研究》、《新史學》，大陸的《明史研究》、《中國史研究》、《歷史研究》、《史學理論研究》、《中國社會經濟史研究》、《中國經濟史研究》，日本的《東洋史研究》和《史學雜誌》，美國的*Ming Studies, Journal of Asian Studies*，要常常去看，對自己的研究領域各方面行情才能跟得上。

年輕朋友們對於研究領域，一定要有所抉擇，應選擇自己真正關注且有能力去做的領域。選擇的方法是在「通」、「博」的基礎下，了解前人尚未解決的問題，並能兼顧自己的興趣和能力。選領域盡量不要只顧追風、追流行，做研究最忌諱是不問自己的興趣，不管自己的能力，隨著流行走，大家在做什麼就去做什麼。其實每個人條件不同，如果不顧自己的興趣，一味追求流行，做自己沒有興趣的題目，就很勉強了。掌握做研究需要的工具也很重要，所謂的工具包括做研究需要的語文與輔助學科的能力，要考慮自己有沒有這些能力，如果沒有就要去補課，例如做清史可能就要花時間去學點滿文。要不然，就要避免做自己能力不逮的題目。

研究歷史最重要的是資料。以前學者要花很多時間上圖書館，花費大量時間和精力去抄史料。現在資料蒐集越來越方便，許多大部頭的書都有電子版，甚至有可以檢索下載的電子資料庫，省卻許多來回圖書館和抄寫數據的時間。尤其大容量的外接硬碟，越做越小，價格越來越便宜，整個圖書館藏的明清史料往往可以放入一個二ＴＢ的隨身硬碟，帶在身邊。許多研究期刊的資料庫如「中國期刊網」等都可以在家裡與圖書館聯機，隨時下載閱讀。但切記不要過分依賴資料庫，特別是可檢索的資料庫。應注意以關鍵字檢索資料庫所搜獲的資料往往零碎而不完整，尤其不看完全書往往難以真正了解該書作者的寫作用意與目的。實際上這是一種斷章取義的蒐集資料方法，從研究的角度而言是十分危險的，何況許多資料庫本身並不完整，甚至是錯字連篇的。因此，一些重要史料如《明實錄》、《清實錄》這一類基本典籍應盡量自己讀過，在此基礎上進一步進行研究就容易得多。黃仁宇就說過，他是在通讀《明實錄》的基礎下寫就許多著名作品。另外，建議年輕學子應利用省下跑圖書館抄資料的時間，加強一般研究者較缺乏的問題意識、切入點、分析方法、解釋理論等等能力，好好精讀相關領域的經典之作，研究前人經典論著是如何建構問題意識；因問求法，選擇切入分析的方法與解釋的理論，學習如何組織論文的結構，如何建立論述的邏輯。唯有如此，才能從溫故出發，啟發新知，自然而然就能培養出自己研究的本領。

最後，就是關於「繼承傳統」的問題。今日歷史研究與中國傳統史學最大不同在於注重事而不注重人，往往忽略歷史中人物、人群的作用。須知唯有知道人在歷史事件中扮演的角色，從中總結經驗及教訓，才對「個人」有利。今日歷史研究朝向注重衣食住行日常生活的社會文化史研究，對個人在職場上、在社會上待人接物相關的史事，對國家民族及世人命運相關的重大事件，漠不關心。尤其不論褒貶，不論是非善惡，造成歷史研究零碎化和虛無化，與現實脫節。寫出來的學報論文沒什麼人要看，「聞見雖多，辯證雖詳」，也不過是王夫之批判的「玩物喪志」之學。那麼，歷史研究就會變成只是個人在職場上混飯吃的職業，而不是志業。我們讀歷史，為職場所需而研究撰著，為謀生的「舉業」自是無可厚非。但還是應該盡量與應世相關。如果歷史研究能回歸中國傳統史學精神，強調歷史教訓及學習為人處事方法之初衷，以之為「為己之學」而非「為人之學」。把史學工作作為志業而非職業，讀書才不會白讀，歷史學才不會被社會所遺棄。

我們從事史學工作的人都應該好好地讀王夫之《讀通鑑論．敘論》，學習傳統史學增長人類智慧及應世能力的方法。把歷史人物當作自己，討論他們的抉擇，抉擇的依據，評論其成敗得失。例如讀完明朝開國史之後，我們來討論如果我們是朱元璋，面對元末動亂之後的爛攤子如何收拾；這個大局有哪些當務之急，找出明初國家社會面對難題的關鍵字，一件一件地討論朱元璋對問題的了解及其解決之道，評論其成敗得失。假設我們來做會不會也採取和朱元璋一樣的政策，如果不是，可能會帶來什麼不同的結果。把歷史情境當作我們訓練自己能力和增長智慧的場所，歷史研究就會活起來了。雖然這不合現代學院內的規矩，可能會被譏為野狐禪，寫成的文章難以被SSCI、CSSCI或THCI等核心期刊接納，但對自己的處事能力與心胸之拓展大有幫助，不是只會寫學報論文的小儒，而是能應世的大儒。現代的中國學者應該有兩套本領，一方面要能寫學報論文，了解國際學術界的行情，與他們接軌，並駕齊驅；一方面要繼承傳統，學習古人從歷史中學習歷史人物的經世致用經驗，出處抉擇之道，成敗得失的教訓，並能將心得用於實務上，用於日常生活的為人處世上。如此歷史學才是有用之學，才不致淪於王夫之說的「玩物喪志」。願與我們有志於史學的朋友共勉之！

前言：《聖明極盛之世？》解題

作為晚期傳統中國社會的明清時代是中國社會進入近代的前夕，是中國社會發展的過渡期。因此，社會性質非常複雜，社會發展不平衡，新舊雜陳，發展與守舊並生，繁榮與貧困共存。以縱向時間論，明清社會一方面有其不同於前代的發展，呈現出變的新顏；一方面又有與前代沒什麼不同的堅持，維持著不變的舊貌。以橫向空間論，在同一時間內，不同的空間有不同的情況。全國有些地區，突破前代而有新發展，有些地區卻仍停滯而無進展。有些地區，城鄉社會繁榮，風氣奢靡；有些地區連城市社會都仍貧窮，風氣淳樸，遑論鄉村了。因此，要評價明清社會的歷史地位，相當困難。有的史家偏在負面評價明清社會，認為明清是近代中國衰落的源頭，是中西歷史消長的關鍵。有的史家則正面評價明清社會，認為明清社會具備早期近代社會發展的因素，比同時代的世界其他地區來得進步和繁榮。其實，明清學者評價自己所處的時代，也有類似的不同論述。例如明清之際，宋應星就說：「幸生於聖明極盛之世」，而黃宗羲卻說這是個「天崩地解」的時代。這本論文集就是從1.社會經濟發展與社會風氣變遷；2.婚姻與家庭；3.移民與人口變遷；4.社會階層化與社會流動，這幾個角度來試圖論述明清社會的複雜性。借用宋應星「聖明極盛之世」的論斷，討論明代是否可稱為「聖明極盛之世」。明代的歷史地位，學界一直有不同的評價，泓願讀者讀完本書後，自作評價。因此，在「聖明極盛之世」後加一問號，書名訂為《聖明極盛之世？：明清社會史論集》。

第一章

幸生聖明極盛之世：十六、七世紀中國的社會與經濟

前言

比較中西歷史，人們常說關鍵時刻在十四—十七世紀。西方經歷文藝復興、宗教改革、知識革命、商業革命而興起。中國卻逢明朝，皇帝昏庸，宦官亂政，特務橫行，土地集中於少數皇室、貴族、豪紳、地主之手，民不聊生，變亂迭起。其間雖有鄭和下西洋早於地理大發現六十年，顯示中國航海科技之發達，卻不能繼續而夭折；似乎這段歷史是一片黑暗。人們津津樂道的，常是王振、劉瑾、魏忠賢之控制廠衛特務，專權跋扈，正德之荒唐，嘉靖與萬曆皇帝二十多年不上朝，「嘉靖」者「家家皆淨」也。社會上則盡如《金瓶梅》所敘述那樣窮奢極欲、貪汙腐化。乏善可陳。

六十年前，一些歷史學家為找尋「中國資本主義萌芽」的史料，在過去很少人注意的地方誌、筆記、小說、文集中，看到這一時代的另一種圖像：農業商品化，家庭手工業，城鎮手工業發達，國內商業與海外貿易繁榮，都市化的程度較同期的西歐為高。明末著名科技著作《天工開物》的作者宋應星就說：這是「聖明極盛之世」，交通發達，物產流通，「滇南車馬，縱貫遼陽；嶺徼宦商，衡遊薊北」；遂使「為方萬里中，何事何物不可見見聞聞？」正是一片繁榮的景象。[1]

一、江南工商業與城鎮的繁榮

當時最繁榮的地區是江南、大運河兩岸、長江流域與東南沿海。江南地區，以蘇州最為進步，市場繁榮，「聚貨招商」，不但城內「望如錦繡」，而且城外從閶門至楓橋「列市二十里」，商店一間接一間。各種商品集中在某些市場販賣，如楓橋是米豆市場，南濠是漁鹽、藥材市場，東西會是木簰市場，貨品豐富有如「雲委山積」，商業發展的結果，不但府城縣城，而且連城郊村市也被帶動起來。由於絲織業的發展，吳江縣城外的震澤鎮，在成化年間，也就是十五世紀中葉，人口不過三、四百家，到了嘉靖年間，也就是十六世紀中葉，成為一個「地方三里，居民千家」的絲織業市鎮。盛澤市原是個小農村，十六世紀中葉，「居民百家，以錦綾為市」。到十六世紀末，據馮夢龍在《醒世恆言》中的描述：由於「遠近村坊織成紬疋，俱到此上市」，「市上兩岸紬絲牙行，約有千百餘家」，成為一個「居民稠庶」的市鎮，這類現象在江南甚為普遍。例如嘉定縣的棉紡織業非常發達，產品販運全國各地，近的地方如杭州、徽州、臨清、濟南，遠的地方如河北、遼東、山西、陝西等地，都是嘉定棉織品的市場，為販運大量棉織品，不是縣城可以獨立應付，城郊許多市鎮如新涇鎮、高橋鎮等，遂成「物力之所贏，舟車之所輳，遠近賴焉」的市鎮；因此到十六世紀末，嘉定縣境內市鎮星羅棋布。嘉興縣濮院鎮，明代中葉，約十六世紀時，「機杼之利，日生萬金，四方商賈，負貲雲集」。

南京在十六世紀，也是一個「衣履天下，南北商賈爭赴」的大都市，城內商業發達，市場呈專業集中化，如果子行在三山街西，為「諸果聚處」；竹木行在武定橋西，為「竹木所聚」；川廣雜貨與米豆行，「俱在上新河」。商業越來越發達，外地富商也越來越多，例如典當鋪在十六世紀初都是南京本地人開的，十六世紀後期，和紬緞鋪、鹽店一樣，都是外地富商所開。市區繁榮，店鋪增加，「生齒漸蕃，居民

---

1 有關明清的歷史地位之討論，參見徐泓，〈明史在中國歷史上的地位〉，收入陳支平、萬明主編，《明朝在中國歷史上的地位》（天津：天津古籍出版社，二〇一一年十二月），頁一—七。陳支平，〈從世界發展史的視野重新認識明代歷史〉，《明朝在中國歷史上的地位》，頁九二—九八。徐泓，〈論何炳棣先生的《清代在中國史上的重要性》〉，收入汪榮祖編，《清帝國性質的再商榷：回應新清史》（台北：遠流出版公司，二〇一四年九月），頁一九三—一九九。梁柏力，《被誤解的中國：看明清時代和今天》（北京：中信出版社，二〇一〇）。

日密」，地價上漲；因此出現侵占官道搭建的違章建築店鋪。現在收藏於中國國家博物館的〈南都繁會景物圖卷〉，就是描繪當時南京繁榮情景的「清明上河圖」式的繪畫。

二、華北工商業與城鎮的繁榮

十六、七世紀的繁榮，不但江南如此，即使經濟比較落後的華北地區，也不遑多讓。以紡織業論，山西潞安生產的「潞紬」，「織作純麗」，銷售全國。僅潞安府城從事織紬的就不只數千家，紡織機約九千多張，如果合長治、高平、潞州衛三處計算，共有紬機一萬三千餘張。以棉業而論，華北為棉花主要產地，尤其山東、河南的棉花常順著運河，泛舟而賣到南方，而南方生產的棉布則利用同樣的河道，泛舟而賣到華北。以礦冶鑄造業論，民間礦冶中心在陝西華州柳子鎮，當地爐場數百，「嘯聚千萬人作事」，光鐵匠便有三千家，「作刀劍剪斧之用」，「聞於四方」。河南魯山縣有鐵礦，爐一百一十餘座，「鑄各色器皿」出賣。手工業發達，商品不僅在地方市場銷售，也運到遠方市場販賣，位於商品集散或轉賣的城鎮因此而繁榮。

十六世紀後期，張瀚曾以其「宦遊四方，得習聞商賈盈縮」的心得，寫成〈商賈紀〉一文，報導明代後期市場、都市與商業網路。根據他的敘述，位於「往來通衢」的城鎮，「商賈多出其途」；因此商業繁盛，城市繁榮。如河北的河間府，當地商販來自全國各地：販賣高級絲織品的來自南京、蘇州、臨清，販賣糧食的來自河南與天津，販賣鐵器的，來自臨清與交河，販鹽的來自滄州、天津，販木材的來自真定，販賣瓷器、漆器的來自景德鎮和徽州；商業繁榮，「富豪勢室，鱗次櫛比」。河南的開封府，「當天下之中」，交通四通八達，「東賈齊魯，南賈粱楚」。城內商業區有三街六市。據《如夢錄》所載，其市面繁華，不減於宋代，店鋪字號，接連不斷，其中緞店最多。商品也是來自全國各地，有鄭州、輝縣、光州、固始運來的各色大米，有四川來的黃楊，有遠自福建來的荔枝、松根、夏布，也有臨清生產的首帕。

至於北京則因為是全國政治中心，貴族、官員、士人聚居的地方，人口在百萬以上。生活用品均依賴外地供應，張瀚說：「四方之貨，不產於燕，而畢聚於燕。」城南的前門、宣武、崇文三門之外，商業最盛，「百貨充溢，寶藏豐富，服御鮮華，器用精巧」。其中尤以東南方來的手工業品最受歡迎，價格最高；因此「東南之人，不遠數千里，樂於趨赴」，北京市場上的商品，「半產於東南」。市面的繁榮，明人記載不少，甚至也有〈清明上河圖〉式的都市風貌寫真傳世，今存於北京中國歷史博物館的〈皇都積勝圖〉就是最好的代表。

三、海外貿易的興盛與城鎮的繁榮

十六、七世紀，除國內商業外，東南沿海的海外貿易也很興盛。雖然明朝實行海禁政策，把「通番下海」懸為厲禁。但事實上貿易並未完全中斷。尤其嘉靖年間，也就是十六世紀中期，東南沿海商人與日本海盜勾結，組成所謂「倭寇」的武裝走私海盜集團，從事與日本人及西方人間的貿易。此時，正是地理大發現後，西班牙、荷蘭、葡萄牙等西歐國家的殖民統治者紛紛東來，占領殖民據地，十六世紀中葉至十七世紀中葉，西班牙人占領菲律賓（呂宋）、荷蘭人占領台灣、葡萄牙人侵占澳門，作為貿易據點，與中國貿易絲、瓷、棉布與糖品、果品。尤其絲與絲織品最受歡迎，因為蠶絲是中國特產，他們的地方都不生產，「惟藉中國之絲到彼，能織精好緞匹」或買到「中國綾、羅、雜」，「服之以為華好」；利潤最高，往往可獲利二倍到數倍。當時西班牙人已占領中、南美洲，並開採銀礦，攜來大量白銀，作為交易媒介。因此明末傅元初說：「若販（西班牙人占領的）呂宋，則單得銀錢。」當時中國人不知其銀子來自美洲，以為「其國有銀山，有夷人鑄作，銀錢獨盛」；萬曆皇帝派宦官到全國各地徵收「礦稅」時，還因這個傳聞派人到呂宋去調查銀山之事。海外貿易發達的結果，不但因為貿易順差而流入大量白銀，而且也使東南沿海富裕起來，並刺激手工製造業因大量出口需求而興盛。舉福建海澄縣的月港為例，月港在十五世紀只是一個「結茅而居」、「捕魚緯蕭」的漁村，自十六世紀初從事海外貿易後，「富家以貲，貧者以傭，輸中華之產，騁彼遠國」，「博利可十倍」。雖有朝廷海禁之令，也要「奮當車之臂」，「競騖爭馳」。據《崇禎澄海縣志》說：當地的月港因此成為「繁華地界」，「寶貨塞途，家家歌舞賽神，鐘鼓管弦，連飆響答」；被人稱為「小蘇杭」。

四、經濟繁榮下社會風氣的轉變

由上所述，可知十六、七世紀的中國社會經濟是相當繁榮的。在富裕的經濟刺激下，明初那種「貴賤有等」「儉樸淳厚」的社會風氣便難以維持了。一些社會經濟發展較快的地方，如蘇州吳江縣「迨天順初」，「儉樸之習」「漸移」，弘治年間，也就是十五世紀末，十六世紀初，「習俗愈趨愈下，庶民之家，僭用命婦服飾」。到了十六世紀中期的嘉靖年間，更是「多奢少儉」，《嘉靖吳江縣志》說：當地「號為繁盛，四郊無曠土」，「有海陸之饒，商賈並輳。精飲饌，鮮衣服，麗棟宇；婚喪嫁娶，下至燕集，務以華縟相高；女工織作，雕鏤塗漆，必殫精巧」。流風所及，不但士大夫以華侈相高，市井小民也以奢華相尚。十六世紀中期，通州進士陳堯說：里中子弟已認為當地產製的「羅綺不足珍」，而要用遠方製造「價高而美麗者」如「吳紬、宋錦、雲縑、駝褐」「以為衣」，尤其樣式要講究，「倏忽變易，號為時樣」，有如今人追求時髦的「時裝」。如果「不衣文采而赴鄉人之會，則鄉人竊笑之，不置之上座」。流風所及，過去只有士大夫可以戴的方頭巾，市井小民也戴起來，甚至「俳優隸卒窮居負販之徒」，也「躡雲頭履行道上」，人數之多，如「踵相接」，「而人不以為異」。

這類現象相當普遍，許多人看不慣，紛紛在筆記、文集與地方誌中撰文批評「世風日下」的社會，而嚮往明初社會的淳美。例如《隆慶儀真縣志》就說：明初的「民風質實樸約」，衣食住室都很簡樸，「無大文飾」，人與人相處，「恭讓誠信，憚訟而懷居」「婚喪相繼雖若鄙，而古意猶存」，無論是大夫或市井鄉里小民，都能「守禮畏法」、「修行慎業」。與明末社會相比，似乎明初是美好的舊日時光（Good Old Days）。我們讀了這類文章，不免有似曾相識的感覺，人們常說民國四十年代、五十年代的社會是如何淳樸、守法、有禮，哪像現代的人，這樣奢靡、無法與無禮。明末的人也和我們今天一樣，在感嘆之餘，便興起「移風易俗」的念頭，想用政治力量，嚴厲要求人們遵守明初政府所制定的規則：「庶民房舍不過三間，不得用斗栱、彩色；其男女衣服不得用金繡錦綺紵絲綾羅，止用紬絹素紗；首飾釧鐲不得用金玉珠翠，止用銀；靴不得裁製花樣、金線裝飾。違者罪之。」

但是這種感嘆與回到過去的主觀意願，敵不過現時高水準生活的誘惑，已經失序的階級倫理規範，似乎不能以政治命令重建。雖然大多數人都沒有認識到明代後期的社會與經濟情況已與明初大不相同，但是在經濟富裕的江南與運河沿岸地區，有少數人感覺到經濟情況已經改變，社會已經不同，應該有不同的價值觀與社會規範了。《萬曆如皋縣志》的作者便說：明初的儉樸淳厚與貴賤有等，不是那時候的人特別好，而是當時「百姓出脫亂離之苦」，生活水準較低，「凡百用度取給而止」。「奢侈甚少」是他們沒有奢侈的本錢，儉樸是因為經濟能力有限；貴賤有等，遵守禮法規定，是他們沒有能力僭越禮制。

松江府上海縣人陸楫更提出他對「奢侈」的看法。他認為社會風氣的形成，是不以個人主觀意志而轉移的；所以只能「因俗以為治」。如此則當政者不辛勞，而被統治者的生活也不為其所擾。奢侈的社會風氣，正是經濟繁榮的產物，所以說：「先富後奢」。奢風形成之後，又能助長經濟發展；因為能過奢侈生活的人越多，則需要的物品愈多愈精，於是刺激生產，而提供更多的工作機會。工作機會越多，生產越發達，人民收入也越有保障，生活水準也越能提高，而接近過去人們認為「奢靡」的程度。他比較蘇杭地區與浙東地區，前者是天下財賦所在，社會風氣奢靡，但因為「彼以粱肉者，則耕者、庖者分其利；彼以紈綺奢，則鬻者、織者分其利」，奢侈之風帶來更多的工作機會；因此「其地奢，則其民必易為生」。至於後者的社會風氣「最號為儉」，但當地人民消費少，因而工作機會少，甚至生活達到「不能自給」的程度，而「半遊食於四方」；因此「其地儉，則其民必不易為生」。在他看來，奢侈與商業繁榮是並存的，人民依賴著奢侈與繁榮帶來的工作機會生活。如果「使其相率而為險，則逐末者歸農矣」，哪來商業繁榮？哪來工作機會呢？總之，「俗奢，市易之利，特因而濟之耳」，「徒欲禁奢」的政策是行不通的。

十六、七世紀，社會經濟繁榮與社會風氣奢靡，似乎像連體嬰一樣，分割不開。社會風氣奢靡，表現於日常生活消費質量之提高，刺激商品生產的種類與數量之增加；不少商品因為產量增加而價格下降，不但富人可以購買，一般人民也有可能取得。於是「家無擔石之儲」的貧民，也「恥穿布素」，買不起綺羅高級衣料的人，甚至可「從典肆中覓舊緞、舊服，翻改新製，與豪華公子列坐」。不但衣食住行方面，「一切以奢侈相尚」，生活享受不再是貴族仕宦的階級專利，導致「傭流優隸混與文儒衣冠相雜，無貴賤」，甚至在要求物質生活享受平等外，一般人民更進一步追求文雅，要求貴族仕宦過去專有的文化生活，也能下及庶民。例如過去只有少數士大夫有號，到了嘉靖中葉，即十六世紀中葉，不但士人「束髮時就有號」，甚至「米鹽商賈、刀錐吏胥、江湖星卜、遊手負擔之徒，莫不有號」。嘉靖年間，陳堯說過一個故事，他問一位朋友住在哪裡，友人說房子被倭寇燒了，現在向雙澗租房子住，陳堯原以為自己孤陋寡聞，不知雙澗先生是誰，又不敢問，怕友人笑話，後來才知道雙澗不過是一「鼓刀之夫（屠夫）」。在當時人看來這是「上下之分蕩然」的亂象。其實也正是「禮下庶人」庶民文化提升發達的表徵。十六、七世紀，中國美術工藝甚為發達，藝術家不但為貴族仕宦作畫寫字或製作器物，而且也把他們作品賣給商人或鄉里市井之民。

社會經濟的繁華，社會風氣的奢靡，與庶民物質、文化生活水準的提高，營造了十六、七世紀的人認為自己是生逢「聖明極盛之世」的氣氛。

第二章

明代社會風氣的變遷：以今江浙地區為例

前言

「社會風氣」是「社會風俗」的一部分，它是指在一定時期內，社會上一般人日常生活思想言行的普遍傾向[1]。誠如東漢末年應劭所說的：「為政之要，辯風正俗，最其上也。」[2]社會風氣的厚薄美惡反映了政治的良否，要使「天下皆寧」，必須「移風易俗」，轉移社會風氣[3]。我國古代的政治家與思想家就非常注意對社會風氣的調查，因而從《詩經．國風》以下，正史〈地理志〉和〈地方誌〉中，都列有「風俗」項目，留下大量的社會風氣變遷史料，以便「官斯土與生斯土者得以推論變遷之所由，而徐圖補救」[4]。

明代後期，社會風氣起了相當大的變化，儉樸守禮的風氣，逐漸為奢靡僭越的風氣所代替。一般人思想言行的這種普遍傾向，正是明末社會經濟發展與政治局勢變化的反映。本文試圖以社會經濟最發達的江、浙地區為例，採用〈地方誌〉「風俗」項目的記載為主要資料，說明在商品經濟發展的衝擊下，明末社會風氣的變遷，並論其對當時經濟、社會與政治的影響[5]。

一、「儉樸淳厚」「貴賤有等」的明初社會

明朝建國之初，以儒生為主的士大夫，承繼漢代以來的傳統，規劃出一套依據禮制建立的「貴賤有等」之社會秩序。他們認為只要人人遵守禮制所定的分位，「尊卑貴賤各安其位」，士農工商各安其生，則社會秩序井然，天下因此治平[6]。為確保這套社會秩序的延續，不但以法律規定各階級的生活方式，而且頒布〈教民榜文〉，要求人民「各安生理」、「毋作非為」、「孝順父母」、「尊敬長上」、「和睦鄰里」、「教訓

子孫」，以教化的力量約繫善良的社會風氣[7]。在社會經濟上採「重本抑末」政策，限制商品經濟的發展，以安定的農村經濟環境，和以物力的限制，來確保「敦尚樸素」的社會風氣，防止「官民漸生奢侈，踰越定制」、「習以成風，有乖上下之分」[8]。洪武三年八月，明太祖諭令廷臣說明這個道理：

> 古昔帝主之治天下，必定體制，以辨貴賤，明等威。是以漢高初興，即有衣錦繡綺縠、操兵乘馬之禁。歷代皆然。近世風俗相承，流於僭侈，閭里之民服食居處，與公卿無異，而奴僕賤隸往往肆侈於

---

1 嚴昌洪，〈關於社會風俗史的研究〉，《江漢論叢》，一九八四年二月，頁七〇—七一。

2 〔漢〕應劭撰，王利器校注，《風俗通義校注》（北京：中華書局，一九八一），〈序〉，頁八。《乾隆歙縣志》（乾隆三十六年尊經閣刊本），卷一，〈風土〉，頁二二：「夫移風易俗，長民責也。」。《光緒琪縣志》，卷五，〈風俗志〉，頁一：「觀風俗而政教之得失可鏡也。……蘇子瞻曰：『人之壽夭在元氣，國之壽夭在風俗。』」

3 〔元〕陳澔，《禮記集說》（台北：世界書局，一九六九），卷七，〈樂記第十九〉，頁二一三。

4 嚴昌洪，〈關於社會風俗史的研究〉，頁六八。

5 拙文寫作始於一九七四年，運用由故宮博物院典藏，剛從美國運回台灣的北平圖書館藏明代方志。這批善本，係抗戰時，為防日寇劫奪而託美軍運至華盛頓美國國會保管。在圖書資料不開放的當時，極為難得。近年來，大陸圖書資料開放，天一閣藏明代方志影印出版，北京圖書館數位方志資料庫開放；當今史家運用方志史料論述明代社會風氣變遷，如鈔曉鴻、陳寶良等不可勝數的論著，其資料內容之豐富，遠超過本文。今重刊拙文，只是記載當年資料缺乏難得時代的寫作而已。參見鈔曉鴻，〈明清人的「奢靡」觀念及其演變——基於地方誌的考察〉，《歷史研究》，二〇〇二年第四期。陳寶良，〈明代社會風俗的歷史轉向〉，《中州學刊》，二〇〇五年第二期。陳寶良、王熹，《中國風俗通史．明代卷》（上海：上海文藝出版社，二〇〇五）。

6 李書華，《明代勅撰書考》（哈佛燕京引得社），卷二二，〈教民榜〉。

7 《嘉靖淳安縣志》（嘉靖三年刊本），卷一，頁六。

8 《明太祖實錄》（台北：中央研究院歷史語言研究所校勘本，一九六二），卷八一，頁三—四，洪武六年四月癸巳條。

鄉曲。貴賤無等，僭禮敗度，此元之失政也。中書其以房舍、服色等第，明立禁條，頒布中外，俾各有所守。[9]

於是中書省建議：

職官自一品至九品，房舍、車輿、器用、衣服各有等差。庶民房舍，不過三間，不得用斗拱、彩色。其男女衣服，不得用金繡、錦綺、紵絲、綾羅，止用紬絹、素紗；首飾、釧鐲，不得用金玉珠翠，止用銀；靴，不得裁製花樣、金線裝飾。違者罪之。[10]

其後載入《大明律．服舍違式》[11]。明太祖以維護貴賤有等的階級制度與反對僭侈的社會風氣，為關係國家興亡的大事，用嚴刑峻法的鐵腕手段來執行這些規定。當時「法尚嚴密，百姓或奢侈踰度犯科條，輒籍沒其家」[12]。於是「民皆畏法，遵守弗違」[13]。而明初「百姓初脫亂離之苦」，社會經濟尚待復興，生活水準較低，「凡百用度，取給而止，奢僭甚少」，沒有能力僭越禮制，「中間奢僭犯禮者，不過二三豪家」[14]。在一定程度上實現了「望其服而知貴賤，睹其用而明等威；此上下辨而民志定」的理想社會[15]。

明代方志談到明初社會風氣時，沒有不盛讚其「風俗淳美」的。《洪武蘇州府志》云：「本朝尊卑貴賤悉有定制，奢僭之習為之頓革」，「歲月既久，風俗安得不愈淳美乎！」[16]《隆慶儀真縣志》曰：

國初，民風質實樸約，室廬服食率卑隘菲惡，無大文飾；相與恭讓誠信，憚訟而懷居；婚喪交際雖若鄙，而古意猶存。其君子，矜名節，重清議，居官守禮畏法，恬於勢利；下至布衣韋帶之士，亦能摛章染翰，修行而慎業。[17]

宋元以來，社會經濟較繁榮的長江下游，風氣尚如此淳樸，其他較落後的地區，當然更是「儉樸淳厚」「貴賤有等」。《嘉靖太平縣志》云：

余聞之故老：國初，新離兵革，人少地空曠，上田率不過畝一金。……丈夫力耕稼，給繇役，衣不過細布土縑。仕非達官圓領，不得輒用紵絲。女子勤紡績蠶桑，……士人之妻，非受封，不得長衫束帶。居室無廳事，高廣惟式。[18]

9 《明太祖實錄》，卷五，頁二，洪武三年八月庚申條。

10 《明太祖實錄》，卷五，頁二，洪武三年八月庚申條，有關的詳細規定，請參見瞿同祖，《中國法律與中國社會》（上海：商務印書館，一九四七），第三章〈階級〉。

11 黃彰健，《明代律例彙編》（台北：中央研究院歷史語言研究所專刊之七五，一九七九），卷一二，〈禮律二．儀制〉，頁六〇一，「服舍違式」、「續例附考」。

12 《嘉靖太平縣志》（嘉靖十九年修，明祇園寺承滿重刊本），卷二，頁一九。

13 《洪武蘇州府志》（洪武十二年刊本），卷一六，頁三。

14 《萬曆如皋縣志》（萬曆四十六年修），卷八，頁三二。陳子龍等選輯，《皇明經世文編》，卷一四四，頁一三，〈何柏齋先生文集．民財空虛之弊議〉。何瑭著，王永寬點校，《何瑭集》（鄭州：中州古籍出版社，一九九九），卷一，頁一六，〈民財空虛之弊議．風俗奢僭〉。以《何瑭集》最完整，《萬曆如皋縣志》和《皇明經世文編》皆有刪節。

15 〔明〕張瀚，《松窗夢語》（《武林往哲遺著》本），卷四，「百工記」，頁一二。參見張佳，《新天下之化——明初禮俗改革研究》（上海：復旦大學出版社，二〇一四），第二章第二節〈上下有等：明初服飾制度與民眾階層身分的刻畫〉，第三節〈民服有常：士庶服飾與四民秩序的重新釐定〉。

16 《洪武蘇州府志》（洪武十二年刊本），卷一六，頁三。

17 《隆慶儀真縣志》（隆慶元年修，光緒十八年天一閣影鈔本。），卷一一，頁二。

18 《嘉靖太平縣志》（嘉靖十九年修，明祇園寺承滿重刊本），卷二，頁一九。

二、「淳厚之風少衰」的明代中期社會

正統至正德年間（一四三六—一五二一）是明代中期。經過明初六十多年的「安養生息」，「民氣漸舒，蒸然有治平之象」[19]。歸有光說：「明有天下，至成化、弘治之間，休養滋息殆百餘年，號稱極盛。」但弘治年間，據南京國子監監丞楊文的觀察：

今天下節儉之風浸微，婚喪燕享，驕奢無度，屠宰之類，動及千數，肥美之味，恆致百品，凡靡麗之物，難以悉舉。上下同風，遠近同俗。[20]

中時行則發現成化、弘治年間的江南蘇州社會風尚，已不再淳厚，而「以侈靡相尚」：

余嘗聞故老言：成弘間，網疏民富，素封俠游，往往盛輿馬，廣田宅，以侈靡相尚。[21]

而戶科給事中丘弘也在成化六年說：

近來，京城內外，風俗尚侈，不拘貴賤，概用織金、寶石，服飾僭擬無度，一切酒席皆用簇盤、糖纏等物。上下仿效，習以成風。[22]

弘治帝初即位，進士李文祥即以當時奢靡之風盛行進言曰：

風尚奢麗，禮制蕩然；豪民僭王者之居，富室擬公侯之服，奇技淫巧，上下同流。[23]

弘治元年，賀欽上疏，還論及當時喪葬婚嫁風尚，已有踰制無節的情況：

幡幢之制，僭擬朝廷，奠禮之奢，十倍諭祭；或飲酒食肉，竊作佛事，或乘喪嫁娶，明用鼓樂；若此之類不能枚舉。……聘娶之禮，以庶民而上比公卿；論財之風，以中國而下同夷虜。[24]

弘治七年五月欽天監天文生聞顯也上疏言，當時京城奢靡之風，雖「累有禁約，未聞問發」：

京官軍民勢豪之家，奢靡相尚，婚姻醵會，率用大樣餅錠、糖纏高頂、獅人渾金，衣服寶石首飾，

越禮僭分，無所不至。[25]

收錄成化、弘治兩朝文書的《皇明條法事類纂》有一條〈軍民之家服飾不許違禁例〉，很值得我們注意：

近年，天下風俗奢侈，僭用加前百倍。臣訪得蘇杭等州，江南繁華之地，不恃富豪之家，甚至賤品市井之人，屬佑閭閻之革，婚男嫁女及倡優、歌妓，夏則紗羅，冬則緞匹，織金繡彩花樣服色，爭尚奇巧。[26]

迄至正德初年，據禮部尚書張昇和都御史張敷的報告，民間居舍、男女服飾、器用更多奢僭情事：

舊例：庶民居舍，不得過三間五架及用斗拱、彩繪；近來，務為高大，且過粉飾。……

---

19 （清）張廷玉等，《明史》（北京：中華書局新校標點本，一九七四），卷九，〈宣宗本紀〉，頁一二五—一二六。

20 （明）俞汝楫，《禮部志稿》（上海：商務印書館影印文淵閣本四庫全書珍本初集，一九三五），卷九九，「禁令備考．通禁．通禁奢僭」，頁一四。

21 （明）申時行，《賜閑堂集》（明萬曆刊本），卷六，頁二四，〈題徐氏紫芝園石刻後（有序）〉。參見劉婷玉，〈成弘之際的「盛」與「變」—作為轉折時期的成化、弘治時代〉，陳支平、萬明主編，《明朝在中國史上的地位》（天津：天津古籍出版社，二〇一一），頁七四—九一。陳寶良，〈明代社會風俗的歷史轉向〉，《中州學刊》，二〇〇五年第二期，頁一五〇—一五三。

22 《明憲宗實錄》，卷八六，頁一〇—一一，成化六年十二月庚午條。

23 （清）張廷玉等，《明史》，卷一八九，〈李文祥傳〉，頁五〇〇八。

24 （明）賀欽，《醫閭先生集》，卷八，〈辭職陳言疏〉，頁一一〇九。收入金毓黻主編，《遼海叢書》（瀋陽：遼瀋書社，一九八五）。

25 《明孝宗實錄》，卷八八，頁二—三，弘治七年五月戊戌條。

26 （明）戴金編，《皇明條法事類纂》（東京：古典研究會據東京大學附屬圖書館藏鈔本影印，一九六六）上冊，卷二二，頁五五六，「軍民之家服飾不許違禁例」。吳啟琳，〈《皇明條法事類纂》所見明成弘時期「奢靡」之風〉，《中國社會歷史評論》，第一〇卷（二〇〇九），頁二六一—二八〇。

舊制：庶民男女衣服，不許僭用金繡，首飾、耳鐶各用金一事；近來愈加僭侈。……

民間範銅為佛像，貨鬻取利，僧道化緣，造佛俱鍍金，及軍民器物，僭用銷金、泥金、戧金。……

成化間例：冠婚之家，酒席從儉；近歲過豐，暴殄天物。……

近來，民間婚嫁，競為豐盛。帳幔被褥，僭用大紅銷金，器用金銀。……

軍民婦女，近來用珠結蓋額，謬稱纓絡，或綴衣緣履。官員之家，結成補子，甚違法制。……

舊制：官民禁用金酒爵，凡金、銀、瓷、碇等器，禁用龍鳳紋；共椅桌木器之類禁用硃紅金飾，近雖軍民之家，輒踰分僭用。[27]

尤其長江下游，社會經濟成長較速；如蘇州地區，以絲織業為主的商品生產，「成、弘而後」，日益發展和普及，不但城裡的「郡人」「邑人」，就連村鎮的「士人」，「亦有精其業者，相沿成俗」，「乃盡逐綾紬之利」[28]。商品生產發展的結果，城鎮人口增加，市面日漸繁榮。成化時人莫旦說：蘇州城「列巷通衢，華區錦肆，坊市棊列，橋梁櫛比」，為「貨財所居，珍異所聚」[29]。在商品經濟發展的衝擊下，加以「英、武之際，內外多故」，政治綱紀已不如明初整飭[30]；於是「儉樸淳厚」、「貴賤有等」的社會風氣，在部分地區開始維持不住了。

蘇州府長洲士人王錡就觀察到正統至成化、弘治蘇州府城的變遷：

正統、天順間，余嘗入城，咸謂稍復其舊，然猶未盛也。迨成化間，余恆三、四年一入，則見其迥若異境；以至於今，愈益繁盛，閭簷輻輳，萬瓦甃鱗，城隅濠股，亭館布列，略無隙地。輿馬從蓋，壺觴罍盒，交馳於通衢。水巷中，光彩耀目。遊山之舫，載妓之舟，魚貫於綠波朱閣之間，絲竹謳舞與市聲相雜。凡上供錦綺、文具、花果、珍羞奇異之物，歲有所增。若刻絲累漆之屬，自浙宋以來，其藝久廢，今皆精妙；人性益巧而物產益多。至於人材輩出，尤為冠絕。作者專尚古文，書必篆隸，駸駸兩漢之域，下逮唐、宋，未之或先。此固氣運使然，實由朝廷休養生息之恩也。人生見此，亦可幸哉！[31]

蘇州府吳江縣，原是個「尊卑有倫，貴賤有等」的社會，「迨天順初」，「儉樸之習」「漸移」[32]。弘治以前，據《弘治吳江志》云：

習俗奢靡，愈趨愈下。庶民之家，僭用命婦服飾，加以鈒花銀帶，恬不知愧。[33]

社會經濟的發展，使庶民之家物力漸增，生活水準提升，社會風氣漸趨奢靡，於是僭越風氣漸起，視為當然，「恬不知愧」，而「貴賤有等」的社會秩序漸難維持。常州府江陰縣，據《嘉靖江陰縣志》云：

國初：民居尚儉樸，三間五架，制甚狹小；服布素，老者穿紫花布長衫、戴平頭巾，少者出遊於市，見一華衣，市人怪而譁之；燕會八簋，四人合坐為一席，折簡不盈幅。成化以後：富室之居，僭

27（明）俞汝楫，《禮部志稿》，卷九九，「禁令備考．通禁．服飾禁例」，頁一五—一八。
28《乾隆震澤縣志》（乾隆十一年修，光緒十九年重刊本），卷二五。
29（明）莫旦，〈蘇州賦〉，引自《同治蘇州府志》，卷二，〈疆域〉。
30（清）張廷玉等，《明史》，卷二八一，〈循吏列傳序〉，頁七一八五。
31（明）王錡，《寓圃雜記》（北京：中華書局，一九九七），卷五，頁四二，「吳中近年之盛」。
32（明）莫旦，《弘治吳江志》（弘治元年刊本），卷五，頁一七。《嘉靖吳江縣志》（嘉靖三十七年刊本），卷一三，頁二一。
33（明）莫旦，《弘治吳江志》，卷五，頁二六。

侔公室，麗裾豐膳，日以過求，……非前日比矣。[34]

松江府華亭縣，景泰、天順年間以前，社會風氣儉樸。衣飾方面：「男子窄袖短躬衫，裾幅甚狹，雖士人亦然」，「婦女平髻、寬衫，制甚樸古；婦會以大衣，領袖緣以圈金或挑線為上，綵繡織金之類，非仕宦家絕不敢用」，嚴格遵守貴賤差等。宴飲方面：燕會果殽以四色至五色而止，相當樸素。然而成化以後，乃「漸侈靡」，正德年間，侈靡「益甚」[35]。常熟縣的社會風氣，原來也「趨於淳質」，「迨天順、成化之際，民益富庶，復崇侈尚靡，以襟度好事相高」[36]。

江北的揚州由於「當江淮之衝要，民俗喜商，不事農業，四方客旅雜寓其間，人物富盛」，商品經濟相當發達[37]；到了正統、成化年間，據彭時說：揚州已是「俗尚侈靡」之地[38]。淮安府原來也是風氣淳樸，「人尚廉恥，士崇學問」，「衣冠禮樂之美，甲於東南」；明代中期，商品經濟發展起來，「文、物之盛倍蓰於前」，「而渾厚之風亦少衰矣」[39]。《正德淮安府志》云：

細民棄本事末，豪右亦頗崇華黜素，競勢逐利，以財力侈靡相雄長，冠婚喪祭蓋有不能如古禮者。[40]

士大夫風氣也是如此：「宣德、正統間近厚」，「儒生出入，長幼之序，斯須不紊，途中遇鄉長，則讓而避之」；成化以後，風氣漸變，「童稚輒乘肩輿，行不讓長，靡靡頹風，漸不復挽」[41]。

雖然長江下游地區，由於商品經濟發展較快，早則天順初年，遲則成化、弘治之際，社會風氣率先轉變。但是這種現象並不是全面的，不能過分強調；因為在這些社會經濟與社會風氣已在轉變的地方，附近還有不少府縣的情形猶如明初，改變不大。尤其在鄉間，仍是小農制經濟，男耕女織，生產所得除納租賦外，以自給自足為主，只有少部分剩餘產品投入市場。市場經濟不發達，「貨出無贏，商賈鮮少」，自然受到外界風氣感染的機會不多[42]。而一般農民安土重遷，習於農村自給自足生活，很少進城，「有老死不識縣官者」[43]，已在轉變中的城市社會風氣，對他們自然難以發生影響。甚至連一些府縣城市，商品經濟雖已發展，但還沒有強大到可以帶動全城的社會風氣的轉變，以致淳樸之風猶存。例如南京，「首被聖化」，建為首都，但明太祖對南京的建設，注重於軍事與政治方面，社會經濟不是重點；因此，明初南京的都市性格，是軍政性高於經濟性的，其繁榮是由政策決定，不是以商品經濟的成熟為條件的。附郭南京的上元縣，雖是天子腳下的首縣，但在明太祖嚴厲的政法綱紀籠罩下，商品經濟並不夠強大，社會上仍然「俗尚質樸」，風氣沒太大轉變；尤其永樂遷都北京之後，政策上將南京降為次要都城，人口因隨政府北徙而銳減，「瀕江官田久廢沒」，「坊市廊房既傾圮」，社會經濟「多積困」[44]。影響所及，至「弘、正之

34 《嘉靖江陰縣志》（嘉靖二十七年修），卷四，頁二。

35 《正德華亭縣志》（正德十六年修），卷三，頁一〇。

36 《嘉靖常熟縣志》（嘉靖十八年刊本），卷四，頁二〇。

37 《嘉靖惟揚志》（嘉靖二十一年修），卷一一，頁二三，引《洪武志》。

38 《嘉靖惟揚志》，卷一一，頁二二，引（明）彭時，〈學記〉。

39 《天啟淮安府志》（天啟年間刊，順治五年印本），卷二，頁二三。

40 《正德淮安府志》（正德十三年刊本），卷四，頁一—二。

41 《正德淮安府志》，卷四，頁一—二。

42 《嘉靖寧波府志》（嘉靖三十九年修），卷四，頁三二。

43 《萬曆杭州府志》（萬曆七年修），卷一九，頁九。

44 陳作霖，《金陵通記》（光緒三十三年刊本），卷一〇，頁一。關於南京都市性格的轉變，請參閱徐泓，〈明初南京的都市規劃與人口變遷〉，《食貨月刊》，復刊第十卷第三期（一九八〇）。

間」，社會風氣還相當淳樸，「彬彬乎近於古矣」[45]。又如杭州，宋代以來，就發展成一個極其繁榮的都市[46]。其「風俗侈靡，日甚一日」[47]；元末絲織業發達，還出現「杼機四、五具」、「工十數人」的手工工場[48]。高啟說：錢塘「有山川台榭之勝，魚稻茶筍之饒」，「民習侈巧，廛屋繁麗」[49]。但是在元明之際的戰亂後，情況改變，「細民服勤所業而事居積，就實還淳，雅非舊俗」[50]，「成化、弘治盛時，杭民（仍）有老死不識縣官者，淳樸之風猶可想見」[51]。嘉興府也是個「尺寸之土必墾，機杼之聲不絕，不勸而耕」的地區，到弘治年間，社會經濟「視他邑固易易」，但社會上仍然「風氣敦龐」，轉變不大[52]。《光緒石門縣志》引《陳志》（《崇禎嘉興縣志》）云：

> 農力耕耘，女勤蠶績，作息自食，本土貿遷，而喪祭婚姻率求合於禮，弘、正間猶有存。[53]

可見當地商品經濟仍不發達，男耕女織，「作息自食」，自給自足「本土貿遷」，市場交易限於地方市場，社會變遷不大，風氣淳樸，至明代中期猶然。

江北地區也有類似情況。揚州府雖是商品經濟發達的地區，但明代中期以前，限在城市中，如江都「人物富盛為諸邑最」，然而「其鄉沙土甚平曠，民皆務農為業」[54]。該府所屬通州，明代中期商品經濟還不發達，風氣也還淳樸，據南通進士陳堯說：「吾鄉之俗，遠者不可觀已，弘、德之間，猶有敦本務實之風。士大夫家居多素練、衣緇、布冠，即諸生以文學名者亦白袍、素履。庶氓之家，夏葛冬布，價廉而質素。風俗儉薄如此。」[55]

社會經濟較先進的長江下游地區，在社會風氣已開始轉變的地區，附近還夾雜一些社會風氣未轉變、商品經濟尚不太發達的城鄉。社會經濟先進的地區尚且如此，何況那些較落後的地區？例如浙東紹興府新昌縣，「地僻民稀，買賣亦少」，至成化九年始有較大的市集，鄰境如嵊縣人民也前來趕集，「每月以三、八日為準」，但所交易的仍是農產品為主，「牛豬雞鵝之外，或鹽、或鰲，與夫棗栗之類而已，其溪鮮海錯、異菓珍羞不可得也」，不過是個地方市場；因此，是個商品經濟不發達的地方[56]。其社會風氣甚為樸素，「成化以前，平民不論貧富，皆遵國制，頂平定巾，衣青直身，穿衣靴鞋，極儉素」[57]。成化間莫旦在《新昌縣志》中也說：

士民皆平巾直身，樸素儒雅。……宦家公子禮度雍容，不戴小帽，不尚美衣。[58]

至於一般宴饗則「儉薄」，「若請鄉里親戚，厚則五果、五案、五蔬，薄則四味而已」，「最厚者施於請官

---

45 《萬曆上元縣志》（萬曆二十二年刊本），卷三，頁一。
46 詳見徐益棠，〈南宋杭州之都市的發展〉，《中國文化研究彙刊》，卷四冊上，一九四四年，頁二三一—二八七。
47 《光緒杭州府志》（光緒二十一年修，民國十一年鉛印本），卷七四，頁三，引《成化杭州府志》。
48 〔明〕徐一夔，《始豐稿》（《武林往哲遺書》，光緒三十三年刊本），卷一，頁三，〈織工對〉。
49 〔明〕高啟，《高太史鳧藻集》（《四部叢刊．初編》本），卷二，頁二一，〈送顧倅序〉。
50 《光緒杭州府志》，卷七四，頁四，引《成化杭州府志》。
51 《萬曆杭州府志》，卷一九，頁九。
52 《光緒嘉善縣志》（光緒二十年刊本），卷八，頁二，引《弘治嘉興府志》。
53 《光緒石門縣志》（光緒五年傅貽書院刊本），卷一一，頁二。
54 《嘉靖惟揚志》，卷一一，頁二二，引《洪武志》。
55 《雍正通州府志》（雍正十一年刊本），卷一〇，頁二。
56 《成化新昌縣志》（正德十六年刊本），卷四，頁七。
57 《萬曆新昌縣志》（萬曆七年修，四十六年重刊），卷四，頁五。
58 《成化新昌縣志》，卷四，頁五—六。

賓」，也不過是「肉味七事，菓、蔬各七事」，「稍薄者或五、或六而已」；席間所重禮數，喝酒時，「在席人人序長幼進勸，否則非敬也，大抵立多坐少，禮多食少，勞多逸少」[59]。寧波府在成化以前，有「淳龐澄清之風」，據《嘉靖寧波府志》云：

慈谿。君子小人各安其所，然土薄民稠，貨出無贏，而商賈鮮少。……富籍不過千畝，僮養不過十人。成化、弘治以前，率尚約素，雖風氣則然，亦物力有所制也。[60]

又據《成化四明郡志》載：

《成化志》：山崇浸巨，故民剛勁而直樸，利漁鹽，務耕穡，樂於家居，而憚於遠行，去家百里，輒有難色。[61]

可見成化以前，寧波地區商品經濟不發達，「貨出無贏，商賈鮮少」，人民「憚於遠行」，一般交易只限於地方市場。因此，「其俗質」，「服食菲朴薄，綺縠珍異不御」，物力所限，貴賤等差易於維持，例如「婚娶論良賤，而不論貧富」，社會秩序井然，所以其「民易治」[62]。

總之，明代中期，長江下游部分地區，商品經濟發展先進，因而帶動社會風氣的轉變；然而大多數地區，商品經濟尚未充分發展，有的仍為「物力無所出」之地，社會上，「淳風如舊」，「樸意猶存」。[63]全國只有部分地區「渾厚之風亦少衰矣」[64]。

三、「華侈相高」「僭越違式」的明末社會

明代中期，在部分商品經濟發達的地區，社會風氣日漸侈靡，但在大部分地區，由於商品經濟不夠發

展，仍保持明初淳厚之風。嘉靖以後，隨著商品經濟的發展與擴張，原來社會風氣已有轉變的地區，其奢靡僭越之風，起自京師，乃日甚一日。嘉靖初期，據御史周櫸報告稱：

自近今都城之中，衣輕乘肥，非貴戚之臧獲，即貂鐺之僕夫。詰問則根據城社，縱釋乃橫行街衢；以致遠近效尤，恬不畏法。[65]

而大多數原來社會風氣淳樸的地區，也開始漸趨奢靡。因此，明清方志談到明末社會風氣時，很少有不批評其「流風愈趨愈下，慣習驕吝，互尚荒佚」的[66]。

59 《成化新昌縣志》，卷四，頁四。

60 《嘉靖寧波府志》，卷四，頁三二。

61 羅士筠修、陳漢章等纂，《民國象山縣志》，卷一六，〈風俗考目〉，頁2a或一八七八，引《成化四明郡志》。（收入《中國地方志集成．浙江府縣志輯》，第三三冊（上海：上海書店出版社，一九九三）。據民國十六年（一九二七）寧波天勝印刷公司鉛印本影印。

62 《嘉靖寧波府志》，卷四，頁三四－三五。

63 《弘治宿州志》（弘治十二年刊本），上，頁三；《光緒吉安府志》（光緒二年刊本），卷一，頁四〇，引《舊志》；《天啟江山縣志》（天啟三年修，北平圖書館藏抄本。），卷一，頁一七。

64 《天啟淮安府志》，卷二，頁二三。

65 〔明〕俞汝楫，《禮部志稿》，卷九九，頁一八，「禁令備考．通禁．申禁中外奢僭」。《明世宗實錄》，卷一一一，頁一，嘉靖九年三月乙未條。

66 《博平縣志》（康熙三年刊本），卷四，頁四－五，〈人道六．民風解〉引萬曆間馮訓（蘭室）《萬曆博平縣志》（萬曆十九年刊本）。吳晗，〈金瓶梅的著作時代及其社會背景〉，首引《博平縣志》這條著名的史料，但未注明《博平縣志》版本，而為各家轉引。此條實出於《萬曆博平縣志》，然《萬曆博平縣志》已佚，幸而《康熙博平縣志》多沿襲《萬曆博平縣志》，除官師、選舉、宦業及人物部分稍作續補外，其餘皆為萬曆志舊文。此條作者即撰輯《萬曆博平縣志》的馮訓，敘述他的長輩及其親見

蘇州府的社會經濟水準，本來就是最先進的。蘇州城在成化年間已是繁榮的大都市，其後商品經濟不斷發展，市場更加繁榮，「聚貨招商」，不但「閶闔之內，望如錦繡」，而且「吳閶至楓橋，列市二十里」，「若楓橋之米豆，南濠之魚鹽、藥材，東西匯之木簰，雲委山積」[67]。商品經濟擴散的結果，不但府城、縣城，而且城郊村市也繁榮起來。吳江縣城，弘治年間已經是：「城內外接棟而居者，煙火萬井」，「皆市廛闤闠，商賈輻輳，貨物騰湧」[68]。後來連郊外的村落也發展成繁榮的市鎮。由於絲織業的發展，震澤鎮在成化年間才只有三、四百家人。嘉靖年間，已經成了「地方三里，居民千家」的工商市鎮[69]。盛澤市原是個小農村，嘉靖年間，「居民百家，以錦綾為市」，其後絲織業日益發達，據明末馮夢龍的描述：由於「遠近村紡織成紬疋，俱到此上市」，「市上兩岸紬絲牙行，約有千百餘家」，成為一個「居民稠廣」的市鎮[70]。吳江城外東南四十里的平望鎮，「弘治以來尤盛」，嘉靖年間「地方三里，居民千家，百貨貿易，如小邑然」[71]。吳江縣城東南二十里的黎里鎮，弘治年間，已是個「居民千百家」的城鎮，嘉靖年間更加繁榮，「居民二千餘家，貨物貿易不減城市」[72]。縣城東十六里的同里鎮也有同樣的發展，弘治年間「居民千百家，懋易猶盛」，嘉靖年間人口增加至「居民二千餘家」[73]。庉村市在弘治元年以前還是個「居民務農業漁」的小農村，嘉靖年間卻已發展成「居民數百家，鐵工過半」的冶鐵專業市鎮，其後「居民稍增，自成市井」[74]。檀丘市在弘治元年以前即發展冶鐵業，嘉靖年間，居民由原來的四、五十家，發展成「數百家，以工為業，凡銅鐵木圬樂藝諸皆備」[75]。

蘇州府、吳江縣手工業與商業的發展，及城鎮的繁榮，正是江南地區商品經濟發展與擴散的典型。其結果使得城鎮人口增加，除了從事農業與手工業生產外，商業與服務業也是重要生業，「其民必易為生」，「有不耕寸土而口食膏粱，不操一杼而身衣文繡者」[76]。生活水準的普遍提高，奢侈之風已不限於城市與富商大賈豪家巨族，城郊市鎮及一般小民也群起仿效，「儉素之習漸移，嘉靖中彌甚」，「萬曆以後，迄於天、崇，民貧世富，其奢侈乃日甚一日」[77]。《嘉靖吳江縣志》曰：

由今觀之，吳江號為繁盛，四郊無曠土，其俗多奢少儉，有海陸之饒，商賈並輳。精飲饌，鮮衣服，麗棟宇；婚喪嫁娶，下至燕集，務以華縟相高；女工織作，雕鏤塗漆，必殫精巧。[78]

的社會風氣的變遷。參見吳晗，〈金瓶梅的著作時代及其社會背景〉，《文學季刊》，第一期（一九三四）。商傳，《走進晚明》（北京：商務印書館，二〇一四），第七章〈競奢時代〉。

67 〔明〕莫旦，〈蘇州賦〉，引自同治《蘇州府志》，卷二，〈疆域〉。〔清〕陳夢雷，《古今圖書集成》（台北：文星書店據中華書局本排印，一九六四），卷六七六，冊一一五，頁二四。

68 〔明〕莫旦，《弘治吳江志》卷二，頁一〇—一一。

69 《嘉靖吳江縣志》，卷一，頁九。《乾隆震澤縣志》，卷四，頁一。

70 《嘉靖吳江縣志》，卷一，頁九。《乾隆吳江縣志》（乾隆二年刊本），卷四，頁一—二。〔明〕馮夢龍編，顧學頡校注，《醒世恆言》（北京：人民文學出版社，一九五六），卷一八，〈施潤澤灘闕遇友〉，頁三五九。

71 《嘉靖吳江縣志》，卷一，頁一〇。

72 《嘉靖吳江縣志》，卷一，頁一〇。

73 《嘉靖吳江縣志》，卷一，頁一〇。

74 《嘉靖吳江縣志》，卷一，頁一〇。《弘治吳江志》，卷二，頁一二。〔清〕曹焯，〈庉村志〉，《甲戌叢編本》，卷一，〈沿革〉；卷五，〈物產〉。

75 〔明〕莫旦，《弘治吳江志》，卷二，頁一—一一。《嘉靖吳江縣志》，卷一，頁一〇。

76 〔明〕陸楫，《蒹葭堂雜著摘抄》（《紀錄彙編》卷二〇四），頁三。

77 《嘉靖吳江縣志》，卷一三，頁三二。《乾隆吳江縣志》，卷三八，頁一。

78 《嘉靖吳江縣志》，卷一三，頁一。

社會風氣變遷愈演愈烈，人們養成「厭故常而喜新說」之習，而「國初（明初）淳龐之氣鮮有存者矣」。[79]「習俗奢靡，故多僭越」，於是明代中期以來開始動搖的「貴賤有等」的社會秩序，便更加難以維持。《乾隆吳江縣志》載：

> 邑在明初，風尚誠樸，非世家不架高堂，衣飾器皿不敢奢侈。若小民，咸以茅為屋，裙布荊釵而已；即中產之家，前房必土牆茅蓋，後房始用磚瓦，恐官府見之以為殷富也；其嫁娶止以銀為飾，外衣亦止用絹。至嘉靖中，庶人之妻多用命服，富民之室亦綴獸頭，循分者歎其不能頓革。[80]

僭越之風「縱肆無忌」，不但富商大賈、中產庶民之家如此，「而隸卒尤甚」[81]。崑山縣有類似情形，嘉靖年間已「多奢少儉」；萬曆年間，邑人太學生周世昌說：「比年以來，習尚稍異，黜素崇華」，「邸第從御之美，服飾珍羞之盛」，「今又非昔比矣」；「甚至僕隸賣傭亦泰然以侈靡相雄長，往往僭禮踰分焉」[82]。可見由於社會經濟的繁榮，生活水準的普遍提高，連下層社會的「僕隸賣傭」也有能力享受過去只有上層社會才能享受的生活。常熟縣在成化、天順之際已「崇侈尚靡」，據《嘉靖常熟縣志》云：「其迨於今，崇棟宇，豐庖廚，溺歌舞，嫁娶喪葬，任情而逾禮。」[83]社會風氣之侈靡與逾禮，日甚一日。

蘇州府的社會經濟發展與社會風氣的變遷，是明代中期已開始轉變地區的典型，松江府、常州府、揚州府、淮安府都有類似的發展。松江府「隆、萬以來，生齒浩繁，居民稠密」，城市更加繁榮[84]。風氣較前更為奢侈僭越，「右族以侈靡爭雄長，燕窮水陸，宇盡雕鏤；臧獲多至千指，廝養輿服至陵轢士類」而「市井輕佻，十五為群，家無擔石，華衣鮮履」[85]。由於明末江南地區絲織業的發達，羅、綺等高級衣料，因大量生產而價格降低，原來是縉紳士大夫專用的衣服，一般市井小民，甚至僕隸倡優也穿得起。明末清初人葉夢珠《閱世編》就說：

> 夏日細葛、紗羅，士大夫之家常服之，下而婢女不輕服也。崇禎之間，婦婢出使服之矣，良家居恆

亦服之矣。自明末迄今，市井之婦，居常無不服羅綺，娼優賤婢以為常服，莫之怪也。[86]

江北的揚州府，明代中期已俗尚侈靡，萬曆年間更日甚一日，據《萬曆江都縣志》云：

其在今日，則四方商賈陳肆其間，易操什一起富；富者輒飾宮室，蓄姬媵，盛僕御，飲食佩服與王者埒。婦人無事，居恆修冶容，鬭巧妝；鏤金玉為首飾，雜以明珠翠羽；被服綺繡，袒衣皆純綵；其侈麗極矣。此皆什九商賈之家，閭左輕薄子弟率起效之。[87]

侈靡之風，不但商賈之家，下層階級閭左之民也群起仿效。淮安府，明代中期「渾厚之風亦少衰」，演變至天啟年間更為奢侈僭越，《天啟淮安府志》云：

輓近，衣飾雲錦，豪富綺靡，至於巾裾奢侈異制，閨閣麗華炫耀，傭流優隸混與文儒教冠相雜，無

79 《乾隆吳江縣志》，卷三八，頁一。
80 《乾隆吳江縣志》，卷三八，頁一。
81 《嘉靖吳江縣志》，卷一三，頁三一—三二。《乾隆吳江縣志》，卷三八，頁一。
82 《萬曆重修崑山縣志》（萬曆四年刊本），卷一，頁三、六。
83 《嘉靖常熟縣志》，卷四，頁二〇。
84 （明）范濂，《雲間據目抄》（《筆記小說大觀》本），卷二、卷五。
85 《同治上海縣志》（同治十一年刊本），卷一，頁一一，引《嘉靖上海縣志》。
86 （清）葉夢珠撰，來新夏點校，《閱世編》（上海：上海古籍出版社，一九八一），卷八，頁一八〇—一八一，「內裝」。
87 《嘉慶重修揚州府志》（嘉慶十五年刊本），卷六〇，頁二一—二三，引《萬曆江都縣志》。

分貴賤。且宴會、室廬、衣帽，今皆違式，奢侈無忌。[88]

以上所舉例證，為明代中期社會風氣已經轉變地區，明代後期的發展。至於大多數明代中期風氣尚未轉變地區，嘉靖以後，由於商品經濟的發展與擴散的衝激，原來淳樸守禮的風氣開始轉變。如宜興縣，正統年間，其民「耕稼自給」、「少為商賈」，「男子不遠遊，婦女不交易」；風氣淳樸，「不事浮華」，「士夫不衣文繡，不乘輿馬」[89]。但到了萬曆年間，「則漸入澆漓，冠蓋輿僮以非分而交聘，庖俎珍麗以侈富而相高」[90]。嘉定縣由於棉紡織業非常發達，萬曆年間，其產品販運「近自杭、歙、清、濟，遠至薊、遼、山、陝」，「利亦至饒」[91]。商品經濟發達的結果，使縣境內「市鎮星羅」，如新涇鎮、羅店鎮、高橋鎮等，均在明末成為「物力之所贏，舟車之所輳，遠近賴焉」的巨鎮[92]。風氣之奢侈，不但富室，即使中人之家「亦慕效之」，皆「以飲饌相高，水陸之珍，常至方丈」，「一會之費，常耗數月之食」[93]。爭逐物質享受的結果，混亂了舊有的社會價值標準。《萬曆嘉定縣志》云：

數十年前，後輩見前輩，必嚴重之；有行義者，奉以為楷模。邇者，漸成侮老之習，即不得不貌敬者，背後復訕笑之。[94]

南京在永樂遷都之後，發展受控，但到明代後期，由於手工業與商業的發展，而成為一個「衣履天下，南北商賈爭赴」的大都市[95]。城內大市為貨所集的是行口。「自三山街西至斗門橋」一帶：果子行在三山街西，是「諸果聚處」；竹木行在武定橋西，為「竹木所聚」；川廣雜貨、米豆行，「俱在上新河」[96]。商業愈來愈發達，外地來的富商也愈來愈多，例如「典當鋪，在正德前皆本京人開」，萬曆年間，「與紬段鋪、鹽店皆為外郡、外省富民所據」[97]。市區繁榮，店鋪增加，「生齒漸蕃，居民日密」，出現「稍稍侵官道為廛肆」的違章建築[98]。商業發展與都市繁榮影響下，社會風氣不再如明代中期那樣「彬彬乎近於古」，「以廉儉相先」，萬曆年間已趨向「以富侈為尚」，社會風氣「不無少變焉」[99]。萬曆初年，王丹丘著〈建業風俗記〉：「大較，慕正、嘉以前之龐厚，而傷後之漸以澆薄也。」文中所舉多為越禮犯分之事例，如「嘉靖十年以前，富厚之家多謹禮法，居室不敢淫，飲食不敢過，後遂肆然無忌，服飾器用、宮室、車馬僭擬不可言」，其中居室一項，「正德已前，房屋矮小，廳堂多在後面，或有好事者畫以羅木，皆樸素渾堅不淫；嘉靖末年，士大夫不必言，至於百姓有三間客廳費千金者，金碧輝煌，高聳過

---

88 《天啟淮安府志》（天啟年間刊，順治五年印本），卷二，頁二三。

89 《萬曆宜興縣志》（萬曆十八年刊本），卷一，頁七三，引《舊志》。據朱士嘉：《中國地方志綜錄》（台北：新文豐出版公司影印，民國二十四年刊本，一九七五），《江蘇》：九卷，《舊志》係正統年間鄒旦修、危山纂。

90 《萬曆宜興縣志》，卷一，頁七三。

91 《萬曆嘉定縣志》（萬曆三十五年刊本），卷六，頁三六。

92 《萬曆嘉定縣志》，卷一，頁二七，卷一，頁二五。

93 《萬曆嘉定縣志》，卷二，頁七。

94 《萬曆嘉定縣志》，卷二，頁七。

95 〔明〕張瀚，《松窗夢語》，卷四，頁二〇，「商賈紀」。

96 〔明〕顧起元，《客座贅語》（《金陵叢刻》本，光緒中江寧傅氏晦齋刊本），卷一，頁二二，「市井」。《萬曆江寧縣志》（萬曆二十六年刊本），卷二，頁二四。

97 〔明〕顧起元，《客座贅語》，卷二，頁三一，「民利」。

98 〔明〕謝肇淛，《五雜俎》（萬曆年間德聚堂刊本），卷三，頁二三。

99 《萬曆上元縣志》，卷三，頁一。

倍，往往重簷獸脊，如官衙然；園囿僭擬公侯，下至勾闌之中亦多畫屋矣」[100]。除了服舍違式僭越之外，長幼有序，尊卑有等的社會規範也受到挑戰。〈建業風俗記〉又說：

> 嘉靖中年以前，猶循禮法，見尊長多執年幼禮；近來（萬曆初）蕩然，或與先輩抗衡，甚至有遇尊長乘騎不下者。[101]

甚至一些以前只有士大夫才能擁有的身分表徵，也下移於下層階級的身上。〈建業風俗記〉又說：

> 正德中，士大夫有號者，十有四五，雖有號，然多呼字。嘉靖年來，束髮時就有號；末年，奴僕與隸俳優，無不有之。[102]

這些轉變趨向，繼續發展，至萬曆四十餘年，「則又日異而月不同」[103]。江南如此，江北亦然。揚州府屬縣分，如通州，明代中期仍不發展，「猶有敦本務實之風」，嘉靖年間，風氣轉變，據嘉靖十四年進士陳堯說：明代中期，士大夫、庶民衣服儉樸，「今者，里中子弟謂羅綺不足珍，及求遠方吳紬、宋錦、雲縑、駝褐，價高而美麗者以為衣，下逮褲襪，亦皆純采；其所製衣，長裙、闊領、寬腰、細摺，倏忽變易，號為時樣，此所謂服妖也。故有不衣文采而赴鄉人之會，則鄉人竊笑之，不置之上座。向所謂羊腸葛、本色布者，久不鬻於市，以其無人服之也。至於駔會庸流、麼麼賤品，亦戴方頭巾，莫知禁厲；其俳優隸卒、窮居負販之徒，躡雲頭履行道上者踵相接，而人不以為異」[104]。其服飾「以靡麗梅高」，而且下層人民也能穿用[105]。至於宴飲，陳堯又說：

> 吾鄉先輩，歲時讌會，一席而賓主四人共之，賓多不能容，則主人坐於賓之側；以一瓷杯行酒，手自斟酌，互相傳遞果肴，取具臨時，酒酤於市；惟其土風，不求豐腆，相與醉飽而別以為常。庶氓之家，終歲不讌客，有故則盂羹豆肉相招一飯，人不以為簡也。貴家鉅族，非有大故，不張筵，不設綵，不用歌舞戲，間有一焉，用歌舞戲，則里中子弟皆往觀之，談說數日，不能休。

今鄉里之人，無故讌客者，一月凡幾；客必專席，否則耦席，未有一席而三、四人共之者也。肴果無算，皆取諸遠方珍貴之品；稍賤則懼其瀆客，不敢以薦。每用歌舞戲，優人不能給，則從他氏所襲而奪之，以得者為豪雄。[106]

一般鄉里人民，由於經濟情況改善，物力豐盈，有能力追求較高生活享受，使過去只有上層社會可以享用的，普及於下層社會。影響所及，一般人民不但要求物質生活享受等級平等，更進一步追求文雅，要求稱謂形式的平等。陳堯說：

號也者，弟子所以施於先生，鄉里後生所以施於長者；蓋重其人，不敢舉其字，故號以別之，明有尊也。……今之人，不達其故，輒欲稱號，如王公貴人勿論已，即米鹽商賈、刀錐吏胥、江湖星卜、遊手負擔之徒，莫不有號，至篆刻圖書，用之不忌；故不知其號，則故舊不通書，儒生不撰文字，賓主相對，噤不吐一語；蓋不敢爾汝之也。此其事殆盛於嘉靖之中葉乎！即如吾通，往時大賢君子不為少矣，今皆不舉其號，即有號者，僅數人焉。……今則無人不號矣。嚮也，余自粵中歸，一友人來

---

100 （明）顧起元，《客座贅語》，卷五，頁三〇—三一，「建業風俗記」。
101 （明）顧起元，《客座贅語》，卷五，頁三一。
102 （明）顧起元，《客座贅語》，卷五，頁三一。
103 （明）顧起元，《客座贅語》，卷五，頁三二。
104 《萬曆通州志》（萬曆五年刊本），卷二，頁四七。
105 《萬曆通州志》，卷二，頁四六。
106 《萬曆通州志》，卷二，頁四八。《雍正揚州府志》（雍正十一年刊本）卷一，頁二。

> 會，余曰：「公居何處？」答曰：「我屋燬於倭夷，今僦居於雙澗耳。」余曰：「雙澗、何人？」則愕然不應；蓋知其號而不知其姓名，余為一笑。其後聞之，乃一鼓刀之夫也。又官府文書，亦以號行，其人罪至大辟而莫之易也；故部使者恤刑疏中，稱囚之號。夫鄙至於屠酤，惡至於大辟，亦以號稱，號豈足重乎？[107]

江北地區與通州情況類似的相當普遍。興化縣原來「民性質實」，但「民不積穀，道無千金之家」，明末經濟的發展，使其「俗漸靡，閭井小民……傭販皆習歌曲，喜博賽，衣尚華，燕尚侈」[108]。高郵州「親友常燕，舊惟餚羞四豆」，隆慶年間「則羅珍異，以豐侈為欵，厚積豆盈尺，飲尚五加皮酒；先輩儉素之風，委棄而不可返矣。至於私人皂隸，尤禮犯分，披服輕煖，厭飫濃鮮」[109]。泰州原來也是「民樸而鮮儇巧」，崇禎年間，也「漸以奢侈相尚，燕會服飾比於三吳」[110]。甚至連位於江蘇北部經濟落後的沛縣，到嘉靖年間也「日漸奢侈，頗尚勢力」[111]。

浙西地區，嘉靖以後，商品經濟也大為發展，杭州是「東南一大都會」，但嘉靖初年，「市井委巷，有草深尺餘者，城東西僻，有狐兔為群者」，萬曆初年，都市發展甚為繁華。據陳善說：「今居民櫛比，雞犬相聞，極為繁庶，……生齒極眾，貿易日多。」[112]又說：「內外衢巷綿亙數十里，四通五達，冠蓋相屬，即諸下邑皂，亦襟聯袂接，絡繹不絕，民萌繁庶，物產浩穰，徵於斯矣。所謂車轂擊，人肩摩者，非耶！」[113]其繁庶如此，遂使風氣變遷。《萬曆杭州府志》云：

> 五十年前（嘉靖初年），杭人有積貲鉅萬而矮屋數椽，終身布素者；今服舍僭侈，擬於王公。[114]

湖州府是個蠶桑業中心，商品經濟發達，成化以前風俗儉樸，明末據王道隆《菰城文獻》說：

> 今則市廛以質當相先，宴席以華侈相尚。……擁貲則富屋宅，買爵則盛輿服，鉦鼓鳴笳用為常樂；蓋僭踰之風焉。[115]

嘉興府弘治年間還是「風氣敦龐」，據萬曆八年進士沈堯中說：

> 余猶及見，後生小子途遇長老，逡巡揖讓，無少惰容。輓近世，當事偶露威稜，稍抑閭右，於是群小無賴恣睢橫行，凌及上官，幾叢厲階，甚至譏刺恢諕，好為蜚語。[116]

則萬曆年間社會風氣已趨澆漓。嘉興府屬安吉州也有類似轉變，嘉靖三十二年進士江一麟在嘉靖三十六年刊印的《安吉州志》中說：

> 余聞父老言，往時人皆悛悛，樸魯謹畏，至或老死不識城市，亦絕無椎埋胠篋之夫。乃今視數十年前，其時變儇靡何如矣。[117]

則安吉州風氣在明代中期尚樸魯，嘉靖年間已變輕薄奢侈。

107 《萬曆通州志》，卷二，頁四九—五〇。
108 《萬曆興化縣志》（萬曆十九年刊本），卷四，頁六。
109 《隆慶高郵州志》（隆慶六年刊本），卷三，頁八—九。
110 《道光泰州志》（光緒三十四年刊本），卷五，頁四，引《崇禎泰州志》。
111 《民國沛縣志》（民國七年刊本），卷三，頁四。
112 《萬曆杭州府志》，卷一九，頁八—九。
113 《萬曆杭州府志》，卷三四，頁四。
114 《萬曆杭州府志》，卷一九，頁八—九。
115 《同治潮州府志》（同治十一年—十三年愛山書院刊本），卷二九，頁二。
116 《萬曆嘉興府志》（萬曆二十八年刊本），卷一，頁一六。
117 《嘉靖安吉州志》（嘉靖三十六年刊本），卷三，頁一四。

浙東地區，明代後期，商品經濟也大有發展，紹興府的茶、酒、紡織品「盛行外境」，不限於地方市場[118]。社會因此富庶，風氣因此轉變。《萬曆紹興府志》云：

> 點佃者逋主者之租，又從而駕禍以脅之。絲布不服，魚蛤蔬菜不食，而務窮四方綺麗，極水陸珍味。婦女競華飾，或至擬王家，不可望於數十年前之越郡。[119]

物質享受之追求，已非當地物產所能滿足，而追求遠方高級品；社會秩序也受到衝擊，明初規定必須以少事長之禮相對待的地主佃戶關係，有了轉變，佃戶不但欠租、抗租，甚至敢於威脅地主。紹興府新昌縣，成化年間還尚儉薄守禮，迨萬曆年間，宴飲「漸奢」，服飾「漸侈」，士風「漸壞」[120]。餘姚在成、弘年間，「古道猶存」，然而迨萬曆年間「未百年」，而風氣「浸以敝」[121]。《萬曆新修餘姚縣志》云：

> 四鄉小民……食粗衣惡；邑井則戶無貴賤方巾長服。近且趨奇炫詭，巾必駭眾而飾以玉，服必耀俗而緣以綵。……至於婦女服飾，歲變月新，務窮珍異，誠不知其所終也，飲食者流，惟取屬厭，無論窮海極陸，八珍四膳之奢。[122]

「世風遞趨遞降」，不但日趨奢靡，且影響人際關係，例如學者有「遇先輩不屑罄折」者，「甚或好生羽毛，惡成瘡痏，抑又舞其管而為鼠雀織；闤闠子燥髮而學，操觚嚶咿，效一二語」等，「輒前無之」[123]。會稽縣自正德年間以後，「質漓文勝，喪易俗奢」；萬曆初年，據張元忭《萬曆會稽縣志．風俗論》云：「所甘所美，其在食且服者，窮江之南北、山之東西，競其綺麗，罄其方之所輸，其多不可以指數。」[124]同書〈人物論〉亦云：「以余觀於鄉之尚，士與庶之風：昔以樸，今漸以華；昔以儉，今漸以侈。夫華與侈相乘，故志日濫而節易隳。」[125]寧波府在成化以前，為「物力有所制」，「其俗質」，「民易治」；嘉靖年間，風氣轉變。《嘉靖寧波府志》云：

> 比年以來，精華日漓而競文，飾侈聲華，……其甚者，務雕鏤，侈崇大，競綺縠珠玉，薄布素擯

之，賓筵珍美，至割衣食。……其又甚，則入無甔石之儲，出衣華繡之服；……少不遜長，而與蓋交於途，親戚相暴，鄰里相盜；……乃其士人亦有罷誦讀而甘佚遊，恥惡衣而不恥枵腹，至侮先生長者，以為無聞知。回視昔日之質，何如哉？[126]

所縣慈谿、奉化、定海、象山、鄞縣五邑，「風俗大抵皆同」，也都因「生養蕃庶」，「而習尚侈靡，士庶效尤」，「舊風為之一衰」[127]，溫州府也「世風日偷，不能無敝」，到萬曆年間，原來「俗之美者」多已陵替[128]。《萬曆溫州府志》云：

舊時，男女俱尚布衣，今富家子弟多以服飾炫耀，逮輿隸亦穿紬緞，侈靡甚矣。……人家罕食麥

---

118 《萬曆紹興府志》（萬曆十四年刊本），卷一一，頁三九—四三。
119 《萬曆紹興府志》，卷一二，頁二—三。
120 《萬曆新昌縣志》，卷四，頁二—三。
121 《萬曆新修餘姚縣志》（萬曆年間刊本），卷五，頁二一。
122 《萬曆新修餘姚縣志》，卷五，頁一八。
123 《萬曆新修餘姚縣志》，卷五，頁二一—二三。
124 《萬曆會稽縣志》（萬曆三年刊本），卷三，頁三—四。此文作者是徐文長，亦收入《徐文長集》卷一八。
125 《萬曆會稽縣志》，卷一二，頁一九。
126 《嘉靖寧波府志》，卷四，頁二九—三一。
127 《嘉靖寧波府志》，卷四，頁三三—三五。《嘉靖定海縣志》（嘉靖四十二年刊本），卷五，頁六。
128 《萬曆溫州府志》（萬曆三十二年刊本），卷二，頁四八—四九。

麴，殺則水族居多；今召客悉窮水陸，俗稱靡矣。[129]

社會風氣不但侈靡，而且貴賤不分。台州府黃巖縣，弘治年間「民皆質直願愨態」[130]；「昇升既久」，迨萬曆年間，「而奢侈競起，民庶丈夫輒衣文綺，履絲策肥，婦女飾以金翠珠琲」，「塗巷居設廳事，高廣倍式；燕飲珍器盈席，竟夕鼓吹。儉者則嗤其傣，貧者自以為慚」[131]。

兩浙大部分地區，嘉靖以後，商品經濟發展刺激下，社會風氣日趨奢靡僭越，即使號稱為「兩浙風俗之淳，惟嚴為最」的嚴州府，萬曆後期也「俗入偷薄」[132]。僅有少數地區，因地位僻遠，自然條件又差，商品經濟難以發展，社會風氣難有轉變。如沿海的處州府宣平縣，「地頗險遠」，嘉靖年間，風氣仍「儉嗇樸素」[133]；景寧縣也是「居萬山之中，山峻水急，土瘠民貧」，「僅給衣食」，至萬曆年間，仍是「俗尚質野」[134]，寧波府鎮海縣也因「其地薄，故室無再世之富，其民貧」；嘉靖年間，風氣仍然淳樸，「鄉鮮綺麗之競」[135]。紹興府上虞縣也因「不樂商賈」，商品經濟不發達，「故富籍無千金之產」，風氣儉嗇淳樸，至萬曆年間仍然，是以「內外之辨甚嚴，貴賤之分不躐」，舊有社會秩序未遭破壞[136]。而內陸嚴州府淳安縣也因「環萬山以為邑」，「山多地瘠」，至嘉靖年間仍「民貧而嗇」[137]。

江蘇地區由於商品經濟發展最為先進，社會風氣轉變最早，也較全面，鮮有不變之地，只有江北極少數地例外。如海州，「田野不闢，米粟不豐，小民不出境事商賈，不習工藝」，社會經濟水準不高；因此到明末隆慶年間，社會風氣仍然是「尚樸實，無聲色臭味之欲」，「孅儉而不事奢華」[138]。州屬海門縣亦然，嘉靖年間也還是「習樸實」[139]。

總之，嘉靖以後，商品經濟發展程度的升高，江浙大部分地區的社會風氣發生較大的變遷，只有極少數偏遠土瘠的地區沒有變動，比起明代中期只有部分地區「渾厚之風亦少衰」，明代後期的轉變可說是深且廣的，「華侈相尚」「僭越違式」的現象十分普遍。由於商品經濟的發達，社會財富增加，生活水準提高，尤其是上層社會的縉紳士夫富家大戶群起追求物質生活的享受，「奢侈相尚」，流風所及，一般庶民及下層社會的隸僕也莫不以「奢靡相高」，「用饒度侈，被綺縠，烹羔歌舞為長夜飲，遂釀成奢風」[140]。

四、明末社會風氣變遷的意義與影響

明末「奢靡相尚」的社會風氣，表現於食衣住行等日常生活方面。在宴飲方面，不但量較以前多，由

129 《萬曆溫州府志》，卷二，頁五〇。

130 《弘治赤城新志》（弘治十年刊本），卷四，頁三。《萬曆黃巖縣志》（萬曆七年刊本），卷一，頁三四。

131 《萬曆黃巖縣志》，卷一，頁三五。

132 《萬曆續修嚴州府志》（萬曆四十二年刊，清順治間修補本），卷二，頁六一。

133 《嘉靖宣平縣志》（嘉靖二十五年刊本），卷二，頁一三。

134 《萬曆景寧縣志》（萬曆十六年刊本），卷一，頁二一。

135 《光緒鎮海縣志》（光緒五年鯤池書院刊本），卷三，頁二，引《嘉靖鎮海縣志》。

136 《光緒上虞縣志》（光緒十七年刊本），卷三八，頁一，引《萬曆上虞縣志》。

137 《嘉靖淳安縣志》，卷一，頁五。

138 《隆慶海州志》（隆慶刊本），卷二，頁一九—二〇。

139 《嘉靖海門縣志》（嘉靖十六年刊本），卷二，頁二。

140 《正德松江府志》（正德七年刊本），卷四，頁四。《萬曆霍邱縣志》（萬曆二十四年刊本），卷二，頁一〇。

過去的五碟菜和五、六巡酒，增加為八碟、十二碟，甚至十六碟，而且質較以前講究得多，「肴果無算，皆取諸遠方珍貴之品」；宴客時還常有歌舞戲或請妓女彈唱助興；一夜宴會所費至於什佰[141]。服飾方面，不但衣料上追求羅綺紬緞等高級品，而且在式樣上追求新花樣，「務窮珍異」，「歲變月新」。婦女更是以金玉、明珠、翠羽為首飾，修治面容，比賽華妝。住屋方面，則不但追求「廳事高廣倍式」，而且講究裝潢，「金碧輝煌，高聳過倍」，「往往重簷獸脊」[142]。

追求奢靡風尚，必須物力豐盈，否則「雖日撻而責其奢靡佚遊，不可得已」[143]。物力豐盈來自財富，尤其是從商品交易所得，司馬遷早有名言：「夫用貧求富，農不如工，工不如商，刺繡文不如倚市門。」[144]是以明末社會，尤以江、浙地區，不分上下，競以從事商品經濟為業。本來四品以上官員與公侯伯之家是不准經商的，然而明末「冠蓋之家公然為商賈之行」[145]，嘉、隆間任宰輔的徐階，在其華亭縣的家裡便「多蓄織婦，歲計所織，與市為賈」[146]。吳中縉紳士大夫也「多以貨殖為急」，「開行債典，興販屑沽，其術倍剋於齊民」[147]。社會風氣的流行是「上行下效」的，在縉紳士大夫的倡導下，誠如《吳興掌故集》所云：

> 今天下風俗，惟江之南靡而尚華侈，人情乖離，視本業者競嗤鄙之。[148]

人們更進一步認識到：「農事之獲利倍而勞最，愚懦之民為之；工之獲利二而勞多，雕巧之民為之；商賈之獲利三而勞輕，心計之民為之」[149]。改變社會上向來以農為本、工商為末的觀念，如趙南星所說：

> 猶農之服田，工之飭材，商賈之牽車牛而四方也，其本業然也。[150]

因此張又渠在《課子隨筆》中，勸誡子孫：「男子要以治生為急，農工商賈之間，務執一業。」[151]觀念的改變，使更多的人從事商品生產與貿易，促使明末商品經濟更加發達。則商品經濟的發展，刺激社會奢靡之風，改變一般人以工商為末業的觀念，使更多的人從事商品經濟活動，反過來促進商品經濟的發展。松江上海人陸楫可能是因為生長在商品經濟先進地區，在明代後期就認識到奢侈的社會風氣，鼓勵消費，對社會經濟的發展是有利的；當大家都在嘆責奢靡之風時，他首先提出「俗奢，市易之利特因而濟之」的主張，反對「徒欲禁奢」的政策。他說：

> 每博觀天下大勢，大抵其地奢，則其民必易為生；其地儉，則其民不易為生者也。何者？勢使之然也。今天下之財賦在吳越，吳俗之奢莫盛於蘇杭之民，有不耕寸土而口食膏粱，有不操一杼而身衣文繡者。而身衣文繡者，不知其幾。何也？蓋俗奢而逐末者眾也。……所謂奢者，不過富商大賈富家巨

---

141 《萬曆通州志》，卷二，頁四八。《雍正揚州府志》，卷一，頁二。

142 《嘉慶重修揚州府志》，卷六〇，頁二—三，引《萬曆江都縣志》。〔明〕顧起元，《客座贅語》，卷五，頁三〇—三一，「建業風俗記」。並請參看本文第三部分。

143 《嘉靖太平縣志》，卷二，頁二一。

144 《史記》（台北：泰順書局影印新校點本，一九七一），卷一二九，〈貨殖列傳〉，頁三二七四。

145 《萬曆冠縣志》（萬曆三十七年刊本），卷一，〈風俗〉，頁一六。

146 〔明〕于慎行，《谷山筆麈》（《元明史料筆記叢刊》本），卷四，〈相鑒〉，頁三九。

147 黃省曾，《吳風錄》（《百陵學山》本），卷五。

148 《嘉靖吳興掌故集》（嘉靖三十九年湖州原刊本），卷一二。

149 〔清〕顧炎武，《天下郡國利病書》（《四部叢刊》影印崑山圖書館藏稿本），原編冊四，〈蘇上〉，頁五五，耿橘〈平洋策〉。

150 〔明〕趙南星，《趙忠毅公詩文集》（北京：北京出版社，二〇〇〇），卷一〇，〈賀李汝立應鄉舉序〉，頁四〇b或二六五。收入《四庫禁燬書叢刊．集部》，第六八冊。《趙忠毅公詩文集》（北京：北京出版社，二〇〇〇），共二十四卷。據北京大學圖書館藏明崇禎十一年（一六三八）范景文等刊本影印。

151 〔明〕張又渠，《課子隨筆鈔》（《有福讀書堂叢刻》，第四—六冊），卷二，頁七。

族自侈其宮室、車馬、飲食、衣服之奉而已。彼以粱肉奢，則耕者、庖者分其利；彼以紈綺奢，則鬻者、織者分其利；正孟子所謂「通功易事，羨補不足」者也，上之人胡為而禁之。若今寧、紹、金、衢之俗，最號為儉；儉則宜其民之富也，而彼諸郡之民至不能自給，半遊食於四方，凡以其俗儉而民不能以相濟也。要之，先富而後奢，先貧而後儉；奢儉之風，起於俗之貧富，雖聖王復起，欲禁吳越之奢，難矣。或曰不然，蘇杭之境，為天下南北之要衝，四方輻輳，百貨畢集，故其民賴以市易為生，非其俗之故也。噫！是有見於市易之利，而不知所以市易者，正起於奢；使其相率而為儉，則逐末者歸農矣，寧復以市易相高耶？且自吾海邑言之，吾昆僻處海濱，四方之舟車，不一經其地，諺號為「小蘇州」；遊賈之仰給於邑中者，無慮數十萬人，特以俗尚甚奢，其民頗易為生爾。然則吳越之易為生者，其大要在俗奢，市易之利特因而濟之耳，固不專恃乎此也。長民者因俗以為治，則上不勞而下不擾；欲徒禁奢，可乎？嗚呼！此可與智者道也。[152]

他發現社會風氣的形成，不是以人的主觀意志所能轉移的；所以只能「因俗以為治」。如此則當政者不勞，而被治者生活也不為其所擾。奢侈的社會風氣，正是經濟富庶的產物，所以說：「先富後奢」。奢風形成之後，又助長經濟發展；因為能過奢侈生活的，主要是縉紳士夫富商大賈，他們追求享受而揮霍消費，其所消費的物品，是一般人民為他們生產販運的；由此一般人民的衣食可以有所取給。侈靡消費作為需要，作為動機和目的，然後人民進行商品生產與貿易。陸楫雖然不是中國歷史上第一位提出這個主張的人，早在戰國與漢初之際，《管子．侈靡篇》已論述這個道理，但在「重農抑商」為主的傳統下，「富者靡之，貧者為之」，鼓勵消費以提供工作機會的主張，一直不被重視[153]。明末商品經濟的發展，提供當代學者觀察論證這個理論的機會，也說明了明末奢靡的社會風氣與社會經濟發展的關係。明初淳樸的風氣，正是當時社會經濟衰退，「物力有所制」的緣故，其後長江下游，江南的蘇松等地，商品經濟發展先進，社會風氣首先轉變，「先富而後奢」，而那些較落後的貧窮地區，因「先貧而後儉」，仍維持儉樸的「古風」。隨著商品經濟的發展與擴大，社會風氣轉變的地區擴大，而且奢侈日甚一日，越奢侈的地區，也因消費所提供的工作機會與商品貿遷的機會增多，人民生活水準普遍提高，商品經濟更形繁榮。換句話說，社會風氣的轉變與社會經濟的發展是互為因果的，明末商品經濟的發展促成社會風氣的奢靡，社會風氣的奢靡刺激了消費，增加對商品生產的需求。

明末「奢靡相高」的社會風氣，又衝擊了原來「貴賤有等」的社會秩序。明初為維持「貴有常尊，賤有等威」的社會階級制度，繼承漢初以來的制度，「以房舍服色等第，明立禁約」，訂立生活消費必須與社會地位相稱的禮法。由於商品經濟的發達，從事工商致富者日多，具備享用高額消費品的能力，隨著商品經濟的發展，社會上對於財富的觀念改變，決定一個人的社會地位不再只有仕宦功名，社會風氣日趨「奢靡相高」，則財富這個標準就日益重要，終於向「貴賤有等」「安分守禮」的社會秩序挑戰。而且由於商品生產的發達，產品的種類與數量大為增加，不少奢侈品變成民生日用品，不再難於取得，在奢靡虛榮的風氣影響下，「家長無擔石之儲」的貧民，也「恥穿布素」，買不起綺羅的人，便「從典肆中覓舊緞、

---

152 《蒹葭堂雜著摘抄》（《紀錄彙編》卷二〇四），頁三—四。林麗月，〈陸楫（一五一五—一五五二）崇奢思想再探——兼論近年明清經濟思想史研究的幾個問題〉，《新史學》，第五卷第一期（一九九四年三月），頁一三一—一五三。

153 參見郭沫若，〈侈靡篇的研究〉，《歷史研究》，一九五四年第三期。Lien-sheng Yang（楊聯陞），"Economic Justification for spending," *Studies in Chinese Institutional History* (Cambridge: Harvard University Press, 1961), pp.58-74.；巫寶三，〈侈靡篇的經濟思想和寫作時代〉，《中國社會科學院經濟研究所集刊》，第一期（一九七九年七月）；町田三郎，〈管子侈靡篇について〉，《東洋史研究》，第四四卷第四號（一九八六年三月）；林麗月，〈明代禁奢令初探〉，《師大歷史學報》，第二二期（一九九四年六月），頁五七—八四。

舊服，翻改新製，與豪華公子列座」[154]。於是沒有功名的富商地主與庶民隸僕倡優，在華侈相高的風氣影響下，共同向禮法的約束挑戰，造成「僭越違式」的風氣，破壞貴賤差等的社會秩序。服飾方面，據《明會典》規定，庶民只許用紬絹素紗為衣料，不許僭用錦綺紵絲綾羅等高級衣料，金繡閃色衣服之禁更嚴，商賈之家止許用絹布；明末則「市井之服居常無不服羅綺」，甚至連「娼優賤婢（也）以為常服」[155]。至於「織金妝花本王府仕宦人家品服，以別貴賤」，明末則「商賈工農之家一概穿著，已為僭分」[156]。衣服顏色，《明會典》規定，民間婦女袍衫止用紫、綠、桃紅及諸淺淡顏色，不許用大紅、鴉青、黃色；「寢淫至於明末，擔石之家非繡衣大紅不服，婢女出使非大紅裡衣不華」[157]。首飾的使用也表示社會地位的等級，明初規定一般平民「首飾釧鐲不得用金玉珠翠，止用銀」，因為只有命婦才能以金珠翠玉為飾[158]。然而明末社會卻流行婦女「鏤金玉為首飾，雜以明珠翠羽」，「庶人之娶，多用命服」[159]。據張瀚說：萬曆年間，「男子服錦綺，女子飾金珠，是皆僭擬無涯」，社會上「人皆志於尊崇富侈，不復知有明禁，群相蹈之」。服飾的社會等級表徵，已為社會上「侈麗相高」的風尚所打破[160]。居室方面，明初規定：「庶民房舍不過三間，不得用斗拱、彩色」[161]；瓦獸也只限公侯、品官之家使用[162]；家具則官員人等均不得僭用朱紅金飾的桌椅木器，官員牀面屏風槅子許用雜色漆飾[163]；民間酒具不許用金，只許用錫、銀或瓷器、漆器[164]。但明末社會上，不但士大夫，連百姓庶民之家也「重簷獸脊，如官衙然；園囿僭擬公侯，下至勾闌之中亦多畫屋」，「廳事高廣過倍」，「多綴獸頭」，早已超過禮法規定[165]。房舍制度表現於外，常人經過便可一目瞭然，尚且如此公然僭越，而家具、器皿陳設室內，難於稽察，更無顧忌，而「僭擬不可言」[166]。

在奢靡相尚的社會風氣影響下，誠如《天啟淮安府志》所云：「宴會、室廬、衣帽，今皆違式，奢侈無忌。」違式僭擬的結果，導致「傭流優隸混與文儒衣冠相雜，無分貴賤」，而一般人視為當然，「恬不知

愧」，「莫之怪也」[167]。只要經濟能力負擔得起，「擁貲則富屋宅，買爵則盛輿服」，甚至「始以創起為奇，

---

154 〔明〕范濂，《雲間據目抄》，卷二〈記風俗〉，頁二。

155 《明太祖實錄》，卷五五，頁二，洪武三年八月庚申條。〔明〕李東陽等，《大明會典》（台北：東南書報社影印萬曆十五年司禮監刊本，一九六三），卷六一，頁三五—三八，「士庶巾服」、「士庶妻冠服」。黃彰健，《明代律例彙編》，卷一二，〈禮律二・儀制〉，頁六〇一、「服舍違式・續例附考」。〔清〕葉夢珠撰，來新夏點校，《閱世編》，卷八，頁一八〇—一八一。

156 〔明〕呂坤，《呂公實政錄》（嘉慶二年重刊本），卷三，〈民務〉，頁二〇，「禁約風俗」。

157 〔清〕葉夢珠撰，來新夏點校，《閱世編》，卷八，頁一八〇。

158 《明太祖實錄》，卷五，頁二，洪武三年八月庚申條。

159 《弘治吳江志》，卷五，頁二六。《乾隆吳江縣志》，卷三八，頁一。《嘉慶重修揚州府志》，卷六〇，頁二—三，引《萬曆江都縣志》。

160 〔明〕張瀚，《松窗夢語》，卷七，頁一二—一四，「風俗記」。參見林麗月，〈衣裳與風教——晚明的服飾風尚與「服妖」講論〉，《新史學》第十卷三期（一九九九年九月），頁一一一—一五七。

161 《明太祖實錄》，卷五，頁二，洪武三年八月庚申條。

162 〔明〕李東陽等，《大明會典》，卷六二，頁一—六，「房屋器用等第」。

163 〔明〕李東陽等，《大明會典》，卷六二，頁一—六，「房屋器用等第」。

164 《明代律例彙編》，卷一二，〈禮律二・儀制〉，頁六〇一，「服舍違式」、「續例附考」。

165 《嘉靖太平縣志》，卷二，頁一九。《乾隆吳江縣志》，卷三八，頁一。〔明〕顧起元，《客座贅語》，卷五，頁三〇—三二，「建業風俗記」。

166 〔明〕顧起元，《客座贅語》，卷五，頁三〇—三二，「建業風俗記」。

167 《天啟淮安府志》，卷二，頁二三。

後以過前為麗，得之者不以為僭而以為榮，不得者不以為安而以為恥」[168]。「奢侈競起」的風尚，肯定了財富對決定個人社會地位的重要性。萬曆年間，蘇州進士伍袁萃說：

令甲娼優隸卒之子，不許入學。邇來，法紀蕩廢，膠序之間，濟濟斌斌，多奴隸子；而吳之蘇、松、常，浙之杭、嘉、湖為最盛，甚至有登甲第，入翰苑，獵清華秩者，豈不辱朝廷而羞當世士耶？[169]

只要經濟力量夠，不但可以奢侈違式，達到無分貴賤，追求身分平等的理想。甚至可以金錢購買功名官爵，例如監生即可捐納取得[170]；又如萬曆年間，京師鉅賈李元祥「身擁雄資，列肆連衢」，不但為自己買得文思院副使一職，其子李偉也「買爵鴻臚」[171]。以奢靡相高的社會風氣對社會等級制度的衝擊，進而造成既有社會秩序的一些混亂現象。例如婚姻習俗在不少地方注重錢財，「嫁索厚禮，娶責豐資」，「良賤不及計，配偶不及擇」，「以富貴相高而左舊族」[172]。又如師生關係上出現怠慢師長的現象，「所稱門生者，亦如路人，過門而不入者多矣」[173]。此外，尊老敬賢的風氣也發生變化，「或與先輩抗衡，甚至有遇尊長乘騎不下者」[174]。這些人可說是目無綱紀，不認為社會上應有長幼、尊卑、貴賤之別，人人是平等，一切不平等的制度均可用金錢財富打破。這種要求平等的共同心理傾向，與嘉靖年間以後，王陽明、王艮及其後學所主張良知平等之義、布教平民的作法相呼應，一為以財富破壞社會等級制度，一為以良知向社會等級制度挑戰[175]。不少平民因而自認與士大夫地位平等，而採用一些過去專屬士大夫身分表徵的符號。例如字號，原來只是尊長與儒生、士大夫才有的稱謂，但嘉靖以後，已下延及奴僕與俳優甚至乞丐、囚犯。總之，奢靡相高的社會風氣，衝擊「貴賤有別，尊卑有等，長幼有序」的社會秩序，無怪乎晚明學者對當代社會要興「紀綱淩夷」「天崩地解」之嘆。這就是明末社會風氣變遷對當代社會的影響，也是明末社會風氣變遷在社會史上的意義。

社會風氣日以奢靡相高，追求豪華的生活享受；因此，刺激了人們對錢財的需求。尤其仕宦人家，明朝的俸祿本來就很低，光靠薪俸難以度日，如今處在一個奢靡相高，以儉者、貧者為恥的社會，更是收支難以平衡；於是搜括榨取，想盡辦法聚斂財貨，政治風氣乃日趨貪墨。成化、嘉靖年間人何瑭，在嘉靖七年任戶部右侍郎時撰作的〈民財空虛之弊議〉云：

> 國家之敗，由官邪也；官之失德，寵賂彰也。……自國初至今百六十年，承平既久，風俗日侈，起

---

168 〔清〕葉夢珠撰，來新夏點校，《閱世編》，卷八，頁一七八。

169 〔明〕伍袁萃，《林居漫錄．前集》（上海：上海古籍出版社，一九九七），卷二，頁五。收入《續修四庫全書．子部．雜家類》（上海：上海古籍出版社，一九九七），第一一七二冊。《林居漫錄》，共前集六卷、別集九卷、畸集五卷、多集六卷。據南京圖書館藏明萬曆刊本影印。參閱韓大成，〈明代商品經濟的發展與資本主義的萌芽〉《明清社會經濟型態的研究》（上海：上海人民出版社，一九五七），頁八六。

170 以捐監上升社會地位，請參閱Ping-ti Ho（何炳棣），*The Ladder of Success in Imperial China: Aspects of Social Mobility, 1368-1911*（**New York: Columbia University Press, 1967**），**32-34, 47**。徐泓譯注，《何炳棣：明清社會史論》（台北：聯經出版公司，二〇一三），頁三五—三八、五三。林麗月，《明代的國子監生》（台北：東吳大學中國學術著作獎助委員會，一九七八），頁九八—一〇九，「明代監生的上昇社會流動」。

171 《明神宗實錄》（台北：中央研究院歷史語言研究所校勘本，一九六二），卷三五四，頁三—四，萬曆二十八年十二月癸未條。

172 〔清〕龔煒撰，錢炳寰點校，《巢林筆談》（北京：中華書局，一九八一），卷三，頁五六。參閱劉志琴，〈晚明城市風尚初探〉，《中國文化研究集刊》（上海：復旦大學出版社），第一輯（一九八四），頁二〇三。《萬曆黃巖縣志》，卷一，頁二六。

173 〔明〕伍袁萃，《林居漫錄．前集》，卷三，頁九：「古時，門生故吏之誼極隆，甚有見危而授命，遇難而託孤者。今世，則陵夷矣；故吏毋論，即所稱門生者，亦如路人，過門而不入者多矣。」

174 〔明〕顧起元，《客座贅語》，卷五，頁三二。

175 參閱蕭公權，《中國政治思想史》（四）（台北：中華文化出版事業委員會，一九五四），第一七章〈王守仁與李贄〉。

自貴近之臣，延及富豪之民；一切以奢侈相尚。一宮室台榭之費至用銀數百兩，一衣服燕享之費至用銀數十兩，車馬器用，務極華靡。財有餘者以此相誇，財不足者亦相仿效，上下之分蕩然不知。風俗既成，民心迷惑，至使閭巷貧民，習見奢僭。婚姻、喪葬之儀，燕會、賻贈之禮，畏懼親友譏笑，亦竭力營辦，甚至稱貸為之。官府習於見聞，通無禁約。間有一二賢明之官，欲行禁約，議者多謂奢僭之人自費其財，無害於治，反譏禁者不達人情。一齊眾楚，法豈能行？殊不知風俗奢僭，不止耗民之財，且可亂民之志。蓋風俗既以奢僭相誇，則官吏俸祿之所入，小民農商之所獲，各亦不多，豈能足用？故官吏則務為貪饕，小民則務為欺奪。[176]

萬曆五年進士馮琦〈肅官常疏〉亦云：

夫官常吏治，皆士人為之。士猶處子也，處為貞女，始嫁為貞婦。女乏幽靜之德，而欲其盡婦道難矣。乃士習之壞，於今特甚。民間之物力日耗，士人之風尚日奢。鄙淡素為固陋，矜華麗為豪爽。游閑公子，競高富貴之容；鉛槧儒生，亦奢衣冠之美。甚而服多不衷，巾多異式，冠而綴玉，舄且拖珠，通都大邑，比比皆然。即窮僻之鄉，且寖淫成俗矣。幸而雲霄得路，遂謂富貴逼人，車馬甚都，服食具奢。不急應酬，一日多於一日；無名之浮費，一科甚於一科。一月賃房價，有至四五兩者；一日張宴費，有至二三兩者，務為觀美，爭相徵逐。縱有質素之士，意不欲為而習尚已成，轉難立異。於是不費亦習於費，不奢亦化於奢。本以寒素，何從辦此？今日取債，明日倍償；今日如此奢靡，異日豈能廉靜？則有盛共張、侈騶從，以鳴得意；則有飭廚傳、厚饋遺，以獵聲名；則有廣田宅、美居室，以營身家。蓋奢固惰之媒而貪之根也。[177]

何瑭與馮琦把社會風氣對政治的影響分析得很清楚。明初社會淳樸守分，「民淳俗富，吏易為治」。《明史‧循吏列傳》所「略舉」的一百二十九位循吏中，正統以前占了一百一十四人之多，景泰至正德占十人，嘉靖以後僅五人，其中一人還是起於弘治、終於嘉靖的[178]。洪武至正統有八十一年，景泰至正德七十一年，嘉靖至崇禎一百二十二年。則明代後期，時間最長，循吏能舉出的代表最少，政風之衰由此可見，而明代從初期迄末年的政治風氣變遷，從循良趨於貪賄，正與社會風氣從淳樸趨於奢靡相配合。嘉靖以前，社會風氣在少部分地區發生「渾厚之風亦少衰」的現象，但大多數地區仍然淳樸；政治風氣不受奢靡的影響，循良之風容易維持。明末廣東順德碩儒陳邦彥上疏弘光帝〈中興政要策論〉云：

> 嘉隆以前，士大夫教尚名節，遊宦歸來，客或詢其囊橐，必唾棄之[179]。

《萬曆新會縣志》也說：

> 正嘉以前，仕之空囊而歸者，閭裡相慰勞，嘖嘖高之，反是則不相過。[180]

嘉靖以後，在奢靡相高的風氣影響下，政治風氣大壞，當政者「以虛文從事，不復加意循良之選」[181]，而且貪賄成風，恬不以為怪。陳邦彥又說：

176 《萬曆如皋縣志》，卷八，頁二九—三二。〔明〕陳子龍等選輯，《皇明經世文編》（北京：中華書局據雲間平露堂刊本影印，一九六二），卷一四四，頁七—一六，《何柏齋先生文集．民財空虛之弊議》。何瑭著，王永寬點校，《何瑭集》（鄭州：中州古籍出版社，一九九九），卷一，頁一一—二〇，〈民財空虛之弊議〉。以《何瑭集》最完整，《萬曆如皋縣志》和《皇明經世文編》皆有刪節。

177 《萬曆青州府志》（萬曆四十三年刊，康熙十二年增刊本），卷一八，〈肅官常疏〉頁四一—四三。

178 〔清〕張廷玉等，《明史》，卷二八一，〈循吏列傳〉，頁七一八五—七二一九。

179 〔明〕陳邦彥，《陳巖野先生全集》（嘉慶十年重鐫聽松閣藏版），卷一，〈中興政要書．勵俗篇第四．獎廉讓〉，頁一八。

180 《萬曆新會縣志》（萬曆三十七年刊本），卷二，頁四一。

181 〔清〕張廷玉等，《明史》，卷二八一，〈循吏列傳〉，頁七一八五—七二一九。

今天下自大吏至於官僚，商較有無，公然形之齒頰。受銓天曹（吏部），得善地則更相慶，得瘠地則更相姍笑，以為無能。士當齒學之初，問以讀書何為？皆以博科第、肥妻子而已。及始進膠序，則所稱師儒者，未聞有誨導之事，但較脩脯之多寡以示之。貪至於一行作吏，所以受知於上者，非賄賂不為功，而相與文之以美名曰禮。……惟心沒於利，是故利之所在，雖盜賊而可從也。[182]

《萬曆新修餘姚縣志》也說：

父兄之教其子弟，專事決科求仕，榮名重利。仕者，前此，類潔廉自完，或以墨敗官，薦紳之老於鄉者恥伍之。近稍忻羨其黷貨者，俗以此究利，喜蕪文，忘本實，漸不可長。[183]

《萬曆新會縣志》又說：

嘉隆以後，仕之歸也，不問人品，第問懷金多寡為重輕，相與姍笑為癡物者，必其清白無長物者也。[184]

納賄貪汙已被視為官吏正常收入，「交收不假他人，茶話無非此物」[185]。不再加以掩飾，貪賄所得，則用於競營侈靡消費，營居室，築園亭，侈飲食，備僕從，甚至養優伶，蓄姬妾，召妓女，事博弈。則明末社會風氣之奢靡，不但影響政治風氣趨於貪黷，而且貪黷的風氣，又倒過來助長奢華之風[186]。這就是奢靡的社會風氣對明末政治的影響。

結語

總之，由於商品經濟的發展與擴大，嘉靖以後，社會風氣侈靡，日甚一目。侈靡之風盛行，消費增加，提供人民更多就業機會，尤其商品的貿遷質與量的增加，更促進商品經濟的發達。侈靡之風盛行，又影響明末社會秩序的安定，僭禮犯分之風流行，對「貴賤、長幼、尊卑」均有差等的傳統社會等級制度，衝擊甚大。尤其侈靡之風，刺激人們的欲望，為求滿足私欲，乃以貪汙納賄為手段，破壞嘉靖以前淳厚的政治風氣，使貪賄成風，恬不以為怪，而貪黷之風，又倒過來刺激社會風氣，使其更趨奢靡。晚明經濟、社會繁榮，卻與貪腐的政治共生，真乃「繁華亂世」，終於「天崩地解」而亡國[187]。經濟發展、社會變遷與政治風氣間的關係，如何防止因經濟與社會繁榮而導致的政治貪腐，明代這段歷史的教訓，可資借鑑，宜深入研究。

182 〔明〕陳邦彥，《陳巖野先生全集》，卷一，〈中興政要書·勵俗篇第四·獎廉讓〉，頁一八。

183 《萬曆新修餘姚縣志》，卷五，頁一一。

184 《萬曆新會縣志》，卷二，頁四一。

185 參閱李文治，〈晚明官僚一筆貪汙帳〉，《歷史教學》，第七期（一九五二）。

186 參閱吳晗，〈晚明仕宦階級的生活〉，《大公報·史地週刊》，第三一期（一九三五年四月十九日），收入《吳晗文集·第一卷》（北京：北京出版社，一九八八），頁一七八—一八六。商傳，〈關於晚明競奢風氣的一點看法〉，《學習與探索》，二〇一二年第五期。

187 商傳，《走進晚明》，第一一章〈告別晚明〉。

第三章

明代後期華北商品經濟的發展與社會風氣的變遷

前言

明代後期，商品經濟的繁榮，提高人們的消費水準，進而改變其生活風習，使明初儉樸守禮的社會風氣，逐漸為奢靡僭禮的風氣所代替。由於全國社會經濟發展不平衡，各地商品經濟繁榮程度不一，社會風氣變遷的情況隨之而異。前曾以經濟較先進的江浙地區為例，討論商品經濟發展的衝擊下，明末社會風氣的變遷[1]。今擬以較落後的華北地區直隸、山東、河南、陝西、山西五省為例，一方面敘述其商品經濟發展的情況，一方面討論商品經濟對明末華北社會風氣的影響。

一、明代後期華北商品生產的發展

商品經濟包括商品生產與商品流通。商品流通的發展，建立在商品生產的基礎上。唐宋以來，中國經濟重心逐漸南移，華北成為經濟較落後地區，元末與明建文年間，華北地區迭受戰火摧殘，「受禍最慘，積骸成丘，居民鮮少」[2]，明政府採取一系列的「安養生息」政策，興修水利，獎勵墾荒，移狹鄉之民前往屯田，推廣桑、麻、棉、棗等經濟作物的種植，終於使華北農村經濟逐漸復興[3]。

然而華北地區，由於氣候與土壤等天然條件的限制，農田生產力較低，平均畝產糧食只有華南的一半或三分之一[4]，居民又不擅於以副業收入補充田畝收入的不足，加以平日受重役、重稅的壓迫；生活相當困苦，一直在飢餓線上掙扎，一旦遇到天災，便只有流亡求生。例如山西崞縣農民便「不識機杼，抑事俯育取給南畝，一遇亢旱，嗷嗷無措，而流逋載道矣」[5]。因此明代中期以來，不少地方官在華北倡導紡織業，發展商品生產來改善農民的生活。例如正統年間，山西蒲州與解州知州便「教民耕織」，「勸懲其勤惰」；天順年間，陝西參政王哲「令民織布折租，民賴以濟」；萬曆年間，更是普遍，山西平定州、隰州、代州、沂州的地方官都教其「故昧機杼」之民，「植桑麻」，「修機杼事」；河南確山知縣陳幼學，「授紡車八百餘輛，置屋千二百餘間，分處貧民」；直隸清豐縣民亦紡織土布，賣給邊客，「借此取辦」生活費與賦稅之需[6]。直隸豐潤縣民，更「織布，種果樹，燒石作灰，陶土為器，採樵為柴，編荊為筐筥，鬻

---

1 徐泓，〈明末社會風氣的變遷〉，《東亞文化（韓漢城〔今首爾〕大學）》，二四期（一九八六年十二月）。

2 《明太祖實錄》（台北：中央研究院歷史語言研究所校勘本，一九六二），卷一七六，頁三，洪武十八年十一月乙亥條。

3 《明太祖實錄》，卷二九，頁一五，洪武元年正月庚子條；卷五三，頁九，洪武三年六月丁丑條。〔清〕張廷玉等，《明史》（北京：中華書局新校標點本，一九七四），卷七七，〈食貨志·田制〉，頁一八八二、一八八四；卷七八，〈食貨志·賦役〉，頁一八九四；卷八八，〈河渠志六〉，頁二一四五；卷一三八，〈楊思義傳〉，頁三九六五—三九六六。〔清〕顧炎武，《日知錄》（陳垣校注本，合肥：安徽大學出版社，二〇〇七），卷一二，〈水利〉，頁七〇二—七〇六。《嘉靖尉氏縣志》（嘉靖七年刊本），卷二，頁六〇：「洪武二十七年，命工部行文，教天下百姓，務要多栽桑棗。每一里種二畝秧，每一百戶內共出人力挑運柴草，以之燒地，耕過再燒，耕燒三遍，下種。待秧高三尺，然後分栽，每五尺闊一壟。每一戶，初年二百株，次年四百株，三年六百株。栽種過數目，造冊還奏。違者全家發雲南金齒充軍。」參見吳晗，〈明初社會生產力的發展〉，《歷史研究》，一九五五年第三期。徐泓，〈明洪武年間的人口移徙〉，收於《第一屆歷史與中國社會變遷（中國社會史）研討會論文集》（台北：中央研究院三民主義研究所，一九八二），頁二三五—二九三。徐泓，〈明初的人口移徙政策〉，《漢學研究》，第六卷第二期（一九八八年十二月），頁一七九—一九〇。本書第七章及第八章。

4 有關明代糧食畝產，參見李龍潛，《明清經濟史》（廣州：廣東高等教育出版社，一九八八），頁二〇〇—二〇二。

5 〔明〕尹際可，《嘉靖崞縣志》（嘉靖四十五年刊本），卷二，〈建置考·市〉，頁八。

6 嚴中平，〈明清兩代地方官倡導紡織業示例〉，《東方雜誌》，第四二卷第八期（一九四六年六月），頁二〇—二六。〔明〕周弘綸，《萬曆代州志》（萬曆十四年刊本），卷一，頁九。〔明〕楊維嶽，《萬曆沂州志》（嘉靖三十年序，萬曆三十六年刻，天啟增刻本），〈物產〉（原書卷頁碼不明）。〔明〕晁瑮，《嘉靖新修清豐縣志》（嘉靖三十七年刊本，萬曆年間修補本），卷二，〈風俗〉，頁一八。

市以為生業，兼給徭役。」[7]這些成功例子鼓舞下，明代後期華北各省，在不同的程度上推廣紡織業、棉花、陶瓷、礦冶、造紙、染料、果菜等業的商品生產。

（一）絲織業

華北的絲織業以山西潞州生產「潞綢」為最著名，明末，「登機鳴杼者，悉啻數千家」，「其機則九千餘張」，合「長治、高平、潞州衛三處，共有紬機一萬三千餘張」，為華北最大絲織業中心；「其織作純麗，衣天下」[8]。太原榆次縣的物產不豐，但「蠶織織業甚廣」，當地工人技術好，成為各地聘請的對象[9]。山東臨清州民也「工組帕幔，備極華麗，轉鬻他方」[10]。東昌府則「闔境桑麻，男女紡績，以給朝夕，三家之市，人挾一布一縑，易擔石之粟」，而紬纜等高級絲織品，「唯濮州及冠縣之清水稱良」[11]。濟南府章丘縣清平鄉，「地宜桑蠶，成織紗絹，為利頗不貲」，附近城鎮闤闠，「士民雜居，商賈輻輳，俗營機（絲織）之利」[12]。這些地方的產品行銷較遠，但有的地方產品品質較差，只能供給當地或附近使用，如河南南布新蔡縣，紗、羅、綾、緞等高級品「取諸南方行商用之」，當地生產的「亦有絲絹，然粗紕且少」；因此「其民間衣被之布，多取諸光（州）、羅（山）州縣，絹帛多取諸西（平）、遂平縣」[13]。但也有發展失敗的例子，如直隸冀州南宮縣，在成化弘治年間，「亡不數桑飼蠶之家」，產品供應當地居民使用，「閭閻之衣帛者，皆所繰織」，到嘉靖年間，為水旱賦役所迫，「多去本就末以商賈負販為利」，當地人民「鮮克以治蠶為急務，阡陌彌望不見一桑」[14]。

（二）棉花與棉紡織業

華北棉花的產地分布甚廣，其中以山東、河南的產量最為豐富，為全國之冠，直隸稍次，山西、陝西較少。棉產既豐，發展棉紡織業自然方便，明代華北地方誌中，不少記載農村中「男耕女織」的，尤其在明代後期，有比較好的發展[15]。山東棉產分布於全省六府，種植相當廣泛，其中尤以泰山山脈以西、黃河流域的兗州、東昌、濟南三府平原產量最豐富，棉紡織業也較發達。例如汶上縣「地宜木棉，紡車之聲相聞」[16]。又如定陶縣「所產棉布為佳」[17]。又如歷城既出產平機布、闊布、小布[18]。但總的來講，產布的

7　（明）石邦政，《隆慶豐潤縣志》（隆慶四年刊本），卷三，頁二〇。

8　《乾隆潞安府志》，卷九，〈田賦．貢篚〉；《順治潞安府志》（順治十七年刊本），卷一，〈地理四．氣候物產〉，頁七五。轉引自韓大成，《明代社會經濟初探》（北京：人民出版社，一九六〇），頁二五〇。

9　（明）褚鈇，《萬曆榆次縣志》（萬曆三十七年刊），卷三，頁七。

10　（明）王命爵等，《萬曆東昌府志》（萬曆二十八年刊本），卷二，〈地理志．物產〉，頁三四—三五。

11　（明）王命爵等，《萬曆東昌府志》，卷二，〈地理志．物產〉，頁三四—三五。

12　（明）董復亨等，《萬曆章丘縣志》（萬曆二十四年刊本），卷一三，頁九六—九七。

13　（明）劉大恩，《萬曆新蔡縣志》（萬曆三年刊本），卷三，頁二七。

14　（明）葉恆嵩，《嘉靖南宮縣志》（嘉靖三十八年刊本），卷一，頁六—七、一一。

15　參見從翰香，〈試述明代植棉和棉紡織業的發展〉，《中國史研究》，一九八一年第一期（一九八一年三月）。趙岡，〈宋元來棉花種植之推廣〉，《幼獅月刊》，四五卷第一期（一九七七）。

16　（明）粟可仕，《萬曆汶上縣志》（萬曆三十六年刊本），卷四，頁二八—二九。

17　《順治定陶縣志》，卷首，〈定陶縣志序〉。轉引自從翰香，〈試述明代植棉和棉紡織業的發展〉。

18　《萬曆歷乘》，卷一二，〈布帛〉。轉引自從翰香，〈試述明代植棉和棉紡織業的發展〉。

縣分遠比產棉的縣分少，例如恩縣「歲富木棉」，商河縣「地頗饒，宜木棉」，卻都不產棉布[19]。據從翰香的研究，現存山東方志中有三十三府縣的棉產記載，但有棉布記載的府縣只有十二個。棉花產量多，棉布產量少，剩餘的棉花，除自用與納稅外，便可當作商品銷售外地，尤其地居運河兩岸的東昌府與兗州府，只要順河而下，便可直達當時全國棉紡織業中心的江南地區。《萬曆東昌府志》稱：「高唐、夏津、恩縣、範縣宜木棉，江淮賈客列肆齎收，居人以此致富。」[20]《萬曆兗州府志》也記載：所產木棉「轉販四方，其利頗盛」，其中鄆城縣「土宜木棉，賈人轉鬻江南，五穀之利，不及其半矣」[21]。棉花的商品生產頗盛，但棉布則因為產量較少，一部分自用，一部分納稅，萬曆年間全國以實物徵收的棉布一百七、八十萬匹，山東便負擔六十萬一千九百三十七匹，約占三分之一；剩下來可做商品販售的部分不會太多。以歷城縣生產的棉布為例，「棉線所織」的「平機布」，是供當地「士民」用的；「粗而長」的「闊布」，則「解京」供邊軍使用；「粗而短」的「小布」，則「多為邊塞所市」。而定陶出產的棉布，除供當地使用外，「他邑皆轉鬻之」，供附近的州縣使用，部分還遠銷江西的鉛山。雖然棉布的商品生產在明代後期的山東有相當的發展，但不足以供應山東人民，大部分仍需由江南地區如常熟、嘉定供應[22]。

河南植棉也遍及全省，黃河南北岸的漳德、衛輝、河南、開封等府，西南部的南陽府和東南部的汝寧府，都是重要產區，萬曆年間，河南巡府鍾化民在〈救荒圖說〉中說到：「臣見中州沃壤，半植木棉。」但由於棉紡織業並不太發達，因此生產的棉花「盡歸商販」，「民間衣服」反而「率從貿易」，由華南輸入[23]。棉花的商品生產較發達，如李賢的父親李義卿，家住南陽，「有廣地千畝，歲種棉花，收後載湖、湘間貨之」[24]。雖然如此，在個別縣分，棉布的商品生產，在明代後期還是有相當發展的。例如懷慶府溫縣「產惟棉為多，民間紡織，無問男女」，已不是單純的「男耕女織」的農村副業[25]。當地農村的市集較發達，是雙日集，縣城裡則是日日開市的「常集」，由於棉布產量較多，可以充分供應市集的需求。據

《萬曆溫縣志》稱：「每集蚩氓抱布而貿者滿市，遠商來貨累千累百，指日而足，貧民賦役全賴於是，亦勤織之一驗也。」[26]則溫縣生產棉布主要是商品布，且能賣到遠方市場，商品生產發展得相當良好。而光州、羅山生產的棉布，則不能賣到遠方市場，只能供應附近地區人民使用。可惜明代河南方志的〈物產〉部分普遍略而不詳，像溫縣、光州、羅山之類的例子較難找到。

直隸產棉區，主要分布於中部、南部的保定、真定、大名、廣平、河間等府，其中尤以南部地區，因地當黃河沖積土帶，最適合棉花生長，產量較大，除自給與納稅外，在明代中期以後，已有部分投入市場出售，成為商品。河間府滄州「東南多沃壤，木棉稱盛，負販者絡繹市上」[27]。真定府南宮縣「木棉多」，「估客轉販，歲入不貲」[28]。保定府高陽縣「宜棉者多饒」，「有土堡集，以三、八日」，市集上「多草棉」

---

19 《萬曆恩縣志》（萬曆二十六年刊本），卷一，頁一五。《商河縣志》（萬曆年間原刊，崇禎十年增補本），卷三，頁二一。

20 《萬曆東昌府志》，卷二，頁三四—三五。

21 《萬曆兗州府志》，卷四，引自陳詩啟：《明代官方手工業的研究》（武漢：湖北人民出版社，一九八五），頁六。

22 參見從翰香，〈試述明代植棉和棉紡織業的發展〉。

23 引自陳詩啟，《明代官方手工業的研究》，頁六。

24 〔明〕張萱，《西園聞見錄》（北平：哈佛燕京學社據陳氏居敬堂明抄本及順德李氏光緒傳抄本校勘本，一九四〇），卷一七，〈臨財〉，頁一八。

25 《萬曆溫縣志》（萬曆五年刊本，萬曆末年修補），卷上，〈物產〉。

26 《萬曆溫縣志》，卷上，〈市集〉，頁二八。

27 《萬曆滄州志》（萬曆三十一年刊本），卷三，〈土產〉，頁一五。

28 《萬曆南宮縣志》轉引自《康熙南宮縣志》（康熙十二年刊本），卷一，〈封域志〉。張謝，〈明清時期河北棉業述略〉，《河北

交易[29]。棉花的商品生產雖有發展，但棉紡織業並不發達，徐光啟說：「今北土廣樹藝而昧於織。」[30]由於技術水準低下，棉布品質差，如廣平府成安縣「布最稀罕不堪，價倍他方」[31]；真定府趙州「布亦麁惡」[32]；灤州樂亭棉花亦多，「其耕稼紡績，比屋皆然」，然所產棉布「不精美」[33]；這些粗布自然很難當作商品銷售，似以自用為主，頂多在鄉間市集中與鄰人交換日用品。但有些縣分，由於地方官大力提倡，棉織業有比較好的發展。天順間香河縣「號瘠壤」，但河北屯等莊民紡織為業，「民厚其生，官利其用」[34]。永平府豐潤縣民「亦頗種棉織布」，「鬻市以為生業，兼給徭役」[35]。棉布已成為商品，大名府清豐縣在嘉靖後期，所生產的「土布稍售」，成為商品，「有邊客攜千金來市者」，「清豐徵稅一出，而百姓多借此取辦」[36]。河間府肅寧縣棉織業在明代後期有好的發展，縣民發明在地窖紡織的辦法，「就濕氣紡織，便得堅實」之布，以補救「北方風氣高燥」不利於棉織的缺點，遂使品質大為改良，產量也大為增加。據徐光啟說：肅寧「所產布疋，足當吾松十分之一」，過去品質不佳，多「虛疏不堪用」，是後「細密與吾松之中品埒矣，其價值僅當十之六、七」，真是物美價廉。因此他擔心繼續發展下去，「此後數十年」，北方棉布自給自足，則「松之布當無所泄」[37]。

山西、陝西棉產較直隸、河南、山東為少。山西產區集中於汾水下游平陽府。陝西則在渭河平原，西安府「棉花，府境多有之」[38]，華州蒲城縣也「多木棉」，溥鄰郡之用[39]；耀州富平縣「產木棉」，渭南縣「河北東鄉尤宜」種棉，「其種尤多」[40]。山西棉產較少，棉織業也較落後，許多府縣「寡於紡織」或「不識機杼」，例如沂州知州王守成為倡導紡織，「取榆次老婦教織」，結果因為「民不樂從」而失敗[41]。大同府也是「桑棉不作，紡織罕有」。只有太原府情況較好，萬曆年間，據山西巡撫呂坤說：「榆次、太原等縣，民間多紡織。」[42]陝西的情況較好，如西安府「土人織紡為業」，華州「郡之東關織方紗」，富平縣民「織布，轉生息」[43]。而鞏昌府徽州「前無紡織事」，隆、萬間也發展棉紡織，雖不發達，亦「間行學刊》，一九八二年第一期，頁一二四。

29 《天啟高陽縣志》，卷四，〈食貨志〉；卷一，〈輿地志〉，轉引自張謝，〈明清時期河北棉業述略〉，頁一二四。

30 見張謝，〈明清時期河北棉業述略〉，注一〇。

31 《崇禎成安縣志》，卷三，〈方產〉。

32 《隆慶趙州志》（隆慶刊本），卷七。

33 《嘉靖灤州志》（嘉靖二十七年刊本），卷四，頁二二。《萬曆灤州志》（萬曆四十六年刊本），〈土壤則．物產〉，引自張謝，〈明清時期河北棉業述略〉，注一四。

34 《萬曆香河縣志》（萬曆四十八年刊本），卷二，〈物產〉，頁二二。

35 《萬曆豐潤縣志》，卷三，〈民業〉，頁二〇。

36 《嘉靖新修清豐縣志》，卷二，〈風俗〉，頁一八。

37 〔明〕徐光啟撰，石聲漢校注，《農政全書校注》（上海：上海古籍出版社，一九七九），卷三五，〈蠶桑廣類．木棉〉，頁九六九—九七一。

38 《嘉靖陝西通志》（嘉靖二十一年刊本），卷三五，頁六。

39 《隆慶華州志》（隆慶六年刊本），卷九，頁四。

40 《嘉靖耀州志》（嘉靖三十六年刊本），卷四，頁八。《天啟渭南縣志》，卷五，轉引自從翰香，〈試述明代植棉業與棉紡織業的發展〉。

41 《萬曆沂州志》，〈物產〉（原書無頁碼）。

42 〔明〕呂坤，《呂公實政錄》（嘉慶二年重刊本），卷二，〈民務〉，頁一四，「小民生計」。《順治雲中郡志》，卷四，〈物產〉，頁八。參見從翰香，〈試述明代植棉業與棉紡織業的發展〉。

43 《嘉靖陝西通志》，卷三五，頁六。《嘉靖耀州志》，卷四，頁八。從翰香，〈試述明代植棉業與棉紡織業的發展〉，頁六二。《隆慶華州志》，卷九，頁二。

之」[44]。但由於每年負擔邊軍使用棉布達五十六萬餘匹；因此棉布自用且不夠，遑論當作商品銷售[45]。

總之，華北的棉花生產，以直隸、山東、河南產量較多，尤其山東、河南的棉花投入商品市場的較多；明代後期，順著運河，直銷到江南松江一帶。棉紡織業則以山東、直隸發展得較好；明代後期，尤以直隸肅寧、清豐，山東汶上、定陶等地生產的棉布投入商品市場。但一般而言，華北的棉紡織業發展遠遠落後於江南，又要負擔鉅額的邊軍徵用棉布，生產不能自給，須靠南方輸入；據徐光啟說：「北土之吉貝（棉花）賤而布貴，南方反是；吉貝則泛舟而鬻諸南，布則泛舟而鬻諸北。」[46]

（三）陶瓷業

明代華北陶瓷業遠較宋元沒落，但個別地方有出產，如嘉靖年間陝西耀州同官縣，「山出煤，燒瓷器」，「人賴以治生」[47]；河南魯山縣，「因土宜陶，故立窯數座，燒石冶甕罌瓶罐等器，以利民用」[48]。湯陰縣也有「陶冶之利」[49]。山東登州府益都縣顏神鎮也是陶冶中心，「其器用淄硯、玻璃、瓷器，顏神鎮居民獨擅其能，鎮土瘠确，而民無凍餒者以此」[50]。青州府臨朐縣民亦「陶土作器負販，以給徭役」[51]。這些都是生產陶瓷器作商品販售的例子。另外磚瓦業在明代大為興盛，全國各地城市均築磚牆，長城也改以磚砌。明代後期，生產磚瓦的官窯衰落，漸由民窯代替燒造，直隸順天府，民窯規模大的三十餘座。另外有一種小規模合夥的民窯，專為民間市場作商品生產，其產品「既賤且佳」，「每片價才三釐且白晰」，比起品質惡而「每片價值一分四釐」的官瓦，受歡迎得多[52]。

（四）礦冶鑄造業

礦冶業在華北，原以官營為主。如河南嵩縣白泥溝地方，由政府徵集民丁開銀礦[53]。又如遵化冶鐵廠，規模甚大，成化年間，年產三十萬斤；正德年間，年產增至七十五萬六千斤。然而嘉靖八年，產量大減至年產四十六萬斤，減產百分之三十八；萬曆八年，完全停工[54]。官營工場衰落，民營礦冶業大為發展。嘉靖年間，河南魯山縣，因「山出鐵礦」，「有山西善冶者郎龍等立爐一百十餘座，鑄各色器皿，民大利焉。」[55]山東山礦尤其多，如章邱縣南山「多出文石煤炭」，淄州有錫礦煤井之利[56]。陝西華州柳子

---

44 《嘉慶徽縣志》（嘉慶十四年刊本），卷七，頁一四，引明隆、萬間人郭從道語。

45 參見田培棟，〈明代關中地區農業經濟試探〉，《北京師院學報（社會科學版）》，一九八四年第二期，頁一〇—一九。

46 〔明〕徐光啟撰，石聲漢校注，《農政全書校注》，卷三五，〈木棉〉，頁九六九。

47 《嘉靖耀州志》，卷四，頁八。

48 《嘉靖魯山縣志》（嘉靖三十一年刊本），卷八，頁一九。

49 參見傅衣凌，〈明代經濟史上的山東與河南〉，《社會科學戰線》，一九八四年第三期，頁一二二。

50 《康熙益都縣志》（康熙十一年刊本），卷二，〈物產〉，頁一〇。

51 〔明〕王家士，《嘉靖臨朐縣志》（嘉靖三十一年刊本），卷一，〈風土志〉，頁五，「民業」。

52 〔明〕賀仲軾，《冬官紀事》，引自方楫，〈明代手工業發展的趨勢〉，《歷史教學問題》，一九五八年第四期，頁一五—二〇。

53 〔明〕余繼登，《典故紀聞》（《畿輔叢書》本），卷一〇，頁九。

54 〔明〕朱國禎，《湧幢小品》（《筆記小說大觀》本），卷四，〈鐵爐〉，頁一三。〔明〕李東陽等，《大明會典》（台北：東南書報影印萬曆十五年司禮監刊本，一九六三），卷一九四，〈遵化鐵冶事例．本廠鐵課〉，頁二〇—二一；《順治雲中郡志》，卷一九四，〈冶課．各處鐵冶〉，頁一七。參見李龍潛，〈試論明代礦業中資本主義因素的萌芽〉，《中國資本主義萌芽問題討論集續編》（北京：生活．讀書．新知三聯書店，一九六〇）。

55 《嘉靖魯山縣志》，卷八，頁一九。〔清〕顧炎武，《天下郡國利病書》（《四部叢刊》影印崑山圖書館藏稿本），〈山東〉。

56 〔清〕顧炎武，《天下郡國利病書》，原編冊一五，〈山東上〉，頁一四五，引《章丘縣志》。

鎮更是華北礦冶鑄造業中心，據《隆慶華州志》稱：「郡之南山川麓，立數百爐場，以鍊銀砂、銅砂、錫砂，嘯聚千萬人作事。」「柳子鎮民數千家，饒於郡城之民，不好耕讀，喜事鍛冶，為刀劒聞於四方。……有千家鐵匠，作刀劒剪斧之用。」[57]而華州城西官居民則營磋鋼針業，「頗足俯仰之資」[58]。直隸涿州產煤二種，有庖廚中用者，有鐵匠用之者，專門販賣到北京及其近郊之地[59]。薊州之西有礦山，正德年間，發達起來，「至於嘉靖，聚者近萬人」[60]。

（五）造紙業

造紙業在華北，並不發達，產地不多。如河南所造紙，「北供帝京，產亦甚廣」[61]。陝西華州是一中心，其「南村，萃千家，民以山楮偽作小山紙給用」，其唐村「西為紙坊百數家，剝楮為小紙」[62]。也都是為市場而生產的。

（六）染料業

明代後期，紡織業，無論南北，無論數量與質量，均有長足的發展。染料作物的種植隨之日益擴展與商品化。藍草與紅花是主要染料。華北藍草主要產於河南陳留，當地人「以種藍草染紺為業，藍田彌望，不種黍稷」，專為藍靛市場而生產，《嘉靖尉氏縣志》的作者因此「慨其捨本逐末」[63]。紅花主要產於西安府，「府境皆有之，為涇陽橋底者為良」，「石橋舊有紅花市，每五、六月間，賈客輻輳，往來如織」[64]。盩厔縣「產以紅花為第一，賈人有盩花之號」[65]。

（七）果菜業

明代後期，城鎮繁榮；華北的城鎮也有相當的發展。城鎮人口對果菜需求增加，近郊農村因而加強果菜的商品生產。例如陝西同州，「多蔬菜果蓏佳於他產」，夏秋間市場上「轂擊肩摩」，農民販賣所得，「十倍於樹穀」[66]。又如三原縣城北的二峪，生產蔬果，運往城內銷售，「其利甚厚」；臨潼縣產韭黃，遠銷西安[67]。朝邑縣種植的蔬果，有「千樹杏，萬樹桃，桑棗無慮以億計，蔥茄千畦，菜菔瓜田百畝」，秋夏

57 《隆慶華州志》，卷九，頁二；卷二，頁一八。

58 《隆慶華州志》，卷九，頁二。

59 《嘉靖涿州志》（嘉靖年間刊本），卷三，〈土產〉，頁六。

60 《嘉靖薊州志》（嘉靖三年刊本），卷一四，〈平盜記〉，頁三三—三四。

61 〔明〕王士性，《豫志》（《學海類編》本）。

62 《隆慶華州志》，卷二，頁二四。

63 《嘉靖尉氏縣志》，卷一，頁四〇。

64 《嘉靖陝西通志》，卷三五，頁六。《康熙涇陽縣志》，卷二，〈建置志〉，引自田培棟，〈明代關中地區農業經濟試探〉，頁一五。

65 參見田培棟，〈明代關中地區農業經濟試探〉，頁一五。

66 《天啟同州志》（天啟五年刊本），卷五，頁一六。

67 參見田培棟，〈明代關中地區農業經濟試探〉，頁一六。

之交，農民「肩任背負，繈屬輻輳，達於四境交易」[68]。華州泥州河農民「治蔬菜，頗足俯仰之資」；河南武陟縣出產的蒜「可遠市」[69]。山東兗州產梨、棗，「每歲為他商預出，直鬻江南，賈厚利。」[70]東昌府盛產棗，也是由商人先預定，「歲冬計其木，夏相其實而直之，貨於四方」[71]。直隸涿州出產的黃連「其芽嫩者可以代茗」，「京師人重之，多作把鬻於市」[72]。香河縣「延寺等莊之植果」，「民厚其利」[73]。

總之，明代後期，華北地區的商品生產的水準，無論質量，雖不能與江南、東南沿海地區相比，但比起明代前期，有長足的發展。例如山西潞安，山東臨清、章邱，河南西平、遂平，直隸南宮等地的絲織業；山東、河南、直隸的棉業；直隸肅寧、清豐，山東汶上、定陶等地的棉織業；陝西同官，河南魯山、湯陰，山東益都、臨朐等地的陶瓷業，順天府的磚瓦業；陝西華州，直隸涿州，山東章邱、淄川等地的礦冶鑄造業；陝西華州的造紙業；河南陳留、陝西西安府的染料業；陝西同州、三原、臨潼、朝邑、華州，河南武陟，山東兗州、東昌，直隸涿州、香河等城郊區的果菜業；他們都在進行商品生產，只是為遠方市場生產的商品少，而為附近地區市集生產的較多。

二、明代後期華北商品流通與城鎮的發展

在商品生產發展的基礎上，地區與地區間的交換，手工業部門與農業部門間及各種手工業部門間的交換，明代後期有了相當的發展。華北地區也在一定程度上發展出商品交換網，而位於商品集散或轉販的城鎮因此繁榮起來。隆慶、萬曆間，張瀚以其「宦游四方，得習聞商賈盈縮」的心得，寫成〈商賈紀〉一文，報導明末市場、都市與商業通路，下文將以此為主，參以方志資料，分區敘述華北商品流通與城鎮繁榮的

情況。

（二）直隸

明代直隸有順天、保定、河間、真定、順德、廣平、大名、永平等八府，京師即在順天府中。京師（北京）是全國政治中心，是貴族、官僚、士人聚居的地方，是個人口在百萬以上的消費性都市[74]。郊區雖「饒黍穀驢馬果蓏之利」，但生活日用品多依賴外地供應；張瀚說：「四方之貨，不產於燕，而畢聚於燕。」[75]商業繁榮的市區，在城南，及前門、崇文、宣武三門之外。市場上「百貨充溢，寶藏豐富，服御鮮華，器用精巧」[76]，不但民生日用必需品的貿易繁榮，而且供應貴族、官僚、富室使用的奢侈品貿易，更見繁榮。張瀚說：「四方財貨，駢集於五都之市，彼其車載肩負，列肆易者，匪僅田畝之貨、布帛之

---

68 參見田培棟，〈明代關中地區農業經濟試探〉，頁一六。
69 《隆慶華州志》，卷九，頁二；《萬曆武陟志》（萬曆十九年刊本），卷四，頁四。
70 〔清〕陳夢雷，《古今圖書集成・職方典・兗州府・物產考》（台北：文星書店據中華書局本排印，一九六四），卷二三八，頁四八。
71 《嘉靖山東通志》，卷二二，轉引自傅衣凌，〈明代經濟史上的山東與河南〉，頁一二一。
72 《嘉靖涿州志》，卷三，〈土產〉，頁六。
73 《萬曆香河縣志》，卷二，頁二二。
74 〔明〕呂坤，《去偽齋集》（清刊《呂新吾全書》本），卷一，頁一六。
75 〔明〕張瀚，《松窗夢語》（《武林往哲遺著》本），卷四，頁一三，「百工紀」。
76 〔明〕張瀚，《松窗夢語》，卷四，頁一三，「百工紀」。

需，其器具充棟，與珍玩盈箱，貴極崑玉、瓊珠、滇金、越翠。凡山海寶藏，非中國所有，而遠方異域之人，不避間關險阻，而鱗次輻輳；故畜積為天下饒。」[77]這些市場上流通的商品，或來自國內各地，如「滇粵之寶石、金、珠、鉛、銅、砂、汞、犀、象、藥材，吳、楚、閩、越、山、陝之幣帛、羢貨」[78]或來自外國。其中尤以東南手工業品最受歡迎，價格最好；因此「東南之人，不遠數千里，樂於趨赴」，而京師市場上的商品，「半產於東南」[79]。由於都是對商品市場依賴性強，只要供應不暢，京師人民生活立成問題。萬曆年間，呂坤說：「今京師貧民不減百萬，九門一閉；則煤米不通。一日無煤米，則煙火即絕。」[80]對外來商品的依賴，正說明了市場繁榮與各地經濟聯繫的緊密。

京師人口眾多，市場繁榮，周圍地區多發展供應京師的商品生產與貿易。涿州人民「勞其筋骨，以治生產」，其黃連與煤，專供師及近郊市場之需[81]。河間府在直隸中部，是京師糧食的供應地，《嘉靖河間府志》載：「其有售粟於京師者，青縣、滄州、故城、興濟、東光、交河、景州、獻縣等處」，由於靠在運河邊，「皆漕輓」；「河間、肅寧、阜城、任丘等處」，離運河較遠，「皆陸運」[82]。以北京附近的通州為例。永樂遷都北京，隨著漕運的疏通，通州成為了南糧北調的集散地，開始發展為漕河沿線的重要市鎮。然而通州作為工商型城鎮真正得到發展的時期還是在成化、弘治以後。隨著北京作為都城消費的增長，通州不再僅是南糧北調的集散中心，而且成為了「百貨彙集處」，萬曆時蔣一葵更記述通州張家灣的情形：「張家灣為潞河下流，南北水陸要會也。自潞河南至長店四十里，水勢環曲，官船客舫，漕運舟航，駢集於此。弦唱相聞，最稱繁盛。」當時人的詩中寫道：「潞水東灣四十程，煙光無數紫雲生。王孫馳馬城邊過，笑指紅樓聽玉箏。」

直隸各府州縣，除發展與京都的省區內的貿易外，又與全國各主要商品產區交易。例如順天府涿州人民「各以其土之所產者，通其有無；若江淮遠方之貨，輻輳於市」[83]。豐潤縣民則以其生產之棉布、水果、炭、石灰、陶器、筐莒等，「鬻市以為生業」，「或販魚鹽之利，或織葦若秫為席箔，以供衣食」[84]。

河間府「在輦轂之下，富豪勢室，鱗次櫛比」，是直隸各府之中商業較繁榮的。據張瀚說：「河間、保定，商賈多出其途，實往來通衢。」[85]交通方便，遂成商品交換中心，日用品與糧食來自全國各地，遠的來自江西、安徽、江蘇，《嘉靖河間府志》載：「行貨之商，皆販繒、販粟、鐵、木植之人。販繒者，至自南京、蘇州、臨清，販粟者，至自衛輝、磁州並天津沿河一帶，間以歲之豐歉，或糴之使來，或糶之使去，皆輦致之。販鐵者，農器居多，至自臨清、（交河縣）泊頭，皆駕小車而來。販鹽者，至自滄州、天津。販木植者，至自真定。其諸販瓷器、漆器之類，至自饒州、徽州。」[86]任丘縣的日用品中，「居民貿易不過布、粟、鎡基（鋤），時果，魚、菜而已」，比較高級的商品「繒、纊、紙、鐵、瓷、漆、稻米，

77 〔明〕張瀚，《松窗夢語》，卷四，頁一八，「商賈紀」。

78 〔明〕劉若愚，《酌中志》（《海山仙館叢書》第十四冊），卷一六，頁五八。

79 〔明〕張瀚，《松窗夢語》，卷四，頁一二—一三，「百工紀」。

80 〔明〕呂坤，《去偽齋集》，卷一，頁一六。

81 《嘉靖涿州志》，卷三，〈土產〉，頁六。

82 《嘉靖河間府志》（嘉靖十九年刊本），卷七，〈風土志·風俗·末俗〉，頁三—四。

83 《弘治涿州志》，卷二，引自藤井宏，〈新安商人の研究(1)〉，《東洋學報》，第三十六卷第一號（一九五三），頁七。

84 《隆慶豐潤縣志》，卷三，頁二〇。

85 〔明〕張瀚，《松窗夢語》，卷四，頁一八，「商賈紀」。

86 《嘉靖河間府志》，卷七，〈風土志·風俗·末俗〉，頁三—四。

咸取給於泊頭、天津」[87]。故城縣，「舊無街市」，正統年間始「開兩街，增民舍，以通貨財，刻日為市，分廛列肆」[88]。縣境內鄭家口鎮，「鄰衛河，居民繁盛，商賈輳集，日有貿易」，相當繁榮；成化元年，知府賈忠要限制貿易，「令以五日為市」，「民以為未便」，遂恢復「日有貿易」[89]。可見商業的發展，已到政治力量無法束縛的地步。天津是「南北州車並集」的都市，輸出鹽、粟、絲織品、絲、鐵、瓷等至河間、任丘，並「下直沽、漁陽，猶海運之故道也」[90]。明代中期以後，「城之內，市區亦敞而譁，肆之珍貨益集，舟舡之杙椓於涯者如麻，遂為郊關重鎮」[91]。吳橋縣，自成化二年，建縣城，「度城隙地，盡為市井，建立民居；又平城南壕塹之地，置市廛，招商旅，而赴集者自若矣」[92]。

保定府也是位於「來往通衢」，「商賈多出其途」[93]。府北少東的定興縣，是據馬河與易水交會處，「鹽舟、木筏溯流而至，亦通會處」，貿易頗盛；「故四民足而多富室」[94]。

「自真定（府），北至永平（府）素稱阨塞，非商賈出入之地」[95]，貿易比較不盛，多為地方市場，僅作為小生產者交換剩餘物質場所。如藁城縣，「民各於附近交易」[96]，新河縣西流村，「有堡，有集市（每月逢五、逢十，共六集），居民數百家」，已是全縣最殷富的地方市場[97]。一般市集都不甚發達，交易「不尚奇貨，惟布帛、衾褚常用物耳」[98]；只有南宮縣，由於位在真定通往臨清的要道上，「商貨楙遷繈至，而輻輳駢集於此，四方大賈時販易射利，莫不贍所欲去」[99]。

廣平、大名、順德等府，雖為「東西腰膂」[100]，但物產不豐，貿易不盛，多局限於地方市場。廣平府威縣，「市集類不坐肆」，無固定的商店，「貨悉陳於坊門」，「遇奇日則如市，周其城之四大街、四關而復始」，仍為古代「日中為市」的落後經濟情況；縣城外的鄉村市集，則「日期視在城為少殺」，市集間隔日數加多[101]。廣平縣「土瘠水湮」，不似「他邑，地多產，河道通，足以招商賈，博奇貨」；因此「商不至，而農亦困」[102]。也就是商品經濟不發達，只有地方性小市場，進行等價交換，獲利甚少，而且很少商賈前來採購，農村剩餘生產物品的市場很小，難以出售；即如《萬曆廣平縣志》所云：「鮮通商賈之利，故竭地之產，不足以奉正賦，歲一不登，公私俱困。」[103] 邯鄲縣亦然，「市中有米、布、鹽、薪、釜、

---

87 《嘉靖任丘縣志》（萬曆六年重修本），卷一，頁三六—三七。

88 《萬曆故城縣志》（萬曆二十二年刊，四十二年增補），卷一，頁一九。

89 《萬曆故城縣志》，卷一，頁一九。

90 〔明〕張瀚，《松窗夢語》，卷四，頁一八，「商賈紀」。

91 《嘉靖河間府志》，卷三八，頁五〇，羅屺〈壽致仕倪公八十序〉。

92 《嘉靖河間府志》，卷二，頁八—九。

93 〔明〕張瀚，《松窗夢語》，卷四，頁一八，「商賈紀」。

94 《萬曆保定府志》（隆慶五年刊，萬曆三十五年增補本），卷一六，頁七。

95 〔明〕張瀚，《松窗夢語》，卷四，頁一八，「商賈紀」。

96 《嘉靖藁城縣志》（嘉靖十三年刊本），卷一，頁一一。

97 《嘉靖新河縣志》（嘉靖四十三年刊本），卷一，頁一一。

98 〔清〕陳夢雷，《古今圖書集成・職方典》，卷六一，〈永平府・風俗考〉，頁六。

99 《嘉靖南宮縣志》，卷一，〈市集〉，頁一三。

100 〔明〕張瀚，《松窗夢語》，卷四，頁一八，「商賈紀」。

101 《萬曆威縣志》（萬曆四十八年刊本），卷二，頁一一。

102 《萬曆廣平縣志》（萬曆二十六年刊本），卷一，頁一一。

103 《萬曆廣平縣志》，卷一，頁一四。

甑、鐵冶之外，無他長物」[104]。清豐縣也「非街衢，故商賈不能輻輳」，市集上所售的，「惟五穀、布帛、六畜之類」；嘉靖年間，當地棉布業發達起來，「土布稍售，有邊客攜千金而來市者」，由於紡績之利，而市集大為繁榮[105]。

商品市場繁榮與否，正是國民經濟盛衰的指標。《萬曆邯鄲縣志》云：「觀於市焉，而民之貧富，亦從可知也。」[106]明代後期，直隸各府州中，順天、保定、河間等府商品貿易較盛，居民生活較佳；其他各府州則因貿易不盛，商品經濟不發達，人民生活較難改善。

（二）山東

山東共有濟南、東昌、兗州、登州、萊州、青州等六府，由於位於京師與南京之間，是南北交通必經之地，運河通航後，兩岸的商業繁榮起來，尤以「濟南、東（昌）、兗（州）頗稱殷庶」[107]。

濟南府是「省會之地，民物繁聚」，貿易發達[108]。府東章邱縣關廂鎮，「市民雜居，商賈輻輳，俗營機利，多駔膾」，是個繁榮的紡織貿易市鎮[109]。這是因為鎮在繡江邊，又離濟南不遠，交通方便的緣故。淄川縣，則位於群山之間，但由於「地饒煤，人陶其中，鉛丹、赭堊、火齊之工，擅宇內」，是個礦冶中心，貿易因此發達。《萬曆淄川縣志》云：「人爭逐利，轉轂燕、齊、吳、越之間，下至甕盎，千里之內，負販不絕，以故淄富。」商品生產發達，產品遠銷至直隸、江蘇、浙江，人民因此富饒[110]。德州是運河岸邊的城市，為「川陸孔道」，貿易因此而盛。青城縣「商民錯處」，「計務農之家，十之六、七，而商賈之家，十之三、四。」也是個商業發達的城市[111]。武定州，地近商河下游，「平原四周百里相望」，雖然嘉靖年間「稽其鋪鄉市鎮，率多空虛，實乃荒落之陬」[112]；然而萬曆年間，多從事商品交換事業，《萬曆武定州志》云：「貧者轉徙漁鹽之利，富者多挾貲貿數升之布，至千百，出都城、塞上，或販梨棗，買舴艋，下江東，爭逐什一；農事不講久矣。」[113]則地方雖不殷阜，然人無論貧富，均從事商品貿易，市場之廣，遍及北方邊境與江南；商品經濟相當發達。甚至連海邊較貧乏的濱州，也在明末商品經濟發展的衝擊下，有較繁榮的地方市場，在市集上，「物貨有貴賤，亦有東西南北之人來販易者」[114]。從事交易的不只是當地農民而已。如州治北三十里的黃升店，位於濱州、霑化交界地，「居民其稠，二、七為集」，每月有六集，「物貨亦多」[115]。一般來說，濟南府比較殷阜，因而市面繁榮。但也有些地方，較偏僻，商品經濟不像淄川、武定那麼發達，雖有交換，卻限在地方市集。如商河縣，雖有幾個鄉富木棉蠶桑之利，但縣境大部分地方，到萬曆年間，仍是「地僻人稀，行旅所不至，商賈所不通，其為市，不過附近居民貿遷有無而

104 《萬曆邯鄲縣志》（萬曆元年刊，順治三年增補本），卷四，頁一〇。
105 《嘉靖清豐縣志》，卷二，〈風俗〉，頁一八。
106 《萬曆邯鄲縣志》，卷四，頁一〇。
107 《嘉靖山東通志》（嘉靖十二年刊本），卷七，頁七。
108 《嘉靖山東通志》，卷七，頁一二。
109 《萬曆章丘縣志》，卷一三，頁九六—九七。
110 《萬曆淄川縣志》（萬曆年間刊本），卷三，〈疆界〉，頁一。
111 《萬曆青城縣志》（萬曆末年刊本），卷一，頁二九—三〇，「商稅」。
112 《嘉靖武定州志》（嘉靖二十七年刊本），卷六，〈方域志二〉。
113 《萬曆武定州志》（萬曆十六年刊本），卷二，〈地理上〉，頁三。
114 《萬曆濱州志》（萬曆十一年刊），卷一，頁二三。
115 《萬曆濱州志》，卷一，頁二三。

已」，沒有外地商人參與，和遠方市場缺乏聯繫[116]。

兗州、東昌二府，位於南北通道大運河兩岸，「瀕河招商，舟車輳集」，商品貿易發達，「頗稱殷庶」[117]。兗州府濟寧州，「當河漕要害之衝，江淮百貨走集，多賈販，民競刀錐，趨末者眾」，是個商品貿易範圍拓至江南的城市[118]。《萬曆兗州府志》稱：「服食器用鬻自江南十之六、七矣」[119]。汶上縣，當運河地勢最高的河水南北分流處，商品經濟因地理位置而盛，又從事棉布業的生產與交換，《萬曆汶上縣志》稱：「漕之間，廛列廬比，仰食機利；再西則地宜木棉，紡車之聲相聞，遠者距城或二百里許。」[120]其縣城內較為繁榮，「有列肆也」，而「鄉落不廢日中之市」，以「粟布之餘，有無相貿」[121]。則城內與沿河，商品經濟發達，鄉村間則仍屬物物相易的自然經濟。鄆城縣為棉花集散地，「賈人轉鬻於江南，為市肆居焉」[122]。運河以東，離河較遠的鄒縣，商品經濟落後，只有地方市集，連縣城也只有市集，沒有列肆，「環城內外，分為五集，初一西關，初二南關，初三東關，初四則北關，初五學前，周而復始」，市集均為早晨開始，「日少昃而散」，參與的人，均為「四境之人」，沒有遠方商人，所交換的，都是個人自己生產的「服食器用之物」，沒有遠方異物，不過為「通有無」而已[123]。

東昌府是山東比較富庶的地區，其中尤以臨清最繁榮，商品經濟最為發達。由於「為運道咽喉，齊魯要塞」，臨清是南方貨品輸往北京或北邊的轉運站，「東西南北之人，貿易輻輳」[124]。《萬曆東昌府志》：「臨清州：州綰汶、衛之交而城，齊、趙間一都會也。五方商賈，鳴櫂轉轂，聚貨物，坐列販賣其中，號為冠帶衣履天下，人仰機利而食。」[125]又云：「臨清為南北都會，萃四方貨物，墆鬻其中，率非其地所出，歲貢諸方物，往往購覓旁郡。」[126]在這個商業都市中，商品貿易以紡織品最盛。山東是江南紡織品的主要市場之一，如常熟生產的棉布，據《萬曆常熟縣志》云：「綑載舟輸，行賈於齊魯之境，常什六。比氓之衣縷，往往為邑工也。」[127]因此臨清城內多江南商人開的布店。《乾隆臨清州志》云：「店在白雲巷，自明成化二年以來，蘇州、南翔、信義（崑山）三會河而為行，隆、萬間寖盛。」則江南蘇州、嘉定、崑山商人在明代中期已組成布商行會，從事棉布貿易，壟斷市場，一直要到清代中期，山東棉布業興起，才漸被壓倒[128]。崇禎年間，臨清「紳士商民近百萬口」[129]；萬曆年間城內有緞店三十二座，布店七十三座，雜貨店六十五座[130]。高唐州所屬恩縣、夏津縣及濮州、范縣，盛產木棉，輸往江南販賣，「江淮賈客列肆

116 《萬曆商河縣志》，卷二，〈市鎮〉，頁一五。

117 《嘉靖山東通志》，卷七，頁七、一二。

118 《咸豐濟寧州志》（咸豐九年刊本），卷三，頁一七，引《明志》。

119 《萬曆兗州府志》，卷四，〈風土志〉，引自藤井宏，〈新安商人の研究〉，頁九。

120 《萬曆汶上縣志》，卷四，〈風俗〉，頁二八—二九。

121 《萬曆汶上縣志》，卷二，頁一四。

122 〔清〕陳夢雷，《古今圖書集成．職方典》，卷二三〇，〈兗州府〉，頁一六。

123 《新修兗州府鄒縣地理志》（嘉靖四年刊本），卷一，頁一八。

124 《明神宗實錄》（台北：中央研究院歷史語言研究所校刊本，一九六二），卷三三四，頁三，萬曆二十七年閏四月壬午條。

125 《萬曆東昌府志》，卷二，頁二二。

126 《萬曆東昌府志》，卷二，頁二二。

127 《嘉靖常熟縣志》（嘉靖十八年刊本），卷四，頁二五。

128 《乾隆臨清州志》，卷一一，〈市廛志〉，轉引自藤井宏，〈新安商人の研究〉，頁一〇。

129 《明清史料甲編》（上海：商務印書館，一九三〇），第十本，頁九二三，〈總監各路太監高起潛題本〉。

130 趙世卿，〈趙司農奏議〉，〈關稅虧減疏〉，收於陳子龍等選輯，《皇明經世文編》（北京：中華書局據雲間平露堂刊本影印，一

賫收，居人以此致富」，成為棉花的主要貿易中心[131]。高唐州又以「水陸之便」，市場繁榮，《嘉靖高唐州志》云：「繒綺自蘇、杭、應天至，鉛、鐵自山陜至，竹木自湖廣至，瓷、漆自饒、徽至，楮幣自浙至。凡日用所需，大率出自江南。」[132]

青州府、登州府、萊州府三郡，據《嘉靖山東通志》云：「憑負山海，民殖漁鹽以自利，道里僻阻，商旅不通。」是個「土曠地稀，一望尚多荒落」的地區，商品經濟比較落後[133]。明代後期，才漸興起，如青州府益都人民也「逞逐商販」[134]。膠州人民在隆慶年間，發展海運，「造舟達淮安，淮商之舟亦因而入膠。膠之民以醃臈米豆」；膠西地方「由此稍稱殷富」[135]。臨朐縣在嘉靖年間，農民也發展紡織業，「務蠶織，作紬絹」，「亦頗種棉花為布」；其西南鄉「以果樹致饒益多」，「麥收者好造麴，交易亦為利」，「亦或養蜂收蜜」。商品生產發達的結果，商品貿易也發達起來，居民「懷資者，或輦其土之所有走江南，回易以生殖；或販魚鹽」，一般人民也種菜、織席、編筐販賣，「以供衣食」，城市於是繁榮，「餅師酒戶，則鱗次於市，鮮不勤生者」。《嘉靖臨朐縣志》因此稱該地的發展：「古稱通工商之業，便漁鹽之利，至於今為近之。」[136]

總之，山東位於南、北直隸之間，是南方物貨供應北京與北邊的轉運站，也是南方生產商品主要市場。另一方面，山東是江南手工業原料（尤其棉花）的主要供給地。明代後期，隨著商品經濟的發達，南北物貨商品藉著大運河的河道與東海的海運，互相交流，促成商品貿易的發展，也造成沿河與沿海一些城鎮的繁榮。但是離交通路線較遠的地區，則受商品經濟影響較小，其生產多為自給，雖有市集交換有無，規模都很小，只有附近居民參與。這些商品經濟落後地區，居民生活全賴田畝，加以役重，遂多逃亡，例如霑化縣，在萬曆年間，「里不滿三、四甲，甲不滿五、七人，甚至全甲空焉」。又因常常受旱災、蝗災侵襲，田畝無收，饑饉時生，「死徙無算」，萬曆四十四年甚至發生「父子相食」「逆女賣父」的慘劇[137]。

（三）河南

河南有開封、漳德、衛輝、懷慶、河南、南陽、汝寧、歸德等八府與汝州。其位置「當天下之中」，「開封其都會也」。開封府交通四通八達，「北下衛（輝）、彰（德）達京圻、東沿汴、泗轉江漢，車馬之交，達於四方；商賈樂聚」，新安商人尤夥；當地人也多從事商品貿易，據張瀚說：「東賈齊魯，南賈梁楚，皆周人也。」[138]其城內商業區有三街六市，據《如夢錄》所載，明代後期，市面極為繁華，不減於宋代，店鋪字號，接連不斷，其中緞店最多。商品來自全國各地，有本省鄭州、輝縣、光州、固始運來各色

九六二），卷四一一，頁四四五七—四四五八。《明神宗實錄》，卷三七六，頁七—八，萬曆三十年九月丙子條。利瑪竇（Ricci, Matteo, 1552-1610）等著，何高濟、王遵仲、李申等譯，何兆武校，《利瑪竇中國札記》（北京：中華書局，1983），第四卷第二章，頁328：「從南京到北京沿途經過南京省、山東省和北京許多著名城市，除去城市外，沿河兩岸還有許多城鎮、鄉村和星羅棋布的住宅，可以說全程到處都住滿了人。沿途各處都不缺乏任何供應，如米、麥、魚、肉、水果、蔬菜、酒等等，價格都非常便宜。」

131 《萬曆東昌府志》，卷二，頁三五。

132 《嘉靖高唐州志》（嘉靖三十二年刊本），卷三，頁八。

133 《嘉靖山東通志》，卷七，頁七。

134 〔明〕杜思，《嘉靖青州府志》（嘉靖四十四年刊本），卷六，頁四九。

135 《萬曆即墨志》（萬曆七年刊本），卷一〇，頁一五。

136 〔明〕王家士，《嘉靖臨朐縣志》，卷一，〈風土志〉，頁六，「民業」。

137 《萬曆新修霑化縣志》（萬曆四十七年刊，崇禎年間增補），卷一，頁五；卷七，邑人李魯生，《丙辰記》，頁一三〇—一三四。全文見本文附錄：〈萬曆四十三、四年山東饑荒與人相食史料〉。

138 〔明〕張瀚，《松窗夢語》，卷四，頁一八—一九，「商賈紀」。

大米，有四川來的黃楊，有遠自福建來的荔枝、松根、夏布，也有臨清生產的首帕。而商業區中，又有廟會，著名的相國寺、城隍廟、東岳寺、大道宮等，商品種類之多，頗為驚人[139]。府屬尉氏縣，人民除從事染料生產貿易外，還從事其他商品貿易，如「有販竹木於萬村河上者，亦有販糧食、棉花、綿布、靛、鹺於潁州溜上者，若販油於京師，止有一、二家」，然而「為商者甚少」，「亦不能長」，比起開封城落後許多，大多數居民仍是「每月遇日趕集」而已，與華北其他地區一樣，商品經濟在離主要交通要道較遠的縣分，是較落後的[140]。像項城縣，情況更壞，萬曆年間，江南地區的商品經濟與都市化急遽發展時，這個位於開封府南邊的縣分，仍然是「土不饒，民不殷，如招遠以下五鄉，益寥寥焉。村居落落，靡百家聚煙，又率蓬戶茨簷」，非常貧瘠[141]。連黃河南岸邊上的汜水縣，也是人口消乏，嘉靖三十年左右，編戶由明初的十四里歸併為十保，當地商品經濟不發達，人民「罕作商賈」[142]。可見開封府除府城外，其他縣分商品經濟水準並不高。

彰德府位於河南省北部，「控趙、魏，走晉、冀」，在河北、山西、河南三省交通要道上[143]。府城安陽縣是個商品生產饒裕的地方，「宜麥、宜藍」，「多種柿梨棗核桃」，居民從事商業者不少。然而正德年間，劉六、劉七之亂後，經濟消退，民「多棄賈為農」[144]。林縣的南川「宜桑棗黍穀麻菽木棉」，「山產則甲於諸縣」[145]。武安縣與涉縣，「又產錫煤與堊土」「宜木棉」，「武安最多商賈，廂房村虛，罔不居貨」[146]。這幾個縣分係利用太行山區的特點，發展多種商品經濟，尤其武安商人因此發展成明清著名的商人集團之一。但也因為山區不便，商品經濟水準難於提高，常禁不起天災或人禍的衝擊，「秋潦或連歲無成」，「盜起，歲入損失」，發生倒退的現象；以致如嘉靖八年、萬曆十五年、崇禎十三年、十四年的大饑、大疫，造成「人相食」，「群狼隊行入外城」，「田盡荒蕪，至無耕者」，社會經濟難以恢復[147]。

懷慶府位於黃河北岸，沒有大都市，府縣武陟縣與溫縣均產棉花，溫縣棉布業較盛，有遠方商人來買，武治所產的蒜，「可遠市」，是比較出色的商品經濟[148]。但一般貿易，仍限於市集，只有在縣城是常集，鄉鎮地方則是雙日集，或「諸集俱以日相遞」[149]。比較大的市鎮在武陟縣的木奕店，《萬曆武陟縣志》云：「木奕店，臨河，通商賈，饒物貨，稱最大。」[150]

南陽府當河南進入湖廣的通道，「下蘄黃，入襄、鄭，又與淮、泗相表裡」[151]。由於是棉花的主要產區，收成後，多「載往湖、湘間貨之」[152]。尤其在明代後期，隨著商品生產與貿易的發展，城鎮市集比較

139 參見傅衣凌，〈明代經濟史上的山東與河南〉，頁一二三—一二四。

140 《嘉靖尉氏縣志》，卷一，頁三五—三六、四〇。

141 《萬曆項城縣志》（萬曆二十七年刊本），卷一，頁七。

142 《嘉靖汜水縣志》（嘉靖三十三年修，明藍格抄本），卷一，「建置」、「風俗」（原書無頁碼）。

143 〔明〕張瀚，《松窗夢語》，卷四，頁一八—一九，「商賈紀」。

144 《乾隆彰德府志》（乾隆五十二年刊本），卷一二，〈風土·風俗〉，引嘉靖初年南京國子監祭酒崔銑語。《嘉靖彰德府志》（嘉靖元年刊本），卷二，頁三七。

145 《嘉靖彰德府志》，卷二，頁三八。參見傅衣凌，〈明清時期河南武安商人考略〉，《學術論壇》，一九五八年第一期。

146 《嘉靖彰德府志》，卷二〈地理志〉。

147 《乾隆彰德府志》，卷三一，頁六一—一〇。

148 《萬曆武陟志》，卷四，頁四。

149 《萬曆武陟志》，卷二，〈建置志〉，頁三。

150 《萬曆武陟志》，卷二，〈建置志〉，頁三。

151 〔明〕張瀚，《松窗夢語》，卷四，頁一八—一九，「商賈紀」。

152 〔明〕張萱，《西園聞見錄》，卷一七，「臨財·李賢父」，頁一八。

繁榮。例如內鄉縣，明代前期，市集不多，「開集日期又似隔遠」，「商民艱於貿易」，成化年間，知縣沃頫「順民情」，「乃分定處所日期，令其開設」；除縣城內有集場三處外，在西峽口「命就彼每月一、五開集」，半川里由於「陝西等處往來買賣販糴，商旅數多」，亦「就彼每月二、七日開集」；「自是，商民貿易便，而獲利均矣」[153]。這種「占水路要地，商販輳泊，車馬經由」的聚落，對百貨的流行，功效雖不如大城市，卻是零散農村與城市經濟的聯繫[154]。裕州原來相當荒涼，「城中僅十之一、二，是商賈居地」，「隙地為園圃者，無慮數百畝，廛市荒涼」；嘉靖年間，知縣劉廷臣認識發展商業的重要，於城中隙地規劃建設市區，「千室並建，連甍比屋，燈火交光」，又「督令各行商賈、牙儈照地，以時各相貿易」；將裕州建設成重要的商業城市。據南京刑部侍郎衛道說：「當夫日中之時，一州四境之民，需者、耕者、技藝而販鬻者，或抱布而貿絲，或以粟而易械器，……往來於闤闠之中，邸具四方之貨，市雜各省之民，歡呼沸天，廛閈撲地；寂寞之場，一變而為繁華之地矣。」[155]

汝寧府位於河南省東南部，與湖廣、南直隸相接壤。張瀚說：「若民物殷阜，汝寧為優，而水路道里為便矣。」[156]王士性也說其交通便利，「通淮河，稍集商旅，聚南貨。」[157]是物產較富庶和商品貿易較興盛的地區。府屬新蔡縣，在萬曆年間，是個相當繁榮的都市，「內之城市，外之聚落，既固且安，而土里表楔，煥然奪目，觀者稱為樂土」，其商業頗盛，「在縣者，市於四關廂，無間日」，是個天天開市的城，不像其他縣城，是四關廂輪流開市；在鄉鎮者亦「間日一市」，也不像其他縣分是三日或五日一市[158]。當地主要的商品是紡織品，但由於當地生產的棉帛，品質較差，產量較少，民間主要衣料來自附近州縣及南方省分[159]。光山縣人民「多治葛以給」，但由於當地所產的葛，「不多且弗良」，要從臨近的商城縣與安徽的六安州輸入，其製成葛布也「不精美」，大部分粗惡，而「細密者難得」，大概都只能供本地取用，難以外銷[160]。當地，自正德三年，「值歲荒，流亡者眾」，原來的四十一里歸併為三十里，至於嘉靖年間，更是「閭里蕭條，逃戶愈多」；因此極為落後。縣城僅大衛與南關有市集，且皆為「每月凡一日會於此」，即每月只有初一、十一、二十一日三集，其他鄉里間的市集有六個，也是一個月只有三集[161]。

汝寧府在河南算是比較富庶的地區，情況尚且如此，其他府州如歸德府及汝州，情況則更不好。（河南府與衛輝府及屬縣的明代後期方志，台灣現存不多，且多殘缺，資料不全；暫缺而不論。）歸德府夏邑縣，據嘉靖二十六年的戶口冊，有二千七百二十二戶二萬二千四百九十二口，甚為貧瘠，「家鮮積藏」[162]；柘城縣的戶口更少，自成化二十三年「連年旱蝗災疾」，「疲民多死徙」，嘉靖二十二年僅五百八十七戶，其戶口如此稀少，經濟之落後，實不待言[163]。汝州魯山縣，市集雖較發達，城內有七個，城外四

153 《成化內鄉縣志》（成化二十一年刊本），卷二，〈食貨略・市集〉，頁四一。

154 《嘉靖葉縣志》（嘉靖二十一年刊本），卷一，〈鎮店〉，頁一九。

155 《嘉靖裕州志》（嘉靖間刊本），卷二，〈建設志・城池〉，頁五—六。

156 〔明〕張瀚，《松窗夢語》，卷四，「商賈紀」，頁一八—一九。

157 〔明〕王士性，《豫志》，頁一〇。

158 《萬曆新蔡縣志》，卷二，〈市集〉，頁一一。

159 《萬曆新蔡縣志》，卷三，頁二七。

160 《嘉靖光山縣志》（嘉靖三十五年刊本），卷四，頁一五—一七。

161 《嘉靖光山縣志》，卷一，頁二〇—二一。

162 《嘉靖夏邑縣志》（嘉靖二十七年刊本），卷一，頁七；卷三，頁一—二。

163 《嘉靖柘城縣志》（序於嘉靖三十三年，明藍格鈔本，無頁碼），卷三，〈田賦志・戶口〉；卷一〇，〈災祥〉。

個，各鎮店有六個，但整個城內七個市集期只有十七天，並不是天天有市集；商品經濟是極不發達的[164]。

總之，明代後期的河南，一般來說，商品經濟在開封府、懷慶府、南陽府、汝寧府的部分縣分，有相當的發展，可是在部分地區，不但未見發展，反而有倒退的現象發生，而且大部分的地區，其市場都屬於地方市集，商品經濟水準極低，以交換當地生產的日用品為主。其比較令人稱道的商品生產與貿易，是與江南地區，以棉花交換棉布，「棉花盡歸商販，民間衣服率從貿易來」[165]。萬曆年間，馮夢龍編的短篇小說集《喻世明言》，說到一個名叫楮衛的河南人，「專在江南販布營生」，「裝著一大船布匹，出了鎮江，望河南進發」[166]。河南與江南在棉布貿易上的關係，與山東情形一樣，是非常緊密的，一旦情況有變，雙方都受影響。明末，河南大亂時，松江人葉夢珠就說：「松民貿利，半仰給於織紡。其如山左（山東）荒亂，中州（河南）糜爛，尤甚吾鄉；易子而食，折骸而炊。布商裹足不至，松民惟有立而待斃耳。」又說：「甲申（崇禎十七年）以後，因南北間阻，布商不行，棉花百斤一擔，不過值錢二千文，准銀五、六錢。」因為華北戰亂，松江的棉布失去市場，不但棉布銷售不出去，使生產者「立以待斃」，棉花的價格，也由平日一兩六、七錢一擔，跌至五、六錢，僅為原價的三分之一[167]。由此可見，河南的商品經濟水準雖不甚高，但已捲入明代後期商品經濟發展的浪潮之中，成為全國市場交換網中重要的一環。

（四）陝西

陝西「山河四塞，昔稱天府」，共有西安、鳳翔、延安、慶陽、平涼、鞏昌、臨洮、漢中等八府。西安「為會城，地多驢、馬、牛、羊、旃裘筋骨，自昔多賈，西入隴蜀，東走齊魯，往來交易，莫不得其所欲。」據張瀚說：明代後期，「西北賈多秦人，然皆聚於沂雍以東至河華，沃野千里間，而三原為最」[168]。即渭水平原，自西安以東，為陝西商人的根據地。如涇陽縣，「民逐末於外者八、九」，三原縣

「民多商賈」，同州「富者皆棄本逐末，各以服賈起家，蜀卓、宛孔之流，甲於通省」[169]。陝西地區處於西北邊陲，經常駐有重兵二十萬，由於氣候寒冷，冬天需要供應大量棉布，據嘉靖二十年編的《全陝政要》，陝西地區邊軍每年需布五十六萬五千一百三十三匹、棉花二十五萬四千五百三十八斤；陝西全省歲用布五十八萬八千九百九十九匹，棉花二十七萬零三十三斤；因此全省歲用布和棉花，差不多全供本地駐軍之用[170]。本來陝西雖產棉花，紡織也相當發達，卻因長期大量供應邊軍，而使民間缺布，生產「不足本地之用」，只有從江南運購布匹，以供應本地需要；棉布貿易遂成為陝西商人的主要事業。例如三原「俗相矜市布」，許多人以此起家，據嘉靖末年的進士溫純說，三原人王一鶴「市布邑及吳越」，又有師從政也是「市布崛起」，「賈吳越，往來無寧日」[171]。陝西商人除販布於吳越，其資本大的還從事販鹽於淮揚、

164《嘉靖魯山縣志》，卷二，〈市〉，頁三三—三四。

165 陳詩啟，《明代官方手工業的研究》，頁六。

166（明）馮夢龍編，傅成校點，《喻世明言》（一名《古今小說》）（上海：上海古籍出版社，二〇一二）。

167（清）葉夢珠著，來新夏點校，《閱世編》（上海：上海古籍出版社，一九八一），卷一，〈災祥〉，頁一四；卷七，〈食貨四〉，頁一五六。

168（明）張瀚，《松窗夢語》，卷四，「商賈紀」，頁一九。

169《嘉靖重修三原縣志》（嘉靖十四年刊本，卷一記有崇禎六年事，當為明末增補本），卷一，頁四。《同州府志》，卷二，轉引自傅衣凌，《明清時代商人及商業資本》（北京：人民出版社，一九五六），頁一六五。

170 參見田培棟，〈明代關中地區農業經濟試探〉，頁一四—一五。

171（明）溫純，《溫恭毅公文集》（崇禎十二年西京溫氏家刻本），卷一〇，〈明壽官王君暨配墓誌銘〉頁三八；卷一一，〈明壽官師君墓誌銘〉，頁一八。

河東，或販茶於川蜀，成為明代後期壟斷全國經濟的大商人集團，只有新安商人能與他們分庭抗禮[172]。三原縣由於商業發達，市場上商品種類繁多，附近州縣人民多到此地購買在其地方市集不能買到的商品。據《嘉靖耀州志》稱，城中的市集，耀州是每天都有一集，同官縣則是間日集，但市集上只能買到「布、米、薪、菜、雞、豚之類，四方雜貨無蓄焉」；因此「人持五金以上者，率就三原，以市中不應其求也。」至於鄉間的集場，也各有二、三處，「然其人無他貿易，惟以穀與金、布、器物相權耳」，是以物易物的自然經濟型態，商品市場機能極低；所以「荒年，則無從得穀；豐年，又穀賤不售；以是易益少，所需物亡其中，人益不來」[173]。富平縣在明代前期是個「緞錦不鬻於市，簪珥不鬻於市」的小城，萬曆初年，由於商業發達，市場繁榮，「聚貨並多」，縣城中「男必漢唐宋錦，女必金玉翠飾。冠履華靡尤甚，凌雲、東坡、忠靖、匾巾，赤舄、雲頭、箱邊、片瓦，照耀於街市間」。除縣城外，在嘉靖年間，鄉鎮集務已有二十餘處，一般只交易「菽粟布帛」與「菜米」，然「其大者流曲（鎮），與縣市等，美原（鎮）過於縣市」。縣城市場貿易的主要商品為韭藍；美原則為絲和羊毛，市上商人多來自山西蒲州、解州和陝西涇陽、三原；流曲鎮民，或織布維生，或「負販於涇、渭、終南間」，或運販布匹於隴東[174]。朝邑縣市集相當發達，據《萬曆朝邑縣志》云：「邑之為市者，以十數，而趙渡為最大，商賈輻輳，里中一浩穰也；蓋稱日市焉。」其趙渡的市集已進步到每日營業的程度[175]。韓城縣的北部居民「尚服賈」，當地農畝生產不夠，需從外地購買商品糧食，《萬曆韓城縣志》云：「終歲之獲，不敷元元之用，居嘗仰（縣北）丹陽（宜川縣）之粟，（縣南）郃陽之麥。」[176]華州是個手工業中心；柳子鎮民數千家，從事礦冶鑄造；南村人口千家，從事紙業；唐村有造竹器者數百家，紙坊數百家；這些地方生產的手工業品銷售外地，使華州成為商品經濟發達的地區。

漢中、鞏昌、鳳翔等府為當時交通孔道，其商品經濟發展情形，由於台灣現存明代該處方志資料不足，難以說明。至於平涼、慶陽、臨洮等地，資料亦不足，然據張瀚說：這些地方，「豐草平野，沙葦蕭條，昔為邊商之利途，今稱邊戍之絕塞」，是相當落後的[177]。延安府地處北邊，也相當落後，原來只有地方市集，「止以布粟貿易」，其他商品「凡日用、冠婚、喪祭之需，俱市諸別地」；弘治年間，知府王彥奇始立會於東關市，「聚四方商賈，貿易於此，以通貨利」，商業漸盛，「延民及西北邊方用需悉便」[178]。

總之，陝西各府，除西安府位於渭河平原比較富庶外，大部分地區，人民「既不知耕，又不知織」，經濟相當落後[179]。即使在西安府內，也有比較落後的地方，如同官縣，「民專務稼穡，不事耕織，不習商賈，民少生業；故貧」；據《萬曆同官縣志》云：「餘邑諸市，惟布粟蔬薪，而外更無長物，往往日用所需，必走他方以致之，廛市蕭條殊甚。」[180]市場不發達的結果，物價反而昂貴，據王宏說：「延安一府，

172 參見傅衣淩，《明清時代商人及商業資本》及寺田隆信，《山西商人の研究》（京都：東洋史研究會，一九七二）。

173 《嘉靖耀州志》，卷四，頁一〇。

174 《萬曆富平縣志》（萬曆十二年刊本），卷九，〈習俗志〉，頁三—四。

175 《萬曆續朝邑縣志》（萬曆十二年刊本），卷二，頁六。

176 《萬曆韓城縣志》（萬曆三十五年刊本），卷一，〈風俗〉，頁一六；卷二，〈物產〉，頁二一。

177 〔明〕張瀚，《松窗夢語》，卷四，頁一九，「商賈紀」。

178 《弘治延安府志》（弘治十七年刊本），卷一，〈街坊〉，頁一四。

179 〔清〕顧炎武，《日知錄》，卷一〇，〈紡織之利〉，頁五九五。

180 《萬曆同官縣志》（萬曆四十六年刊，崇禎十三年修補本），卷一，頁一二—一三。

布帛之價，貴於西安數倍。」[181]但由於三原、涇陽、同州等地人民從事布、鹽、茶的商品貿易，成為全國主要商人集團，使陝西經濟不致太落後。故張瀚說：「關中之地，當九州三分之一，而人眾不過什一；量其富厚，什居其二。閭閻貧窶，甚於他省，而生理殷繁；則賈人所聚也。」[182]

（五）山西（附北方邊鎮）

山西「古冀都邑地」，明代分為太原、大同、平陽、汾州、潞安等五府及汾、遼、沁、澤等四州。張瀚說：山西「自昔饒木竹、纑旄、玉石，今有漁鹽棗柿之利。所轄四郡，以太原為省會，而平陽為富饒，大同、潞安倚邊為寒薄。地狹人稠，俗尚勤儉，然多玩好事末，獨蒲阪一州（即平陽府浦州），富庶尤甚，商賈爭趨。」[183]萬曆年間，據沈思孝說：山西南郡的「平陽、澤、潞豪商大賈」輩出，其富「甲天下，非數十萬不稱富」。[184]是全國最大的商人集團之一[185]。

山西商人與陝西商人一樣，是靠經營鹽、布等業起家的。由於地近北邊國防重地，而從事供應邊兵糧、布等軍需品，又因為明朝採「開中法」，以鹽與商人交換軍需品，使山西人得到販賣專賣的鹽利，於是到明代中期成為巨富[186]。山西雖有紡織業，如潞安的絲織業，產製絲綢等高級衣料，銷售外地，「貢篚互市外，舟車輻輳者，轉輸於省直（各省與直隸），流衍於外夷，號稱利藪」[187]；但其他地方，一般人民多不識機杼，僅太原、榆次兩縣民從事紡織，但是其產品多為政府徵收，很少流入市場，當作商品販賣。《萬曆榆次縣志》云：「榆地物產不豐，唯蠶織之業甚廣，然多為徵輸所剝；故其人反貧，甚至寒不得完枲縷。」[188]絲織業如此，棉紡織也不發達；因此山西比華北其他省分更要依賴南方輸入的棉布，如忻州，據《萬曆忻州志》云：「民不識機杼，歲市布萬餘匹。」[189]如沁州沁源縣，據《萬曆沁源縣志》云：「本縣雖有鐵冶數處，土人不出販賣，外客以鹽、布易換而去。」[190]

山西雖部分地區有紡織之利，解州有河東鹽利，然直至明代後期大部分地方仍生產貧瘠，經濟落後。如太原府陽曲縣「地瘠賦重，日見蕭條」[191]，興縣「地瘠山多」，「不諳織紡」[192]；代州「壤瘠，民勤務農者眾，惟少蠶桑」[193]；據《萬曆太原府志》稱，由於「虜耗，休養之無幾」，「歲耗，旱魃之頻虐」，「役

181 〔清〕顧炎武，《日知錄》，卷一〇，〈紡織之利〉，頁五九五。

182 〔明〕張瀚，《松窗夢語》，卷四，「商賈紀」，頁一九。

183 〔明〕張瀚，《松窗夢語》，卷四，「商賈紀」，頁一九。

184 〔明〕沈思孝，《晉錄》（收於《學海類編》，台北：文源書局影印，一九六四）。

185 參見傅衣凌，《明清時代商人及商業資本》及寺田隆信，《山西商人の研究》。

186 參見傅衣凌，《明清時代商人及商業資本》及寺田隆信，《山西商人の研究》。開中法及其變遷，參看徐泓，〈明代前期的食鹽運銷組織〉，《臺大文史哲學報》，二十三期（一九七四）；〈明代中期食鹽運銷制度的變遷〉，《臺大歷史系學報》，第二期（一九七五）。

187 《乾隆潞安府志》，卷九，〈田賦．貢篚〉；《順治潞安府志》，卷一，〈地理四．氣候物產〉，頁七五。轉引自韓大成，《明代社會經濟初探》，頁二五〇。

188 〔明〕褚鈇，《萬曆榆次縣志》，卷三，頁七。

189 《萬曆忻州志》，〈物產〉。

190 《萬曆沁源縣志》。

191 《萬曆太原府志》（萬曆四十年刊本），卷九，頁一。

192 《萬曆興縣志》（萬曆五年刊本），卷上，頁四。

193 《萬曆代州志》，卷一，〈風俗〉，頁一六—一七。

耗，催苛之煩急」；遂使「井邑蕭條，大非昔比」，這種情況下，商品經濟難以發展[194]。嘉靖末年編的《崞縣志集》云：「（太原府）崞（縣）闤闠蕭索，初無異貨，不過粟米之類。」[195]市場上只進行相當初級的物物交易。潞安府情況稍好，其民「勤於稼穡，其地宜黍穀」，明代後期，又發展絲織品的商品生產與貿易[196]。平陽府、汾州府、澤州等地則以從事商業為主，如平陽府臨汾縣，據《萬曆臨汾縣志》云：「勤於耕織，服勞商賈。」[197]《萬曆汾州府志》云：「民率逐於末作，走利如鶩。」[198]至於大同府，則因地處北邊，土壤氣候更不宜於農，如靈石縣，「僻在萬山間，財貨不通，山田瘠薄」，「他方多事商賈，而靈石惟力農」[199]；農業條件已差，又不知以從事商業謀生，其經濟之貧乏落後可知。同府的馬邑縣，情形相同，縣城市集，只有三個，每旬三、六、九日輪流開市，規模甚小[200]。只有大同城、陽和衛城等沿邊有馬市，與北邊蒙古人交易的地方，商品經濟才較發達。大同城在弘治年間，已是「軍民雜處，商賈輻輳」之地[201]；萬曆以後，北邊和平，蒙漢交易頻繁，市場更見興盛，據估計，大同馬市每年銷售梭織棉布一項，即達十萬零三千七百餘匹[202]；商品大多產於江南，由山西商人販運，《崇禎山西通志》云：大同府「陸馱水航之物，藏山隱海之珍，靡不輻輳而至者，大都多東南之產，而轉販之力也。」[203]陽和衛城南關，也是「商賈財貨之所輳集」的地方[204]；大同府城西北的大同右衛殺胡堡，隆慶五年，「設市場於此，為往來之孔道」，於是「漢夷貿遷」，「蟻聚城市，日不下五、六百騎」[205]。

宣府鎮，是兩淮、長蘆、河東鹽商從事開中鹽的主要活動地區，嘉靖年間，呂柟說：「直隸、河南、山東西之芻粟，皆輸於此，兩淮、長蘆、河東諸鹽商，皆業於此。」[206]除了因軍需消費之供給而使市面繁榮外，也是蒙漢主要交易的馬市所在，「每年互市，緞匹買自江南，皮張易之湖廣」[207]。據估計萬曆六年僅梭布一項的銷售量，即達二十萬零七千餘匹，是大同的兩倍[208]。由於馬市多銷江南的商品，據《嘉靖宣府鎮志》載，設在宣化城中稍東南的大市，出現許多專門銷售江南商品的店鋪，「賈客鱗比，各有名稱，

如雲：南京羅緞鋪、蘇杭羅緞鋪、潞州紬鋪、澤州帕鋪、臨清布帛鋪、絨綿鋪、雜貨鋪。各行交易，鋪延

194 《萬曆太原府志》，卷一一，〈戶口〉，頁一。

195 《萬曆嶂縣志》，卷二，〈建置考．市〉，頁八。

196 《弘治潞州志》（弘治八年刊本），卷一，頁五。《乾隆潞安府志》，卷九，〈田賦．貢篚〉；《順治潞安府志》，卷一，〈地理四．氣候物產〉，頁七五。參見韓大成，《明代社會經濟初探》，頁二五〇。

197 《萬曆臨汾縣志》（萬曆十九年刊本），卷二，〈風俗〉，頁一三。

198 《萬曆汾州府志》（萬曆三十七年刊本），卷二，頁二三—二四，知府趙喬年，〈風俗利弊說〉。

199 《萬曆靈石縣志》（萬曆二十九年刊本），卷一，〈地理．風俗．觀風錄〉，頁六—七。

200 《萬曆馬邑縣志》（萬曆二十六年刊本），卷上，頁一二。

201 （明）戴金編，《皇明條法事類纂》（東京古典研究會據東京大學附屬圖書館藏鈔本影印，一九六六），卷四二，〈偽造假銀及知情行使之人各枷號一個月滿日發落例〉，弘治四年八月二十四日，頁二五四。

202 參見李漪雲，〈從馬市幾類商品看明中期江南與塞北的經濟聯繫及其作用〉，《內蒙古師大學報（哲社版）》，一九八四年第四期，頁三四—三九。

203 轉引自寺田隆信，《山西商人の研究》，頁一三一。

204 （明）霍鵬，〈修陽和城南關記〉，轉引自寺田隆信，《山西商人の研究》，頁一二八。

205 （清）顧祖禹，《讀史方輿紀要》（台北：樂天影印商務國學基本叢書本，一九七三），卷四四，頁一八六三。由於清初的忌諱，改「殺胡堡」為「殺虎堡」。

206 （明）呂柟，《涇陽先生文集》（嘉靖三十四年于德昌刊本），卷七，〈贈秦宣府序〉。

207 （明）梅國楨，《梅客生奏疏》，卷一，〈請罷榷稅疏（宣府榷稅）〉，頁一〇，收於《皇明經世文編》，卷四五二，頁四九六八。

208 參見李漪雲，〈從馬市幾類商品看明中期江南與塞北的經濟聯繫及其作用〉，頁三四—三九。

長四、五里許，賈皆爭居之」，其商品貿易之盛可知[209]。

其他各邊鎮，也有類似情形。山西（大同鎮除外）、寧夏、陝西、甘肅、固原等鎮馬市，梭布一項銷售總數亦達十萬匹左右[210]。陝西延綏鎮，「鎮城及營堡俱有市，而沿邊村亦落間有之」[211]；固原鎮在弘治末年，也為順應商業需要，「拓其外城，奏移驗鹽所於此；由是商賈流通，公私兩便」[212]。這些西北邊的鎮城，不如宣府、大同繁榮，但東北的遼東鎮則甚為興盛。《嘉靖重修全遼志》云：「鬻販之夫，操其贏餘，走吳越臨濟間，可窺十五之利。」[213]凌濛初《二刻拍案驚奇》中，說了一個故事，講到正德年間，有湖廣荊州商人在遼東販賣綵緞，又有蘇州商人在遼陽賣了棉布三萬疋[214]。

總之，山西各府與沿邊軍鎮，土壤貧瘠，氣候寒冷，農業落後，經濟窮困。僅有少數地方如潞安有絲織品的商品生產與貿易，解州有河東鹽利，其他地區都很落後。所幸山西平陽、汾州、澤州、潞州人民，乘地近北邊軍事消費地帶之利，從事商業，成為全國最大的商人集團之一。而九邊邊鎮也因為與北方民族交易的馬市，大為繁榮，尤以遼東、宣府、大同為最。

就整個華北地區而言，商品經濟水準，不論在生產與交易，均遠落在江南之後，城鎮的繁榮，也遠不及江南地區。明代後期，江南地區，不但府城、縣城、甚至城外村市，也是「貨物貿易不減城市」[215]；像蘇州城，不但「閭闠之內，望如錦繡」，而且「吳閶至（城外）楓橋，列市二十里」[216]。就連一個小縣城，如吳江，也是「城內外接棟而居者，煙火萬井」，「皆市廛闤闠，商旅輻輳，貨物騰湧」[217]。華北則大部分鄉村，甚至縣城、府城，還是以交換當地產品的地方市集為主，每月集期多則九次，少則三次。只有在京師、直隸河間府與天津，山東運河沿岸的兗州、東昌，河南的開封、汝寧、南陽，陝西的西安，山西南部與長城沿邊重鎮，由於「各據古昔名城，或占水陸要地，商販輳泊，車馬經由；郡縣以此為輔弼，百貨於是乎流行」，產生商品貿易繁榮的城鎮[218]。又因為華北的手工業商品生產落後，日用品除在市集上交換貨品外，許多日用品如棉布和較高級的商品如絲綢、瓷器等，均需由南方尤其是江南地區供應，而將華北生產的手工業原料如棉花，輸往南方，供江南等地手工業之用。華北與華中、華南間，以手工業原料與成品進行商品貿易，使明代後期商品經濟的地區分工進一步發展，於是商品市場得以擴大與繁榮。

209 《嘉靖宣府鎮志》（嘉靖四十年刊本），卷二〇，頁九〇。
210 參見李漪雲，〈從馬市幾類商品看明中期江南與塞北的經濟聯繫及其作用〉，頁三四—三九。
211 《康熙延綏鎮志》（康熙十二年刊本），卷二之四，頁二四〈食志．市集〉。
212 〔明〕過庭訓纂集，《本朝分省人物考》（天啟二年刊本），卷九五，〈山東兗州府．秦紘〉，頁一八。
213 〔明〕李輔等，《嘉靖重修全遼志》（嘉靖四十五年舊抄本），卷四，〈風俗志〉，頁八一。
214 〔明〕凌濛初，《二刻拍案驚奇》，卷三七，〈疊居奇程客得助．三救厄海神顯靈〉。故事本於〔明〕蔡羽，〈遼陽海神傳〉（收入《叢書集成》），見譚正璧，《三言兩拍資料》（上海：上海古籍出版社，一九八〇），頁八七八。
215 《嘉靖吳江縣志》（嘉靖四十年刊本），卷一，頁一〇。
216 《蘇州府志》，卷二，莫旦，〈蘇州賦〉。莫旦，明中期人，為《弘治吳江志》的編者。〔清〕陳夢雷，《古今圖書集成》，卷六七六，冊一一五，頁二四。
217 〔明〕莫旦，《弘治吳江志》（弘治元年刊本），卷二，頁一〇—一一。
218 《嘉靖葉縣志》，卷一，〈鎮店〉，頁一九。

三、明代後期華北社會風氣的變遷

明代後期，由於商品經濟的發展，華北不少城鎮市集，市面繁榮，生活水準提高，使明初淳樸守禮的社會風氣發生變化，逐漸奢靡起來，尤其那些在交通要道上的城鎮，由於商旅往來的頻繁，帶來流行於江浙地區的社會風氣，遂使華北社會也「華侈相高」「僭越違式」起來。

(一)「儉樸淳厚」「貴賤有等」的明初華北社會

明初的士大夫，承襲漢代以來的傳統，為這個新建立的王朝，規劃了一個依禮制建立的社會秩序，他們認為如果「貴賤有等」，而人民各安其生，皆依其社會地位之「尊卑貴賤」，而「各安其位」；則社會秩序井然，天下因此治平[219]。為確保這套社會秩序，不但以法律規定各階級的生活方式，而且頒布〈教民榜文〉，以教化力量維繫善良的社會風氣[220]。在社會經濟方面，採「重本抑末」政策，試圖限制商品經濟的發展，防止「敦尚樸素」的社會，受到商品經濟的衝擊，而使「官民漸生奢侈，踰越定制」，「習以成風，有乖上下之分」[221]。洪武三年八月規定：「職官自一品至九品，房舍、車輿、器用、衣服各有等差。庶民房舍，不過三間，不得用斗拱、彩色。其男女衣服，不得用金繡、錦綺、紵絲、綾羅，止用紬絹、素紗；首飾、釧鐲，不得用金玉珠翠，止用銀；靴，不得裁製花樣、金線裝飾。違者罪之。」[222]當時的處罰很嚴，「百姓或奢侈踰度犯科條，輒籍沒其家」；因此「民皆畏法，遵守弗違」[223]。而明初「百姓初脫亂離之苦」，生活水準較低，「凡百用度，取給而止，奢僭甚少」鮮有能力奢侈踰越的[224]。一定程度上實現了「望其服而知貴賤，睹其用而明等威」，達到「上下辨而民志定」的理想社會[225]。

明清方志談到明初社會風氣時，沒有不盛讚其「風俗淳美」的。尤其華北地區，元末戰亂之餘，大部分地方仍是「土曠民稀，墾闢有限」，農村經濟尚亟待恢復，遑論商品經濟之發展[226]。經濟落後，生活水準低落，社會風氣自然奢靡不起來；據《畿輔通志》，明初，永平府風氣，「多淳謹」[227]。《東明縣志》亦云：「成、弘以前，尚多樸茂。」[228]明代中期以後，相當富庶的兗州府，明初的經濟也不好，如定陶縣，「宮室尚樸，服不錦綺，器用陶瓦」，單縣在當時「惟資農業，不事商賈」，「風俗儉樸，車服簡素」，「營

---

219 李晉華，《明代敕撰書考》（台北：成文出版社影印哈佛燕京引得編纂處本，一九六六），頁二二，〈教民榜〉。

220 《嘉靖淳安縣志》（嘉靖三年刊本），卷一，頁六；《萬曆武陟志》，卷七，〈藝文志〉，頁一—三，〈聖諭六解〉。

221 《明太祖實錄》，卷八一，頁三—四，洪武六年四月癸巳條。

222 《明太祖實錄》，卷五五，頁二，洪武三年八月庚申條。有關的詳細規定，見《嘉靖宣府鎮志》，卷二〇，頁七五—七八，洪武元年「頒官民屋宇器用品式」，三年「令士庶衣飾不得僭侈」，五年「定官民婦人禮服」，六年「申明官民器用等則」，十四年「定農賈僧道服飾」，二十四年「定生員巾服之制」。又參見黃彰健，《明代律例彙編》（台北：中央研究院歷史語言研究所專刊之七五，一九七九），〈禮律二·儀制〉，頁六〇〇—六〇八，「服舍違式」。

223 《嘉靖太平縣志》（嘉靖十九年修，明祇園寺承滿重刊本），卷二，頁一九。《洪武蘇州府志》（洪武十二年刊本），卷一六，頁三。

224 《萬曆如皋縣志》（萬曆四十六年刊本），卷八，頁三二。

225 〔明〕張瀚，《松窗夢語》，卷四，頁一二，「百工紀」。

226 《明太祖實錄》，卷一一一，頁二，洪武十年正月丙戌條。

227 《同治畿輔通志》（宣統二年北洋官報局石印本），卷七一，〈地輿志·風俗〉，頁四。

228 《乾隆東明縣志》（乾隆二十一年刊本），卷一，頁六一。

居者三間五架，制甚狹小，服布素，燕會不過四簋」[229]。河南汝寧府，「明初復還淳樸」[230]；南陽府也是「農安樵魯，盡力田野；士大夫以勤儉、婣睦相風尚；小民急公好義，獄訟里止；誠為美俗」[231]。府屬唐縣，明初即「地廣人稀，習俗質樸，勤稼穡，不事商賈；敦尚詩書，尊崇禮義」[232]。開封府，在明初算是經濟恢復比較快的地區，但情況也沒有不同，「成化以前，民風尚淳，鮮知興訟，俗崇儉約，筵會無珍異之設」[233]。鄧州也是「明初，民惟椎質，盡力畎畝」，人民都能守禮奉法，「所居以齒為序，雖緦麻之長於其幼，叱吒督過之不為嫌」「跼蹐奉法，鮮訟辯」[234]。陝西西安府，明代中期以後，是個多商賈的地方，明初卻「民不事本末」，風氣「樸素」，「急公敬上」[235]。府屬涇陽縣，據《涇陽縣志》云：「明初，頗近古人，尚樸素。城市衣履，稀有純綺；鄉落父老，或簪帢靸履不襪；器惟瓦甆，屋宇質陋。」[236]渭南縣，「成化、弘治之間」，仍然「人醇俗美」，社會秩序井然，「尊卑貴賤之分，衣服器用之等，品式森然，莫敢僭踰」；「閭閻無紈綺之子，倡勢鮮金珠之飾」[237]。鳳翔府岐山縣民更是把自己限在農村中，「足不履縣廷，目不識長吏」[238]。山西太原府太谷縣「土厚風淳」，「明初；力田務本，勤儉不奢；士大夫重廉恥，非公事，不至公門」[239]。明末商品經濟比較發達的潞安府，據《長治縣志》云：「永、宣、成、宏之時，士無不循循敦行務實，農若商帷簡素任野，綈繒旃毳，罔敢凌肆自恣者，至於帷簿儉約，人皆相嘉慕之。」[240]由此可知明初華北社會之「儉樸淳厚」「貴賤有等」。

（二）「渾厚之風少衰」的明中期華北社會

正統至正德年間（一四三六—一五二一）是明代的中期，經過明初六十多年的「安養生息」，「民氣漸舒，蒸然有治平之象」[241]。江南的商品經濟發達得早，社會風氣變遷也早，有些地方，如蘇州府吳江縣，「迨天順初」，「儉樸之習」已「漸移」[242]；揚州府在正統、成化年間，已是「俗尚侈靡」之地[243]。不少地方，在成化、弘治以後，風氣大變，「淳厚之風亦少衰矣」[244]。

華北商品經濟發展較慢，天順年間，尚無社會風氣變遷的記載，但成化、弘治年間，有些地方開始變

229 《萬曆兗州府志》，卷三一，〈文教部・風俗〉，頁六—七。《宣統山東縣志》（民國四年鉛印本），卷四〇，頁一五〇四，引《曹州府志》。〔清〕陳夢雷，《古今圖書集成・職方典》，卷二三〇，頁一四—一五。

230 〔清〕陳夢雷，《古今圖書集成・職方典》，卷四五七，頁一五。

231 〔清〕陳夢雷，《古今圖書集成・職方典》，卷四七四，頁三〇。

232 《乾隆唐縣志》（乾隆二十五年刊本），卷一，頁二一。

233 《嘉靖鄢陵縣志》（嘉靖刊本），卷四，〈風俗志〉，頁一〇。

234 《嘉靖鄧州志》（嘉靖四十三年刊本），卷八，頁一四—一五；《乾隆鄧州志》（乾隆二十年刊本），卷九，頁二八。

235 《雍正陝西通志》（雍正十三年刊本），卷四五，〈風俗〉，頁五。

236 《雍正陝西通志》，卷四五，〈風俗〉，頁七，轉引《涇陽縣志》。

237 《嘉靖渭南縣志》（明鈔本），〈渭南志九・風土考三〉，頁二。

238 《雍正陝西通志》，卷四五，〈風俗〉，頁八。

239 《乾隆太谷縣志》（乾隆三十年刊本），卷三，頁一，引〈宣聖廟記〉。

240 《光緒山西通志》（光緒十八年刊本），卷四六，〈風俗〉，頁一三。《長治縣志》，卷八，〈風俗〉，頁三。

241 〔清〕張廷玉等，《明史》，卷九，〈宣宗本紀〉，頁一二五—一二六。

242 《弘治吳江志》，卷五，頁一七；《嘉靖吳江縣志》，卷一三，頁二。

243 《嘉靖淮揚志》（嘉靖二十一年修），卷一，頁二二，引彭時〈學記〉。

244 《天啟淮安府志》（天啟年間刊，順治五年印本），卷二，頁二三。

動。如山東兗州府單縣，「國初，惟資農業，不事商賈」，風俗淳樸，「成化以後，俗漸奢靡，富者之居，僭侔公室，麗裾豐膳，逞忿健訟」[245]。寧陽縣原是「不通商賈」、「其俗敦」的地方，「弘治時，崇尚儉勤」，「厥後日滋浮薄」[246]。滕縣亦「服舍筵會喜為侈靡」[247]。尤其定陶縣由於棉織業發達而繁榮，據《萬曆兗州府志》云：

> 國初，宮室尚樸，服不錦綺，器用陶瓦。成化以後，富居華麗，器用金銀，陶以翠白。市井有十金之產，輒矜耀者有之。[248]

濟南府萊蕪縣原來也是「土地廣厚，民性敦質」，據《嘉靖萊蕪縣志》云：「弘治、正德間風漸偷譎，剛愎刁訟者，往往有之。」[249]

河南開封府鄢陵縣，「成化時已習於囂薄奢侈」[250]；通許縣「成化以前，人心古樸，酒乃家釀，肴核土產」，但成化以後，「崇尚侈僭，食案至二、三十豆，酒必南商鬻者」[251]。彰德府安陽縣，「成化前，俗樸厚而民富；弘治間，奢靡」[252]。開封府南部許州臨潁縣，元末雖遭紅巾戰亂，「凋喪殆盡」，由於明初「休養生息」政策成功，「田野日闢，國賦富饒，民生遂矣」[253]；是位於通往安徽的要道上和潁水邊上的城市。正德以後，社會繁榮的結果，使社會風氣「漸入奢靡」，《嘉靖臨潁縣志》云：

> 正德以來，驕侈是習，祭享無節，浪費貨財，幾筵太縟，閭閻以是相高。且男女服飾，弗屑韋布，虛薄成風，無人勸導。弘治前，重賢敬賓，尚樸好誼之實，蕩然矣。[254]

淳樸的社會風氣的喪失，表示社會上消費型態的變遷，以奢靡相高，亦即商品流通發達起來，人民可以買到外地來的高級服飾，不再以當地出產的韋帶布衣為滿足。消費增加與提高的結果，社會上有些人可以不再從事傳統上以農業為本的「生業」，也可以「豐裕衣食」過相當好的生活。然而從傳統的舊觀念看來，這些「不事生產」者，是「遊惰」，是「民蠹」，遂使「弘治前，忠厚之習亦蕩然矣」。舊有的習俗與價值觀的改變，也表現在喪禮上，不但「多用僧道追薦」，而且「用樂工，鳴羅（鑼）擊鼓，肆為戲劇，名曰煖伴」，正德以來，更「置酒聚會，即於喪側，殆無歆飫，孝子亦談笑對賓，略無慽色」；「弘治前，助喪遺意亦蕩然矣」[255]。河南南部的南陽府，位於通往湖廣要道上，隨著南北商業的發展，也「自弘治以來，多四方附籍，非復椎質之舊」，阡陌農民轉而「營治產業」，城市「閭巷之民，事淫末，習奢侈」，舊有的倫理價值觀也「大異」，「蔑少長之節，以勢利相凌轢」[256]。

陝西的社會經濟較落後，發展較緩，風氣變遷稍遲。西安府鄠縣，成化初，「服食器用，嫁娶送死」，仍「俗尚儉樸，閭閻多忠厚長者，人盡力於田畝，無遊蕩」，「弘治初，漸入於奢，至正德，華靡倍昔，

---

245 〔清〕陳夢雷，《古今圖書集成．職方典》，卷二三〇，頁一二。

246 《萬曆兗州府志》，卷三一，〈文教部．風俗〉，頁八—九。〔清〕陳夢雷，《古今圖書集成．職方典》，卷二三〇，頁一二。

247 〔明〕陸釴，《嘉靖山東通志》，卷七，〈風俗〉，頁一二。

248 《萬曆兗州府志》，卷三一，〈文教部．風俗〉，頁九。

249 《嘉靖萊蕪縣志》（嘉靖刊本），卷五，頁三。

250 《嘉靖鄢陵縣志》，卷四，〈風俗〉，頁一〇。《民國鄢陵縣志》（民國二十五年鉛印本），卷五，〈風俗．總論〉，頁四五。

251 《嘉靖通許縣志》（嘉靖刊本），卷之上，〈人物．風俗附〉。

252 《嘉靖彰德府志》，卷二，頁三七。

253 《嘉靖臨潁縣志》（嘉靖八年刊，二十年修補本），卷一，〈地理志．戶口〉，頁一〇。

254 《嘉靖臨潁縣志》，卷五，〈官師志．風俗〉，頁一四。

255 《嘉靖臨潁縣志》，卷五，〈官師志．風俗〉，頁一五。

256 《嘉靖鄧州志》，卷八，〈輿地志．風俗〉，頁一五。

鄉邑無老少，習為浮偽」，「不論德行，論富論勢力，遂至淩競成風」[257]。武功縣也是到弘治時始「習侈善饕」，據康海說：「無豐儉之節，日日擊鼓聚會，靡有厭飫；少年得分銀尺布，則弗計蔬饌，置酒彈絃，不避長老；時節遊衍，男女率冶容袄服，占占自見。……送死奢靡，擬諸王侯，壻奠婦翁，至於傾產。」[258]耀州在成化、弘治時，仍是論貴賤長少的社會，「少者拜者不答，然彼此安焉；婚姻論門第，不論富勢」，風氣淳樸，「宴會不務多品，率以醉飽闊略自快；里中子弟浮薄者，常羞避長老，畏憚之，其質厚類如此」。正德以後，風氣「乃日日異者，乃布帛則日短，器物日磽，市井日欺，衣冠日變」[259]。朝邑縣民「頗事賈，婚姻論財」，但「仕者尚廉有氣」，但至正德年間，廉節風氣「少衰焉」[260]。山西全省在成化年間各地風俗皆「敦厚不華」[261]，如潞安府長治縣，成弘之時，還是「簡素樸野」，正德以後，也「漸致華靡」[262]。直隸真定府冀州則遲至「正德末以來」，才起變遷，「俗競奢侈，如婚禮、服器、女紅之類，至有破產為者」，據《冀州志》云：「酒席務豐，喪葬多作紙偶、彩幢等物，備極精巧，勞數月而火於一刻，奠送水陸兼陳恐後，閭里之下，以此相高，浪費暴殄，莫此為甚。」[263]北邊生產雖落後，然由於朝廷供應軍費充足，成為繁榮的軍事消費地帶，社會風氣也起變遷。《偏關志》稱：雖然「關地開闢較遲，民間猶有淳樸之風」，但是「迨有明中葉，益兵增將，絡繹於道，營帳星羅棋布，餉用既饒，市易繁盛，商賈因此致富甚多；起居服物，競尚華靡，習尚為之一變。」[264]大同府雖然各「僻州山縣，士農之家，人尚勤儉」「其民鄙樸」，但到正德年間，府城已是「商旅輻輳，貨物湧貴。雖曰窮邊絕徼，殆與內郡富庶無異，而奢靡過之」，「如元旦，貧富家皆極力辦祭祀，酒食之類，以豐麗相尚」，「衣服以錦繡為常，貧家婦女必得紗羅，人乃不笑」[265]。寧夏亦然，據《嘉靖寧夏新志》云：「自正德迄今，服食以靡麗相競。」[266]

從以上可知：成化、弘治年間正德以後，華北部分地區，社會風氣漸從簡樸走向華靡，稽其分布，均在經濟比較富庶的地方，如山東兗州府、濟南府、河南開封府、彰德府，陝西西安府，山西潞安府，直隸真定府等，有的是因商品經濟發達，如西安府的一些縣分「民逐末於外者八、九」[267]；如山東濰縣民「弘、德年間」，「從事商賈」，「恃其贏餘，服室僭移」[268]；或如潞安是北方絲織業中心；有的是因為在軍事消費地區，市面繁榮，如偏關、寧夏；有的則因為在交通要道上，商旅往來，帶來外地流行的習尚，如南陽府鄧州，位在華北通往湖廣之孔道，由於弘治以來，「多四方附籍」，在這些外地來人的影響下，「非復椎質之舊」，「閭巷之民，事淫末，習奢侈，蔑少長之節，以勢利相凌轢」[269]。另外也有受統治階級

257 《雍正陝西通志》，卷四五，〈風俗〉，頁六。
258 《正德武功縣志》（乾隆二十六年孫氏刊本），卷一，頁一六。
259 《嘉靖耀州志》，卷四，頁九。
260 《正德朝邑縣志》（正德十四年刊本），卷一，〈風俗二〉，頁五。
261 《成化山西通志》（民國二十二年影鈔成化十一年刊本），卷二，〈風俗〉。
262 《光緒山西通志》，卷四六，頁一三。
263 〔清〕陳夢雷，《古今圖書集成．職方典》，卷一〇三，頁二一，引《冀州志》。
264 《道光偏關志》（道光年間修，民國四年印），卷上，頁二九—三〇。
265 《正德大同府志》（正德年間刻，嘉靖間增修本），卷一，〈風俗〉，頁二四—二六。
266 《嘉靖寧夏新志》（嘉靖刊本），卷一，〈風俗〉，頁五。又《萬曆朔方新志》（萬曆四十五年刊本），卷一，頁一八，亦云：「正嘉之後，其俗尚奢。」
267 《雍正陝西通志》，卷四五，頁六，引《康對山集》。
268 《萬曆濰縣志》（萬曆間刊），卷六，頁一五。
269 《嘉靖鄧州志》，卷八，頁一四—一五；《乾隆鄧州志》，卷九，頁二八。

皇室奢靡生活影響的，如成化年間，英宗庶第九子見沛，封為徽王，「宗子繁衍，郡王十七」，他們在開封府屬州縣如禹州，「朱邸宗樓，連雲充閭；日暮笙歌，達旦不休」，在其影響下，「奢靡之習，漸於閭里」[270]。

明中期，華北部分地區，社會風氣開始轉變，但大部分地區的商品經濟尚不太發達，仍然維持明初的淳樸風氣。直隸保定府，天順年間，民風質樸，「不以浮華為習」[271]；弘治年間，「土產無甚奇貨，商賈舟楫罕至」，「民貧而俗樸」[272]；如府屬滿城縣，「成弘間」，仍是「俗尚勤儉，人多淳樸」「先輩視親友子弟如己子弟」[273]。如雄縣，據《嘉靖雄乘》云：「成化、弘治之間，俗尚勤儉」，「雖大族鉅賈，婚不論財；速客以八簋為上，酌以大斗，三行、五行即止；是以民無遊食」[274]。真定府趙州，成化、弘治間，也是「俗尚勤儉」，衣服住屋均不講究，「服蔽身體，屋蔽風雨」而已，「婚不論財，筵不尚華，妝奩亦甚樸素」[275]。而府中「最為瘠壞」的靈壽縣，「在明成、弘間」，更是「民安儉陋，冠婚蠟社外，無遊逸之飲」[276]。河間府南皮縣，雖位在大運河東岸，「成弘間」，仍是「士風恬退，子弟謙恭」[277]。順德府廣宗縣，「弘、正間，衣飾宴會皆崇樸儉」[278]；內邱縣，「成弘間」，也是「敦厚少文」，「服用儉約，賦役不敢後」[279]。大名府，據《正德大名府志》，所有屬縣在明中期，多甚淳樸，如大名縣「民俗勤儉，不競華靡」；魏縣「風俗淳厚」，「有樸實風」；清豐縣「質而不華，儉而不奢」；滑縣「古樸無文」；開州「人性淳樸」「善勤儉務本，有忠厚之風」；東明縣「風氣樸雅」，「雖日好爭」，「而淳良者居多」；長垣縣，「成化、弘治間，古樸之風」，「民沾禮義，淳樸節儉」[280]。

山東濟南府濱州在天順間，「習尚敦厚，民皆務本」[281]；東昌府，「成化間，盛業詩書之業，服食樸素，士宦遊歸里，徒步不張車蓋」[282]；濮州，直到嘉靖年間，仍然風俗淳樸，「其婚娶慶弔如常儀，無濫費。雖為達官，出入乘馬或引小車，不喜飾輿。蓋亦不治堂宇為鉅麗」[283]。兗州府嶧縣「弘、正以前，人

情簡樸」[284]。河南即使是首府開封府的一些縣分，明代中期仍然保持明初的淳樸風尚，如尉氏縣，仍「有

270《民國禹縣志》（民國二十四年刊本），卷一一，頁一二。
271〔清〕陳夢雷，《古今圖書集成．職方典》，卷七二，頁一八—一九。
272《弘治保定郡志》（弘治七年刊本），卷一，頁一九。
273〔清〕陳夢雷，《古今圖書集成．職方典》，卷七二，頁一八—一九。
274《嘉靖雄乘》（嘉靖十六年刊本），卷上，〈風土．時序〉，頁二六—二七。
275《隆慶趙州志》，卷九，〈雜考．風俗〉，頁三。
276《康熙靈壽縣志》（康熙二十五年刊本），卷一，頁一一。
277〔清〕陳夢雷，《古今圖書集成．職方典》，卷八八，頁二七，引《南皮志》。
278〔清〕陳夢雷，《古今圖書集成．職方典》，卷一一七，頁二七，引《廣宗縣志》。
279《崇禎內邱縣志》（崇禎十五年刊本），卷七，頁一。
280《正德大名府志》（正德刊本），卷一，頁二一—二二。《嘉靖長垣縣志》（嘉靖二十年刊本），卷五，頁四八—四九，引明隆慶年間知縣孫錝語。
281《咸豐濱州志》（咸豐十年刊本），卷六，頁二。
282〔清〕陳夢雷，《古今圖書集成．職方典》，卷二五四，頁一三。
283《嘉靖濮州志》（嘉靖刻本），卷三，〈風俗志〉，頁二。
284〔清〕陳夢雷，《古今圖書集成．職方典》，卷二三〇，頁一四。

樸厚之風」[285]。鄢陵縣，「成化以前，民風尚淳，鮮知興訟，俗崇儉約，筵會無珍異之設」[286]。汝寧府，雖「水陸道里為便」[287]，但在明中期，商品貿易尚不盛，社會風氣仍然淳樸，據《古今圖書集成．職方典》云：

汝寧府，明初，復還淳樸。聞成弘間，官解疵政，野無惰農，民各甘其服食，安其田里，有至老死不識闤闠者。其士風敦厚，文章器業，居然大雅；宴會惟卜其晝，稱呼多以字行；塗遇長老，逡巡引避，罔敢以賢貴驕人。公家之稅，無煩鞭扑，不見追呼，何其淳也！[288]

由於商品經濟不發達，人民交易多限在地方市集，少見外地異貨；因此能「甘其服食，安其田里」；活動範圍限在鄉閭，至有老不進城而「不識闤闠者」。士人也生活簡樸，不夜宴，生活守禮，不敢驕人。士民皆如此安分，公家之稅，遂不待追呼。衛輝府新鄉縣「原隰膴膴而四野曠如」，經濟仍是限於「男耕女織」的自然經濟，正德年間，社會風氣仍然「淳樸是尚」[289]。河南府，不但如洛陽縣那樣，在天順年間是「性行淳樸，不事華侈」，而且到弘治年間，仍然如偃師縣「習俗淳厚」[290]。汝州到正德年間，除郟縣外，所屬魯山、寶豐、伊陽等縣，都維持淳厚風氣，如魯山縣「士民樸實，多務本業，交際以禮，不趨末利」，寶豐縣「民性淳厚而少誇詐，俗頗儉約而尚耕織」[291]。

陝西西安府如富平縣「弘、嘉間，俗淳龐」，奢侈貨品不在市場上販賣，「段錦不鬻於市，簪珥不鬻於市」[292]。漢中府如漢陰縣在嘉靖以前，據《萬曆重修漢陰縣志》云：「士敦禮教，民知廉恥，耕讀少，商賈少；婦女無故不出戶庭，不行鬻於市，不遊眺於野，猶存古風。」則因商業不發達，對外接觸少，民風保守，而「樸實節儉」[293]。

山西則連經濟狀況較好的潞安府，在成、弘之時，如長治縣，仍然是「士敦行務實，農商亦簡素樸野，罔敢凌肆自恣」[294]。據弘治中禮部尚書劉健說：府屬屯留縣，「其地在萬山之中，險狹而磽薄，民力田勤苦，歲獲不及他郡之半；故土俗自純儉，其勢然也」[295]。其俗淳儉，實乃經濟落後的必然結果。太原府平定州，「其土瘠，其民勤，其俗樸質」，州屬榆關地方，據成化二十三年進士王鴻儒說，「其為士者亦純明而樸茂」，「其民易使，事易集」[296]。

總之，華北部分地區，在弘治、成化或者正德以後，商品經濟開始發展，因而帶動社會風氣的轉變，漸由純樸入於奢靡。然而大多數地區，商品經濟落後，仍維持交易限於地方市場，男耕女織，物物交易，頗具自然經濟性質，社會上仍是「民安儉陋」，「不競華靡」，有些地方甚至生產落後，「歲獲不及他郡之

285 《嘉靖尉氏縣志》，卷一，〈風土類．風俗〉，頁三三，引《成化河南總志》。
286 《嘉靖鄢陵縣志》，卷四，頁一〇。
287 〔明〕張瀚，《松窗夢語》，卷四，頁一八—一九，「百工紀」。
288 〔清〕陳夢雷，《古今圖書集成．職方典》，卷四七四，頁三〇。
289 《正德新鄉縣志》（天一閣明鈔本），卷一，頁六。
290 《乾隆洛陽縣志》（乾隆四十四年刊本），卷一，〈風俗〉，頁二六。
291 《正德汝州志》（隆慶刊本），卷三，〈風俗〉，頁九。
292 《萬曆富平縣志》，卷九，頁三—四。
293 《萬曆重修漢陰縣志》（萬曆四十六年刊本），卷一，〈風俗〉，頁二六。
294 《光緒山西通志》，卷四六，頁一三。
295 《光緒山西通志》，卷四六，頁一四。
296 《光緒山西通志》，卷四六，頁二三。

半」，「民貧而樸」。整個華北地區，只有少數地區「渾厚之風少衰矣」[297]。

（三）「僭侈過度」的明後期華北社會

明代中期，在部分商品經濟發達的華北地區，社會風氣日漸侈靡，但大部分地區，由於商品經濟落後，仍維持明初以來淳樸的風氣。嘉靖以後，隨著商品經濟全國性的發展與擴張，原來已趨奢靡的地區，風氣乃日甚一日；而大部分原來風氣淳樸的地區，也因此開始趨於奢靡。明清方志談到華北社會風氣時，大多批評其「流風愈趨愈下，慣習驕吝，互尚荒佚」[298]。

1. 直隸

直隸地區的明清方志，極少有明中期社會風氣變遷的記載，但有關嘉靖、萬曆間社會風氣變遷的記載極多。京師首善之區，為「風會之趨也」，甚具代表性，據《萬曆順天府志》云：

> 始未嘗不樸茂，後漸以漓，其變猶江河，其流殆益甚焉。大都薄骨肉而重交遊，厭老成而尚輕銳，以宴遊為佳致，以飲博為本業。家無擔石而飲食服御擬於巨室，囊若垂磬而典妻鬻子以佞佛進香，更甚則遺骸未收，即樹旛疊鼓，崇朝雲集。噫！何心哉？德化凌遲，民風不競。[299]

由於中央政府及其成員聚集在京師，又有地主富商雲集於此，大大地提高消費水準，興起各種供應其享受的場所與行業，也吸引各地人民前往從事服務業以謀生，「以飲博為本業」。消費人口的高度集中，其對商品市場經濟的依賴性也相對提高；商品經濟因此大大影響都市居民的生活及其風尚。由於商品經濟發達，市場供應量擴大，價格因而降低，許多原來只有上層階級的巨室買得起，表示其身分地位的商品服飾，不再是他們的專利，一些平民也有能力享受，甚至犧牲部分生活必需的開支，追求這種享受，以為提升生活體面，遂有「家無擔石，而飲食服御擬於巨室」。商業愈發達，追求商利者愈多，一切以利為出發，自然對人處事態度隨之而變，亦以利為重。於是薄以情義為主的骨肉，而重利益結合之交遊；厭保守舊習的老成，而尚精於追求新風習的輕銳。

在商品經濟的刺激下，京師新風尚的領導下，附近地區不少受其影響，社會風氣也發生巨大的變化。如順天府香河縣，原來是個「勤悍簡樸」的地方，「士習淳龐，農專畚鍤無外務，而瘠土鮮獲工之良材，商味遠略。中產之家，躬負薪水，雖累千金者猶寒素，民畏法少訟」。但明代中期以後，也捲入商品經濟發展的浪潮中，因「孳鵝」「植果」「蠶桑、紡棉」，而「民厚其生」，尤其因為境內有運河大商埠河西務，商業發達，是南方商品如松江梭布的集散地。在商品經濟的刺激下，社會風氣大有變化。據《萬曆香河縣志》云：

> 正嘉以來，漸易其舊。……萬曆初年猶是也。邇來（萬曆末年），賭博成群，遊墮而廢什一之業，

297 《弘治保定郡志》，卷一，頁一九。《康熙靈壽縣志》，卷一，頁一一。《正德大名府志》，卷一，頁二一—二二。《嘉靖長垣縣志》，卷五，頁四八—四九，引明隆慶年間知縣孫錝語。

298 《博平縣志》（康熙三年刊本），卷四，頁四—五，〈人道六．民風解〉引萬曆間馮訓（蘭室），《萬曆博平縣志》（萬曆十九年刊本）。吳晗，〈金瓶梅的著作時代及其社會背景〉，首引《博平縣志》這條著名的史料，但未注明《博平縣志》版本，而為各家轉引。此條實出於《萬曆博平縣志》，然《萬曆博平縣志》已佚，幸而《康熙博平縣志》多沿襲《萬曆博平縣志》，除官師、選舉、宦業及人物部分稍作續補外，其餘皆為萬曆志舊文。此條作者即撰輯《萬曆博平縣志》的馮訓，敘述他的長輩及其親見的社會風氣的變遷。參見吳晗，〈金瓶梅的著作時代及其社會背景〉，《文學季刊》，第一期（一九三四）。商傳，《走進晚明》（北京：商務印書館，二〇一四），第七章〈競奢時代〉。

299 《萬曆順天府志》（萬曆二十一年刊本），卷一，〈地理志．風俗〉，頁一三—一四。

至有鶉衣丐食，辱父母、捐妻孥不悔者，非慶非弔無名邀飲。……始自河西務，而漸靡及邑城。[300]

香河縣城原來只是個小城，全城只有五個市集，隔日輪流開市，也受到河西務開其端的風氣波及，跟著改變起來。固安縣亦然，「舊俗肅客，每席止四器，貴介公子夏葛冬帛，人皆牽引睇視，以為稀見」，可見市場之不發達，高級衣飾之少有，但嘉靖末年，至少當地的富室生活風尚發生變化，「口飫醲鮮，體被繡縠，奢靡相高，無復淳樸之習矣」[301]。涿州在嘉靖年間，「閭閻之人好勝喜誇」，為誇其富，「嘗有起蓋房屋，工完而家遂貧者」[302]。這也是商業發展的結果，人們價值觀念改變，偏重以財富誇飾其社會地位。房山縣亦「自萬曆初，有厭儉之意，淳樸不無少變」[303]。

保定府在明初是個經濟落後地區，明後期已是「村莊、屯莊、闤闠相望」的富庶地區，如清苑縣「居人雜軍民四方之籍、百工之肆」[304]，定興縣也因當巨馬河、白溝水交會，「鹽舟、木筏溯流而至」，「四民足而多富室」，以「繕宅治產」相誇[305]。一如雄縣，原是個儉樸的地方，《嘉靖雄乘》云：「今也不然矣」[306]。河間府是商品經濟較發達的地區，如寧津縣在萬曆前期，「俗漸奢靡，人多遊惰」，與以前淳樸的風氣不同。《萬曆寧津縣志》云：「或骨肉不相友，賤凌貴，少凌長，靡麗相高，遊惰日眾。」[307]任丘縣「素稱詩禮崇儉好謙，甲於他郡」，據萬曆六年重修的《壬丘縣志》，這個「舟楫遠絕，貨財鮮殖」的縣城，「邇者，文勝質，離驕生，禮廢其漸，似不可長也」[308]。真定府藁城縣，嘉靖前期，風氣轉變，商品經濟滲透下，「民酷經營，而逐末計利之風熾」，以致「婚猶論財，事頗知訟」，一切以計利為先，連士人亦改變為人處事之道，據《嘉靖藁城縣志》曰：「其近習也，士守己見，而親師取友之道微。」[309]冀州風氣亦變，打破過去貴賤尊卑的社會秩序，注重以財富決定社會地位，《嘉靖冀州志》曰：

雖卑賤暴富，俱並齒衣冠，置之上列。[310]

也就是說，商品經濟衝擊下，社會愈趨重利，過去以功名官爵為決定社會地位主要因素，而今財富也成為決定因素，只要經商致富，便可受到尊敬，不論原來出身是多麼低微。南宮縣民「大率鄙樸少文」，嘉靖後期，據《嘉靖南宮縣志》云：「近漸侈靡，悚迫於耳目，棄完堅，務雕鏤以相耀。」要過侈靡生活，原來的生業難以支應，於是「公私告遺，又征役不息，往往愁苦」；因而「多去本就末，以商賈販為利」[311]。棗強縣受此風氣感染，雖「倉庾蓋少及往昔」，然「嘉靖以後，習為澆薄」，「競騖於利」[312]。趙州原來甚儉樸，隆慶年間，據《趙州志》云：「今也不然矣。」為過奢靡生活，甚至「一遇凶荒，雖號為

---

300 《萬曆香河縣志》，卷二，〈物產〉，頁二二、二七。河西務，參看李漪雲，〈從馬市幾類商品看明中期江南與塞北的經濟聯繫及其作用〉，頁三四—三九。

301 《嘉靖安固縣志》（嘉靖四十四年刊本），卷一，〈方輿志·風俗〉，頁五。

302 《嘉靖涿州志》，卷一，〈風俗〉，頁五。

303 《民國房山縣志》（民國十七年刊本），卷五，〈禮俗〉，頁一五，引《舊志》。

304 《萬曆保定府志》，卷一六，頁六。

305 《萬曆保定府志》，卷一六，頁七。

306 《嘉靖雄乘》，卷上，頁二六—二七。

307 《萬曆寧津縣志》（萬曆十六年刊本），卷一，〈風俗〉，頁六—七。

308 《萬曆寧津縣志》，卷一，〈風俗〉，頁二六；卷一，〈市〉，頁三六—三七。

309 《萬曆藁城縣志》，卷四，〈風俗〉，頁四—五。

310 《嘉靖冀州志》，卷七，〈人事志三·風俗〉，轉引自韓大成，《明代社會經濟初探》，頁三〇三。

311 《嘉靖南宮縣志》，卷一，〈風俗〉，頁六—七。

312 《民國棗強縣志》（民國二十年鉛印本），卷四，頁八，引《嘉靖棗強縣志》。

富室者，亦稱貸以卒歲」[313]。順德府內丘縣從萬曆至崇禎年間，改變過去淳樸的風氣，「浮華負氣，頓變舊風」，當地原來婚姻納聘，均「以米、麥、豬、羊、花紅、巾帛相競」，「不失荊布之意」在商品貨幣經濟衝擊下，明代後期社會普遍用銀錢，社會上亦重金玉綾紬等奢侈品，據《崇禎內丘縣志》云：「萬曆初，始易以錢，……後又易以銀，相沿久，不復言粟矣。重金玉而輕五穀。……浸假而貧家嫁女不問禮，但求綾綿珠玉。」[314]在重利的風氣推動下，人民不再滿意身分地位消費的規定，而追求更高級的消費享受，在服飾方面的表現最為明顯。《崇禎內丘縣志》云：

萬曆初，庶民穿腃靸，秀才穿雙臉鞋，非鄉先生首戴忠蓋冠者，不得穿廂邊雲頭履；夫雲頭履，名曰朝鞋，謂朝天子鞋也。近日而門快皂輿無非雲頭履，星相醫卜者無不方巾，又有唐巾、晉巾、東坡巾、樂天巾。先年，婦人非受封，不敢戴梁冠、披紅袍、繫絁帶，非但畏法，而且媿心；今富於財者概服之，又或著百花袍，不知創自誰何？[315]

廂邊雲頭履、方巾、梁冠、紅袍等，均為庶民不得穿戴的，明末，不但庶民，甚至社會地位極低下的門快皂輿，也有能力不顧禁令地穿戴，顯示商品經濟的衝擊下，原有的社會秩序，已有鬆動的徵兆[316]。廣宗縣也有類似情形。《廣宗縣志》云：「（弘正）後，漸騖華，曳縞履絲，下逮氓隸，尤尚鬼信巫，享賽競侈。」[317]

廣平府到嘉靖年間，也「因殷富而尚侈」，如曲周縣「民多殷富，近尚侈靡」；威縣亦「近尚奢澆」。其巾服「制裁雜異，屢禁未革」，據《嘉靖廣平府志》云：「至於忠靜巾之製，雜流、武弁、驛遞、倉散等官皆僭之，而儒生學子羨其美觀，加以金雲，名曰凌雲巾。甚者，倡優服飾侈於貴族。」[318]邯鄲縣，「嘉靖之初」，尚「熙熙乎有盛世之風」，萬曆初年，據張成教說：「士相見，以字以友，片楮而足，此其裕，餘猶見之。今則，非翁、非老不稱，且爛然華牘矣。吏胥有號，闤闠有巾，一醴一臘，必張樂以導之，不知媿也。余少時，見長者殊有禮，稱謂坐若師與父，長者且安然受之，今時豈復然哉！」[319]號與巾，本非市井吏胥等社會地位低下者，所應享有，萬曆年間，已普及於下層社會。大名府開州，嘉靖初期，風氣亦變，據主持編修《嘉靖開州志》的王崇慶云：「古也，人性淳樸；今也，似狡偽矣。古也，氣息剛毅，今也，似頹靡也。古也，好學樂善；今也，似棄道樂謗矣。古也，勤儉務本；今也，似驕惰逐末矣。古也，忠厚推遜；今也，似澆頑鬥訟矣。」[320]而且「頗奢靡」[321]。長垣縣人亦「喜豪奢而病儉嗇」，隆慶初年，據知縣張鋐說：「但詢成化、弘治間，古樸之風視今猶過之。而今，逐末者讌飲務豐，服飾務僭，寖寖乎入於靡矣。」[322]永平府如盧龍縣，據其〈文廟碑記〉，亦由「嘉靖以降，樸變而巧，野變而文，謹約變而誇詐；四民之習，駸駸乎異矣」[323]。風氣所及，甚至連邊塞地區的隆慶州也隨著改變，《嘉靖隆慶州志》

---

313 《隆慶趙州志》，卷九，〈雜考·風俗〉，頁三。
314 《崇禎內丘縣志》，卷七，頁二。
315 《崇禎內丘縣志》，卷七，頁一—二。
316 周錫保，《中國古代服飾史》（台北：丹青重排本，一九八六），頁三九九—四一一。
317 〔清〕陳夢雷，《古今圖書集成》，卷一一七，頁三二。
318 《嘉靖廣平府志》（嘉靖二十一年刊本），卷一，〈地理志·風俗〉，頁一三—一四。
319 《萬曆邯鄲縣志》，卷四，〈風俗〉，頁一一—一二。
320 《嘉靖開州志》（嘉靖十三年刊本），卷一，〈風俗〉，頁一〇。
321 《嘉靖開州志》，卷一，〈風俗〉，頁九。
322 《嘉靖長垣縣志》，卷一，〈風俗〉，頁三。《嘉慶長垣縣志》（嘉慶十五年刊本），卷五〈地理志·風俗〉，頁四八—四九。
323 《同治畿輔通志》，卷七一，〈輿地略·風俗〉，頁四。

云：「近來，生齒益繁，逐末者多，士民競以華服相誇耀，鄉間婦女好為華飾。」[324]則風氣變遷，不但發生在城鎮，鄉村也受到波及。

總之，直隸各府州縣，於嘉靖、萬曆年間，大部分地方，隨著全國商品經濟發展的大勢，社會風氣起了相當的變化。但也有例外，如順德府南和縣，隆、萬年間，當其他地方，風氣變為奢靡，南和卻仍「風俗淳厚，人心樸古，君子好義，小人力田」[325]。又如鉅鹿縣，明中期是個「猶多素封」的富庶地方，但由於正德年間劉六、劉七之亂以後，「屢經兵燹，城陷者五」，至萬曆年間，社會「率赤貧矣」，風氣因此由凌競歸於淳樸，《萬曆鉅鹿縣志》云：「昔稱忮詐，今則力農；昔稱彈弦，今則紡績。」[326]

2. 山東

嘉靖初年榜眼，曾任山東提學副使的陸釴，在他纂修的《嘉靖山東通志》論山東風俗云：

> 以今山東列郡觀之，……。大較，濟南、省會之地，民物繁聚。兗、東二郡，瀕河招商，舟車輳集；民習奢華，其俗也，文若勝乎質。青、登、萊三郡，憑負山海，民殖漁鹽以自利，道里僻阻，商旅不通；其俗也，質若勝乎文。[327]

濟南府部分縣，在明中期，風氣已發生變遷，嘉靖以後，風氣變遷的州縣，更見增加。如齊東縣，萬曆末期「窮奢相尚，萬曆癸巳（二十一年）歲後數豐稔，尤甚」[328]。泰安州，萬曆中期，據知州任弘烈說，當地居民「浸淫於貿易之場，競爭於刀椎之末」，受商品經濟的影響，「風移俗易」，「不自知其習於浮而風斯下也」，「庶民之家，莫不騖紛華，美冠履，以相詡」[329]。德州平原縣，在萬曆中期「婚禮嫁娶，事華靡，以財相高」，「親友常燕，羅珍羞，列聲樂，以豐侈為款厚，無復儉素之風」[330]。武定州原是個「俗尚純樸，婚喪禮節猶有古風」之地，萬曆中，「稍稱侈靡」[331]。商河縣也是「風俗自昔稱淳」，《萬曆商河縣志》云：「邇來漸入侈靡。」[332]

兗州府，明初風俗淳樸，中期以後漸變。如單縣，「國初，惟資農業，不事商賈」，風俗淳樸；「成化，俗漸奢侈」；寧陽縣，「弘治時，崇尚儉勤」，「厥後日滋浮薄」，「服舍筵會喜為侈靡」。明代後期，商品經濟更見發展，風氣變遷遂大，嘉靖年間已「民習奢華」[333]。至崇禎年間，奢華更甚，如其府屬鄆城縣，據《崇禎鄆城縣志》云：

鄆地，……邇來競尚奢靡，齊民而士人之服，士人而大夫之官，飲食器用及婚喪遊宴，盡改舊意。貧者亦垂牛擊鮮，合饗群祀，與富者鬥豪華，至倒囊不計焉。……里中無老少，輒習浮薄，見敦厚儉樸者，窘而笑之。逐末營利，填衢溢巷，貨雜水陸，淫巧恣意。……胥隸之徒，亦華侈相高，日用服

---

324 《嘉靖隆慶志》（明嘉靖刊本），卷七，〈風俗〉，頁一四。
325 〔清〕陳夢雷，《古今圖書集成》，卷一一七，頁三一。
326 《光緒鉅鹿縣志》（光緒十二年刊本），卷六，〈風土·風俗〉，頁一—二所引。
327 〔明〕陸釴，《嘉靖山東通志》，卷七，〈風俗〉，頁一二。
328 《萬曆齊東縣志》（萬曆四十五年刊本），卷一四，〈風俗志〉，頁一—二。
329 《萬曆泰安州志》，轉引自《康熙泰安州志》（民國二十五年鉛印本），卷一，〈風俗〉，頁四。
330 《萬曆平原縣志》（萬曆十八年刊本），卷上，〈風俗志·俗變〉，頁一七。
331 《萬曆武定州志》，卷一五，頁一。
332 《萬曆商河縣志》，卷一，〈輿地志·風俗〉，頁七。
333 〔明〕陸釴，《嘉靖山東通志》，卷七，〈風俗〉，頁一二。

食，擬於仕宦。[334]

「逐末營利」使淳樸風氣，一變而為奢靡，不但平民，甚至下層社會胥隸之徒，亦「華侈相高」，生活消費與仕宦相比擬。汶上縣亦然，《萬曆汶上縣志》云：

乃宮室服飾什器之類，郡品關不敢備者，富民惟意所適，不問憲典矣。[335]

商人以其財富力量，衝破政府對生活享受的階級限制，顯示商品經濟力量對舊秩序衝擊力之大。嶧縣，正德以前是個儉樸的地方，但其後數十年，「民棄本業，好浮游；士多競虛文，美冠履，負氣自高」，遂使「古昔醇質，蕩然盡矣」[336]。

東昌府也是個商品經濟較發達的地區，風氣轉變亦巨。當成化年間，還是「服食樸素」的地方，嘉靖年間，已是「民習奢華」；「隆慶後，風恣侈靡」，「庶民轉相倣效，器服詭不中度，遊閒公子輿馬相矜，盛飾蜉蝣之習，意氣揚揚，嫮鄙閭里」，「瀕（運）河諸城尤甚」[337]。如府治聊城縣，在萬曆年間，「服室器用，競崇鮮華」[338]。而聊城縣隔鄰的博平縣也有類似情況，據《博平縣志．民風解》云：

夫博之為邑，非一世矣。其風有古今焉，余為先志其古者，而後志其今者，其變可考也。博於正統、景泰前，其風邈矣。由成化、天順而來，不猶淳且厚乎！余雖未生其時，髫齡所見二毛輩，正昔時之壯年也；猶記其言語、衣服與行事，真有龐厚遺風。丈夫力畊作以供賦，婦人勤紡織以營衣，經生誦讀詩書，習聞禮義，率皆雅尚氣節，閭閻布衣亦多能辨黑白，而恥自陷其身於非義。蓋緣博地，北接燕趙，南鄰鄒魯，慕慷慨之風，而習禮義之化；故其民，質似勝文，樸猶近野；所謂三代直道而行者，斯民其庶幾乎！此余幼時所見之民風也。至正德、嘉靖間，古風漸渺，而猶存十一於千百焉。觀於城邑，猶知有然諾，不尚忌諱，而多以字呼。非遇宴會吉席，衣常布素，巷陌相接，偕行共坐，猶知齒讓，不敢紊少長之序，凌袒尊之節。鄉社村保中，無酒肆，亦鮮遊民；三時耕稼，禾黍登場後，釀酒殺雞，集少長為辭，塲會猶知有鄰里和睦風，然且畏刑罰，怯官府，竊鈇攘雞之訟，不見於公庭。此余壯時所見之民風也。由嘉靖中葉以抵於今，流風愈趍愈下，慣習驕吝，互尚荒佚，以歡宴放飲為豁達，以珍味艷色為盛禮。其流至於市井販鬻廝隸走卒，亦多纓帽緗鞋，紗裙細袴。酒廬茶肆，異調新聲，汩汩浸淫，靡然不振。甚至嬌聲充溢於鄉曲；別號下延於乞丐。濫觴至此極哉！然且務本者日消，逐末者日盛，遊食者不事生產。呼盧者相率成風，樂放肆，而寡積蓄，營目前而忘身後。是以，溫飽之戶，產無百金，奇羨之家，延不再世；此民生之所以日困，而風俗之所以日偷也。甚或鳳毛麟甲之青衿士，而以土苴視先達；或蹊田爭桑之田舍夫，而相訟相讐以犯長上。今日之風一變至此，而又奚遑責其他耶？此余又不能不動賈生之長太息者也。[339]

又如堂邑縣，則稍遲，於「隆慶後，漸以侈靡」[340]。冠縣，原來是「敦樸，不競淫巧」的，然「久而漸偷」，逐利成風，連「冠蓋之家」，也「公然為商賈之行」[341]。恩縣，據《嘉靖恩縣志》云：「邇者，市

---

334 吳晗，〈金瓶梅的著作時代及其社會背景〉。

335 《萬曆汶上縣志》，卷四，〈風俗〉，頁二九。

336 〔清〕陳夢雷，《古今圖書集成》，卷二三〇，頁一四。

337 《萬曆東昌府志》，卷二，〈地理志．風俗〉，頁三一—三二。〔明〕陸釴，《嘉靖山東通志》，卷七，〈風俗〉，頁一二。

338 《宣統山東通志》，卷四〇，頁一五〇五。

339 《博平縣志》（康熙三年刊本），卷四，頁四—五，〈人道六．民風解〉引萬曆間馮訓（蘭室），《萬曆博平縣志》。參見吳晗，〈金瓶梅的著作時代及其社會背景〉，《文學季刊》，第一期（一九三四）。商傳，《走進晚明》，第七章〈競奢時代〉。

340 《光緒堂邑縣志》（光緒十八年刊本），卷七，〈風俗〉，頁六。

341 《萬曆冠縣志》（萬曆三十七年刊本），卷一，〈風俗〉，頁一六。

多遊食，農忽本業，齊民驕溢，僭及綺穀」，「奢惰幻惑，漸淪不美」。[342]武城縣本來「民風樸厚」，嘉靖年間，亦「見樸厚者漓矣」，「士風日驕煽矣」[343]。

青州、萊州、登州三府，嘉靖初年，「其俗也」，仍然「質若勝乎文」[344]。但至嘉靖中期以後，已逐漸變化。青州府，據馮琦說：青州「士人之風尚日奢，鄙淡素為固陋，矜華麗為豪爽。」「遊閑公子，競高富貴之榮，鉛槧儒生，亦奢衣冠之美。甚而服多不衷，巾多異式，冠而綴玉，舄且拖珠。」[345]嘉靖年間，益都進士陳夢鶴已察覺世風因商品經濟發展而變，說道：

今（嘉靖年間），農桑之外，逞逐商販，得非文之弊利而巧乎！無亦生齒滋繁，本實變而逐末多也。[346]

因商業發達而富，導致風俗變遷。陳夢鶴觀察到：

喪葬大事，華奢盛而哀戚亡矣。鄉社尤為奢費，不經歌樂，達於旦夕。招筵遍逮親疏，名曰：「伴坐」。路祭品逾萬錢，結綵備極縑繡，名曰：「隨會」。奢僭成風，莫之能挽。

臨朐縣雖是農業縣，但從事商品作物與手工業，如絹紬、棉布，種植果樹、造麴、養蜂，「或販漁鹽」「或伐木燒炭，燒石作灰，陶土為器」；因而「交易以為利」，進而從事遠距貿易，「輦其土之所有走江南，回易以生殖」。至嘉靖年間，也因商業貿易，風俗也「視古昔變矣」，而趨於「舒緩、闊達、誇奢」[347]。安丘亦「富人則商賈為利」，「喪禮靡侈」[348]。益都縣「農桑之外，逞逐商販」，嘉靖年間亦「本實變而逐末多矣」[349]。萬曆年間，變化更加顯著，據益都縣縣令趙行志曰：

交際：聞之嘉靖間，此中親友之往來禮物，不過肉果四色，酒一尊，或折銀不過三分、五分以至一錢；亦有攜榼酒舉賀者，有三、五人相約共一榼酒者，何其古雅簡便也！嗣後，彌文日盛，有因而廢家廢禮者，有較量往來厚薄寖成讐怨者。

宴會：聞之青州酒席，二十年前，士夫曾有定約，彼此甚便。近來，以奢為厚，相沿日增，多戕物命，多捐精力，多折福分。

婚禮：國朝婚禮納幣之制，品官一品至四品，綵段不八疋；五品至九品，四疋、二疋而已；至於士庶不得逾兩疋以上。乃今富民誇多鬥靡，僭侈過度，踰於品官。

喪禮：……今俗尚侈靡，凡百喪具，競趨華奢，或多置彩棚，勞費不貲，奪哀情於美觀之備，破恆產為耀野之資，且倩助於戚里，招聚乎遠人，宴樂談笑之聲，宣林野而竟昕夕，甚非所以敦本實而敦孝思也。

冠服：聞之嘉靖年間，士大夫尚止戴圓帽，無戴方巾者；今俗有金綿巾，有唐、晉等巾，有珠玉飾巾。前輩禮服止白布直身，見有服羅緞者，則以為刺眼；今俗貴時興，花樣日盛月新，甚至以綾綺為襪、為首帕、為裙與為裡、為褻衣用者矣。當年履約無他飾，後僅加一雲與雙雲以為盡飾；今俗則又

342 《嘉靖恩縣志》，卷一，〈風俗〉，頁七。
343 〔明〕尤麒，《嘉靖武城縣志》（嘉靖年間刊本），卷一，〈疆域志·風俗〉，頁七。
344 〔明〕陸釴，《嘉靖山東通志》，卷七，〈風俗〉，頁一二。
345 《萬曆青州府志》（萬曆四十三年刊，康熙十二年增刊本），卷一八，〈肅官常疏〉，頁四一—四三。
346 〔明〕杜思，《嘉靖青州府志》，卷六，〈風俗〉，頁四九，引《益都縣志》。
347 〔明〕王家士，《嘉靖臨朐縣志》，卷一，〈風土志〉，頁五，「風俗」。
348 〔明〕杜思，《嘉靖青州府志》，卷六，〈風俗〉，頁五一。熊元，《萬曆安丘縣志》（萬曆刊本），卷九，〈風俗考〉，頁七〇。
349 〔明〕杜思，《嘉靖青州府志》，卷六，〈風俗〉，頁四九。

奓云，有四鑲，有刻絲織錦為繫襪帶，可遂值一衣費者矣。末俗之侈，一至如此。[350]

可見風氣之變遷，的確是愈趨愈下，不但日漸奢靡，以此相高，如服飾講求流行，花樣日盛月新，甚至僭越法度，踰於品官。

萊州府處在「東鄙」，經濟落後，「至有老死不識純棉，不知粱肉，無言豪奢矣」。然而萬曆後期，受到奢靡之風的影響，也「樸散而文，漸非其舊」，據《萬曆萊州府志》云：「掖縣，近頗奢。」「平度州，近頗浮。」「即墨，近稍澆。」[351]

總之，山東諸府社會風氣變遷，明中期只發生於濟南、兗州等府的部分州縣，嘉靖以後，不但地區擴至東昌、青州、萊州等府，而且變遷的幅度與深度，遠超過從前，「誇多鬥靡，僭侈過度」。然而山東經濟發展，也與直隸類似，尚有部分地區相當落後，以致社會風氣未受到商品經濟的衝擊，仍維持原來的儉樸之風，如濟南府青城縣，位於大清河下游，「在齊魯之交」，「風俗近古」，據《萬曆青城縣志》云：「今睹其俗，敦禮讓，尚氣節，崇儉樸，婚不論財。」[352]又如德平縣，嘉靖年間，據知縣趙氏說：「邑士務功名，尚敦厚。」[353]尤其山東半島東部的登州府，「近海早寒，商賈不通」，例如文登縣，直至天啟年間，仍少受商品經濟影響，《天啟文登縣志》因此說：文登「人罕逐末，俗尚幽貞，質掩其文」[354]。不過整體而言，明代後期，有關山東各府州縣奢靡風氣記載，遠多過風氣儉樸的記載，與明代中期只有極少數奢靡風氣記載相比，已不可同日而語。

3. 河南

根據現存明清方志中的記載，明中葉，社會風氣發生變遷的河南府州縣，只限於少數開封、彰德等府的屬縣。但是有關嘉靖以後社會風氣變遷的記載，則大為增加，分布地區也較廣。

開封府鄢陵縣，成化以後，已習於奢侈，到了嘉靖年間，更「爭尚侈靡」，雖然「朝廷欽禁奢侈，士大夫奉行矯正，而猶不能盡變」，據《嘉靖鄢陵縣志》云：

成化以前，民風尚淳，鮮知興訟，俗崇儉約，筵會無珍異之設。今則好訟為開封諸屬最。婚筵喪奠，爭尚侈靡，廣招親朋，以褒儀物，甚至限錢幣之數，以計豐嗇，飭廚召樂，以賞費相高。有喪之家，僧道兼用，倡優雜進。[355]

不但侈靡相高，而且由於商品經濟的影響，刺激人們追求金錢的慾望，一方面以奢侈的消費排場，爭體面，顯示社會地位，一方面以興訟保護或爭奪金錢利益。尉氏縣原來「有樸厚之風」，嘉靖年間，從事商品生產貿易，致使《嘉靖尉氏縣志》對其「棄本逐末」之風，大為感慨[356]。原武縣，過去也是風氣「淳樸」，由於「地近省風」，受其風氣感染，據《萬曆原武縣志》：「後漸浮侈。」[357]蘭陽縣在嘉靖年間「風

350 〔明〕杜思，《萬曆青州府志》，卷五，〈廣崇儉約敘〉，頁一八－二〇。
351 《萬曆萊州府志》（萬曆三十二年刊本），卷三，〈風俗〉，頁九九、一〇一。
352 《萬曆青城縣志》，卷一，頁三－四，「風俗」。
353 《光緒德平縣志》（光緒十九年刊本），卷一，頁一〇。
354 《光緒文登縣志》（民國二十二年重刊本），卷一，〈風俗〉，頁一三。
355 《嘉靖鄢陵縣志》，卷四，〈風俗〉，頁一〇。
356 《嘉靖尉氏縣志》，卷一，頁三三、四〇。
357 《萬曆原武縣志》（萬曆二十二年刊本），卷上，頁一〇。

俗變易」，原來「民性樸實」，嘉靖以後「習俗漸侈」[358]。許州在嘉靖年間，也是風俗「奢靡」，「輕財縱奢」，婚姻「多以財為論」，喪祭「則以服器相誇」[359]。中牟縣也是由於「地近都會」，離開封不遠，受其影響，「漸於浮誇」，過去人們穿著樸素「攝潎冠，跕印角（木鞋下有齒者），衣大布（粗布）之衣」，天啟年間，據《天啟中牟縣志》云：「而今，纖履騂服，為潢洋已耳。」講究衣著，穿細紋絲帛做的鞋，披紅采衣裳[360]。

河南府，現存方志修於明代後期者甚少，由於明末戰亂，多已遺失，清代方志轉述明代風俗的也極少，僅在《古今圖書集成．職方典．河南府》記載：

宜陽縣。風俗淳美，相傳明隆、萬之代，庠無踏雲履之士，庶民之家不戴金銀珠翠。迨明末，奢侈極矣。[361]

明代河南府經濟較落後，以致隆萬年間，風俗尚樸素，至末年始生變化。

懷慶府武陟縣在「隆、萬之際」，也是「禮儀簡實」，據萬曆十九年修的《武陟志》云：

今田氓非衣几屏罽不席，導喪列皿器，流蘇細軟飾之棺覆。[362]

連窮苦的農民也講究生活起來，服食器具都要用精細之物，可見風氣變遷影響之潢洋深廣。

衛輝府風氣之變遷更遲，據崇禎年間新鄉縣縣令劉文才〈鄘南儉約序〉說，明初以來，「歷弘德間」，「淫巧未開，醇穆之風遠追邃古」。但到了明末，「何靡甚也」，「宮室車馬衣服宴會之制，轉相效尤」，「一席之費，可當中人一月之糧；一帖之費可足宴人一月之食」，奢靡之風衝擊下，社會階級秩序亦生混亂，「卑耦尊，賤妨貴，不遜之極」[363]。

彰德府，嘉靖年間，風氣亦變，臨漳縣民「喜奢靡」，武安與涉縣「喜訟，以財自雄，服室相高」[364]。林縣在嘉靖年間，尚因「地僻，止通晉貨，他商罕至」，商品經濟落後，而「民健樸」；但是萬曆年間，據郝特說：「林之俗，自樸以趨於奢，以淳以趨於漓；大抵漸靡使然也。」[365]則至萬曆年間，原來樸儉的林縣，也趨於奢漓。

歸德府是河南經濟較落後的地區，一般風氣較淳樸，如鹿邑縣「民多淳樸」[366]，夏邑縣風氣「重本輕末」，士民皆守禮法，「人尚齒序，禮先官長，婚姻略財」，「士絕市肆之飲，民樂賦役之輸」；但到嘉靖年間，也「習漸奢靡」[367]。考城縣也在明代後期，「風俗與前大更」，「舉尚奢侈」[368]。

汝寧府是比較富庶的地區，明代後期，「風靡俗蕩，澆偽日滋」[369]。據《古今圖書集成．職方典》所引《汝寧府志》云：

358 《嘉靖蘭陽縣志》（嘉靖年間刊本），卷一，〈地理第一．風俗〉，頁九。
359 《嘉靖許州志》（嘉靖刊本），卷七，〈典禮志．風俗〉，頁二一—三。
360 《天啟中牟縣志》（天啟六年刊本），卷二，〈風俗〉，頁八。
361 〔清〕陳夢雷，《古今圖書集成．職方典》，卷四三三，頁三八。
362 《萬曆武陟志》，卷一，〈地理志〉，頁六。
363 《乾隆新鄉縣志》（乾隆十二年刊本），卷一八，崇禎四年〈鄘南儉約序〉，頁一七。
364 《嘉靖彰德府志》，卷二，頁三七—三八。
365 《嘉靖彰德府志》，卷二，頁三七；《民國林縣志》（民國二十九年刊本），卷一〇，頁一，引《萬曆林縣志》。
366 〔清〕陳夢雷，《古今圖書集成．職方典》，卷三九五，頁五三。
367 《嘉靖夏邑縣志》，卷一，〈風俗〉，頁七。
368 〔清〕陳夢雷，《古今圖書集成．職方典》，卷三九五，頁五四。
369 〔清〕陳夢雷，《古今圖書集成．職方典》，卷四七四，頁三〇。

> 至明末時，輕薄子弟厭常鬥奇，巾習晉、唐，衣雜紅紫，競相慕好，汰侈無已，實為服妖。[370]

競尚奢靡，表現於衣飾花樣的講求，顯示消費市場的發達，商品經濟之活絡。新蔡縣，原來「人安農業」，「賈不遠行」，商品經濟水準低，萬曆年間，絲織品貿易發達，而社會安定繁榮，「內之城市，外之聚落，既固且安，而士里表楔，煥然奪目」，據《萬曆新蔡縣志》云，當地風氣乃延續弘治、正德年間的「頗好浮華」[371]。固始縣，原亦「民醇風恬」，嘉靖年間，受外來人口帶來包括江淮、荊湘的奢靡風氣之感染，「競以奢靡之俗」[372]。光山縣「弘治以後，流亡者過半」，「閭野蕭條」，商賈亦少，「不能貿易以濟有無」，風俗應難奢靡，但由於嘉靖年間，「江右湖湘金陵一帶客商」，來此「牟大利」，並「置產起家，婚取生子」，遂將長江流域社會新風氣帶來，以致「民漸澆漓，習尚之不美，亦間有之」[373]。萬曆間蔡氏輯縣志紀風俗亦云：「邑稱淳厚，古意未漓；嘉、隆時，民風漸戾。」[374]

南陽府，在明代後期，也是商品經濟較發達的地區，來來往往的人也多，遂使原來儉樸的風氣發生變化，「漸近奢侈」[375]。如鄧州及屬縣內鄉、新野、淅川等，均為「崇儉樸，多務本業，不事末業」，「民多淳厚」之地[376]；但據順治《鄧州志》云：

> 隆萬以後，多四方附籍，非復椎質之舊。農無儲蓄，里中游惰，事淫末，習奢侈，蔑少長之節，以勢利相凌鑠（轢），始大異矣。天、崇間，大姓凌縱，豪猾並起，勢重難返。[377]

則隆、萬以後，風氣大異，變淳樸為奢侈。新野縣亦於隆慶年間，風氣改變，據當時的縣令李登說：「邇來則不然」，「閭閻間更習淫奢，崇勢利，蔑少長之節。」[378]裕州原是個有「淳樸之風」的地方，「質樸少文，服飾不尚綾錦，婚娶不較貨財，治喪不事浮屠」，但從嘉靖年間以後，「婚娶論財，喪葬佛事者將熾」，《嘉靖裕州志》認為這是由於外來人口雜居，帶來原住地習俗，「故裕人亦有效尤者」[379]。州屬葉縣，嘉靖年間，亦改變淳美之習，「細民頗習狡偽，爭訟浸多，或因網利，喪事奠祭繁遝，酒食日設」[380]。

總之，河南諸府，在明中期，只有開封、彰德等府極少數縣分發生社會風氣變遷的現象，嘉靖以後，則擴至全省各府州縣，但河南的經濟發展，也是不均衡的，有些地方還是比較落後，較少與外地市場產生聯繫，社會風氣因此少有變動，如許州襄城縣，至嘉靖年間，仍「有古淳樸清節之風」，民「尚稼穡而務勤儉」，「尚瓷瓦而不飾金玉」[381]。又如魯山縣，至嘉靖年間，仍是「士民樸實，多務本業，交際以禮，不趨末利」[382]。又如項城縣是個「土不饒，民不殷」的瘠邑，因此「習俗淳厚，喜勤尚質，婚不計財，治

370 〔清〕陳夢雷，《古今圖書集成．職方典》，卷四七四，頁三〇。

371 《萬曆新蔡縣志》，卷二，〈市集〉，頁一一；卷四，〈鄉俗〉，頁三一。

372 《嘉靖固始縣志》，卷二，〈輿地志．風俗〉，頁一五。

373 《嘉靖光山縣志》，卷一，〈習俗〉，頁二九—三〇。

374 《民國光山縣志約稿》（民國二十五年鉛印本），〈風俗志〉，頁一。

375 〔清〕陳夢雷，《古今圖書集成．職方典》，卷四五七，頁一五。

376 《嘉靖鄧州志》，卷八，〈輿地志．風俗〉，頁一四。

377 《乾隆鄧州志》，卷九，頁一—二，引《前志》，按《前志》乃順治十六年修之州志。

378 《乾隆新野縣志》（乾隆十九年刊本），卷一，〈輿地〉，頁一〇。

379 《嘉靖裕州志》，卷上，〈地理志．風俗〉，頁二—三。

380 《嘉靖葉縣志》，卷二，〈風俗〉，頁一三。

381 《嘉靖襄城縣志》（嘉靖刊本），〈地理志〉，頁七。

382 《嘉靖魯山縣志》，卷一，〈風俗〉，頁三八。

喪有禮」[383]。汜水縣，也因人民「罕作商賈」，而風氣淳樸復古[384]。登封縣，也是「地瘠賦重，室廬隘陋，官府之署亦然」，人民「衣服飲食多事儉素，無侈靡華麗之習。民生多艱；質而畏法，有古儉素之風」[385]。商城縣，至嘉靖年間，仍然「地瘠而多曠土」，是個貧窮縣分[386]。整體而言，明代河南社會風氣變遷的府縣，超過維持明初淳樸的府縣甚多。

4. 陝西

陝西的經濟比較落後，大部分地區的社會風氣，直至明中葉，尚少變化。但到明後期，社會風氣變遷的例子大增。例如嘉靖十四年進士王維禎說：

> 關中故俗，其人質直尚氣，鮮儇黠詭佞之習，乃今漸澆古樸，閻閭構訟，百偽朋興。[387]

即嘉靖前期，關中一般社會風氣，均有淳樸漸失的現象。

西安府府城咸寧縣，明初風氣樸素，「民不事末作」，但到明末，據，《咸寧縣志》云：

> 及其（明）末也，裘馬錦綺充填衢巷，羅袴雲履得僭於娼優卒隸之輩，而雕甍峻宇在在有之，至菜傭輿卒以號行，非禮稱呼，無貴賤悉然。[388]

則西安亦與其他受商品經濟衝擊的地方一樣，講求奢靡的生活水準，凡所以標識社會上層等級的表徵，如衣飾、稱號，均被下層社會階級人民僭用。涇陽縣在明代後期，也一變明初尚樸素之風，而「漸以豪華相尚」[389]。渭南本來也是個樸素守禮之地，「恥遊惰奢靡，非禮會不聚飲聽樂；尊卑貴賤衣服器用，品式森然，莫敢僭越」，但從「嘉、隆以降，其俗漸敝，無復恭儉敦樸之遺」[390]。富平縣，在明代中期，風俗淳龐，《萬曆富平縣志》云：

> 日來，俗尚浸奢，男必漢唐宋錦，女必金玉翠飾，冠履華靡尤甚，凌雲、東坡、忠靖、匾巾、赤

舄、雲頭、箱邊、片瓦，照耀於街市間，殆無貴賤一矣。奇巧日工，太樸日虧，傷農誘民，莫此為甚。[391]

萬曆初期，風氣趨於奢靡，甚至稍有羨餘，即「為綺服，作富貴狀，為大言以欺人，冀以炫耀鄉里」[392]。藍田縣到隆慶初年，習俗亦「繁華」與以前的淳雅不同[393]。華州南山川麓礦場之人，「日相交易，淫酗成風」[394]。同州雖然「儉嗇」，但到明代後期，「不無侈僭」[395]。朝邑縣，萬曆年間，「二三浮江淮，見好美則羨之」，把南方奢侈之風帶來，於是「鮮車怒馬，食必重肉，衣必文采」，據《萬曆續朝邑縣志》作者

---

383 《萬曆項城縣志》，卷一，頁七，「鄉城」；卷一，頁九，「風俗」。
384 《嘉靖汜水縣志》，卷一，〈風俗〉。（原書無頁碼）。
385 《隆慶登封州志》（隆慶三年刊本），卷二，〈風俗〉，頁五。
386 《嘉靖商城縣志》（嘉靖刊本），卷一，〈邦土志・風俗〉。
387 《雍正陝西通志》，卷四五，〈風俗〉，頁四，引王維楨，〈與王南溟書〉。
388 《雍正陝西通志》，卷四五，〈風俗〉，頁五。
389 《雍正陝西通志》，卷四五，〈風俗〉，頁七。
390 《雍正陝西通志》，卷四五，〈風俗〉，頁七。
391 《萬曆富平縣志》，卷九，〈工習〉，頁三—四。
392 《萬曆富平縣志》，卷九，〈商習〉，頁四。
393 《隆慶藍田縣志》（隆慶五年刊本），卷上，〈治則篇〉，頁二七—二八。
394 《隆慶華州志》，卷九，頁一。
395 《天啟同州志》，卷二，頁一二。

王學謨說：

> 余少時，見少者尊事長者，行有不馴，畏人知，恐貽鄉里笑，衣食稱乎其家。乃今，小凌大，敢為不遜，怙惡不悛，家無十金之貲，而豐衣美食，不顧其後。[396]

則奢靡之風盛行，而社會等級秩序，亦生混亂，僭越之風興。韓城縣，原來「敦樸」，嘉靖、隆慶之後，「服飾車馬，自質而文，由樸而華」[397]。白水縣，以前是「俗尚禮讓」，「不事商賈」的，萬曆後期，「富家恃財力，競華靡，婚媾重貲，喪葬多費」[398]耀州自正德以後，風氣已「日日異」[399]；其屬縣同官，原來也是「質樸弗華」的，萬曆後期，「亦少變矣」，「物競於華，而人趨於偽」[400]。乾州，原為「俗尚儉素」的，據《崇禎乾州志》云：「今且里巷之間，習為誕妄，淫賭成風，即賢者幾不免焉。」[401]

鳳翔府岐山縣，明初風氣儉樸，「鄉民足不履縣廷，目不識長吏」，非常安分，但據《岐山縣志》，則明末「訟獄興而逋賦，奸偽日滋」[402]。

漢中府，嘉靖中，「俗重寒食，而民尚侈」，如漢陰「近亦事乎末作」[403]。

總之，陝西在明代後期，社會風氣較以前奢靡，且有此轉變的州縣，比明中期多得多。但陝西畢竟在華北五省中，經濟較落後，因此不少地方，因為貧窮而社會風氣維持舊有的淳樸。北邊的延安府，「民風醇樸，厭惡繁華」，據同知費自振說，當地甚荒涼，「百疊荒山始一村」，「丈夫越境辦徭賦，兒女沿溝覓菜根」，生活甚苦，難以奢侈[404]。西邊的平涼府，在嘉靖後期，仍然「風俗淳樸」，「亦鮮浮靡」[405]。固原州在嘉靖年間，也是「其民樸質」的[406]。即連較富庶的西安府中，也有風氣不改，仍然淳樸的州縣，如醴泉縣在嘉靖年間仍然「俗尚簡樸」「有古之遺風」[407]。如高陵縣，嘉靖中，「縣民多醇厚樸實，尚勤儉，好禮度」[408]。如三原縣，嘉靖中，仍「藹然有淳龐之風」[409]。如郃陽縣，亦「無驕惰浮靡之習」[410]。

5. 山西（附九邊）

山西也是華北五省中較窮困的一省，商品經濟水準不高，明代中期，只有極少數府縣有風氣變遷的事，明代後期，則風氣變遷的州縣增加。

396 《萬曆續朝邑縣志》，卷二，頁六；卷四，〈里俗〉，頁一三。

397 《乾隆韓城縣志》（乾隆四十九年刊本），卷二，頁一八—一九。

398 《萬曆白水縣志》（萬曆三十七年刊本），卷一，〈風俗〉，頁一〇。

399 《嘉靖耀州志》，卷四，頁九。

400 《萬曆同官縣志》，卷一，頁一二—一三。

401 《崇禎乾州志》（崇禎六年刊本），卷上，〈風俗〉，頁四。

402 《雍正陝西通志》，卷四五，頁八。

403 《嘉靖漢中府志》（嘉靖二十三年刊本），卷九，頁一一。《萬曆漢陰縣志》，卷一，〈風俗〉，頁二六。

404 〔清〕陳夢雷，《古今圖書集成．職方典》，卷五四五，頁五二。

405 《嘉靖平涼府志》（嘉靖三十九年刊本），卷二，頁六二。

406 《嘉靖固原州志》（嘉靖十一年刊本），卷一，頁一一。

407 《嘉靖醴泉縣志》（嘉靖十四年刊本），卷三，〈政事類．風俗〉，頁一。

408 《嘉靖高陵縣志》（嘉靖二十年刊本），卷三，頁一八。

409 《嘉靖重修三原縣志》，卷一，〈風俗〉，頁四。

410 《嘉靖郃陽縣志》（嘉靖二十年刊本），卷上，頁一五。

太原府，在萬曆後期，已是「風俗奢靡」[411]。其屬縣榆次初「崇儉約」，明後期，由於紡織業盛，商品經濟較為發展，風氣遂變，據榆次人褚鈇（嘉靖四十四年進士）云：

> 嘉隆以來，士風險薄，民俗奢侈，甚而少凌長，賤凌貴。……若冠服器用，賽會婚喪之類，奢僭不經，殆不可枚舉。[412]

又據萬曆年間知縣張鶴騰曰：

> 晚近以來，……侈靡漸增，物力漸耗。……宮室編氓不甚懸別，最甚者貴女論財，尤為膏肓之痼。[413]

則不但風氣趨於奢靡，尚且有僭越社會等級的現象。又如代州，據《萬曆代州志》云：風氣在明代後期也有變化，「淳樸散而浮靡興」[414]。岢嵐州興縣，在萬曆初年，即「風俗靡奢」，「頗尚商賈」[415]。

平陽府是較富庶的府，風俗變化較大，臨汾縣，據萬曆八年進士邢雲路云：

> 今有二十不冠至三十者，諱年飾貌曰：「吾尚總角也。」少則宜少之矣，而乃儼然加巾，高至尺許，且稱字號稱堂堂焉。倨傲長者，長者返卻避之，則何禮也！民間無論貧富貴賤，一歲至十餘歲，皆得戴巾，乳臭僕僮袒裼赤腳負薪負米，加巾於首，則何取義也！甫弱冠者，則率皆凌雲、忠靜，貧者胥節財無之矣。甚至賤藝術者流，亦得凌雲、忠靜，而唐、晉之巾，則視為當然。一瞽目卜人也，衣半不遮體，如鶉結，然手搖箕板、頭戴冠巾，盈衢達皆然也。冠之僭濫也，一至是。冠履皆分也，下至輿皂皆雲履，又履之僭也。若其為婦也，亡論仕宦，即菜傭婦，髻動以金銀為之，增重至十四、五兩，問其家，無餘有也。[416]

奢侈的結果，無論士民僮僕皂隸，皆以頭巾鞋履的流行式樣相競爭，不再理會原有朝廷與禮制對巾履式樣的身分限制。至於婚禮，也有類似情況，不但論財物，講究聘禮，「皆以錦繡幣帛，動數十套，金釵寶釧諸物稱之，巾帕至四、五十色，針線錢至二十兩。品肴之造，則飾以五色，雕以人物，動數十桌；一茶餅且至二、三千，以暴殄天物。至於婦歸夫家也，為筵房，為餽食，則繁縟珍巧倍蓰」，而且僭越違式情形，甚為普遍，「亡論貴賤，新婦皆著珠冠袍帶，上擬命婦；送往迎來，動用旌旗鼓角，尚擬五公。貧者例賃為之，恬不為怪」，完全不理會「律有明條」，規定，尤其「富貴之家，即奢且僭」，遂帶領風氣，下延至「下門、中門」之家[417]。襄陵縣，其民「素號貧窮，婚娶無所競」，相當樸實，但《隆慶襄陵縣志》云：「近來，亦有以豐相尚者」，依朝廷規定，「官民服舍，各有定式」，「襄民雖不敢過僭，而所服、所居不得其宜者，間亦有之」[418]。翼城縣原來風俗淳樸，但到嘉靖年間，「已漸不如昔矣」，「婚娶論財，喪葬奢靡」，風氣形成，為追求奢侈消費，不計己身財力，以致「室囿多窮壯麗，至有屋未完而家遠空者；少年得分銀尺布，即弗計蔬饌，弦歌夜飲，不避長老」。衝擊有序的社會秩序，「時節遊衍，男女妖服」，

411 《萬曆太原府志》，卷一〇，頁五。
412 《萬曆榆次縣志》，卷一，〈風俗〉，頁一二。
413 《萬曆榆次縣志》，卷一，〈風俗〉，頁一三。
414 《萬曆代州志》，卷一，〈風俗〉，頁一六—一七。
415 《萬曆興縣志》，卷上，頁四。
416 《萬曆臨汾縣志》，卷九，〈藝文志〉，頁四四—四五，邢雲路，〈請正四禮議〉。
417 《萬曆臨汾縣志》，卷九，〈風俗〉，頁四五—四七。
418 《光緒山西通志》，卷四六，〈風俗〉，頁一五，引馮琦，〈汾州府志記〉。

「求婦聘女之徒，但問富家，其門第清白漸不論也」，「其人情輕賢而重利如此」[419]！

汾州府，據萬曆五年進士馮琦說：「其地商賈走集，民物浩穰，俗用侈靡，訟獄滋繁。」知府趙喬年也說：「民率逐於末作，走利如鶩。」[420]商品貿易發展的結果，使向來「樸約，猶存陶唐遺意」的汾州，據《萬曆汾州府志》云：「邇來，……侈靡相高，讌會品褒，水陸服舍，動擬王侯。」一般人民生活水準，「效尤宗室」，向貴族看齊，而不管法律與禮制的限制[421]。其屬縣介休，在萬曆年間，據縣令史記事說，也是「民習奢，幾不可訓」[422]。

潞安府，則因商品經濟較發達，早在明中期之後，便已「漸致華靡」[423]。府屬澤州，於萬曆中期，也是「風氣漸澆，人心滋巧」，據《萬曆澤州志》云：澤州屬縣陽城、沁水、陵川三縣的風氣，尚「差存古道」，然「已遠古」矣，而澤州及高平，則「如水之流，未可底止」，「青矜（士子）之恂恂者，化為猖猖；黔首之鼓腹者，化為嚚訟。尚奢靡，則一筋萬錢；逐嬉遊，則一擲千金」，風氣流行，甚至「有家徒四壁」，也要想盡辦法，「炫廟社以相高」[424]。

大同府「雖涉邊徼」，但因為是處於軍事消費地帶，又是漢、蒙交易場所，「商旅輻輳」，風氣「以浮靡相炫耀」[425]；據嘉靖四十五年進士李承式說，「其俗驕悍」[426]。應州，在萬曆年間，一變過去「儉嗇」「質樸」的風氣，「器物日磽，衣冠日詭，市井日欺」，據《萬曆應州志》云：

頃者，里夫賤胥，且以號稱；飲食宴會，率竟以侈，甚至博弈縱飲，武斷輕生。[427]

也是既奢且僭。渾源州，原來也是「士慤民淳，服用儉嗇」，但明代後期，也受風氣影響，「耳目濡染」，這個偏遠的「僻壤」，也「馴至紛華」，「大樸漸雕」[428]。明代後期，北邊邊鎮，由於邊費日增，尤其嘉靖二十九年的庚戌之變後，戶部收入大部分，甚至全部，運往北邊充軍費；遂使北邊消費能力大增，邊鎮商品市場因而繁榮[429]。除大同外，宣府亦甚繁榮，華中、華南客商均來貿易，風氣遂變。明中期以前，宣府風氣儉樸，據天順年間修的《大明一統志》，其民「勤儉務農，無浮末之習」。然而嘉靖後期，鎮城中的「武弁，以侈華相競」，東路以「地近京師」，受其繁榮奢靡的影響，「習尚浮靡」。據《嘉靖宣府鎮志》云：

> 世祿之家，用多僭侈，日以肥甘適口，綺縠飾躬，聲妓娛耳目。[430]

延綏鎮也在明季趨於奢靡，據《康熙延綏鎮志》云：

> 迄明季，漸致華靡，宗威武無紈袴之子不啻晉族，即偶得之浮名，且商自負矣。當商大賈，雕櫳繡

419 《嘉靖翼城縣志》（嘉靖刊本），卷一，〈地理志·風俗〉，頁七—八。《嘉靖翼城縣志》此段文字與康海撰陝西《正德武功縣志》所云頗類似，疑《嘉靖翼城縣志》作者認為嘉靖年間翼城風俗變遷與正德年間武功縣相類，遂襲康海文字刪節之。

420 《萬曆汾州府志》，卷二，頁二三—二四，趙喬年，〈風俗利弊說〉。

421 《萬曆汾州府志》，卷二，〈風俗〉，頁二三。

422 《嘉靖介休縣志》（嘉靖二十四年刊本），卷四，頁一七。

423 《光緒長治縣志》（民國二十二年刊本），卷八，〈風俗紀〉，頁四五，引《舊志》。

424 《萬曆澤州志》，卷一，〈方輿志·風俗〉，頁三六。

425 《光緒山西通志》，卷四六，頁一六，引〈祀志〉。

426 《光緒山西通志》，卷四六，頁一六，引〈祀志〉。

427 《萬曆應州志》（萬曆二十七年刊本），卷一，〈地理志·風俗〉，頁一〇—一一。

428 《萬曆渾源州志》（萬曆三十九年刊本），卷一，〈輿地志·風俗〉，頁六。

429 徐泓，〈明代的私鹽〉，《明史研究論叢》，第一輯（一九八二），頁五五九—五六〇，〈太倉歲出入表〉。

430 《嘉靖宣府鎮志》，卷二〇，〈皇明宣鎮風俗論〉，頁八八。

栱，玉勒金羈。世族婦女，珠絡翠翹，飛纖垂髾，儀節服飾之盛，幾於王公后妃；轉相慕效，漸成頑悖，遂至江河不返。[431]

本來商人生活儘管奢侈，「食鮮服麗，品竹彈絲」，對於禮法規定的「屋宇冠袍」等級制度，「不敢僭擬」，然而嘉靖後期，則「屋宇以爽塏相加，服飾以鮮麗相競，器皿以奇巧相誇」，已非制度所能限了[432]。

總之，山西在明代後期，社會風氣由淳樸守禮變為奢靡僭越的府縣，遠比明代中期為多。但山西也是華北經濟較落後的省分；因此不少地方，仍因貧窮與對外經濟聯繫不夠，而仍維持淳樸守禮的風氣。例如太原府的祁縣，到明末仍是「務本力學，有唐堯勤儉之風」[433]；太谷縣也是一直「力田務本，勤儉不奢」[434]，平陽府萬泉縣，據萬曆十三年縣令符嘉訓說：由於「土厚水深，地瘠民貧，邑稱最焉」，「其地民勤俗儉」[435]。朔州馬邑縣，萬曆後期，仍是「民性渾樸」，「飲食衣服多尚簡易」[436]。大同府懷仁縣，在萬曆中期，還是「人性樸質」，「有務農勤本之實，士敦廉節，民恥輕薄」[437]。

從以上對華北地區在明代後期的社會風氣之描述，可知，由於商品經濟進一步的發展，社會風氣的變遷，從明代中期已生轉變的府州縣，繼續擴散到更多地方，由嘉靖、隆慶至於萬曆年間，日甚一日，然而由於華北商品經濟發展水準不如江南高，其奢靡程度也較低，《萬曆太原府志》就說：

說者謂：風俗奢靡致，然則今之晉風，其視吳越尚為樸陋。[438]

不但奢靡程度較低，其分布的地區也不如江浙來得全面，華北各省都有相當多的州縣，一直到明末，社會風氣都沒有變化的，不像江浙只有少數地區沒有變動。就是在有變動的州縣，不少只限於城裡，一到城外的鄉村，便仍維持明初以來的淳樸風氣，這當然是因為經濟落後窮困，「儉且不支，又何能奢？」[439]

結語

明代後期，華北社會風氣轉為奢靡，表現於食衣住行各方面。在宴飲方面，質量均甚講究，「口飫濃鮮」，「羅珍羞，列聲樂」，花費頗多，至於「一筋萬錢」。服飾方面表現得最突出，不但競用羅綺繡緞等高級衣料，而且在巾履衣裳的式樣上追求流行的花樣，「厭常鬥奇」，「競相慕好」，「汰侈無已」。婦女更是以金玉、明珠、翠羽為首飾。住屋方面，則講求「雕甍峻宇」。

追求奢靡的生活，必須物力豐盈，否則「雖日撻而責其奢靡佚遊，不可得已」[440]。物力豐盈，為經濟發達的結果，司馬遷曾說：「用貧求富，農不如工，工不如商，刺繡文不如倚市門。」尤其是從商品生產

431 《康熙延綏鎮志》，卷八，〈風俗〉，頁三。
432 《嘉靖宣府鎮志》，卷二〇，〈皇明宣鎮風俗論〉，頁八八。
433 《乾隆祁州志》（乾隆二十一年刊本），卷一，頁一七，引《崇禎舊志》。
434 《民國太谷縣志》（民國二十年鉛印本），卷四，頁五。
435 《民國萬泉縣志》（民國八年石印本），頁一七四。
436 《萬曆馬邑縣志》，卷上，〈風俗〉，頁二。
437 《萬曆懷仁縣志》（萬曆二十九年刊本），卷上，頁三。
438 《萬曆太原府志》，卷一〇，頁五。
439 〔清〕陳夢雷，《古今圖書集成．職方典》，卷四五七，頁一五。
440 《嘉靖太平縣志》，卷二，頁二一。

與貿易所得特別多[441]。因此，明代中期以後，隨著商品經濟發展與推廣，社會風氣日益奢靡，政府屢下禁止奢侈的命令，都不能生效[442]。其實風氣之奢靡，即是消費水準提高的表現，而消費水準又是以社會經濟水準為基礎的。明代中期以後，華北社會奢靡風氣的發展程度與分布，與商品經濟的發展水準及地域的分布，大體相一致。商品經濟越發達的地區，其風氣便越奢靡，反之商品經濟越落後的地區，其風氣便越儉樸。有些地區，原來經濟情況好，由於天災人禍的破壞，造成經濟倒退，其風氣便由奢靡復歸於淳樸。例如河南彰德府的安陽縣，「成化前俗樸厚而民富，弘治中奢靡」，自從正德七年（壬申）劉六、劉七之亂，安陽遭到破壞，「歲入損少，乃更簡儉」[443]。又如明末農民暴動後，許多地方「土曠人稀，凋敝已甚」，「儉且不支，又何能奢？」[444]於是風氣轉為淳樸。例如河省南府宜陽縣，即「經兵火之後」，原來「奢侈極矣」的風氣，遂「漸反儉約」[445]。又如汝寧府在明末原是「風靡俗蕩，澆偽日滋」的，自從「寇訌以來，人心厭苦，兵革憔悴無聊，漸以樸略相尚」[446]。又如懷來縣，處在北邊軍事消費地帶，明末「俗習奢靡」，至清初「中外一家，撤兵減戍」，不再以大量軍費補助，風氣遂「一變前朝靡侈之風，彬彬乎知禮教焉」[447]。

由上可知，「先富後奢」，「先貧後儉」，社會風氣實與經濟發展，息息相關[448]。明代後期，華北社會風氣的變遷，實為商品經濟發展的結果。華北各省的城鎮，尤其處在交通要道，如運河岸邊，及軍事消費地區，不分貴賤上下，競以從事商品生產或貿易，為追求財富與提高生活水準的手段。本來依明朝政府的規定，四品以上的官員與公侯伯等貴族之家是不許經商的[449]，然而明代後期，連皇帝亦開皇店，宗室貴族亦群起效尤，如嘉靖年間翊國公郭勛在京師開設店舍，「多至千餘區」[450]。慶雲伯周瑛也在河西務設肆，「邀商貨」[451]。就如《萬曆冠縣志》所說的，「冠蓋之家，公然為商賈之行」[452]。社會風氣的流行，是「上行下效」的，在上層階級領導下，人們競相從事商業，而放棄原來從事的農業，如萬曆年間，武定州之民多挾資「爭逐什一」商利，「農事不講久矣」[453]。這類例子，在明代後期的華北社會，相當普遍；於是導致大家對商業觀念的改變。向來人們以農為本，以商為末；明代後期，有人提出「工商皆本」的觀念，河北高邑人趙南星便說：

> 農之服田，工之飭材，商賈之牽車牛而四方，其本業然也。[454]

441 《史記》（北京，中華書局新校標點本，一九五九），卷一二九，〈貨殖列傳〉，頁三二七四。
442 《嘉靖宣府鎮志》，卷二〇，頁八五—八六，嘉靖八年，〈申嚴奢僭之禁〉；嘉靖三十五年，〈詔禁官民奢侈〉。
443 《嘉靖彰德府志》，卷二，頁三七。
444 〔清〕陳夢雷，《古今圖書集成．職方典》，卷四五七，頁一五。《康熙裕州志》（康熙五十五年刊本），卷一，頁二〇。
445 〔清〕陳夢雷，《古今圖書集成．職方典》，卷四三二，頁三八。
446 〔清〕陳夢雷，《古今圖書集成．職方典》，卷四七四，頁三〇。
447 《光緒懷來縣志》（光緒八年刊本），卷四，〈風俗志〉，頁六。
448 參見徐泓，〈明代社會風氣的變遷〉，頁一〇三—一〇四。
449 〔明〕李東陽等，《萬曆大明會典》，卷三四，頁一九。
450 〔清〕張廷玉等，《明史》，卷一三〇，〈郭英傳〉，頁三八二三。
451 〔清〕張廷玉等，《明史》，卷三〇〇，〈周能傳〉，頁七六七二。
452 《萬曆冠縣志》，卷一，頁一六。
453 《萬曆武定州志》，卷二，頁三。
454 〔明〕趙南星，《趙忠毅公文集》（崇禎十一年吳橋范景文刊本），卷四，〈賀李汝立應科舉序〉。

張又渠也勸誡子孫：「男子要以治生為急，農工商賈之間，務執一業。」[455]觀念的改變，使更多人從事商品生產與貿易，促使明代後期商品經濟的發達。山東章邱縣的李開先在〈聽選官高君墓表〉一文中，為商人說話，肯定商人對社會經濟的正面貢獻，他說：「邑有富室，邑人賴焉。」由於章邱商人高智貸款給當地「作賈及江南北為商者」，對商品經濟的繁榮，發生相當的作用[456]。

商品經濟的繁榮，提高人們生活水準，甚至造成社會奢靡的風氣。人們競以奢靡相高，對「貴賤有等」的社會秩序是一大衝擊。明代為維持「貴有常尊，賤有等威」的社會階級制度，「以房舍服色等第，明立禁約」，訂立生活消費必須與社會地位、政治地位相稱的禮法。明代後期，商品經濟發達，從事商品生產與貿易致富者日多，財富的增加，使他們具備享用高級消費生活品的能力，進一步向禮法的限制挑戰。另一方面，由於商品經濟的發達，使商品的種類與數量大為增加，品質大為提高，不少原來被視為奢侈品的商品，價格下降，變成較易取得的民生日用品。由於禮法上規定，奢侈品的使用，為社會政治、地位高貴的表徵。因此，社會上一般人們便想法取得，以提高自己的地位；甚至「家無擔米之儲」的貧民，也「飲食服飾擬於巨室」[457]。例如穿衣「不屑韋布」競尚綾錦，買不起的人，便「從典肆中覓舊緞、舊服，翻新改制，與豪華公子列坐」[458]。於是經商致富的富人與庶民隸僕倡優，上下共同向禮法的約束挑戰，破壞原有依社會、政治等級的消費限制，造成「僭越達式」的風氣。《嘉靖宣府鎮志》云：

承平既久，天下臣民，不遵祖宗定制，日肆奢僭。……士民不遵制度，一概混用忠靖衣冠及周子、陽明等巾，雲頭等履，貴賤上下，全無分別。[459]

不但如此，據規定：「軍民衣服，不許用綾緞羅綺，並金玉珠翠首飾」，但明末華北人民「服飾務僭」，「市井之服，居常無不服羅綺」[460]。至於「織金妝花，本王府仕宦人家品服，以別貴賤」，據呂坤說，明代後期華北「商賈工農之家，一概穿著，已為僭分」[461]。又明朝規定，民間婦女衣袍，不許用大紅、鴉青、黃色，但明末華北婦女則著紅采騂服[462]，首飾的穿戴也顯示身分等級，明朝規定：只有命婦才可以金珠翠玉為飾[463]。然而明末婦女卻流行「鏤金玉為首飾，雜以明珠翠羽」[464]。據張瀚說：萬曆年間，「男子服錦綺，女子飾金珠，是皆僭擬無涯」，「人皆至於尊崇富侈，不復知有明禁，群相蹈之」[465]。服飾的社會等級表徵，已為「奢靡相高」的風尚攻破。

奢僭風氣的流行，連胥隸之徒「日用服食」，亦「擬於仕宦」[466]，導致貴賤難分。只要經濟能力夠，不但可以奢侈違式，甚至可以金錢取得功名官爵。萬曆年間，京師鉅賈李元祥「身擁雄資，列肆連衢」，

---

455 〔清〕張又渠，《課子隨筆》（《有福讀書堂叢刻》，第四－六冊），卷二，頁七。
456 〔明〕李開先，《李開先集》，轉引自傅衣淩，〈明代經濟史上的山東與河南〉。
457 《萬曆順天府志》，卷一，〈地理志．風俗〉，頁一三－一四。
458 〔明〕范濂，《雲間據目抄》（《筆記小說大觀》本），卷二，〈記風俗〉，頁一－二。
459 《嘉靖宣府鎮志》，卷二〇，頁八五－八六。
460 《嘉靖宣府鎮志》，卷二〇，頁八五－八六。〔清〕葉夢珠，《閱世編》（台北：木鐸影印新點校本，一九八二），卷八，頁一八〇－一八一。
461 〔明〕呂坤，《呂公實政錄》，卷三，〈民務〉，頁二八，「禁約風俗」。
462 《天啟中牟縣志》，卷二，〈風俗〉，頁八。
463 《明太祖實錄》（台北：中央研究院歷史語言研究所校勘本，一九六二），卷五五，頁二，洪武三年八月庚申條。
464 《萬曆江都縣志》，引自《嘉慶重修揚州府志》（嘉靖十五年刊本），卷六〇，頁二－三。
465 〔明〕張瀚，《松窗夢語》，卷七，〈風俗紀〉，頁一三－一四。
466 吳晗，〈金瓶梅的著作時代及其社會背景〉。

不但為自己買得文思院副使一職，而且為其子李偉「買爵鴻臚」[467]。

奢靡相高的風氣，不但動搖華北社會的等級制度，「卑賤暴富，俱並齒衣冠，置之上列」[468]，而且造成社會秩序的混亂。例如婚姻論財，例如以少凌長，例如爭利好訟等。基本上，是要以財富打破原有的長幼、尊卑、貴賤之別，這種平等的要求，恰與正、嘉以後王學主張良知平等與布教平民的作法相呼應。不少平民和下層社會的僕隸，因而自認與士大夫地位平等，不但穿戴士大夫衣巾鞋履，而且使用過去士大夫專用的字號，嘉靖以後，華北社會與江浙一樣，「別號下延於乞丐」[469]。總之，奢靡相高的風氣，導致僭越違式，使「貴賤有別，尊卑有等，長幼有序」的社會秩序，產生混亂現象。明末的農民與奴僕反抗運動，可能就是受這種風氣的影響，起而爭取自己的平等權益。無怪乎明清之際學者，對於明末社會，要興「紀綱凌夷」、「天崩地解」之嘆。

社會風氣日以奢靡相高，為追求侈華的生活享受，需求大量錢財。尤其仕宦之家，受影響較大。明朝俸祿甚低，官員只靠本俸度日已難，何況處於奢靡相高而以貧儉為恥的風氣之下，其入不敷出，十分明顯。而「小民農商之所獲」，也不多，「豈能足用」；所以正德、嘉靖間人何瑭說：這就是造成明代後期「官吏務為貪饕，小民則務為欺奪」的原因[470]。《萬曆青州府志》載馮琦〈肅官常疏〉也說：「習尚已成，轉難立異」，於是為維持奢靡的生活，只好「今日取債，明日倍償」，入不敷出，只好貪汙[471]。而貪賄成風，亦恬不以為怪。明末廣東順德碩儒陳邦彥說：

> 今（明末）天下，自大吏至於百僚，商較有無，公然行之齒頰。受銓天曹（吏部），得善地則更相慶，得瘠地則更相姍笑，以為無能。士當齒學之初，問以「讀書何為？」皆以為博科第、肥妻子而已。及始進膠序，則所稱師儒者，未聞有誨導之事，但較修脯之多寡以示之。貪至於一行作吏，所以受之於上者，非賄賂不為功，而相與文之以美名曰「禮」。……惟心沒於利，是故利之所在，雖盜賊

而可從也；害之所在，雖君父而可背也。……此心為官，必無竭忠營職之思；以此心為民，必無親上急公之誼。奔潰相仍，亂賊滋起，率坐此耳。[472]

則明末奢靡風氣影響之下，政治風氣亦趨於貪瀆，終於導致社會、政治大崩潰。

總之，由於商品經濟的發展與擴大，嘉靖以後，華北社會風氣日趨侈靡，其程度雖因華北商品經濟水準與分布不如江浙地區，但也足以衝擊原有的社會等級制度，使平民僕隸體認人無分貴賤，都有要求自己權益的自我意識。社會風氣的奢靡又刺激人們的欲望，為滿足私欲，官吏務為貪饕，小民務為欺奪。以貪饕的官吏，來統治欺壓已經覺醒的小民，其能不遭到反抗，鮮矣。明末華北商品經濟的發展，雖導致社會風氣與政治風氣的變遷，可是由於發展還不夠全面與深入，比起江浙地區，其實力相當脆弱，不能真正提升整個社會經濟力，以與天災人禍相抗。所以當天啟、崇禎年間，華北遭到天災侵襲，政治上飽受重稅與貪瀆政治的壓榨時，經濟便出現迅速的倒退現象。這時華北人民，尤其是經濟力較弱的山西、陝西、河南等省的人民，一方面在商品經濟衝擊下，已有了自我意識的覺醒，一方面在天災與政治災害壓榨下，為了

---

467 《明神宗實錄》，卷三五四，頁三—四，萬曆二十八年十二月辛未條。

468 《嘉靖許州志》，卷七，〈典禮志·風俗〉，頁二—三。

469 《博平縣志》（康熙三年刊本），卷四，頁四—五，〈人道六·民風解〉引萬曆間馮訓（蘭室），《萬曆博平縣志》（萬曆十九年刊本）。

470 《萬曆如皋縣志》，卷八，頁二九—三一。何瑭著，王永寬點校，《何瑭集》（鄭州：中州古籍出版社，一九九九），卷一，頁一七，〈民財空虛之弊議·風俗奢僭〉。陳子龍編，《皇明經世文編》，卷一四四，頁一四，〈民財空虛之弊議〉。

471 《萬曆青州府志》，卷一八，頁四一—四三。

472 〔明〕陳邦彥，《陳巖野先生全集》（嘉慶十年重鐫聽松閣藏版），卷一，〈中興政書·勵俗篇第四·獎廉讓〉。

求生；終於群起反抗，造成明末清初的華北大亂，社會生產力遭到極度的摧殘與破壞，於是明代後期趨於奢僭的社會風氣，到清初又復歸於淳樸。

附錄

萬曆四十三、四年山東饑荒與人相食史料

一、丁懋遜《新修霑化縣志》〔萬曆四十七年（一六一九）刊本，有崇禎五年（一六三二）之紀事〕

1. 至乙卯（萬曆四十三年，一六一五）、丙辰（萬曆四十四年，一六一六）歲災，更異矣！百里如焚，芽茁不生；齧木皮，茹草根，盡，則割人為食。甚至忍骨肉，插標鬻婦，僅覓一飽，棄嬰兒於通衢，任其呱呱，弗之顧而去。惡少不甘飢死，十百為群，夜噪呼，白晝攫奪，冀延旦夕命。文罔不避，廉恥盡捐，此又一俗變也。（卷一，頁二一）

2. 萬曆四十三年……是年大暵，民相食。（卷七，頁一三〇）

3. 萬曆四十四年，春旱，秋蝗蔽天，死徙者無算。**邑人知縣李魯生〈丙辰記〉**：**曰父子相食**。黃昇店民某有子數歲，常謂其妻曰：「一塊好肉，可惜落人口也。」其妻輒哭勸止。一日詒其妻出刮樹皮，閉戶持刀欲殺其子，子號泣曰：「爺何忍食我？」某曰：「我不食若，人將食若，我不忍若為他人食也。」遂屠而煮之，未熟，其妻攜半籃樹皮至，問釜中何肉，某曰：「鄰家狗至，我撲殺之耳。」妻固知其子也，尋至舍後，微露其頭足，即投其夫曰：「食爾子，寧足活，當併食爾妻。」仆地號慟，遂絕。某持其子一肘竟不成啖，亦死。嗚呼！有易子而食者矣，未聞自食其子者也。子烹妻斃，持肘慟絕，嗚呼！異哉。

曰母子拋棄。有婦抱一兒歲餘，置妙相寺門，急走數步外，旁睨之，兒宛轉哭泣良久，一人抱置懷中，欲收養之，問曰：「此誰兒也？」婦竟不肯應，但含淚合掌念佛數聲而去。此兒百千中之一耳，車轍馬跡之下，斷梁廢壁之側，胔骸狼藉，啼叫百狀，想此二東不下數萬矣，此數萬者，國家異日數萬黎元也，遭時不辰，殤鬼滿路，豈彼蒼厭生齒之繁耶？

曰夫妻折散。鬻其婦者百錢，成估矣，即有一人主之，曰：「吾若夫也。」婦將行，與其姑抱持，大慟仆地，旁人盡哭，稍為解之，解復抱持，分合者數四。其主之者，割其裙以去，至一處，則前數十輩束裝脂車以待矣。婦知將遠販他郡，持逆旅人刀，厲聲曰：「寧為故鄉鬼，不作他鄉人也。若欲我登車，當亂斫若後自殺。」其人不敢逼，竟逸歸夫。夫棄其妻，妻背其夫，即死徙不出鄉也，然猶有相守而不肯離者；自販稍之役興，而婦女人十去其七八矣。十百為群，車騎絡繹，居則恣情為嬲，售則百倍索錢，而截稍者遂因之為搶擄，召呼朋類，袒臂揭竿，是盜賊接軫而夷虜橫行也。官司稍稍禁止，奸人復變其術，擇美婦一人，衣以錦繡為主母，而妾而婢而奴，各若干人，假作遠室，關隘莫詰。其資本少而為短稍者，擔一破釜，攜妻孥數口，若流民狀，而截稍者詗伺之，因有搶奪人真正妻妾子女矣。大亂將起，濟、青二丘，業有萌櫱，當事者可不寒心哉！

曰自經遺女。夫妻年六十餘，攜一女子息樹下，有十七八。男子偕焉。男子見三人飢餓欲□，出袖中兩麥餅啖之，曰：「我適從姨家來，姨以餉我者也，吾哀翁嫗而進食。」三人分兩餅食之，良久，才能言。問曰：「少年往何所？」男子曰：「前村一望地耳。」老父曰：「有妻未？」對曰：「無。」老父指其女曰：「以妻汝。」男子曰：「我家貧，母在不能養，何妻為？」老父曰：「我困臥此，非爾且死，爾幸遺吾女見若母，若不肯，我輩住爾家一宿，明日去也。」男子送其女至家，道所以，母命趣迎之；返至故處，則翁嫗縊樹枝死矣。男子歸告母，母大駭，相與哭而埋之，遂命妻其女。嗟乎！

智哉老父，嫁其女，又能葬其身也。少年以兩餅得妻，老父以二命遺女，豈不以歲哉！

曰逆女賣父。民往一村視其女，女驚曰：「爺何得至此？此中食人，賣其肉，斤十錢，無得脫者。」民大駭，女曰：「姑停此，可間歸也。」女計父終無脫理，不如自為利；乃賣諸其鄰屠狗者，得錢百五十文。屠前謂民曰：「長者幸臨，況子婿家，某托分比鄰，敢以一杯為壽。」□則持刀叱之曰：「急解衣授刃，無煩我事。」民驚，跪祈免。屠曰：「爾女受直百五十錢賣爾矣。」民泣曰：「百五十錢直幾何？我幸有銀一鐶乞命。」屠頷之，索其銀，果一鐶，縱使去，民惶走歸。入門，其小女十餘歲，迎謂之曰：「爺來！」民以梃擊其首，腦併出，仆地死。妻驚問，民曰：「爾大女以百五十錢賣若翁，幸脫走；此女長成，寧不以三百錢賣婆也？」昔雍姬聞其母之言曰：「人盡夫也，父一而已。」遂以糾之謀告仲，君子罪糾之謀及婦人，而不責姬之告其父也；人未有忍於其父者也，情也。如此女，一猶貨之，況盡人者哉！噫，甚矣！

曰人食生人。一人臥路傍未死，群犬狺狺圍守之，視手足不甚動，輒前噬其尻，猶作呻吟聲，須臾立盡，爭其首，怒而搏相吠也。時有食人者，官詰責之，食人者對曰：「與若犬食，何若為人食？」向詰問犬，犬亦當對曰：「與為螻蟻食，何若為犬食？」嗚呼！尚忍言哉？

曰匹婦爭肝。二婦共剮一死人肉各盈筐，剖腹取其肝，因相罵也。一婦曰：「與我，當多與爾臀肉。」一婦曰：「肝美，奈何以臀肉易之？」噫！東陵而後，世之知此味者鮮矣，何二婦之嗜之也？不食人肝，烏知人肝之美？甚矣二婦食人之多，而飢民之如二婦者眾也。

曰談心數竅。或問於食人者曰：「人心若何？」曰：「大略方平，不似羊豕圓上而銳下也。俱三竅，間有四竅者，獨一婦人五竅，以為絕異。」語曰：「聖人之心七竅，比干當之矣。」彼婦何人，倘亦賢知之儔與？噫！一豐一儉，人心迺見。

曰浮芥炙腦。食人者謂：「並食人腦始不病。食法：取人頭置火中炙之，於兩眼眶中置芥焉，為火候，蓋腦沸則芥浮動，熟而凝則芥膠不復動矣。剖食之，得兩碗許。」夫重耳之夢與楚子搏也，鹽其腦，子犯解之曰：「吾旦柔之矣，果爾則食腦者將如綿焉，不能復舉人髏。」而今豈其然哉？甚矣，子犯之譎於對也。

曰群瞽食草。邑一生之野，見群瞽摸地不休，生怪其遺也，地又無復物；問之，曰：「吾輩飢甚，摸蘆草食之耳。」生憫焉，曰：「何不食兔酸？兔酸，野草名，長葉有微紅點，窮民食之。」群瞽曰：「安得此佳味？」生停步令僕採兔酸盈掬分群瞽，瞽各懷鹽少碗，嚼兔酸數口，則納鹽少許口中，甘如飴。夫搏雀掘鼠，煮草剝木，此有目者之所共也；瞽但食生草，與牛羊等耳，然牛羊猶能知水草處，噫！群瞽焉敢望牛羊哉！

曰野婦劫僧。野婦三人，共攜籃拾柴，適一僧驅驢負米而過，三婦畫策曰：「此可以計取也。」一婦前合掌曰：「師何來？」僧作禮，婦遽前牽其裙呼二婦曰：「彼調我！」因共執之，褫其衣，奪其米，且詈之曰：「死髡！吾夫來斷頭矣。」僧皇懼走。噫！三婦亦何黠也！野史書之，不亦叢談奇事乎？飢餓迫身，劫奪之風，不遺閫質，亦何怪於鬚眉而攘竊者哉！

曰舉室自縊。民夫妻二人，生子女四，數日不食，視室中獨有一釜，質錢二十，買餅餌分食之。其子方啼，民語之曰：「毋哭，行且至極樂國也。」食已，取六索繫舍傍樹上，先縊殺其四子，夫妻隨自縊死。昔有問於人者，曰：「死樂乎？」曰：「樂。」曰：「何樂？」曰：「不樂何無一人返者矣？」夫見飢民之極苦，當知飢民之死之為極樂也。嗚呼！盡室而樂，怖戀雙遣彼舍傍樹，倘所謂香林者耶？

曰義窟掩骸。餓骸遍地，犬噉肉至盡，鳥鳶啄腸掛樹枝，屍蟲出於市，民解某醫黃某作四窟城四隅，刳其腹，瓶其口，以車輪覆之，人死即投其中，不數日輒滿，滿則封以土，別作窟如前；時人義之，為之謠曰：「人死何所歸？城隅四曠窟；死亦何足悲？有人埋我骨。」

曰飢民祝蝗。蝗蝻之生，平地數寸，其來如流水，所過赤地；飢民撲食之，市一斗十錢矣。生翼輒飛去，將去，民祝之曰：「幸留飼我」。甚哉！民之勤於食也，蝗實殺我，而恃之以生乎！其以禾稼為俟河之清也，哀哉！

曰蛲螂充食。一青衿數日不食，招蛲螂去翅足煮，啖之甘，因曝之為宿糧；數里之內，蛲螂遂絕。或曰：「此生逐臭者耶！」余曰：「不然，蛲螂之化為蟬，清高飲露，此生腹中有如許清品，勝嗟來之食多矣。」

曰飽乞自歌。群乞倮處一窟，四出尋死人，共舁至，斫樹枝圍燒之，視先熟處即就啖，須臾盡，不復為餒。一乞飽，每鼓腹歌曰：「女是既喫我，我是未喫女。」（卷七，〈災祥志〉，頁一三〇—一三四）

二、《明神宗實錄》（台北：中央研究院歷史語言研究所校勘本，一九六六）

1. 《明神宗實錄》，卷五三三，頁九，萬曆四十三年六月丁亥條：
諭刑部：朕見自春至夏以來，亢旱不雨，三農失望，朕心憂懼。

2. 《明神宗實錄》，卷五三四，頁七，萬曆四十三年七月癸亥條：
巡撫山東右僉都御史錢士完疏言：東省六郡自正月至六月不雨，田禾枯槁，千里如焚，耕叟販夫蜂起，搶奪相率而求一飽。

3.《明神宗實錄》，卷五三六，頁四—五，萬曆四十三年閏八月癸丑條：

山東巡撫錢士完奏：東省旱災，盜起，據蒙陰縣報，豎旗稱王，殺死官兵。沂州報，七百人騎馬彎弓，搶劫糧畜。費縣、濟陽各報，白晝打劫。昌樂縣報，三百人搶劫嘯聚，聲勢充斥，行旅戒嚴。當此時也，一日數驚，苟無以處之，雖空言禁諭，何益？

4.《明神宗實錄》，卷五三八，頁八，萬曆四十三年十月癸亥條：

戶部題覆：山東按臣趙日亨所勘東省州縣災，至十分者，十之七、八，餘亦八、九分，絕無輕災之地。

5.《明神宗實錄》，卷五四〇，頁七，萬曆四十三年十二月丙寅條：

初，山東巡撫錢士完疏稱：闔省饑民，九十餘萬，盜賊蜂起，搶劫公行。

6.《明神宗實錄》，卷五四一，頁七，萬曆四十四年正月壬辰條：

遣御史過庭訓往賑山東饑民，時山東饑甚，人相食。

7.《明神宗實錄》，卷五四二，頁二，萬曆四十四年二月丁未條：

山東青州舉人張其猷上所繪〈東人大饑指掌圖〉，且各為詩詠之，有「母食死兒、妻割死夫」之語，見者酸鼻。

8.《明神宗實錄》，卷五四二，頁五，萬曆四十四年二月丙寅條：

山東比年荒旱，道殣委藉，父子兄弟互相殘食，婦女流鬻江南、淮安，遂成人市。盜賊並起，所在攻劫。

9.《明神宗實錄》，卷五四五，頁四，萬曆四十四年五月辛卯條：

兵科給事中熊明遇奏：……其異之大者，莫甚於山東人相食事。

10.《明神宗實錄》，卷五四五，頁五，萬曆四十四年五月辛卯條：

禮科給事中丌詩教言：去歲之冬，東省饑民奔命他徙，淮徐接壤，勢所必趨；因而聚至數十萬。

11.《明神宗實錄》，卷五五四，頁四—五，萬曆四十五年二月己酉條：

山東大盜張計緒、張文朗、周堯德等乘歲荒倡亂，糾聚亡命，各立頭目於泰山、歷城、章丘、萊蕪等處，出沒行劫，共稱周堯德為紅竿大王，復改稱平師王。所至焚燬擄掠，支解失主，截殺官兵；一時人情洶洶。撫按李長庚等遣兵將，先後勦捕擒斬，餘黨潰散。

三、《咸豐青州府志》（台北：學生書局影印咸豐九年刊本，一九六八），卷四五，頁三〇六三—三〇六八〈人物傳八・陳其猷〉：

陳其猷……諸城人，萬曆四十三年舉人，明年二月應禮部試至京師，時山東大饑；乃繪〈飢民圖〉，伏闕上書，其略曰：「東省饑荒見……而臣實目所親見、身所親嘗者也……謹具圖二十，聊寫萬一，臣嘗往稽載籍，寧詎無數百里之蝗、二三年之旱？然夷考當時所稱，不過『流離載道，死傷蔽野，易子析骨，十室九空』止矣，從未有白晝剝割，母子殘食，平村落為壘塊，貶子女如牛羊，滄桑大變如今日者。蓋齊魯之民，蓄積不預，一年之豐則稱飽，一年之歉則稱饑。齊魯之地，瘠鹵相參，入十日之雨則病水，十日之暘則病旱；前年自夏逾秋，霪霖不歇，田廬禾菽盡沒水濱，彼時大麥小麥布種者，不十之二三。由是公儲私儲耗散者，已十之八九；枵腹望歲甚於平時，懸釜待炊，急救一飽。不意大浸之後，轉作驕陽，自前年九月不雨，直至逾年十月，所種三分之麥，不得一分；而春來百穀之播，未收一粒。加以蝗蝻之起，平地尺餘。遂使田苗園蔬，野卓蕩然，不剩根芽。嗚呼！災外加災，歲復一歲，奈之何民不窮且盜死且相食有如圖之所繪者乎？……獨是在籍之丁死逃者已十之七，徵糧之民承佃者不十之三；故佃三畝者恐難包十畝之稅，充一丁者，恐難包四丁之徭。況三畝之牛種來，己無從一丁之朝夕……所繪〈飢民圖〉，各綴以五言絕句，且為之敘跋，其敘略云：『臣自正月離家北上，出境行二十里，見道旁剮人肉者，如屠豬狗，不少避人，人視之亦不為怪。於是毛骨懍懍。又行半日，見老嫗持一死兒，且烹且哭，因問曰：既欲食之，何必哭？嫗曰：此吾兒，棄之且為人食故寧自充腹耳。臣因此數日飲食不能甘。』」

第四章

明清福建社會經濟的發展與社會風氣的變遷

前言

明代中期以後，受到商品經濟繁榮的衝擊，社會風氣普遍地發生巨大的變遷，僭奢之風盛行。明清之際，張獻忠、李自成起事，清兵入關，三藩之亂，造成的動亂，使社會經濟受到嚴重的破壞。明代中期以來，隨著商品經濟的繁榮而發展出來的僭奢社會風氣，因此遭到一定程度的遏制而「漸返儉約」[1]。尤其明清之際的福建沿海，經歷清廷與南明王朝的戰爭，及因防明鄭而執行的禁海令、遷界令，把沿海三十里的居民全數遷入內地，其後又有三藩之亂；社會經濟普遍地受到嚴重的破壞，因此帶動社會風氣由奢入儉的變遷。康熙二十二年台灣納入版圖，海疆平定，沿海復界，福建社會安靖，經濟復甦，社會風氣才隨著「由樸而漸至於奢」[2]。對於明清社會風氣變遷，近來學者論述頗多，但主要集中於江南社會，兼及於華北[3]。對於另一經濟繁榮的東南沿海暨華南地區，學者鮮少觸及。尤其受遷界影響最深的清初福建社會風氣之研究，也與明代福建社會風氣之研究一樣，相關論著極少，僅有的兩篇論文，篇幅都不長，且未論及明清之際福建受沿海的海禁、遷界，及社會政治動亂對清初社會經濟及社會風氣變遷的影響[4]。為補此缺憾，以方志資料為主，論述道光以前，即較未受西方列強外力影響的明清福建（不包括台灣）社會風氣的變遷與社會經濟發展的關係。

一、明代前期的「俗安樸素」社會

明初，「新脫兵革之禍，瘡痍甫起，生聚未蕃」，生活水準較低，「衣食且不瞻而況於侈乎？」，沒有能力過奢侈的生活，追求的只能是衣食溫飽的基本生活，順服地依政府規定的水準，依身分地位穿著服

1 〔清〕陳夢雷，《古今圖書集成．職方典》（台北：文星書店據中華書局本排印，一九六四），卷四三一，冊九六，頁三八。

2 《清聖祖實錄》（台北：華文書局影印本，一九八六），卷二〇一，頁五，康熙三十九年九月乙巳條。朱維幹，《福建史稿》（福州：福建教育出版社，一九八六），下冊，第二十五章〈清初福建沿海遷界的慘禍〉，頁三八〇—四三一。

3 社會風氣變遷，研究行情的介紹，詳見林麗月，〈世變與秩序—明代社會風尚相關研究評述〉，《明代研究通訊》，第四期（二〇〇一年十二月），頁九一—一一九。鈔曉鴻，〈明代社會風習研究的開拓者傅衣凌先生——再論近二十年來關於明清「奢靡」風習的研究〉，《第九屆明史國際學術討論會暨傅衣凌教授誕辰九十周年紀念論文集》（廈門：廈門大學出版社，二〇〇三），頁九一—一七。鈔曉鴻，〈明清人的「奢靡」觀念及其演變〉，《歷史研究》，二〇〇二年第四期，頁九六—一一七。鈔曉鴻，〈近二十年來有關明清「奢靡」之風氣研究述評〉，《中國史研究動態》，二〇〇一年第一〇期。巫仁恕，〈明清消費社會與物質文化的研究回顧與展望〉（http://www.mh.sinica.edu.tw/eng/download/abstract/abstract7-2.pdf）及〈明清消費文化研究的新取徑與新問題〉，《新史學》，第一七卷四期（二〇〇六年十二月），頁二一七—二五四。對於晚明社會變遷始於何時、如何啟動等問題，中國社會科學院歷史研究所萬明教授主持之集體研究計畫「晚明社會變遷研究」，已於二〇〇三年結項，初步發表之總結報告，見萬明，〈明社會變遷：研究視角的轉換〉，《文史精華》，第四期（晚明社會與文化變遷專集）（二〇〇四年三月十一日）。http://www.guoxue.com/ws/ShowArticle.asp?ArticleID=1058 萬明主編，《晚明社會變遷：問題與研究》（北京：商務印書館，二〇〇五），〈緒論〉，頁一—二九。

4 清代前期社會風氣變遷的研究論著不少，有：來新夏，《結網錄》（天津：南開大學出版社，一九八四），頁四三—六〇，〈清代前期的商人和社會風尚〉。原載《中國文化研究集刊》，第一輯（一九八四），頁二四八—二六四。李景屏，〈清前期奢靡之風述論〉，《清史研究》，一九九七年第二期，頁一〇六—一一〇。李景屏，〈康乾盛世與奢靡之風〉，《北京社會科學》，一九九五年第二期，頁八六—九一。李景屏，〈清前期社會風氣的變化及其影響〉，《明清論叢》，第二輯，頁三七九—三八五。王世光，〈明清奢靡論探微〉，《社會科學輯刊》，二〇〇一年第五期，頁一〇五—一一〇。殷俊玲，〈清代晉中奢靡之風述論〉，《清史研究》，二〇〇五年第一期，頁七五—八五。則松彰文，〈清代中期社會における奢侈．流行．消費—江南地方を中心として〉，《東洋學報》，第八〇卷，第二號（一九九八）。孫燕京，〈略論晚清北京社會風尚的變化及其特點〉，《北京社會科學》，二〇〇三年第四期，頁一〇一—一一〇。孫燕京，〈晚清社會風尚及其變化〉，《中州學刊》，二〇〇四年第六期，頁一三五—一三九。李長莉，〈以上海為例看晚清時期社會生活方式及觀念的變遷〉，《史學月刊》，二〇〇四年第五期，頁一〇五—一一二。但福建社會風氣相關研究僅見兩篇：趙建群，〈試述明清福建地區奢侈性消費風尚的地域性表現〉，《福建師範大學學報》，二〇〇四年第六期，頁一一五—一二〇。王日根、張宗魁，〈從〈問俗錄〉看明末清前期福建社會風習〉，《中國社會經濟史研究》，二〇〇五年第一期，頁七四—八二。前者綜論明清奢侈社會風尚，後者則以約一頁的篇幅論婚喪奢靡風尚和賭博風習，兩篇論文均未論及明清之際福建受沿海的遷界、社會政治動亂影響的社會經濟及社會風氣之變遷。

飾、飲宴、住居、騎乘；明初的社會風氣是「儉樸淳厚」、「貴賤有等」的[5]。

福建的情況也如此。元末閩南受倭寇之亂，泉州又遭長達十年的「亦思巴奚兵亂」，漳州則「初為羅氏所據，繼為陳氏所有」，又受畲軍寇略，「民苦朘剝甚矣」[6]。洪武初，福建「新脫兵革之禍」，仍然「民多流離」。明廷遂於沿海置衛所，以為保障，如在閩南，泉州城之外設永寧衛與福全、中左、金門、高浦、崇武五千戶所，漳州城之漳州衛外設鎮海衛和銅山、玄鍾、六鰲三千戶所[7]。依靠各地方官努力撫治，以招集流亡、還鄉復業、勸農興學為務，如陳搗任泰寧縣知縣「時承兵亂之餘，搗披割榛，集流散」；如邵武府知府周時中「撫馴安輯，俾各遂其生養之樂」；尤溪縣知縣黃采在位時，「事集民安，逃亡者亦皆復業」；將樂縣知縣王克綱使「民獲力農，漸致富庶」；古田縣在元末明初，「邑人多逃亡，戶絕賦存」，多賴主簿姚孟璵「招徠撫摩」；連江縣知縣李鳳「以安養為首務」；懷安縣知縣薛武「知民力已困，益留心撫字」[8]。洪武年間漳州的知府如潘琳「寬以卹民，嚴以御吏，勸課農桑，獎崇士類，治效為一時首稱」；白壽「治郡以簡要為本，官無冗政，民無雜科」；王仲謙「為政有方，既廉且慎，政清訟簡，又知崇獎士類，激勵風俗」[9]。如長泰縣知縣鄧清「念此邑小民殘，盡心撫恤，均徭役而民力以舒，清詞訟而吏弊以革，稅不過時，事各就緒；一時廨舍、壇場、橋梁、道路重為一新，卒之凋瘵以蘇，逃移以復」[10]。於是各地社會經濟逐漸恢復，田額增加，戶口增加。戶口，根據洪武二十四年的統計，比較元代戶口，全省戶增長百分之十四．一，口增長百分之十．八。元代全省田土額數不可考，但個別縣分在明代方志中留有數據，根據洪武二十四年的統計，連江縣增長百分之一〇〇．七，長樂縣增長百分之一〇五．七，古田縣增長百分之四十四．三，尤溪縣增長百分之十八．三。漳州府雖也是「土田無郡志可考」，難作比較，但《正德大明漳州府志》所載的官民田地山塘蟶場等共一萬二千三百八十一頃餘，應該也是比前代大有增長[11]。漳州方志雖不載洪武二十四年戶口數據，似乎也有所增長，因為到了弘治十五年，方志轉載的戶口數字為戶四萬九千三百三十五、口達二十六萬六千五百六十一，比元代後期的戶二十二萬一千六百九十五、口十萬零一千三百零六，戶是元代的二．二七倍，口是元代的二．六倍[12]。

社會經濟雖然逐漸恢復，但商品經濟發展的水準並不太高，對社會不能造成什麼衝擊。明代中期，至弘治年間，距離洪武末年，已超過一百年；經過長期的休養，社會經濟理當如江南地區，商品經濟在城市

---

5 徐泓，〈明代社會風氣的變遷〉，《第二屆國際漢學會議論文集：明清與近代組》（台北：中央研究院，一九八九），頁一三七—一五九。徐泓，〈明代後期華北商品經濟的發展與社會風氣變遷〉，《第二次中國近代經濟史研討會論文集》，（台北：中央研究院經濟研究所，一九八九），頁一〇七—一七四。《崇武所城志》（福州：福建人民出版社據明抄本排印，一九八七），頁三九，〈習尚〉。

6 《正德大明漳州府志》，卷一四，頁二八—二九。〔明〕陳洪謨修，《正德大明漳州府志》（廈門：廈門大學出版社據台北國家圖書館藏正德八年〔一五一三〕刊本影印編輯，二〇一二年八月）。這個本子雖說是正德八年刊本，然其中紀事有晚到嘉靖二十三年（一五四四）者，當為後人所補刻。〔明〕閔夢得修，《（萬曆癸丑〔四十一年，一六一三〕）漳州府志》（廈門：廈門大學出版社據日本內閣文庫藏萬曆四十一年刊本影印編輯，二〇一二年八月）。這個本子雖在卷三九的末頁有「崇禎紀元戊辰（元年，一六二八）三月季春吉日府志付梓」字樣，但全書紀事至於萬曆四十年（一六一二）。朱維幹，〈元末蹂躪興、泉的亦思法杭兵亂〉，《泉州文史》，一九七九年第一期。吳幼雄，〈論元末泉州亦思巴奚戰亂〉，《泉州港與海上絲綢之路》（北京：中國社會科學出版社，二〇〇二年九月）。劉婷玉，〈宋元畲軍與閩南畲漢文化的融合〉，陳支平主編《閩南文化論壇論文集》（上海：上海文化出版社，二〇一五年五月），頁一三二—一三九。

7 《正德大明漳州府志》，卷二八，頁二一—二三。《正德大明漳州府志》又云：「國初苦倭寇，乃設鎮海衛，以保漳之東土。」（卷二六，頁一四）。參見徐泓，〈明代福建的築城運動〉，《暨大學報》，第三卷第一期（一九九九年三月），頁二五—七六。

8 〔明〕黃仲昭，《弘治八閩通志》，卷三九，〈秩官．名宦．郡縣〉。

9 《正德大明漳州府志》，卷四，頁一—二。

10 《正德大明漳州府志》，卷五，頁重八（總頁二八一—二八二）。

11 《正德大明漳州府志》，卷八，頁二—三。朱維幹，《福建史稿》，下冊，頁一三—一四。《正德大明漳州府志》，卷七，頁三。

12 朱維幹，《福建史稿》，下冊，頁一三—一四。

與農村均有相當的發展。但就在正統、天順年間，離明初「未五、六十年」，福建遭葉宗留、鄧茂七民變，「兵燹之間作」，「疆域丘墟，室廬灰燼，蕩析離居，凡幾三稔」，全省大部地區均受影響，「民又盡耗矣」；「富者無繒練之御，貧者無粱肉之飫」[13]。於是社會經濟不能如江南地區快速發展起來，根據《弘治八閩通志》的墟市資料，福建八府一州五十三縣只有一百六十八個墟市，平均每一縣三．五個墟市，市場分布稀疏，不少縣分僅在縣城設一個「縣市」[14]。漳州府屬六縣，墟市集中於龍溪縣，城中市二，鄉下市六，其他五縣中僅漳浦縣有西街市一，其他各縣均缺墟市[15]。可見明代前期福建商品市場經濟並不發達。

地方社會就如弘治年間邵武府同知陸勉所看到的：「山場多，土產薄，女織麻，男種粟」；因此，他建議應該「儉些用，積些穀，當煮飯，只煮粥，且吃菜，莫吃肉，粗器皿，布衣服。日積升，月積斗，多置田，少起屋」[16]。可見明代前期商品市場經濟並不發達。

明代前期的社會就一直維持穩定的情況，「俗安樸素」社會風氣一直維持到明代中期，沒有像江南地區或運河沿岸等商品經濟較發達的地區那樣，「儉樸之習」「漸移」，「渾厚之風少衰」；因為就如《弘治建寧府志》所云：「衣食且不贍，而況於侈乎？」[17]。當時，據《弘治八閩通志．地理．風俗》，連首善之區的福州府屬的縣都是「習用儉約」、「民俗鄙樸」、「民淳好禮」、「敦尚本業」，沿海經濟比較發達的泉州府、漳州府、福寧州屬的縣也是「產薄而用儉」、「不好華麗，不事商賈」、「民淳訟簡」、「風俗淳厚」、「質樸謹畏」、「敦尚質樸」[18]。據方志的記載，正德年間以前，泉州府惠安縣「俗號稱近古」，「婚姻葬祭多依古法」[19]；《崇武所城志》云：民鮮怨咨，敦仁讓，絕去囂爭。事悃愊，不為文飾，絲紵鮮服於官家，牲殺僅行於賓席。婚配必求相稱，慮其非偶，裝送不敢相高，羞其不衷。生事葬祭，動遵禮法。有太古遺風，熙朝雅意焉。[20]漳州府俗與宋陳淳之時「未盡變」，「民質樸畏謹」，「八九月間，粧扮戲劇珠翠相，鮮設淫詢」[21]。龍巖縣「俗尚敦愨，衣冠樸野」[22]。詔安縣「俗厭浮麗」，人民雖「商船浮海攘利」，但「著姓恥於服賈」。據《漳南道志》云：漳浦縣「士質而文，民勤而樸」；南靖縣「土多肥饒，民近淳厚」；漳平縣「儉樸風存，獷悍未變」；平和縣「士頗崇文，民漸向化」[23]。興化府也是「習儉嗇勤力，衣服古樸」，仙遊縣「人性敦樸」，「尤有古之遺風」[24]。

---

13 《康熙沙縣志》，卷一，〈風俗志〉。傅衣凌，〈閩俗異聞錄・續四〉，《福建文博》，一九八七年第一期（一九八七年三月）。〔明〕賈暹，《弘治建寧府志》（弘治六年刊本），卷一，頁二〇。

14 陳鏗，〈明清福建農村市場試探〉，《中國社會經濟史研究》，一九八六年第四期，頁五二—六〇。

15 《正德大明漳州府志》，卷六，頁六—一四。

16 《嘉靖邵武府志》（嘉靖二十二年刊本），卷二，頁四六—四七，〈風俗〉。《道光重纂福建通志》（道光九年修，十五年續修，同治十年正誼書院刊本），卷五七，〈風俗・邵武府〉。〔明〕何喬遠撰、廈門大學古籍整理研究所及歷史系古籍整理研究室點校，《閩書》（福州：福建人民出版社據福建省圖書館藏崇禎初年排印本校點，一九九四），卷二，〈文蒞志・陸勉〉，頁一七九八。

17 徐泓，〈明代後期華北商品經濟的發展與社會風氣變遷〉，《第二次中國近代經濟史研討會論文集，一九八九》，頁一三一。

18 〔清〕懷蔭布，《乾隆泉州府志》（乾隆二十八年刊本），卷二〇，〈風俗〉頁二—三，引《隆慶泉州府志》云：「泉地，……凡婚姻、死喪、饋遺、燕會、宮室、車馬、衣服、器用，舊從省約，故《圖經》以俗尚樸書之，我朝成化間猶然。」

19 〔明〕張岳，《嘉靖惠安縣志》，卷四，頁三。

20 《崇武所城志》，頁三九，〈習尚〉。

21 《正德大明漳州府志》，卷一一，頁六—一四。

22 〔清〕沈定均，《光緒漳州府志》（光緒三年刊本），卷三八，頁二，〈民風〉，引《成化郡志》。〔明〕湯相，《嘉靖龍巖縣志》（嘉靖三十七年刊本），卷上，頁三〇引《舊志》。

23 《萬曆漳州府志》，卷二六，頁五—六。

24 《光緒興化府莆田縣志》，卷二，頁八一，〈風俗雜論〉，引《弘治志》。〔明〕陳遷，《弘治仙溪志》。

至於內地經濟比較不發達的汀州府、邵武府、延平府、建寧府屬的縣更是「士風淳樸，人性儉約」、「不事浮華」、「俗尚儉易」、「民儉嗇質直」[25]。如建寧府「農力甚勤，不事商賈末技」，民風保守淳厚「男女不混於途，少長各攻其藝，民畏官府，士重清議」，建陽縣「貧富不相資，貴賤不相等」[26]；邵武府建寧縣「士民衣制儉樸」，「賓燕至五六品而止」，「民皆畏官府，追呼依期而集，村民有老死不識縣門者，訟絕無而僅有，稱為民淳事簡焉」[27]；汀州府歸化縣「男子力農事，重於離土」[28]；延平府順昌縣「民性質朴，尚儉嗇，言動衣冠多循古制，不事浮靡之習，祭祀然亭，適可而用，不求水陸之珍」，「邑人重去鄉土，不事工商」[29]。《萬曆將樂縣志・輿地志・土風》對當時社會風氣描述較詳，可作為弘治、正德以前，明代社會風氣的代表，其言曰：

> 嘗聞故老譚弘正間事，民皆願約俗敦。龐丈夫耕稼給傜役，衣不過苧卉；自非達官逢掖，不得輒服綺穀。女子勤紡績，衣服視丈夫，士人妻子非受封不得長衫束帶。居室鮮廳事，高廣惟式。賓筵享禮，豆不過五，非大休嘉吉事，不得輒用簫鼓。且貴賤上下，斬然不紊，豪民不敢虎步行；猶然有陶唐冀方遺風，金俗於乎稀矣，亶道南過化里哉！[30]

與江南地區不同，明代福建社會風氣變遷的分期，很難分出一個洪武至宣德的前期、正統至正德的中期；可能是如何喬遠所云：「閩中成、弘以前，山寇多。」[31]尤其正統年間幾乎波及全省的「鄧茂七之亂」，及不斷發生的山寇劫掠，所造成的破壞，社會秩序的恢復需要時間；遂使社會經濟的發展延緩[32]。本來可以因社會經濟發展，商品經濟繁榮，引發之社會風氣的變遷，並未發生。社會仍然「俗安樸素」，恪守明初政府規定的制度，衣飾的質料與樣式，悉依身分地位的貴賤穿著，一般平民「衣不過苧卉」，非達官貴人「不得輒服綺穀」，其妻子「非受封不得長衫束帶」。飲宴儉約，不追求珍奇的山珍海味，不講究排場，不用樂隊歌舞助興。居室「高廣惟式」，房屋正面寬度的開間間數與高度的梁架架數，都依照政府規定的制度，由居住人的身分地位決定，庶民房舍，不過三間五架，「不得用斗拱、彩色」，不講求侈華的「雕甍峻宇」[33]。社會上人與人的關係，也謹依身分而行，男耕女織，不事商賈；農村人民活動範圍局限在附近，鮮少進城，「有老死不識縣門者」，甚畏有司而順；男女有別，行路「不混於途」，長幼有序，「貴賤上下，斬然不紊，豪民不敢虎步行」。

---

25 〔明〕黃仲昭，《弘治八閩通志》，卷三九，〈地理．風俗〉。

26 《嘉靖建寧府志》，卷四，頁一，〈風俗〉，引《舊志（弘治府志）》。《嘉靖建陽縣志》，卷三，頁三九，〈風俗志〉，引劉童、黃璿修，《舊志（即景泰建陽志）》。

27 《嘉靖建寧縣志》，卷一，頁一四—一五，〈地理志．風俗〉。〔清〕韓琮，《乾隆建寧縣志》（乾隆二十四年刊本），卷九〈風俗〉，頁二，引甘國堉等，《康熙續修建寧縣志》（康熙四十五年刊本）。

28 〔明〕楊縉，《正德歸化縣誌書》，卷一，頁四。

29 《正德順昌邑志》，卷一，頁八—九，〈風俗志〉。

30 〔明〕黃仕禎，《萬曆將樂縣志》（萬曆十三年刊本），卷一，〈輿地志〉，頁二九，〈土風〉。

31 〔明〕何喬遠，《閩書》，卷四〇，〈扞圉志．何子曰〉，頁一〇〇三。

32 〔明〕湯相，《嘉靖龍巖縣志》，卷下，〈沙賊殘縣〉，頁九二。《萬曆將樂縣志》，卷一二，〈補遺〉，頁二一—三〈志災祥〉。《嘉靖寧德縣志》云：「沙寇鄧茂七叛，賊黨四起，流劫鄉都，侵掠城郭；居民竄徙，子女被掠，殺傷甚眾，侵劫縣藏。」（卷四，頁四三）。〔明〕謝肇淛，《萬曆永福縣志》，卷一，〈地紀〉：「沙縣鄧茂七為亂，……所過無不屠滅，幾墟其境。」傅衣凌，《閩俗異聞錄（一）》，《福建文博》，第六期（一九八四年十月）。〔明〕賈遷，《弘治建寧府志》，卷一，頁二〇。）〔明〕何喬遠，《閩書》，卷四〇，〈扞圉志〉。明代中期，福建各地即因山寇頻發，造成的破壞而掀起築城風潮。詳見徐泓，〈明代福建的築城運動〉，頁二五—七六。

33 《明太祖實錄》（台北：中央研究院歷史語言研究所校勘本，一九六二），卷五二，頁二，洪武三年八月庚申條。黃彰健，《明代律例彙編》（台北：中央研究院歷史語言研究所專刊之七五，一九七九），〈禮律二．儀制．服舍違式〉，頁六〇〇—六〇八。

總之，明代前期，從洪武到正德。福建全省，不論沿海與內地，社會風氣無大變動，均一仍明初之風俗，儉樸淳厚，貴賤有等，是一個「俗安樸素」的社會。

二、明代後期社會經濟的發展

明代中期，從弘治年間開始，由於承平了一段時日，「生產頗裕」，社會經濟日漸發展[34]。

迨明代後期，嘉靖、萬曆年間，社會經濟大為發展[35]。農林業的發展，不論沿海或內地，努力開墾，與山爭地，「深山中巔崖，皆開墾種藝，地無曠土」，與江海爭地，填築洲田，灌溉埭田，擴大耕地面積[36]。改進水利工程，設立陂壩，利用筒車、水碓。閩南地區原來「五穀種植殼粒大，只一收」，正德年間以後，農民辨別土宜，推廣種植耐旱早熟之占城稻、青晚稻及大、小麥與雜糧，引進適合山區瘠地耐旱之美洲新大陸農藝新品種番薯、玉米、落花生及商品價值高的菸草[37]。推廣商品經濟作物的栽培，在沿海地區，漳州、泉州地區種植甘蔗，產量與廣東合起來占全國十分之九；長樂、寧德、連江、羅源、興化等地種植荔枝、龍眼、青李，「焙而乾之」，「販四方」，「行天下」[38]。福州、漳州、泉州種植柑橘，勝過浙江。在山區，除閩兩北盛產號為「福杉」的木材、竹、油茶外，建安、崇安、安溪種植茶葉，號為絕品，「水浮陸轉，鬻之四方」[39]；閩東興化、建寧、福州、寧德種植藍靛，稱為「福建青」，「藍甲天下」[40]。

漁鹽業的發展。莆田在全國鹽場中首先採用日曬法製鹽，閩南效之，不必用柴薪煮鹽，大幅度降低製鹽成本，擴大產量，降低鹽價，「極高不過錢二文」，只有宋代鹽價的五分之一[41]。漁業，近海則推廣蠣蟶的養殖，及採紫菜、赤菜、石花菜、鷓鴣菜、赤菜、蠣菜、苔菜、苔垢菜、鵝腸菜、神黛等海菜的採集[42]。遠航則赴魚群聚集之浙江舟山、大陳捕撈。泉州沿海之民，均「有魚鹽之利」，「多於羹稻」，「不賈而足，雖荒歲不饑」[43]。

手工業亦有多方面發展。製糖業，由於弘治年間發明糖車軋蔗汁，產製方法大為改進；甘蔗汁煮之成黑糖，又以黑糖煮之則成白糖，「黑白之糖行天下」蔗糖成為閩南主要輸出之手工業商品[44]。紡織業，紡

---

34 〔明〕賈遲，《弘治建寧府志》，卷一，頁二〇。

35 朱維幹，《福建史稿》，下冊，第一七章〈明代福建社會經濟的發展〉，頁三—一一三。

36 《嘉靖邵武府志》，卷六，〈水利〉。〔明〕王慎中，《王遵巖集》，卷七，〈余柏坡公平寇興學記〉。〔清〕顧炎武，《天下郡國利病書》（《四部叢刊》影印崑山圖書館藏稿本），原編冊九四引〈漳浦志〉。

37 Ping-ti Ho, "Early Ripening Rice in Chinese History," *Economic History Review IX (1956-1957)*. 何炳棣著，謝天禎譯，〈中國歷史上的早熟稻〉，《農業考古》，第一期（南昌，一九九〇），頁一一九—一二二。Ping-ti Ho, *Studies on the Population of China, 1368-1953* (Cambridge, MA: Harvard University Press, 1959)。中文本由葛劍雄翻譯，將何先生原題的《中國人口史論》改為《明初以降人口及其相關問題1368-1953》，二〇〇〇年十一月由北京生活．讀書．新知三聯書店出版。何炳棣，〈美洲作物的引進、傳播及其對中國糧食生產的影響〉，《大公報在港復刊三十周年紀念文集》，下冊（香港：大公報編輯部，一九七八），頁六七三—七三一。

38 〔明〕何喬遠，《閩書》，卷三八，〈風俗志〉，頁九四一—九四二。

39 〔明〕何喬遠，《閩書》，卷三八，〈風俗志〉，頁九四三。

40 〔明〕賈遲，《弘治建寧府志》，卷一，頁二〇。

41 〔明〕何喬遠，《閩書》，卷三九，〈版籍志〉，頁九七〇。《正德大明漳州府志》，卷一〇，頁二八。

42 《正德大明漳州府志》，卷一〇，頁二〇。

43 〔明〕何喬遠，《閩書》，卷三八，〈風俗志〉，頁九四一、九四二、九四七。閩南地區蟶場也列入科稅的田土的地目。

44 朱維幹，《福建史稿》，下冊，頁四六—四八。〔明〕何喬遠，《閩書》，卷三八，〈風俗志〉，頁九四二。《正德大明漳州府

織品有苧布、棉布、葛布、蕉布與絁紬、絹紗、雞皮羅、絲布等絲織品，其中尤以惠安北鎮布、漳州紗絹與天鵝絨，「行天下」，最為國內外市場所重視[45]。閩南紡織品技術大有改進，絲織亦有弘治年間「工杼軸」的林弘改良緞機，發明改機，生產絲絹[46]；漳州人用川絲效法日本織法生產人稱「天鵝絨」的倭緞[47]。漳州人又仿織土潞綢，「迫真潞州產，驟按之，不甚可辨」[48]。棉紡改進，學吳中機杼，改進棉紗牽經就織之輕車，「織成者工巧」，與吳中產品「復相當，且更耐久」[49]。另外，漳州更以製造紗帽著稱，「漳人市其胎，至京賣之，舟車絡繹，以供四方之須」，著名的紗帽胎「岌岌切雲」，「皆漳出也」[50]。

陶瓷業，閩北建陽等地承繼宋代陶瓷業外，泉州瓷業大有發展，其中尤以德化白瓷最為人稱道，「其色潔白」，「精緻古雅」[51]。礦治業在山區相當發達，如龍巖縣因處山林中，柴薪不缺，「鐵礦雖十里外，可運而致也」，其鐵治廠「每爐輒用數百人」，規模甚大[52]。

造紙與印刷業，閩北的竹紙的生產最盛，邵武府邵武縣與延平府順昌的竹紙，建寧府建陽、甌寧、崇安的書紙，除供應建陽麻沙、書坊，使建陽「書坊之書盛天下」，成為全國刻書最多、銷路最廣的出版印刷業中心外，還成為江南刻書及湖廣、南直隸用紙的主要供應地[53]。

商業的發展。福建農林業與手工業的發展，產品日益商品化，為市場而生產，且銷路不以本地市場為限，而是轉運遠方。如惠安生產之農畜產品，多「商販以入興（化）、泉（州）」，據《嘉靖惠安縣志》云：「興、泉雞鵝羊豕，大抵由吾邑往者多也。」[54]惠安境內的崇武千戶所原為軍事重鎮，明代後期竟轉型為一兼具商業性質之聚落，其民多兼營商業，與以前專事漁耕「得息」，「大不相侔」。據朱彤《崇武所城志・生業篇》云：城內人民「挾貲鬻貨，西賈荊、襄，北走燕、趙，或水行廣之高、瓊，浙之溫、台、處等郡，裝載茹榔、米穀、苧麻雜物。富商巨賈，幾遍崇（武城）中。」[55]安海商人到永春、德化收購苧「織縷成布，富家收買千萬匹，北上臨清貨賣」，甚至販往廣東高州、海南及交趾、呂宋。[56]《安海志》云：

富家挾財本，置綿葛等布，胡椒、木香牙、明珠、翡翠等貨，以往兩京、蘇杭、臨清、川陝、江廣等處發賣。仍置其地所出如絲綿、錦綺、氊布、靴襪等物。凡人間之所有者，無所不有。是以一入市，俄頃皆備

志》，卷一〇，頁二一。

45 〔明〕何喬遠，《閩書》，卷三八，〈風俗志〉，頁九四三。《正德大明漳州府志》，卷一〇，頁二七—二八。

46 〔明〕林熞，《萬曆福州府志》（萬曆四十一年刊本），卷三七，〈食貨志一二．物產〉，頁三〇。

47 〔明〕宋應星，《天工開物》，卷上，〈乃服．倭緞〉。《嘉靖惠安縣志》，卷四，〈風俗．本業〉，頁一—二：「自青山以往，近鹽，又出細白布，通商賈，輦貨之境外，幾遍天下。」。曾玲，〈明清福建手工業生產的發展、變化及其原因〉，《中國社會經濟史研究》，一九九〇年第一期。《萬曆漳州府志．風土志下．物產．帛之屬》云：「天鵝絨本出外國，今漳人以絨織之，置鐵其中，織成割出，機製雲蒸，殆奪天巧。近又有織陀羅尼者。」（卷二七，頁二）

48 《萬曆漳州府志》，卷二七，頁二。

49 《萬曆漳州府志》，卷二七，頁三。

50 《萬曆漳州府志》，卷二七，頁二。

51 朱維幹，《福建史稿》，下冊，頁四八—五七。曾玲，《福建手工業發展史》（廈門：廈門大學出版社，一九九五）。

52 〔明〕湯相，《嘉靖龍巖縣志》，卷上，頁四九。

53 〔明〕何喬遠，《閩書》，卷三八，〈風俗志〉，頁九四三—九四四。〔明〕侯袞，《萬曆邵武府志》（萬曆四十八年刊本），卷九，〈輿地志九〉，頁三三，〈物產〉。張秀民，〈明代印書最多的建寧書坊〉，《文物》，一九七九年第六期。繆詠禾，《明代出版史稿》（南京：江蘇人民出版社，二〇〇〇），頁八〇—八九，〈閩北刻書〉。張獻忠，《從精英文化到大眾傳播：明代商業出版研究》（桂林：廣西師範大學出版社，二〇一五）。

54 《嘉靖惠安縣志》，卷四，〈風俗〉，頁一—二，〈本業〉。

55 《崇武所城志》（嘉靖三十一年纂，崇禎七年增補，福州：福建人民出版社排印，一九八七），頁四二，〈生業篇〉。

56 《安海志》（晉江：《安海志》修編小組，一九八三），卷一一，頁二三，〈物類志〉。

矣。又如王世懋《閩部疏》所云：

凡福之綢絲、漳之紗絹、泉之藍、福延之鐵、福漳之橘、福興之荔枝、泉漳之糖、順昌之紙，無日不走分嶺及浦城小關，下吳越如流水；航大海而去者，尤不可計，皆衣被天下。所仰給他省，獨湖絲耳；紅不逮京口，閩人貨湖絲者，往往染翠紅而歸織之。[57]

則萬曆年間，福建生產之商品市場已遍及海內外，尤其與江南市場關係最為密切，一方面輸出藍、鐵、水果、糖、紙、紗絹、綢等，一方面輸入染好翠紅色的湖絲，加工紡織絹綢輸出。

福建的海外貿易及內地商業繁盛，其來往內地他省之商路，主要有由浦城入浙的仙霞嶺路及由建陽、崇安入贛轉浙的分水關路；由於仙霞嶺路嶺路高峻，不便行旅，明朝不設驛站，非主要孔道，行旅仍以分水關路為主。於是這條商路上之城市，如建陽、崇安，雖居內地，卻因位在商路線上，控制南北交通，而成為內地山區較繁榮的城市[58]。據何喬遠《閩書．風俗志》云：

建寧（**府**），閩上游也。……建陽，文公（朱熹）之鄉也，……書坊之書盛天下。其絨毯罽囊，不名毿罽。其竹可以紙。其泉氿洌，可以釀，其釀行東南。茶歲三收，苧歲四收。白雪之梨，豆腐之蕘，以文公之名詩諸郡。

崇安，建巖邑也，……炙肉以為脯，煮藤以為被，走烏以為銀。走烏之銀盤、簪、環之屬行天下。

則建陽、崇安不僅是交通要衝的城市，也是商品經濟繁榮的城市。

其他山區的府縣，雖不在通往內地他省的道路上，但由於農林及手工產品的商品經濟發展，也有比較繁榮的城鎮。例如邵武府的農林與手工業生產發達。農產品除供本地人食用之稻穀蔬菜外，生產商品作物薑黃，主要是「本地邵武縣一都出，客商多販往汴梁、南京，以供染及和諸香作絨香」。林業則盛產杉木，據《萬曆邵武府志．輿地志九．物產》云：

近三、四年來，郡人種杉，彌滿岡阜；公私屋宇悉用之，皆取諸本土而足，且可轉販，以供下四府宮室之用。……郡人所謂貨，此其最重要者。[59]

紡織業發達，除葛布外，主要生產的苧麻，除供自織苧布外，剩餘的「轉以鬻於他郡」；當地生產之苧布號為「腰機布」，品質極佳，府屬「四縣皆有，泰寧為多」。

明代承宋元經營海外貿易之傳統，航運業發達，雖有海禁，不妨礙閩人「泛海通番」，私造雙桅大船下海，違禁商販，以轉販商品至呂宋、日本為主。據當代人云：「以我之綺紈瓷餌，易彼之象玳香椒」，其利潤甚厚，例如「湖絲有每斤價至五兩者」，為國內價格的五倍；因此從事海外貿易的商人「持籌握算，其利十倍；出不盈篋，歸必捆載」[60]。於是沿海地區的城鎮，一方面因為農業、手工業與國內商品市場的發展而繁榮，一方面也因為海外貿易而繁榮。據何喬遠《閩書．風俗志》云：

福州，閩中一都會也，……頗饒漁鹽、果實、紡織之利，乃有改機之絹、絺衣之絲。居市廛者器物精巧，雖至鐵、箴、線、香至微鮮，足適於用。[61]……長樂，濱海有漁鹽之利，山出果實販四方，有離支、龍目、青李之品，其離支之美者曰勝畫，龍眼之美者曰長樂員，青李之美者曰嘉慶子。……福清，背山面海，多舄鹵，頗有海舶之利。……行賈於四方矣，以其財饒他邑。

---

57 〔明〕王世懋，《閩部疏》（《四庫全書存目叢書》史部二四七冊）。

58 朱維幹，《福建史稿》，下冊，〈商路〉，頁七六—八〇。

59 〔明〕侯袞，《萬曆邵武府志》，卷九，〈輿地志九〉，頁三一，〈物產〉。

60 《明世宗實錄》，卷五四。〔明〕張燮，《東西洋考》，卷七。萬曆進士鄭懷魁，〈海賦〉，引自〔清〕陳夢雷，《古今圖書集成．職方典》，卷一一〇六，〈漳州府部藝文〉。

61 〔明〕林烴，《萬曆福州府志》，卷七，〈輿地志七〉，頁一，〈土風〉亦云：「居市廛者作器用精巧，魚鹽、果實、紡績之利頗饒。七郡輻輳，閩越一都會也。」

泉州，……園有荔支、龍眼之利，焙而乾之，行天下。沿海之民，魚蝦蠃蛤多於羹稻，懸島絕嶼以網罟為耕耘。附山之民，墾闢磽确，植蔗煮糖，黑白之糖行天下。……百工技藝不能為天下先，敏而善倣，北土緹縑，西夷之毳罽，莫不能成。……安平一鎮盡海頭，經商行賈力於徽歙，入海而貿易，差強而貲用。……惠安，……縶纑織苧，……北鎮之布行天下。海市曰輞川，鱗介之所出也。家豢雞鵝羊豕，可以鬻他郡。……德化，……萬山中，……魚鹽海物自晉江轉販至，其直三之。有杉木之饒。陶型之器，亞於饒九。……安溪，……其山產鐵，煮鐵之民聚五方，民衣食焉，亦能耗穀而叢警。行賈通於永安、大田，民負鹽入鬻之，而皆盜鹽也。冬棉夏葛，以為女工。……同安，……男子力穡，是生吉貝之棉，而女善為布。……永春，……峻嶺崇山，……是生樂山之茶，……有山林、陂池、苑囿之利，杉木之饒。白苧之布，比弱吳紈。

龍溪，漳首邑也。……族大之家，指或數十，類多入海貿夷。……工作之良則有織襲之絺、繡胸之補、連氏之楮、象齒之輿。骫於法者，或至海上奸蘭，為鼓鑄，然亦藉其用。[62]……海澄，有番舶之饒，行者入海，居者附貲。……犀象、玳瑁、胡椒、蘇木、沉檀之屬，然而至。工作以犀為杯，以象為櫛。其於玳瑁，或櫛或杯。沉檀之屬，或為佛身、玩具，夷貲之外，又可得直。[63]

《嘉靖龍巖縣志》云：

惟木工、竹工有事纖巧者，漆工又從而華飾之，其直視他邑三倍，如木盆、木燈、籐枕、篾絲、器皿之類。

巖之貨行於四方，因萃各方之貨而旋居於市。其至自江浙者，布帛居多，雜物次之，瓷器又次之；其至自廣者，則布帛、器用兼半。[64]

則至明代後期，沿海府縣城鎮，如福州府城、長樂、福清，泉州府府城、安平、惠安、北鎮、輞川、德化、同安、永春，漳州府府城龍溪、龍巖、海澄等，無論靠海或依山，只要有為商品市場生產農林、手工產品，外銷省內他郡、國內他省與國外，或當地有人民從事海內外貿易的，均因商品經濟的發展而成為繁榮的城鎮。尤其沿海因外貿而興起之城鎮，如福清之龍田，為「萬家之鄉」，「閭井櫛比，列肆如林，漁鹽穀粟珍鮮縞紵之利，衣被一邑」，當地人民從事商業者，「往往不乏」[65]。莆田之沖沁，「其民歲販糖飴稻麥之屬，浮溫、台、泉、潮，貿易為利」；嵌頭，「介山海間，賈泊寇船，什沓往來」；吉了，「居民業海，貲貨輻輳，市廛聯絡」[66]。如惠安之崇武，「凡四方商船之往來，無不停泊於此，可資有無」，使得「遇歲歉，不至米珠薪桂」[67]。如南安的安平，「盡海頭，經商行賈力於徽歙，入海而貿夷，差強貲用」[68]。如詔安的銅山，也是「漁鹽之利以盛，商貧之資以通，南北之船，往來者不絕」[69]。如海澄即為因應海外貿易而於嘉靖四十四年創設之縣城，由於從事海外貿易，「輸中華之產，騁彼遠國，易其方物以

62 〔明〕劉天授，《嘉靖龍溪縣志》（嘉靖十四年刊本），卷一，〈地理志〉，頁二六。云：「海鄉之民，多業漁，往往浮家泛宅，其目有罟艚、網艚、罛艚之類，喜為機網，以取魚海潮上。漁舟西歸如亂葉，人多於魚，利之厚薄可知矣。商人貿遷，多以巨舶行海道，所獲之利頗厚，時有颶風之險，亦冒為之。工人極精緻，漆器、首飾、絹布，俱好比溪內，葛布細者，可比雷州。」

63 〔明〕何喬遠，《閩書》，卷三八，〈風俗志〉，頁九四一—九四七。

64 〔明〕湯相，《嘉靖龍巖縣志》，卷上，頁六六—六七。

65 〔明〕葉向高，《蒼霞餘草》，卷三，〈斐亭何翁六十賓飲序〉。朱維幹，《福建史稿》，下冊，〈墟集〉，頁七四。

66 〔明〕何喬遠，《閩書》，卷四十，〈扞圉志·興化府〉，頁九九四。

67 《崇武所城志》，頁三五，〈山水篇〉。

68 〔明〕何喬遠，《閩書》，卷三八，〈風俗志〉，頁九四二。

69 〔清〕陳振藻，《銅山志》（抄本）。

歸，博利可十倍，故民樂之」，雖有海禁政策的「密網」，仍然無法禁止閩人出海[70]；何喬遠說：「有司者禁海」，「亦無所於來往」[71]。其港口名曰月港，成化、弘治年間，已因從事走私的海外貿易而繁榮。《崇禎海澄縣志．風土志》云：「方夫趨舶風轉，寶貨塞途，家家歌舞，賽神鐘鼓，管弦連飆響答。十方巨賈，競鶩爭馳，真是繁華地界。」其繁華如此，無怪乎有「小蘇杭」之美稱[72]。

三、明代後期的「僭侈過度」社會

明代中期，福建經過長期的休養後，社會經濟開始復甦，在個別地方還出現「生產頗裕」的情況。隨著經濟的富裕，消費生活水準相應提高；社會風氣因此日漸「由儉入奢」，「渾厚之風少衰」，如《弘治建寧府志》所云：「民用之侈，又昔之所未有。」[73]但大多數地區，根據現存的成化、弘治、正德年間修纂之福建方志所載之風俗史料，還是一個「俗安樸素」、貴賤有等的社會。

但是嘉靖、萬曆以後，隨著曾被稱為是「資本主義萌芽」的商品經濟，快速地發展，福建大多數地區，以其農林業、手工業的發展基礎，及對外貿易的有利條件，取得全國經濟發展較先進的地位，向江南與運河沿岸繁榮地區看齊，成為當代比較富裕的區域之一。社會經濟較快速、較全面提升，使號稱「八閩」的福建全省，不論內地的上四府或沿海的下四府，都出現一些富裕繁榮的城鎮。城鎮是變遷的中心，集中了農村沒有的人力、物力，又因頻繁的商品流通與商人的往來，帶來各地形形色色的新事物與資訊，介紹一些其他先進地區的物質文化，衣食住行流行的新樣式，及社會禮俗與道德流行的新規範[74]。於是在福建沿海與內地的城鎮，掀起一片社會變遷的風潮，社會上，安於樸素和貴賤有等的風氣，日漸為「僭侈過度」的風氣所替代。

福建社會風氣的變遷，可以沿海的福州府、泉州府與內陸的建寧府、邵武府管轄的城鎮為代表。福州府，據《萬曆福州府志》云：

> 乃今世遠代更，而陋俗益偷。……夫婚嫁侈靡，珠玉熒煌，商財賄也。博戲馳逐，樽蒲百萬，作色相矜，必爭勝者，重失負也。遊閒公子飾劍履妖服，怒馬揚揚過里門者，為富貴容也。……閭巷少年，仰機利，泛溟渤，危身取給，不避刀鋸之誅，走死地如鶩者，徼重獲也。夫競奢鬥智，飲毒作奸，至踰度也，至干紀也。閩之俗，趨利喜詐，大都流於齊矣。[75]

則至萬曆年間，福州風俗已變，年輕人在重利的吸引下，冒險從事走私海外貿易，他們不守規矩，踰度干紀，「競奢鬥智，飲毒作奸」；使當地社會改變其道德標準，而以「趨利喜詐」為風尚。並趨向以侈靡為高，衣飾崇尚奇裝「妖服」，嫁娶重排場。泉州亦然，《萬曆泉州府志》云：

---

70 〔明〕梁兆陽，《崇禎海澄縣志》（崇禎五年刊本），卷一一，〈風土志〉。見傅衣凌，〈閩俗異聞錄．續四〉，《福建文博》，一九八七年第一期（一九八七年三月），頁三八。

71 〔明〕何喬遠，《閩書》，卷三〇，〈方域志〉，頁七一八；卷三八，〈風俗志〉，頁九四六—九四七。

72 〔明〕梁兆陽，《崇禎海澄縣志》，卷一一，〈風土志〉。見傅衣凌，〈閩俗異聞錄．續四〉，《福建文博》，一九八七年第一期（一九八七年三月），頁三八。

73 〔明〕賈遲，《弘治建寧府志》，卷一，頁二〇。

74 Rhoads Murphey, "The City as a Center of Change: Western Europe and China," *Annals of the Association of American Geographers* 44, no.4(Dec.1954): 349 -362. 劉志琴，〈晚明城市風尚初探〉，《中國文化研究集刊》，第一輯（一九八四）。

75 〔明〕林烴，《萬曆福州府志》，卷七，〈輿地志七．土風〉，頁八—九。

泉以望郡雄寓內，……俗尚敦樸，自昔已然。諸詣黌塾市肆者，踽踽一布袍，士以素，庶以緇，冬夏迭吏，聊順寒暑。般積之家，製薄縑輕紗為衣，藏諸笥中，值吉禮嘉會始一被體，既散，歸而笥之如故。四民各修其本業，居恆絕不為宴集，學子之結社，裡閈之過從，其蔬饌皆有限品，無溢設。此嘉靖中年事，不待朔之弘正以前。……《隆慶志》謂：士人以禮法為拘，氣節為重。……晉江人文甲於諸邑，石湖、安平，番舶去處，大半市易上國及諸島夷，稍習機利，不能如山谷淳樸矣。……婚嫁頗尚侈，而善作淫巧之匠，導其流而波之。割裂繒帛，章施彩繡，雕金鏤玉，費工十倍，且遞相誇競，歲易月更，而不知所窮。居喪之奠，廣致親賓，自堂上及堂下，盛陳籩豆，高堆酥糗，甚至羅箱飛走，徒飾美觀，既撤奠，則親賓饗胙，不諱醉飽；即鄉村下屋，亦視茲為送死大事，以不能致客為羞。……歲時之節，……而裝飾神像，窮極耳目。……近年以來，生齒日繁，山窮於樵采，澤竭於罟網，仰哺海艘，猶呼庚癸；非家給人足之時。顧物力甚詘，而用度益奢，飲食張具，恣所好美，儲無甌石，衣必綺紈，非然者，以為僇辱。下至牛醫馬傭之卑賤，唐巾、晉巾、紗帽，淺紅深紫之服，炫然搖曳於都市，古所謂「服妖」也。……今民俗羯羠，等威無辨，群然以亢鶩為得計。佃農所獲，朝登壟，夕貿市廛，呈有豫相約言，不許輸租巨室者。[76]

則泉州亦因海外貿易，沿海城鎮人民在服飾、飲食均極講究，「用度益奢」。一般人民「履絲曳縞」，「服競華麗」，「比比而然」[77]。明末泉州文人黃景方說，一般請客「庖價」，每席從萬曆三十年的二、三分錢，增至天啟四年的三錢三分，到崇禎七年就得以兩計，才算過得去[78]。奢侈之風甚至及於住、行與婚喪節慶、宗教崇拜等方面，在這種社會風氣的氛圍中，連家無擔石之窮人，也群起效尤，「衣必紈綺」，以穿著寒酸為恥。《嘉靖安溪縣志．風俗》云：「邇則侈美相高，用度靡費，民間稍蓋匱乏，坊市中尤事花鳥，擊筑彈箏之達，達於宵夜；寖失樸篤之風。」[79]《崇武所城志》亦云：「近數十年來（嘉靖初年），士習民心漸失其初，雖家詩書而后禮樂，然趨富貴而厭貧賤。喜告訐，則乘勢以逞，曲直至于不分。侈繁華，則曳縞而遊。良賤幾于莫辨，禮逾于僭。[80]而明初分別貴賤身分等級之服飾規定，更是不能維繫，連下層社會的「卑賤」之人，也公然穿著本來只有士人、官員才可以穿的「唐巾、晉巾、紗帽，淺紅深紫之服」，在街上「炫然搖曳」；服飾僭越成風，直是「等威無辨」。這種打破服飾封建等級制度的風氣，衝擊到社會上的封建秩序與人際關係，而有佃農公然不守舊慣，相約不再輸租到地主家中。

漳州府，據《東西洋考》作者張燮說：明末漳人，「又無貴賤，多衣綺繡」，而且「隆萬初年，布衣未試子衿，今則冠蓋相望於道」[81]。《（萬曆）漳州府志．風俗考》論述萬曆後期漳州府的社會風氣云：

> 明興，……人情物態亦略可言。如婚姻不甚擇婿，在門戶為主。其有高門降衡脩庭樹者，中或別有利焉；則遠近醜之。……娶婦無不親迎者，讀禮無不終制者，即瑣族細人盡知守此，尚知古道之遺耳。……（近來）甲第連雲，朱甍畫梁，負妍爭麗。海濱饒石，門柱庭砌，備極廣長，雕摩之工，倍於攻木塼埴設色也。每見委巷窮閭，踒墻敗屋，轉盻未幾，合併作翬飛鳥革之觀矣。中人家纔自存，伶俜環堵，亦強自脩飾，為鄉里顏面焉。人無貴賤，多衣綺繡，意製相詭，華采相鮮。蓋一二華胄

76 〔明〕陽思謙等，《萬曆泉州府志》（萬曆四十年刊本），卷三，〈輿地志七．土風〉，頁五五－五八。
77 〔清〕吳堂，《光緒同安縣志》，卷一四，〈風俗〉。
78 〔清〕懷蔭布，《乾隆泉州府志》（乾隆二十八年刊本），卷二〇，〈風俗〉，頁七，引黃景方，〈溫陵舊事〉。
79 〔明〕汪瑀，《嘉靖安溪縣志》（嘉靖三十一年刊本），卷一，〈風俗〉，頁一五－一六。
80 《崇武所城志》，頁三九，〈習尚〉。
81 〔清〕沈定均，《光緒漳州府志》，卷四六，〈藝文六〉，引張燮，〈清漳風俗考〉。

貴人或存寒素，而俗子官儀，孌童婦飾，每每瓶無餘粟，桁列殘衣。嘗見隆萬初年，布衣未試子衿，依然皂帽，今則冠蓋相望於道，不知何族之弟子也。……以夷為市，子母既贏，因而機械百變，此漳與四方之所異也。若夫行樂公子，閒身少年，鬥雞走馬，吹竹鳴絲，聯手醉歡，遨神遼曠，雖妨本業，然亦足鼓吹盛世，點綴豐年，不容此無以見太平也[82]。

這在龍溪縣也有類似現象，「日頗奢踰相高」[83]。因從事走私貿易而繁榮的海澄縣，在明末，更是「家家歌舞賽神，鐘鼓管絃連颼飆響答」，「真是繁華地界」；一般「瑣族」小民因「就海波為阡陌，倚帆檣為耒耜」，參與走私海外貿易，而改善生活，追求奢華，「乃褒衣繡裳」，其婚姻講究，「靚粧袨飾，豔麗相高」[84]。內陸的龍巖縣也是嘉靖後期「比來」，「生齒日繁，閭閻競侈，婚喪之費，靡不可節」[85]。長泰縣「邇來」，也開始「士風不古，民漸詭詐，頗尚刁訟，服食器用，侈靡相高，淫佚賭博，不事生業」[86]。南靖縣也是「城居者好賭蕩戲劇，鄉處者好服毒，圖賴頗深」[87]。

興化府則自弘治年間社會風尚已「恬漸競，質漸奢」[88]。不但沿海如此，內地亦然。福州北方的福寧州也因瀕海，人民「謀生於網罟」，萬曆年間，「漳汀流寓之民，闢地稚菁，彌漫山谷，客倍於土」，外來人口大增；「閭閻之間，儉者日靡於侈，厚者日趨於薄」。迎神賽會特別講究排場，「前導俳優，列錦羅珍，醵金讌會，窮日連旬」，婦女則「以茶果誇高，粔籹蜜餌，競巧鬥奇」。社會等級秩序亦生變遷，「尊卑無別，良賤不分，奴僕佃戶欺主反情，營近巫祝與衣冠抗禮」[89]。

以上是福建沿海所謂上四府（一州），在明代後期社會風氣變遷的大概。至於內地的上四府，建寧府，由於位在福建從陸路通往他省的要道上，城鎮比較繁榮，如以出版聞名的建陽縣，根據丁繼嗣《萬曆建陽縣志》云：

故老言：國初風俗淳樸。都人士斤斤自好，後進遇長者輒退讓，不敢以賢智自多，知恥少干謁，故師而崇禮，不為刻薄之行。邇來，文風日暢，視昔若加，乃倖博一第，即睨其鄉里，人亦側目盻之矣。……往時，民氣質厚，宗族比閭之間，患難相維持，緩急相倚賴；穆然有古樸之風。頃乃騖於澆漓，漸於侈靡，負權力者侵人以勢，挾機械者罔人以術；告訐之風，日禁日繁，甘於破產而不顧，摴蒲之習，愈遏愈熾，或至殞身而不知。……婚姻以資財為輕重，或至溺女，傷骨肉之恩。盤飧以珍錯為尋常，或至爭勝，侈餖飣之巧。他如婿列子行，昂然當上賓之禮，弟承師訓，率爾通對席之歡；習以成風，恬不為怪。近復有無行之徒，相率以無為為教為宗，識者憂焉。鄉間視城市差勝，而巨村大姓，亦漸染成俗。是誠賈生所為太息而苟悅所為深慮者也。[90]

則建陽縣到萬曆年間，奢靡之風從城市推延至鄉村。在飲食方面，不但以難得之山珍海錯為尋常，而且以席間之餖飣陳設之巧來爭勝。其社會風氣變遷之最為人擔憂的，不但是婚姻重財，賭博成風，而且是人際

82 《萬曆漳州府志》，卷二六，〈風俗考〉，頁二—四。
83 〔明〕劉天授，《嘉靖龍溪縣志》，卷一，〈地理志．風俗〉，頁二七。
84 〔明〕梁兆陽，《崇禎海澄縣志》，卷一一，〈風土志．風俗考〉，頁二—四。
85 〔明〕湯相，《嘉靖龍巖縣志》，卷上，頁三〇。
86 《萬曆漳州府志》，卷二六，頁五—六，引《長泰縣冊》。
87 《萬曆漳州府志》，卷二六，頁六，引《南靖縣冊》。
88 〔明〕陳效，《弘治大明興化府志》（弘治十六年刊本），卷二，〈輿地志．風俗雜論〉，頁八三。
89 〔明〕張大光，《萬曆福寧州志》（萬曆末年刊本），卷二，〈風俗〉，頁一四—一五。
90 〔清〕李再灝，《道光建陽縣志》（建陽縣志辨公室影印道光十二年刊本，一九八五），卷二，〈輿地志二．風俗〉，頁三九—四一，引《萬曆志》。亦見《民國建陽縣志》，卷八，〈禮俗〉，頁三三—三五，然文字「參舊志增飾」，已非原貌。

關係的澆漓與社會秩序的紊亂。明初的社會，淳樸守禮、「尊敬長上」，待人處世，謹守自己身分應有的分寸，鄉族、宗族及鄰里之間，相互扶持；如今為崇尚澆漓侈靡，仗勢欺人、欺騙告訐之風所代替。

建寧府鄰近之邵武府，雖不在主要通道上，但由於農林手工業發達，當地人出外經商者多，城市繁華，侈靡之風盛。《萬曆邵武府志》云：

按舊志，閩、大禹之支封也；民俗儉而盡力溝洫，禹之遺教存焉。然土瘠而產薄，勢亦不得不然也。風會日流，至於今，而靡極矣。昔冬布而夏苧，冠布而髻髻，無他飾也。今衣裳必紈綺，簪珥必珠玉，長裾而大袖，製且日新焉。昔之宴會，魚肉數品，充以果蔬，賓主盡歡而止。今陸珍海錯，雜沓幾筵，甚至鏤金銀以為器，綵繡以為花，鼓吹優人喧闐旅進，匪是，謂之不敬。昔士庶踽行市中，暑執扇障面，而擎蓋蔽濕，不自云苦。今唱騶而乘輿，囊服而擁蓋，僕從紛如也。昔樹蔬稻，藝竹木之屬，以佐生計。今家置名卉於庭，漸有開園囿，累岩石，以娛耳目者。其諸侈淫未易指數，富家巨室轉相矜詡，即窮鄉下走，慕所不如。乃信鬼好巫，齋醮迎賓，往往竭所有而不恤。病者咸聽於神，閭俗皆然，而邵為甚；作業既劇，物力旋耗，俗安得不壞？民安得不貧哉？[91]

則邵武府的人民，衣飾方面，講求華美的質料，紈綺珠玉，追求流行的式樣。飲食方面，講求山珍海錯之美味、異味，杯盤食器之精緻，及歌舞助興之喧闐，否則即以為對客人不敬，有失體面。住宅方面，講究園林與花卉之布置。行路方面，不但講究乘輿，而且爭擺排場，講求僕從如雲。城內富家巨室，在衣食住行上，互相競爭矜詡，使城中一般人民及鄉村之人，羨慕不已，形成大家追求的風氣。

府屬邵武、光澤、泰寧三縣，據《嘉靖邵武府志》云：

其俗纖儉。窮穀之民，蓬首垢面，終歲不巾帽，無廣廈雕楹、冠帶衣履之華。士庶人鮮乘馬，雨霑衣皆仍執傘折屐，僕僕不為勞。聞十年之前，未有以鵝筵賓者，今間或有之，蜜添飯至數十品，衣帽漸鮮。[92]

《嘉靖邵武府志》刊刻於嘉靖二十二年，其「十年之前」，當為嘉靖十年左右，這三縣已是「衣帽漸鮮」，「富民子弟，服必綺羅，色必紅紫，長袖大帶，自為得意」形成風氣，「一人倡之，十人效之」。飲食則一席菜肴「味必珍奇」，從以前的五簋增至「數十品」[93]。建寧縣亦然，《嘉靖建寧縣志》云：

> 國初，……制皆古樸，賓燕至五六品而止。近，……其俗奢，男飾皆瓦籠帽，衣履皆紵絲，時改新樣。女飾，衣錦綺，被珠翠，黃金橫帶，動如命婦。夫人常會設簇盤陳，添換至三十餘味，謂之春台席。冬月收藏畢，內眷相邀，日椎牛宰豕，食桌坐碗，累至尺餘，至婚燕又不止食前方丈。[94]

其飲食講究排場，衣飾講求華奢時新，且僭越法度，婦女衣飾擬於命婦，甚至如《嘉靖邵武府志》所云，俳優亦穿戴只有品官才能用的「黃金極帶」[95]。邵武府至嘉靖、萬曆年間，已可謂是侈靡僭越之「侈僭過度」的社會。

延平府，在鄰近邵武與建寧二府，亦為山區府縣。將樂縣是個有「苧布之利，喜於為商」的地方，弘治年間，俗尚已「漸趨於奢靡，習染頗流於巧詐」[96]。據《萬曆將樂縣志》云：

---

91 〔明〕侯袞，《萬曆邵武府志》，卷一〇，〈輿地志十〉，頁一七—一八，〈風俗〉。
92 《嘉靖邵武府志》，卷二〈風俗〉，頁四三—四四。
93 〔明〕侯袞，《萬曆邵武府志》，卷一〇，〈輿地志十〉，頁四，〈風俗〉。
94 《嘉靖建寧縣志》，卷一，〈地理志·風俗〉，頁一五。
95 《嘉靖邵武府志》，卷二〈風俗〉，頁四三—四四。
96 〔明〕李敏，《弘治將樂縣志》（弘治十八年刊本），卷一，〈地理志·風俗〉，頁四。〔明〕何喬遠，《閩書》，卷三八，〈風俗志〉，頁九四四，亦云其俗「或流侈靡而無實」。

乃今顧與疇昔寖異矣。不貴儉德，徒以華靡相高。丈夫被文繡服，納純綵履；女子服五彩金縷衣，以金珠翟翠為冠。嫁娶輒用長衫束帶，而乘駟馬高車。室皆廳事，與品官第宅相埒。歲時燕會，列鼎極水陸珍，搗金品篠者，迄無虛日。其富子弟，不事家人生產，率群居呼五百，坐蕩田廬，不之悔；至於信爭町畽，遞競錙銖，多為無賴之行。[97]

則將樂地方人民之衣食住行，皆以「華靡相高」，僭越制度。沙縣於嘉靖年間，「商賈工技之流，視他邑為多」，故其「習俗之弊，頗流於奢靡」[98]。永安縣是鄧茂七平定後設置的新縣，原來是個「敦本而尚樸」的地方，據《萬曆永安縣志》云：「自百餘年承平以來，漸變其初，遂由儉而入奢。」[99]尤溪縣，「僻處岩谷」，原是個「彬彬淳樸」的地方，但到明末，風俗大變，「平民鄙儉崇奢，以服食相矜；而誼衰讓薄，幾微之忿，竟至投牒，扞文罔不悔」；不但衣食追求奢華，人倫關係也受到衝擊。

總之，到了明代後期，「風俗之靡，海內皆是」[100]，嘉靖、萬曆年間，福建全省，不論內地的上四府，或沿海的下四府一州，社會風氣大多均隨經濟發展而變遷，淳樸之風漸失，變而為奢華。風氣之變，侈華相高，主要表現在衣食住行，麗衣鮮服，追求時新；食必豐美，以山珍海味為尋常；住則高大廳室，經營園林；行則乘駟高車，僕從簇擁。這種侈華的消費，原非一般人准許享用的，它違反明初政府的規定，如婦女衣飾僭用命婦規格，住宅高廣與品官相埒；則風氣之變，侈華相高之外，又有僭越違式。風俗之變，由物質文化開始，進而波及精神道德文化，衝擊原來遵守禮法的人倫關係，鬆動長幼、尊卑、貴賤之別，下層社會人民起而爭平等，佃戶向地主抗爭。尤其侈靡僭越成為風氣，有消費能力之人，固然刻意追求，「家無擔石之儲」的人，也不顧一切地追求，「飲食服飾擬於巨室」。財力不足時，只有鋌而走險，或偷盜豪奪，或巧取詐財，或僥倖賭博，成為另一為人垢病之社會風氣。

但由於經濟發展的不平衡，即使連經濟較發達的沿海地區如閩南，也有少數地方，由於商品經濟不夠發達，社會風氣始終維持著明初的「俗安樸素」，這些地方均因罕事商賈，土瘠民困，維持生活已相當困難；因此，「儉且不支，又何能奢？」還是很有道理的[101]。

四、清代前期的動亂、海禁、遷海與「漸返儉約」的社會風氣

明清之際，福建「兵燹」，先受南明唐王政府統治，繼之為明鄭與清廷拉鋸戰的戰場，而各地被稱為「土賊」「山寇」之農民也乘機起事[102]。戰火所及，人民或遭殺戮，或房舍被拆，器具遭毀，「靡所不至」；「城野焚掠皆空」，「倉廩無行糧可支，市廛無人煙可恃」，人民「奔竄流離」[103]。同安城於順治五年被清

97 （明）黃仕禎，《萬曆將樂縣志》，卷一，〈輿地志〉，頁二八—二九，〈土風〉。

98 （明）葉聯芳，《嘉靖沙縣志》（嘉靖二十四年刊本），卷二，頁二〇。

99 （明）蘇民望，《萬曆永安縣志》（萬曆二十二年刊本），卷二，〈風俗〉，頁七。

100 （明）張大光，《萬曆福寧州志》，卷二，〈風俗〉，頁一五。

101 （清）陳夢雷，《古今圖書集成．職方典》，卷四五七，冊九八，頁一五。

102 朱維幹，《福建史稿》，下冊，頁二九七—三〇〇，〈入閩清軍的殘酷統治〉；頁三〇一—三二四，〈明末遺臣和農民起義軍的抗清〉。據福建方志記載，順治三年至六年，農民軍起義至少二十一起，遍及永安、德化、建陽、南安、將樂、大田、沙縣、順昌、永春、尤溪、漳平、惠安、寧洋、安溪、龍岩、平和等十五縣。

103 （清）郭柏蒼，《竹間十日語》，卷六，〈瑟江翁氏〉載：海口、鎮東人民遭清軍屠殺，兩地均以萬計。《明清史料丁編》（台北：中央研究院歷史語言研究所，一九七二），第一本，頁二二一—二二三，浙江福建總督陳錦，〈議剿撫機宜揭帖〉（順治五年五月初八日）；頁二〇一—二一一，浙江福建總督陳錦，〈閩省遍地皆賊城野焚掠皆空疏〉（順治五年四月二十一日）。梁伯蔭，《民國沙縣志》（民國十七年鉛印本），卷八，〈禮俗〉，頁三，引《道光沙縣志．風俗》。

軍攻陷，「僵屍盈衢，朽胔蔽路」，僧人「所收埋以萬計」[104]。順治九年，壬辰之變，漳州城被圍七個月，「城中人相食」，「積骸如山」，「宮室為墟，邑人士流連播越」[105]。

清廷為防鄭成功，先後下海禁令及遷海令。順治十二年，清廷下達「禁海令」，次年頒布「海禁令」，宣布：

今後凡有商民船隻私自下海，將糧食貨物等項與逆賊貿易者，不論官民，俱奏聞處斬。貨物入官，本犯家產盡給告發之人。其該管地方文武各官不行盤緝，皆革職，從重治罪。地方保甲不行舉首，皆處死。凡沿海地方口子，處處嚴防，不許片帆入江。[106]

十八年，又頒遷海令。是年，鄭成功驅逐盤踞台灣的荷蘭殖民者，以台灣為抗清基地[107]。清廷為斷絕據守沿海島嶼的明鄭軍隊的給養及軍士補充的管道，防止「瀕海之民，闌出貿易，交通接濟」，而在北起山東、南至廣東的沿海地區，實行「禁海遷界」；將沿海三十里居民，榜限三日，「盡令遷移內地」，「否則發兵剿流」；界外村社「燔其舍宅，夷其壇宇，荒其土地」；這就是著名的「遷海令」、「遷界令」[108]。於是年十月，派官員到各省去立界碑，築垣牆，撥兵戍守，不許人民越界，「出界以違旨立殺」[109]。陳子龍的學生王澐是蔡士英幕客，曾隨蔡士英親至遷海之地，其《漫遊紀略》記所見遷界殘民云：

初立界猶以為近也，再遠之，又再遠之，凡三遷而界始定。墮縣衛城郭以數十計，居民限日遷入，逾期者以軍法從事，盡燔廬舍。民間積聚器物重不能致者，悉縱火焚之。乃著為令：「凡出界者，罪至死，地方官知情者罪如之；其失於覺察者，坐罪有差。」功令既嚴，奉行恐後，於是四省瀕海之民，老弱轉死於溝壑，少壯流離於四方者，不知幾億萬人矣。[110]

104 鄭振滿、丁荷生編纂，《福建宗教碑銘彙編．泉州府分冊下》（福州：福建人民出版社，二〇〇三），頁一〇二一—一〇二二，〈同歸所記〉（康熙二十五年）。

105 鄭振滿、丁荷生編纂，《福建宗教碑銘彙編．泉州府分冊下》，頁一〇四一—一〇四三，〈無疑大師暨徒行勉、達己二師合葬塔銘〉。釋如幻，《瘦松集》（光緒十三年刊本），石部，頁二七—二九。〔清〕吳宜燮，《乾隆龍溪縣志》（乾隆二十七年修，光緒五年補刊本），卷一〇，〈風俗〉，頁二。

106 《大清律例》，卷二〇，〈私出外境及違禁下海〉。泠東，〈明清海禁政策對閩廣地區的影響〉，《人文雜誌》，一九九九年第三期，頁一一一—一一六。

107 〔明鄭〕楊英著，陳碧笙校注，《先王實錄》（福州：福建人民出版社，一九八一），頁二四六—二六〇。

108 《清聖祖實錄》，卷四，頁一〇，順治十八年八月己未條。《明清史料丁編》，第三本，頁二五七，〈嚴禁通海敕諭〉。〔清〕王澐，《漫遊紀略》（《筆記小說大觀》第二集），卷三，〈粵遊〉，頁五。惠安縣峰尾村《劉氏族譜．遷海記》，見傅衣凌、陳支平，〈明清福建社會經濟史料雜抄〉，《中國社會經濟史研究》，一九八七年第一期，頁一〇五。有關遷海、遷界的研究始於謝國楨，《明清之際黨社運動考》（上海：上海書店出版社據一九八一年中華書局重印本印行，二〇〇四），頁一九八—二二五，〈清初東南沿海遷界考〉；頁二二六—二三二，〈清初東南沿海遷界補考〉。其後中外學者之研究相繼有：浦廉一，〈清初遷界令的研究〉，《廣島大學文學部紀要》，第五卷（一九五四年三月）；田中克己，〈清初的支那沿海—以遷界為中心（一）〉，《歷史學研究》，六卷一號（一九三六年一月）；田中克己，〈清初的支那沿海—以遷界為中心（二）〉，《歷史學研究》，六卷三號（一九三六年三月）；蘇梅芳，〈清初遷界事件之研究〉，《成功大學歷史學報》，一九七八年第五期，頁三六七—四二五；陳柯雲，〈試論清初的「海禁」〉，《北京師範學院學報》，一九八〇年第一期；潘君祥，〈試論清初「海禁」政策的實施及其社會後果〉，《北京師範學院學報》，一九八一年第四期，頁七五—七九；林祥瑞，〈論清初的「海禁」與資本主義萌芽〉，《北京師範大學學報（社會科學版）》，一九八一年第四期，頁八〇—八四；顧誠，〈清初的遷海〉，《北京師範大學學報（社會科學版）》，一九八三年第三期，頁六〇—七二；陳柯雲，〈論清初的「海禁」與資本主義萌芽〉，《北京師範學院學報》，一九八三年第二期，頁五八—六五；李金明，〈清初遷海時期的海外貿易形式〉，收入《南洋問題研究》，一九九五年第三期，頁一—二十五；馮立軍，〈清初遷海與鄭氏勢力控制下的廈門海外貿易〉，《南洋問題研究》，二〇〇〇年第四期；韋慶遠，〈有關清初的禁海和遷界的若干問題〉，《明清論叢》，第三輯，二〇〇二年五月，頁一八九—二一四。

109 〔清〕陳鴻、陳邦賢，〈清初莆變小乘〉，《清史資料》，第一輯（北京：中華書局，一九八〇），頁八〇：「十月，部文下，著附海居民遷入離城二十里內居住，二十里外築土牆為界，寸板不許下海，界外不許閑行，出界以違旨立殺。武兵不時巡界，間有越界，一遇巡兵，登時斬首。」

110 〔清〕王澐，《漫遊紀略》，卷三，〈粵遊〉，頁六。

沿海地區本是福建的精華薈萃之地，一旦遷界，數以百萬計的居民被迫離鄉背井，流徙他方[111]。惠安峰尾村《劉氏族譜．遷海記》云：

遷海之令下，……倉卒驅民，僅三日耳。故我族星散四方，或仙邑，或涵江，甚至落魄於福、延、建等處，而不知死所者。悲夫！沿海之民，何不幸若果耶！未遷而寇至，則以為引援，剿之兵，兵則以通接濟之海；彼抄此劫，互相荼毒。既遷而室廬焚毀矣，田業拋棄矣，且也安插無方，流離道路，飢寒困苦，作他山之鬼者，十而八九，此豈朝廷遷民之至意乎？[112]

海外散人《榕城紀聞》亦云：

（遷海）令下，即日挈妻負子，載道露處，其居室放火焚燒，片石不留；民死過半，枕藉道途。即一二能至內地者，俱無擔石之糧，餓殍已在目前。如福清二十八里只剩八里，長樂二十四都只剩四都。火焚二個月，慘不可言，興、泉、漳三府尤甚。[113]

興化莆田的人口，遭清初戰火，「人民之死者已一半」，遷界後，更是「沿海孑遺，逃亡流竄，遍野哀鴻」，淪為界外的里圖，也幾乎超過三分之一[114]。漳州海澄縣，「順治初年戶口尚三萬五百有奇」，遷海之後，據知縣李敬之說，康熙三十二年的戶口「存者未及三分之一」[115]。莆田遷界之後，「濱海寺廟民居悉遭兵燬」，不少經濟發達的城鎮成為棄土，「昔日之高堂大廈，碧桷朱楹，皆化為荒煙蔓草」[116]。如泉州府永寧衛城，「將城石移遷十里內建寨，嗣而城壞矣，嗣而雉崩矣」，「破瓦頹垣，化為丘墟荊棘」[117]。崇武所城，也因「奉旨播遷，人民移散，通城房屋，焚卸殆盡」，「室廬蕩然，無有存者」[118]。福全所城，也於遷界後，「內外寺院、民居，悉遭毀劫」[119]。甚至沿海地區不少縣分，如莆田、羅源、漳浦、同安、長泰等，均因遷海造成界外無人，而變為老虎出沒繁衍之地，「群虎噬人」，或「逾垣入城」，或公然在大路上噬人，傷人從百餘至不下千人[120]。

遷界又影響沿海港市。福建在明代後期，雖有海禁，但走私貿易發達，隆慶年間，海禁局部開放，海

---

111 許多福建沿海地區宗族的族譜記錄遷界造成族人流徙的慘狀，如同安鑾江杜氏即「族眾移居內地，而宗宇因以傾頹」（鄭振滿、丁荷生編纂，《福建宗教碑銘彙編．泉州府分冊下》，頁一〇三一—一〇三二，〈同安鑾江杜氏大祖祠中座石碑記〉，康熙五十一年）。參見林修合，《從遷界到復界：清初晉江的宗族與國家》，臺灣大學歷史學系碩士論文，二〇〇五年。

112 惠安峰尾村《劉氏族譜．遷海記》，見傅衣凌、陳支平，〈明清福建社會經濟史料雜抄〉，《中國社會經濟史研究》，一九八七年第一期，頁一〇五。

113 〔清〕海外散人，〈榕城紀聞〉，《清史資料》，第一輯（北京：中華書局，一九八〇），頁二二—二三。

114 〈福建總兵管轄興化、莆仙二縣各協鎮防守倭寇各海防、各隘口負責梭巡并分界里數表〉（抄本）。轉引自朱維幹，《福建史稿》，下冊，頁三九八。文中所謂「防守倭寇」乃指明鄭。〔明〕余颺，〈莆變紀事．人稀篇〉，《清史資料》，第一輯，頁一三六。參見林劍華，〈明清時期福建省內再次移民及動因探析〉，《東南學術》，二〇〇六年第一期，頁一五二—一六〇。

115 〔清〕陳鍈，《乾隆海澄縣志》（乾隆二十七年刊本），卷首，〈舊序〉，頁八，李敬之，〈癸酉志（康熙三十二年）舊序〉。

116 鄭振滿、丁荷生編纂，《福建宗教碑銘彙編．泉州府分冊上》，頁三五二—三五四，〈龍山寺重興碑記〉（道光十八年）。《福建宗教碑銘彙編．泉州府分冊中》，頁七六三，〈重修武廟碑記〉（乾隆五年）。

117 《永寧鄉土資料彙編》（永寧鄉土資料編委會，一九九五），附錄〈永寧衛紀事〉。

118 鄭振滿、丁荷生編纂，《福建宗教碑銘彙編．泉州府分冊中》，頁七五八—七五九，〈重修（崇武）城隍廟序〉（康熙五十五年）；頁七五九—七六〇，〈復修（崇武）城隍廟序〉（康熙五十六年）。《惠安政書》，附錄《崇武所城志》，頁一一四—一一五、一二一—一二二。

119 鄭振滿、丁荷生編纂，《福建宗教碑銘彙編．泉州府分冊上》，頁四二九—四三二，〈重修（福全）城隍宮記〉（光緒五年）。

120 〔明〕余颺，〈莆變紀事．虎患篇〉，《清史資料》第一輯，頁一三四。〔清〕陳汝咸，《康熙漳浦縣志》（康熙三十九年修、四十七年增修，民國十七年翻印本），卷四，〈風土下．災祥〉，頁二九三。林學增，《民國同安縣志》（民國十八年鉛印本），卷三，〈災祥〉，頁一〇。《道光重纂福建通志》卷二七二，〈國朝災異〉，頁五—一六。劉正剛，〈明清南方沿海地區虎患考述〉，《中國社會經濟史研究》，二〇〇一年第二期，頁八五—九一。

外貿易鼎盛；因此「富甲天下」。但遷海之後，「海禁嚴而閩窮矣」[121]。雖走私貿易不能完全禁絕[122]，但總體說來，中外貿易斷絕二十餘年，沿海港口淪為空港，「有以四五千金所造之洋艘，繫維朽蠹於斷港荒岸之間」[123]；沿海因航運與外貿發達而繁榮的港市城鎮，因而凋零殆盡。惠安縣洪瀨市，原是個「商賈輻輳，頗稱巨鎮」的海港城鎮，遷界後，「蕭條過半」；溪尾市原來也是「民居輳集，略與洪瀨等」，商業發達，「凡邑市中所不可得者，俱於此市是問」，以遷海故，「貿易空虛，民不聊生，仳離殆盡」[124]。海澄縣月港在明末原為「四方異客皆集」的貿易大港，經常停靠一、二百噸以上的洋船，「多以百計，少亦六、七十隻」，萬曆中期，每年稅餉近三萬兩，貿易額數百萬兩，是「天子之南庫」[125]。人稱月港「風回航轉，寶賄填舟，水犀火浣之珍，琥珀龍涎之異；香塵載道，玉屑盈衢」，是一個經濟繁榮、人煙稠密、「商賈集焉」的「閩南一大都會」。但清初的戰亂與遷界，據康熙三十二年海澄縣令李敬之說，「定鼎以後」，「軍旅繹騷，遷界失業，瘡痍載路，展轉相仍」，使這個港市的繁華蕩然「無存」[126]。

遷界又使大量土地拋荒，耕地面積大減，漁業、鹽業完全停業；社會生產力遭到嚴重破壞，原來發達的沿海民間集市也因此停頓。根據康熙二十三年廢遷界之前，派赴閩粵沿海巡視的工部尚書杜臻報告稱：

> 福州、興化、泉州、漳州等四府、福寧一州所屬十九州縣，原遷界外田地共二萬五千九百四頃。[127]

根據地方誌的記載，實際數字可能更高，約為三萬一千餘頃，為福建全省舊額田土十三萬六千五百四十頃的百分之二十三。不但使田賦每年「虧減正供約計二十餘萬之多」，而且農業生產力也大為降低[128]。至於漁業、鹽業，本是沿海居民謀生之道，福建鹽場絕大多數在界外，遷界後，鹽場淪為廢坎，鹽的生產幾乎完全停頓，不但鹽稅無徵，而且發生鹽荒，一斤鹽貴至二十餘文錢[129]。漁業也因遷界後，「禁漁舟商舶入海」[130]，漁業也形同停頓，海味無人挑賣。即如《南疆繹史摭遺》所云：「又盡失海上魚蜃之利而閩益貧」[131]。

遷界使沿海農漁鹽業停頓，社會生產力受到嚴重打擊，商品經濟發展因而阻滯。商品流通市場的繁華

121 〔清〕王澐，《漫遊紀略》，卷一，〈閩遊〉，頁五。

122 林春勝、林信篤編，《華夷變態》（東京：東方書店再版，一九八一），上冊，頁六一與頁三一八載有康熙十三年與二十年兩個福州船走私到日本的案例，參見松浦章，〈明代福建的海外貿易〉，《中國社會經濟史研究》，一九八六年第一期，頁九七—一〇四。

123 《清朝續文獻通考》，卷五六，《市糴一》。

124 《康熙南安縣志》（康熙十一年刊本，民國六十二年台北市南安同鄉會影印），卷三，〈規制·市廛〉，頁一二。

125 方文圖，〈略談月港的興衰〉，《月港研究論文集》（廈門：福建歷史學會廈門分會，一九八三）。唐曉，〈略論明代月港的海外貿易〉，《月港研究論文集》。陳自強，〈論明代漳州月港的歷史地位〉，《海交史研究》，一九八三年第五期。

126 藍達居，《喧鬧的海市：閩東南港市興衰與海洋人文》（南昌：江西高校出版社，一九九九），頁一〇一—一一七，〈月港的個案研究〉。〔清〕陳鍈，《乾隆海澄縣志》，卷首，〈舊序〉，頁七—八，李敬之，〈癸酉志（康熙三十二年）舊序〉。

127 〔清〕杜臻，〈粵閩巡視紀略〉，《文淵閣四庫全書》（臺灣商務印書館影印），卷五，頁八四。周蔭棠，《台灣郡縣建置志》（民國三十年湖南大學油印本）亦云：「閩人活計，非耕即漁，自遷界以來，民田廢棄二萬餘頃。」朱維幹據《康熙詔安縣志》（康熙三十年刊本），卷八、《乾隆福寧府志》（乾隆二十七年刊本），卷一〇，〈田賦〉、《乾隆福清縣志》（乾隆十二年刊本），卷四，〈田賦〉。《嘉慶連江縣志》（嘉慶十年刊本），卷二，〈田賦〉及《光緒漳浦縣志》（光緒十一年刊本），卷七，〈賦役〉，所作統計，則高過杜臻的數字，全省十九州縣共三萬一千三百三十三頃，較杜臻的數字約多出一倍，個別州縣也較多出十分之一到二分之一。見朱維幹，《福建史稿》，下冊，頁三九六—三九七。

128 〔清〕范承謨，〈條陳閩省利害疏〉（康熙十二年）。見《清朝經世文編》（台北：文海出版社影印本），卷八四，頁三。

129 〔清〕陳汝咸，《康熙漳浦縣志》，卷八，〈賦役下·鹽課〉云：「鹽坵稅……（明末）增至六百五兩四毫，……，至順治十八年遷界，鹽坵俱在界外，稅銀一概無徵。」〔清〕宮兆麟，《乾隆莆田縣志》（乾隆二十三年刻，光緒五年潘文鳳補刊，民國十五年重印本），卷六，〈賦役·雜項租稅〉，頁三二，亦云：鹽坵船稅銀四百四十八兩有奇，「順治十八年遷海，俱無徵」。

130 〔清〕郁永河，《偽鄭逸事》（上海：申報館仿聚珍版印），頁二。

131 《南疆繹史·摭遺》（道光十年刊本），卷一〇，〈武臣列傳·鄭成功〉，頁二一一—二一二。

遂成為過眼雲煙，風華不再[132]。內地的城鎮也因外貿長期停滯，生產凋零，商品經濟發展阻礙。如南安縣洪瀨，本是永春、德化通衢，遷海之後，「蕭條過半」；溪尾扼各鄉孔道，也因遷界而「人口已什去八九」；珠淵也只剩客店而已[133]。沿海經濟的蕭條甚至影響到內陸府縣，明末繁榮的建陽、崇安，清初卻趨沒落，建陽煙消於康熙十三年耿精忠的甲寅之變，崇安也成為「斷絕人煙」之地。

總之，清初的戰亂與沿海的遷界，的確對社會經濟造成負面的影響，福建原來「富甲天下」，遷海之後，「海禁嚴而閩貧矣」[134]。貧窮的社會，「儉且不支，又何能奢」；社會風氣遂漸由奢「漸返儉約」[135]。

據遷海令廢止後一年（康熙二十三年）刊行的《福建通志．土風志》，福建全省的風氣均甚淳樸。福州府是「七郡輻輳」的「閩越一都會」，卻「地不通商賈之利，戶少千金之儲，邇來凋敝已極」[136]。與《萬曆福州府志》所載明末的福州，從事走私海外貿易致富，人們「競奢鬥智，飲毒作奸」，「趨利喜詐」，以侈靡為高，衣飾崇尚奇裝「妖服」，嫁娶重排場，完全不同[137]。府屬的縣分，不是如古田「俗沿鄙樸」，長樂「其俗儉」，就是如閩清「其俗務稼穡，不尚侈靡」，連江「鮮有厚貲，其俗：人性舒緩，用尤儉嗇」[138]。

泉州府亦「俗頗勤儉，四分各脩本業，居恆不為宴樂，凡社里過從，蔬鬻有限」[139]。與明末的泉州人民，服飾、飲食均極講究，「用度益奢」，「履絲曳縞」，「服競華麗」，「比比而然」，完全不同[140]。府屬的縣分，不是如惠安「樸素之風，於今罔逮」，永春「民殷俗樸」，就是如德化「男耕女績，硜守自愛」。只有安溪例外，可能因地不邊海，原不賴海舶之利，不受海禁，遷海之禍，「土沃人淳」，「漸馳侈靡，擊筑彈箏，聲達宵夜」，生活「安逸」[141]。

漳州府「俗尚骯髒，頗稱強悍」，其屬縣不是如漳浦「士質而文，民勤而樸」，長泰「不好華靡」，南靖「民近淳厚」，就是如漳平「男耕女織，不事商賈，止充常產，家少千金之儲，儉樸風存」，平和「近

132 〔清〕王澐，《漫遊紀略》，卷三，〈粵遊〉，頁四。

133 《康熙南安縣志》，卷三，〈規制．市廛〉，頁一二。朱維幹，《福建史稿》，下冊，頁三九二—四一二，〈遷界的慘禍〉。

134 〔清〕王澐，《漫遊紀略》，卷一，〈閩遊〉，頁五。藍鼎元也說：「（海禁以後）百貨不通，民生日蹙，居者無藝能之罔用，行者嘆至遠之無方；故有以四五千金所造之洋艘，繫維朽蠹於斷港荒岸之間。……沿海居民，蕭索岑寂，窮困不聊之狀，皆因洋禁。」（《清朝續文獻通考》，卷五六，〈市糴一〉）

135 盧建一，〈試論明清時期的海疆政策及其對閩台社會的負面影響〉，《福建論壇（人文社會科學版）》，二〇〇二年第三期，頁二二三—二二六。

136 〔清〕金鋐，《康熙福建通志》（康熙二十三年刊本），卷五六，〈土風〉，頁一—二。《康熙福建通志》敘述福州府土風，在說明當時福州府「凋敝已極」之後，緊接著說：「而奢靡彌甚，或喜訟輕生，矯詐相軋，甚有倡浮屠氏學，以鼓惑愚民者。」一般理解的經濟與社會風氣的關係，可以鈔曉鴻為代表，他在〈明清人的「奢靡」觀念及其演變〉中說：「大量的資料反映出，奢靡與工商不是互為因果，就是後者是前者的具體體現。」（鈔曉鴻：《生態環境與明清社會經濟》〔合肥：黃山書社，二〇〇四〕，頁一六六），似乎通志作者的看法與之完全不同，若細讀上文下，可知作者的觀念，是將喜訟輕生與崇尚佛事視為「奢靡」風氣。這與《康熙汾陽縣志．風俗》（康熙六十年刊本）所云：「乃今民間競務奢靡，建淫祠，崇鬼事，媟褻不經之費，動千百計，財匱而俗亦敝矣。」相仿，將一些不應有、不正當的活動與事項也視為奢靡。但這與本文採的定義不同，本文的討論仍採明清一般的定義，以與經濟、消費相關的活動及其相關社會道德價值觀為範圍。因此，不將《康熙福建通志》此處所說的「奢靡」視為「奢靡」。

137 〔明〕林烴，《萬曆福州府志》，卷七，《輿地志七．土風》，頁八—九。

138 〔清〕金鋐，《康熙福建通志》，卷五六，〈土風〉，頁一—二。〔明〕何喬遠，《閩書》，卷三八，〈風俗志〉，頁九四一—九四七。《康熙福建通志》（頁二）載福清之風俗云：「背山面海，田多潟鹵，然頗有海舶之利，饒於財，雄他邑。其人剛勁而尚氣，多服賈雜處四方，學不遂則棄而習文法吏事，故俗喜訟。」與《閩書．風俗志》所載：福清，「背山面海，多潟鹵，頗有海舶之利。其人剛勁而尚氣，四方雜處，學不遂則棄之習文法吏事，不則行賈於四方矣，以其財饒於他邑。」（頁九四一—九四二）僅個別文字稍有出入，似乎《康熙福建通志》此處文字沿襲《閩書》，所述土風應該是明末的，清初行海禁、遷海，福清濱海不可能仍「頗有海舶之利」的。

139 〔清〕金鋐，《康熙福建通志》，卷五六，〈土風〉，頁五—六。

140 〔明〕陽思謙等，《萬曆泉州府志》，卷三，〈輿地志七．土風〉，頁五五—五八。〔清〕吳堂，《光緒同安縣志》，卷一四，〈風俗〉引明末泉州文人黃景方文。

141 〔清〕金鋐，《康熙福建通志》，卷五六，〈土風〉，頁五。

頗崇文，漸摩向化」，寧洋「人性峭直，地稱簡僻」，詔安「土瘠民勞，著姓恥於服賈」[142]。這與明末漳州社會風氣「又無貴賤，多衣綺繡」，「日頗奢踰相高」，完全不同[143]。興化府也是俗儉民樸，《康熙福建府志》云：「民之樸者，勤於耕作，尺寸磽瘠無棄土焉，產薄用儉。俗賤逐末，不輕去其鄉，是以無商賈之資。」其屬縣仙遊，「以其在萬山中，常苦多盜」，為「用以自衛」而「好武成風」；偏處山中，治安不好，當然難以繁華奢靡[144]。但在明代，興化府從弘治年間起，社會風尚即已「恬漸競，質漸奢」[145]。則清初興化府的社會風氣已大不同於明代中期以後。福寧州也是如此，明末，「閭閻之間，儉者日靡於侈，厚者日趨於薄」[146]。清初卻因「節縮用度，纖樸相尚」[147]。

以上是福建沿海府州縣，在清代前期社會動亂與海禁、遷界下，社會風氣從明末之奢靡轉變為淳樸儉約的大概。至於內地的上四府，也有類似的轉變。明末的邵武府，由於農林手工業發達，當地人出外經商者多，城市繁華，侈靡之風盛，「衣裳必紈綺，簪珥必珠玉，長裾而大袖，製且日新焉」，食則「陸珍海錯，雜沓几筵，甚至鏤金銀以為器，綵繡以為花，鼓吹優人喧闐旅進，匪是，謂之不敬」，行則「唱騶而乘輿，囊服而擁蓋，僕從紛如也」，住則「家置名卉於庭，漸有開園囿，累岩石，以娛耳目者」[148]。清初的邵武府，據《康熙福建通志》載，則「安於樸儉，不以浮靡為事」，其屬縣光澤「民勞於耕織，不樂行商而嗇用寡，嗜茹麤衣薄；故其俗椎魯率真，猶為近醇」，泰寧是個「商賈少至」，商業不發達的地方，人民「性雖獷直而習俗謹願」[149]。則邵武府亦從奢靡變為儉樸，只有建寧縣因「土地膏腴，專有油漆、苧布之利，以通商賈，人亦樂於販貿，射利四方；俗尚奢靡」，而與明末「染而為奢俗」的風氣差不多，「男飾皆瓦籠帽，衣履皆紵絲，時改新樣。女飾，衣錦綺，被珠翠，黃金橫帶，動如命婦。夫人常會設簇盤陳，添換至三十餘味，謂之春台席。冬月收藏畢，內眷相邀，日椎牛宰豕，食桌坐碗，累至尺餘，至婚燕又不止食前方丈」[150]。

建寧府在明萬曆年間，「漸於侈靡」，奢靡之風從城市推延至鄉村。在飲食方面，不但以難得之山珍海錯為尋常，而且以席間之餖飣陳設之巧來爭勝[151]。然清初風氣已變，《康熙福建府志》云：其「俗尚簡樸」，其屬縣如松溪縣「俗尚淳願」，崇安「重稼穡，薄商賈，而作奸犯科者少」，政和「俗雖強悍而易治」，尤其壽寧「俗多勁猛，衣食之外，不足上供田賦」，當然也就奢靡不起來。但鄰近閩浙的浦城則因

142 〔清〕金鋐，《康熙福建通志》，卷五六，〈土風〉，頁一二—一三。《康熙福建通志》（頁一三）敘述海澄土風，雖言其「向以留遷獲厚利，……瀕海事舟楫，文物頗盛」，但強調「向以」，且據康熙三十二年海澄縣令李敬之說，「定鼎以後」，「軍旅繹騷，遷界失業，瘡痍載路，展轉相仍」，使這個港市的繁華蕩然「無存」，當然不可能有奢靡之風。又《康熙福建通志》（頁一二）敘及龍巖士風云：只有龍巖「俗故樸野，比來文物日繁，婚喪競侈」，「然人多耕讀，婦女亦知以節自勵」，但比對〔明〕湯相，《嘉靖龍巖縣志》，卷上，頁三〇所云：「比來」，「生齒日繁，閭閻競侈，婚喪之費，靡不可節」；似乎《康熙福建府志》亦沿襲《嘉靖龍巖縣志》而來，故不取。

143 〔清〕沈定均，《光緒漳州府志》，卷四六，〈藝文六〉，頁九—一〇，引張燮，〈清漳風俗考〉。〔明〕劉天授，《嘉靖龍溪縣志》，卷一，〈地理志．風俗〉，頁二七。

144 〔清〕金鋐，《康熙福建通志》，卷五六，〈土風〉，頁一〇—一三。

145 〔明〕陳效，《弘治大明興化府志》，卷二，〈輿地志．風俗雜論〉，頁八三。

146 〔明〕張大光，《萬曆福寧州志》，卷二，〈風俗〉，頁一四—一五。

147 〔清〕金鋐，《康熙福建通志》，卷五六，〈土風〉，頁一三。

148 〔明〕侯袞，《萬曆邵武府志》，卷一〇，〈輿地志十〉，頁一七—一八，〈風俗〉。

149 〔清〕金鋐，《康熙福建通志》，卷五六，〈土風〉，頁一一。

150 〔清〕金鋐，《康熙福建通志》，卷五六，〈土風〉，頁一一。《嘉靖建寧縣志》，卷一，〈地理志．風俗〉，頁一五。〔明〕何喬遠，《閩書》，卷三八，〈風俗志〉，頁九四六。

151 〔清〕李再灝，《道光建陽縣志》卷二，〈輿地志二．風俗〉，頁三九—四一，引《萬曆志》。亦見《民國建陽縣志》，卷八，〈禮俗〉，頁二二—二五。然文字「參舊志增飾」，已非原貌。

「田野膏腴，舟車輻輳，坐賈喁喁，而行賈攘攘」，而「好趨華靡」。建陽也「地稱肥美，桑麻被野，諸生安文藝之常，商賈殫經營之力；故戶多素封，而俗少謹願」[152]。

延平府在明末，雖「其君子無脂之氣，小人樸嗇」[153]，但屬縣將樂「不貴儉德，徒以華靡相高」，「丈夫被文繡服，納純綵履；女子服五彩金縷衣，以金珠翟翠為冠。嫁娶輒用長衫束帶，而乘駟馬高車。室皆廳事，與品官第宅相埒。歲時燕會，列鼎極水陸珍，搊金品篠者，迄無虛日」[154]，永安「由儉而入奢」[155]，尤溪則「平民鄙儉崇奢，以服食相矜」[156]。清初的延平府，則「俗耕耨」，「士尚節操，敦謹厚，其小人恂恂畏法而不敢為非，但人重遠出，鮮商賈之利」。其屬縣將樂已不再「以華靡相高」，而是「醇風浸釀，禮義相先」。沙縣也是「儉嗇樸野」，尤溪「教化薰蒸」，大田「尚節義而耽詩書」，號稱「劍南淳邑」，永安「士咸約束於學校禮義中，民習工技」；都是風俗淳樸守禮之地，與明末的華靡崇奢不同。只有順昌以盛產竹紙，「得則易奢，失則坐困」[157]。

汀州府屬有長汀、寧化、上杭、武平、清流、連城、歸化、永定等八縣，位「在萬山中」，是福建各府中較封閉的府，也是經濟最貧窮的府。明代後期，福建全省其他各府縣均發生風俗趨向華靡時，汀州府是較不受影響，仍多維持儉樸風氣的地區，「鮮競於汰奢，少長服飾尚新，未曾流乎侈僭」[158]。例如連城縣「土瘠民貧，工務勤勞，女安儉樸」，歸化縣「質直好儉，民力耕種，重遷移，至貧餒不敢為非」，永定縣「其人貧而寡文，崇尚廉恥；士甘自守，少奔競」。不過到「天（啟）崇（禎）間」，也與福建其他地方一樣，「競為奢華」。其後，明清之際的動亂，使得「城社煙墟」，奢華之風「陵夷殆甚」；以致清初的汀州府「黜華從實」，回歸儉樸之風，長汀「衣乏被飾之華，食鮮兼珍之膳」，「相安儉樸」[159]。其屬縣寧化「不喜逐末」，上杭「士勤學業，彬彬文物」，武平「不事商賈」，「俗頗勁梗」，連城「土磽人嗇」，歸化「不事浮靡」，永定「民性質直」[160]。

總之，由於清初改朝換代的動亂與清政府的海禁與遷海政策，使明代後期繁榮的福建社會經濟大受打擊，伴隨社會經濟發展的「華靡相高」「僭侈過度」的社會風氣，遂伴隨社會經濟發展的倒退與停滯，風華不再，而「人心返樸，民趨勤儉」矣[161]。

五、「展界」「復界」以後社會經濟的恢復與發展

康熙二十二年（一六八三）七月，明鄭納土歸降，於是次年十月，康熙帝以「今海外平定」，下令沿海各省「先定海禁處分之例，應盡行停止」；於是禁海、遷界政策終於廢除。遷界令廢，沿海復界、展

---

152 〔清〕金鋐，《康熙福建通志》，卷五六，〈土風〉，頁六－七。

153 〔明〕何喬遠，《閩書》，卷三八，〈風俗志〉，頁九四四。

154 〔明〕黃仕禎，《萬曆將樂縣志》，卷一，〈輿地志〉，頁二八－二九，〈土風〉。

155 〔明〕蘇民望，《萬曆永安縣志》，卷二，〈風俗〉，頁七。

156 〔明〕鄧一鼒，《崇禎尤溪縣志》（崇禎九年刊本），卷四，〈風俗〉，頁一五。

157 〔清〕金鋐，《康熙福建通志》，卷五六，《土風》，頁八－九。

158 〔明〕邵有道，《嘉靖汀州府志》（嘉靖六年刊本），卷一，〈地理志．風俗〉，頁一三。

159 〔明〕何喬遠，《閩書》，卷三八，〈風俗志〉，頁九四五。〔清〕劉國光，《光緒長汀縣志》（光緒五年刊本），卷三〇，〈風俗．士習〉，頁二一，引康熙時上杭人黎士宏：〈修學記〉；頁三，〈風俗．民風〉；頁六，〈風俗．飲食〉。

160 〔清〕金鋐，《康熙福建通志》，卷五六，〈土風〉，頁九－一〇。

161 〔清〕曾曰瑛，《乾隆汀州府志》（同治六年刊本），卷六，〈風俗〉，頁一。

界，流離失所「遷民悉復其業」，得以返鄉，重整家園，復建經濟[162]。福建因而如《潯海施氏族譜》所云：「瀕海數千里桑麻被野，煙火相接」[163]。禁海令弛禁，「准福建、廣東載五百石以下之船出海貿易」，在廈門設海關[164]。其後更放寬限制，「商賈許用雙桅」；於是對外貿易恢復，如《廈門志．風俗記》所云：「自通洋弛禁，夷夏梯航，雲屯霧集」，「服賈者以販海為利藪，視汪洋巨浸如衽席，北至寧波、上海、天津、錦州，南至粵東，對渡台灣，一歲往來數次。外至呂宋、蘇祿、實力、噶喇巴，冬去夏回，一年一次。」[165]直至康熙五十六年（一七一七）頒布南洋禁航令止，開放海外貿易達三十四年[166]。

福建從康熙二十三年（一六八四）復界之後，至咸豐三年（一八五三）小刀會林俊起事及太平軍四次入閩為止，約有一百七十一年，沒有社會動亂，使農工商業得以在安靖的環境中充分發展[167]。農業方面，由於不擇地而生的番薯、玉米，及其他可在山地種植之茶、桐、竹、松等作物之推廣，山地大為開發，「山頭地角，皆墾為隴畝」；全省耕地面積大為增加，至少從順治十八年的一千零三十四萬五千餘頃，增加到乾隆十八年的一千三百六十萬頃，九十二年間增加三百二十多萬頃，增長率為百分之三十一[168]。甘蔗、菸草、藍靛、澤瀉、水仙花等經濟作物的種植，也大為推廣，其利數倍於種植糧食作物[169]。泉州府晉江縣民「植蔗煮糖」[170]，漳州亦然，《漳州府志》云：

> 俗種蔗，蔗可糖，各省資之，利較田倍。又種桔，煮糖為餅，利數倍，人多營焉。煙草者相思草也，甲於天下，貨於吳、於越廣、於楚漢，其利亦田數倍。[171]

沿海福州、興化、漳州的荔枝、龍眼、柑桔等果樹的栽培；山區府縣的茶、杉、紙、筍及香菰等經濟作物的增產，使農業生產超越明代的水準[172]。尤其茶的生產大為發展，品種繁多，有福州鼓山寺岩茶，漳州靈山寺茶，武夷岩茶、紅茶、青茶，安溪的烏龍茶，尤以武夷茶暢銷國內外，「所產不足供天下之需」[173]。安溪茶也大為發展，不但運銷泉州，而且經由廈門、廣州外銷[174]。茶葉的暢銷，導致茶市勃興。或由山西

162 《清聖祖實錄》，卷一一七，頁一〇，康熙二十三年十月丁巳條。〈靖海紀略〉陳遷鶴序。粘良圖，〈施琅與東南沿海展界〉，《中共福建省委黨校學報》，二〇〇三年第十期，頁五五—五七。連心豪、謝廣生，〈再論施琅與清初開放海禁〉，《中國社會經濟史研究》，二〇〇二年第四期，頁四九—五四。

163 〔清〕施德馨，《康熙潯海施氏大宗族譜》（台北：龍文出版社，一九九三），第六冊，頁二七四九，〈補附〉，王熙，〈皇清光祿大夫太子少保內大臣靖海將軍靖海侯世襲罔替兼管福建水師提督統轄台澎水陸官兵事務加二級贈太子少傅謚襄壯傅施公琅暨配累封一品夫人王氏、誥封太恭夫人黃氏合葬墓志銘〉。

164 連心豪，〈施琅與清初開海設關通洋〉，《中國社會經濟史研究》，二〇〇〇年第一期，頁五〇—五六、二八。

165 〔清〕周凱，《道光廈門志》（道光十九年刊本），卷一五，〈風俗記〉，頁二，引莫鳳翔，〈水仙宮碑〉；頁五，〈俗尚〉。

166 林春勝、林信篤編，《華夷變態》（東京：東洋文庫，一九八一），下冊，頁二七二八。

167 參見朱維幹，《福建史稿》，下冊，頁五四〇—五八七，第三〇章〈太平天國革命時期林俊所領導的福建農民起義〉；頁五八七—六四一，第三一章〈太平軍四次入閩〉。

168 〔清〕翁天祜，《光緒續修浦城縣志》（光緒二十六年南浦書院本），卷六，〈風俗志〉，頁三引〔清〕黃恬，《嘉慶浦城縣志》。梁方仲，《中國歷代戶口、田地、田賦統計》（上海：人民出版社，一九八〇），頁三九一、三九四。劉永成，〈清前期廣東福建農村專業戶淺析〉，《平準學刊》，第五輯上冊（北京：光明日報出版社，一九八九），頁一二九—一六〇。

169 朱維幹，《福建史稿》，下冊，頁四三六—四三九，〈經濟作物的種植〉。

170 〔清〕方鼎，《乾隆晉江縣志》（乾隆三十年刊本），卷一，〈輿地志・風俗〉，頁六九。

171 《漳州府志》轉引自廈門大學歷史研究所中國社會經濟史研究室編，《福建經濟發展簡史》（廈門：廈門大學出版社，一九八九），頁二六。〔清〕薛凝度，《嘉慶雲霄廳志》（民國二十四年雷壽彭鉛印本），卷三，頁三，〈民風・衣食〉：「俗多種甘蔗、菸草，獲利尤多。」

172 朱維幹，《福建史稿》，下冊，頁四四〇—四四二，〈果樹的栽培〉；頁四四八—四五〇，〈木材的出產〉；頁四五〇—四五三，〈福建的三項特產〉。

173 〔清〕彭光斗，〈閩瑣記〉。引自朱維幹，《福建史稿》，下冊，頁四四五。廈門大學歷史研究所中國社會經濟史研究室編，《福建經濟發展簡史》，頁二五—六九，〈福建的農業〉。

174 徐曉望，〈論清以前安溪與泉州製茶業的發展〉，《福建茶業》，二〇〇二年第四期。

商幫採辦，運往關外，或運至沿海的廈門、泉州或廣州，銷往歐洲，據英國的紀錄，康熙二十四年銷往英國的茶已達一萬二千零七十磅[175]。乾隆年間，茶商鼎盛，如崇安茶商鄒茂章「以茶業起家二百萬」[176]。

復界後，原因遷界而停業的沿海鹽業、漁業，從此恢復生產，或在沿岸近海養殖蠣、蚶、蟶，或到近海寧德三都澳漁場，每年黃花魚群來時，寧德、福安、霞浦三縣漁船雲集，往來如織，連宵達旦，漁火輝煌。漁民甚至雙桅船駕遠赴浙江舟山群島漁場捕魚，每年約五、六百號，魚貨以冰鮮魚船或鹹鮮魚船，運販上海、寧波、杭州[177]。鹽產量也較清初大增，從順治三年的二萬一千四百五十五引，增至復展後之康熙二十三年的四萬五千二百五十六引，康熙三十二年更增至十萬零九千六百五十引[178]。

福建手工業製品，以福州漆器、象生花（絨絹花），德化白瓷，汀州、上杭、將樂、崇安、永安、順昌、南平的紙，漳州天鵝絨，晉江絲織與毛織品，建陽的書坊印書業等最為著名，復界後，貿易恢復，市場需求大增，也促使生產量提高。其中德化白瓷，「或作仙佛像」，色白如雪，晶瑩細膩，景德鎮「反效之」；很受國際市場歡迎，德化解元鄭兼才賦詩頌曰：「駢肩集市門，堆積群峰起。一朝海舶來，順流價倍蓰。不怕生計窮，但願通海水。」[179]晉江「男子雜作百工，技藝敏而善倣，北土緹縑、西方氊罽，靡不能成」[180]。清代福建紙業大興，品質大為提升，一些原來不產紙的地區，也生產優質紙張。汀州府屬諸縣的紙業即興起於清初，歸化縣「地磽無生計，民皆傭旁縣造紙」，由於張學尹改良竹種，生產上等竹紙，「歸化紙遂為閩中冠」[181]。將樂生產的紙，「細嫩，色白如雪，且不用末粉，年久不蛀」[182]。明代建陽印書業規模是全國最大的，清初仍盛，康熙年間，「書坊書籍，比屋為之，天下諸商皆集」[183]。

復界之後，農業、漁業、鹽業復甦，手工業發展，商業與中外貿易逐漸繁榮；無論沿海或內地，農村市集增加，城鎮繁榮[184]。福建農村市集稱為「市」或「墟」、「圩」，是因為農民「離城遙遠，攜取頗艱，爰聯鄉聚，克期交易」，在每旬一、六，或二、七，或四、九[185]。墟市數目的多少及市集週期間隔長短，反映當地人口與農村經濟的發展程度，清初復界後福建農村經濟恢復與發展的繁榮，反映在墟市數目較明代大為增加[186]。沿海地區，如漳州墟市由萬曆時的七十二個，增加到清代中期的二百一十四個，增長為原來的三倍[187]。其市集週期間隔也較短，一旬三次者較多，如歸化縣域墟市即以三、六、九為期，「百貨駢

---

175 朱維幹，《福建史稿》，下冊，頁四四三—四四八，〈茶葉的盛衰〉。

176 袁幹，〈茶市雜詠〉。引自廈門大學歷史研究所中國社會經濟史研究室編，《福建經濟發展簡史》，頁一八三，〈製茶業〉。彭澤益，〈清代前期茶業資本主義萌芽的特點〉，《中國社會經濟史研究》一九八二年第三期，頁一四—一九、二五。

177 朱維幹，《福建史稿》，下冊，頁四五三—四五五，〈漁業概況〉。

178 〔清〕周慶雲，《鹽法通志》（揚州：江蘇廣陵古籍出版社據民國四年文明書局鑄印夢坡室大本影印，一九八七），卷四八，〈引目六・福建〉，頁九。

179 廈門大學歷史研究所中國社會經濟史研究室編，《福建經濟發展簡史》，頁一九二。

180 同注八二。

181 〔清〕郭嵩燾，〈張少衡先生墓志銘〉，收入〔清〕閔爾昌，《碑傳集補》卷二三，頁九。

182 〔清〕李永錫、程廷栻，《乾隆將樂縣志》（乾隆三十年刊本），卷五，〈土產〉。

183 張秀民，〈明代印書最多的建寧書坊〉，《文物》一九七九年第六期，頁七六—八〇。（收入張秀民，《張秀民印刷史論文集》，北京印刷工業出版社，一九八八，頁一六二—一七〇。）〔清〕柳正芳，《康熙建陽縣志》（康熙四十二年刊本），卷三，〈書市〉。

184 王日根，〈十六—十八世紀福建沿海經濟開發中的商業化傾向〉，《廈門大學學報（哲學社會科學版）》，二〇〇〇年第一期，頁一〇八—一一四。

185 〔清〕李永錫、程廷栻，《乾隆將樂縣志》，卷二，〈城池〉。

186 陳鏗，〈明清福建農村市場試探〉，《中國社會經濟史研究》，一九八六年第四期，頁五二—六〇。據陳鏗的統計，明代中期福建全省墟市一百八十六個，清代中期增至七百多個。

187 徐曉望，〈論明末清初漳州區域市場的發展〉，《中國社會經濟史研究》，二〇〇二年第四期，頁二六—三九。收入徐曉望，《明

集，商賈貿易」[188]。內地府縣的墟市也大有發展，如上杭縣在明代只有一個設在縣城的墟市，乾隆年間增至三十個[189]。永定縣在明代也只有一個墟市，乾隆年間增至三十一個，其中溪口墟原為每旬一集，至道光年間增至每旬二集[190]。龍巖州以盛產茶葉、菸草，通於外省，其「墟市土肆，數倍從前」[191]。有的墟市規模特大，如長泰縣岩溪墟，每旬一、四、七日為市，「商賈闤至，以萬計」[192]。武夷茶原以內銷為主，下梅、星村為茶市，「附近各縣所產茶，均集中於此，竹筏三百輛，轉運不絕」。乾隆以後，「通洋之市遂以武夷主之」，武夷茶成為清朝對外輸出主要貨品，山區茶業更加興盛；星村成為主要茶市，「每年三、四月間於星村設立茶市，其時商賈雲集」[193]。

遷界後蕭條的沿海城鎮也逐漸恢復繁榮。省城福州，明末已發展成城內六市、城廂三市的大城，南門外之南台，「十里而遙，民居不斷」，西郊之洪塘「民居鱗次，舟航上下雲集」，尤其繁榮[194]。清初以來的發展，至清中期，更加繁榮，乾隆十六年，潘思渠〈江南橋記〉描述南台繁榮情況云：

> 南台為福之賈區，漁鹽百貨之輳，萬室若櫛，人煙浩穰，赤馬餘皇，估艑商舶，魚蛋之艇，交維於其下；而別部司馬之治，榷吏之廨，舌人象胥蕃客之館在焉。同往來二橋者，大江波然，綰轂其口，肩摩趾錯，利涉並賴。[195]

漳州對外貿易中心在明末是月港，清代月港淤塞，對外貿易轉往龍溪石碼鎮，由於「西北達漳通泉，南接廣東，東抵台澎，且荷蘭、日本諸國，四方舟車商旅出入者，必經是地」，而成「為大都會」[196]。漳州府城龍溪縣在明代已是個有三十二條街的繁華城市，「甲第連雲，朱甍畫梁，負妍爭麗」[197]。清代城內的士紳「半係販洋為生」，獲利甚鉅；因此「城市繁華」，「較之他郡尤為殷實」，是一「與廈門對峙」「勝於省會」的大城市。廈門是清雍正以後，關稅收入占福建全省一半的外貿港，「洋艘出入」，「港中舳艫羅列，多至萬計」，為「百貨聚集之處，商賈輻輳」，「市井繁華，鄉村繡錯，不減通都大邑之風」[198]。清初，泉州府安溪縣原是個商業不繁榮的小城，「邑城之列肆而居者竟寥寥也，布帛之細者未嘗鬻於市，海物之鮮者未嘗鬻於市，冠履服飾之工而巧者未嘗鬻於市，文房四寶攻及珍玩奇好之可藏而可貴者未嘗鬻於

清東南海洋經濟史研究》（北京：中國文史出版社，二〇一四），頁七六—九二。

188 〔清〕王國脈，《康熙歸化縣志》（康熙二十三年刊本），卷二，〈街市〉，頁八。

189 〔明〕黃仲昭，《弘治八閩通志》，卷一四，頁二七四，〈地理．坊市〉。陳鏗，〈明清福建農村市場試探〉，頁五三。

190 〔明〕黃仲昭，《弘治八閩通志》，卷一四，頁二七五，〈地理．坊市〉。陳鏗，〈明清福建農村市場試探〉，頁五九。

191 〔清〕彭衍堂，《道光龍巖州志》（道光十五年修，十六年重刊本），卷七，〈風俗志〉，頁四—五。

192 〔清〕張懋建，《乾隆長泰縣志》（乾隆十三年刊本），卷一，〈輿地〉，頁一〇。

193 衷幹，〈茶市雜詠〉，見林馥泉，《武夷茶葉之生產製造及運銷》（永安：福建省政府統計室，一九四三），頁八一。〔清〕魏大名、章朝栻，《嘉慶崇安縣志》（嘉慶十三年刊本），卷一，頁三。〔明〕徐經，《雅歌堂文集》，卷一一，頁一。〔清〕德福，《閩政領要》（福建師範大學圖書館藏抄本，北京：九州出版社，二〇〇四），卷中，〈各屬物產〉。戴一峰，〈近代閩江上游山區初級市場試探〉，《中國社會經濟史研究》，一九八五年第二期，頁九三—一〇四。

194 〔明〕王世懋，《閩部疏》（台北：文海出版社《明清史料彙編》初集第五冊，一九六七），頁二二七一。〔明〕王應山，《閩都記》（萬曆年間刊本，道光十年重刊本），卷一九，頁五，〈湖西侯官勝跡〉。陳怡行，《明代的福州：一個傳統省城的變遷（一三六八—一六四四）》，暨南國際大學歷史學研究所碩士論文，二〇〇四。

195 《道光重纂福建通志》，卷二九，頁五，〈津梁〉。

196 〔清〕陳鍈，《乾隆海澄縣志》，卷二二，〈藝文志〉，頁八，蘇殷，〈姜公陂碑記〉。

197 〔清〕吳宜燮，《乾隆龍溪縣志》，卷二三，張爕，〈清漳風俗考〉，頁三二。

198 《雍正硃批諭旨》（台北：文源書局，一九六五），冊四六，頁二七，高其倬奏。〔清〕德福，《閩政領要》，卷中。《乾隆鷺江志》（乾隆三十四年刊本），卷一。〔清〕周凱，《道光廈門志》，卷七；卷一五，〈風俗記〉，頁二，引楊國春，〈鷺門形勢記〉。藍達居，〈明清時期閩東南中心港市的發展〉，《華僑大學學報（哲社版）》，二〇〇〇年第四期，頁八七—九二。

市」，城郊鄉村雖有「日中為市」的市集，但市場上所販賣「亦大約服食器用之粗而賤者為多」。然而到了乾隆年間，由於茶業產銷興盛而發展成一個繁榮的大城市，《乾隆安溪縣志》云：「今自城至鄉，致民聚貨，屋相比，趾相錯，逐末者多而趨利者巧，始圖什百，繼圖倍蓰，甚至計毫釐，算錙銖，以巧致窮，因窮愈巧；此風亦相竟使然也。」[199]

不只是沿海城鎮繁榮起來，內地城鎮也繁榮起來。邵武府光澤縣城「巨賈侈陳，市廛棋布」[200]。建寧府浦城縣城在「海禁未通之日，尤覺沖繁」，《嘉慶浦城縣志》云：「承平日久，繁盛殷富，俗尚奢華，故諺有小蘇州之號。」[201]閩西地區，在明代，是商業較不發達的「僻壤」[202]，但到清代中期，商業日盛。汀州府「貨物，唯紙遠行四方」，嘉慶、道光年間的童榮南《連城風俗志》謂：「行貨商，居貸賈，熙來攘往，天下胥然。連之民能株守一隅哉？比年生計，雖遜從前，然紙販木商，浮梁買茶者，亦猶是遊武夷，入百粵，而贛旅尤多。」[203]上杭「人物富贍，甲於諸邑」，「質魯者出遠方貿易，皆有機權，善籌畫」，商業興盛，「為錢貨殷賑之區，闕津四會」[204]。

總之，清初海禁遷界結束之後，社會經濟恢復與發展，不但沿海城鎮繁榮起來，內地城鎮也繁榮起來，漸漸恢復明末的風華，這又可從社會風氣的由儉入奢見之。

六、清代中期「由儉入奢」的社會風氣

復界與開海禁後，衰退的清初福建經濟，逐漸復甦；隨經濟衰退而「漸返儉約」的社會風氣，又隨著經濟的復甦與繁榮，而「由儉入奢」，而且由於「奢侈則必僭逾」；因此「僭越違式」情況普遍，重演明

代從前期的儉約變為奢靡的社會風氣變遷歷史[205]。康熙四十六年就任福建巡撫的張伯行在〈飭諭節儉並各項條款示〉說道：

> 民間穿戴服飾，各有定制，不許越分違式，律載甚嚴。無如一種闖將光棍罔知法紀，爭以華麗相尚，不特袍掛全用紗緞，而且僭用大花團龍，異樣顏色。此皆無恆之輩，希假體面，招搖鄉里，冀遂誆騙；不管越分僭侈，群相效尤。[206]

又於〈飭禁婚嫁喪葬華奢示〉云：

> 閩為禮義之邦，日來人心漸漓，競趨汰侈，不但舍本業，營末作，麗衣鮮服，遊讌酒食。……即婚喪二事，……亦不敦尚本根，專飾浮文，富者矜其繁華，以為豪傑；貧者效富者之所為，謂之體

199 《乾隆安溪縣志》，卷四，〈風土〉，頁七九。

200 〔清〕段夢日，《乾隆光澤縣志》（乾隆二十四年刊本），卷四，《風俗》，頁三。

201 〔清〕翁天祜，《光緒續修浦城縣志》，卷六，〈風俗〉。

202 〔明〕何喬遠，《閩書》卷三八，〈風俗〉，頁九四五。

203 王集吾、鄧光瀛，《民國連城縣志》（民國二十八年維新書局石印本），卷一七，〈禮俗〉，頁六六〇。

204 〔清〕楊瀾，《臨汀彙考》，卷三，〈風俗志〉。周雪香，〈明清時期閩西客家地區的經濟變遷與科舉事業〉，《中國歷史地理論叢》，卷一九，二〇〇四年第四期，頁六六—七七。

205 〔清〕張伯行，《正誼堂集》（台北：學生書局，影印光緒五年（一八七九）刊行吳元炳編，《三賢政書》本，一九七六），卷五下，〈告示三〉，頁二七〈申飭鄉約保甲示〉。趙建群，〈試述明清福建地區奢侈性消費風尚的地域性表現〉，《福建師範大學學報》，二〇〇四年第六期，頁一一五—一二〇。

206 〔清〕張伯行，《正誼堂集》，卷五下，〈告示一〉，頁一一。

面。[207]

乾隆二年榜眼及第的閩人林枝春〈論三山邇日風氣書〉也說：

以今日閩省風俗言，有所謂……蠹者五……

二曰侈。鹽當子弟，服飾相矜久矣；近年，婦女妝飾尤異，剃眉復畫，高髻欲搖，拖帷裳，橫廣袖。登臨赴會，則侍女持長竿煙包筒，排列若長隨。競為葉子戲，混江遊湖，賭勝負歸來，紗燈相屬於道，青衣女鬟，垂髮及肩，而挽兩袖至臂者，皆若輩之貼身隨從也。數十年前，見有衣綃金繡錦者，則以為異。此則反嫌其俗而陋矣。中饋女紅，又暇問乎哉！

三曰妄。惟名與器不以假人，等級分明，民志乃定。今則銅臭隸役，一朝援例，虛得職銜，即製金牌，置傘扇，朱標封條，駢列門首，蟒袍補掛，服以為常。尋常則交接官吏，居停幕客；他鄉棲止者，利其食用，助以聲勢，民間自此多事矣。[208]

服飾之「華麗相尚」，妝飾追求時尚蔚為風氣，即使是社會下層民眾也不甘於「只用光素布帛」，群起效法官紳，「穿戴銀灰鼠貂帽、狐裘蟒袍、團龍紗緞之類」，「蟒袍補掛」[209]。並以此「越分違式」，挑戰既定的社會階級表徵，這種情形，尤其以經濟繁榮、社會繁華的沿海地區，福州、興化、泉州、漳州等府，最為顯著。乾隆年間，郭起元〈論閩省務本節用書〉云：「福、興、泉、漳四郡，用物侈靡，無論其他，即冠帶衣履間，動與吳閶杭越競勝。」[210]似乎明代後期福建華麗侈靡的社會風氣，於焉風華重現。

省會福州府「彬彬鬱鬱，衣冠文物之選，遂為東南一大都會」[211]，據《乾隆福州府志．風俗》云：

人以屋室鉅麗相矜，雖下貧必豊其居。……商以設質庫及業鹺者為上，亦有賈於海者，有散之四方者。其一切服食嫁娶喪葬諸事，雖競尚靡侈，而亦非真家擁厚貲也。[212]

則乾隆年間的福州，已一掃康熙初年「凋敝已極」的情況，變為「鉅麗相矜」，「競尚侈靡」的社會，由於侈靡成為風氣，大家競相追逐，即使非「真擁厚貲」的「下貧」之家，也群起效尤。

侈靡之風，表現於婚喪活動中。福州府古田縣，嫁女是展示家族實力的方式，道光年間陳盛韶實地考察的紀錄《問俗錄》云：

> 上戶費千金，中戶費數百金，下戶百餘金，往往典賣田宅，負債難償。[213]

泉州府，「習俗之趨向，尚豪侈」，「婚嫁頗尚侈靡」[214]，屬縣晉江據《乾隆晉江縣志・輿地志・風俗》云：

> 自逐末風勝，而敦本意衰，婚嫁頗尚侈觀，而巧匠導其流，割裂繒帛，彰施采繡，雕金鏤玉，以相誇競。[215]

漳州府也是婚姻「侈靡無節」，如龍溪縣「嫁女務以奩具相矜耀，稍嗇薄則俗揶揄之」；喪事也是「盛筵

---

207 （清）張伯行，《正誼堂集》，卷五，〈告示・飭禁婚嫁喪葬華奢示〉，頁六。

208 《道光重纂福建通志》，卷五五，〈風俗〉，頁二四。

209 王集吾、鄧光瀛，《民國連城縣志》，卷一七，〈禮俗〉，頁六六〇。

210 《道光重纂福建通志》，卷五五，〈風俗〉，頁二二—二三，郭起元，〈論閩省務本節用書〉。

211 （清）徐景熹，《乾隆福州府志》（乾隆十九年刊本），卷二四，〈風俗〉，頁一。

212 （清）徐景熹，《乾隆福州府志》，卷二四，〈風俗〉，頁六。

213 （清）陳盛韶，《問俗錄》（清道光年間刊本。南投：台灣省文獻委員會，一九九七），頁一七，〈水溺〉。

214 （清）懷蔭布，《乾隆泉州府志》（同治九年章倬標刊本），卷二〇，〈風俗〉，頁一四。

215 （清）方鼎，《乾隆晉江縣志》，卷一，〈輿地志・風俗〉，頁六九。

席以待之，競為豐侈」[216]。廈門也特別講究妝奩與喪葬，《道光廈門志．風俗記．俗尚》云：

先期鼓樂送至男家，珠翠衣飾無論已外，如卍字糖、福餅、絨花、綵繒，動盈數十筐，謂不如是，則見誚於人。在富者為所欲為，中戶嫁一女，費過半矣，甚有鬻產嫁女者。……喪葬，尤多非禮罔極之喪，……喪次粧飾婢僕如生人，衣以文繡，綠咋之轎，白絹之亭，付諸一炬。初喪，置酒召客，演劇喧嘩，以為送死之禮。大祥前三、四月，擇日致祭除服，云為兒孫作采。……居喪作浮屠，已屬非禮，廈俗竟至演戲俗呼雜出，以目蓮救母為題，雜以豬猴神鬼諸齣。甚至削髮之僧亦有逐隊扮演，醜態穢語，百端呈露，男女娶親，毫無顧忌。喪家以為體面，親友反加稱羨，悖禮亂常，傷風敗俗，莫此為甚。[217]

另外一種奢靡風氣，表現於迎神賽會，清政府「疊次諭禁，未盡斂跡」[218]。廈門的情況，相當典型。《道光廈門志．風俗記．俗尚》又云：

滿地叢祠，迎神賽會，一年之交，且居其半，有所謂王醮者，窮其奢華，震鍧炫耀，遊山遊海，舉國若狂。扮演凡百鬼怪，馳輦攢力，剽疾爭先，易生事也。禁口插背，過刀橋，上刀梯，擲刺毬，易傷人也。賃女妓，飾稚童，肖古圖畫曰台閣，壞風俗也。造木舟，用真器浮海，任其所之，或火化，暴天物也。疲累月之精神，供一朝之睇盼，費有用之物力，聽無稽之損耗，聖人神道設教，而流弊乃至於此。[219]

《乾隆晉江縣志．輿地志．風俗》亦云：

若乃迎神賽會，裝飾台閣，窮極珍貝，誇耀街衢。普度拈香，結搭幃棚，連宵達旦，彈吹歌唱，醵錢華費，付之一空。是則何為，此皆好事者之造端，而漸成為風尚，欲其不徇俗者，難矣。[220]

同安、福州也都有同樣的情況，「每歲迎神設醮，舉國若狂」[221]。此外，廈門的侈靡與僭越也和其他地區一樣，顯著地表現在服飾：「衣服華侈迥於他處，最靡者，役隸優伶被服勝於士大夫，婦女尤務為工巧新奇」，「炫服靚粧，持傘代杖，遨遊道上，相率入寺燒香」[222]。漳州府亦然，「無貴賤多衣綺繡」[223]。平和縣「在昔所製，率多樸素」，康熙末年修的縣志云：「近來，競為奇麗，風尚然也。」[224]長泰縣也因「昇平日久」，風氣不如清初，「膏粱子弟，紈褲少年，飲食無度，衣服麗都」[225]。沿海的福寧府也「衣服飲食漸習驕奢」，寧德縣風俗原本「質樸，衣服多布縷，少紈綺」，此時也因「貿易江浙，漸成華靡」。福安縣，此時也因習尚「浮靡」，婚禮重排場鋪張，「有因而蕩產者」[226]。

清代中期，沿海地區府縣表現在服飾、飲食、婚喪及迎神賽會的華靡風氣，同樣也出現在內地山區的

---

216 《乾隆福建通志》（《文淵閣四庫全書》本），卷九，〈風俗〉，頁一〇。〔清〕吳宜燮，《乾隆龍溪縣志》，卷一〇，〈風俗〉，頁三。

217 〔清〕周凱，《道光廈門志》，卷一五，〈風俗記．俗尚〉，頁六。

218 《清代福建省例》（台北：台灣銀行經濟研究室《台灣文獻叢刊》第一九九種），〈雜例〉，〈嚴禁迎神賽會〉，頁一二一八。

219 〔清〕周凱，《道光廈門志》，卷一五，〈風俗記．俗尚〉，頁一二。

220 〔清〕方鼎，《乾隆晉江縣志》，卷一，〈輿地志．風俗〉，頁六九—七〇。

221 〔清〕張伯行，《正誼堂集》，卷五下，〈告示一〉，頁二三—三三。

222 〔清〕周凱，《道光廈門志》，卷一五，〈風俗記．俗尚〉，頁九。

223 《道光重纂福建通志》，卷五六，〈風俗〉，頁二二。

224 〔清〕王相，《康熙平和縣志》（康熙五十八年刊本），卷一〇，〈風土．民風〉，頁七。

225 〔清〕張懋建，《乾隆長泰縣志》，卷一〇，〈風土志．風俗〉，頁二。

226 《道光重纂福建通志》，卷五八，〈風俗〉，頁一，引《府志》；頁四，引《乾隆福安縣志》；頁五，引《乾隆寧德縣志》。

府縣。龍巖州本來「民俗儉樸」，至清中期，「生齒日繁，闔閭競侈，婚喪之費，靡不可節」[227]。延平府沙縣原本「習尚儉嗇」，「然末流之弊，飾以長浮，華以生侈」，民間衣服原先「多用裔布」，清代中期，人們穿著「殊無等級之別」，「繪緞呢羽，狐羔羅葛，焜耀道途，華飾甚矣」；在飲食方面，民間宴會酒食，由「昔時從儉」，變為「漸豐」，「頗羅珍錯」[228]。將樂縣，「嫁娶多過乎奢，而喪葬則未盡乎禮」[229]。順昌縣由於商業發達，「商賈往返江海，歲以為常」，社會富足，不再滿足於土產，「里弄衣冠，多尚京式，器御餚果非吳下不珍，有月異而歲不同者」[230]。永安縣，至雍正年間，「間有挾策出遊吳越者，即炫其侈麗，不過衣服器用偶傳新派，酒食宴飲頗示珍奇」[231]。建寧府附郭建安縣，明代還是「宴會尚簡」，「肴不過五簋，果不過數碟，酒數行止」，康熙末年，已因「爭尚奢靡」，宴會不再尚簡，而競尚「珍異羅列」[232]。另一附郭縣甌寧也是「市井之習，浮侈相矜」，「僧賈胥隸之徒，爭尚華靡，埒於公卿」[233]。浦城縣「當閩浙要衝，官商往來，絡繹輻輳」，有「小蘇州」之稱，由於「承平日久」，「富庶繁華」，「習漸奢侈浪費」[234]。邵武府「風俗奢侈」，建寧縣，宴會「原僅六七簋而止」，康熙末年，則「常會盤飧錯，水陸數十品以為珍」[235]。邵武、光澤、泰寧三縣，本是「鮮為商賈，商賈亦鮮至」之地，「其俗纖儉，安於食稻而安蔬」，但至康熙年間，建寧以產「紵布走四方」與外省貿易，「轉致蘇、揚、杭州諸奇麗」，經濟較繁榮而「俗靡」。而「泰、光二邑猶樸略」，直至乾隆年間，社會風氣始改變，民人也「樂商賈」，「外來酬贈」日多，三縣皆「筵宴服飾」，「漸尚華侈」[236]。婚嫁方面，也頗侈華，清人黃衍〈上郡守請正風俗書〉云：

> 每一婚嫁，動費金數百，一宴會費錢數緡，筐篚纍纍，炫耀耳。具山珍海錯，羅列幾筵，富家僅自完，中產一揮已罄。[237]

則婚嫁鋪張已成風氣，即使力不能逮，亦勉強為之。

汀州府，清初「黜華崇實」，「衣悉布素」，據乾隆四十七年刊行之《長汀縣志・風俗・衣服》云：「近數十年來，履絲曳縞之輩，輕裘緩帶之風，踵相接矣。」[238]乾隆四十七年之前的「數十年」，也就是乾隆初年，在福建最偏僻的內地山區，社會風氣也在轉變中。當時的武平縣也「服食頗事奢華」[239]；似乎黜素崇華，已是普遍的趨勢。

---

227 〔清〕彭衍堂，《道光龍巖州志》，卷七，〈風俗志〉，頁一。《道光重纂福建通志》，卷五八，〈風俗〉，頁三〇。

228 《道光重纂福建通志》，卷五七，〈風俗〉，頁三。〔清〕孫大焜，《道光沙縣志》（道光十四年刊本），卷一，〈方輿・風俗〉。

229 《乾隆福建通志》，卷九，頁一一。

230 〔清〕陳瑛，《乾隆順昌縣志》（乾隆三十年刊本），卷一，〈疆域・風俗〉，頁二〇。

231 〔清〕裘樹榮，《雍正永安縣志》（雍正十二年刊本），卷三，〈風俗〉，頁一－二。

232 〔清〕崔銑，《康熙建安縣志》（康熙五十二年刊本），卷一，〈建置沿革・風俗〉，頁一－二。

233 〔清〕鄧其文，《康熙甌寧縣志》（康熙三十二年刊本），卷七，〈風俗禮文〉，頁二七。

234 〔清〕翁天祜，《光緒續修浦城縣志》，卷六，〈風俗〉，頁一；頁三引〔清〕黃恬，《嘉慶浦城縣志》。

235 〔清〕韓琮，《乾隆建寧縣志》，卷九，〈風俗〉，頁二，引甘國埔等，《康熙續修建寧縣志》。

236 〔清〕張鳳孫，《乾隆邵武府志》（乾隆三十五年刊本），卷六，〈風俗〉。《道光重纂福建通志》，卷五七，〈風俗〉，頁二四，〈國朝黃衍上郡守請正風俗書〉，〈施鴻輿地風俗書〉。

237 《道光重纂福建通志》，卷五七，〈風俗〉，頁二四。

238 〔清〕劉國光，《光緒長汀縣志》，卷三〇，〈風俗・士習〉，頁二，引康熙時上杭人黎士宏，〈修學記〉；頁三，〈風俗・民風〉；頁六－七，〈風俗・衣服〉。〔清〕陳朝羲，《乾隆長汀縣志》（乾隆四十七年刊本），卷七，〈風俗〉，頁二。

239 〔清〕曾曰瑛，《乾隆汀州府志》，卷六，〈風俗〉，頁五。

總之，清中期，福建全省，不但沿海府縣，就連內地山區府縣，包括最偏僻的汀州府，隨著經濟的復甦與發展，社會風氣也開始朝奢靡僭越演變，於是明末華麗奢侈的社會風貌，再度顯現。

七、明清福建社會風氣變遷的局限

然而明清福建社會風氣變遷亦有局限，並非全省所有府縣，在嘉靖、萬曆以後及康熙晚期以後，衣食住行均有「僭侈過度」的現象，人倫禮法均有鬆動的危機。由於福建經濟發展的不平衡，內地有不少地方，仍因對外交通聯繫不便，商品經濟較不發達，較為貧窮，無力仿效繁華的城鎮，追逐奢靡之風；其中尤以汀州府最為典型。汀州府屬有長汀、寧化、上杭、武平、清流、連城、歸化、永定等八縣，位「在萬山中」，是福建各府中較封閉的府，也是經濟最貧窮的府。在現存的明代福建方志及清代、民國福建方志轉引的明代方志資料中，沒有一部說到當地社會有風氣變遷的情事。大致的記載都是如《嘉靖汀州府志．風俗》所云：

> 士夫知讀書進取，間有魁元，民庶安稼穡勤勞，少營商賈。歲時燕享不廢，亦鮮競於汰奢，少長服飾尚新，未曾流乎侈僭。富家尊守禾稅，貧夫力治山畬，廛市無行貨之婦人，街衢少伏地之丐者，室家不致終於曠怨，子女不忍鬻於他鄉，官府教唆刁潑之風罕聞，村落朋凶鬥狠之事稀見。[240]

何喬遠《閩書．風俗志》也有類似記載，例如連城縣「土瘠民貧，工務勤勞，女安儉樸」，歸化縣「質直好儉，民力耕種，重遷移，至貧餒不敢為非」，永定縣「其人貧而寡文，崇尚廉恥；士甘自守，少奔競」[241]。清代汀州府社會風氣亦如此，大致如《乾隆汀州府志．風俗》所云：

汀鄰江廣，壤僻而多山，……人多剛果樸直。

長汀縣。……國朝氣運初回，人心返樸……力田治山之民，常安本分，雖習尚間涉虛華，而人心終還樸素。

寧化縣。……國朝，民競守財，亦隆氣節，士多好古。……喜鬥健訟，拒捕抗租，亦稱強悍難治云。

清流縣。……國朝，俗尚儉約，不事浮華，冠婚喪祭，亦頗近古。居鄉以刺船為業，陸而樵、水而漁者，僅足衣食。此外，別無土產，外貨不至，城鮮貿易；蓋由地瘠民貧之故。

歸化縣。……國朝，地褊俗陋，善保身，重犯法，市井鮮囂凌之習，公庭少敲朴之聲。惟喪葬誇奢，不循乎禮。

連城縣。……國朝，土瘠民貧，男耕女織，戶多賈販，利盡錙銖。士尚文，人習武，族重家規，鮮亂宗之子，室嚴閫範，少再醮之妻。窮民甘於負載，世家恥為衙役；固山水之剛氣所鍾，抑習俗之洗除頗力也。

上杭縣。……國朝，文物類於大邦，科名甲於諸邑，家家建追遠之廟，戶戶置時祭之資。

武平縣。……國朝，任俠輕財，習文重武，男尚意氣，女守貞操。但俗信師巫，服食頗事奢華耳。

永定縣。……國朝，家絃戶誦，樸陋少文，勤力作，婦女亦同勞苦，喜任卹，戚鄰不惜匡扶，睹淳

240 〔明〕邵有道，《嘉靖汀州府志》，卷一，〈地理志．風俗〉，頁一三。

241 〔明〕何喬遠，《閩書》，卷三八，〈風俗志〉，頁九四五。

> 沕之風，欣然慶焉。[242]

上述汀州府八縣風俗中，只有長汀「習尚間涉虛華」與武平「服食頗事奢華」，比對現存的清代福建汀州方志的相關記載，文字稍有出入，但沒有相反的記載。這種情況，到道光初年間，沒有改善，《道光重纂福建通志‧風俗‧汀州府》所載的八縣風俗中，比起《乾隆汀州府志‧風俗》，只有長汀仍保持「習尚間涉虛華」，武平的「服食頗事奢華」已經刪去，代之以「民俗淳龐」「衣食不尚奢靡」。其他六縣，不是「民質直無華」，「習尚樸素」，就是「境小土瘠，民俗敦樸」，「土瘠而民淳」，「其風俗務勤儉而不敢偷」[243]。

其他上四府的縣分，也有類似情況，如建寧府的壽寧縣，位在內陸山區，「山險而偪，水狹而迅」，相當封閉。崇禎七年，馮夢龍出任壽寧縣知縣時，他在《壽寧縣待志》中說道：「壽無土宜，貿易不至，故人亦無習賈者。……民間以物付質，……所質亦多穀，不用銀。」士民食衣住行都很樸素，「士民男女皆布衣，綢紗則偶見之。問饋甚簡，盛以木碟，方數寸，升豆斗粟，束蔬封果，即可以贄官府」。明代宴會「五割」的上品……鵝，在壽寧則少見，「非大宴會不具」。馮夢龍又說：「溪魚僅二三寸，亦為珍饌。鰉魚從寧德來，甚艱，非大寒之候，色味俱變矣。時果稀少，大家設宴，皆以蒸餅糖食列行。次設生腥五器，始列熟品。品多豕，亦有雞鴨，俱瘦且帶血，登俎韌不堪嚼。若燕窩、西施舌、江瑤柱等，雖出閩海，壽之大家有從未經目者。」他認為「凡此皆庶幾古儉樸之風，要亦僻陋之所留也」[244]。這種情況，到清代仍然如此，《康熙壽寧縣志‧輿地‧風俗》云：

> 按：壽寧，阻山依谷，民生其間，俗尚淳龐，多魯而少文，士夫不乘輿張蓋，富厚鮮聚奴畜僕，貧。民力於本業，無閒食之口，婦女勤於織事而無郊外之遊。居室不以高廣為麗，衣服不以華靡相誇。[245]

這種情況至道光年間，仍然不變。[246]

其他內地府州及其屬縣，至清代中期也有類似情況。《道光重纂福建通志．風俗．延平府》云：延平府「風俗淳厚而樸」。府屬六縣中的沙縣、將樂、順昌、永安至乾隆年間有華靡之風，但南平「躓躓然有端謹風」，「少遠遊之人，平居憚於應酬，搢紳扃戶簡出」，尤溪縣「重名教，彬彬然風雅是尚」[247]。建寧府，府屬六縣，清代中期，建安、甌寧、浦城三縣，有「爭尚奢靡」之風，其他三縣，則松溪「土風淳樸，人性儉約，地瘠民貧」，政和「民貧且拙」，「俗多務本而少逐末」，建陽「俗醇質茂」[248]。邵武府，府屬邵武、建寧、光澤、泰寧四縣，清代中期，多「漸尚華侈」[249]。但光澤縣卻「近於還淳返樸」，《道光重纂光澤縣志．風俗略》云：

---

242 （清）曾曰瑛，《乾隆汀州府志》，卷六，〈風俗〉，頁一—五。《乾隆汀州府志》述各屬縣風俗志乃摘自各縣乾隆年間修的志書，比對《乾隆長汀縣志》（卷七，頁三）、《乾隆上杭縣志》（卷一一，頁一八—一九），文字相同，惟《乾隆連城縣志》稍有出入，可能是《乾隆汀州府志》刊刻於乾隆十七年，而《乾隆連城縣志》刊刻於乾隆十六年，來不及納入，然其內容並不衝突。參見王集吾、鄭光瀛，民國二十八年刊印《民國連城縣志》，卷一七，頁一—二。

243 《道光重纂福建通志》，卷五七，〈風俗．汀州府〉，頁二五—三一。

244 （明）馮夢龍，《壽寧縣待志》。見傅衣淩，〈閩俗異聞錄（一）〉，《福建文博》，第六期（一九八四年十月），頁五二—五六。

245 （清）趙廷機，《康熙壽寧縣志》（康熙二十五年刊本），卷一，〈輿地．風俗〉，頁八。

246 《道光重纂福建通志》，卷五八，〈風俗．福寧府〉，頁六。

247 《道光重纂福建通志》，卷五七，〈風俗．延平府〉，頁一—七。

248 《道光重纂福建通志》，卷五七，〈風俗．建寧府〉，頁一〇—一四。

249 《道光重纂福建通志》，卷五七，〈風俗．邵武府〉，頁一八—二一。

> 酒食尚樸，享重客，費不及二緡，春酒加薄，纔數百算而已。[250]

福寧府屬霞浦、福鼎、福安、寧德、壽寧五縣，霞浦、福安、寧德靠海，有魚鹽貿易之利，「漸成華靡」[251]。

不獨內地的府縣，甚至在沿海的府縣，亦有不少地方，有類似情況。就在省會的福州府內，古田至萬曆後期，即因「無舟楫之通，民務稼穡，鮮逐末之利」，而「冠婚喪祭歲時習尚，猶多醇樸之風」[252]。這種情況至清代一直如此，乾隆年間，古田仍是「鄙樸勤力」。其他福州府屬縣分也如此，清代乾隆年間，福清「地廣土瘠，人儉樸」，屏南「地瘠民貧，樸陋少文」，「俗安業畏法，競以節儉為務」[253]。興化府雖位在沿海，其民「近海魚鹽，近山稼穡，下里少田地則商賈」，「人無厚產而用常足」，然其他屬縣至清代仍然風氣淳樸，仙遊，「產薄用儉，俗賤逐末」[254]；永福縣「土著之民，好禮守法，敦樸尚實」，「男耕女織，不事商賈，山谷之中，有至老未入城市者」[255]。永春在康熙年間，雖農業發達，但「商賈百工藝業，咸遠人擅之」，其風俗「務本薄末」，「樸魯少文」；至乾隆後期，雖然稍有改進，「商賈之業，間有習者」，但風俗仍「儉樸無浮靡汰侈之習」[256]。甚至連工商發達的泉州府屬縣，生產白瓷之德化縣，也是到嘉靖年間，仍然「務本薄末，愛惜廉恥；至今有古風焉」[257]。漳州府南靖縣至萬曆中期，仍然是「士勤誦讀，尚氣節，民務耕稼，俗敦儉樸」[258]。福寧州福安縣至萬曆後期，也仍然是「男女安耕織，兄弟不相離，士民淳，尚作力，無浮靡之態」[259]。不過，到了清代，泉州府屬五縣，漳州府屬七縣，處於工商貿易發達之地，方志雖然也說部分地方，如詔安縣，「土瘠民勞，俗厭浮麗」，但仍可藉「商舶浮海攘利」，則其「厭浮麗」之俗，並不能與內地山區之崇儉樸，相提並論[260]。

結語

總之，福建的社會風氣，自明代中期以後，無論沿海或內地，均開始隨商品經濟、海外貿易的發展，日漸僭侈，風氣之變，由衣食往行的物質文化開始，競相華侈僭越，然後及於人倫道德關係之精神文化。其變遷的程度，雖不像江南那麼高那麼全面，但也不似華北那樣，有相當多的州縣，一直到明末都沒有什麼變化。

但是後來福建的社會風氣並不是一直都維持華侈僭越，由於明清之際福建的動亂與海禁、遷海，重重

250〔清〕盛朝輔，《道光重纂光澤縣志》（同治九年補版重印本），卷八，〈風俗略〉，頁二。

251《道光重纂福建通志》，卷五八，〈風俗．福寧府〉，頁一—六。

252〔明〕劉曰暘，《萬曆古田縣志》（萬曆三十四年刊本），卷一，頁三。

253《道光重纂福建通志》，卷五五，〈風俗．福州府〉，頁一—一一。

254《道光重纂福建通志》，卷五五，〈風俗．興化府〉，頁三〇—三三。

255〔清〕陳焱，《乾隆永福縣志》（乾隆十四年刊本），卷一，〈風俗〉，頁一九。

256鄭翹松，《民國永春縣志》（民國十六年纂，十九年中華書局鉛印本），卷一五，〈禮俗志〉，頁一—二，引《康熙永春縣志》（康熙二十三年刊本）與《乾隆永春縣志》（乾隆五十二年刊本）。

257〔明〕蔣孔煬，《嘉靖德化縣志》（嘉靖十年刊本），卷二，頁二六。

258〔明〕王人聘，《萬曆南靖縣志》（萬曆二十六年刊本），卷一，頁七。

259〔明〕何喬遠，《閩書》，卷三八，〈風俗志〉，頁九四七。

260《道光重纂福建通志》，卷五五，〈風俗．泉州府〉，頁三〇—三三。〔明〕何喬遠，《閩書》，卷三八，〈風俗志〉，頁九四七。

地打擊明代後期以來繁榮的經濟，於是伴隨經濟繁榮而產生的奢靡社會風氣，大為改變，「由奢入儉，由華返樸」，「風華不再」。直至康熙二十二年，明鄭投降，台灣納入版圖之後，沿海展界、復界與開放海禁，農工商貿易復甦與發展，重演明代社會風氣變遷歷史，由儉約變為奢靡。無論沿海或內地，又開始從衣食住行的物質文化開始，競相華侈僭越，然後及於人倫道德關係之精神文化；奢靡社會風氣，在清代中期，即康熙後期到雍正、乾隆、嘉慶年間，「風華再現」。奢靡的社會風氣，更表現於婚喪喜慶及迎神賽會之鋪張，講求排場。流風所及，甚至沒有足夠財力的個人或地方，也競相追逐，負債也在所不惜。

福建的社會風氣變遷的程度，至清初，由於政治軍事動亂與海禁、遷海，海外貿易發展不如明代，全省經濟發展程度，在時間上的比較不如晚明，空間上的比較遠不如江南。又由於福建的經濟發展不平衡，大部分內地山區和部分沿海的府縣，商品經濟不夠發達，社會風氣始終維持著明初的「俗安樸素」。這些府縣城鄉罕事商賈，土瘠民困，維持生活已相當困難；奢靡社會風氣是由繁榮的經濟支撐起來的，經濟落後地區，人民生活困難，無力仿效繁華的城鎮，追逐奢靡之風。

總之，福建社會風氣的變遷，與社會經濟發展息息相關。以時間而論，從明初到清代中期，隨著社會經濟的繁榮與衰落，社會風氣由淳樸而奢華，由奢華歸於樸素，又由樸素再現奢靡風華。以空間而論，社會風氣又體現社會經濟發展的程度，由於福建經濟發展在空間上的不平衡，內地有不少地方，因對外交通聯繫不便，商品經濟較不發達，較為貧窮，「儉且不支，又何能奢」？

第五章

明代婚姻制度

前言

婚姻是人類為滿足性的需求而發生的關係，由於人類的性衝動比其他動物積極、迫切而普遍持久，若不加若干限制，必將引起無限的紛爭與衝突；因此每一個社會都定有若干禮制或法制來界定男女關係。男女滿足性關係之後，隨著來的是生男育女的問題，所以男女兩性除了情感上的調和之外，又需在經濟上合作，以取得生活上適切的滿足。這些都不再是生物本能的問題，而是包括情感、子女、經濟等因素在內的複雜社會活動與人際關係。這些因素在婚姻中所占的比重，隨著時代與社會環境而有差異。

中國傳統社會，最重人際關係、子嗣延續與祖先祭祀；對於婚姻的定義，《禮記．昏義》說：

昏禮者，將合二姓之好，上以事宗廟，而下以繼後世也；故君子重之。[1]

可見婚姻在傳統中國社會，實以家庭關係為主，為繁衍種族與祭祀祖先而結合的；獨身與無嗣常被視為不孝的行為，孟子就說過：「不孝有三，無後為大。」[2]這一觀念相沿不改，後代中國人談起婚姻目的，始終不離此；而將男女愛情視為婚姻主要目的之觀念，甚為罕見，直到近代以後，才大行其道。明代後期，張孚敬就勸嘉靖皇帝為子嗣計，多納嬪妃，他說：「古者天子立后，並建六宮、三夫人、九嬪、二十七世婦、八十一御妻，所以廣嗣也。」[3]依《明律》的規定：「其民年四十以上無子者」，為求子嗣是可以娶妾的[4]。

既然婚姻是以祭祀祖先與傳宗接代為主要目的，在傳統中國社會裡，這正是家長主管的，「父母之命，媒妁之言」是婚姻唯一的合法形式。為子娶妻，為女嫁夫，全由家長作主，子女只有唯命是從，不得反抗。根據〈大明令〉，「嫁娶皆由祖父母、父母主婚」，「其夫亡，攜女適人者，其女從母主婚」。甚至子女「或仕宦或買賣在外」，也不得以自己訂婚在前，而反抗家長「後為訂婚」，除非子女已完成結婚手續，否則「未成婚者，從尊長所定」，依《明律．戶律三．婚姻》的規定，「違者杖八十」[5]。婚姻既由家長作主，主婚權在家長手中，離婚也同樣由家長作主。離婚的原因，大多是媳婦與翁姑不合。《禮記．內則》說：

子甚宜其妻，父母不悅，出。[6]

夫妻感情不論怎麼好，只要翁姑不喜歡，便得離婚，這類例子史不絕書。明朝河南蘭陽縣士明善夫婦就是個好例子，明善娶妻李氏，夫婦感情甚好，一日，李氏不小心，引起火災，把家燒了，婆婆大怒，將李氏逐出，明善不敢有難色，一切聽憑母親作主，因而列入《蘭陽縣志》的〈孝友傳〉。[7]

又再由夫妻地位觀之，婚姻以男夫為主，《禮記．郊特牲》說：「男帥女，女從男，夫婦之義由此始也。」[8]《儀禮．喪服》也說：「未嫁從父，既嫁從夫，夫死從子。」[9]所謂「三從」，再加上「婦

1 《禮記正義》（乾隆四年校刊武英殿十三經注疏本），卷六一，頁三一四。
2 《孟子注疏》（十三經注疏本），卷七，〈離婁上〉，頁一三七。
3 〔清〕張廷玉等，《明史》（北京：中華書局新校標點本，一九七四），卷一一四，〈后妃二．孝烈皇后〉，頁三五三一。
4 黃彰健，《明代律例彙編》（台北，中央研究院歷史語言研究所專刊之七五，一九七九），卷六，〈戶律三．婚姻〉，頁五〇一，「妻妾失序」。
5 黃彰健，《明代律例彙編》，卷六，〈戶律三．婚姻〉，頁四九九—五〇〇，「妻妾失序」。
6 《禮記正義》，卷二七，頁一一。
7 〔清〕陳夢雷，《古今圖書集成》（台北：文星書店據華書局本排印，一九六四），《理學彙編．學行典》，卷一九四〈孝弟部〉，冊六一二，頁一一。
8 《禮記正義》，卷二五，頁二三—二三。
9 《儀禮集釋》，（乾隆敕刻武英殿聚珍本），卷一七，頁二九。

德、婦言、婦容、婦功」的「四德」。這一傳統，到明朝還是如此。就婚姻儀式而言，也以夫家為中心，婚後生活，除招贅婚外，均在夫家，而妻子於婚後受夫監護，離婚權操在夫家手中。

明代處於中國傳統舊社會的後期，社會經濟頗有進展，社會風氣亦隨之變遷，值此之際，作為社會制度的基本要素——婚姻制度如何？是否受到社會經濟與社會風氣變遷的影響，是為本文之主題。

一、婚配的範圍

婚姻既為一種社會制度，對社會上每個人的婚姻行為均有制約作用，從婚配的範圍來說，傳統中國社會是相當嚴格的，不論從血族、民族或社會階級，均有一定的限制，以下僅就這些傳統的限制，在明代實施的情況所決定的婚配範圍加以論述。

（一）婚配的限制

1. 從血族的範圍而言，傳統中國社會本有同姓不婚、尊卑不婚、宗妻不婚、中表不婚、異父同母或妻子前夫子女不婚等規定，以下就明代情況分別說明。

(1) 同姓不婚。《說文》：「姓、人所生也。」[10]姓原是一種血族的標識，最初同姓的人都有血統關係。中國社會自周代以後，父系社會確立，排斥族內婚，而行族外婚制。《禮記．大傳》說：「繫之以姓而弗別，綴之以食而弗殊，雖百世不得通婚者，周道然也。」[11]《左傳．昭西元年》，公孫僑也說：「男女辨姓，禮之大同也。」[12]為的就是維持族外婚制。而且根據遺傳的理由，古人早已知道血親太近的婚姻，對子女健康有礙。《左傳．僖公二十三年》：「男女同姓，其生不蕃。」公孫僑也說：「內官不及同姓，其生不殖，美先盡矣；則相生疾，君子是以惡之。」[13]甚至有人認為同姓結婚還會招惹災亂，如《國語．晉語》中，記載司空季子的話說：「同姓則同德，同德則同心，同心則同志；同志雖遠，男女不相及。畏黷敬也，黷則生怨，怨亂毓災，災毓滅姓。是故取妻避其同姓，畏亂災也。」[14]這一同姓不婚的制度，歷代因此相沿不改，禮法中均以此為禁忌。《明律．戶律三．婚姻．同姓為婚》：

> 凡同姓為婚者，各杖六十，離異。[15]

《明律纂註》解釋說：

> 禮不娶同姓，所以厚別也。故凡娶同姓女為妻妾，或以女嫁與同姓為妻妾者，是瀆倫也。或坐主婚，或坐男女，彼此各杖六十，婦女離異歸宗，財禮入官。[16]

但事實上春秋戰國以後，姓氏混雜，尤其五胡亂華以來，邊疆民族改從漢姓者比比皆是，姓氏混亂

---

10 《說文解字注》（台北，漢京出版社影印本，一九八〇），頁六一八。

11 《左傳注疏》（十三經注疏本），卷三四，頁六一九。

12 《左傳注疏》，卷四一，頁七〇七。

13 〈左傳注疏〉，卷一五，頁二五二；卷四一，頁七〇七。

14 《國語》（台北，里仁影印新校點本，一九八〇），卷一〇，〈晉語四〉，頁三五六。

15 《明代律例彙編》，（以下簡稱，《彙編》），卷六，頁五〇三。

16 《明律例集解》（萬曆三十八年刊本），卷六，頁一六。

早已不成同一血族的標識。同姓未必同宗，同宗才能說有血統關係。因此同姓不婚的禁忌早已失去原義，禮法的規定雖堅持不改，已成具文，實際上已難遵守「庶民嫁娶，不辨同姓」。只是當政府高官貴族要求封妻時，才會遭到指責。明洪武年間，山東指揮使王德為其妻王氏請封，太祖並未加罪，僅斥責他說：「同姓為婚，昔即非禮，今豈得受封耶？兵部其移文諭之。」[17]明末大將劉澤清娶妻劉氏，則不但未遭斥責，而且受封為一品夫人[18]。因此明代社會，所謂同姓不婚，不但社會上許可，而且得到政府的承認。

(2)宗妻不婚。中國社會極重倫常，同宗血統相近，嚴禁通婚。同宗又分有服親與無服親，所謂有服親係指須穿著斬衰、齊衰、大功、小功、緦麻五等喪服的親屬，比緦麻遠一等的算是「出五服」的無服親。依《明律．戶律三．婚姻，娶親屬妻妾》的規定：

凡娶同宗無服之親，及無服親之妻者，各杖一百。

若娶同宗緦麻以上姑姪姊妹者，亦各以姦論。並離異。[19]

同宗不婚的規定是相當嚴的，而同宗親屬的妻妾，雖為異姓，並無血統關係，但恐怕混亂了原有的家庭關係與秩序；因此宗妻不婚也嚴格執行。不僅在丈夫生時不能有犯姦行為，即使夫死之後，亦不得嫁與同宗，只能嫁給外姓。否則須按其夫與後娶者親屬關係之親疏治罪。已成婚者，還須強制離異。《明律．戶律三．婚姻．娶親屬妻妾》還規定：

若娶緦麻親之妻（如族叔伯祖母、族叔伯叔母、族兄弟妻、再從姪婦、堂姪孫婦及曾姪孫婦等）及舅甥妻，各杖六十，徒一年。（娶其妾者各杖九十）。小功以上，各以姦論。其曾被出及已改嫁而娶為妻妾者，各杖八十。（〔小功以上〕因其名義更重，故依親疏關係加以斬、絞、徒罪。甚至已被出或已改嫁者，亦不得娶。因其夫婦雖義絕，不同於從一而終的婦人，但名終為族中之婦；故娶已出或已改嫁之婦者，各杖八十，妾者各杖六十。）並離異。[20]

至於和近親配偶為婚的，更屬滅絕人倫，嚴禁通婚。《明律・戶律三・婚姻・娶親屬妻妾》便嚴厲規定：

若收父祖妾、及伯叔母者（不論在家或改嫁）各斬。（收妾則減二等，杖一百，徒三年，然父祖妾因名分關係而定為斬。）若兄亡收嫂、弟亡收弟婦者，各絞，妾各減二等。（不論已嫁或在家，皆治罪如律。）[21]

以上各條犯者，除處刑外，均判決離異。所重者仍以維持家庭倫理關係。但其中有部分規定，民間並不嚴守。兄收弟妻（包括同胞兄弟及大功、小功、緦麻兄弟在內）及弟接兄嫂的情況，民間常有。蒙古人本有弟接兄嫂的習慣，但兄收弟婦則在禁止之列；漢人、南人雖全然禁止，但實際上並未嚴格執行[22]。明代法律雖嚴禁，而民間尤其是窮苦人家，往往有之，甚至有公開儀式，由父母主婚。因為生活窮苦，娶妻不易，行此收繼婚既可省財禮，又免婦女改嫁，使家庭失去一名勞力，所以民間相習成風。根據《中國民事習慣大全》的調查，陝西、山西、甘肅、

17 《明太祖實錄》（台北：中央研究院歷史語言研究所校勘本，一九六二），卷一五五，頁三，洪武十六年六月庚子條。

18 《棗林雜俎》（筆記小說大觀本），〈仁〉，頁一八。

19 《彙編》，卷六，頁五〇六。

20 《彙編》，卷六，頁五〇六，〈明律集解附例〉，卷六，頁二〇。

21 《彙編》，卷六，頁五〇六，〈明律集解附例〉，卷六，頁二〇。

22 史鳳儀，《中國古代婚姻與家庭》（武漢：湖北人民出版社，一九八七），頁九九。《大元聖政國朝典章》（台北：文海影印本，一九六四），卷一八，頁二七七，「守志婦不收繼」、「漢兒人不得接續」、「兄收弟妻斷離」。

山東、湖北、湖南、江西、安徽、浙江等地均有此習慣，政府很難禁止[23]。呂坤《呂公實政錄·民務·惡風十誡》云：

至於兄收弟妻，弟收兄嫂，法當兩絞，而鄉村愚人乃以「就和」名色，公然嫁娶，甚至父母主婚，親朋相賀，大可痛恨。[24]

鄭端《政學錄》也有類似的記載：

上無教化，則下無見聞。如兄取弟妻，弟收兄嫂。……於法各死，愚民皆不知也。乃有兄弟亡而收其妻，謂之「就和」；父母主婚，親戚道喜者。世道不明，罪豈在百姓哉？凡遇此等獄情，有司自當審取：「何人主婚？有何證驗？」仍先將律法遍曉愚民，有改正離異者免究；勿聽訐告之言，輕成大獄也。[25]

從這二位明代中期做過地方官注意風俗民情的呂坤與鄭瑞之報告中，可知對收繼婚禁令執行並不嚴格，一般情況下，官府並不積極干預的。

這種情況在明代小說中便常見反映，例如《金瓶梅詞話》中，西門慶死後，潘金蓮由王婆領回，正好武松遇赦回來，聞知嫂嫂在王婆家等著嫁人，便假意說要娶嫂子回家，看管迎兒，一家一計過日子，「庶不叫人笑話」。王婆信以為真，還說什麼：「兔兒沿山跑，還來歸舊窩，嫁了他小叔，還吃舊鍋裡粥去了。」[26]可見民間對叔接嫂收繼婚的一般態度。

(3) 尊卑不婚。所謂「尊卑不婚」係指外姻（姻親）不同輩行不得結婚。姻親不同輩行間結婚，漢代屢有其例，然自唐代以後，不論有服、無服均加禁止。《明律。戶律三·尊卑為婚》規定：

凡外姻有服尊屬卑幼，共為婚姻，及娶同母異父姊妹、若妻前夫之女者，各以姦論。其父母之姑舅兩姨姊妹、及姨、若堂姨、母之姑、堂姑、己之堂姨、及再從姨、堂外甥女、若女婿、及子孫婦之姊妹，並不得為婚姻，違者各杖一百。

若娶己之姑舅兩姨姊妹者，杖八十。

（以上各犯）並離異。[27]

這些禁令是防止近親結婚，是符合遺傳科學原理的；其著重點又在尊卑輩分，則仍以維護家庭倫理關係為原則。

(4)中表不婚。姻親若屬平輩，歷代並不禁止，如《唐律疏義》便規定：

其外姻雖有服而非尊卑者為婚，不禁。[28]

宋代始懸為禁令，《宋刑統》對中表為婚之規定為：

其父母之姑舅兩姨姊妹及姨若堂姨母之姑、堂姑，己之堂姨及再從姨、堂外甥女女婿姊妹，並不得為婚姻，違者各杖壹百，並離之。[29]

但民間仍然盛行，《袁氏世範．睦親》就列了姪女嫁給姑家，外甥女嫁到舅家、姨女嫁到姨家三類

23 法政學社編，《中國民事習慣大全》（台北：文星書店重印本，一九六二）第四篇一、二類。頁一三四。

24 〔明〕呂坤，《呂公實政錄》（台北：文史哲出版社影本，一九七一），卷三，〈民務〉，頁三六—三七。

25 〔明〕呂坤，《呂公實政錄》，卷六，頁一八—一九；〔清〕鄭端輯，《政學錄》（台北：新文豐出版社影印叢書集成新編，一九八五），卷五，冊三〇，頁六〇九。

26 〔明〕笑笑生，《金瓶梅詞話》（香港：太平書局影印明萬曆本，一九八二），第八七回，頁七。

27 《彙編》，卷六，頁五〇四—五〇五。

28 《唐律疏義．戶婚》，（台北：臺灣商務印書館，一九六九），冊三，頁二。

29 《宋刑統》（台北：文海出版社，一九六四），頁四五八。

型。洪邁《容齋續筆》還記載說：

> 姑舅兄弟為婚者，禮法不禁，……今州縣官書判至有將姑舅兄弟成婚而斷離之者，皆失於不能細讀律令也。[30]

可見政府官員對這條禁令解釋並不一致。明代雖仍於《明律．戶律三．婚姻．尊卑為婚》、規定：

> 娶己之姑舅兩姨姊妹者，杖八十，並離異。[31]

但民間相沿成俗，視為具文，法律已難禁止。以致洪武十七年十二月，翰林院待詔朱善為此上疏討論：

> 有家者重世婚。臣見民間婚姻之訟甚多，問之，非姑舅之子若女，即兩姨之子若女。蓋以於法不當為婚，故為讎家所訟，或已聘而見絕，或既婚而復離，或成婚有年、兒女成行，有司逼而奪之；使夫婦生離，子母永隔，冤憤抑鬱無所控訴，悲號於道路，親戚為之感傷、行人為之嗟歎，議律不精，其禍乃至於此，痛哉！按《律》尊屬卑幼相與為婚者有禁，若謂父母之姊妹與己之身，是為姑舅兩姨，皆為己之尊屬，己不可以卑幼而匹之，若己為姑舅兩姨之子，彼為姑舅兩姨之女，是無尊卑之嫌：以門地則相匹，以才德則相稱，以年之長幼則相若；為子擇婦，為女擇婿，宜莫先於此，古人未嘗以為非也。……朱子小學一書，正所以明人倫也，而榮公之事（按：呂榮公夫人張氏乃待制張昷之女，而待制夫人即榮公母申國夫人之姊，又非以小姨之子娶大姨之女乎？）有取焉；如果以為不可，則必不在所取矣。今江西、兩浙此弊尤甚，以致獄訟繁興，賄賂公行，風俗凋敝。願以臣所奏，下群臣議，弛其禁，庶幾刑清訟簡而風俗可厚也。[32]

明太祖「然其言」，「遂弛其禁」，「特未纂為專條」而已；因此中表為婚事例極多。《婺源縣志》〈列女傳〉載，明吳允佳妻守節，受縣令旌表，吳氏為其子娶妻，即為其女姪。明末短篇小說集《初刻拍案驚奇》中〈韓秀才乘亂聘嬌妻．吳太守憐才主姻簿〉，金朝奉的舅子程朝奉，就想親上加親，讓兒子阿壽與金朝奉的女兒朝霞做個中表夫妻[33]。《二刻拍案驚奇》〈權學士權認遠鄉姑．白孺人白嫁親生女〉中，徐方的妾白氏就私自將女兒徐丹桂，許給哥哥白大郎之子留哥[34]。

(5) 異父同母兄弟姊妹及妻子前夫之子女不婚。此等人雖非一姓，終屬至親，故禁止通婚，唐代以來便各以親屬相姦論，並判決離異。而前夫子女與後夫子女為婚者，則比照娶同母異父姊妹律條科斷。明正統十二年還特別頒禁令，禁止異母異父兄弟姊妹間通婚。《明英宗實錄》載：閩縣知縣陳敏政建議說：

> 《大明律》：娶同母異父姊妹者以姦論，並離異。近見世俗之人，有以後妻所攜前夫之女為子婦者，有以後妻所攜前夫之男為女婿者；不惟兄妹男女之別不明，亦且父母舅姑之名不正。乞令後若此，依娶同母異父姊妹律減等科斷，庶有以別男女而厚風俗。[35]

事下禮部會議，「宜允所言」，正統皇帝從其言而正式禁止。本來禁止近親結婚，是為防遺傳不健康

30 〔宋〕洪邁，《容齋續筆》（台北：商務《四部叢刊續編》，一九七六），卷八，二四：一九九五。
31 《彙編》卷六，頁五〇四－五〇五。
32 《明太祖實錄》，卷一六九，頁二，洪武十七年十二月壬寅條。
33 〔清〕陳夢雷，《古今圖書集成．閨媛典》，卷一九七，冊四一〇，頁十八。〔明〕凌濛初，《初刻拍案驚奇》（上海：古典文學出版社，一九五七），卷一〇，頁一七九。
34 〔明〕凌濛初著，王古魯蒐錄編注：《二刻拍案驚奇》（上海：古典文學出版社，一九五七），卷三，頁五六。
35 《明英宗實錄》，卷一五三，頁六，正統十二年閏四月丙戌條。

的因素，異父異母兄弟姊妹間並無血統關係，禁止結婚的原因還是著眼於家庭倫理關係。

2. 從民族的界線來看，雖然上古時代，有以與少數民族通婚為不吉利的例子，但歷代社會尤其少數民族入主中原與隋唐時期，均鼓勵民族間的通婚，只有宋代曾禁止民族間的通婚。遼、金、元皆提倡通婚，這對民族融合及政權的安定均甚有效[36]。明代也從這個觀點出發，對境內及從漠北降附的蒙古、色目人，強制移徙內地，使散處於漢人社會中，甚至為其改漢姓，使與漢人同化[37]。同時在法律上強迫他們與漢人通婚，不准他們自相通婚，以控制其人口的繁殖。《明律．戶律三．婚姻．蒙古色目人婚姻》規定：

凡蒙古、色目人，聽與中國人為婚姻，（務要兩相情願）不許本類自相嫁娶。違者杖八十，男女入官為奴。[38]

這是由於明代外患以北邊蒙古最為嚴重的關係，總怕蒙古、色目人不服統治，隨時為威脅北邊的蒙古軍隊為內應，所以希望加速同化，徹底解決。但對於威脅較小的其他少數民族，則不禁其自相為婚，《明律．戶律三．婚姻．蒙古色目人婚姻》還規定：

其中國人，不願與回回、欽察為婚姻者，聽從本類自相嫁娶，不在禁限。[39]

至於西南少數民族，由於威脅不大，明政府則採「以兵分守要害，以鎮服之」，將他們圈限在西南一隅，雖移徙內地軍民前往屯墾，但實行土司制度羈縻，並不鼓勵他們與內地軍民通婚，甚至嘉靖年間還須令禁止在內地的土夷與漢人通婚[40]。根據嘉靖九年三月刑部題奉欽依，後來列入嘉靖二十七年刊本《嘉靖新例》云：

各撫按衙門，凡有土夷去處，務要嚴加禁約，仍出榜張掛曉諭：「今後敢有不分夷夏，仍前為婚者，軍官降級調衛，民發附近，旗軍改邊衛，各充軍，男女離異。」[41]

可見明朝政府對族際通婚問題，完全由國防、政治出發，並非各族一視同仁的。

從社會階級而言，秦漢以後，封建社會雖已解體，然而社會階級制度仍然存在，除了貴賤有等之外，又有良賤之別。貴賤是指貴族、官吏、有功名的士子與一般平民百姓的區別。良賤是指良民與賤民的社會地位區分。良民包括士農工商，賤民是指奴婢、倡優、隸卒、伴儅、世僕、丐戶、樂戶、墮民等。唐代以前，尤其是南北朝時代，不但良賤不婚，甚至貴賤，也就是不同社會地位的人也不通婚的。唐末五代門閥社會崩潰，才開始鄭樵所說的「取士不論家世，婚姻不問閥閱」[42]，士庶通婚的禁令才取消，然而「門當戶對」仍然支配著婚姻的範圍。歸安嵇氏家規《規條（嘉靖三十一年）》就規定：

議婚須求門第相等，倫序不紊者。[43]

《警世通言．樂小命拚生覓偶》也講到開雜貨鋪的樂和要父親樂公向喜順娘家提親時，樂公就因喜家是名門富室，門戶不當，頗為猶豫。樂公說：

---

36 史鳳儀，《中國古代婚姻與家庭》，頁五八—六〇。

37 徐泓，〈明洪武年間的人口移徙〉，《第一屆歷史與中國社會變遷（中國社會史）研討會論文集》（台北，中央研究院三民主義研究所，一九八二）。

38 《彙編》，卷六，頁五〇九。

39 《彙編》，卷六，頁五〇九。

40 徐泓，〈明洪武年間的人口移徙〉。

41 《彙編》，卷六，頁五一〇。

42 〔宋〕鄭樵，《通志》（台北：世界書局影印明正德年間本，一九五六），卷一，《氏族略》。

43 多賀秋五郎，《宗譜の研究．資料篇》（東京：東洋文庫，一九六〇），頁六八三。

姻親一節，須要門當戶對。我家雖曾有七輩衣冠，見今衰微，經紀營活。喜將仕名門富室，他的女兒，怕沒有人求允，肯與我家對親？[44]

3. 明代社會仍有一些這方面的禮法規定。

(1) 良賤不婚。明代的社會階級壁壘，雖不如前代森嚴，社會流動量也相當大，但良賤之別仍然很嚴。明代的賤民包括；奴婢、皂隸、伴儅、世僕、樂戶、丐戶、墮民及浙江九姓漁戶等，他們都自相嫁娶，行階級內婚制，不與良民結婚。據傅衣凌所輯的明代徽州莊僕文約，可看出莊僕結婚的對象多為奴婢、使女。浙東的丐戶地位低賤，「四民中居業，彼不得占」，「四民中所籍，彼不得籍」，「四民中即所常服，彼亦不得服」；因此只好「自相配偶，不與良民通婚姻」[45]。《明律．戶律三．婚姻》便有〈良賤為婚姻〉的禁令：

> 凡家長與奴娶良人為妻者，杖八十。女家減一等（杖七十）。不知者不坐。其奴自娶者，罪亦如之。家長知情者，減二等（杖六十）。因而入籍為婢者，杖一百。若妄以奴婢為良人，而與良人為夫妻者，杖九十。各離異，改正。[46]

也就是說賤民不能與良人通婚，已經結婚的，被發現便會遭官府強制拆離，九其是良民之女嫁給賤民，主婚人還要連帶受罰。洪武年間，江西布政使李宜之，便因「以小隸為婿」，事聞獲罪，被降為廣西思恩縣主簿，從二品官降為九品，處罰不可謂不重[47]。要是大戶人家和政府官員及蔭襲子孫，為顧及社會地位及體統，娶賤民為妻妾也是不可以的。《明律．戶律三．婚姻．娶樂人為妻妾》規定：

> 凡官吏娶樂人為妻妾者，杖六十，並離異。若官員子孫娶者，罪亦如之。附過，候廕襲之日，降一等，於邊遠敘用。其在洪武元年已前娶者，勿論。[48]

只是明朝成立之前的案例，既往不究而已。又據《新鐫國朝名公神斷詳刑公案》所記，大姓丁某家與一致富家人之女結婚，所謂「家人」即奴僕之俗稱，因為明律禁止庶民之家養奴僕，故養奴之家改稱奴為「家人」。此事引起丁氏族人反對，結婚才半個月，便告到官裡，推官秦某說：

爾閥閱名家，安與此等結婚。[49]

遂判其離異。此等規定，在明代家規中常常見到。然而例外之事還是常有的，如青州推官張附翱即娶倡家女王氏為妻。至於平民娶賤民為妻妾的，就比較不受約束，此類例子甚多，尤其娶妾就更不講究出身。《開封府志》〈列女傳〉載，侯應璘與韓守志二人的妻妾即出身倡家[50]。《金瓶梅》中，西門慶的妾就有好幾人出身樂戶，如李嬌兒、卓二姐等[51]。法律上比較注意的還是賤民尤其是倡家

44 〔明〕馮夢龍纂輯，錢伯城評點，《新評警世通言》（上海：上海古籍出版社，一九九二），卷二三，〈樂小舍拼生覓偶〉，頁三四四。

45 〔明〕沈德符，《萬曆野獲編》（台北：新興影印新校鉛字本，一九八三），卷二四，〈丐戶〉，頁六二四。《萬曆會稽縣志》（萬曆三年刊本），〈丐戶〉，頁三四—三五。

46 《彙編》，卷六，頁五〇九。

47 《明太祖實錄》，卷一五九，頁六，洪武十七年二月甲申條。

48 《彙編》，卷六，頁五〇九。

49 〔明〕寧靜子輯，《新鐫國朝名公神斷詳刑公案》，卷四，〈婚姻類〉。參見韓大成，《明代社會經濟初探》（北京，人民出版社，一九八六），〈明代的奴婢〉，頁六三—九七。

50 〔清〕陳夢雷，《古今圖書集成・閨媛典》，卷八六，冊四〇〇，頁二二。

51 〔明〕笑笑生，《金瓶梅詞話》，第一回。

買良人為妻妾。《明律．刑律八．犯姦》便特立〈買良為娼〉條：

凡娼優樂人，買良人子女為娼優，及娶為妻妾，……杖一百，知情嫁賣者同罪。媒合人，減一等。財禮入官，子女歸宗。[52]

可見庶民雖可娶賤民之女，但賤民尤其是倡優之家是嚴禁買良家女娶為妻妾的。法律、禮俗還是為維持「貴賤有等」的社會秩序，只是因為傳統社會男子為主，女子、妻妾社會地位隨夫升降，對「良賤不婚」的禮法才有些變通。

(2)官民不婚。在任官吏不得與所管轄地區婦女為婚，用意甚善，唐代以後便開始實施，以防官吏藉勢欺人。《明律．戶律三．婚姻》也有一條〈娶部民婦女為妻妾〉的禁令：

凡府州縣親民官，任內娶部民婦女為妻妾者，杖八十。若監臨官娶為事人妻妾及女為妻妾者，杖一百。女家並同罪。妻妾仍兩離之。（不給夫家，亦不給官員，俱令歸宗。）女給親，財禮入官，強娶者各加二等（親民官杖一百，監臨官杖七十，徒一年半。）女家不坐，不追財禮，若為子孫弟姪家人娶者，罪亦如之。男女不坐（以其有主婚人耳）。[53]

這個禁令是很合理的，犯者必遭治罪。沈德符在《萬曆野獲編》中特立〈台省之玷〉條，引了許多這種例案。如永樂間，御史李公敏娶見禁罪囚親屬為妾。宣德三年八月，巡按山東御史李素到歷城，與縣民李尚女姦，娶為妾；御史趙純亦娶門子鄭能妹為妾，先後為山東按察司所糾，當時李素已死，趙純被逮下獄論罪。又如正統八年，巡按陝西御史時紀至長垣縣，託縣丞蕭揖，娶民女殷氏為妾，妾父母告時紀挾娶，「刑部坐以奪良家子女當絞」[54]。

(3)命婦不婚。所謂命婦，即受有封號的婦女。明洪武十六年五月所定《文官封贈例》的第九條規定：

凡婦因夫貴，母因數貴，受封不許再醮，違者治之如律。[55]

這是為了保持政府官員的社會地位與朝廷的尊嚴而訂下的規矩，《明律．戶律三．婚姻．居喪嫁娶》規定：

若命婦，夫亡再嫁者，罪亦如之（杖一百），追奪（封誥），並離異。知而共為婚姻者，各減五等（財禮入官）。不知者不坐（仍離異，追財禮）。[56]

4. 另外，除了從血親、民族、社會階級地位，對婚配範圍有所限制外，從社會身分或職業及社會禁忌，對婚配也有範圍的限制。

(1) 僧道不婚。僧道為出家人，因宗教信仰不得結婚，唐代以下，法有明禁。《明律．戶律三．婚姻》亦有〈僧道娶妻〉的處罰規定：

凡僧道娶妻妾者，杖八十，還俗。女家同罪，離異。寺觀住持知情，與同罪（但不還俗）。不知者不坐。

若僧道假託親屬、或僮僕為名求娶，而僧道自占者，以姦論（係和者，以凡姦加二等，杖一百；係強者，以強姦）論。[57]

52 《彙編》，卷二五，頁九四六。
53 《彙編》，卷六，頁五〇七。
54 〔明〕沈德符，《萬曆野獲編》，卷一九，頁四九七—五〇〇。
55 《明太祖實錄》，卷一五四，頁二一—四，洪武十六年五月庚申條。
56 《彙編》，卷六，頁五〇二，《大明律直解》（韓國法制處據《校正大明律直解》原本排印，一九六四），卷六，頁二一七。
57 《彙編》，卷六，頁五〇九。《明律例集解》，卷六，頁三二—三三。

(2)姦逃不婚。所謂姦逃不婚，係指通姦男女不得結婚，而與在逃的女子也不許結婚；因為他們已犯了社會禁忌與風俗，這是對他們的嚴重制裁。《明律》規定，犯通姦的婦女，許從夫嫁賣，但不得嫁給姦夫。《明律．刑律八．犯姦》規定：

> 姦婦從夫嫁賣，其夫願留者聽。若嫁賣與姦夫者，姦夫、本夫各杖八十。婦人離異歸宗，財物入官。[58]

至於從夫家逃出的婦女也不得娶為妻妾，《明律．戶律三．婚姻》有〈娶逃走婦女〉的處罰規定：

> 凡娶犯罪逃走婦女為妻妾，知情者與同罪（止同其所犯之本罪，而婦女自當加逃罪二等）。至死者，減一等（杖一百、流三千里），離異（妻妾歸前夫，女歸宗，若婦人所犯罪應與前夫離異者，歸本宗）。不知者不坐。若無夫，會赦免罪者，不離。[59]

對收留迷失婦女者《明律》還有規定，《戶律一．戶役．收留迷失子女》云：

> 凡收留人家迷失子女，不送官司，……若冒認良人……為妻妾、子孫者，杖九十，徒二年半。[60]

由以上的說明，可知婚配範圍的限制，大體上說：(1)以血族範圍而言是外婚制，所以有同姓不婚、宗妻不婚、姻親不同輩不婚、中表不婚、異父同母兄弟姊妹及妻子前夫之子女不婚，其著眼點在維護家庭倫理及防止血統太近而影響子女健康。但民間，由於姓氏早已混亂，同姓不同宗者仍許結婚；甚至宗妻不婚的規定，也被兄收弟妻或弟收兄嫂的風俗所破壞；而中表不婚更成法律具文。因此比較嚴格遵守的，仍是影響血統遺傳及家庭倫理較重的同宗或姻親不同輩分或異父異母間子女的結婚禁令。(2)以民族界線而言，則對國防威脅較大的蒙古、色目人禁止自相通婚，對威脅較小的少數民族反不鼓勵與漢人通婚。(3)自社會階級與身分地位而言，則為維持「貴賤有等」，禁止良賤、官民通婚及命婦再婚，禁止僧道結婚，且為維護法律與風化，禁止姦夫淫婦結婚及娶在逃婦女。

（二）婚配的範圍

以上所言乃婚配的法、禮限制，實際婚配的範圍，還可從人們交往的社會圈和地域圈見之[61]。社會圈基本原則是門當戶對，也就是以婚姻作主的父母之社會交往圈為範圍，社會階層的對等是主要的原則。一般人的社會交往又受地域的限制，因此如果不是移民，婚配的地域圈應該不會離住居地太遠。社會圈在前面討論門當戶對時已言之，今只討論地域圈。

一般而言，婚姻地域圈是以居住地由內向外一圈一圈地擴展。優先選擇本縣境內人家，然後為鄰縣人家，最後才是鄰府人家。這方面的實證研究不多，郭松義曾運用五種族譜進行統計分析，但他的研究限於清代[62]。討論明代的婚配地域範圍，只有張皓政在泓指導下完成的碩士論文《明代常州士人的婚姻圈》[63]。他利用常州地區士人墓誌銘九百二十四篇記載的八百二十九人的傳記資料，加以統計分析，發現常州士人婚配優先選擇縣內士人，再選擇府內他縣士人，最後才是與鄰府士人聯姻。江南以外的其他地區

---

58 《彙編》，卷二五，頁九三三。
59 《彙編》，卷六，頁五〇七。
60 《彙編》，卷四，頁四六四—四六五。
61 余新忠，《中國家庭史．第四卷．明清時期》（廣州：廣東人民出版社，二〇〇七），頁六六—六九，「擇偶的範圍」。
62 郭松義，《倫理與生活：清代婚姻關係》（北京：商務印書館，二〇〇〇）。
63 張皓政，《明代常州士人的婚姻圈》，臺灣大學歷史學系碩士論文，二〇〇六。

並非常州士人婚配的主要考量，也就是士人多選擇本地菁英為婚配對象。由於婚姻地域圈與交遊圈相符，下層士人的交遊圈較小；因此，婚姻地域圈集中於本縣境內，隨著家庭政治社會地位的提高，交遊圈擴大，婚姻地域圈才會擴大。但即使士人任官遠地，其婚配仍以本地優先，只有極少數政治社會地位高而交遊廣闊的士人才會將子女與遠方士人聯姻。甚至連主導明末東林運動的常州士人，其家庭成員婚配仍以本地士人為主，並未因身在朝廷而與有共同政治理念及利害關係的其他地區士人聯姻。則婚配範圍又有社會圈及地域圈的限制。

（三）婚配的實況

婚配的限制已如上述，然實際施行仍有出入，前已簡單附帶說明，為求進一步了解，以下擬就明代皇室與一般士庶人等選擇配偶的實況加以說明。

1. 皇室選婚

一般來說，皇室婚配必須嚴格遵守上述限制，尤其同姓、同宗絕對禁止通婚，良賤不婚也要嚴格遵守。《明憲宗實錄》載，成化十八年十一月，「禁諸王府不得以親屬為婚。」[64]《明會典》規定：「如有同姓為婚者，不准受封，……不給婚嫁。」[65]《皇明祖訓》還規定：「親王妃、宮人等必須選擇良家子女，以禮聘取，勿受大臣進送。」[66]至於駙馬、儀賓的選配也須「選庶民子貌美者尚之，不許文武大臣子弟得預」[67]。儘量以民間子女的新血輪，輸入皇室，使皇室子孫身健康，不受近親遺傳之害，且使皇室不致與民間社會隔閡太遠。但有罪或身分微賤者，則不得預選。《明會典》規定：「遠方流移軍匠，並父祖過犯，及本府軍校廚役子女」不得預選，違反者「革退另選」[68]。樂戶之女及其他身家不清白婦女更不得與皇室子弟婚配，否則「所生子女並選配夫人等及儀賓，已授封者，爵職、封號、祿米盡行革去；未授名封者，不許朦朧冒請」，「其女婦盡數逐出，樂工人等俱問發邊遠衛，永遠充軍」。規定十分嚴格[69]。

據《明史．后妃傳》載，明代后妃多出身庶民之家，傳中所列四十五人中，除五人身分不詳外，其他四十人中，有三十四人出身庶民之家，占百分之八十五。只有太祖高皇后為郭子興養女、成穆貴妃為元帥馬世能義女、淑妃為廣武衛指揮李傑之女。這幾位后妃迎娶正是開國前後，俟王朝鞏固之後，只有惠帝皇后馬氏為光祿少卿馬全之女，宣宗孝恭皇后為永城主簿孫忠之女，孝宗生母孝穆紀太后為土司之女，此三人勉強算是出身仕宦之家[70]。

駙馬則不同，雖然沈德符說：「本朝公主，俱選庶民子貌美者尚之，不許文武大臣子弟得預，為慮甚遠。然亦偶值不盡然者。」[71]但實際上據《明史．公主傳》所載九十三位公主中，除三十七人未

64 《明憲宗實錄》，卷二三四，頁二—三，成化十八年十一月乙巳條。
65 〔明〕李東陽等，《大明會典》（台北：東南書報社影印萬曆十五年司禮監刊本，一九六三），卷五七，頁二。
66 〔明〕李東陽等，《大明會典》，卷五七，頁一。
67 《萬曆野獲編補遺》，卷一，頁八〇八。
68 〔明〕李東陽等，《大明會典》，卷五七，頁二—三。
69 〔明〕李東陽等，《大明會典》，卷五七，頁一八—一九，正德四年例。
70 〔清〕張廷玉等，《明史．后妃列傳一至二》，卷一一三—一一四。
71 〔明〕沈德符，《萬曆野獲編補遺》，卷一，頁八〇八。

嫁而死及一人不詳外，剩下的五十五人中，駙馬出身庶民之家的有二十七人，占已出嫁公主總數的百分之四十九．〇九，約為一半，其他一半的駙馬多為勛戚子弟。沈德符在《萬曆野獲編補遺》中，特列〈公主下嫁貴族〉條，所舉例證多為功臣貴戚、文臣子弟及衣冠之族，似乎不能算是「亦有偶值不盡然者」[72]。秦蕙田在《五禮通考》中所說的，與皇室聯姻，上娶公主，「勛戚之家視為畏途」的說法，並不太正確[73]。至少在憲宗成化年間以前，駙馬多為勛戚子弟。

（甲）太祖十六個女兒中，除二人早逝外，僅四人嫁與庶民，占百分之二十八．五；其他十一人，嫁與公之子者二人，侯之子者五人，指揮僉事、督僉事各一人，千戶一人，衛所軍官一人，又有南昌王女福成公主嫁福建省參政，蒙城王女慶陽公主嫁兵馬副指揮。

（乙）懿文太子四女，一人不詳，一未嫁，一嫁侯之子，一嫁庶民。

（丙）成祖五女，三人嫁侯之子，一嫁都督之子，一嫁指揮同知之子。

（丁）仁宗七女，三人未嫁而亡，一嫁指揮僉事子，三人嫁庶民。

（戊）宣宗二女，一嫁公之子，一嫁庶民。

（己）英宗八女，一嫁參政之子，一嫁軍人之子，二嫁伯之子，一嫁侯之子，四嫁庶民。

（庚）景帝一女，嫁庶民。

（辛）憲宗五女，一嫁尚寶卿之子，一嫁兵馬指揮使之子，一嫁庶民，二人早逝。

（壬）孝宗三女，一人早逝，一嫁錦衣衛官，一嫁庶民。

（癸）睿宗二女，皆早逝。

（子）世宗五女，三人早逝，二人皆嫁庶民。

（丑）穆宗六女，二人早逝，四人皆嫁庶民。

（寅）神宗十女，一嫁太僕卿之孫，一嫁庶民，其餘八人皆早逝。
（卯）光宗九女，六人早逝，三人嫁庶民。
（辰）熹宗二女皆早逝。
（巳）莊烈帝（思宗）六女，一嫁庶民，其餘皆早逝。

總之，憲宗以前（含憲宗），駙馬出身勛貴之家的有二十六人，占這期間全部駙馬四十一人的百分之六十三．四；孝宗以後僅二人，占這期間全部駙馬十二人的百分之十六．六。明代勛戚官員之家出身的駙馬二十八人，侯之子十人、公之子三人、伯之子二人，其餘三人皆武官之子[74]。則明代駙馬出身庶民之家者約占一半，尤其孝宗以後，大半以上是出身庶民之家，比較合乎沈德符所說的「俱選庶民子」，這個轉變的原因不詳，或許與明代中期以後的社會經濟變遷及庶民社會地位上升有關。

2. 士庶擇偶

一般士庶人家擇偶，總要找與自己門當戶對的，很少打破這個習慣的。《初刻拍案驚奇》〈韓秀才乘亂聘嬌妻，吳太守憐才主姻簿〉中，韓子文就因為自己是個窮秀才，央請王婆幫他找一個媳婦便說：「正是，家下貧窮，不敢仰攀富戶，但得一樣儒家女兒，可備中饋，延子嗣足矣。」[75]《二刻拍案驚奇》

72 〔明〕沈德符，《萬曆野獲編補遺》，卷一，頁八〇八。
73 〔清〕秦蕙田，《五禮通考》（台北：臺灣商務《文淵閣四庫全書》，一九八六），卷一五五，冊一三八，頁七五七。
74 〔清〕張廷玉等，《明史》，卷一二一，〈公主列傳〉。〔清〕陳夢雷，《古今圖書集成．宮闈典》，卷九六。
75 〔明〕凌濛初，《初刻拍案驚奇》，卷一〇，頁一七四。

〈小道人一著饒天下，女棋童兩局注終身〉中，村童周國能下得一手好棋，父母見他年長，要為他娶妻，他心裡望頭大，卻說：「我家門戶低微，目下取得妻來，不過是農家之女。」[76]〈莽兒郎驚散新鶯燕，謅梅香認合玉蟾蜍〉中，素梅的外婆要為她找丈夫，媒婆就說要找個「門當戶對」的[77]。〈韓侍郎婢作夫人，顧提控椽居郎署〉中，江嬤嬤也說：「女兒年一十七歲，未曾許人。我們這樣人家，就許了人，不過村莊人口。」[78]《金瓶梅詞話》中，陳經濟在周守備府中與春梅勾搭，春梅想為他娶親，叫媒婆薛嫂兒來，吩咐她：「尋個門當戶對好女兒。」[79]《警世通言》〈小夫人金錢贈年少〉，開線鋪的張員外想續弦，找了兩個媒人來，開出三個條件：「第一件，要一個人材出眾，好模好樣的。第二件，要門戶相當。第三件，我家下有十萬貫家財，須著個有一十萬貫房奩的親來對付我。」[80]〈樂小舍拚生覓偶〉中，家裡開雜貨鋪的樂和想央媒向喜順娘議親，其父樂公道：「姻親一節，須要門當戶對，我家雖曾有七輩衣冠，見今衰微，經紀營活。喜將仕名門富室，他的女兒，怕沒有人求允，肯與我家對親？若央媒往說，反取其笑。」[81]只有門當戶對，社會地位差不多，兩家才好來往，才能「合二姓之好」；所以《二刻拍案驚奇》有云：婚姻須「兩家門戶各相當，不是姻緣莫較量。」[82]

二、婚姻的人數

婚姻人數係指婚姻當事人的數目，通常分為一夫一妻制、一夫多妻制、一妻多夫制、多夫多妻制（或稱團體婚、或群婚制）四種。

1. 多夫多妻制是否存在，社會學家尚無一致看法，然肯定地說，明代社會是不存在的。

2. 一妻多夫制。雖然在遠古有「知其母而不知父」的情況，可為證明，但後代並不多見。一妻多夫制有兩種，一是兄弟共妻（Fraternal Polyandry），一是非兄弟共妻（Non-Fraternal Polyandry）。兄弟共妻在邊疆地區少數民族間及中原窮困落後的地帶偶有發生。郎瑛《七修類稿》云：

> 舊聞溫州樂清近海丐戶，多有弟兄合取一妻，以其易於養贍也。……予意此皆山海島夷之俗，由胡元以來未變也；為撫巡有司者，奏以大罪，嚴禁其俗方可。[83]

據趙翼說，直至清代，「甘肅省多男少女，往往有兄弟數人合娶一妻者」。至於非兄弟共娶一妻者，則未曾見。惟民間有典妻的習俗，庶幾近之。據陳顧遠說，這種風俗「起於宋元之際」，「至今仍未見其盡絕」[84]。據民國初年的《民商事慣習調查報告錄》，浙江、福建等地，尚有典妻、租妻的風俗，女方因家境困難，男方為謀求子嗣，因而暫時結合，期限少則三、五年，多則十年，每年由男方付典租金

76 〔明〕凌濛初，《二刻拍案驚奇》，卷二，頁二五，〈小道人一著饒天下．女棋童兩局注終身〉。
77 〔明〕凌濛初，《二刻拍案驚奇》，卷九，頁二〇六。
78 〔明〕凌濛初，《二刻拍案驚奇》，卷一五，頁三三〇。
79 〔明〕笑笑生，《金瓶梅詞話》，第九七回，頁八。
80 〔明〕馮夢龍輯，《新評警世通言》，卷一六，頁二三三。
81 〔明〕馮夢龍輯，《新評警世通言》，卷二三，頁四十五。
82 〔明〕凌濛初，《二刻拍案驚奇》，卷一五，頁三三七，〈韓侍郎婢作夫人，顧提控椽居郎署〉引明代籤語。
83 〔明〕郎瑛，《七修類稿》（北京：中華書局點校本，一九六〇），卷一五，頁二二四。
84 陳顧遠，《中國婚姻史》（台北：臺灣商務印書館，一九六六），頁一一一。

若干，在租典期間，任憑典夫自由出入家中，生養子女概由典夫承領、撫養。典夫並不常到女家，每月不過三、五天，有時婦人也到典夫家住幾個月。在典租期內，實質上一妻就有二夫[85]。雖然沒有直接證據證實明代有典妻、租妻制，但在同一地方宋元及民國時代均行此制，夾在中間的明清時代不應沒有。且《明律．戶律三．婚姻》有〈典雇妻女〉的禁令：

凡將妻妾受財典雇與人為妻妾者，杖八十。典雇女者，杖六十。婦女不坐。……知而典娶者，各與同罪，並離異，財禮入官。不知不坐，追還財禮。[86]

則《明律》的禁止，反映社會存在此類情況。故由以上消極證據可知，一妻多夫制在少數地區是存在的，雖然並不普遍。

3. 一夫多妻制是指一個男人同時擁有兩個以上合法的妻子。中國傳統禮法一向禁止「並后」「匹嫡」，禁止有妻再娶妻。實際上偶爾有之，明懿文太子就有常妃、呂妃並冊；而秦王樉亦納王保保妹為妃，又以鄧愈女為妃，此類事件不多，故《明史》曰：「皆前代故事所無也。」[87]下層社會雖亦有一夫二妻、三妻之事，據唐、宋、金、元捐建廟宇的刻文記載，一夫多妻之家不乏其例，但明代則甚罕見[88]。

4. 一般還是實行一夫一妻制，而以廣納妾室為變通。法律上、禮制上均仍強調一夫一妻制。《明律．戶律三．婚姻．妻妾失序》規定：

若有妻更娶妻者，亦杖九十，離異。[89]

《警世通言》〈王嬌鸞百年長恨〉載，周廷章與王嬌鸞結為夫婦，其後，周廷章回鄉，竟忘前盟，另娶家財十萬的魏同知之女為妻，嬌鸞乃將以前二人唱和之詞、絕命詩與婚書投入衙門，然後自殺。廷章終遭杖死，罪名是「婚書有據」「停妻再娶」[90]。禮法上，甚重嫡庶之別，不得多妻，甚至妻死再娶，或將妾扶正，也不能稱為「元配」，只能稱為「繼室」或「填房」。皇室尤重此制，故「太廟祔享，惟一帝一后，后惟元配；……二后並配，非制。」祧廟亦然，雖繼后、生后亦不得入[91]。崇禎帝為祀其生母孝純劉太后，只有別建一殿祭之[92]；原則上一夫一妻制是被堅持的。女子若背夫逃亡而改嫁，其罪更重，《明律．戶律三．婚姻．出妻》規定：

> 若妻背夫在逃者，杖一百，從夫嫁賣。因而改嫁者，絞。其因夫逃亡，三年之內，不告官司而逃去者，杖八十。擅改嫁者，杖一百。妾各減二等。[93]

背夫改嫁者，罪至絞刑，甚至丈夫逃亡，亦不得擅自改嫁。而且改嫁是女方父母主持的也不准許，《明律．戶律三．婚姻．逐婿嫁女》規定：

> 凡逐婿嫁女，或再招婿者，杖一百。其女不坐。男家知而娶者，同罪。不知者亦不坐。其女斷付前

---

85 婁子匡，《婚俗志》（台北：臺灣商務印書館人人文庫，一九六八），頁一三五－一三七。仁井田陞，《支那身分法史》（東京：座右寶刊行會，一九四三），頁二一七－二一八、三五七－三五九。

86 《彙編》，卷六，頁五〇〇。

87 〔清〕張廷玉等，《明史》，卷一九六，頁三五六〇、三五五一。

88 史鳳儀，《中國古代婚姻與家庭》，頁七二－七四。

89 《彙編》卷六，頁五〇一。

90 〔明〕馮夢龍輯，《新評警世通言》，卷三四。譚正璧，《三言兩拍資料》（台北：里仁影本，一九八一），頁三五六－三六〇。

91 〔清〕龍文彬，《明會要》（北京：中華書局影印新校標點本，一九五六），卷九，頁一三四，卷一〇，頁一五四。

92 〔清〕龍文彬，《明會要》，卷一〇，頁一五四。〔清〕孫承澤，《春明夢餘錄》（台北：大立，一九八〇），卷一八，〈奉先殿〉，崇禎十五年五月十七日條事，頁一九三－一九四。

93 《彙編》，卷六，頁五一〇。

夫，出居完聚。[94]

因此，不論禮法、不論男女，重婚均為大罪，尤其對女方的處罰最重。

一夫只能娶一妻，卻可以廣繼嗣為名娶妾，使祖先血食不乏，以為正妻無子之救濟。《明律．戶律三．婚姻．妻妾失序》規定：

其民年四十以上無子者，方聽娶妾。違者，笞四十。[95]

《喻世明言》〈沈小霞相會出師表〉中，沈小霞即因三十無子而娶妾聞氏[96]。呂坤《小兒語》也勸婦人：「久不生長，勸夫娶妾；妾若生子，你也不絕。」[97]凌濛初在《初刻拍案驚奇》〈占家財狠婿妒侄，延親脈孝女藏兒〉中，教訓那些「情願看丈夫無子絕後，說著買妾置婢，抵死也不肯的」妒婦[98]。娶妾人數多寡，法律有明文規定，《明律．名例律．萬曆問刑條例》規定：

各處親王妾媵，許奏選一次，多者止於十人。世子及郡王額妾四人，長子及各將軍額妾三人，各中尉額妾二人。世子、郡王選婚後，二十五歲，嫡配無出，許選妾一人，以後不拘嫡庶，如生有子，即止於二妾。至三十歲無出，方許娶足四妾。長子及將軍中尉選婚後，三十歲，嫡配無出，許選妾一人。以後不拘嫡庶，如生有子，即止於一妾。至三十五歲無出，長子將軍方許娶足三妾，中尉娶足二妾。庶人四十以上無子，許選妾一人。[99]

規定雖然如此，實際上自皇室、貴族、官員、仕紳以至於百姓，廣蓄姬妾超過限額的例子極為不少，法律規定具文而已。王公縉紳之家蓄妾，多者數百人，如明末丁魁楚妾婢及夫人婦則「不止數百人也」[100]。明初功臣湯和也是「媵妾百餘」[101]。刑部尚書俞士悅之子欽玉即以妻邱氏無子而娶妾七人[102]。一般庶民之家違限的也多，任何一本方志的列女傳中，都可以找到這類例子，真可說是史不絕書。不過蓄妾的多寡倒是與社會地位、家庭財富成正比的，一般窮民養一個妻子都困難了，哪有能力再娶妾，無怪乎古人稱一般庶民為正婦、匹夫，隋代王通就說：「一夫一婦，庶人之職也。」《古今圖書集成．閨媛典》的卷二五一—二六、三三一—三六、五〇一—八五等，登載的明代列女傳中，有娶妾記載的一百六十七件，除了六件娶妾人的身分不詳外，其為貴族官宦之家者七十二件，占百分之四十四．一；有功名的候補官員之家四件，占百分之二．四；縉紳之家六件，占百分之三．六；生員之家二十三件，占百分之十四．一；庶民之家五十六件，占百分之三十四．三。生員以上家庭在全國人口比例是少數，但據此抽樣的不完全統計，娶妾之家占到百分之六十五．七以上，而占全國人口絕大多數的庶民只占到百分之三十四．三。更可說明實行一夫一妻多妾制的實況與社會地位及財富的關係。實際情況已經如此，清代法律乾脆採放任態度，不再像《明律》一樣規定納妾的限額，只要有錢，便可納妾，多少也不管，完全與現實妥協，承認現實。

總之，婚姻人數雖有多夫多妻制、一夫一妻制、一夫多妻制、一妻多夫制等四種，在明代禮法上只承

94 《彙編》，卷六，頁五〇二。

95 《彙編》，卷六，頁五〇一。

96 〔明〕馮夢龍編，《喻世明言》（或稱《古今小說》）（台北：鼎文據王古魯蒐錄排印本影印，一九七四），卷四〇。譚正璧，《三言兩拍資料》，頁二二三—二二七。

97 〔清〕陳弘謀輯，《教女遺規》，卷中，頁二。

98 〔明〕凌濛初，《初刻拍案驚奇》，卷三八，頁六九七。譚正璧，《三言兩拍資料》，頁七五〇—七五四。

99 《彙編》，卷一，頁二六四。

100 〔明〕華復蠡，《兩廣記略》（《台灣文獻叢刊》本第二三八種），頁七六。

101 〔清〕張廷玉等，《明史》，卷一二六，頁三七五五。

102 〔明〕陸容，《菽園雜記》（北京：中華書局，一九八五），卷一四。

認一夫一妻制，實際上也以此為主，絕大多數人，無論政治或社會地位均如此。但依男人的社會地位與財富的情況，又有蓄妾之事，而且法律上也容許蓄妾，只是有年齡與數額的限制；實際上超過限額或不受年齡、有子無子等條件限制的事，極為平常。一夫一妻制可以修正為一夫一妻多妾制。

三、婚姻的形式

婚姻的形式，就是男女獲取對象的嫁娶方式，各時代、各社會採用的方式，頗為不同。常見的形式不外：買賣、掠奪、交換、服役、聘娶、收繼與續嫁、選婚與罰婚、養媳與贅婿、冥婚等，以下就明代的情況分別說明。

（一）聘娶婚

聘娶婚是我國傳統社會中的最主要婚姻形式，周代以降，禮制上便有規定；漢唐以來，法制上又詳細規定其程式。所謂聘娶婚，即指男子以聘的方式而娶女子為妻。所謂「聘」，第一須有父母之命，第二須有媒妁之言，第三須有聘約。雖然聘娶婚也要出錢帛「非受幣，不交不親」，但這與買賣婚不同；因為聘娶婚是以禮而成，財帛並不拘多寡，只是一種象徵，即使受絹帛一匹也可以的，且有聘約或婚書，是兩家父母之命，經過媒妁之言，而形成的契約關係，而不是買賣。

明代的聘娶婚，自皇室、貴族、官吏以至於庶民，在程式上雖有繁簡之別，如天子納后、東宮納妃、親王與公主的婚禮、品官納婦等均行六禮：納采、問名、納吉、納徵、請期、親迎；庶民則較簡化，行納采、納幣、親迎等三禮即可。均由父母或尊長主婚，先遣媒氏通言，說定之後，寫立婚書成婚。

聘娶婚雖為主要形式，但有時也與其他形式相混，例如與掠奪婚相混而有強娶、強聘的事例。所謂「強聘」，即依其威勢、強納聘禮、強迫對方與之訂婚。所謂「強娶」，即指訂婚之後，不依雙方約定日期，或聘禮尚未足數交付，強向女家迎娶，亦即俗稱「搶親」。《明律．戶律三．婚姻．男女婚姻》規定：

> 其應為婚者，雖已納聘財，期約未至，而男家強娶，及期約已至，而女家故違期者，並笞五十。[103]

明代判案集《蕭曹遺筆》記載一個案件，某氏女年十六，為「親夫強搶成婚」，女父因此告入官。又有一案，某氏夫亡，奸豪倚財為勢，串媒強娶，女方因此上告。前者為強娶，後者為強聘[104]。

又由於聘娶婚，雖不計錢帛多寡，但總是「非受幣，不交不親」，聘財是成婚的要件；遂有以要聘財為名，而行買賣之實的「財婚」出現。明太祖為此下詔，諭令婚姻毋論財，其言曰：

> 婚姻古之所重，近代以來狃於習俗，專論聘財。[105]

《明會典》〈婚禮五．庶人納婦〉云：

> 洪武五年詔：古之婚禮，結兩姓之好，以重人倫。近代以來，專論聘財，習染奢侈。宜令中書省集議定制，頒行遵守；務在崇尚節儉，以厚風俗，違者論罪如律。[106]

這個詔令是否生效，實令人懷疑。明代家訓、格言屢教人婚姻勿論財，反映藉婚姻索重禮、計厚奩，仍然

---

103 《彙編》，卷六，頁四九九。

104 〔明〕閒閒子訂注，《蕭曹遺筆》（萬曆四十二年瑞雲館重刊本）卷一，頁二五〈人命類、妻救夫〉，卷二，頁一七〈婚姻類・謀娶服婦〉。

105 《明太祖實錄》，卷七三，頁一〇，洪武五年五月條。

106 〔明〕李東陽等，《大明會典》，卷七一，頁一三。

流行。王士晉〈宗規〉便說：

婚則……受聘，擇門第，辨良賤，無貪下戶貨財，將女許配，作賤骨肉，玷辱宗祊。[107]

明代小說中也常勸人婚姻不可論財，如《初刻拍案驚奇》〈李克讓竟達空函，劉元普雙生貴子〉，作者凌濛初在說故事之先，講了一段勸世之言：

至於婚姻大事，兒女親情，有貪得富的，便是王公貴戚，自甘與團頭（行幫頭目）作對；有嫌著貧的，便是世家巨族，不得與甲長聯親。自道有了一分勢要，兩貫浮財，便不把人看在眼裡。又有那身在青雲之上，拔人於淤泥之下，重捐己資，曲全婚配。恁般樣人，實是從前寡見，近世罕聞。[108]

烏程姚舜牧也在〈藥言〉告誡家人：

凡議婚姻，當擇其婿與婦之性行及家法何如，不可徒慕一時之富貴。[109]

可見財婚的陋習相當流行，尤其明代後期，「資本主義萌芽」，社會風氣丕變，競以華侈相高，婚姻論財風氣自然更盛。徐文長就說他的家鄉紹興近來「相率以為常」的嫁娶風氣是：「嫁女者以富厚相高」，「有女雖在襁褓，則受富家子聘，多至五七百金，中家半之，下此者人輕之」[110]。這在明末小說《金瓶梅》中也屢有反映。例如春梅要替陳敬濟找個媳婦，媒婆薛嫂提起應伯爵的二女兒，春梅就嫌「應伯爵死了，在大爺手內聘嫁，沒甚陪送」；因此回絕。後來選中開緞鋪的葛員外家大女兒，就因為葛家「有萬貫錢財」，「陪嫁都是南京牀帳箱籠」[111]。

（二）志願婚

所謂志願婚係以男女雙方意志為主，乃以男女愛情的結合為目的。明代中期以後，社會風氣隨經濟發展而轉變，尤其在經濟較繁榮的城鎮社會中，舊有的禮法，迭遭挑戰；所謂必須由父母之命的婚姻制度，也遭到不少的反抗。明代後期文學作品及民歌中，歌頌此類敢於自由戀愛的作品甚多，相當反映當時婚姻制度的實況[112]。如女秀才故事中，蜚蛾與杜子中的婚姻。如〈王嬌鸞百年長恨〉的故事中，周廷章與王嬌鸞藉詩唱和，情投意合，非由父母主婚，由「曹姨居間，以盟主自任，先立婚誓，始訂幽期」，而結為夫婦[113]。《明律．戶律三．婚姻．男女婚姻》規定：

> 若卑幼或仕宦或買賣在外，其祖父母、父母及伯叔父母、姑、兄、姊後為訂婚，而卑幼自娶妻，已成婚者，仍舊為婚。[114]

在這種情況下，志願婚是被允許的，父母或其他長輩之命，已不必絕對遵守。

---

107 〔清〕陳宏謀，《訓俗遺規》，卷二，頁二八。

108 〔明〕凌濛初，《初刻拍案驚奇》，卷二〇，頁三六三。譚正璧，《三言兩拍資料》（上海：上海古籍出版社，一九八〇），頁六七三—六七八。

109 轉引自徐梓編著，《家訓——父祖的叮嚀》（北京：中央民族大學出版社，一九九六），頁一五六。

110 《徐渭集》（北京：中華書局，一九八三），第二冊，《徐文長三集》，卷一九，〈贈婦翁潘公序〉。

111 〔明〕笑笑生，《金瓶梅詞話》，第九七回，頁九。

112 參見楊子怡，〈借男女之真情，發名教之偽藥：從《三言》愛情婚姻題材看明代世俗之真情〉，《婁底師專學報》，一九九四年第一期，頁一三—二〇。李軍鋒，〈《三言》、《二拍》中的愛情婚姻觀及其文化意蘊〉，《新鄉學院學報（社會科學版）》，第二四卷第四期（二〇一〇年八月），頁一〇四—一〇六。

113 譚正璧，《三言兩拍資料》，頁三五六—三六〇。

114 《彙編》，卷六，頁四九九。

（三）買賣婚

所謂買賣婚，是指完全把子女當作財物作為交易對象。此種情況古代誠然有之，自從禮制化為聘娶婚後，只是象徵性地「納幣」和「摘纓」（男方交付財禮後，許嫁的女子須戴纓，作為賣出的標記，親迎之後男方「親脫婦之纓」。）當然聘娶婚中仍常有財婚陋習，為變相之買賣婚。但此處所說的買賣婚完全是財物交易關係，為歷代法律所禁止。《明律・刑律八・犯姦・縱容妻妾犯姦》規定：

> 若用財買休、賣休和娶人妻者，本夫、本婦及買休人各杖一百，婦人離異歸宗。[115]

> 若準折人妻妾子女者，杖一百。強奪者，加二等。[116]

所謂「買休・賣休」，是指本夫將妻公開賣與買妻人。此外，《明律・戶律六・錢債・違禁取利》規定：債還不起把妻妾折抵，其實也與買賣無異。這種情況當然不會發生在達官貴人或地主鄉紳，通常是發生在窮苦的人民之中的。

另外，婦人如果犯姦，法律上允許本夫將其嫁賣，也是一種買賣婚。《明律・刑律八・犯姦》規定：

> 其和姦、刁姦者，男女同罪。……姦婦從夫嫁賣，其夫願留者聽。[117]

（四）選婚與罰婚

帝王婚配，除特殊情況如倖臣獻進外，通常是聘娶與選婚兼用。所謂選婚，即搜括民女，以充後宮，沈德符《萬曆野獲編補遺》卷一〈宮闈・選江南女子〉云：

> 洪武五年，選蘇、杭二府婦女，願入宮者四十四人。……洪武十四年，敕諭蘇、松、嘉、湖及浙江、江西有司，民間女子年十三歲以上、十九歲以下，婦人年三十歲以上、四十歲以下無夫者，願入

宮備使，令各給鈔為道里費送赴京師。蓋女子以備後宮而婦人則充六尚也。時孝慈皇后正母儀天下，其注意江南如此，此後天順間，命內臣選南方女婦，已昉於此。[118]

此類選婚，擾民甚鉅，例如嘉靖初年，一度傳說剛登基的嘉靖皇帝「要到浙江各處點秀女」，充實掖庭。弄得浙江人民「一個個信了，一時間，嫁女兒的，討媳婦的，慌慌張張，不成禮體」，甚至傳說：「十個秀女要一個寡婦押送。」據凌濛初說：「趕得那七老八十的，都起身嫁人去了。」[119]

所謂罰婚，即以罪人妻女斷配他人，或以罪家男女自相婚配。明代把過去叛宋投金的人之子孫編為墮民、丐戶，降為賤民，不許與良人婚配，只准其自相配偶，即為罰婚之一種。而靖難之變後，建文諸臣家屬多給配功臣家，或送入教坊司、浣衣局及習匠為奴，甚至令其嫁與當時社會地位最卑賤的象奴，也是一種罰婚[120]。

（五）收繼與續嫁

收繼婚在前面談「宗妻不婚」時已提及，尤其在邊疆地區少數民族間或受蒙古風俗影響較大的地區，

115 《彙編》，卷二五，頁九三四。
116 《彙編》，卷九，頁五七一。
117 《彙編》，卷二五，頁九三三。
118 〔明〕沈德符，《萬曆野獲編》，卷一，頁八〇四－八〇五。
119 〔明〕凌濛初，《初刻拍案驚奇》，卷一〇，頁一七六。
120 〔清〕張廷玉等，《明史》，卷八，〈仁宗本紀〉，頁一一〇，永樂二十二年十一月壬申條。

多有行之者。《嘉靖平涼府志》便記載：

其小人（一般平民）或染夷風、多火葬、烝寡嫂。弟或有收嫂，或有二夫，斯為怪異也。[121]

《明律》上規定：「兄亡收嫂，弟亡收弟婦者，各絞。」[122]但成化二十一年（一四八五）二月二十六日，經禮部等衙門題准的〈違例為婚依律問斷例〉云：「竊見男女嫁娶，近年以來，有兄亡收嫂、弟亡收弟婦者」，「雖律有明條，民不知禁」[123]。可見民間仍不能禁絕。

所謂續嫁，係指姊死而妹續嫁於姊夫。此在古代中國習以為常，不論皇室、貴族或民間，並不罕見。《明史．列女傳》記載，義烏徐明輝，即於其妻虞氏過世之後，得岳父首肯，娶其妻妹虞鳳娘[124]。

（六）招贅與勞役婚

招贅係指在傳統男尊女卑的父系社會中，男方婚後住入女家。古代以贅婿為賤，故秦始皇征南越發住在閭左的窮民與贅婿，賈誼也說：「家貧子壯則出贅。」歷代皆輕視贅婿，視為「疣贅」。

女子在家迎夫者為招婿，寡婦留在夫家迎後夫為招夫。《萬曆黃崗縣志》即云：「庶民……夫亡更贅，恬不謂非。」[125]在貧苦的百姓中，是相當普遍的。女家招贅婿的目的是：

1. 為得繼嗣，女家無子，為求男子孫，使祭祀和家業有人繼承，乃招贅婿。明代戲曲《明珠曲》中，王遂中對其妻說：「果然是好，夫人！我和你終身無靠，何不將此女招贅一婿，也絕不了祭祀之主。」[126]
2. 女家鍾愛女兒不忍其嫁出，乃招婿在家。如《匏翁家藏集》卷六十六〈顧孺人墓誌銘〉，記其「父母不忍出嫁，得里人朱某為贅婿，某字某，後稱怡晚翁是也。」[127]
3. 為扶養或管理家產。《警世通言．卷二二．宋小官團圓破氈笠》中，劉翁即因「自家年紀漸老，止有一女，要求個賢婿以靠終身」，乃「將宋金贅入船上為婿」，「從此船上生理，日興一日」[128]。傅衣凌所收徽州莊僕贅婿文書中，有一件也是為養老與管理家產而招贅婿的：

> 十六都程祐一，今因無妻，空身托媒，投贅房東鄭氏五公焦坑口莊人鄭五孫媳吳氏為妻，撫育子女成人，養鄭五年老，及承種田地，照管山場，永遠應付，自投贅之後，務要小心伏侍，毋得言語抵畜（觸）私自回祖；如違，聽自房東理治，還財禮銀一十五兩整。今恐無憑，立此為照。
>
> 萬曆二十一年六月二十日　立投約人程祐一（押）
>
> 代書媒人鮑　志（押）[129]

由此婚書可知程祐一是個窮苦單身漢，被房東鄭五招為養老女婿，終身在女家為其管理家產，且不得歸宗回祖，以服事女家家長為其主要義務，是永久性的「勞役婚」。《太平府志．列女傳》亦載一例，洪

---

121 《嘉靖平涼府志》（嘉靖三十九年刊本），卷一二，頁四九，卷一三，頁一七。

122 《彙編》，卷六，頁五〇六。

123 〔明〕戴金編，《皇明條法事類纂》，卷一三，〈戶部類．違例為婚依律問斷例〉。劉海年、楊一凡編，《中國珍稀法律典籍集成》，乙編，第四冊，頁五七〇。參見柏樺，〈從收繼婚風俗看明代的律例〉，《北京行政學院學報》，二〇〇三年第三期。

124 〔明〕張廷玉等，《明史》，卷三〇三，〈列女傳三．虞鳳娘〉，頁七七三九。

125 《萬曆黃崗縣志》（萬曆三十六年刊本），卷五，頁二八。

126 〔明〕陸采，《明珠記》（六十種曲本，台北：臺灣開明書店，一九七〇），第二十齣，〈贅蘋〉。

127 仁井田陞，《支那身分法史》，頁七五三。

128 〔明〕馮夢龍輯，《新評警世通言》卷二二，頁三二七；譚正璧，《三言兩拍資料》，頁三〇八—三一一。

129 傅衣凌，〈明代徽州莊僕文約輯存〉，《文物參考資料》，一九六〇年第二期，頁一一一—一一四。

貞因家貧入贅於楊家[130]。又崇禎十四年八月的一份徽州贅婿文書中，汪有壽亦因家貧，年二十五尚無能力娶妻，而入贅於謝正仁家，為其使女之夫[131]。這些多在下層社會貧民中實行，上層社會中，明代「則少見」，不似「元時貴戚家，遂以成俗」[132]。如有之，亦常遭人譏議，如程篁墩學士之婿於李文達，雖是其「未第時事，而識者猶議之」[133]。又有嘉靖年間，會元蔡茂春慕編修趙祖鵬之光燄，「委禽為贅婿，一時清議沸然」。顧祖禹之父因家難，對先世所遺貲產園林書畫玩好以至祠墓之木，皆不能保，始於天啟四年入贅於崑湖潭氏之家。凡此似乎皆不得已之事[134]。

除了永久性的養老女婿外，又有年限女婿，「約以年限，與婦歸宗者」，即夫在妻家非永久居住者的「勞役婚」。這又有確定期限與不確定期限之分，不確定者以生子或岳父母死亡為期限，在婚書中都要寫定。例如傅衣淩所收的一份徽州婚書：

安山立代招親婚書，房東謝良善、謝用明等。今有莊僕汪有壽，自幼父母繼亡，次弟逃散，三弟眾賣樟村度活。今有壽子立，日食難度，飄流無倚，向在外境傭工糊口。房屋傾頹，二門主眾商議，久已拆毀，身無所棲，且年登二旬有五，無力婚娶，若不代為招親，汪僕一脈誠恐湮沒矣。今有本族謝正仁家有使女，是有壽浼求二門房東主婚，前往招到房東謝正仁使女為妻。議定填工二十二年，以準婚娶財禮之資。工滿，聽自夫婦回宗。日後生育，無問男女，聽留一賠娘。所有二門主眾當受酒禮銀訖，二門人眾，每房議一、二人畫押為憑，餘外房東家不齊，不得生端異說。今恐無憑，立此招親婚書為照

再批二門婚姻喪祭照舊應付毋詞眾批

崇禎十四年八月二十二日立代招親婚書

謝孟禮（押）

謝正宗（押）

謝正脩（押）

謝士俊（押）等（十五人）

順治九年十二月三十日汪有壽因前妻富喜不幸先年病故，思以失配，無力再娶，托憑二門眾復浼求妻主將使女聯喜另招為妻，所有禮銀無措，眾議著壽身照舊外，填工拾年，以準復招財禮，日後生育男女，聽妻主使喚，二門毋得異言。

此照。眾批。[135]

在這份婚書上寫定了在女家工作的年限，以代償聘財，實在就是一種「勞役婚」。但二十二年實在太長，一般總以三年至十年為度。《皇明諸司廉明公案》下卷〈婚姻類‧喻侯判主占妻〉中說道：六合縣伍春因「身貧無配，贅豪黨俊九使婢為妻」，即「議工三年准作財禮」。同書〈立繼類〉亦有一案〈龔侯判義子生心〉記載：南陵縣曾祥因「身老子故，將媳李氏，憑媒招孫育養老，一毫財禮並未索」，也是「議工三載

---

130 〔清〕陳夢雷，《古今圖書集成‧閨媛典》，卷一二五，冊四〇四，頁五八。

131 傅衣凌，〈明代徽州莊僕文約輯存〉。

132 史鳳儀，《中國古代婚姻與家庭》，頁四八。

133 〔明〕沈德符，《萬曆野獲編》，卷二六，〈嗤鄙‧孌壻〉，頁六七二。

134 〔清〕錢儀吉，《碑傳集》（台北：明文書局清代傳記叢刊，一九八五），卷一二四，〈逸民上、下〉，魏禧，〈顧先生柔謙墓誌銘〉。冊一一三，頁四七–五〇。《無錫金匱縣志》（嘉慶十八年序刊本），卷二一〈文苑〉，國朝〈顧祖禹傳〉。

135 傅衣凌，〈明代徽州莊僕制度之側面的研究——明代徽州莊僕文約輯存〉，《明清農村社會經濟》（北京：中華書局，二〇〇七），頁八。

作聘」[136]。

招贅婚雖有養老與年限二種，但其為勞役婚一也。其婚姻成立要件與一般相同，唯一不同的是獨子不得出贅。《大明會典》卷二〈戶口二・婚姻〉規定：

洪武二年。……凡招婿，須憑媒妁，明立婚書，開寫養老、或出舍年限。止有一子者，不計出贅。如招養老女婿者，仍立同宗應繼者一人，承奉祭祀，家產均分，如未立繼身死，從族長依例議立。[137]

似乎明代較元代為寬，元代獨子不得為養老婿，「若貧家止有一子，立年限出舍者聽」[138]。明代則養老女婿若為獨子，則可立同宗應繼者代其「承奉祭祀，家產均分」。因此這個「止有一子者，不許出贅」的規定是有彈性的。《醒世恆言》〈張孝基陳留認舅〉中，過善雖有子過遷，但遷放蕩無賴，家計難託。其女淑女已十八歲，遇遷「因兒子不肖，越把女兒值錢，要擇個出人頭地的，贅入家來，付託家事」。終於託媒人說合張仁之子孝基，但「張仁是個獨子」，孝基也是獨子，兩代單傳，「本不捨得贅出」，但「因過善央媒再三來說，又聞其女甚賢；故此允了」[139]。

總之，招贅婚成立後，贅婿便與妻之親屬發生親屬關係，或為終身養老女婿，或有一定年限對妻之父母及近親負有贍養扶助或服勞役的義務[140]。

（七）養媳與指腹

指腹與養媳均為童幼訂婚，而養媳則較指腹先入夫家，待長成後始圓房。養媳一般認為起於宋代，首見之記載為《雞肋集》，童養媳既可是花少許錢買來幼女供使喚，長成又可給子弟為妻，節省聘財。例如《竇娥冤》中的竇娥，七歲就做了放高利貸的蔡婆之養媳[141]。帝王之家也常選幼女入宮，俟成人後，始與帝王婚配，如明宣宗孫皇后，十幾歲入宮，由明太宗命誠孝皇后養育之，成人後便選為宣宗的嬪妃[142]。

指腹為婚，民間甚為流行，即子女尚在母胎中，雙方父母便給訂了親。歷代屢有行之者，元代以後，雖以法律禁止，《明律》雖也規定：

男女婚姻各有其時，或有指腹割衫襟為親者，並行禁止。[143]

但實際上相當流行。如《二刻拍案驚奇》記隆慶年間，陝西西安府易萬戶，以衛兵入屯京師，與同鄉朱工部相處得最好，兩家夫人各有妊孕，兩下指腹為婚，「依俗禮，各割衫襟，彼此互藏，寫下合同文字為定」。可見指腹為婚之程式為先割衫襟互藏，並寫定文書。文書形式如下：

朱易兩姓，情既斷金，家皆種玉，得雄者為婿，必諧百年，背盟者，天厭之！天厭之！

隆慶某年月日　朱某、易某書，坐客某某為證。[144]

---

136 《皇明諸司廉明公案》，書藏日本內閣文庫，轉引自仁井田陞，《支那身分法史》，頁七四四—七四五。

137 〔明〕李東陽等，《大明會典》，卷二〇，頁二一。

138 〔元〕完顏納丹，《通制條格》，卷四，〈戶令·嫁娶〉。

139 〔明〕馮夢龍，《醒世恆言》（台北：世界書局據顧學頡注本補編，一九七六），卷八，頁三四〇。譚正璧，《三言兩拍資料》，頁四六八—四六九。

140 參見胡中生，〈明清徽州下層社會的非常態婚姻及其特點〉，《安徽史學》，二〇〇一年第三期，頁五一—一二。

141 《元曲選·竇娥冤雜劇》。

142 〔清〕張廷玉等，《明史》，卷一一三，〈后妃一·宣宗孝恭皇后孫氏〉，頁三五一四。

143 《彙編》，卷六，頁五〇〇。

144 〔明〕淩濛初，《二刻拍案驚奇》，卷三〇，頁六一五—六一六，〈瘞遺骸王玉英配夫，償聘金韓秀才贖子〉。又譚正璧，《三言兩拍資料》，頁八五四—八六〇。

寫成兩份，雙方各存一紙為證。此類記載，在明代小說戲曲中甚多。又如《牡丹亭》（還魂記）第五十三齣〈硬拷〉：

（生）生員嶺南柳夢梅，乃老大人女婿。

（外）呀！我女已亡故三年，不說到納采、下茶，便是指腹裁襟。[145]

《玉簪記》第二齣〈命試〉也提到「指腹婚姻，他女我男。」[146]

（八）冥婚

依婚禮假合已死之男女為夫妻，或生前已有聘約，而於婚前，其中一方突然死亡，他方殉之，迎柩合葬，使其相從，《明史．列女傳》此類例子不少見，如張氏年十四受諸生劉伯春聘，不久伯春卒，張氏雖未入門，仍為伯春守喪三年，服闋便絕食殉之，後舅姑迎柩，使其夫妻合葬[147]。又如陳氏許配楊瑄，未嫁而瑄亡，陳氏後亦自縊，以殉之。其後瑄姪為改葬瑄，即求陳骨與楊氏合葬，是為冥婚[148]。

總之，明代婚姻的形式，仍以聘娶為主，在明代後期，受社會經濟發展的衝擊，社會風氣變遷，以華侈相高，婚姻論財之風氣盛，而貧苦人民亦有不少為債務所迫而行買賣婚。然而在不少經濟較發達地區，原有社會秩序受到衝擊，也導致不少男女敢於干犯禮教，不以父母之命、媒妁之言為限，而行志願婚。另外還有一些特殊的嫁娶形式，也在明代實施，如選婚與罰婚、收繼與續嫁、招贅與勞役婚、養媳與指腹為婚與冥婚等形成，多在下層社會流行。

四、婚姻的成立

婚姻關係的成立，大體而言，須經訂婚與成婚兩道程式。「訂婚」一詞，明代以前是沒有的，從前稱為「許嫁」或「文定」。《明律．戶律三．婚姻》〈男女婚姻條〉，始有「男女訂婚之初」這樣的說法出現。然而這一「訂婚」，與今日「訂婚」的意義不同。明代的「訂婚」兼指許嫁與聘定，已具有成婚的效力。由於聘娶婚為主要的婚姻形式，禮法上均以此為依據；因此，以聘娶婚為主來說明明代婚姻的成立。

（一）婚姻年齡

1. 訂婚年齡

禮法上，男女訂婚並非如今日為婚姻之預約，而是成婚的要件，訂婚即可結婚；訂婚年齡直可視為嫁娶年齡。其與今日預約婚姻較相近之「訂婚」，反屬於理義未妥之指腹為婚、童幼許婚。

指腹為婚，在前面已說明過，即父母於子女尚在娘胎中即予許婚。如《蕭曹遺筆》卷二〈富奪貧婚〉中，「壬父存日，與岳太友善，割襟指腹為婚，父生男，太生女，各相襁褓，又以小鐲重盟」，即為此

145《牡丹亭》，第五十三齣，〈硬拷〉。收於《全明傳奇》（台北：天一出版社，一九八三），冊四〇。

146《玉簪記》（六十種曲本），第二齣〈命試〉。

147〔清〕張廷玉等，《明史》，卷三〇一，〈列女一．張氏〉，頁七七〇一—七七〇二。

148〔清〕張廷玉等，《明史》，卷三〇一，〈列女一．陳氏〉，頁七七〇一。

類[149]。明初曾於洪武二年下過禁令，然民間仍然流行，難以革除。

所謂童幼許婚，則指子女生下不久，兩家即予定親，亦在民間流行。《金瓶梅》中，雲離守「見（吳）月娘生了孝哥」，自家娘子「范氏房內亦有一女，方兩月兒，要與月娘結親」，「遂兩家割衫襟，做了兒女親家，留下一雙金環為定禮」[150]。

2. 成婚年齡

明洪武元年戶令，定庶民婚禮，用《朱子家禮》規定：「凡庶人娶婦，男年十六，女年十四以上，並聽婚娶。」[151]《義門鄭氏家儀》亦定男女適婚年齡，男年十六至三十，女年十四至二十。《嘉靖瀏陽縣志》亦云：

> 夫昏姻有時，（男年十八至二十，女年十五至十八）[152]。

以上所述均為一般原則，實際情形，應廣搜家譜或方志列女傳資料，作抽樣統計。《古今圖書集成．閨媛典》卷二五～二六，三三～三六，五〇～九四，一二四～一五一，一八〇～二二四等，蒐集明代列女傳資料中，有女子成婚年齡記載者共一三〇九人，其分布地區，包括南、北直隸與河南、山東、山西、陜西、四川、湖廣、江西、浙江、福建、廣東、廣西、貴州、雲南等全國各布政司。其中成婚年齡最早的是《池州府志》所載的丁氏，十三歲成婚；最晚的發生在陜西，女方初婚年齡為三十三歲。

又依據〈閨媛典〉資料所作的統計，明代女子初婚年齡以十七歲為最多，共三百一十六人，占百分之二十四．一四；其次為十六歲，共二百九十六人，占百分之二十二．六一；其次為十八歲，共二百五十四人，占百分之十九．四；其次為十九歲，共一百八十三人，占百分之十三．九八；再其次為十五歲，共一百零六人，占百分之八．〇九；再其次為二十歲，共六十四人，占百分之四．八八。再其次為十四歲，共

明代女子初婚年齡統計表

地區＼年齡	一三	一四	一五	一六	一七	一八	一九	二〇	二一	二二	二三	二四	二五	二六以上	總計
南直隸	五	一三	一〇	八〇	八八	六七	六一	一七	四	六	〇	〇	〇	三	三五四
北直隸	〇	三	一二	二四	三三	一四	九	四	〇	一	一	〇	〇	〇	一〇一
浙江	一	五	四	三九	五〇	三五	二九	一三	三	二	〇	〇	〇	一	一八二
江西	〇	九	一三	二九	一五	二五	二〇	八	一	一	〇	〇	〇	〇	一二一
湖廣	〇	三	九	一三	二二	二六	一一	九	〇	三	一	一	〇	〇	九七
福建	一	三	二四	二九	三二	三二	一五	一	〇	〇	一	〇	一	〇	一三七
廣東	一	〇	五	二四	一九	三三	一六	一一	一	一	〇	〇	〇	〇	一〇〇
廣西	〇	〇	三	六	二	四	〇	〇	〇	〇	〇	〇	〇	〇	一五
貴州	〇	一	〇	三	〇	〇	〇	〇	〇	〇	〇	〇	〇	〇	四
雲南	〇	一	五	二	三	〇	〇	〇	一	〇	〇	〇	〇	〇	一二
山東	二	一	一〇	一五	二七	一一	九	〇	〇	一	〇	〇	〇	〇	七六
山西	〇	二	二	八	六	六	六	〇	〇	〇	〇	〇	〇	〇	三〇
河南	〇	三	四	一五	二二	一〇	五	一	〇	〇	〇	〇	〇	〇	五〇
陝西	〇	一	五	九	九	三	二	〇	一	〇	〇	〇	〇	〇	三〇
總計	一〇	四五	一〇六	二九六	三一六	二五四	一八三	六四	一一	一五	三	一	一	四	一三〇九
百分比	〇·七六	三·四三	八·〇九	二二·六二	二四·一四	一九·四	一三·九八	四·八八	〇·八四	一·一四	〇·二三	〇·〇七	〇·〇七	〇·三	一〇〇%

※本表根據《古今圖書集成》〈閨媛典〉卷二五—二六、三三—三六、五〇—九四、一二四—一五一、一八〇—二二四。

---

149 〔明〕閒閒子訂注，《蕭曹遺筆》，卷二，頁一三—一四。

150 〔明〕笑笑生，《金瓶梅詞話》，第八七回，頁二。

151 〔清〕張廷玉等，《明史》，卷五五，〈禮志九・庶人婚禮〉，頁一四〇三。

152 《嘉靖瀏陽縣志》，上冊，頁三—四。

四十五人，占百分之三．四三；其次為二十二歲，十五人，占百分之一．一四；其次為二十一歲，十一人，占百分之〇．八四；其次為十三歲，十人，占百分之〇．七六；再其次為二十三歲，三人，占百分之〇．二二。其他年齡均在三人與一人之間，所占比例更微不足道。可見實際女子成婚年齡以十七歲為最多，達於曲線之高峰，然後隨年齡之增多或減少之數目而遞減。其中尤以十六、十七、十八歲為最多，一共占全部抽樣數字的百分之六十六．一五（華北五省更高至百分之七十），再加上十九歲的百分之十三．九八（華北五省為百分之十．八），則百分比更增至百分之八十．一三（華北為百分之八十一．一七），即女子成婚年齡以十六至十九歲占絕大多數。十五歲與二十歲共占百分之十二．九七若也加上，則女子初婚年齡在十五～二十歲，已占百分之九十三。（華北則占百分之九十四）其他年齡在百分比上均微不足道，尤其十三歲以下與二十一歲以上，甚為罕見。可見根據〈閨媛典〉列女傳資料所作抽樣統計資料，大體與明代禮法相符。以區域比較起來，華北五省情況與全國大致相似，只是十五歲的百分比高百分之三．四，二十歲低百分之三．一四。則全國女子初婚年齡趨勢是較一致的[153]。

至於男子初婚年齡，史料中較為罕見，一般來說總要比女子大兩歲以上。但有些地方也有男比女小的，明成化皇帝與萬貴妃就相差十九歲之多，是著名的特例。民間也有男比女小的事，尤其在北方，《金瓶梅》上有句諺語：「妻大兩，黃金日日長；妻大三，黃金積如山。」[154]其實妻子年齡大些，在農村裡，是比較受歡迎的，一進門的新娘便可操井臼持門戶，使家裡多一勞力。

關於妾的成婚年齡，雖與妻初婚年齡相差不大，但與夫的年齡差距較大。法律規定庶民需四十以上無子始得納妾，且男子納妾目的在廣子嗣和好女色，均須以少艾為對象；因此男子娶妾年齡常較妾大二十歲以上，甚至多達六十歲[155]。

（二）婚姻的意責

所謂婚姻的意責，即婚姻當事人的意思表示及婚姻責任的負擔。在傳統中國社會中，婚姻有媒妁之言在前，父母之命決定在後，男女當事人的意思通常無權表達，而婚姻責任亦由主婚人或父母負擔；故「父母之命，媒妁之言」，不但是婚姻的形式要件，也是實質要件[156]。

1. 主婚　主持婚姻通常是父母或尊親屬。《明會典・戶口・婚姻》於洪武二年規定：

> 凡嫁娶，皆由祖父母、父母主婚，祖父母、父母俱無者，從餘親主婚，若夫亡攜女適人者，其女從母主婚。[157]

奴婢則由其主人主婚，由《明律》規定：「凡家人與奴娶良人女為妻者」得連帶受「杖八十」，可知[158]。

---

153 女性初婚年齡定在十四歲，正是女孩身體發育成熟月經初潮之後，中西大致相似。Elizabeth Abbott, *A History of Marriage*, Toronto: Penguin Canada, 2009. 伊麗莎白・阿伯特著，孫璐譯，《婚姻史》（北京：中央編譯出版社），頁一一二－一一七，〈初婚年齡〉。李萍根據江西出土的墓誌銘作的研究，也發現明代女子成婚年齡大多為十五、十六歲。李萍，〈從明代墓誌談江西地區的婚姻習俗〉，《南方文物》，一九九四年第三期，頁七五－七七。

154 〔明〕笑笑生，《金瓶梅詞話》，第七回，頁七。

155 參見王雪萍，〈明代婢妾婚姻實態探微〉，《濟南大學學報（社會科學版）》，第二〇卷第四期（二〇一〇），頁四五－四九。

156 張居正云：「夫婚姻大事，人道所重。然必待父母之命，媒妁之言，自天子以至於庶人，一也。」張舜徽主編，《張居正集・第一冊・奏疏》（武漢：荊楚書社，一九八七），頁二四六，〈奏請聖母裁定大婚吉期疏〉（萬曆五年）。

157 〔明〕李東陽等，《大明會典》，卷二〇，頁二〇。

158 《彙編》卷六，〈戶律三・婚姻・良賤為婚姻〉，頁五〇九。

(1) 主婚人與婚姻意思的表示，洪武二年既然規定婚姻由父母、祖父母作主，卑幼完全以父母的意思為意思。只有當卑幼在外仕宦或作買賣時，來不及由父母主婚，自行成婚者，仍舊為婚[159]。

(2) 主婚人與婚姻的責任《明律．戶律三．婚姻，嫁娶違律主婚媒人罪》規定：

> 凡嫁娶違律，若由祖父母、父母、伯叔父母、姑兄姊，及外祖父母主婚者，獨坐主婚。餘親主婚者……事由主婚，主婚為首，男女為從。事由男女，主婚為從。……其男女被主婚人威逼，事不由己，若男年二十歲以下，及在室之女，亦獨坐主婚，男女俱不坐。[160]

因為父祖等分尊義重，得以專制主婚，卑幼只有服從，不得反抗；因此婚姻責任全由主婚人擔負。但若由其他親屬主婚，如「期親卑幼及大功以下尊長卑幼主婚者」，則未必能專制，若違律時，全依情況而定，事由主婚決定者，主婚人負責，事由男女本人主張的，則由男女本人承擔責任。

2. 媒妁

「媒」之為言，謀也，是謀合異類使和成者；因此，謀合二姓以成婚姻，也稱為「媒」。「妁」之為言，亦謀也，又斟酌也。因此，孟子「以媒妁之言」是稱[161]。其與婚姻要件上與「父母之言」同樣重要。但《明律》〈男女婚姻〉之〈纂註〉云：「私約則無媒」[162]，則媒人似非必要。實際上「媒妁之言」還是須要的。

明代皇室婚禮中，雖用「使」，但實則為「媒」。如張居正便曾擔任萬曆皇帝大婚時的納采、問名副使[163]。而品官與庶人婚禮中，明代也規定：「凡娶婦先使媒氏往來通言。」[164]《初刻拍案驚奇》〈韓秀才乘亂聘嬌妻〉中，韓子文想結婚，便去央求王媒婆「訪個相應的人家」[165]。《醒世恆言》〈陳多壽生死夫妻〉中，朱世遠與陳青想結為親家，雖然二人是熟朋友，還是要找個媒，結果請那位常一起下棋的王三老「作伐」，到朱家為陳青的兒子說親[166]。

媒人在嫁娶中地位重要，因此《明律》對於違律嫁娶的，也要處罰媒人。《明律．戶律三．婚姻．嫁娶違律主婚媒人罪》規定：

凡違律嫁娶。……若媒人知情者，各減犯人罪一等，不知者不坐。[167]

（三）婚姻的程式

1. **禮制方面** 古代重婚禮，《禮記．昏義》中，即備述納采、問名、納吉、納徵、請期、親迎等六禮，為後世因襲。然而六禮太繁，平民百姓難以應付。明代的皇室與品官之家，婚娶仍行六禮。平民百姓則依《朱子家禮》僅行納采、納幣、親迎等三禮[168]。婚禮的程式，明代小說頗多記載，今舉《金瓶梅》中陳經濟娶葛翠屏為例來敘述。結婚得先看過婚帖，婚帖以大紅緞子寫的，由媒婆薛嫂送來：

159 《明律集解》，卷六，頁二。
160 《彙編》，卷六，頁五一一—五一二。
161 《孟子．滕文公下》。
162 《彙編》，卷六，頁五一一，《大明律直解》，卷六，頁二二四。
163 《明神宗實錄》，卷七二，頁七，萬曆六年二月庚子條。〔清〕龍文彬，《明會要》，卷一四，頁二三七。
164 《明太祖實錄》，卷三七，頁一七，洪武元年十二月癸酉條。
165 〔明〕凌濛初，《初刻拍案驚奇》，卷一〇，頁一七四。
166 〔明〕馮夢龍，《醒世恆言》，卷九，頁一七九—一八〇。
167 《彙編》，卷六，頁五一一。
168 〔明〕李東陽等，《大明會典》，卷七一，頁七—九。

開緞鋪葛員外家大女兒，年二十歲，屬雞的，十一月十五日子時生。小字翠屏，生的上畫兒般模樣兒，五短身材，瓜子面皮；溫柔典雅，聰明伶俐，針指女工，自不必說。父母俱在，有萬貫錢財，在大街上，開緞子鋪，走蘇杭南京。無比好人家，都是南京床帳箱籠。[169]

可知「婚帖」的內容應包括：(1)女孩的生辰、姓名，(2)優點，(3)家庭狀況，(4)陪嫁。看過婚帖，與媒人說合並經女方同意後，男方便另找媒人與家人「備了兩抬茶葉、髓餅、羹果」等往女家定親；於是「擇定吉日，納綵行禮」，「行禮」即納幣，男方送去的是：「十六盤羹果、茶餅，兩盤上頭面，二盤珠翠，四抬酒，兩牽羊，一頂髮髻，全副金銀頭面、簪環之類，兩件羅緞袍兒、四季衣服，其餘棉花布絹，二十兩禮銀」。並由陰陽生擇定過門日子。親迎時，春梅以陳經濟長輩身分作主婚人，也「打扮珠翠鳳冠，穿通袖大紅袍兒，束金鑲碧玉帶，坐四人大轎，鼓樂燈籠」去娶新娘「奠雁過門」。新郎陳經濟則「騎大白馬，揀銀鞍轡，青衣軍牢喝道」，熱熱鬧鬧地把新娘迎回，「新人轎子落下，戴著大紅銷金蓋袱添粧，含飯抱著寶瓶，進入大門，陰陽生引入畫堂。先參拜家堂，然後歸到洞房」，新郎、新娘「兩口兒坐帳」，然後出來，「陰陽生撒帳畢，打發喜錢出門，鼓手散去」。一對新人又「坐了回帳」，然後「騎馬打燈籠，往岳丈家謝親」。當夜合卺。「三日完飯」，再「在府廳張筵掛綵，鼓樂笙歌，請親戚吃會親酒」[170]。關於迎親一節，〈女秀才移花接木〉有更詳細敘述。新郎杜子中穿了大紅衣服，乘轎至女家抬將進凹，走至中堂站好位次，拜見岳丈聞參將。然後請出小姐蜚娥來，又一同行禮。謝了媒人，然後啟轎迎回家中，拜告天地，見了祠堂。算是完成婚禮[171]。但也有的地方像江南民間，如《醒世恆言》〈錢秀才錯占鳳凰儔〉所說的：「不行古時親迎之禮，都是女親家和阿舅自送上門。女親家謂之『送娘』，阿舅謂之『抱嫁』。」[172]

2. **法制方面**　如依六禮，婚姻由納吉而定，納徵而成。依法律則以交換婚書或收受聘財為要件。其程式如下：

(1) **婚約**　依《明律．戶律．婚姻．男女婚姻》規定：「凡男女訂婚之初，若有疾殘、老幼、庶出、過房、乞養者，務要兩家明白通知，各從所願，寫立婚書，依禮聘嫁。」若不依約定，「許嫁女已報婚書」之後「輒悔者」，主婚人「笞五十」，「女仍歸本夫」。尤其女家已許婚之後，「若再許他人」，處罰更重，「未成婚者，杖七十；已成婚者杖八十」。而後娶的男方，若知情，亦同罪，「財禮入官」；不知情者不坐，並可「追還財禮」，「女歸前夫」；除非前夫不願，則可歸後夫，但要「倍追財禮給還」前訂婚約的男子。如果沒寫婚書，女方只要受了聘財，也算是有了婚約，一樣不得反悔，其處罰與有婚書的完全一樣。但是男方悔約，在元代則「不坐，不追財禮」，明代則不同，雖亦「不追財禮」，但「罪亦如之」，與女家悔約一樣，也要受罰的。這點似乎比較元代公平[173]。

(2) **婚書**　當男女雙方同意結親後，便寫成婚書。《初刻拍案驚奇》〈韓秀才乘亂聘嬌妻〉中，浙江台州天台縣的窮秀士韓子文，由於家道消乏，所以年過二九，尚未有親。恰逢謠傳嘉靖皇帝要選秀女，浙江人家紛紛爭先將女兒嫁人以求免。開當鋪的金朝奉便把十六歲的女兒許與他，他又怕「事平之後」，金朝奉口約無憑而反悔；於是約其友人張四維、李俊卿作證，又尋個算命先生合一合婚，然

169（明）笑笑生，《金瓶梅詞話》第九七回，頁九。
170（明）笑笑生，《金瓶梅詞話》第九七回，頁一〇—一一。
171（明）凌濛初，《二刻拍案驚奇》，卷一七，頁三八六。譚正璧，《三言兩拍資料》，頁八二二—八二九。
172（明）馮夢龍，《醒世恆言》，卷七，頁一三九。
173 參見史鳳儀，《中國古代婚姻與家庭》，頁一一一。

後由金朝奉寫好一份婚書，與證人一同花了押，存於韓子文處，以防準岳父翻悔。婚書如下：

立婚約金聲係徽州人，生女朝霞年十六歲。自幼未曾許聘何人，今有台州府天台縣儒生韓子文禮聘為妻，實出兩願。自受聘之後，更無他說。張、李二公，與聞斯言。

嘉靖元年二月日

立婚約金聲，同議友人張安國、李文才。[174]

由此可知婚書形式，內容要件為：①婚書作者；②其女未曾許人；③今許何人；④受聘之後即算成婚；⑤婚事乃雙方兩願；⑥受聘後不得反悔；⑦立約人與證人均須「花押」。婚書是有法律效力的，後來金朝奉嫌韓子文是個窮儒，果然反悔，告到官裡，台州府太守吳公弼便依婚書判決韓子文勝訴的。

(3) **私約** 若無媒人而「私下議約」的婚事，也可成立，但須雙方互換庚帖，如《醒世恆言．陳多壽生死夫妻》中，朱、陳二家口頭允諾結為親家，「一諾無辭，財禮並不計較」，陳家便「擇了個和合吉日，下禮為定，朱家將庚帖回來，喫了一日喜酒」；從此便「親家相稱」了。若要解除婚約，則須退還庚帖，否則仍然有效[175]。

(4) **聘財** 聘財的授受為訂婚的最重要條件，據《明律》，「雖無婚書，但曾受聘財者」，也算定了婚[176]。聘財多少，亦無定數，只要雙方同意，即使收帛一尺也可以作數。明代戲曲《荊釵曲》中，說到浙江溫州錢流行有一女玉蓮，年十六，由許文通介紹，許與同鄉王十朋為妻，王家甚貧，王母說：「兒！自你父親亡後之時，再無所遺，止有這荊釵，權把他為財禮，只愁事不諧。」[177]《鸞銀記》中，則以碧玉鐶一對為聘財[178]。《玉簪記》也以一只玉簪鴛墜為聘。《嘉靖瀏陽縣志》也說當地「俗聘用羊酒，登用椅桌床帳，鮮以金銀為聘奩。可知聘財雖也有人像王十朋的朋友孫汝權那樣闊氣，送一對金釵及壓釵銀四十兩為財聘，也有很簡約的，只要有就行了[179]。

3. 完成婚禮的儀文

3. 完成婚禮的儀文　以上是從禮、法兩方面說明訂婚、親迎之要件，以下說明成妻、成婦，即完成婚禮之儀文。

(1) 成妻　即新郎迎新娘出輿轎，升堂交拜，而後送入洞房，交盃共食之後，即完成成妻之禮[180]。

(2) 成婦　婚姻的目的在合二姓之好；因此成婦之目的，重於成妻。明代帝王婚姻，均依古禮，翌日見舅姑；民間則是親迎的次日，行見祖禰及見舅姑禮，並行婿見岳父母之禮，更加簡化[181]。如《警世通言》〈小夫人金錢贈年少〉中，張員外娶小夫人，也「少不得行財納禮，奠雁已畢，花燭成親」，「次早參拜家堂」，行成婦之禮[182]。但民間也有更簡化，而於花燭之夜，便行廟見之禮，如《二刻拍案驚奇》〈同窗友認假作真．女秀才移花接木〉中，杜子中與聞蜚娥便是成親之夜，拜告天地後，

174 〔明〕凌濛初，《初刻拍案驚奇》，卷一〇，頁一七六－一七八。
175 〔明〕馮夢龍，《醒世恆言》，卷九，頁一八一。
176 《彙編》，卷六，頁四九九。
177 《荊釵記》（《全明傳奇》，冊二），第六齣〈議親〉，第八齣〈受釵〉。
178 《鸞鎞記》，第二齣〈論心〉，「父母在日，曾將碧玉鸞鎞一對，聘趙氏之女為妻，頗聞他年已及笄，才容雙美，因我孤身落魄，遂將好事磋跎，孤孤寂寂，憂憂悶悶，過了二十年華。」
179 《玉簪記》（六十種曲本），第二齣〈命試〉：「指腹結姻，他女我男，曾以玉簪鴛墜為聘，今經一十六載。」
180 〔明〕李東陽等，《大明會典》，卷七一，頁九－一〇。
181 〔明〕李東陽等，《大明會典》，卷七一，頁七、一一－一二。
182 〔明〕馮夢龍輯，《新評警世通言》，卷一六，頁二三四。

即「見了祠堂」，成為杜家之婦[183]。

五、婚姻的故障與消滅

(一) 婚姻的故障

此處所謂「婚姻的故障」，係指暫時性的違時嫁娶，也就是在某些特定的時期內不得結婚。

1. **居尊親喪不得嫁娶**　遠在周代，《禮記》上已規定，女子須守完三年之喪後，才可以出嫁。《明律．戶律三．婚姻》特別有〈居喪嫁娶〉的規定：

> 凡居父母喪，而身自嫁娶者，杖一百。若男子居喪娶妾，妻女嫁人為妾者，各減二等。……若居祖父母、伯叔父母、姑兄姊喪而嫁娶者，杖八十，妾不坐。若居父母舅姑及夫喪，而與應嫁娶人主婚者，杖八十。[184]

2. **居配偶喪不得嫁娶**　尤以居夫喪而再嫁之禁最嚴，這在男尊女卑的傳統中國社會中，是極為當然的。而受朝廷封過的命婦，因牽涉到高級官吏政治、社會階級的尊嚴，更是嚴禁。因此《明律》規定：

> 凡居……夫喪而身自嫁娶者，杖一百。若命婦夫亡再嫁者，罪亦如之，追奪。並離異。[185]

不但法律如此規定，民間亦不以此為然。《金瓶梅》中，潘金蓮就在武大郎死後，孝服未滿便嫁給西門慶，西門慶雖然有錢有勢，一般人怕他，但都在背後說他們的不是[186]。李瓶兒要嫁西門慶，吳月娘便以他夫喪而孝服未滿為理由反對[187]。

3. **值帝王喪不得嫁娶** 《明會典》卷九十六〈喪禮〉：「洪武三十一年，高皇帝喪禮，遺詔：『天下臣民，令到出三日皆釋服，嫁娶飲酒皆無禁。』」[188]值帝王喪僅規定三天不得嫁娶，但自永樂皇帝以後，便規定：「官員停百日，軍民人等停一月。」[189]皇太后、皇后喪也是如此，除非遺詔上有特別規定，也都依此規定實施[190]。皇太子喪則在京文武百官「停嫁娶六十日」，在外省官員則「停嫁娶三十日」[191]。

4. **直系尊親屬被囚禁不得嫁娶** 《明律．戶律三．婚姻．父母囚禁嫁娶》規定：「凡祖父母、父母犯死罪被囚禁，而子孫嫁娶者，杖八十。為妾者，減二等。其奉祖父母、父母命而嫁女娶妻者，不坐，亦不得筵席。」除非奉尊親屬之命而嫁娶，否則有失孝道，絕情絕義[192]。

183 〔明〕凌濛初，《二刻拍案驚奇》，卷一七，頁三八六。
184 《彙編》，卷六，頁五〇二。
185 《彙編》，卷六，頁五〇二。
186 〔明〕笑笑生，《金瓶梅詞話》，第九回，〈西門慶計娶潘金蓮．武都頭誤打李外傳〉，頁一。
187 〔明〕笑笑生，《金瓶梅詞話》，第一六回，〈西門慶謀財娶婦．應伯爵喜慶追歡〉，頁七。
188 〔明〕李東陽等，《大明會典》，卷九六，頁一。
189 〔明〕李東陽等，《大明會典》，卷九六，頁四。
190 〔明〕李東陽等，《大明會典》，卷九七。
191 〔明〕李東陽等，《大明會典》，卷九八，頁四。
192 《彙編》，卷六，頁五〇二—五〇三。

（二）婚姻的消滅

婚姻關係的消滅原因，可分為兩類：一是自然消滅，如夫妻中一方死亡或失蹤相當一段時間；一是人為消滅，就是離婚。

1. **婚姻關係的自然消滅** 古代中國社會中，妻的死亡只是夫妻共同生活關係的停止，並不意味夫妻身分關係的消滅。妻死之後，禮制上傾向於不再娶，即使再娶，仍然重視原配的地位，再娶或由其他妾室提升，都不能僭越原配的名分。民間對原配死後再娶的妻子，叫「填房」、或「續弦」、或「接腳夫人」。只有原配可以與丈夫合葬，填房是不可以的。

若從妻的方面來看，尤其宋明理學流行的時代，更是不鼓勵改嫁，以結束原有的婚姻關係所帶來的親屬身分關係。洪武元年，更下令：

> 民間寡婦三十以前，夫亡守志，五十以後不改節者，旌表門閭，免除本家差役。[193]

以此來鼓勵守節，對命婦更是以法律禁其改嫁，否則須奪其已受之封誥[194]。凡此，皆在夫亡之後，婚姻關係已自然消滅，禮法上仍要繼續維持原有婚姻關係所帶來的社會、政治與家庭地位。

此外，現代法律有宣告死亡的法律，丈夫在失蹤一定期限之後，可比照死亡處理，唐代規定的期限是六年，元代已改為三年，明代於洪武二年也規定：「夫逃亡三年不還者，並聽經官告給執照」，宣告夫婦關係結束，妻子可以「別行改嫁，亦不追財禮」[195]。

2. **婚姻關係的人為消滅** 古代中國婚姻是為「合二姓之好」，而且是父系社會，一旦結婚，女子便歸於夫家，由夫家擺布。明代亦然。在婚姻當事人沒有自由意志的情況下，離婚也不是當事人能完全作得了主的。這種離婚與現代是很不一樣的[196]。

(1) **離婚的種類**　明代的離婚基本上可分為三種：①單意離婚，由於妻是屬於夫家的，這種單意離婚，實由丈夫單方面主張，即所謂「休妻」、「棄妻」或「出妻」；②男女雙方協議離婚，是指在不具備「七出」條件下，男方提議，女方也同意的離婚，明代稱為「和離」。雖然法律上規定：「若夫妻不相和諧而兩願離者」[197]，事實上概為父母主張，且以夫家一方意思而離的，妻的意見如何並不重要；實可併入單意離婚討論；③法律上強制離婚，即所謂「義絕」以下便討論「單意離婚」與「法律上強制離婚」二者。

A. **單意離婚——棄妻**

在明代社會，夫權仍大，單意離婚是丈夫的權力，妻不能主動棄夫，因為「夫者，妻之所天也」，「地無去天之義也」。只有在夫「悖送人倫，殺妻父母，廢絕綱亂之大者，義絕乃得去也」[198]。

棄妻的原因，禮制上有「七出」，法制上也根據禮制定出「七出」的規定。所謂「七出」，即無

193 《明會典》，卷二〇，頁一五六。

194 《彙編》，卷六，頁五〇二。深入討論，請參閱費絲言，《由典範到規範：從明代貞節烈女的辨識與流傳看貞節觀念的嚴格化》（台北：臺大出版中心，一九九八）。

195 參見史鳳儀：《中國古代婚姻與家庭》，頁一四四。

196 有關離婚之研究，參見仁井田陞，《中國の農村家族》（東京：東京大學出版會，一九六六），第七章〈中國農村の離婚法慣習〉。

197 《彙編》，卷六，頁五一〇。

198 《白虎通義》，卷九，〈嫁娶〉。

子、淫佚、不事舅姑、口舌、盜竊、妒忌、惡疾。凡有「七出」之一，夫即可出妻。

a. **無子**。由於婚姻主要目的是「上事宗廟，下繼後世」，無子剛好與此目的不合；故可以出妻[199]。但能不能生子，並不是可以自由控制的；所以，劉基在〈郁離子〉，以「無子，豈人之所欲哉？非所欲而得之，其不幸也大矣，而出之，忍哉？」，並批評這樣做是「教不仁以賊人道也」[200]。但明初的王禕仍在〈七出議〉一文中，以「無子則繼世也」，違背「人道之本」來支持無子為出妻的理由[201]。這些都是理論之爭，實際上無子可以納妾生子來救濟，這個問題只有在妻不能生子，卻又妒悍，不許丈夫納妾時，才嚴重起來；這也是妒忌列入出妻條件之一的原因。

b. **淫佚**。由於淫佚足以混亂血統，鬼神非其族類，不歆饗其祀，自然更不為夫家所容；故無論王禕、劉基均以此為惡德，為出妻的主因。《二刻拍案驚奇》〈兩錯認莫大姐私奔·再成交楊二郎正本〉中，莫大姐私奔，又入娼家，當兵馬司判官將莫大姐判給其夫徐德收領時，徐德便說：「小人還要這濫淫婦做什麼！情願當官休了。」[202]「七出」中，其他條件若合於「三不去」得以不出，唯獨「犯姦者不在此限」[203]。

c. **不事舅姑**，或不得舅姑歡心，均可出之：因為婚姻既然以父母之命為主，媳婦是否合舅姑心意，便極重要。《初刻拍案驚奇》中，村農孫某的媳婦雖然老實勤謹，奉事翁姑極孝，卻不為繼姑所容，而被休棄。

d. **口舌**。古人多以「口舌」話多為女人天性，而家中分子（尤其妯娌）來自不同家庭，尤易引起糾紛；為維持家中秩序和諧，而列為出妻原因之一。明初以累世同居著名的鄭濂說：治家長久之道，在「謹守祖訓，不聽婦言」[204]。《清平山堂話本》，〈快嘴李翠蓮記〉中，翠蓮即因口舌快些，惹得公婆大怒，雖然她治家辛勤努力，又不與鄰居惹是非，不曾偷人財、不盜、不妒、身無惡疾，公婆還是要他兒子把翠蓮給休了。

e. **妒忌**。妒忌列為七出之一，乃因妨害納妾生子，前已言之；故戚繼光、汪無疆均以懼內不敢納妾，被人引為笑柄[205]。成化十二年，曾有一刑案，某人毆妻至死坐死罪，但禮部侍郎尹直說：「人以無子娶妾，遭妻悍妒毆之；初恐絕嗣，今顧絕其命，世之妒婦長氣矣。」眾以為然，遂得免死[206]。

f. **盜竊家財**，以其有反義。

g. **惡疾**。何謂「惡疾」，與現代定義不同，古代多以婦女身體表面上的疾病視為惡疾，如「病癩

199 西方社會亦有此類丈夫以妻子不能生育為離婚的理由，如拿破崙休了約瑟芬。伊麗莎白．阿伯特著，孫璐譯，《婚姻史》，〈婚姻的繁殖功能〉，頁一二四—一二五。

200 〔明〕劉基，〈郁離子〉，《誠意伯文集》（台北：臺灣商務《四部叢刊》本，一九七九），卷四，頁二七。

201 《皇明文衡》（台北：臺灣商務《四部叢刊正編》，一九七九）卷九，王禕，〈七出議〉。卷九八，頁一〇七—一〇八。

202 〔明〕凌濛初，《二刻拍案驚奇》，卷三八，頁七五一。

203 〔清〕薛允升撰，懷效鋒、李鳴點校，《唐明律合編》（北京：法律出版社，一九九九），卷一四，〈出妻〉，頁三四九—三五三。

204 〔清〕張廷玉等，《明史》，卷二九六，〈孝義一．鄭濂〉，頁七五八四。

205 〔明〕沈德符，《萬曆野獲編補遺》，卷三，〈戚帥懼內〉，頁八六八。

206 〔明〕沈德符，《萬曆野獲編補遺》，卷三，〈命婦以妒受杖〉，頁八九七。

者」。劉基就曾以反對「無子」為「七出」之一的理由，反對以此為出妻理由[207]。雖然丈夫可以「七出」妻子，但除犯姦之外，妻子又受「三不去」的保護。《明律．戶律三．婚姻．出妻》規定：

> 凡妻無應出及義絕之狀而出者，杖八十。雖犯七出，有三不去而出之者，減二等。追還完聚。[208]

所謂「三不去」，即(1)「與更三年喪」，曾為舅姑服過三年之喪；(2)「前貧賤、後富貴」，娶妻時生活貧賤，而後轉為富貴；(3)「有所娶，無所歸」，被出之妻無處可歸。凡合乎上述三條，除犯姦淫外，雖犯其他六項，也不可隨意休離。至於未犯「七出」之條的，就更不可隨意休棄妻子，尤其已為公婆服過三年之喪，並曾幫助丈夫從貧賤生活，改善為富貴，已盡到為妻的基本義務。至於婦人家中消乏，已無人可投靠，念在夫妻情分上，當然也不可休離。這是比較人道的，如果沒有「三不出」為救濟，中國古代婦女在「七出」的威脅下，實難以度日[209]。

B. 法律上強制離婚——義絕

夫妻原以情義而合，恩義斷絕，斷絕相處；故《明律．戶律三．婚姻．出妻》規定：「若犯義絕，應離而不離者，杖八十。」[210]所謂「義絕」，包括妻對夫族的毆殺罪、姦非罪及謀害親夫罪等，因為這已經損及倫常觀念及家庭秩序的維護。《明律．刑律五．訴訟．干名犯義》對此又有補充規定：

> 若女婿與妻父母，果有義絕之狀，許相告言，各依常人論。（義絕之狀，謂如身在遠方，

妻父母將妻改嫁，或遂出外，重別招婿；及容止外人通姦；又如本身毆妻致折傷，抑妻通姦；有妻詐稱無妻，欺妄更娶妻；以妻為妾；受財將妻妾典雇；妾作姊妹嫁人之類。）211

本來「義絕」不需經司法判決就可自動離婚，不離則法律便行干涉，勒令行之。如「抑妻通姦」，實已犯《刑律八．犯姦．縱容妻妾犯姦》，該條文規定：

凡縱容妻妾與人通姦，本夫、姦夫、姦婦，各杖九十。抑勒妻妾……與人通姦者，本夫……杖一百，姦夫杖八十，婦女不坐，並離異歸宗。212

也就是丈夫逼妻為娼，官府可判決離婚，以保護婦女。又如受別人錢財，典雇妻女與人，依《明律．戶律三．婚姻．典雇妻女》規定：

凡將妻妾受財典雇與人為妻妾者，杖八十。……若將妻妾妄作姊妹嫁人者，杖一百，妻妾杖八十。知而典娶者，各與同罪。並離異，財禮入官。213

則丈夫已將妻妾當作物品典雇與人，或妄作姊妹嫁人，也已義絕，官府知之，便可判決離婚。又

207 〔明〕劉基，〈郁離子〉，《誠意伯文集》，卷四，頁二七。
208 《彙編》，卷六，頁五一〇。
209 《彙編》，卷六，頁五一一。
210 《彙編》，卷六，頁五一〇。
211 《彙編》，卷二二，頁八八一—八八二。
212 《彙編》，卷二五，頁九三三。
213 《彙編》，卷六，頁五〇〇。

若強姦「妻前夫之女」或「子孫之婦」，依《明律．刑律八．犯姦．親屬相姦》的規定，處罰甚嚴，皆為斬刑[214]。以上數則規定始於元代，似乎對婦女權益稍加保障，「義絕」之條已不全從男夫立場出發。

(2) **離婚的手續** 離婚與結婚一樣要有文書，稱為「休書」或「離書」。《拍案驚奇》中，孫老兒與其子因為不通文字，無法寫休書，村中也無人會寫，後來是找到一個過路的蕭秀才寫的。休書形式，在《古今小說》〈蔣興哥重會珍珠衫〉中，可以找到，其文如下：

> 立休書人蔣德，係襄陽府棗陽縣人，從幼憑媒聘定王氏為妻，豈期過門之後，本婦多有過失，正合七出之條；因念夫妻之情，不忍明言，情願退還本宗，聽憑改嫁。並無異言，休書是實。
>
> 成化二年　月　日　　手掌為記[215]

由此可知休書內容須包括：①休書作者；②休妻理由；③被休之妻姓氏；④被休後，妻有再嫁自由；⑤立書年月日；⑥作書人以手掌模為押記作保證。以手掌為記在當時很普遍，《古今小說》〈陳御史巧勘金釵鈿〉中，梁尚賓休妻時，也「寫了離書，手印付與田氏；田氏科別婆婆靈位，哭了一場，出門而去」[216]。《清平山堂話本》〈快嘴李翠蓮記〉中，張郎由父母作主休了翠蓮，「兩邊搭了手印」，「手印縫中七個字：『永不相逢不見面』」，然後連同休書與人及嫁妝一同送回娘家[217]。

(3) **離婚的效力** 就姻親關係看，雖因離婚而消滅，但近親不婚的禁忌，仍然存在，並不因此消除。《明律．戶律三．婚姻，娶親屬妻妾》雖規定：其曾被出及已改嫁而娶為妻妾者，各杖八十[218]。科罰雖較其他娶親屬妻妾者為輕，但仍各杖八十，而且還得「離異」，婚姻關係仍須解除。至於兄收弟婦、弟接兄嫂，則不問被出或改嫁與否，皆各處絞刑；而收父祖妾、伯叔母者，亦不問其已出或改嫁，均處斬。則姻親關係雖消滅，而倫常之道仍不能廢。至於母親與子女的關係，則不因母為父所出而消滅，僅稍加變更而已。據《明會典》所載喪服三父八母圖，為出母仍服齊衰杖期之服，雖比不上未出之母，但並不絕其服。

結語

由以上所述有關明代的婚配範圍、婚姻的人數、婚姻的形式、婚姻成立的過程、訂婚年齡、成婚年齡，婚姻程式，婚姻的故障與婚姻的消滅等方面的敘述看來，大體上，明代的婚姻制度與前代相差不多，尤其從禮制與法制上看來，差異更小。

婚姻的主要目的，乃是合兩姓之好，為繁衍種族和祭祀祖先而存在，雖然明末小說中反映了不少追求自由戀愛的故事，男女當事人為愛情而奮鬥。但當時的社會經濟發展，仍未脫離傳統的窠臼，所謂「資本主義萌芽」並未能壯大發展，雖在社會經濟比較發達的地區，造成一些社會風氣的變遷，以奢靡相高，甚

214 《彙編》，卷二二五，頁九三六。

215 馮夢龍編，《古今小說》（台北：世界書局據日本內閣文庫及尊經閣藏本印，一九五八），卷一，頁一七。

216 〔明〕馮夢龍編，《古今小說》，卷二，頁一〇。

217 〔明〕洪楩，《清平山堂話本》（台北：世界書局，一九八五），頁五七。

218 《彙編》，卷六，頁五〇六。

至衝破某些傳統社會階級間的隔閡，加速社會流動。但基本的傳統中國社會組織，仍頑強地維持原有的結構與風貌。因此，作為社會基本單位的家庭，其組成的方式——婚姻制度，也就難有明顯的變革。

家父長仍然是主要的支配者，婚姻仍是「父母之命」，「媒妁之言」，主婚由父母，離婚亦多視父母的意思，尊重父母的主張，子女的意思不太受重視。法律雖只承認一夫一妻制，但又准娶妾，家中仍是重男輕女，夫權仍然較高，離婚理由多從丈夫立場與利益出發，雖有「三不去」及一些法律上對「義絕」的較新解釋，對婦女權利稍加保護，但總體來說，仍是男方、夫家占優勢的。

從社會階級制度來看，雖然「貴賤有等，尊卑有序」的社會階級意識，在明末受到挑戰，社會流動也較大，但婚姻制度中的擇偶婚配範圍，仍以「門當戶對」、「良賤不婚」、「貴賤不婚」為主流；而且為維繫社會及家庭倫理關係的穩定與和諧，自古以來的婚配禁忌，除同姓不婚、中表不婚外，大部分仍然保留遵守。雖然因為社會階級不同，對婚禮儀式，貴族、官僚與平民雖有六禮及三禮繁簡之別，但基本上仍然保留古代的儀式。至於男女的初婚年齡，也與過去相差不多，女子仍以十六至十九歲為最多。婚配的型態，雖有多種，但仍以聘娶婚為主要形式，只有在較貧苦的人民之中，才行收繼婚、招贅婚、勞役婚。

總而言之，處在傳統中國舊社會後期與近代中國社會前夕的明代，雖然社會經濟頗有進展，促成社會風氣產生某些變遷。但整個傳統社會結構尚未動搖，作為社會基本單位的家庭制度，以及為組成家庭而有的婚姻制度，少有變遷。加以政府刻意在禮制與法制上，繼續堅持舊制度；因此，明代的婚姻制度與前代相比難有大不同，這種情況繼續維持到清末民初，始因政治、社會、經濟的大變動，才逐漸受到挑戰，而發生巨大的變遷。

第六章

明代家庭的權力結構及其成員間的關係

前言

歷來討論傳統中國的「家」之論著，討論「家族」「宗族」的多，討論「家庭」的少，而專論明代家庭的更少[1]。近年來，社會史與婦女史的研究大為興盛，其中「明代的婦女與社會」更是研究者注目的範圍，尤其討論婦女問題時，婦女在家庭權力結構中的角色與地位，是一個關鍵性的問題；然而至今似乎尚無專論出現。余曾利用明代律例、史傳與筆記、小說、戲曲史料，論述明代婚姻制度，以見婦女在明代法律與社會中的地位[2]；今擬仍以明代律例、史傳與筆記、小說中的資料，論述明代家庭的權力結構，及其成員間的關係，尤其注意婦女在此權力結構中扮演的角色與地位。

一、家庭型態

家庭是由兩個或兩個以上的人，因婚姻、血統或收養關係組成的一個「同居共財」的共同生活體。它可以小到由一對夫婦或加上子女組成的小家庭，一稱「核心家庭」（Nuclear Family）；大到由一對夫婦加上其父母和子女，即包括祖孫三代的「折衷家庭」，一稱「主幹家庭」（Stem Family）；其至可以大到包含直系親屬的夫婦、父母、子孫及其妻子在內的「本房」，加上旁系親屬的伯叔、兄弟、子孫及其妻子在內的「本房」，加上旁系親屬的伯叔、兄弟、姪及其妻子的「別房」，數百人同居的大家庭，一稱「聯合家庭」（Joint Family）[3]。這種同居的親屬團體，明代法律稱之為「戶」。《明律．戶律一．戶役．脫漏戶口》規定：

> 若將另居親屬隱蔽在戶不報，及相冒合戶附籍者，各減（將他人〔無親屬關係者〕隱蔽在戶不報及

相冒合戶附籍者）二等。……其同宗伯叔弟姪及婿，自來不曾分居者，不在此限。[4]

即「同居」營共同生活，是構成「家庭」或「戶」的主要條件，只要同居，「不分本房、別房」都可以稱為「本家」；依同居成員的「本房」「別房」親等之多寡，而有大、小、折衷三種家庭型態。

雖然家庭結構是動態的，隨著成員之消長而變動，例如一個小家庭中有一子長大成人而完婚，卻未分家，這個小家庭就變成折衷家庭；如果這個家庭中的其他兒子也完婚，不論父母健在與否，仍然同居而不分戶、不分家產，即仍「同居共財」而不「別籍異財」；則這個家庭就由小家庭或折衷家庭變成大家庭。因此近來有學者認為分析家庭結構，「只作靜態的分析也是遠遠不夠的」，必須「進行動態的和綜合的分析，才有可能揭示中國傳統家庭結構的基本格局及其長期演變趨勢」[5]。但由於這方面，除了鄭振滿對明清福建家庭作過一些分析外，基本上「目前尚無成功的經驗可資借鑒」[6]。因此，擬先就有明一代的家庭

1 有關明代家庭與中國家庭史研究成果的學術史回顧，參考鄭振滿，《明清福建家族組織與社會變遷》（長沙：湖南教育出版社，一九九二），頁三一一八；及王玉波，〈啟動、中斷、復興——中國家庭，家族史研究述評〉，《歷史研究》一九九三年第二期，頁一七五—一八四。至於家庭史研究的興盛狀況與發展趨勢，可參考楊豫，〈西方家庭史研究的發展現狀和未來趨勢〉，《新史學》，卷一第三期（一九九〇），頁八九—一一五；及施青林，〈當代西方家庭學簡介〉，《煙台師範學院學報：哲社版》一九九一年第三期，頁九—一五、八。

2 徐泓，〈明代的婚姻制度〉，《大陸雜誌》，第七八卷第一期（一九八九年），頁二六—三七；第七八卷第二期（一九八九），頁六八—八二。本書第五章。

3 賴澤涵、陳寬政，〈我國家庭形式的歷史與人口探討〉，《中國社會學刊》，第五期（一九八〇）。

4 黃彰健，《明代律例彙編》（台北：中央研究院歷史語言研究所專刊之七五，一九七九）下冊，卷四，頁四五五。

5 鄭振滿，《明清福建家族組織與社會變遷》，頁二〇—二七。

6 鄭振滿，《明清福建家族組織與社會變遷》，頁二六—二七。

型態，作宏觀的靜態估算。至於動態分析及結合靜、動態的綜合分析，則有待於個別時空的微觀研究成果發表較多後才有可能。

明代的家庭型態，上述的小家庭、折衷家庭與大家庭，各占多少百分比，若要精確地估算，必須有完整詳實可靠的戶口資料。明代實行黃冊制度，每十年全國普查戶口一次，普查結果書於「黃冊」，集中於南京後湖（玄武湖）中的小島上，派國子監生查核數字[7]。可惜這批龐大的戶口資料，留存下來的太少，中國社會科學院歷史研究所王鈺欣、周紹泉主編的《徽州千年契約文書》中收錄的黃冊底籍，並不是原件而是里甲「白冊」的抄本[8]。而且由於黃冊制度的崩壞，戶口編審成為具文，恐怕即使這批資料留存下來，也難以估算出真實的情況[9]。因此，明代官書中的戶口數字，只能當作參考，如果沒有其他資料配合，不能作為主要資料。

研究家庭最好的資料，莫過於家譜、族譜或宗譜，其中對家族世代是否同居、何時分居析產，即家庭結構演變的歷史，有詳確的記載。鄭振滿即依據一些福建的家譜，對家庭結構的成長極限和演變週期，作了動態的分析[10]。唐力行也利用一些徽州族譜，統計各種型態家庭所占的比重[11]。但一來他們利用的族譜不多，二來他們只是就個別地區為研究對象；不能看到整個明代全國的圖像。而全中國族譜數量之多，僅《台灣區族譜目錄》著錄的，便有一萬零六百種[12]。似非一人之力於短時間內能夠處理。

其次，便是利用史書與方志中的傳記資料，明朝政府獎勵孝友、貞節，留下大量這方面的傳記，或記累世同居的「義門」，或記「刲股療親」的孝子，或記「夫亡守節」的節婦。其中多敘及家庭成員共財同居的事蹟，可以推測其家庭成員的人數、親等，進而推定其家庭型態。中國方志數量龐大，中國科學院北京天文台新編的《中國地方誌聯合目錄》著錄現存一九四九年以前編纂的方志便有八千二百餘種，其中不但明代方志中載有明人傳記，清代方志、甚至民國方志也多刊載明人傳記資料[13]。由於現存方志，不但數量大，而且全國各省府州廳縣都包括在內，是一種無論時空都很全面的史料。若能遍搜其中的資料，或作抽樣搜尋，應可從中估算出一個大致的圖像。然而方志收藏地相當分散，雖然近年來海峽兩岸相繼影印出版一些稀見方志叢書，但究竟只占現存方志的小部分[14]；全面調查搜尋其中資料不易。幸而這種工作，清人已經做過，康熙年間開館修《古今圖書集成》，即從當時存留的方志中抄輯相關傳記於〈明倫彙編〉的

7 參見梁方仲，〈明代黃冊制度〉，《梁方仲經濟史論文集》（北京：中華書局，一九八九），頁二六四—三〇〇；韋慶遠，《明代黃冊制度》（北京：中華書局，一九六一）；董儉，〈明代後湖黃冊庫〉，《歷史檔案》，一九八四年，第四期，頁一三一—一三四。

8 白冊是各里手書保存各戶人丁事產普查報告的草稿，因為封面用白紙，所以稱為白冊。參見周紹泉，〈徽州文書の分類〉，《史潮》，新三二期（一九九三），頁七三—八五；欒成顯，〈明初地主制經濟之一考察—兼敘明初的戶帖與黃冊制度〉，《東洋學報》，第六八卷，第一、二號（一九八七），頁三五—七〇。

9 〔明〕王圻，《續文獻通考》（台北：文海影印萬曆刊本，一九七九），卷二〇，頁二六—二八，〈戶口考‧冊籍〉云：黃冊所載戶口數字，「絕不可信」，因為「有司之造冊與戶科、戶部之稽查，皆僅兒戲耳。」參見韋慶遠，《明代黃冊制度》，頁二一三—二一四，王毓銓，〈明朝人論明朝戶口〉，《中國歷史博物館館刊》，第一三、一四期（一九八九）。

10 鄭振滿，〈明清福建的家庭結構及其演變趨勢〉，《中國社會經濟史研究》，一九八八年第四期，頁六七—七四。

11 唐力行，〈明清徽州的家庭與宗族結構〉，《歷史研究》，一九九一年第一期，頁一四七—一五九。

12 趙振績，《台灣區族譜目錄》（台北：台灣省各姓歷史淵源發展研究學會，一九八七）。又《美國家譜學會中國族譜目錄》（台北：成文，一九八三）收錄二千八百一十一種，《國學文獻館中國族譜資料目錄初輯》（台北：聯經出版公司，一九八二）收錄二千種。

13 中國科學院北京天文台主編，《中國地方志聯合目錄》（北京：中華書局，一九八五），〈凡例〉。

14 如台北成文出版社的《中國方志叢書》、學生書局的《新修方志叢書》、書目文獻出版社的《天一閣明代方志選刊‧初編》、《天一閣明代方志選刊‧續編》、中國書店的《稀見中國地方志彙刊》等。

《家範典》與《閨媛典》中。其所依據之方志，相當全面，且許多是不存於今或較稀見者[15]。因此，《古今圖書集成》雖是轉手抄錄的類書，卻是相當適用的史料，而為本文估算明代各種家庭型態所占比重的主要依據。

明代的實際人口數字，一般的估計，最多的時候，約有一億五千萬人至二億[16]。但這一億五千萬至兩億人，究竟分屬多少「家」或「戶」，則未見學者推算。因此，只有仍用官方公布的數據來推估。官方公布的戶口普查數字，雖為當時人所垢病，認為其中隱匿不報的不少[17]。但隱匿不報的不止是口數，也包括戶數。且黃冊上的普查數字，即使不能反映真實情況，也是反映了依「原額」修改或造報的數額，至少在造報戶與口的數額時，不應只刻意增減戶和口的任何一方，也就是說戶與口的比例，不應距離實際太遠，至少不應距原額的戶與口的比例太遠[18]。

明代黃冊雖已全遺失，但其戶口數字載於《明實錄》、《明會典》、《後湖志》與明代方志中，尤其《後湖志》卷二專記〈黃冊戶口〉，應該是直接抄自後湖黃冊庫的檔案，較為可信。韋慶遠教授研究黃冊制度，曾依《後湖志》，製作〈洪武二十四年、弘治十五年、嘉靖二十一年黃冊所載全國分區戶口統計表〉[19]，梁方仲教授編輯中國歷代戶口數據，以《明實錄》、《明會典》為主，製作明代歷朝（太祖—熹宗）戶口數額表[20]。今據梁、韋二位的成果，作成〈明代歷朝戶口統計表〉：

年代	戶數	口數	口/戶
洪武二十四年（1391）	10,652,789	60,545,812	5.68
永樂十年（1412）	10,992,436	65,377,633	5.94

洪熙元年（1425）	9,940,566	52,083,651	5.23
宣德七年（1432）	9,633,294	50,667,805	5.25
正統七年（1442）	9,552,737	53,949,951	5.54
景泰三年（1452）	9,540,966	53,507,737	5.60
天順六年（1462）	9,309,966	54,160,534	5.81
成化十八年（1482）	9,222,389	62,452,677	6.77
弘治十五年（1502）	9,691,548	61,416,375	6.33
正德七年（1512）	9,181,754	60,590,309	6.59
嘉靖二十一年（1542）	9,972,229	62,530,195	6.27
嘉靖四十一年（1562）	9,638,396	63,654,248	6.60
隆慶五年（1571）	10,008,805	62,537,419	6.24
萬曆六年（1578）	10,621,436	60,692,856	5.71
萬曆三十年（1602）	10,030,241	56,305,050	5.61

15 楊家駱，《鼎文版古今圖書集成》（台北：鼎文書局，一九七七），〈簡目〉，頁六：「其時於明季清初所修各省通志、各府州志（間取縣志補之）網羅幾無一地之闕，而今泰半已佚失也。」

16 何炳棣的估計是一億五千萬，繆振鵬、王守稼的估計是一億數千萬，葛劍雄的估計則是一億九千七百萬，接近二億。參見 Ping-ti Ho, *Studies on the Population of China.1368-1953* (Cambridge, Mass.: Harvard University Press. 1959）, pp. 264-265；王守稼、繆振鵬，〈明代戶口流失原因初探〉，《北京師範學院學報》，一九八二年第二期；葛劍雄，《中國人口發展史》（福州：福建人民出版社，一九九一），頁二三七—二四一，「明代人口峰值估計」。

17 Ping-ti Ho, *Studies on the Population of China.1368-1953*, pp. 9-17。

18 梁方仲，《中國歷代戶口、田地、田賦統計》（上海：人民出版社，一九八〇），頁二〇六—二〇七，「明洪武、弘治、萬曆三朝分區戶口數的升降百分比」，顯示全國戶數升降百分比與口數升降百分比趨勢大體一致，雙方相異在百分之二・四五—〇・五四間。

19 韋慶遠，《明代黃冊制度》，頁二四八—二四九。

20 梁方仲，《中國歷代戶口、田地、田賦統計》，頁一八五—一九八。

泰昌元年（1620）	9,835,426	51,655,459	5.25
天啟六年（1626）	9,835,426	51,655,459	5.25

依上表的統計，整個明代，每戶平均不到六口，依時代來說，洪武朝至天順朝，即明代的前一百年，每戶平均在五・二三—五・九四口之間，成化朝至隆慶朝，約明代中期的一百年，每戶平均在六・二四—六・七七口之間，萬曆朝以後，即明代後期，每戶平均口數降至五・二五—五・七二之間。萬曆以後的口數顯著偏低，尤其泰昌元年至天啟六年的戶口數，年年相同，毫無消長[21]；可能是一組離實際較遠的數據，不應列入討論。若以隆慶以前的數據論，則每戶的平均口數，有顯著的增長；似乎意味著家庭的大小（Size）加大了，進一步說，可能大家庭增加了或比以前普遍些。

由官方戶口數據，得出的這一估算，顯示的明代家庭型態的發展趨勢，正與鄭振滿利用明代福建族譜，研究出來的結果相呼應。明初經元末戰亂之後，大家庭難得正常發展；且朝廷為打擊富民及徵調軍戶與灶戶，鼓勵民戶析產分戶。加以當時賦役編審係依人丁事產，人丁事產多者戶等高，服重役；因此人民為逃避重役，除了詭寄田畝，便是提前分家析產，以降低戶等。但是明中葉以後，賦役編審的依據，日漸重田土輕人丁，而且每家的負擔有固定化的趨勢。不利於大家庭發展的因素的影響力，日益薄弱。而明代中期以後，商品經濟日益發達，為增強生活的競爭力，不少家庭，不但不分家，反而更加緊密團結，通力協作[22]。

但是這一大家庭有普遍增加的趨勢，並不意味著大家庭是明代的主要家庭型態。在全國家庭總數中，大家庭所占的比例不會太大的。在一個平均每戶不到六口的時代，似乎是小家庭與折衷家庭占多數的。這點可以由《古今圖書集成・明倫彙編・閨媛典》中的傳記所作的統計，得到印證。

《閨媛典》卷一八〇—二二四，收錄明代全國方志中的列女傳七千六百四十六個，其中資料不全、過於簡略。不能判定其家庭型態的有二千四百一十七個傳，刪除之後，剩下五千二百二十九個傳，作為有效樣本[23]。判定的標準如下：

（一）傳中提及數世同居，或兄弟不分家，或傳主「善事舅姑，妯娌和睦」的；便斷為大家庭。如卷二一四，冊四一一，頁二十八引《明外史．列女傳．章崇雅妻洪氏傳》：

洪氏……守志十年，姑許氏疾不能起，洪氏刲乳肉為羹飲之。……其父兄崇古亦早亡，姒朱氏誓死靡他。妯娌相守五十年云。

既曰與姑同居，又與夫之嫂，妯娌相守。則為本房、別房同居的大家庭。又如卷二一四，冊四一一，頁三十一引《真定縣志．徐恭敬妻劉氏傳》：

劉氏，……夫亡，……事孀孤（姑？），撫幼子，俯仰拮据，慈孝備至，教諸孫皆成名。……五世聯居共爨。」

既曰：「五世聯居共爨」，則顯然是大家庭。

（二）傳中只提到善事舅姑，完全不提叔伯娣姒的；則斷為主幹家庭。如卷二一五，冊四一一，頁三十三引《威縣志．王邦妻張氏傳》：

---

21 梁方仲，《中國歷代戶口、田地、田賦統計》，頁一九八—一九九。

22 梁方仲，〈一條鞭法〉，《中國近代經濟史研究集刊》，第四卷第一期（一九六六），山根幸夫，《明代徭役制度の展開》（東京：東京女子大學學會，一九六六）；徐泓，〈一條鞭法〉，《經濟學百科全書》（台北：聯經出版公司，一九八六）第一冊《經濟史》，頁一—八；鄭振滿，《明清福建的家庭結構及其演變趨勢》，頁七四—七六。

23 〔清〕陳夢雷，《古今圖書集成》（台北：文星書店據中華書局本影印，一九六四）。

> 張氏，王邦妻，年十九，夫亡，止二女，翁姑俱沒，無兄弟可依。

則王邦這一家，原為王邦與張氏夫婦及其二女和王邦的父母組成的主幹（或折衷）家庭。夫與翁姑亡後，便成了不完整的小家庭。又如卷二一五，冊四一一，頁三十四引《彰德府志．劉鰲妻張氏傳》：

> 張氏，……年二十三，夫亡。養老撫孤，……教子弱冠補生員，亦沒。與媳婦楊氏同守。

則當其夫未亡時，劉家是一個由劉鰲、張氏夫婦及其子和劉鰲的父母組成的主幹家庭。後來其子亦歿，張氏與媳婦楊氏一同守寡，便成了一個不完整的主幹家庭。

（三）傳中若提到「夫亡子幼，門戶零丁」之類的語，則斷為小家庭（或核心家庭）。如卷二一五，冊四一一，頁三三引《兩華縣志．王泰妻馬氏傳》：

> 馬氏適泰，泰亡，氏年二十五，子瑞方襁褓，門戶零丁。

則王家原為一由王泰與馬氏及其子瑞組成的小家庭，王泰死後，便成為一不完整的小家庭。

依上述的標準判斷《閨媛典》中有效樣本五千二百二十九個，分析統計結果，製成「明代家庭型態百分比表」：

家庭型態	數目	百分比(%)
核心（小）	二千五百一十三	四十八．○五
主幹（折衷）	二千五百	四十七．八○
聯合（大）	二百一十六	四．一二

根據上表統計的結果，仍是核心家庭與主幹家庭占壓倒多數，雖然在明代中期不利於大家庭發展的因素減弱，而且朝廷也積極鼓勵，於天順元年（一四五七）下詔：「民間同居共爨五世以上，鄉黨稱其孝友者，有司取勘以聞，即為旌表。」[24]《明史．孝義傳》也舉了三十二個四世以上同居的例子[25]，但顯然大家庭在全國總戶口中的比例，是偏低的，明代最主要的家庭型態，仍是核心家庭和主幹家庭[26]。以下便以核心家庭與主幹家庭的成員為主，討論明代家庭的權力結構，及各家庭成員間的關係。

二、家父長制家庭的權力結構

中國傳統上，親屬係以父系計算，「由父之父遞推之，百世皆吾祖也；由母之母而遞推之，三世之外有不知誰何者矣」[27]。明代亦然，家庭是父系的；因此家長由家中男子之尊長擔任。以下分別由家產之處分、繼承與身分繼承，及對家中成員之教令權、主婚權，討論家庭權力結構。

24 〔明〕李東陽等，《大明會典》（台北：東南書報社影印萬曆十五年司禮監刊本，一九六三），卷七九，〈禮部三十七．旌表門〉，頁九。《明武宗實錄》（台北：史語所校勘本，一九六二），卷四，頁四，弘治十八年八月丙辰條。

25 〔清〕張廷玉等，《明史》（北京：中華書局新校標點本，一九七四），卷二九六，頁七五八二—七五八六，〈孝義傳一〉。

26 近些年，不少學者如許檀、唐力行、王躍生、李中清、周紹泉及余新忠等對明清家庭結構做了統計，他們的結論均偏向聯合（大）家庭占多數。誠如余新忠所言：「資料的性質無疑也會導致統計結果發生偏離」，其實許檀依據資料多屬中、上階層家庭，唐力行依據墓誌銘亦為社會地位高的家庭，李中清依據滿清皇家資料，都有聯合家庭比例偏高的現象。詳見余新忠，《中國家庭史．第四卷．明清時期》（廣州：廣東人民出版社，二〇〇七），第一章〈明清家庭基本型態〉。

27 〔清〕崔適，《東壁遺書．五服異同考》。

（一）家產的處分與繼承

中國傳統家庭是同居共財的，也就是家庭是屬於家庭成員所共有，在未分居以前，家庭成員是無異財的。明代也是如此，如同州府張秀民一家，「其子姪，士農商醫各有專業而無異財」[28]，又如福州府楊崇，其家法規定：「子弟無私財，若田圃所入穀米之屬，必白於（家）長，藏之廩；若商賈所得，錢帛之屬，必白於長，藏之庫」，以供家庭成員「婚姻、哀葬、祭祀、飲食之用」[29]。明代的一些土地買賣文書中也常有「父子商議」或「父子兄弟商議」，大家同意把某塊土地出讓[30]；或是某塊土地出讓時，家庭已經分割，是屬於「應分物業」，「與別房伯叔兄弟姪無干」或「並無兄叔弟姪交加不明」[31]。則家庭除非已經分割，是屬於家中成員包括父子兄弟伯叔姪所共有，處分時得大家同意。《二刻拍案驚奇》就有一個例子，高廣的祖先傳下一所祖屋，自己在裡頭住，「姪兒也是有分的」，後來高廣不住了，也不敢自己擅自賣掉，因為那是「公家物事」[32]。

家庭既為「公家物事」，成員擅自取用，便與一般人擅自取用別人財物不同。一般人擅自取別人財物，謂之「盜賊」。《明律．刑律．賊盜．竊盜》規定：

> 凡竊盜已行而不得財，笞五十，免刺。但得財者，以一主為重，併贓論罪。……一貫以下，杖六十；一貫之上至一十貫，杖七十；二十貫，杖八十；三十貫，杖九十；四十貫，杖一百；五十貫，杖六十、徒一年；六十貫，杖七十，徒一年半，……九十貫，杖一百，徒三年；一百貫，杖一百、流二千里；一百一十貫，杖一百、流二千五百里；一百二十貫，罪止杖一百、流三千里。[33]

同居親屬「竊用」家財，《明律》只針對卑幼親屬作出罰則，《明律．戶律．戶役．卑幼私擅用財》規定：

> 凡同居卑幼，不由尊長，私擅用本家財物者，二十貫、笞二十；每二十貫加一等，罪止杖一百。[34]

則同為「竊取」二十貫，前者杖八十，後者才笞二十；其最高處罰，前者杖一百、流三千里，後者僅杖一百，並無其他徒刑或流刑。而且前者還有「初犯，並於右小臂膊上，刺『竊盜』二字；再犯刺左小臂膊；三犯者絞」的規定，而後者則無此規定[35]。

同為「竊取」財物，同居卑幼「竊取」家財的罪，遠比凡人「竊取」他人財物，要輕得多。其中原因，《大明律法全書．大明律刑書據會》云：

---

28 〔清〕陳夢雷，《古今圖書集成．學行典》，卷二〇〇，冊六一三，頁二四。

29 〔清〕陳夢雷，《古今圖書集成．學行典》，卷一九六，冊六一三，頁二。

30 《桐城唐氏宗譜》，（同治九年刊本），卷一三〈文契〉載弘治六年二月初十日簽訂的土地買賣契約上，就有「父子商議」字樣。參見仁井田陞，《中國法制史研究．第一部．家族法》（東京：東京大學出版會，一九六二），第五章〈明清時代の族譜における家產關係文書と小作關係文書〉，頁四七三。《明雁魚錦箋》所載土地買賣契約書上亦有「父子兄弟商議」字樣。參見仁井田陞，〈中國社會の「仲間」主義と家族〉，《家族制度の研究》（東京：法學會，一九五七）。又滋賀秀三以《台灣私法》中「難以見到」地契中顯現「父子」共產為由，否定家產的父子共有關係，但仁井田陞引用許多台灣以外的例子說明其主張，詳見仁井田陞，〈明清族譜中的家產關係文書和租佃關係文書〉，《徽州社會經濟史研究譯文集》（合肥：黃山書社，一九八七），頁一七〇—二二六。

31 楊國楨主編，《閩南契約文書綜錄》（《中國社會經濟史研究》一九九〇年增刊），頁三〇，〈陳士敬、士敏同立賣契（天順三年二月）〉；頁三一，〈張于先、大用同立賣契（天啟二年二月）〉；頁八九，〈陳揚南立送賣契（崇禎十七年正月二十四日）〉。

32 〔明〕凌濛初著，王古魯蒐錄編注，《二刻拍案驚奇》（上海：古典文學出版社，一九五七），卷二六，〈懵教官愛女不受報．窮庠生助師得令終〉，頁五四九—五五〇。

33 黃彰健，《明代律例彙編》（台北：中央研究院歷史語言研究所專刊之七五，一九七九），頁七六三—七六四。

34 黃彰健，《明代律例彙編》，頁四七六。

35 黃彰健，《明代律例彙編》，頁四七六、七六三—七六四。

同居共財，孰非己有，但總攝於尊長，卑幼不得而自專。[36]

《明律纂註》也解釋說：

蓋同居則共財矣。財雖為公共之物，但卑幼得用之，不得而自擅也；尊長得掌之，不得而自私也。若卑幼不稟命而私用，是謂「專擅」。……不曰「盜」、而曰「擅」者；蓋家財乃應得之物。[37]

家財雖然「孰非己有」，是「公家物事」卑幼親屬可以取用，但必須得到「總攝」家財的尊長，即須得到家父長的准許才可以。也就是說家父長是有家產管理權與處分權的。

家父長對家產的管理處分權，具體表現在分家析產的決定上。《大明會典．戶部．戶口一．分戶繼嗣》規定：

凡祖父母、父母在者；子孫不許分財異產，其父祖許令分析者聽。[38]

如果未得父母允許，依律「杖一百」[39]。明人筆記《蕭曹遺筆》裡有一個例子：四川宜賓縣民趙庚「不由父母，自將家財分半，別居立戶」，於是依「父母在而子孫別立戶籍、分異財產者律」處杖刑一百，因家有《大誥》而減一等，杖九十[40]。

然而家父長的家產管理處分權，由於家父長的權威甚大，卑幼親屬雖在理論上擁有家產的部分所有權，家父長在處分財產上，須「父子商議」，實際上家財的處理，家父長有全權，甚至可以說相當於擁有所有權。明中葉的大學者丘濬在解釋《禮記．曲禮》：「父母存」，「不有私財」[41]一語時，便說：

粒粟縷絲以上，皆親之物，豈敢私有。[42]

明代《道州在城鄉約集》也說：

父母在，子孫不得私蓄財帛，不得私買田宅。……凡此田宅財帛，父母之物也。[43]

則家父長的家產管理處分權，有進一步發展成所有權的可能。這充分說明家父長在家庭權力結構中的主導地位。由於上述法律條文或民間禮俗的規定，是父母並提的，似乎母親也擁有與父親同等的權力與地位，與父系家庭權力結構似有出入，這一點將在「夫妻關係」一節中，再行討論。

雖然家父長對家產有主導的管理處分權，甚至有所有權，子孫不得擅自分家析產。但法律對於違犯者的處罰，是親告乃論的[44]。家產的分析，只要父祖同意，可以在父祖健在時施行。《蕭曹遺筆》就記載某人父親在日，「將所置田業」，給諸子「均分」[45]。又如《福州郭氏支譜》記載洪武七年（一三七四）六月〈元顯公妣楊氏鬮書〉，說道郭四公這一家分產的事。原來郭家「並無祖業」田產係以長男貴卿的媳婦嫁妝為財本，由郭四公與貴卿出外經商置立的。洪武六年（一三七三），郭四公去世，於是在郭四公的妻子楊氏主持下分產。先撥出部分田產作為還給貴卿媳婦的經商本錢，其餘分作三分，由三子均分。楊氏有

---

36 仁井田陞，〈採訪法律史料〉，《東方學報（東京）》，第五冊，〈續篇　北支滿鮮調查旅行報告〉（一九三五），頁八八。參見仁井田陞，《支那身分法史》（東京：座右寶刊行會，一九四三），頁四四〇。

37 《明律例集解》（光緒二十四年據修訂法律館藏本重刊）卷四，頁二六－二七。

38 〔明〕李東陽等，《大明會典》，卷一九，頁二一。

39 黃彰健，《明代律例彙編》，〈卑幼私擅用財〉，頁四七六。

40 〔明〕閒閒子訂注，《蕭曹遺筆》（萬曆四十二年刊本），卷四，頁九－一一，〈別籍異財・戶律〉。

41 王夢鷗注釋，《禮記今註今譯》（台北：臺灣商務，一九七四），頁一〇。

42 〔明〕丘濬，《大學衍義補》（日本寬正四年（一七九二）和刊本）卷四九，〈明禮樂・家鄉之禮上〉，頁七。

43 仁井田陞，《支那身分法史》，頁四五五。

44 黃彰健，《明代律例彙編》，〈戶律・戶役・別籍異財〉，頁四七五。

45 〔明〕閒閒子訂注，《蕭曹遺筆》，卷二，〈長兄霸業〉，頁二。

二子一女，由於女兒已經嫁人，不能分產。家產宜由二子均分，但郭四公在外經商時，又與人生下一子；因此有三子。三子雖有嫡庶之分，所得家產並無差異，並且由抽籤決定田產地段[46]。這種家庭均分辦法，是有法令依據的。《大明會典．戶部六．分居繼嗣》規定：

洪武二年，令：嫡庶子男分析家財田產，不問妻妾婢生，止依子數均分；姦生之子，依子數，量與半分。[47]

依法除了私生子只能得半分外，諸子不論嫡庶分得均等財產。但實際上有時嫡子也可能多得一點。明代《士民便用家禮簡儀．家產分割文書．嫡庶分關》規定：

嫡妻正室，內助成家，合於未分產業內，抽出田地若干，以優嫡子，餘遂均分。[48]

尤其嫡長子，因為繼承主持祭祀事務，分產時往往多得一些田產。丘濬《大學衍義補》說：

其宗子之家，父祖分產之時，必須以一分為祭需。[49]

有時也會在析產時，斟酌家產置買過程中，某一家屬成員貢獻較大，而多分一些。嘉靖四十三年，江蘇潤州鄒昂、鄒昊兄弟，由於家產不是父親遺下，而是兄弟二人「同家過活，彼此協力，幫扶生理」置立的，而母親也已不在；因此請到親鄰作證，將房產均分，兄得東邊房，弟得西邊房，各房衣物傢夥也相平。但「弟念兄平日苦掙辛勤」，特別將「存在鋪貨銀柒拾兩」，分給兄子，作為供養兄之用[50]。

至於分產時，若父、叔已不在，則由子姪代承父分。如弘治八年，無錫楊氏一家，由族長楊琰主持，因其父叔及弟臻、玢均已亡故，唯璠存在；分產時，姪組、綺、紀、綸均有分，即子代父承分[51]。至於寡婦若改嫁，則已非前夫家人，當然不能承分；若不改嫁而守節有子嗣者，自然由子嗣承分，「照律全承本業」。無子嗣者，依《大明會典．戶部六．分戶繼嗣》的規定，「須憑族長，擇昭穆相當之人繼嗣」[52]。呂坤《實政錄．民務》云：

寡婦守志，果係家道殷實，有繼嗣者，照律全承本業；無繼嗣而有養子者，照例量給產業三分之二，餘令同門均分；無養子而有女者，亦量給三分之一，以供禮節之用；子女俱無者，量留上地二頃，以為衣食之資，仍聽其揀擇莊宅各一處，一切差糧，俱令分業之人代納，地不及一頃者盡令寡婦領業，差糧自納。不許伯叔兄弟人等侵占分毫。果守志終身者，原產聽其變賣度日，親戚往來，任其與借，不許宗人攔阻。[53]

則寡婦無子者，不論有無繼嗣，皆得承夫分，只是無繼嗣者不能全承本業，只能留一部，作為衣食之資，以鼓勵寡婦守節者。通常則多為寡婦家立繼嗣。《大明會典．戶部六．分戶繼嗣》規定：

凡無子，許令同宗昭穆相當之姪承繼。先儘同父周親，次及大功、小功、緦麻，如俱無，方許擇立遠房及同姓為嗣。……並不許乞養異姓為嗣，以亂宗族。立同姓者，亦不得尊卑失序，以亂昭穆。[54]

46 仁井田陞，《中國法制史研究．第一部．家族法》，頁五〇六。
47 〔明〕李東陽等，《大明會典》，卷一九，頁二〇。
48 仁井田陞，《中國法制史研究．村落法》（東京：東京大學出版會，一九六二），頁七八六—七八七。
49 〔明〕丘濬，《大學衍義補》，卷五二，〈明禮樂．家鄉之禮中〉，頁三。
50 《江蘇鄒氏宗譜》（道光八年刊本），卷四上，〈雜誌〉。
51 《安陽楊氏族譜》（民國三年重修本）卷二四〈雜記〉〈四大分書〉。參見仁井田陞，《支那身分法史》，頁四七〇—四七一。
52 〔明〕李東陽等，《大明會典》，卷一九，頁二一。
53 〔明〕呂坤，《呂公實政錄》（台北：文史哲出版社影本，一九七一），卷三，〈民務〉，頁三六—三七。
54 〔明〕李東陽等，《大明會典》，卷一九，頁二一。

依此則立嗣當以姪兒為優先。《古今圖書集成．閨媛典》卷一二四—一二九〈閨節部〉收了明代夫亡守節無子而立嗣的節婦傳，有二十九人，其中五人不詳以何人為嗣，剩下二十四人中，二十一人立姪為嗣，其他三人，一立從姪，一立宗子，一立外親之子；絕大多數係立姪為繼嗣。

至於家中的女性親屬如姑、姊、妹等，未出嫁前，仍為家庭中的一分子，依「同居共財」原則，當然有享用家產的權利。然而在父系社會中，女子無宗祧繼承權；因此分產時不能與兄弟平等，除嫁資之外，並無其他承分。只有在戶絕時，未嫁的女生親屬，才有承分的權利。《大明會典．戶部六．戶口一．分戶繼嗣》：

> 凡戶絕財產，果無同宗應繼者，所生親女承分。[55]

總之，家庭是「同居共財」的親屬組織，理論上，家產是「公家物事」，為家庭成員所共有，任何人不得「自私」「自擅」。未經同意取用家財，不得謂之「竊盜」只能說是「專擅」。實際上，家財由家父長管理處分，甚至擁有。因此，家父長生前，是否分析家產，全由家父長自己決定，未得允准，卑幼是不能自行析產的。家父長死後，家產的分析繼承，也是依遺囑行事。母親在，由母親主持，母親不在，由族長主持，或請親鄰作證[56]。分產時，以諸子均分為原則；通常不分嫡庶，一律均分。有時嫡子或嫡長子，可能多分一些，私生子則只能分到半分，至於女性親屬，若已嫁人，則已非本家之人，自然不能承分。若未嫁人，如守節寡婦，則為立嗣承分，以養老送終；無子嗣者，則分給部分家產，以資生活；以此鼓勵寡婦守節。而未嫁女性親屬，則可分給嫁資，分產上與其兄弟所承分並不相等。除非戶絕時，姑、姊、妹等是沒有繼承家財的權利的。由此可見，明代的家庭是父系的，權力主要掌握在男性家長手中，至於兄弟間則權力大小差不多，不過長兄因是家祭主持者的繼承人，有時權力稍大。至於女性親屬，母親因是尊長，權力較大，但主要是依附於父權；其他卑幼女性親屬則權力最小，尤其出嫁之後，已成別家之人，就不必論了。

（二）身分繼承

身分地位的繼承，有祭祀權與爵位承襲權之分。中國素重祭祀祖先，為使祖先血食不斷，子孫有供薦的義務，但限於男性子孫，始有祭祖的資格。但祭祀權的承襲，比起家產不同，家產是共有的，不分嫡庶；祭祀權則受宗法的約束，嚴格區別嫡庶。《明律．戶律．戶役．立嫡子違法》規定：

> 凡立嫡子違法者，杖八十。其嫡妻年五十以上無子者，得立庶長子；不立長子者，罪亦同。[57]

《明律箋釋》對此條法律進一步解釋說：

> 此條立嫡子違法，則通乎士庶人。凡有家，則有長子、有眾子。長子繼父承祧，禮之所重；故士庶人立嫡子亦必如法。若不立嫡子。而立他子者，嫡妻年五十以上無子者，得立庶長子而不立長子，皆為違法；故並杖八十，改立應立之子。明嫡庶之分，別長幼之序，萬世不易之法也。[58]

雖民間因兄弟多分家，或出外，不能遵守合祭於宗子之古法，但丘濬仍然主張：「其宗子之家，父祖分產

---

55 〔明〕李東陽等，《大明會典》，卷一九，頁二一。

56 寡母，尤其是其子年幼時，對於其子的財產擁有很大的處分權。司法行政部編，《中國民商事習慣調查報告錄》（北京：中國政法大學出版社，二〇〇〇），下冊，頁一五四七云：「我國家族制度發源最古，一家統於尊，父若母均視同一。例故凡父母俱存者，子孫不得處分其家財，即其父已亡，僅有母在，而其子又成丁者，亦不能由其子自由處分財產，蓋一般人民之觀念均仍視其母有其家一切財產之所有權。蓋亦家族制度之結果也。」參見阿風，〈明清時期徽州婦女在土地買賣中的權利與地位〉，《歷史研究》，二〇〇〇年第一期，頁七三—八五。

57 黃彰健，《明代律例彙編》，頁四六一。

58 仁井田陞，《支那身分法史》，頁四九五。

之時，必須以一分為祭需；原不曾有者，眾共補之。兄弟析居者；不許自祀父，遇有告祀薦親之類，皆就長兄家行禮；如此是亦敦本厚俗之一端。」[59]

這種堅持嫡系主義的立嫡原則，又與封爵傳襲及品官承廕相通[60]。《明律·吏律·職制·官員襲廕》云：

凡文武官員應合襲廕事，並令嫡長子孫襲廕。如嫡長子孫有故，嫡次子孫襲廕。若無嫡次子孫，方許庶長子襲廕。如無庶出子孫，許令弟姪應合承繼者襲廕。若庶出子孫及弟姪不依次序、攙越襲廕者，杖一百、徒三年。[61]

則承襲者選定之優先次序為：1. 嫡長子；2. 嫡長孫；3. 嫡長子同母弟；4. 嫡長子同母弟之子孫；5. 庶長子；6. 庶長孫；7. 庶次子或孫。是以先嫡系、後庶系，先長系、後幼系為原則。以秦王樉為例，洪武二十八年，樉去世後，便由其嫡長子尚炳襲位；永樂十年，尚炳去世，由樉的嫡長孫志堩襲位；永樂二十二年，志堩去世，由於未婚，無子嗣，也無嫡長兄弟；於是由庶系兄弟志均繼位；但不過一年，志均也去世，也因未娶而無子嗣，而由志均的弟弟志潔襲位；景泰六年，志潔去世，傳予志潔的嫡長子公錫[62]。

總之，身分地位的繼承，極重嫡庶長幼的次序，而且只有男性子孫才有繼承權，更顯示家庭中，男子地位優於女子，嫡系優於庶系，長系優於幼系，而權力的階層，亦與之相配合。

（三）教令權與主婚權

以上從家產的處分管理與繼承及身分地位繼承，論及以男性尊長為尚的家庭權力結構。其次從教令權與主婚權論之。

家庭中男性尊長為父或祖父，「父」字，據《說文》的解釋是：「矩也，家長率教者，從又舉杖。」[63]則其本義即含有統治和權力的意思，子孫不遵父祖約束的話，父祖可以使用威權加以懲責，甚至成年的子孫，也要遵守約束。這不但在禮俗上如此，法律上亦有明文規定。《明律‧刑律‧訴訟‧子孫違犯教令》：

凡子孫違犯祖父母、父母教令、及奉養有缺者，杖一百。（謂教令可從而故違，家道堪奉而故缺者，須祖父母、父母親告，乃坐。）[64]

一般人違反父祖教令，並不常告官，只在家中朴責了事。朴責時若發生毆傷或致死情事，若為無心過失致死，父祖並不論罪。《明律‧刑律‧鬥毆‧毆祖父母、父母》：

其子孫毆罵祖父母、父母，及妻妾毆罵夫之祖父母、父母，而毆殺之，若違犯教令，而依法決罰，邂逅致死，及過失殺者，勿論。[65]

《明律‧刑律‧人命‧戲殺誤殺過失殺傷人》：

若過失殺傷人者，各准鬥殺傷罪，依律收贖，給付其家。（……為營葬及醫藥之費）。

---

59 〔明〕丘濬，《大學衍義補》，卷五二，〈明禮樂‧家鄉之禮中〉，頁三。
60 《明律箋釋》卷四，〈戶律‧戶役〉。參見仁井田陞，《支那身分法史》，頁四九五。
61 黃彰健，《明代律例彙編》，頁三九三。
62 〔清〕張廷玉等，《明史》，卷一〇〇，〈諸王世表一‧秦王〉，頁二五〇五－二五〇七。
63 《說文解字詁林》（台北：鼎文書局正補合編本，一九七七年），第三下，又部，頁一〇〇七。
64 黃彰健，《明代律例彙編》，頁八八二。
65 黃彰健，《明代律例彙編》，頁八四三。

《弘治問刑條例》：

（二款）一收贖過失殺人，絞罪，追鈔三十三貫六百文、銅錢八貫四百文，與被殺者之家營葬。[66]

則一般人過失殺人，罪至絞，且要賠償苦主家屬，比起祖父母、父母為執行教令過失殺人，不論罪，同樣是過失殺人，處罰輕重相差太多。至於非理毆傷或致死，一般人「不問手足他物金刃，並絞」，「故殺者斬」[67]。而「祖父母、父母非理毆殺」「違犯教令」之子孫，不過「杖一百」，「故殺者，杖六十，徒一年」[68]。同樣是殺人，處罰輕重差別如此；主要是以法律維護父祖對子孫的教令權與父祖在家中的威權。

至於女子的婚姻，父祖的意志是婚姻成立或撤銷的主要決定條件，社會與法律無不承認其主婚權。

《大明會典．戶口．婚姻》：

洪武二年，令：凡嫁娶，皆由祖父母、父母主婚。[69]

婚姻既然以父祖主婚，「父母之命」是婚姻成立的要件，媳婦是否合父祖的心意，便很重要。在傳統「出妻」的條件中，「不事舅姑，或不得舅姑歡心」是「七出」之一。《初刻拍案驚奇》中，村農孫某的媳婦雖然老實勤謹，奉事翁姑至孝，卻不為繼姑所容，而被休棄[70]。

總之，父祖在父系家庭中，是權力的中心。家中財產、子女的婚姻教育及行為，均由其控制。經濟、法律與宗教（祭祀）權均在其手中。經濟上，家財雖屬共有，但父祖擁有管理處分權，甚至實際上擁有所有權。宗教上，家庭原是以「上事宗廟，下繼後世」為目的，父祖以主持祭祀的身分，加重其權力。法律上，國家頒布之律令，處處維護父祖在家中的統治地位。遂使其在家庭中的權勢，更加穩固。上文說到家父長時，有時連帶提及母親，或父母並舉，似乎母權與父權同等。其實母權是得之於父權的，母權係以父之妻的身分得來的[71]。這一點將在下文討論夫妻關係時提及。

三、家庭成員間的關係

（一）妻與夫及其他家庭成員的關係

中國傳統以社會關係「造端夫婦」，家庭的構成，始於夫婦。夫妻關係，據《白虎通》的說法，是「妻者齊也，與夫齊體」；夫妻「共牢而食，同尊卑也」；因此妻可隨夫而貴，《禮記．郊特牲》有云：「婦人無爵，從夫之爵，坐以夫之齒。」[72]明朝制度，品官之妻得受封，依官品封夫人、淑人、恭人、宜人、安人、孺人[73]。但這並不表示夫妻地位平等，而是妻的地位係附屬於夫，其地位僅為夫的地位之反映。

傳統上，雖說夫妻齊體，但另一方面又說「夫者妻之天也」甚至說婦人要遵守三從，「嫁從夫」；則

---

66 黃彰健，《明代律例彙編》，頁八一二。

67 黃彰健，《明代律例彙編》，頁八〇七。

68 黃彰健，《明代律例彙編》，頁八四二。

69 〔明〕李東陽等，《大明會典》，卷二〇，頁二〇，參見徐泓，〈明代的婚姻制度〉。

70 〔明〕凌濛初，《初刻拍案驚奇》（上海：古典文學出版社，一九五七），卷二〇，〈李克讓竟達空函．劉元普雙生貴子〉，頁三六三—三六六。

71 T'ung-Tsu Ch'ü（瞿同祖），*Law and Society in Traditional China*(Paris: Mouton&Co., 1961), pp. 30-31.

72 王夢鷗注釋，《禮記今註今譯》，頁三五〇。

73 〔明〕李東陽等，《大明會典》，卷六，〈吏部五．文官封贈．封贈級職〉，頁一〇。

實以夫為至尊，同於君父[74]。所以夫可以出妻，妻不得去夫；因為夫者既為妻之所天，地無去天之義。在服制上，《大明會典》規定：妻須為夫服斬衰三年，與子為父母所服之喪相同，而夫為妻卻只服齊衰杖期，與父母為子所服之喪相同[75]。明示夫妻地位之不平等，夫妻的關係，實際上等同於父母與子女，是極其懸殊的。

夫妻地位之懸殊，可從法律規定夫對妻的監護權見之。《明律．刑律．斷獄．婦人犯罪》規定：

> 凡婦人犯罪，除犯姦及死罪收禁外，其餘雜犯，責付本夫收管。[76]

在其他涉及夫妻間的法律事件中，法律明顯站在夫的這一邊，與禮制喪服相同，以夫妻關係等同於尊長卑幼關係：

1. **告訴罪** 倫理與法律上，均以卑幼告尊長為「干犯名義」。《明律．刑律．訴訟．干犯名義》規定：

> 凡子孫告祖父母、父母，妻妾告夫，……杖一百、徒三年。但誣告者，絞。[77]

則妻之告夫，等同於子孫告祖父母、父母，均為「干犯名義」；妻之地位，同於子孫。而且法律上，除了謀叛、謀反、謀大逆等大罪外，妻為夫容隱是不論罪的，而且當官府追捕時，漏泄其事及暗地通報消息，使令隱避逃走，也不坐罪[78]。至於夫之告妻，雖法未言是否屬「干名犯義」，但從「誣告妻」「亦減所誣罪三等」的法律條文看來；夫妻在這上面是不平等的[79]。

2. **相毆殺** 法律在夫妻相毆殺問題的處罰上，完全依尊卑相犯的原則，分別加重與減輕。《明律》規定：「凡妻毆夫者，杖一百」，不問有傷無傷，只要夫自告便坐罪。「至折傷以上，各加凡鬥傷三等。至篤疾者，絞。死者，斬。故殺者，凌遲處死」[80]。但夫毆殺妻，不但不加刑，且比凡人相毆殺罪輕減得多。《明律》規定：「其夫毆妻，非折傷，勿論」，比起妻毆夫，即使非折傷，也要杖一百，輕得多。「至折傷以上，減凡人二等」，比起妻毆夫，減輕五等，且「須妻自告乃坐」[81]。至於夫過失殺妻，則不論罪。毆妻至死者，不過絞，比妻毆夫至死者斬輕減。而且妻若有過失，如毆罵夫之祖父母、父母，而為夫所殺，夫所受刑不過杖一百而已[82]。而妻若有外遇，為夫當場捉姦，姦夫、姦婦為夫「登時殺死者；勿論」；反之，妻便不得享有殺死姦夫、姦婦的豁免權[83]。

3. **典雇** 法律上，雖禁止典雇妻子，但妻子若逃家或犯姦，便應「從夫嫁賣」[84]。而且民間典賣妻子之事，不為罕見。萬曆年間，沈德符便說：「今天下賭博盛行」，「有嗜賭者，將妻妾賣奸以償負，近亦

---

74 王夢鷗注釋，《禮記今註今譯》，頁三四九。郁阮英，《儀禮正義節要》（台北：財團法人郁氏印書及獎學基金會，一九八四），卷二一，頁一四。

75 〔明〕李東陽等，《大明會典》，卷一〇二，頁一一二〇。

76 黃彰健，《明代律例彙編》，頁一〇〇六。

77 黃彰健，《明代律例彙編》，頁八八一。

78 黃彰健，《明代律例彙編》，〈親屬相為容隱〉，頁三六七。

79 黃彰健，《明代律例彙編》，〈干名犯義〉，頁八八一。

80 黃彰健，《明代律例彙編》，〈妻妾毆夫〉，頁八三七。

81 黃彰健，《明代律例彙編》，〈妻妾毆夫〉，頁八三七。

82 黃彰健，《明代律例彙編》，〈夫毆死有罪妻妾〉，頁八一三。

83 黃彰健，《明代律例彙編》，〈殺死姦夫〉，頁八〇三。

84 《大明律直解》（韓國法制處據《校正大明律直解》原本排印，一九六四），卷一九，〈殺死姦夫〉，頁四〇六；卷六，〈出妻〉，頁二二三。

有並妻注而輸去者」[85]。

由上可知妻與夫的地位懸殊，直如卑幼與尊長的關係。這對妻在家中地位及與其他家庭成員關係影響甚大。女子出嫁後，便加入夫家，成為夫家的一分子，同甘共苦。夫家若涉罪刑，妻子往往連坐。《明律・刑律・賊盜・謀反・大逆》規定：「凡謀反、大逆」的罪犯，其「母女妻妾姊妹」，「給付功臣之家為奴」。但娘家若犯罪，由於已經是夫家的人，娘家的罪，「俱不追坐」。甚至只要已許嫁或已納聘，雖未成婚，也算是夫家的人，對娘家的刑事，不負連帶責任。反之，對夫家的事，卻要同坐的[86]。

在夫家，做媳婦的，與舅姑關係最密，恭謹侍奉是其職分，呂近溪的《女小兒語》就教女子要孝順公婆，「比如爹孃，隨他寬窄，不要怨傷」，「只怨自家有不是，休怨公婆難服事」[87]。媳婦若對舅姑有侵侮不遜，制裁甚嚴，比照子孫侵犯尊長處理。《明律》規定：妻告夫之祖父母、父母，係「干犯名義」，要處刑「杖一百、徒三年」。「誣告者，絞」[88]。罵者絞，毆者斬，殺者凌遲處死，過失殺者杖一百、流三千里，傷者杖一百、徒三年。謀殺已行者，不問已傷、未傷，皆斬[89]。反之，舅姑殺害媳婦，則可減刑。尤其媳婦有違犯教令行為，理當受舅姑責罰，只有在非理毆傷致令廢疾時，舅姑才會遭處罰，但也不過「杖八十」；毆殺至死者杖一百、徒三年，故殺者，杖一百、流二千里[90]。然而作為子孫媳的，如果毆罵夫之祖父母、父母而被毆死；或違犯教令而被依法決罰，邂逅致死；或被祖父母、父母過失殺死；殺人者皆不坐罪[91]。媳婦與舅姑的關係，甚至可以延伸至改嫁之後，依《明律》的規定：

> 凡妻妾謀殺故夫之祖父母、父母者，並與謀殺舅姑罪同。[92]

即使改嫁他家，其與前夫父母之尊卑關係仍在。

至於妻與家中其他成員的關係，基本上與夫的地位相同，關係的親疏依喪服制而定，如有鬥訟時，也依服制而加重或減輕刑罰。如妻毆詈夫之期親以下、緦麻以上尊長（如伯叔父母、堂伯叔父母、姑、堂姑等），與夫毆同罪，至死者亦斬[93]。妻毆傷卑屬，也與夫毆同罪，至死者絞[94]。若毆殺夫的兄弟之子，杖一百、流三千里，故殺者絞[95]。但毆傷卑幼家屬之婦，則減凡人一等，至死者絞。同輩中弟妹毆嫂，則加凡人一等；法律以嫂親同尊長之故。而姊毆弟妻，及妻毆夫之弟妹或夫弟之妻，則各減凡人一等[96]。

（二）妾與夫及其他家庭成員的關係

妾的地位比妻低，與夫「不得伉儷」。《明律例集解》云：「妻妾之分，尊卑甚明，古人謂之買妾，

85 沈德符，《萬曆野獲編補遺》（台北：新興書局影印新排印本，一九八三），卷三，〈賭博厲禁〉，頁八八一。

86 黃彰健，《明代律例彙編》，頁七三一。王明霞：〈從明律看封建家庭的夫妻關係〉，《松遼學刊：社科版（四平）》，一九九二年四月，頁七四－七七。

87 〔清〕陳弘謀輯，《教女遺規》，卷中，頁三。

88 黃彰健，《明代律例彙編》，〈干名犯義〉，頁八八一。

89 《大明律直解》，卷一九，〈謀殺祖父母、父母〉，頁四〇五。

90 《大明律直解》，卷二〇，〈毆祖父母、父母〉，頁四三三。

91 黃彰健，《明代律例彙編》，〈夫毆死有罪妻妾〉，頁八一三。

92 黃彰健，《明代律例彙編》，〈謀殺故夫父母〉，頁八〇四。

93 《大明律直解》，卷二〇，頁四三三。

94 《大明律直解》，卷二〇，頁四三四。

95 《大明律直解》，卷二〇，頁四三四。

96 《大明律直解》，卷二〇，頁四三四。

賤之也。」「觀喪服圖，妻則稱夫，妾則稱家長，明有別也」[97]。

妻對夫為主從關係，妾對夫更是絕對地服從，比妻更甚。依《明律》，夫毆死妾，比毆妻罪減二等，較凡人減四等，止杖一百、徒三年，比毆妻至死者絞要輕得多[98]。若過失殺妾，也不坐罪[99]。反之，妾若侵犯其夫，罪甚加重，詈者杖八十，毆者不論有傷無傷，均徒一年；折傷以上，則加凡人四等，入於死罪[100]。

妾與妻的關係甚不平等，《儀禮·喪服》云：「妾之事女君，與婦之事舅姑等。」[101]明示妾對妻立於服從的地位，禮當敬謹奉事。《金瓶梅》裡，潘金蓮入西門慶家門時，月娘坐在上，金蓮先向她磕頭，遞見面鞋腳[102]。吃飯時，月娘與西門慶上坐，眾妾只能兩旁列坐[103]。又西門慶眾妾中，潑辣如潘金蓮，見到月娘也不敢放肆，見她惱了，也只能把語兒說得婉轉些[104]。《廣東通志》載新會李宗長的妾陳氏傳說：陳氏因宗長夫婦早卒，她傭於鄉，以養嫡子，每宴集尚不敢坐堂上，死前遺囑不得奠於正寢；表示妾的地位低，不敢僭越[105]。

妻妾關係之不平等，從服制可以看得更清楚，根據《明律》妾為妻服齊衰不杖期年之喪，但妻則無報服，不必為妾服喪[106]。而妻妾間發生衝突互相侵犯時，法律待遇也不同；因為妻得馭妾，毆殺減罪，妾則不得有對妻之侵侮行為，否則加重刑罰。《明律·刑律·鬥毆·妻妾毆夫》規定：

> 若妾毆夫及正妻者，又各加一等。加者，加入於死。……妻毆傷妾，與夫毆妻罪同（亦須妾自告乃坐），過失殺者，各勿論。[107]

則妾毆妻之罪，比凡人加四等，居然「加入於死」；反之，妻毆妾，罪同於夫毆妻，非折傷，勿論。折傷以上，減凡人二等，且須妾親自告官才坐罪；至於妻過失殺妾，也不論罪。妻妾關係是如此不平等的。

妻妾受到待遇的不平等，還可從封贈制度來看。洪武十六年擬定的文官封贈廕敘之制規定：

應封妻者，止封正妻一人。……其妻非禮聘正室，或再醮及娼優婢妾，並不許申請。[108]

因此，妾是不能受到封贈的，只有在殉夫的情況下，才能比照正妻降一等褒贈。如洪武年間，驍騎右衛指揮使郭威妾柏氏，夫死自縊以殉，得褒贈為貞烈德人[109]。《明律．戶律．婚姻．妻妾失序》規定：

凡以妻為妾者，杖一百。妻在，以妾為妻者，杖九十，並改正。[110]

---

97 《明律例集解》，卷六，頁一四—一五。

98 《大明律直解》，卷二〇，頁四二九—四三〇。

99 《大明律直解》，卷二〇，頁四二九—四三〇。

100 《大明律直解》，卷二一，頁四四〇；卷二〇，頁四二九—四三〇。

101 郁阮英，《儀禮正義節要》，卷二一，〈喪服〉，頁一四。

102 〔明〕笑笑生，《金瓶梅詞話》（東京：大安影印萬曆本，一九六三），第九回，〈西門慶計娶潘金蓮．武都頭誤打李外傳〉，頁二。李瓶兒進西門慶家門，也是向月娘「插燭也似磕了四個頭」。（第二〇回，頁七）。

103 〔明〕笑笑生，《金瓶梅詞話》，第一〇回，〈武二充配孟州道．妻妾宴賞芙蓉亭〉，頁六。

104 〔明〕笑笑生，《金瓶梅詞話》，第一八回，〈來保上東京幹事．陳經濟花園管工〉，頁六。

105 〔清〕阮元等，《廣東通志》（台北：中華叢書影印，一九五九），卷三一一，〈列傳四四．列女六．新會一〉，頁五三四〇引〈廣州貞烈傳〉。

106 黃彰健，《明代律例彙編》，〈服制〉，頁三三—四一。

107 《明律例集解附例》，卷二〇，頁二九。

108 《明太祖實錄》（台北：中央研究院歷史語言研究所校勘本，一九六二），卷一五四，頁三，洪武十六年五月庚申條。

109 《明太祖實錄》，卷一五〇，頁六，洪武十五年十二月癸未條。

110 《明律例集解附例》，卷六，頁九。

這條規定，官民通行，不得有異[111]。但如果妻亡故，則妾可以扶正。《明律例集解》纂注上引條文說：「妻亡，以妾為正妻者，問，不應改正。」[112]這種情形相當普遍。《二刻拍案驚奇》就講了一個故事，國子監生徐方流寓京師時，央媒娶白家之女為妾，後因久無正室而將白氏扶正，填了孺人的缺，所生之子亦為嫡子[113]。

以上所論為妻妾關係，次論妾與家中成員關係。從服制看，妾並不能像妻一樣，隨夫的身分，取得家庭親屬地位。服制上，只有對夫、夫之正妻、夫之父母、夫之子及己身所生之子有服，但夫、正妻與夫之父母對妾則無報服，妾之子為母服斬衰三年，嫡子與眾子則為庶母服齊衰杖期，不同於為父之正妻或繼室服斬衰三年。而且妾為夫之父母，只服齊衰不杖期年之喪，不同於妻服三年之喪，顯見妾與夫之父母關係不夠親近，沒有資格服三年之喪[114]。明代以前，夫為有子之妾服緦麻三月，但明代則無報服，顯示妾的地位更為低落。以浦江鄭氏為例，妾只「可受自己子婦跪拜，其餘子弟不過長揖」而已[115]。

再由《明律》中各種妾與夫家親屬間相犯的條文，更可見其間關係之不平等。在妾與夫家尊親屬或同輩間發生毆鬥事件時，妾侵犯尊親屬，其刑罰同於夫或妻犯同樣罪，妾侵犯同輩則比妻犯同樣罪加一等。反之，尊親屬或同輩侵犯妾時，則比侵犯妻減一等[116]。

總之，妾在家中地位較妻為低，與夫「不能伉儷」。從服制上看，在家庭親屬間，未得到完全的接納；從法律待遇看，比妻減一等，與夫家親屬關係，較妻所受到的待遇，更為不平等[117]。

（三）父子關係

父子關係，因兒子是否親生，而有不同種類：

1. **親生子** (1)嫡子、庶子，只有在宗祧承繼與爵位承襲時始分嫡庶，分產時則「子無嫡庶」，諸子均分[118]；(2)婢生子，地位同於庶子，分產時亦得均分[119]；(3)姦生子，即私生子，地位較低，分產時只能得到半分，除非別無子嗣，「方許承紹全分」[120]。

2. 非親生子　(1)養子，又分為繼嗣而過房的同宗養子，與異姓養子。同宗養子又稱嗣子，其地位同於親生子，有繼承宗祧與財產權利，即使養家生了兒子，嗣子身分仍不喪失，分產時仍可承分，除非養父母與親生父母同意，嗣子不能遣還[121]。立嗣關係成立後，嗣子並不斷絕與親生父母的關係，從喪服服制來說，只比原來降一等，《明律》規定：「為人後者為其本生父母」服齊衰不杖期年之喪，等同於姪

---

111 《明律例集解附例》，卷六，頁一〇。

112 《明律例集解附例》，卷六，頁一〇。

113 （明）凌濛初，《二刻拍案驚奇》，〈權學士權認遠鄉姑．白孺人白嫁親生女〉，頁五六—五七。

114 黃彰健，《明代律例彙編》，頁三三—四一，〈服制〉。

115 《鄭氏規範》（《學海類編》本），頁二五（總頁一六二五）。

116 《大明律直解》，卷一二〇，頁四三三—四三四；卷六，頁二一七、二一九、二二三。

117 參見李明，〈明代納妾制度探析〉，《樂山師範學院學報》，第二三卷第七期（二〇〇八年七月），頁八〇—八二、九八。陳寶良又舉《金瓶梅》及一些明代傳記資料中的事例，論說妻妾在飲食禮儀、居住、喪葬禮儀、嫡庶差序及主母對妾的處分權等之差別。參見陳寶良，〈正側之別：明代家庭生活倫理中之妻妾關係〉，《中國史研究》，二〇〇八年第三期，頁一二三—一四四。

118 （明）馮夢龍編，《古今小說》（台北：世界書局據日本內閣文庫及尊經閣藏本印，一九五八），卷一〇，頁九。

119 （明）李東陽等，《大明會典》，卷一九，頁二〇。

120 （明）李東陽等，《大明會典》，卷一九，頁二〇。

121 《大明律直解》，卷四，頁一九六。

與伯叔父母的關係[122]；(2)異姓養子，據《明律》規定，異姓養子不能被立為嗣子，以防止「亂宗」[123]；(3)繼子，隨母改嫁者為繼子，其與繼父的關係，比親生父等級低得多。《明律》規定為同居繼父服齊衰三月，自來不曾同居者無服，除非同居繼父無大功以上親者，始服齊衰不杖期[124]。洪武年間，有人隨母改嫁，割股為繼父療疾，地方官報聞，明太祖說：「繼父，爾之仇家也，割父遺體以愈仇家，是不孝也。」因而不但不加褒揚，而且置之於法[125]。則繼子與繼父間，實際上可以處得很好，有如親生父子，但在法律上卻是疏遠的。

父權之大，在前文已經論說過，此處就父子間的義務與權利分別言之。

1. **父對子義務與權利：**

(1)養育子女。親生子女不必論，對非親生子也須養育。《明律．戶律．戶役．立嫡子違法》規定：

> 若養同宗之子為子，所養父母無子而捨去者，杖一百，發付所養父母收管。若有親生子及本生父母無子，欲還者聽[126]。

(2)處罰違犯教令子孫。

(3)許令子孫別籍異財。

(4)為子孫主婚。

（(2)至(4)）詳見本文「三、家父長制家庭的權力結構」，此處不贅述。

2. **子對父的義務：**

(1)服從教令，供養無缺，克盡孝道，《明律》與明代以前一樣，以不孝為十惡之一：

> 告言咒罵祖父母、父母、夫之祖父母、父母，及祖父母、父母在，別籍異財，若奉養有缺。居父母喪，身自嫁娶，若作樂釋服從吉。聞祖父母、父母喪，匿不舉喪。詐稱祖父母，父母死。[127]

其中咒罵祖父母、父母是絞罪，不得父母准許而別籍異財者應杖一百，家道堪奉而故奉養有缺者亦杖一百，居父母喪而身自嫁娶者亦杖一百，喪制未終而作樂釋服從吉者杖八十，聞父母喪而匿不舉喪者杖六十、徒一年，父母見在而詐稱死者發口外獨石等處充軍[128]。

(2)為父復仇。雖然法律並不鼓勵復仇，但犯者往往為其減刑。尤其祖父母、父母為人所毆，子孫為救護而毆打對方，「非折傷，勿論」，「折傷以上，減凡鬥三等」。若祖父母、父母為人所殺，子孫為其復仇而殺死行凶之人，僅杖六十，而且祖父母、父母為人所殺，子孫當場殺死行凶之人，為父祖報仇者，則不論罪[129]。這類例子不少，《明史．孝義傳》載：御史何舜賓以發知縣鄒魯陰私而結仇，適舜賓以事謫戍廣西慶遠衛，遇赦還，鄒魯卻遷自捕舜賓，仍送往慶遠衛，於途中殺之，舜賓子競召親黨數十人，持武器截魯於道，競以鐵鎚擊魯，矐其兩目，鬢髮盡拔，砍其左股。官府審理此案，「擬魯斬，競徒三年」，但以「競為父報仇，律意有在」，改戍福寧衛[130]。又如浙江武義人王良，

122 黃彰健，《明代律例彙編》，頁三四。
123 黃彰健，《明代律例彙編》，〈立嫡子違法〉，頁四六二。
124 黃彰健，《明代律例彙編》，〈服制〉，頁三三－四一。
125 〔清〕章大來，《俑陽雜錄》，參見瞿同祖，《中國法律與中國社會》，頁一〇一。
126 黃彰健，《明代律例彙編》，〈立嫡子違法〉，頁四六二。
127 黃彰健，《明代律例彙編》，〈十惡〉，頁二五八。
128 黃彰健，《明代律例彙編》，頁一七四、五〇二、六〇九、六一〇、八八二。
129 《大明律直解》，卷二〇，頁四三七。
130 〔清〕張廷玉等，《明史》，卷二九七，頁七六〇二－七六〇四。

與族子俊同居爭屋，為俊毆死，其子世名佯與俊和解，六年後，世名妻生子，以有後故，乃持刃斃俊，為父報仇。知縣以他是孝子不置之獄，且認為只要開玉良的棺驗屍有傷，則世名便可無死。但世名不肯，以為開棺驗屍是「殘父屍」，堅決不肯，絕食抗議而死，其妻後亦自縊以殉；因而受到褒揚，旌其門曰孝烈[131]。

總之，父子關係至親，尤其在父權至上的時代，父對子的行為全權負責，而子對父則須服從教令，供養無缺，克盡孝道，萬一父親遇害，為人子者在社會與法律支持下，應為父報仇。

（四）母子關係

母子關係，因母親身分不同，而種類較多。按明代喪服制度，有八母之說：嫡母（父之正妻）、繼母（父娶後妻）、養母（自幼過房者，即為人後者之所後母）、慈母（所生母死，父令他妾養己者）、嫁母（親生母因父死再嫁他人）、出母（親生母被父所出）、庶母（父妾之有子者。但父妾無子，不得以母稱）與乳母（父妾乳哺者，即奶母）[132]。其中嫡母、繼母、養母、慈母，視同親生母親，皆須為其服斬衰三年之喪。庶子對親生母亦服斬衰三年，嫡子、眾子則為庶母服齊衰杖期。子對嫁母或出母亦服齊衰杖期[133]。父卒之後，繼母改嫁而已從之者，視同嫁母，並不為之服三年喪，而是服齊衰杖期[134]。乳母則為之服緦麻三月之喪[135]。

由上所述，則母有三種，一為親生母與視同親生母的嫡母、繼母、養母、慈母，二為離開父家的嫁母、出母，三為乳母。母對於子女的義務與權利，基本上，與父差不多：

1. 教養懲戒權。母子關係最密切，子女教育，尤其是家庭教育，多由母親負責。《古今圖書集成．閨媛典．賢淑部》所收錄明代方志中的列女傳，皆以「教子」為賢淑的條件。法律上，母對子女的教令懲戒權與父相同。

2. 母以子貴，可因庶子任官，而得封贈，前已言之。但庶子任官，若嫡母在，只封嫡母，親生之母不得受封，只有嫡母亡故，始得並封。明代後期始改為嫡母、生母均得受封，但若嫡母亡故，繼嫡母則不得受封[136]。

3. 許令子孫別籍異財、為子孫主婚等權，則與父權相同。

至於子對母的義務，如奉養無缺、服從教令、克盡孝道、為母報仇等，亦與子對父相同，不再贅述。

（五）兄弟姊妹關係

兄弟姊妹是同輩，從小一起長大，感情至親。從服制上看，不論兄弟姊妹，均彼此為對方服齊衰不杖期年之喪。但姊妹若出嫁，則與本宗兄弟，互相為對方服大功九月之喪[137]。這是因為兄弟姊妹雖是同胞，出嫁姊妹已是夫家的人，禮制上不能像出嫁以前一樣親近。

---

131 〔清〕張廷玉等，《明史》，卷二九七，頁七六一七—七六一八。

132 黃彰健，《明代律例彙編》，〈三父八母服圖〉，頁三二。

133 黃彰健，《明代律例彙編》，〈服制〉，頁三三—四一。

134 黃彰健，《明代律例彙編》，頁三三。

135 黃彰健，《明代律例彙編》，頁三八。

136 《大明會典》，卷六，頁九—一〇。

137 黃彰健，《明代律例彙編》，頁三四、頁三六。

兄弟姊妹雖在服制上，彼此平等。但中國傳統家庭倫理，重視「長幼有序」；則兄姊對弟妹立於較優越的地位。若他們之間發生互相侵犯時，兄姊可以「期親尊長」的身分，受到優待。《明律．刑律．鬥毆．毆期親尊長》規定：

> 凡弟妹毆兄姊者，杖九十、徒二年半。傷者，杖一百、徒三年。折傷者，杖一百、流三千里。刃傷及折肢，若瞎一目者絞。死者，皆斬。……其過失殺傷者，各減本殺傷罪二等。故殺者，皆凌遲處死。
>
> 其兄姊毆殺弟妹，……杖一百、徒三年。故殺者，杖一百、流二千里。過失殺者，各勿論。[138]

則兄姊與弟妹在法律上是相當不平等的，同是故殺，兄姊只處杖一百、流二千里，弟妹卻要凌遲處死。據此，兄姊已不只是同輩中的長者，而是尊親屬了。弘治十五年發生一件弟持刀追殺兄的案件，刑部依律判杖九十、徒二年半。但孝宗皇帝認為「持刀趕殺親兄，好生凶惡」下令再議，於是改處「編發邊衛充軍」。於是「通行天下問刑衙門；今後遇有卑幼執持刀刃，殺害期親尊長，雖未成傷，俱照此例問擬發遣。」[139]於是兄姊的尊長地位，在法律上，更形穩固。

兄弟姊妹，孩提之時，笑樂遊戲，關係親密。成親之後，關係漸疏，「多昵妻子之愛，忘兄弟之親，小則鬩牆鬥狠，大則分門割戶。側目相視，如仇如敵，如狼如虎，傷一氣之和」[140]。若能讓產，和睦相處，地方誌上總要記上一筆。家訓、家規與通俗小說中，勸人的話，以勸兄弟友愛不爭為多。明人孫奇〈兄弟箴〉有云：

> 兄須愛其弟，弟必敬其兄，勿以纖毫利，傷此骨肉情。周公賦棠棣，田氏感紫荊，連枝復同氣，婦言甚勿聽。[141]

明人曹端的七言詩〈兄弟〉亦云：

白頭兄弟古今稀，奉勸同胞共乳知，友愛相親須及早，白頭兄弟古今稀。堪嘆今人這樣愚，親親兄弟各分居，陳褒畜犬猶知義，何乃為人反不如。曰妻曰妾他人女，唯弟唯兄父母兒，輕重親疏天地判，為人何不自尋思。世上多因疏間親，妯娌分破兄弟門，有人參透親疏理，寧可休妻永不分。舉世雖親兄弟親，原從一氣上分身，今人各自私妻子，不論同胞共乳人。[142]

其實上面這兩段文字，已道破大家庭難以維持，容易走上分家，發展成小家庭與折衷家庭的原因，即是兄弟各自結婚後有了媳婦，為了家產的分配，有了爾我之分，商較家私田產之肥瘠，於是「妯娌失和」「分破兄弟門」。為維護大家庭的團結，只有提倡互相禮讓的兄弟相處之道。楊繼盛被嚴嵩迫害致死，在給其二子應箕、應尾的遺書中，再三叮嚀：兄弟要和好到老，「不可各積私財，致起爭端；不可因言語差錯，小事差池，便面紅耳赤」[143]。馮夢龍也一再強調孝弟的重要，認為孝與弟是相聯繫的，「假如孝順父母，見父母所愛者亦愛之」，「兄弟行中，同氣連枝，想到父母身上去，那有不和不睦之理？」如能兄弟和睦，爹娘在九泉之下，必然甚樂，便是孝順。孝弟正是維繫大家庭不破碎的不二法門[144]。

138 黃彰健，《明代律例彙編》，頁八三八—八三九。
139 黃彰健，《明代律例彙編》，頁八三九。
140 〔清〕陳夢雷，《古今圖書集成．家範典》，卷六四，冊三二六，頁一〇，曹端〈夜行燭．兄弟〉。
141 〔清〕陳夢雷，《古今圖書集成．家範典》，卷六四，冊三二六，頁二二。
142 〔清〕陳夢雷，《古今圖書集成．家範典》，卷六四，冊三二六，頁二三。
143 〔明〕楊繼盛，《楊忠愍公遺筆》（學海類編本），頁一六四四—一六四五。
144 〔明〕馮夢龍編，《古今小說》，卷一〇，〈滕大尹鬼斷家私〉，頁一—二。

總之，兄弟姊妹是同輩至親，服制上的關係是平等的，但在法律上以兄姊為期親尊長，關係相當不平等。兄弟姊妹關係和睦，然而兄弟在各自成婚，加入各自的妻子，各為私財，兄弟和睦關係漸難維持，終於分析家產，別籍異財，一個包含兄弟妯娌及其子孫的大家庭，勢必分化為數個小家庭或折衷家庭。所謂「妯娌分破兄弟門」，正是大家庭不穩定，朝向小家庭發展的關鍵，也是明代大家庭只占百分之四、小家庭與折衷家庭占絕對優勢的主要原因。

結語

明代的家庭型態，以小家庭與中型的折衷家庭（或稱主幹家庭）為主，兄弟同居的大家庭，雖然有普遍化的趨勢，但與全國戶口相較，則百分比甚低，不過占百分之四而已。以致《明律》雖規定：父母在不准別籍異財，但事實上，又留了一個漏洞，「親告乃論」，或只要父母同意，便可分家。因此，大家庭不易維持，很易分化為小家庭或折衷家庭，儘管朝廷一再以旌表鼓勵兄弟同居，似乎效果不大。

傳統中國家庭是父系家庭，明代亦然，親屬範圍以父系計，財產由諸子均分。長子因承嗣，分產時常多受一分享祭費；官爵承襲，亦以嫡長子優先。女兒只在戶絕時，始得承分；至於官爵，則不能承襲。明代家庭一如傳統中國家庭，是父權家庭，父祖為家長，權力最高，祖母、母的權力也高，但附屬於父祖，權力來自父祖。理論上，家產屬家庭成員共有，但事實上，家長不但擁有管理權、處分權、甚至於有所有權。父權至上，家中任何分子均得受其支配，他擁有教令權與主婚權，他與家中任何成員發生衝突時，法律與社會禮俗都偏袒他這一邊。

家庭分子間的關係，可由服制與法律待遇說明，服制愈重則關係愈親密，服制愈輕則關係愈疏遠。父母子女間關係最親，因此子女為父母服最重的斬衰三年之喪。隨母改嫁之子與繼父間，既無血緣關係，又非其本宗，關係較疏遠；因此繼子只為同居繼父服三月之喪，若不與繼父同居，則完全不必服喪。法律上，是以親屬關係親疏定罪之輕重，凡親屬相犯，卑幼犯尊長的案件，服制愈重，關係愈親，其罪愈重。反之，服制愈輕，關係愈疏，其罪愈輕。尊長犯卑幼的案件，則相反，服制愈重，關係愈親，其罪愈輕；服制愈輕，關係愈疏，其罪愈重。因此，子孫若違犯教令，被父祖決罰邂逅至死或過失殺死，父祖並不論罪。而子孫毆父祖，則處斬刑，過失殺者，杖一百、流三千里，終身不得還鄉，是僅次於死刑的重刑。子毆繼父不過杖六十、徒一年，遠較子毆親生父的罪輕太多。繼父毆妻前夫之子者，減凡人一等，則又較親生父毆子的罪，重得多。這是因為明代家庭，一如傳統中國家庭，重尊長，輕卑幼，以維持「尊卑有等，長幼有序」的家庭倫理，鞏固父權、父系的家庭權力結構，而以法律嚴禁違逆之事。為維繫家庭的團結與延續，避免家庭破碎，政府與社會，一再強調兄弟友愛與女子貞節，以旌表褒揚與優免差役鼓勵。《大明會典》規定：

民間寡婦，三十以前夫亡守制，五十以後不改節者，旌表門閭，免本家差役。[145]

明代節婦遠超過前代，《明史．列女傳》云：「其著於實錄及郡邑志者，不下萬餘人」，流風所被，「乃至僻壤下戶之女，亦能以貞白自砥」[146]。

至於婦女在家庭中的地位，基本由其在家庭中的尊卑長幼倫序決定。做母親的或妻子的，在家中的權

145 〔明〕李東陽等，《大明會典》，卷七九，頁八。
146 〔清〕張廷玉等，《明史》，卷一八九，〈列女傳序〉，頁七六八九—七六九〇。

力幾與父親或夫相等，法律上或社會禮制上，提到家中財產、子孫教令或婚姻等事的處分時，都說是要由父母決定，似乎擔任家長妻子的母親，在權力與地位上，與父親相等。如果父親的配偶，權力和地位有問題的話，常是因為她不是嫡妻，甚至是妾。至於家庭中的另一種女性親屬，做女兒或姊妹的，其與其他家庭成員的關係，亦由尊卑長幼倫序決定，做女兒的，在服制與法律待遇，與做兒子的一樣；做姊妹的，則與兄弟一樣。似乎家庭中，男女成員，若同為尊長或卑幼，其權力與地位，似乎是平等的。但明代家庭仍是父權至上的父系家庭，決定權力與地位的另一標準是性別。母親對子女的教令權、家財的處分權等，雖與父親一樣，但其地位從屬於父親。若只就父與母的夫妻關係來看，不論在服制或法律上，直如尊長與卑幼關係，其權力與地位完全來自丈夫。甚至在家產的分配上，除非立後嗣，或矢志守節，才能享用。理論上，家產是父子兄弟的。至於做女兒或姊妹的，在父系家庭中，除非不出嫁，其服制與法律地位，和做兒子或兄弟的一樣；一出嫁之後，服制與法律上顯示的地位，便降低與疏遠。在家產的分配上，他們是沒分的，出嫁後，已非娘家的一分子，當然沒分，出嫁前，雖仍是娘家人，還是沒分；家產是諸子均分的，他們頂多能分到一點嫁資或嫁奩而已。在父系家庭中，女性親屬如母、妻、女、姊妹，雖可因己身的尊卑長幼倫序，獲得一定的權力與地位；但也因為性別的關係，不能和男性親屬，享有同等的權力與地位。

明代後期，社會經濟頗有發展，有所謂的「資本主義萌芽」產生，社會風氣因而發生變遷，奢靡相高，僭越違式，向社會等級秩序挑戰[147]。然而傳統的社會結構並不因此而動搖，作為社會基本單位的家庭，仍然維持父權至上的父系原則，家中的婦女仍然不能享有與男性同等的權力與地位。這種權力結構與家庭關係，仍然受到法律與禮制的強力支持，而延續下去，直到本世紀初，才因政治、經濟、社會、文化的大變遷，受到強烈的衝擊，而有了大改變。

147 參見徐泓，〈明末社會風氣的變遷〉，《東亞文化（韓漢城〔首爾〕大學）》，第二四期（一九八六年十二月），頁八三－一一〇；徐泓，〈明代後期華北商品經濟的發展與社會風氣的變遷〉，《第二次中國近代經濟史研討會論文集》（台北：中央研究院經濟研究所，一九八九），頁一〇七－一七四。本書第二章、第三章。

第七章

明初的人口移徙政策

前言

所謂「移徙」，即在政府策劃下的強制性的境內移民（Internal Migration）[1]。周代以來，歷朝屢有行之者[2]。明初，在洪武、永樂兩朝，也大規模採行移徙政策，其對象之多、次數之繁、規模之大，過於前代；對於明初社會的安定、經濟的復甦，起了很大的作用。本文旨在探討明洪武、永樂二朝採行人口移徙政策產生的背景與目的，及其成效。

一、明初移徙政策產生的背景

明帝國建立之初，主要的威脅來自北方的蒙古。洪武年間，北元政權剛退到塞外，從遼東到甘肅北部，均有蒙古軍隊駐紮，隨時準備捲土重來[3]，永樂年間，蒙古雖已分裂為瓦剌與韃靼，並且在永樂帝深入沙漠親征之後，威脅已減，但由於大寧、東勝等長城以外的要塞撤防，對付倏忽來去的蒙古騎兵之前進基地已失，如何鞏固北邊第二線的長城防線，是一重大問題[4]。

蒙古政權退出塞外，仍有不少蒙古遺民住在長城附近，隨時可能作為蒙古南侵的內應；因此如何處理沿邊的蒙古居民，是一重大問題，而洪武初年，群雄雖被掃平，其舊部也多編入明軍，但其舊勢力尚在，尤其江南地區擁護張士誠的富民地主等舊勢力最大，如何徹底粉碎這些勢力，也是重要問題[5]。

另外西南邊區的少數民族，除繼承元制，建立類似自治區的土司制度，加以羈縻外，如何採行一些有效的政策，作為輔助，以加強其向心力，並主動加強控制，也是明政府面臨的難題。

元明之際的戰亂，與建文年間的「靖難之役」，受戰火波及的華北、華中地區，人口流亡，土地荒蕪，城野空虛，不但使納稅的田土和戶口大減，同時也影響社會與政治安定[6]。因此，如何使「田野闢，戶口增」，復興社會經濟，厚殖民力，消除社會動亂之源，以鞏固政權基礎，是另一重要課題。

要處理包括以上難題的政務，在明初的統治看來，必須有一個強大的中央政府，來統籌制定政策，規劃方案。這個中央政府所在地的首都，為顯示政權的偉大，作為政權象徵的皇宮與官署，建築必須宏偉壯麗，附近應該地利肥饒，人口眾多，既富且庶。因此，如何建設和充實首都，以表現其偉大的形象，是明初政府要特別注意的[7]。

---

1 〔清〕王鴻緒，《明史稿》（台北：文海出版社影印本，一九六二），卷五四，〈食貨志〉，頁二〇五：「朝廷所移民曰移徙。」

2 如周初分封，即移徙殷頑民，或隨住諸侯在東方的新封地，或集居於東都雒邑附近。秦始皇徙天下富豪十二萬戶於咸陽，漢高祖亦徙楚、齊豪族於關中。

3 〔清〕谷應泰，《明史紀事本末》（北京：中華書局新校標點本，一九七七），卷一〇，〈故元遺兵〉，頁一四九。

4 《明太宗實錄》（台北：中央研究院歷史語言研究所校印本，一九六二），卷下，頁七，洪武三十五年九月乙巳條；卷一七，頁三，永樂元年二月己未條。參閱賴家度、李光璧，《明朝對瓦剌的戰爭》（上海：人民出版社，一九五四），頁一二—一五。

5 〔清〕張廷玉等，《明史》（北京：中華書局新校標點本，一九七四），卷九〇，頁二一九三。例如松江錢鶴皋就在吳元年發動反朱元璋的叛亂，詳見《明太祖實錄》（台北：中央研究院歷史語言研究所校印本，一九六二），卷二三，頁一—二，吳元年四月丙午條；卷五九，頁一，洪武三年十二月戊午條。

6 元末戰亂造成的破壞，參見吳晗，〈明初社會生產力的發展〉，《歷史研究》，一九五五年第三期。靖難之役主要戰場在今河北、山東境內，天津以南、濟南以北、河間以西，受害最烈，號稱「燕王掃北」，造成這一地區，土地荒蕪，「民甚凋弊」（《明宣宗實錄》，卷八四，頁二，宣德六年十月己亥條，〈李泉傳〉）。《嘉靖河間府志》載，〔明〕白範，〈河間〉詩云：「出得河間郡，郊原久廢耕。妖狐衝馬立，狡兔傍人行。叢棘鉤衣破，枯楊臥道橫。蕭條人跡少，州縣但存名。」戰亂造成的破壞，可見一斑。

7 參見徐泓，〈明初南京的都市規劃與人口變遷〉，《食貨月刊》，復刊第一〇卷第三期（一九八〇），及Edward L. Farmer（范德），*Early Ming Government: The Evolution of Dual Capitals* (Cambridge: Harvard University Press, 1976).

總之，明初政府面臨的課題，在此可歸納為三類：(1)如何處理蒙古和群雄的舊勢力？如何加強北邊塞防與對西南少數民族的統治？(2)如何復興農村經濟，結束人民流亡的亂局？(3)如何建設形象威嚴偉大的首都？

面臨上列問題，明政府採行一系列的措施，移徙戶口的政策，是其中之一。強制移徙國內軍民，重新調整戶口的分布；一則可收分而治之，以消除反側之效；二則將人口過剩地區的戶口，遷往土地空曠荒蕪的地區，從事墾荒工作，可收復興農村與安定社會之效；而遷徙天下富豪於京師，不但可就近加以監視，消除反側，又可繁榮京師，以重天下之根本。

二、明初的移徙政策

明初政府在規劃人口遷徙之前，必須對各地人口數量與分布情況切實掌握，掌握的根據是戶籍制度。明太祖占領南京之後，便開始『籍戶口』，後來還建立戶帖制，派軍隊到各地點查戶口[8]。洪武十四年正式建立黃冊制度，每十年全國普查戶口一次，且規定人民不得自由遷徙，離家百里之外，必須申請路引作為通行證，否則「軍以逃軍論，民以私渡關津論」[9]。也就是一切人口的遷移，均須政府批准，受中央統籌的移徙政策支配。

移徙的對象，主要有：1.元末群雄降兵、降民；2.富豪大地主；3.蒙古、女真與塞外其部族；4.流民、貧民；5.罪犯；6.軍隊及其家屬。前三類是對政權有潛在威脅的反側勢力，為削減其勢力，乃行移徙，遠離其故土，以拔其根本；有的移墾荒地，有的移實京都，兼收復興農村經濟與填實京師之效。後三類移徙的目的，在調整人口的分布，移徙人口到邊疆地區去開荒，既可繁榮邊區的經濟，又可收「移民實邊」、加強邊防之效，並且移中土軍民至邊區，還有加強對少數民族地區的控制之作用。

（一）為增強邊防控制少數民族的移徙政策

對塞外歸降的蒙古、女真等塞外邊族，最初並無一定的政策，有的安置於沿邊，有的遷送河南、山東等地。洪武三年（一三七〇），中書省正式提出將歸降的塞外軍民移徙內地的政策，主要的考慮是「非我族類，其心必異」，如果讓塞外部落住在邊區，「一旦反側，邊鎮不能制」，而且還有與入寇的外族為內應的危險，因此「宜遷之內地，應無後患」[10]。雖然明太祖並不贊成，他認為：「凡治古虜，當順其性，胡人失其本性，反易為亂。不若順而撫之，使其歸就邊地，擇水草孳牧彼得遂其生，自然安矣。」[11]但從《明太祖實錄》中有關的記載看來，他並未堅持己見，洪武七年（一三七四）正式下令：「其塞外夷民，皆令遷入內地」，邊民內徙乃成既定的政策[12]。到洪武十一年（一三七八），明太祖又對這個政策加以說

8 《明太祖實錄》，卷六，頁五，戊戌年十二月乙丑條。韋慶遠，《明代黃冊制度》（北京：中華書局，一九六一），頁一八。

9 參見韋慶遠，《明代黃冊制度》，頁一三—二〇；山根幸夫，《明代徭役制度の展開》（東京：東京女子大學學會，一九六六）；《明太祖實錄》，卷一七七，頁七，洪武十九年四月壬寅條；《大明律集解附例》（萬曆年間浙江官刊本），卷一五，〈兵律・詐冒給路引〉，頁五。

10 《明太祖實錄》，卷三二，頁三，洪武元年五月丁酉條；卷六二，頁三，洪武四年三月乙巳條；卷四七，頁四，洪武二年十二月丁卯條；卷五〇，頁二，洪武三年三月丁酉條；卷五九，頁一，洪武三年十二月戊午條。

11 《明太祖實錄》，卷五九，頁一，洪武三年十二月戊午條。

12 《明太祖實錄》，卷八八，頁七—八，洪武七年四月辛酉條。

明，認為這不但是戰略上的考慮，而且是文化的考慮，內徙「所獲故元官並降人」，是「用夏變夷」，「使之服我中國聖人之教，漸摩禮義，以革其俗」[13]。從此，內徙歸降的塞外部落，成為明代前期主要的移民政策。

永樂皇帝即位後，仍然實行其父所定的政策，但是對塞外歸降部落已有分別，蒙古族仍然內徙，大多安置在南京，女真族則很少內徙，多安置在遼東，「置外活、自在二城居之，俾部落自相統屬，各安生聚」。表面上的原因是「南方炎熱」，不適居住，實際上可能是為了配合明朝處理塞外民族關係所實行的「以夷制夷」政策，在遼東地區培植一股支持明朝的友好力量，牽制東蒙古的兀良哈部。這也許就是為什麼當居住在快活、自在二州的女真族「多有思鄉土及欲省親戚」離開時，永樂帝下令：「鎮守官阻之。」[14]

不但塞外降民內徙，原來住在邊區的少數民族也常在移徙之列，洪武四年（一三七一），即移今內蒙察哈爾地區邊民一萬七千二百七十四戶、九萬三千八百七十八口於今北京地區居住[15]。洪武九年（一三七六）廢寧夏府，盡徙其民於陝西長安[16]。邊區人民內徙之後，為避免邊塞空虛，除調遣軍隊屯戍之外，又行「移民實邊」政策，遷徙內地人民前往屯墾，與邊塞駐軍守望相助，既可繁榮邊地，又可增強國防。如洪武九年，內徙寧夏邊民的同時，又遷華北、華中、華南「五方之人實之」。永樂帝為加強北邊防務，重建洪武初年因邊民內徙而廢棄的地區，如隆慶州、保安州等，從全國各地遷徙民戶和罪囚當遷謫者實之[17]。

同樣是少數民族的西南「猺賊」「洞蠻」等，明政府處理的方式，與對北邊蒙古族不同，也許是他們的威脅較小的緣故。因此當中書省建議：「宜遷其入內地，可無邊患。」時，明太祖沒有接受，他說：「今惟以兵分守要害，以鎮服之，俾之日漸教化，則自不為非。數年之後，皆為良民，何必遷也？」處理西南邊區的移徙政策，是反過來將內地軍民移徙雲貴一帶，設置衛所，分守要害，就地屯墾[18]。

（二）為消除反側、復興戰亂地區社會經濟的移徙政策

對於元末群雄的舊部、遺民，除編入軍隊外，亦行移徙，如移張士誠部隊往湖南，移方國珍舊部往濠州[19]。洪武元年攻下大都後，把北平城內兵民移徙開封[20]。對於擁護張士誠的江南地主、富民，更屢次移徙，大多遷往明太祖的老家鳳陽去開荒。使群雄的舊勢力離開老家，失去原有的財富與政治、社會地位，不致再威脅明政府的穩定[21]。

開封、鳳陽等長江以北的地區，受元末戰火破壞最烈，人口流亡，「百姓稀少，田野荒蕪」，與之相

13 《明太祖實錄》，卷一一七，頁三—四，洪武十一年二月己未條。

14 《明太宗實錄》，卷七八，頁一，永樂六年四月乙酉條。

15 《明太祖實錄》，卷六二，頁三，洪武四年三月乙巳條。

16 《萬曆朔方新志》（萬曆四十五年刊本），卷一，頁一〇、一六。

17 《嘉靖隆慶志》，卷三，頁一。《明太宗實錄》，卷一四九，頁一，永樂十二年三月丁丑條；卷一六〇，頁三—四，永樂十三年元月壬戌條；頁一八二，頁三，永樂十四年十一月丁巳條。

18 《明太祖實錄》，卷四三，頁六，洪武二年六月丁未條。

19 《明太祖實錄》，卷一八，頁四，乙巳年十月辛酉條；卷一八，頁五，乙巳年十月癸未條；卷一九，頁七，丙午年三月丙申條；卷二十八上，頁五，吳元年十二月丁巳條。

20 《明太祖實錄》，卷三五，頁五，洪武元年八月壬午條。

21 如吳元年十月移蘇州富民至濠州，人數不詳；（《太祖實錄》，卷二六，頁一）洪武七年移江南人民十四萬至鳳陽（《天啟鳳書》〔天啟元年刊本〕，卷五，頁三二）等。

較江南地區受害較小，「無此曠土、流民」。除了移徙富民、地主之家前往開墾之外，又在全國各地起取「無田耕種村民」，前往開墾，一方面紓解人口稠密的「狹鄉」之人口壓力，一方面又可使人口稀少的「寬鄉」，人口充實，田土墾闢[22]。洪武三年（一三七〇）移徙蘇、松、嘉、湖、杭「五郡民無田產者，往臨濠開種」[23]，洪武七年、八年，移江南民十四萬墾田鳳陽；並且在鳳陽附近開設渠象屯，作為犯罪官吏勞動改造的農場[24]。洪武二十一年（一三八八）起，大量移徙山西潞州、澤州「民之無田者」前往黃河北岸「寬閒之地，開種田畝」[25]。建文年間，靖難兵起，河北地區受害最大，據永樂元年（一四〇三）的調查，順天八府的人戶只有洪武二十四年（一三九一）戶口普查數字的百分之五十五．九五，為三十四萬零五百二十三戶，其中還有百分之四十四．九未復業，也就是已復業的人戶只達到洪武二十四年戶數的四分之一；至於耕地面積也降到洪武二十四年的百分之四十二，只剩二十四萬四千七百九十七頃，其中還有百分之七十四．一未開墾，也就是投入生產的農田，只有洪武二十四年的百分之十．八七[26]。為加強戰後重建工作，永樂帝特別提升北平布政使司為北京行部，以尚書、侍郎領導，移徙政策的執行，即其主要工作之一，如「覈實山西太原、平陽二府，澤、潞、遼、沁、汾五州丁多田少及無田之家，分其丁口，以實北平各府州縣」，移徙的人戶至少有一萬戶以上[27]。這種大規模的「狹鄉之民，遷於寬鄉」政策，不但在華北、淮北、淮南實施，其他地區如湖南等地，也陸續施行，成為明初移徙政策的重點。

（三）填實京師的移徙政策

在中央集權政策下，洪武年間的首都南京，始終維持二十萬左右的駐軍，以顯示其強幹弱枝的政策。這些駐軍調自全國各地，他們調防時，往往「闔門皆從」[28]；因此每次調防，不啻為一次規模不小的人口遷徙。而且為了使京師更加繁榮，洪武二十四年（一三九一），明太祖決定仿效漢高祖遷徙天下富豪於關中的政策，遷徙全國各地田產在三十頃左右的地主富民之家五千三百戶於南京，其後又遷徙各地小民二萬戶赴京師充倉腳夫[29]。

永樂帝即位後，實行兩京制，將北平升格為北京；永樂七年（一四〇九）以後，永樂帝長駐北京，逐漸將北京建設改造為明帝國的首都，終於在永樂十九年（一四二一）正式遷都北京。要加強北京的地位，永樂帝繼承洪武二十四年移徙富民的政策，遷徙浙江、江西、湖廣、福建、四川、廣東、廣西、陝西、河南等九省及南直隸（江蘇、安徽）等地的「富民實北京」，其中浙江與南直隸的富民即有三千戶，以其「丁糧多」，均充當北京附都的宛平、大興二縣廂長（即里長）[30]。

---

22 《明太祖實錄》，卷二〇，頁六—七，丙午年五月壬午條；卷三七，頁二二，洪武元年十二月辛卯條；（明）黃金，《皇明開國功臣傳》（正德二年定遠黃氏刊，十一年補刊跋文本），卷一，〈李善長傳〉，頁一四五—一八二。

23 《明太祖實錄》，卷五三，頁一〇，洪武三年六月辛巳條；《天啟鳳書》，卷五，頁三二，誤為「二年六月」。

24 移民鳳陽者有十四萬戶與十四萬人二說，據清水泰次，〈明初における臨濠地方の徙民について〉，《史學雜誌》，卷五三，第一二期（一九四二）的考證，以十四萬人較合理。《明太祖實錄》，卷一〇三，頁三，洪武九年元月丁卯條。

25 《明太祖實錄》，卷一九六，頁一，洪武二十二年四月己亥條。

26 《明太宗實錄》，卷二〇下，頁五，永樂元年五月癸卯條。洪武二十四年戶口數據，根據《明太祖實錄》，卷二一四，頁五—六，洪武二十四年十二月條：〈回報數據〉，來自《諸司職掌》（《皇明制書》本），卷三，頁九六。

27 參見徐泓，〈明北京行部考〉。《明太宗實錄》，卷一二下，頁四，洪武三十五年九月乙未條；卷三四，頁四；卷四六，頁三。

28 《明太祖實錄》，卷一八一，頁七，洪武二十六年閏六月乙卯條。

29 《明太祖實錄》，卷二一〇，頁二，洪武二十四年七月庚子條；卷二四三，頁一，洪武二十八年十一月甲子條。

30 《明太宗實錄》，卷二二，頁六，永樂元年八月甲戌條；《皇明世法錄》（台北：學生書局影印，一九六五），卷三五，頁一四—四六；《明世宗實錄》，卷三五八，頁一，嘉靖二十九年三月辛未條。

總之，明初的移徙政策，係以人民不得自由遷徙為前提，一切人口移動均須經政府批准，由中央統籌。主要的移徙政策有以增強邊防與控制少數民族為目的，有以消除反側與復興戰亂地區社會經濟為目的，及以填實京師為目的等三種。

三、明初移徙政策的效果與影響

在消除反側與鞏固邊防方面，群雄舊部的徙離舊地，邊民內徙，與內地軍民移徙實邊，對社會的安定與國防的鞏固，發生相當的作用，洪武、永樂年間的安定局面，應該與此有關。尤其移民實邊，對邊區的繁榮相當重要。例如隆慶州，當永樂十二年（一四一四）冬，遷民尚未到達時，連州政府的官員也無處棲身，據當時奉命督創隆慶州衙門的趙適說：「惟本州官吏穴居野處，左右四顧，荊棘蕭然，鬼哭狼嗥，不勝悲慘。」經過遷民努力開墾，不過兩、三年，不但有了街市，而且「百貨駢集，野有餘糧，民無菜色」，到永樂二十年（一四二二），戶口已增至一千六百四十七戶，八千一百四十八口，其中男子四千零二十三人，婦女三千七百二十五人，男女比例為一百比八十七．六，已與一般內地情形相似，已不再是以男子占絕對多數的邊區移墾社會[31]。

開墾荒地以復興戰火摧殘地區經濟方面，成效最為卓著。根據實錄中不完全的記載加以統計，洪武年間至少移徙八十五萬二千零九十六人從事墾荒工作，永樂年間至少也有十一萬四千六百四十七人，前者約占當時移徙總人數的一半，後者也占到三分之一[32]。政府為鼓勵遷民墾荒，常發給交通工具、旅費與日用品，到達目的地後，便驗丁授田，或發放鈔錠購買農具，或配給牛種，並且免租稅三年[33]。雖然對於習於安土重遷的農民，離鄉背井是相當痛苦的，華北地區至今還流傳不少遷民的傳說歌謠[34]；但對於大多數在原住地無田產的貧民來說，政府的移民政策提供了較好的生活條件。這些遷民努力開墾的結果，使遷入地的農業生產大為提高。例如洪武後期從山西遷往山東東部、河北南部、河南北部的東昌、大名、彰德等七府約六萬戶遷民，開墾了二萬六千多頃土地，不過三年工夫，歲收三百餘萬石穀。一千二百萬斤棉花，另外又種了一萬二千多頃的麥苗，又過了三年穀類更增產至五百五十六萬石。這些生產數據顯示遷民政策對開墾寬鄉的成效，無怪乎明太祖接到調查報告時說：「如此十年，吾民之貧者少矣。」[35]永樂年間的遷民墾荒成效亦大，如河南裕州，洪武年間居民不多，僅有八百八十二戶、四千八百二十二口，墾田亦少，官民田僅八百一十三頃。永樂年間，由於山西遷民徙來，居民增至二千一百六十一戶、一萬二千三百二十四口，戶增一．六二倍，口增一．五五倍，當地里甲，由原來的七里增至二十四里；墾田亦闢至一千三百七

31 《嘉靖隆慶志》，卷四，頁二；卷一〇，頁四三；卷三，頁一—二。

32 參見徐泓，〈明洪武年間的人口移徙〉，《第一屆歷史與中國社會變遷（中國社會史）研討會論文集》（台北：中央研究院三民主義研究所，一九八二），與〈明永樂年間的戶口移徙〉，《國家科學委員會研究彙刊：人文及社會科學》，第一卷第二期（一九九一），頁九六—一二八。本書第八章、第九章。

33 《明太祖實錄》，卷八五，頁五—六，洪武六年九月丙子條；卷一九六，頁一，洪武二十二年四月己亥條；卷二五三，頁二，洪武三十年五月丙寅條；卷二五七，頁四，洪武三十一年五月庚申條。《明太宗實錄》，卷一二下，頁四，洪武三十五年九月乙未條。

34 參見孫崇發，〈山西洪洞大槐樹〉，《文物天地》，一九八二年第一期，頁四〇—四二。

35 《明太祖實錄》，卷二二三，頁三，洪武二十五年十二月辛未條。原文以七府遷民僅五百九十八「戶」，疑為五百九十八「屯」之誤，見徐泓，〈明洪武年間的人口移徙〉，頁二四四—二四六。

十二頃，增加一．六倍[36]。河北地區，由於遷民的努力，不但北京附近人口急增，「填聚郊圻」，「田隱草間者盡闢矣」，而且連受兵災最烈的保定府也「荊棘為稼穡」，「村落屯莊，闤闠相望矣」[37]。

至於填實京師方面，洪武年間的南京、永樂年間的北京，均因徙民而使住民數量大增，構成分子多樣化，尤其遷來富民，所攜來財富，對京師之繁榮，貢獻尤大。洪武二十四年移富民五千三百戶至南京，永樂元年移各地富民三千戶至北京，就是最顯著的幾個例證[38]。

除以上成效外，全國人口東南西北互相移徙，對民族融合與風俗、語言的互相影響，也產生相當大的作用。例如蒙古軍民的內徙，散在遷入地的漢人聚落之中，逐漸漢化。例如南京附近的江浦縣，塞外降民甚多，他們「多改為漢姓」，生活「與華人無異」[39]。而內地人民遷往邊區，也帶去中原文物，使邊民亦感染華風。如遼寧一帶，由於移徙江淮齊魯人民，與高麗、女真人雜居，使該地區「浸淫於衣冠文物之化」[40]。寧夏也因「實以齊晉燕趙周楚之民，而吳越居多」，遂使該地「彬彬然有江左之風，服舍從風好尚，與中土不甚異」[41]。河北灤州一帶，向來「武習戎馬，聲教未被」，由於南方遷民之來，「右文治而左武功」，而使當地風俗一變，「乃文武並尚，以科名起家」[42]。而內地人民之互相移徙，如山西人移往河北、河南，不但使當地人口增加，如河北新河縣有十二社，山西遷民占五社[43]；廣宗縣十三社，土著僅二社，其餘九社為山西遷民，二社為山東遷民[44]。根據民國三十年對華北四十個村子所作的抽樣調查，其中有十二．五個是明初從山西遷來的[45]。這些移來的遷民與當地土著雜居，語言、風俗習慣相互影響，而漸趨一致，據研究河南方言即與山西方言相近[46]。

總之，明初的朝廷統籌強制遷徙人民的政策，對遷民來說，帶來相當的痛苦與不便，但就整個大局來說，政府統籌規劃的大規模移民，效果比自由遷移要快速得多，明初經元末與靖難兩次戰亂，經濟能迅速復甦，國防得以鞏固，首都得以迅速建設起來，移徙政策是發生了相當作用的。

※本文係國科會補助專題計畫NSC75-0301-H002-04研究報告之一部分，撰寫期間蒙國科會贊助，特此致謝。

---

36 《嘉靖裕州志》（嘉靖間刊本），卷三，頁一、四、五。

37 《萬曆保定府志》（隆慶五年刊，萬曆三十五年增補本），卷二，頁一八；參見尹鈞科：〈明代北京郊區村落的發展〉，《歷史地理》，一九八四年第三期。

38 參見徐泓，〈明初南京的都市規劃與人口變遷〉。

39 《明太祖實錄》，卷一〇九，頁二—四，洪武九年閏九月丙午條。

40 〔明〕李輔等，《嘉靖重修全遼志》（嘉靖四十五年舊抄本），卷四，〈風俗志〉，頁八〇。

41 《萬曆朔方新志》，卷一，頁一〇、一六。〔明〕楊守禮、管律，《嘉靖寧夏新志》（嘉靖年間刊本）卷一，頁三。《嘉慶寧夏府志》（嘉慶三年刊本），卷四，頁六；卷一六，頁三六—三七。

42 《光緒灤州志》，卷八，頁一六。

43 《嘉靖新河縣志》（嘉靖四十三年刊本），卷一，頁四。

44 《萬曆廣宗縣志》，卷一，頁二。

45 和田憲夫，〈華北における村落發生と山西移民〉，《地理學》，第一一期，頁二（一九四三）。

46 郭豫才，〈洪洞移民傳說之考實〉，《禹貢半月刊》，第七卷第一〇期（一九三七）。

第八章

明洪武年間的人口移徙

前言

所謂的「移徙」，據《明史稿．食貨志》的解釋是：「朝廷所移民曰移徙」[1]；即在政府策劃下的強制性國內移民。早在西周初年，周公輔成王，大行封建，即是一種武裝移徙，瓜分殷頑民，或隨住諸侯在東方的新封地，或集居於洛邑附近，以收分而治之和就近監視之效[2]。後代王朝開國之初，往往仿行此一移徙政策，如秦始皇徙天下富豪十二萬戶於咸陽，漢高祖徙楚、齊豪族於關中[3]。朱元璋建立明朝後，也採行移徙政策，其移徙對象之多、次數之繁、規模之大，過於前代；對明初社會的安定、經濟的復甦，起了很大的作用，因此《明史．食貨志》特設「移徙」一項於〈戶口〉篇中。可惜其中僅羅列部分移徙史事，對移徙的動機、種類及其成效，均未闡述。近代學者對這一問題的研究雖不少，但或僅約略言之，或僅限於某一類移民；在方法上多限於平面敘述，對於移徙的規模、路線，較少深入分析；對移徙人口數字資料的整理分析，和人口移徙與明初人口變遷的關係的討論，則少觸及[4]。本文試圖在前賢研究成果的基礎上，以《明實錄》和明代地方誌中有關資料為主，探討明洪武年間採行移徙政策的背景、目的，移徙的種類、規模、路線和執行的成效、影響，並注意移徙的人口數據之整理分析，及移徙政策對明初人口變遷的關係。

一、洪武年間移徙政策產生的背景

朱元璋掃平群雄，驅逐胡元，建立明朝之後，面臨的主要問題，是如何鞏固政權，使明朝能長治久安。當時威脅明朝的主要力量，是剛退到塞外的北元政權，從遼東到甘肅北部，均有蒙古軍隊駐紮，隨時準備捲土重來[5]。而國內尤其在邊塞地區，住著許多蒙古軍民，隨時有為北元作內應的可能；因此如何處理沿邊蒙古軍民，是一重要問題。此外，群雄雖被掃平，其舊部也多編入明軍[6]；但其舊勢力仍在，尤其江南地區擁張士誠的舊勢力最大，如何徹底粉碎這些力量，也是一個重要問題[7]。

新征服地區，如雲南、貴州一帶的少數民族，除以類似自治區的土司制羈縻外。如何加強其向心力，如何加強控制，是明政府面臨的另一課題。

朱元璋本無大志，其參加反元革命，實為飢寒所迫。親身的經驗，使他充分體認貧窮殘破的農村，乃社會動亂的溫床。明末以來數十年的戰亂，人民流亡，土地荒蕪，城野空虛，不但使納稅的土地與人口大

---

1 〔清〕王鴻緒，《明史稿》（台北：文海出版社，一九六二），卷五四，頁二〇五。

2 《春秋左傳注》（北京：中華書局楊伯峻校注本，一九八一），〈定公四年〉，頁一五三六—一五三九。《史記》（北京：中華書局新校標點本，一九五九），卷四，〈周本紀〉，頁一三三。錢穆，《國史大綱》（台北：臺灣商務印書館，一九五六），頁二五—三〇。

3 《史記》，卷六，〈秦始皇本紀〉，頁二三九；卷八，〈漢高祖本紀〉，頁三八六。

4 例如〔清〕趙翼，《二十二史劄記》（台北：世界書局，一九六九），卷三二，〈明初徙民之令〉，頁四七〇。王崇武，〈明代戶口的消長〉，《燕京學報》，第二〇期（一九三六）。橫田整三，〈明代に於ける戶口の移動現象について〉，《東洋學報》，第二六卷，第一、二號（一九三八年十一月、一九三九年二月）。清水泰次，〈明初に於ける臨濠地方の徙民について〉，《史學雜誌》，第五三期（一九四二年十二月）。吳晗，〈明初社會生產力的發展〉，《歷史研究》，一九五五年第三期（一九五五年六月）。倉持德一郎，〈明初における富民の京師移徙〉，《石田博士頌壽紀念東洋史論叢》（一九六五年八月）。

5 〔清〕谷應泰，《明史紀事本末》（北京：中華書局新校標點本，一九七七），卷一〇，〈故元遺兵〉，頁一四九。

6 〔清〕張廷玉等，《明史》（北京：中華書局新校標點本，一九七四），卷九〇，頁二二九三。

7 例如松江錢鶴皋就在吳元年發動反朱元璋的叛亂，詳見《明太祖實錄》（台北：中央研究院歷史語言研究所校勘本，一九六二，以下簡稱《實錄》），卷二三，頁一—二，吳元年四月丙午條；卷五九，頁一，洪武三年十二月戊午條。

減，同時也影響社會的安定和政權的穩固[8]。因此，如何使「田野闢，戶口增」，復興農村經濟，以厚植民力，穩定政權基礎，是極重要的課題[9]。

明太祖認為處理包括以上問題在內的政務，必須有一個強大的中央政府，來統籌規劃，嚴格執行。這個中央政府所在地的首都，建築必須宏偉壯麗，人民必須充實富庶。因此，如何建設和充實首都，以表現其偉大的形象，是明初政府要注意的另一課題[10]。

總之，明初政府面臨的課題有：1. 如何處理蒙古和群雄的舊勢力？如何加強對新入版圖的雲貴地區的統治？2. 如何復興農村經濟，結束人民流亡的亂局？3. 如何建設形象威嚴偉大的大首都？

面對以上各項問題，明政府採取了一系列的措施，移徙政策是其中之一。仿周秦漢的老辦法，強制國內軍民移徙，重新調整人口的分布；一則可收分而治之，消除反側之效；再則將人口過剩的地區人口，遷往空曠荒閒地區，從事墾荒工作，可收復興農村安定社會之效；而遷徙天下富豪於京師，不但可就近監視，又可繁榮京師，以重天下之根本。

二、洪武年間的移徙政策

移徙是由政府統籌規劃的人口遷移，在規劃之前，政府必須對各地人口的數目與分布情形切實掌握，掌握的方法就是依靠戶籍制度。明太祖對戶籍制度特別關心，至正十八年（一三五八）也就是占領集慶（即南京）的第三年，便對其控制區內進行「籍戶口」的工作[11]。洪武三年（一三七〇），建立戶帖制，並派軍隊到各地去「點戶」，清查逃隱[12]。十四年（一三八一），正式建立黃冊制度，以管理戶口和賦役[13]。在這個制度下，人民各以其職業定其戶類，大致分為軍、民、匠、灶等類。各戶類不得混亂，「務在各守本業」，不但軍戶、匠戶、灶戶等特種勞役戶不得自由遷徙，以便調遣服役，而且「醫者、卜者、土著」也「不得遠遊」[14]；離家百里之外，必須向政府申請路引，否則「軍以逃軍論，民以私渡關津

---

8 這部分史料很多，吳晗，〈明初社會生產力的發展〉一文中，有簡要的敘述，可參看。然其中引《明太祖實錄》，卷一六四，說洪武十七年令凡民戶不滿三千戶的州，改為縣者三十七，頗為可疑；《實錄》未列改縣的州名，根據本文所附表六〈洪武年間地方行政單位升置降廢統計表〉與〈明史地理志〉，洪武十六年－二十年，地方行政單位降廢者僅四個單位：洪武十八年山東濟寧府降為州，以任城縣省入；洪武十六年四川省汶山縣，洪武二十年省保寧縣。其中並無洪武十七年州改為縣的記載，未列入表內之雲、貴二省之沿革中，亦無是項記載。則此項記載可能是編《實錄》時，從奏摺或檔案中誤摘的。除吳晗的例證之外，明代方志中，此類史料甚多，如《萬曆萊州府志》（萬曆三十二年刊本），卷三，頁一六：「國初兵燹之後，人戶凋殘，所至成墟。」《萬曆商河縣志》（萬曆年間原刊，崇禎十年增補本），卷三，頁二〇：「國初，地辟民稀，山東故多拋荒，而商河半為沮洳。」《嘉靖南宮縣志》（嘉靖三十八年刊本），〈敘志一〉：「洪武時，全趙之地，彌望草棘，蔚為茂林，麋鹿遊矣。」《萬曆雄乘》（萬曆十四年刊本），卷下，頁九：「程九鼎，洪武初任（知縣），時縣久汙腥羶榛莽。」《嘉靖臨潁志》（嘉靖八年刊，二十年修補本），卷一，頁一〇：「（戶口）元稍增，而又厄於紅巾之亂，凋喪殆盡。」《正統南陽府志》（正統元年刊本），卷一，頁一：「（元末）人民竄伏，流寓四方，自是失守二十餘年。」《保定府志》（隆慶五年刊，萬曆三十五年增補本），卷二，頁一八：「洪武、永樂之初，生育未繁，城市多荊棘，四郭咸盜梗。」此外由府州縣降廢的情形，也可看出戶口減少的情形，據本文附〈洪武年間地方行政單位升置降廢統計表〉，洪武一－五年，降廢二百六十四，六－十年一百九十一，共四百五十五，比同期升置七十六，多了三百七十九，直到十一－十五年升置始大量增加，這反映出洪武元年－十年的情況相當不好。

9 《明太祖實錄》，卷三七，頁二二，洪武元年十二月辛卯條。

10 詳見徐泓，〈明初南京的都市規劃與人口變遷〉，《食貨月刊》，復刊第一〇卷第三期（一九八〇）。

11 《明太祖實錄》，卷六，頁五，戊戌年十二月乙丑條。

12 〈洪武戶帖〉，原件未見，轉引自韋慶遠，《明代黃冊制度》（北京：中華書局，一九六一），頁一八。

13 詳見韋慶遠，《明代黃冊制度》，頁一三－二〇。山根幸夫，《明代徭役制度の展開》（東京：東京女子大學學會，一九六六）。

14 《明太祖實錄》，卷一七七，頁七，洪武十九年四月壬寅條。參見吳晗，《朱元璋傳》（北京：生活．讀書．新知三聯書店，一

論」[15]。也就是所有軍民不得自由遷徙，一切人口的移動，都得由政府批准，受中央統籌的移徙政策之支配[16]。

明初人口遷徙的對象，約有：1.明末群雄降兵降民；2.富豪大地主；3.蒙古官兵與塞外邊民；4.流民、貧民；5.罪犯；6.軍隊。前三類是對政權有潛在威脅的反側勢力，為消滅其力量，分而治之，行移徙以拔其根本，有的移墾荒地，有的移實京師，兼收復興農村經濟與填實京師之效。後三類的遷徙，主要是為調整人口分布，移人口較密集地區的軍民，到荒閒之地開墾，以利農村經濟的復興，而軍隊的移徙，可兼收加強控制之效。

對塞外歸降的蒙古官軍與邊民的處置，最初並無一定的政策，有的安置於沿邊，有的送往內地，如河南、臨清、東昌等地[17]。洪武三年（一三七〇）三月，鄭州知州蘇琦建議：對沿邊的「沙漠非要害之地，當毀其城郭，徙其人戶於內地」[18]。對於這個建議，明太祖命令中書省「參酌行之」；於是中書省正式提出蒙古歸附軍民的移徙政策：

> 西北諸虜歸附者，不宜處邊；蓋夷狄之情無常，方其勢窮力屈，則不得已而來歸，及其安養閑暇，不無觀望於其間。恐一旦反側，邊鎮不能制也；宜遷之內地，庶無後患。[19]

他們認為只有將蒙古歸復軍民內徙，散處於漢人中間，才可收分而治之的效果。明太祖當時並不贊成這一辦法，他說：

> 凡治胡虜，當順其性。胡人所居，習於苦寒；今遷之內地，必驅而南，去寒涼而即炎熱。失其本性，反易為亂。不若順而撫之，使其歸就邊地，擇水草孳牧，彼得遂其生，自然安矣。[20]

似乎明太祖還是主張將蒙古軍民安置於邊地，並不要內徙邊民；但從《明太祖實錄》的記載看來，他並未堅持己見，就在這次討論後沒幾天，就移徙來降的元太尉沙不丁及其將士家屬三千餘口至南京[21]。次年三月，又以順寧、宜興等州沿邊人民，「密邇虜境，雖已招降來歸，安土樂生，恐其久而離散」，遂移徙其民一萬七千二百七十四戶於北平各州縣屯戍[22]。同年六月，更移徙邊民六十九萬九千六百四十四戶於北平諸衛府州縣[23]。從此內徙沿邊蒙古歸附官民將士成為既定政策，此類事件在《明太祖實錄》中屢次出現，（參見表一，第二十八、三十七、三十八、四十、四十四、四十五條）有的內徙長安，有的內徙鳳陽，有的內徙灤州[24]。洪武七年（一三七四），更正式下令：「其塞外夷民，皆令遷入內地」，「官屬送京師，軍

九七九），頁二〇九—二一一。

15 參見吳晗，〈路引〉，《文史雜誌》，第二卷第一期（一九四二）。吳晗，〈傳・過所・路引的歷史〉，《中國建設》，第五卷第四期（一九四七）。

16 《大明律集解附例》（萬曆間浙江官刊本），卷一五，頁五，〈兵律・詐冒給路引〉。

17 《明太祖實錄》，卷三二，頁三，洪武元年五月丁酉條；卷六二，頁三，洪武四年三月乙巳條；卷四七，頁四，洪武二年十二月丁卯條。

18 《明太祖實錄》，卷五〇，頁二，洪武三年三月丁酉條。

19 《明太祖實錄》，卷五九，頁一，洪武三年十二月戊午條。

20 《明太祖寶訓》（台北：中央研究院歷史語言研究所影印萬曆壬寅春秣陵周氏大堂新鐫官板《皇明寶訓》本，一九六七），卷六，〈懷遠人〉，頁二八—二九，洪武三年十二月戊午條。

21 《明太祖實錄》，卷五九，頁八，洪武三年十二月甲戌條。

22 《明太祖實錄》，卷六二，頁三，洪武四年三月乙巳條。

23 《明太祖實錄》，卷六六，頁六—七，洪武四年六月戊申條。

24 《萬曆朔方新志》（萬曆四十五年刊本），卷一，頁一〇、一六。《明太祖實錄》，卷八五，頁五—六，洪武六年九月丙子條；卷八六，頁八，洪武六年十二月癸卯條。

民居之塞內」[25]。例如洪武五年（一三七二），廢寧夏府，盡徙其民於陝西。九年（一三七六）改置寧夏衛，遷齊、晉、燕、趙、周、楚、吳、越等「五方之民實之」[26]。這個政策，一方面可減少蒙古入侵時，邊民作內應的危險；一方面使夷民與漢人雜居，以漢文化同化之，逐漸消除民族間的隔閡與矛盾。所以明太祖在洪武十一年（一三七八）二月闡述為何實行移徙政策時，他已改變先前使胡人「歸就邊地」的說法，他說：

> 人性皆可與為善，用夏變夷，古之道也。今所獲故元官並降人，宜內徙，使之服我中國聖人之教，漸摩禮義，以革其俗。[27]

顯然明太祖不但在事實上認可了內徙邊民的政策，而且在理論上有了更深一層的認識，內徙邊民不但是戰略上的考慮，也是文化的考慮，要「用夏變夷」，「以革其俗」。

同樣是少數民族的西南「猺賊」「洞蠻」等，明朝政府處理的方式，不大相同，也許是他們的威脅，遠不如蒙古大，只要用土司羈縻，設衛所鎮壓，並加強漢化，就可相安無事。因此內徙政策，在處理西南少數民族問題上，並不占重要地位。《明太祖實錄》中，僅有五條內徙的記載，一為湖廣「洞蠻」，一為廣西溪洞之民，一為廣東「猺賊」，一為岷州衛「番寇」，總共只有一千七百八十人。另一為定雲南土官犯罪者遣戍北平之例，土官人數有限，犯罪者更有限。這項移徙人數，決不會多的，頂多應不超過五千[28]。洪武二年（一三六九），平定廣西洞蠻之後，中書省臣建議：「宜遷其人內地，可無邊患。」明太祖不贊成說道：

> 溪洞猺獠雜處，其人不知理義，順之則服，逆之則變，未可輕動。今惟以兵分守要害，以鎮服之，俾之日漸教化，則自不為非。數年之後，皆為良民，何必遷也？[29]

於是批駁了中書省臣的建議。處理西南少數民族的主要辦法，是反過來，將內地軍民移徙雲貴一帶，分守要害，就地屯墾。移徙對象，或為臨近省分的丁多民戶，或為罪犯，或為內地軍隊及其家屬[30]。他們每擇險要之地樹柵置堡，「每百里置一營屯種」，「每營軍二萬，勘其道傍林莽有水草處，分布耕種」，「以備蠻寇」[31]。

至於群雄的舊部遺民，應該如何處置，《明太祖實錄》中未見朝廷討論的記載，只見移徙的記載，如移泰州、高郵的張士誠將士，往湖廣潭州、辰州、沔陽州；如移方國珍部隊往濠州[32]。又如洪武元年（一三六八）六月攻下大都後，九月即下令：「徙北平在城兵民於汴梁。」[33]對蘇、松、嘉、湖、杭等江南地

---

25 《明太祖實錄》，卷八八，頁七—八，洪武七年四月辛酉條。

26 〔明〕楊守禮．管律，《嘉靖寧夏新志》（銀川：寧夏人民出版社，一九八二），頁八。《萬曆朔方新志》，卷一，頁一〇；卷一，頁一六。遷入之民尤以江南為多，其中可能不少來自南京；因此，在寧夏中衛興建家鄉的晏公廟。二〇〇九年，在中衛市沙坡頭區永康鎮晏公廟遺址出土明代魚龍石雕，其雕刻風格酷似南方沿海一帶風格。詳見楊浣，〈《嘉靖寧夏新志》與明代寧夏社會〉，《固原師專學報（社會科學版）》，第二五卷第五期（二〇〇四年九月），頁三七—三九。寧夏自治區人民政府，〈中衛市晏公廟遺址發現明代魚龍石雕〉，《中國．寧夏》，http://www.nx.gov.cn/ssjn/whys/2383.htm.（二〇一四年八月二十四日下載。）

27 《明太祖實錄》，卷一一七，頁三—四，洪武十一年二月己未條。

28 參見表一。

29 《明太祖寶訓》，卷六，頁二五—二六，〈馭夷狄〉，洪武二年七月丁未條。

30 參見表一。

31 《明太祖實錄》，卷一五四，頁五，洪武十六年五月條；卷一八五，頁一，洪武二十年九月辛巳條；卷一七九，頁四，洪武十九年九月庚申條；卷一九〇，頁四，洪武二十一年四月癸酉條。

32 參見表一。《明太祖實錄》，卷二八上，頁六，吳元年十二月丁巳條。

33 參見表一。

區擁護張士誠的富民和大地主，更屢次移徙，大多遷往明太祖的老家鳳陽去開荒，不許私自回鄉[34]。目的在使這些群雄的舊勢力離開其老家，失去原有的財富和社會或政治地位，不致成為威脅明朝穩定的力量。

移徙政策的目的，除上述的消除反側和鞏固政權之外，最重要的是復興農村經濟，將人口密度較大地區的人民，移往受戰亂摧殘人民流亡多的地區，進行開墾荒地的工作。元末受戰火破壞較大的地區在長江以北，尤其「中原板蕩，城廓丘墟」[35]，「耕桑之地變為草莽」[36]。至正二十六年（一三六六）五月，朱元璋在視察濠州之後說：「吾（昨）往濠州，所經州縣，見百姓稀少，田野荒蕪；由兵興以來，人民死亡，或流徙他郡，不得以歸鄉里，骨肉離散，生業蕩盡。」[37]濠州附近如此殘破，人民稀少，反之「江南則無此曠土流民」[38]。因此明太祖遂於洪武三年（一三七〇）六月諭中書省臣曰：

> 蘇、松、嘉、湖、杭五郡，地狹民眾，細民無田以耕，往往逐末利而食不給。臨濠，朕故鄉也，田多未闢，土有遺利。宜令五郡民無田產者，往臨濠開種；就以所種田為己業，官給牛種舟糧，以資遣之，仍三年不徵其稅。[39]

於是移徙了四千餘戶往臨濠屯種。其後太祖營建中都於臨濠，為充實中都，乃繼續實行移徙政策，他說：

> 天下無田耕種村民儘多，於富庶處起取數十萬，散居濠州鄉村，使之開墾荒田。[40]

於是洪武七年十月到八月春，移江南民十四萬人墾田鳳陽[41]；並且將官吏犯罪者，「悉謫鳳陽渠象屯屯田」[42]。華北地區農村復興措施，洪武初年重在獎勵流民復業，和召鄉民無田者墾荒蕪田地，「戶率十五畝，又給地二畝，與之種蔬，有餘力者，不限頃畝，皆免三年租稅」[43]。這一措施相當有效，「開墾荒田，歲有增廣」，農村生產力因此恢復不少，有些地方如開封府柘城、考城二縣，元末因戰亂，人民逃亡，廢掉縣政府，洪武四年，以「人民逋逃者皆歸復業」，而復設二縣[44]。然而由於華北地區「土曠民稀，墾闢有限」，效果離理想尚有很大的距離[45]。由表六可知，洪武元年至十年，北平、山東、河南三省，因戶口、稅糧不足而廢降的地方行政單位，共達一百三十二個，因戶口、稅糧增加而升置的，僅有三十七個；直到洪武十一年至十五年，始漸好轉，降廢者減為十四個，升置者達二十八個。情況雖已改善，然洪武十五年（一三八二），在山西晉王府擔任過長史的桂良彥還說：「中原為天下腹心，號膏腴之地，因人力不至，久致荒蕪，近雖令諸軍屯種，墾闢未廣。」他建議：

> 莫若於四方地瘠民貧、戶口眾多之處，令有司募民開耕。願應募者，資以物力，寬其徭賦，使之樂

---

34 參見吳晗，《朱元璋傳》，頁一八一。〔清〕趙翼：《陔餘叢考》（台北：世界書局，一九六五），卷四一，〈鳳陽丐者〉，頁一六。

35 《明太祖實錄》，卷二〇，頁三，丙午年四月壬戌條。

36 《明太祖實錄》，卷五〇，頁二，洪武三年三月丁酉條。

37 《明太祖實錄》，卷二〇，頁六—七，丙午年五月壬午條。

38 《明太祖實錄》，卷三七，頁二三，洪武元年十二月辛卯條。

39 《明太祖實錄》，卷五三，頁一一，洪武三年六月辛巳條。《天啟鳳書》（天啟元年刊本），卷五，頁三二，作「二年六月」，誤。

40 〔明〕黃金，《皇明開國功臣傳》（正德二年定遠黃氏刊，十一年補刊跋文本），卷一，頁一四五—一八二，〈李善長傳〉。清水泰次，〈明初における臨濠地方の徙民について〉，《史學雜誌》，卷五三第三期（一九四二），頁一八。

41 移民鳳陽者有十四萬戶與十四萬人二說，據清水泰次前引文的考證，十四萬人較合理，今從之。

42 《明太祖實錄》，卷一〇三，頁三，洪武九年正月丁卯條。

43 《明太祖實錄》，卷五三，頁九，洪武三年六月丁丑條。《隆慶豐潤縣志》（隆慶四年刊本），卷一，頁六。

44 《明太祖實錄》，卷一六七，頁六—七，洪武四年八月癸巳條。

45 《明太祖實錄》，卷一一一，頁二，洪武十年正月丙戌條。

> 於趨事。及凡犯罪者亦謫之屯田，使荒閑之田，無不農桑。三、五年間，中州富庶，則財用豐足矣。[46]

這項建議當時未受到重視，直到洪武二十一年（一三八八）八月才被戶部郎中劉九皋再度提出，他說：

> 古者，狹鄉之民遷於寬鄉；蓋欲地不失利，民有恆業。今河北諸處，自兵後，田多荒蕪，居民鮮少。山東、山西之民，自入國朝，生齒日繁，宜令分丁徙居寬閒之地，開種田畝；如此則國賦增，而民生遂矣。[47]

這一狹鄉之民就寬鄉的建議，立刻被採行，不但再度「命杭、湖、溫、台、蘇、松諸郡無田者，許令往淮河以南滁、和等處就耕」，而且「以山西地狹民稠，下令許其民分丁於北平、山東、河南曠土耕種」，於是「遷滁、澤二州民之無田者，往彰德、真定、臨清、歸德、太康諸處閒曠之地，令自便屯耕種，免其賦役三年，仍戶給鈔二十錠。以備農具」[48]。從此，徙狹鄉民就寬鄉，成為既定政策，不但華北實行，其他地區如江蘇、湖南，也陸續實行[49]。甚至永樂年間，還大規模實施過[50]。

移徙政策的目的，除為消除反側勢力與調整人口、土地的分配以復興農村經濟外，尚有移民填實京師一類。京師人口以軍隊為大宗，人數始終維持二十萬以上，這是中央集權強幹弱枝政策所造成的[51]。這些京衛將士多來自山東、河南，他們「一人在官，則闔門皆從」；因此每次軍隊調防，不啻為一次規模不小的人口移徙。洪武二十年（一三八七）雖「核遣其疏屬還鄉」，但「留其父母妻子於京師」[52]。洪武二十四年（一三九一），更詔：「外衛軍官調京衛者，皆給道里費，俾其妻子家於京師。」[53]可見軍士家屬亦為京城人口的主要成員，對京師的填實作用甚大。洪武二十二年，曾「命戶部起山東流民居京師」[54]。二十八年，又徙直隸蘇州等十七府及浙江等六布政司小民二萬戶赴京師充倉腳夫，為京師軍民服務[55]。這些也是填實京師的移徙人口。此外，為使京師更加繁榮，洪武二十四年，明太祖仿漢高祖的遷徙富豪填實關中政策，徙天下富民五千三百戶於京師。他的理由是：

昔漢高祖徙天下豪富於關中，朕初不取，今思之：京師，天下根本，乃知事有當然，不得不爾。朕今亦欲令富民入居京師，卿其令有司驗丁產殷富者，分遣其來。[56]

所謂富民，係「以田稅之多寡」為標準的，據洪武三年戶部的報告，稅糧一百石以上者為富民[57]。明初民

46 《明太祖實錄》，卷一四八，頁二—三，洪武十五年九月癸亥條。

47 《明太祖實錄》，卷一九三，頁二，洪武二十一年八月癸丑條。

48 《明太祖實錄》，卷一九六，頁一，洪武二十二年四月己亥條；卷一九七，頁四，洪武二十二年九月甲戌條。當時有山西沁州民張从整等一百一十六戶響應號召，上告願應募屯田，戶部以聞。明太祖命賞鈔錠，送後軍都督僉事徐禮，分田給之。並命他們回沁州去召募居民同去屯田。

49 表一，第一一八、一一九、一二六條等。

50 《明太宗實錄》（史語所校印本），卷一八，頁六，永樂元年三月乙未條；卷一一六，頁一—二，永樂九年六月甲辰條。《嘉靖藁城縣志》（嘉靖十三年刊本），卷二，頁五。《萬曆廣宗縣志》（萬曆三十六年刊本），卷一，頁二。

51 參見徐泓，〈明初南京的都市規劃與人口變遷〉，頁一〇二。《明太祖實錄》，卷一八二，頁七，洪武二十年閏六月乙卯條。

52 《明太祖實錄》，卷一八一，頁七，洪武二十年閏六月乙卯條。

53 《明太祖實錄》，卷二〇八，頁五，洪武二十四年四月癸酉條。

54 表一，第一〇四條。

55 表一，第一二四條。

56 表一，第一一一條。

57 《明太祖實錄》，卷四九，頁三，洪武三年二月庚午條。

田畝稅三升五合五勺，一百石約合三十頃之稅糧，若以重租田畝稅八升五合五勺計，也有十一頃以上[58]。把這些擁有十餘頃以上的地主富室遷至京師，除具有削弱地方豪強勢力外，兼可繁榮京師根本重地。這一移民填實繁榮京師的政策，後為永樂帝所繼承，他將北平改為北京後，便大規模移民北京，除萬戶平民之外，尚有三千戶富民[59]。

總之，明初的移徙政策，係以人民不得自由遷徙為前提，一切人口移動，均須經政府批准，由中央統籌處理。移徙的對象，雖有元末群雄與蒙元之降兵降民、地方豪強富民、流民、貧民和軍隊等類之不同，但其目的不外削除反側、復興農村經濟與繁榮京師三種。

三、明洪武年間移徙史料的檢討

無論中外，現存的歷史人口史料，尤其是數字資料，都是不完整的。這些不完整的資料，品質不一，使用之前，必須加以檢討修正[60]。

明初的人口移徙資料，比較集中的是《明史．食貨志》的「戶口」條。然而這些資料，只是摘抄《明太祖實錄》而成的，其中又有誤抄之處，質量並不好[61]。比較原始的史料，有族譜、鄉土誌、府州縣誌、農村調查報告、考古調查報告，和《明太祖實錄》等。

族譜是研究人口移動的好資料，譚其驤教授曾詳加評介，他說：「譜牒之不可靠者，官階也、爵秩也，帝皇作之祖，名人作之宗也。而內地移民史所需求於譜牒者，則並不在乎此，在乎其族姓之何時自何地轉徙而來，時與地既不能損其族之令望，亦不能增其家之榮譽，故譜牒不可靠，然唯此種材料則為可靠也。」[62]有許多族譜記載他們的家族是洪武年間從其他地區遷來的[63]，然而本文涉及區域遍於全國，須閱讀數以千計的族譜，以作者現有的時間與能力，無法作到。

鄉土誌和府州縣誌等地方誌中，每有氏族誌一篇，將該地諸家族姓之譜牒所記，綜其大要，開卷瞭然，最為方便。誌中所列，少者五、六族，多者數十族，對當地族姓之源流，記載詳備，甚至可依其中資料，統計出當地主要人口中移徙者所占的比例。這一類資料的品質非常好，如《民國新安縣志．氏族》就列舉當地家譜可資參證的三十四姓，其中二十四姓是洪武年間從山西移徙來的，甚至有的還標明移徙的具體年代[64]。可惜清乾嘉以前的方誌中，無氏族誌之作，自章實齋提倡以後，道咸年間，才開始有氏族誌出現，但數目也有限。所以這類史料質量雖好，由於數量太少，不能作為主要資料，只能作為輔助資料用。

至於近人的調查報告，可分農村調查與考古調查二種。民國二十至三十年間，河北省津海道與日本滿

---

58 〔清〕張廷玉等，《明史》，卷七八，〈食貨志二．賦役〉，頁一八九六。

59 《明太宗實錄》，卷二二，頁六，永樂元年八月甲戌條；卷三四，頁四，永樂二年九月丁卯條。《明世宗實錄》，卷三五八，頁一，嘉靖二十九年辛未條。

60 Hollingsworth, T. H., *Historical Demography*(Ithaca: Cornell University Press: 1969), p. 45.

61 例如將「以次召見，量才任用」的一萬四千三百多戶的富戶名單，當作移徙南京的人戶。

62 譚其驤，〈中國內地移民史湖南篇〉，《史學年報》，第一卷第四期（一九三二年六月），頁五一。

63 如河南偃師縣游殿村《滑氏家譜序》：「吾滑氏聚族邶上。自明初洪武三年，由山西遷移而來，至今四百餘年。」河南民權縣〈王氏家譜序〉：「始祖原籍平陽府洪洞縣人氏，自大明洪武定鼎，始遷居於本州（歸德州）東南毅村。」河南〈汲縣李氏族譜稿〉：「盛，明洪武二年，自山西澤州府鳳台縣嶇頭村遷汲。」詳見黃有泉等，《洪洞大槐樹移民》（太原：山西古籍出版社，一九九三）。

64 《民國新安縣志》（民國三年刊本）。

鐵與華北交通等，曾對華北農村作過調查。其中雖有些明初移徙資料，但主要來自居民口述六百年前之事，時代過於久遠，多屬傳說性質，也不能當作主要材料。考古調查資料較少，民國二十六年，開封博物館的郭豫才先生曾在〈洪洞移民傳說之考實〉一文中，提到汲縣郭全村三結義廟與滑縣關帝廟吳村有洪武年間的遷民碑[65]。其後高心華先生曾對汲縣郭全村三結義廟的遷移碑，作過調查，將碑文抄錄發表[66]。這份碑文中有遷民的來歷、現住址，和遷民戶數、戶名，及立碑時間等記載，對理解遷徙路線、遷民組織與成分，幫助甚大。可惜只有這一件發表出來，也不能當作主要資料。另外，各地蒐集的墓誌碑銘資料，也可考證族姓的遷徙來源，如河南太康縣〈趙氏墓碑〉：「始祖諱太始，居山右，原籍洪洞老宮巷。洪武初，始居康邑。」河南洛寧縣〈李翁李公墓誌銘〉：「追溯古籍，洪洞縣其桑梓焉。前明大祖十有三年，勅詔遷豫，爰相風郡卜居此鎮。」[67]但現今這類石刻史料的蒐集相當零散，難以作較有系統性的研究。

總之，譜牒、方誌與農村、考古調查報告，雖然是品質極佳的明初移徙史料，但由於數量的關係及時間、空間和研究人力的局限，難以由個人短時間在台灣，作較全面的蒐集；因此，無法作為主要資料。

這個研究根據的資料，以明初史事的基本史料——《明太祖實錄》為主。《明太祖實錄》經過建文帝與永樂帝的三次纂修，現存的是永樂帝三修本，永樂帝為掩飾自己篡位的痕跡，毀掉建文帝修的《太祖實錄》，一再修改然後才寫成定本[68]。因此，《太祖實錄》的可信度，最受人懷疑。但這只限於和永樂帝篡位有關的部分，至於人口移徙資料，永樂帝並無纂改的必要，應該是可信的。實錄是從官員的奏疏和衙門的檔案中摘抄出來的，這些檔案與奏疏，絕大部分已不存於今；所以《明實錄》，尤其是《明太祖實錄》可說是現存明初史料中最完整、最重要的。其中的人口數字，都是官員的調查報告；明洪武年間吏治最嚴，官吏很少敢作偽，其記載應該是比較可信的。《明太祖實錄》中的移徙資料，誠如曹樹基教授所說的並不全面，漏載不少[69]。但總體言之，在各類資料中，《明太祖實錄》仍是品質最好，數據資訊最多的，共有一百二十條，其中有數字資料達七十二條之多，人數共一百五十七萬六千八百零四人。這一百二十條資料中，對移徙者的身分、移出與移入地、移出時間，大多有記載；因此，在所有的資料中，利用作為概觀式研究的主要資料，《明太祖實錄》無論質和量都是最好的，進行分析，所得的結果，雖不中，亦不遠矣。

《明太祖實錄》的原本已佚，現存各本皆輾轉傳抄而成的，現行最好的版本為中央研究院歷史語言研究所校印本。這個本子經王崇武教授、黃彰健教授先後校勘過，主要的錯誤多已校正[70]，但偶爾還可以發現一些錯誤。有關明初移徙的資料中，有一條常為人引用當作移民屯墾成效證據的[71]，其中遷民數字頗有問題，必須加以討論修正。它是《明太祖實錄》（卷二二三，頁三）洪武二十五年十二月辛未條：

> 後軍都督府都督僉事李恪、徐禮還京。先是命恪等往諭山西民，願徙居彰德者聽。至是還報：彰德、衛輝、廣平、大名、東昌、開封、懷慶七府民徙居者，凡五百九十八戶，計今年所收穀粟麥三百餘萬石、棉花一千一百八十萬三千餘斤，見種麥苗一萬二千一百八十餘頃。上甚喜曰：「如此十年，

---

65 《禹貢半月刊》，第七卷第一〇期（一九三七年七月），頁一〇。

66 高心華，〈明初遷民碑〉，《文物參考資料》，一九五八年第三期（一九五八年三月），頁四九。

67 詳見黃有泉等，《洪洞大槐樹移民》。李心純，〈明初山西外遷人口新探〉，《中國歷史博物館館刊》，一九九七年第二期，頁五九—六七。

68 吳晗，〈記明實錄〉，《史語所集刊》，第一八本（一九四八），頁三八五—四四七。

69 參見曹樹基，《中國移民史．第五卷》（福州：福建人民出版社，一九九七），頁一六二。

70 黃彰健，〈影印國立北平圖書館藏紅格本明實錄并附校勘記序〉，《史語所集刊》，第三十二本（一九六一），頁一—一八。

71 例如郭厚安，〈略談明初的屯田〉，《歷史教學》，一九五八年第四期（一九五八年四月），頁三五—三八。

吾民之貧者少矣。」

據此則資料可知：洪武二十五年底為止，山西人民徙居彰德、東昌等七府的，僅有五百九十八戶，其生產力之大極其驚人，每戶平均年產穀粟麥五千零一十六．七二石，棉花一萬九千七百三十七．四五斤，見種麥苗二十．三六頃，若以每戶五人計，每人年產穀粟麥一千零三．三四石（六萬零七百九十三．二七公斤），棉花三千九百四十七．四九斤（一千九百七十三．七四公斤），現種麥苗四．〇七頃。其穀粟麥每人生產量是一九五七年全國平均每人產二百八十六公斤的二一二．五六倍，是全國最高產地區黑龍江四百二十六公斤的一四二．七倍，甚至是一九五七—一九五九年美國的個人年平均產量的九百零二公斤的六十七倍，以當時的生產技術，是絕不可能的[72]。若以當時北方穀類的平均畝量〇．六石，棉的平均畝產二百五十斤計[73]，每戶應擁有耕地為穀田八千三百六十一．二畝，棉田七十八．九畝，共八千四百四十．一畝；每戶以五人計，則每人有一千六百八十八．〇二畝，為洪武後期全國每人平均耕地九．九九畝的一百六十九倍，是七府所在的北平、山東、河南三省每人平均耕地十六．二二畝的一百零四倍[74]。這些數字間的差距過大；顯然洪武二十五年《實錄》所記七府山西遷民五百九十八戶是錯誤的。

既然五百九十八戶不可信，那究竟多少才比較接近事實呢？《明太祖實錄》（卷一九七，頁三）洪武二十二年九月壬申條載：

後軍都督朱榮奏：山西貧民徙居大名、廣平、東昌三府者，凡給田二萬六千零七十二頃。

洪武三年規定北方無田民戶每人授田十七畝，依表五B，洪武二十四年三府所在之山東、北平二省每人平均耕地亦為十七．〇七畝，實際授田與法令極為符合。二萬六千零七十二頃每人授田十七．〇七畝，應有十五萬二千七百三十六人，每戶以五人計，應有三萬零五百四十七戶。又據《明太祖實錄》（卷二四三，頁二〇）洪武二十八年十一月戊寅條：

後軍都督僉事朱榮言：東昌等三府屯田遷民五萬八千一百二十四戶，租三百二十二萬五千九百八十餘石，棉花二百四十八萬斤。左都督僉事陳春言：彰德等四府屯田，凡三百八十一屯，租二百三十三萬三千三百一十九石，棉花五百零二萬五千五百餘斤。

則東昌等三府遷民，每戶年納租五十五．五石，棉花四十二．六六斤。彰德等四府屯田三百八十一屯，據衛輝府汲縣郭全屯〈遷民碑〉所載，每屯一百一十戶，應有四萬一千九百一十戶，則每戶年應納租五十五．六七石，棉花一百一十九．九斤。因此東昌等三府與彰德等四府遷民的田租負擔相當接近，每戶在五十五．五—五十五．六石之間，然而這五十五．五石果如上引《實錄》所言是「租」嗎？假設這五十五．五石是租稅，遷民屯田科則史無明文，屯田屬官田之一種，若以明初官田科則每畝五升三合五勺計，五十五．五石恰為一千零三十七．三畝的稅額。也就是每戶應有田一千零三十七．三畝，為當時北平、山東、河南三省每戶平均耕地一百一十三．八三畝的九．一一倍，似乎過於高了。假定這五十五．五石不是租穀，而是穀的年產量，則較為合理。因為華北平均畝產為〇．六石，五十五．五石約合九十二．五畝的產量。華北每人法定授田十七畝，每戶五口，約可得田八十五畝；此九十二．五畝與法定授田八十五畝相

72 參閱Dwight H. Perkins, *Agricultural Development in China, 1368-1968* (Chicago: Aldine Publishing Co., 1969), p. 302, p. 305.

73 〔元〕胡祇遹，《紫山大全集》（四庫全書本），卷二三，頁三八，「匹夫有費」云：華北百畝收七、八十石，薄收三、四十石。平均六十石，故每畝平均收穫〇．六石。〔明〕徐光啟，《農政全書》（台北：明文影印石聲漢校注本，一九八一），卷三五，頁九六三—九六四，玄扈先生（即徐光啟）曰：齊魯人種棉，畝收二、三百斤為常，故以二百五十斤為平均畝產。

74 參見表五A，洪武二十四年人口五千六百七十七萬四千五百六十一人，耕地五億六千七百四十一萬一千八百四十七畝，平均每人耕地九．九畝。北平、山東、河南三府人口共九百七十六萬零四百二十九人，耕地一億五千八百三十五萬七千五百一十三畝，平均每人耕地十六．二二畝。

近。所以朱榮與陳春的報告稱此七府租五百五十五萬九千二百九十九石，實際可能是總產量。洪武二十八年七府遷民約十萬零三十四戶，若年產穀五百五十五萬九千二百九十九石，平均每戶年產五十五・五石。而洪武二十五年產三百餘萬石的遷民，若以每戶年產亦為五十五・五石計，則遷民人數應該是五萬四千五百四十五戶，而不是只有五百九十八戶。七府的山西遷民應該是五萬餘戶才合理，五百九十八戶極可能是《實錄》纂修者之筆誤，「戶」可能是「屯」之誤。每屯一百一十戶，五百九十八屯應有六萬五千七百八十戶；所以這項五百九十八戶應修正為五百九十八屯或六萬五千七百八十戶[75]。

總之，由以上的討論可知：1.洪武二十九年九月為止，徙居大名、廣平、東昌三府的山西貧民約有二萬四千七百三十六戶，或十二萬三千六百八十一人；2.洪武二十五年十二月為止，大名、東昌、彰德等七府從山西遷來的人民，總數達六萬五千七百八十戶，以每戶五人計，約有三十二萬八千九百人；3.洪武二十八年十一月時，東昌、大名、廣平等三府的遷民已增至五萬八千一百二十四戶，較二十二年約增加一倍多。七府遷民總數十萬零三十四戶，約較二十五年時，增加〇・五二倍。

此外，有一條重要史料，常為人誤解為移徙京師的資料，即《明太祖實錄》（卷二五二，頁四）洪武三十年四月癸巳條：

戶部上富民籍名。……戶部奏：「雲南、兩廣、四川不取，今稽得浙江等九布政司、直隸應天十八府州田贏七頃者，一萬四千三百四十一戶，列其為名以進。」命藏於印綬監，以次召至，量才用之。

這條史料由於《明史・食貨志》編者的誤解，自行加上一句「徙其家以實京師，謂之富戶」，遂成為常被引據的移徙京師史料，其實這一萬多戶只是全國（除四川、兩廣、雲南以外）田七頃以上的地主的名單，並非徙至京師的名單。明太祖想從其中選拔人才，召見之後雖可能用為京官，自然會移徙京師，但必有不少用為外官，就不會移徙京師了。何況此時離太祖去世僅有四百一十天，其「筋力衰微」，是否曾召見過這名單上所有的人，頗有疑問。即使曾召見過，到底召見了多少也是問題。因此，這條史料應從移徙京師的資料中刪掉。此外尚有一條最常稱引的移徙京師史料，即《客座贅語》、《天下郡國利病書》、《同治上江兩縣志》和《首都志》等書所說的洪武十三年起取蘇浙上戶四萬五千家於京師，並盡遷金陵人民於雲南；事實上很不可能，洪武十三年，明太祖尚未征服雲南，如何於此時盡遷金陵人民於雲南？而且明太祖於洪武二十四年以前，並未採行遷富家於京師的政策，洪武十三等年尚無移四萬五千上戶於金陵之事。（其論證詳拙著〈明初南京的都市規劃與人口變遷〉，此處不贅述。）

經過以上的檢討與修正，將移徙戶口的資料，製作成表一。以下便依表一的年表資料，對洪武年間的戶口移徙，加以分析。這些資料透露的消息雖已不少，但並非洪武年間移徙戶口的完整紀錄，尤其數字不詳的不少；因此只能作不完全的統計，各類的數字都是實際數字的最低額。

四、移徙的種類與人數之變遷（參見表一與表二）

移徙的種類與人數的變遷，正反映洪武年間政府面臨的問題。為便於分析起見，將洪武三十一年分為六期，每期五年，洪武元年以前的資料，附於元年至五年的第一期中，洪武三十一年，併入二十六至三十年的最後一期中，不單獨另列一期。

75 參見曹樹基，《中國移民史·第五卷》，頁一六二—一六六。

（一）第一期（洪武元～五年，一三六八－一三七二）

本期移徙資料共有三十一條（包括八條洪武元年以前的）其中以元朝遺兵塞北邊民、蒙古降民為最多，計十六條；其次是群雄降民、降兵，共有八條；再其次是謫戍二條，軍隊調戍屯墾三條，移民墾荒一條，填實京師一條。其中移民墾荒係將張士誠統治下蘇松嘉湖杭五府人民之無田產者，移徙明太祖家鄉臨濠墾荒，以復興農村經濟，繁榮中都[76]。同時也是把張士誠的舊勢力，移一部分到中都，兼收分而治之，減輕他們對明政權威脅的好處。因此這一條應可列入群雄舊勢力之移徙的一類。犯罪謫戍有兩條：一為規定犯罪當謫戍兩廣者改戍臨濠，人數不詳；一為移徙錢鶴皋餘黨。錢鶴皋是松江地區擁張士誠的豪強，於吳元年（一三六七）發動叛亂。亂平後，明政府搜捕餘黨，「株連不已」；洪武三年（一三七〇）又逮餘黨一百五十四人，謫戍蘭州[77]。這一條謫戍資料也應列入群雄舊勢力移徙之類；則此類資料增至十條，僅次於元遺民與塞北歸附軍民。本期移徙人數，除不詳的十二件不計外，有數字資料十九件，總數五十六萬三千八百二十二人，占洪武年間移徙總數的百分之三十三．三，其中元遺民與塞北歸附軍民有三十五萬六千一百一十人，和三萬二千八百六十戶，以每戶五人計，約有十六萬四千三百人，總計五十二萬零四百一十人，占本期移徙人數資料百分之九十二．三，若加上七條人數不詳的資料，人數一定更多，所占的百分比一定更高。群雄舊勢力移徙者一萬五千九百七十一人，加上錢鶴皋餘黨一百五十四人，移徙臨濠的江南民戶四千戶，每戶五人計，約二萬人，共計三萬六千一百二十五人，占該期百分之六．四。其他幾類只占百分之一．三，微不足道。由此可知本期內明政府最主要的問題，是如何處理反抗的舊勢力，其中以蒙古舊勢力為最主要威脅，其次是群雄舊勢力，群雄中又以張士誠為主。因此移徙便以他們為主要對象。

（二）第二期（洪武六～十年，一三七三—一三七七）

本期移徙資料三十條，塞北歸附軍民為最多，計有十七條，其次軍隊移戍九條，墾荒移民三條，群雄舊勢力一條。三十條資料中，人數不詳的十條，剩下的二十條有數字資料的計有二十三萬八千五百零八人，比較前期減少了三十二萬五千三百一十四人，僅為前期的百分之四十二·三，占洪武年間移徙總數的百分之十四·一二。主要原因是塞北歸附軍民移徙人數大減，雖然資料仍有十七條之多，除五條無數字者外，總數為六萬七千八百五十八人，只有前期同類移民的百分之十三。在本期的移民人數中，塞北移民僅占百分之二十八·四五，比前期占百分之九十二·三大為遜色。群雄舊勢力內徙者，僅有四川明昇舊部四千七百五十六人移徙南京一條，雖然洪武七年江南人民十四萬移徙鳳陽[78]，可以算作張士誠舊勢力之移徙，然其主要目的似乎是在開發鳳陽，繁榮中都。因為中都的營建雖起於洪武二年九月，但城市規劃是在洪武五年正月才定案，洪武六年才完工的[79]。完工之後，移民填實，是迫切需要的。除了江南移民十四萬人之外，移往鳳陽府的遷民尚有三條資料，一為山西與真定府民無產業者，人數不詳；一為山西北邊弘州、蔚州、安定、武朔、天城、白登、東勝、澧州、雲內等的人民八千二百三十八戶、三萬九千三百四十

---

76 參見清水泰次，〈明初における臨濠地方の徙民について〉。

77 《明太祖實錄》，卷二三，頁一—二，吳元年四月丙午條；卷五九，頁一，洪武三年十二月戊午條。

78 另一說法為十四萬戶，據清水泰次前引文的考證應該是十四萬人。又據《天啟鳳書》（卷四，頁一八）：「國初調之江南之十有四萬，……初皆無有五宅三居之法，父母墳墓不在焉，妻子不在焉。」既曰「妻子不在焉」，為十四萬口，非十四萬戶，明矣。

79 《明太祖實錄》，卷七一，頁六，洪武五年正月甲戌條。

九口；一為浙江杭州、金華、衢州、紹興等地軍士七千五百人。由於鳳陽附近集中了許多群雄與蒙古舊勢力，浙江軍士之移戍屯田，一則有助於農業復興，一則又可監視遷民，防止叛亂。總計遷徙鳳陽的人數，單就有數字的資料而言，至少有十八萬六千八百四十九人，占本期總數的百分之七十八．三四，可見中都的建設，為本期明政府的重要工作，至於前朝舊勢力的處理，似乎已大致就緒。另外一件較重要的工作，是軍隊駐地的調整，這部分的資料有九件，人數不詳的三件，有數字的計有二萬五千八百九十四人，為本期總數的百分之十．八五，占第三位。其中除前述移往鳳陽的七千五百人外，最主要的是移戍東北邊疆，從青州、萊州移戍定遼都司的舊有一萬一千三百九十四人；因為東北尚在北元納哈出手中，對明朝邊防威脅甚大，移戍軍隊可加強邊防。而移民墾荒中尚有一條，係移山東、山西、河南、湖廣「五方之民」，前往寧夏屯墾，以補該地內徙長安的邊民之空缺，其人數不詳，目的亦在加強邊防。總之，本期移徙的主要目的為填實中都與加強邊防，蒙古移民與群雄舊勢力之處理，雖仍為主要徙民種類，但重要性已不如前期，可見明政權已日趨穩定。

（三）第三期（洪武十一～十五年，一三七八－一三八二）

是移徙資料最少的一期，只有十一條，其中七條無數字資料，即使有也不會多，因為六條之中，有兩條是前期浙西無田糧民戶之移徙鳳陽屯田者，明廷移其中部分到湖北黃州衛、蘄州衛為軍，明制，一衛的人數不過五千六百人，兩衛為一萬一千二百人，即使這兩衛的官兵軍由鳳陽移去，最多也不過一萬一千二百人，何況這批移民只是補充黃州與蘄州衛軍士之不足，其總數應該在一萬人以下，可能只有幾千人。另外五項，一為命天下各地逃軍捕獲者移徙雲南；一為茂州城內羌民徙之城外，茂州地方偏遠，人口不會太多，尤其城內羌民更不會超過數千人的[80]；一為山西保德軍士移徙河曲，一縣駐軍不過一、二衛，移一部分往他縣，亦不可能超過數千，另外二條，廣州左衛與潮州衛前所軍士移往清遠、程鄉二縣，即令全衛所軍士調戍，一衛不過五千六百人，一所也只有一千一百二十人。因此這七項人數不詳的資料，總數最多可能在二萬人左右，加上數字資料二萬八千六百一十七人，總數不會超過五萬人，仍是六期中最少的，以數字資料而論，只占洪武年間移徙總數的百分之一．六九。其中最多的一項為廣東降民二萬四千四百人，移赴泗州屯田，占本期數字的百分之八十五．二六。本期移民大減的主因是塞北移民大減，只有一千九百八十五人和一百七十七戶（若以每戶五人計，為八百八十五人），總數約為二千八百七十人，比較前一期的六萬七千八百五十八人，少了六萬四千九百八十八人，僅為前期的百分之四．二二。而前其最多的墾荒移民，本期竟無紀錄，剩下一項資料為移往南京充力士戶的一千三百四十七人，在該期移民中，所占比重不大，僅有百分之四．七。總之，本期明廷對移徙問題並不重視，只有廣東因為治安較差，為消除反側，兼為開發中都附近明祖陵所在的泗州，而有比較大的移徙行動。

（四）第四期（洪武十六～二十年，一三八三－一三八七）

本期移徙資料有二十四條，無數字資料者僅占七條。謫戍墾荒最多，計有十條，其次為軍隊移戍四條，群雄舊勢力三條，移民墾荒二條，填實京師二條，塞北歸附軍民三條。謫戍雖然條數最多，但有一半無數字資料，有數字資料的僅一千八百六十一人，占本期總移徙民數十九萬九千二百一十七人的百分之〇．九三，居最末位，主要移往浙江沿海、泗州、四川、雲南等地。移民墾荒二條均無數字資料，一為移湖廣常德、辰州二府，民戶三丁以上者出一丁，赴雲南屯田，一為移福建海島居民至沿海地區居住。前者

80 表一，第六八條。

為開發雲南，後者與明廷海禁政策有關。塞北與故元遺兵民之移徙共一萬三千七百二十八人，占本期總數的百分之六・八九，均與遼東有關，從河南、山東移往瀋陽的有一萬零三百二十八人，從遼東移往北平、雲南、福建、廣東的有三千四百人，時間都是在洪武十八—二十年，正是明朝開始對納哈出發動總攻擊之前夕。軍隊移戍者四條，計十三萬零九百五十人，占本期總數百分之六十五・七三，為本期最大宗的移徙對象。其中五萬八千人移戍雲南屯田，這是因為雲南新入版圖，為開發新領土與加強控制，所以有這種舉動。另外兩項，一項為移紹興等府人民到浙江沿海衛所充軍，共有五萬八千七百五十人，主要是為加強海防，嚴防倭寇；一項為移天下各地民丁一萬四千二百人，到京師充力士戶。元末群雄舊勢力移徙者共五萬零二百一十八人，占本期百分之二十五・二，全是何真、方國珍舊部，何、方是群雄中對明廷較恭順的，移徙的目的不在分治，而是移往京師以填實之。此外，純為填實京師的福州女轎戶二百戶，（每戶以五人計，約一千人）和應天等府赴京師補吏的一千四百六十人。因此移徙京師的人口，應包括充力士戶的一萬四千二百人，何、方舊部五萬零二百一十八人，福州女轎戶一千人，補吏的富民子弟一千四百六十人，共有六萬六千八百七十八人，占本期總數的百分之三十三・五七。總之，本期移徙人數十九萬九千二百一十七人，占移徙總數的百分之十一・七九；以移戍雲南屯田、加強海防與移填京師為主要目的。

（五）第五期（洪武二十一～二十五年，一三八八—一三九二）

本期移徙資料二十一條，數字不詳者十四條，有數字的總數為四十一萬九千一百零九人，占洪武年間移徙總數的百分之二十四・八一，由於無數字資料的達三分之二多；故實際移徙數字一定比四十一萬九千一百零九人要多得多。經明廷二十多年的努力，統治已完全鞏固，群雄舊勢力完全消滅；因此在洪武最後兩個五年中，已找不到移徙群雄舊勢力的記載。塞北邊民移徙雖仍有三條，但有數字的僅九百三十四人，其人數不詳者，一為徙故元軍士到濟南、濟寧，一為移各地蒙古軍人之戍守雲南者之家屬，到雲南隨往。這些人數雖不詳，但遠比第一、二期，甚至第四期少，是可以肯定的，軍隊移戍者四條，三條人數不詳，其中二條移戍京師，一條是移南京部隊征雲南者之家屬，赴雲南屯田，有數字的是陝西移徙四川的部隊一萬五千二百二十人。謫戍罪囚二條，人數不詳，一為潮州海陽叛民，移戍大寧，一為西南住在平夷的一個少數民族部落到卑午村，既然說是一個村子，人口應該在百戶左右；因此這部分人口也不會太多。移徙京師的二條，一為洪武二十二年移山東流民，一為洪武二十四年移徙天下富民五千三百戶，富民人口每戶應比一般民戶多得多，若保守一點，以每戶六人計，應為三萬一千八百人，是本期內移民數第二多的，約占百分之七．五八，若再加上移徙京師的軍隊，則比例可能要多些，可惜那部分無數字資料，無法核計。本期移徙人數最多的是墾荒移民，共有十條，人數不詳的占六條，剩下四條有數字記載的，經討論修正後達三十七萬一千一百五十五人，占本期數字資料的百分之八十八．五五，若加上那些人數不詳的資料，總人數一定更多，比例一定更高。遷徙的對象均為民之無田產者，前往荒閒之地開墾，如江北、山東、河南、北平等地，其中尤以彰德、衛輝、大名、東昌等七府為主要地區，這是戶部制定的「狹鄉人民移徙寬鄉」政策執行的結果。此時明朝統治已鞏固，全國統一，遼東納哈出已降服，蒙古威脅大減，群雄舊勢力已完全剷除；國家注意力轉向華北荒地的開墾；因此調整土地與人口的分配，將山西與江南等地人口比較稠密地區的過剩人口，移往荒地，從事墾荒，成為本期的主要任務。其次便是為加強填實京師的工作，而移徙富民與軍隊。

（六）第六期（洪武二十六～三十一年，一三九三—一三九八）

本期移徙資料共有九條，謫戍罪囚、塞北歸附軍民與群雄舊部三類全缺，墾荒移民六條，軍隊移戍二條，京師填實一條。軍隊移戍者均移往甘肅，共四千八百人。移徙京師的人口較多，有二萬戶約十萬人，來自直隸蘇州等十八府州（應天府除外）及浙江六布政司，主要是充倉腳夫，為都市服務人口之大宗。此時明太祖已決定不再遷都，且經胡藍之獄後，所有威脅都已消失，明太祖為使首都官民安享太平之樂，特別注重都市娛樂與服務事業之發展，徙民為倉腳夫，即為其一[81]。然本期最主要的移徙仍為墾荒移民，數目雖比前期減少一半，但仍有十三萬四千七百七十五人，占本期移徙總數百分之五十六・二五，居第一位。總之，本期有數字資料之移徙人數為二十三萬九千五百七十五人，占洪武年間移徙總數的百分之十四・一八，其特徵與前期相似，以墾荒移民與填實京師移民為主；因為當時內憂外患基本上消失，國家注意力轉到發展社會經濟，不但注重華北，而且對南方也很注意，如洪武三十年三月，移江西丁多人民及無產者，徙居湖廣常德府武陵等十縣。

總之，洪武年間一百二十六條移徙資料中，數字不詳者五十二條，占百分之四十三・三，而這一百二十六條只是今日尚存的資料，並非洪武年間移徙資料的全部。因此表二的總數一百六十八萬八千八百四十八人，只能是為最低數字，實際數字，可能要多出一倍，在三百萬人左右，占當時總人口約百分之五。據現存的數字資料，第一期五十六萬三千八百二十二人，占百分之三十三・三；第二期二十三萬八千五百零八人，占百分之十四・一二；第三期二萬八千六百一十七人，占百分之一・六九；第四期十九萬九千二百一十七人，占百分之十一・七九；第五期四十一萬九千一百零九人，占百分之二十四・八一；第六期二十三萬九千五百七十五人，占百分之十四・一八。第一期人數最多，主要對象為塞北蒙古歸附軍民和群雄舊勢力，目的在消除反側，解除這些力量對新政府的威脅，是軍政性的移徙。其次是第五期，移徙對象主要是狹鄉民戶，尤其是丁多或無產業者，移徙寬鄉，開墾荒地，復興農村經濟，是社會經濟性移徙。第二、六期基本上是第一、五期的延續，人數雖較減少，但性質大致與前一期相似。不過第二期移徙人口中，墾荒人口已大為增加，移徙地點為鳳陽，是以填實京師為目的，於經濟性外，兼具軍政性。第三、四期移徙人數最少，主要集中於雲南的開發與京師或中都附近的填實。第五、六期，填實京師的目的越來越重要；但移民身分不以軍人為主，而以富民與平民為主，而且不專從一地移徙，移民來自全國各地，充分顯示南京是一個代表全國各地的統一帝國首都。而移民以平民為主，也顯示南京的都市建設方向的轉變，隨著政權的鞏固，內憂外患的消除，軍事建設不再那麼重要，政治、經濟、社會、文化方面的建設越趨重要[82]。大體來說，洪武年間的移徙，前十年以消除反側為主要目的，大量內徙塞北邊民，並將群雄舊勢力分徙他方，這是移徙人數較多的時間，共占百分之四十七．四二。中間的十年，移徙人數最少，占百分之十三．四八，注重雲南開發，邊防加強與京師填實。最後十一年，移徙人數較第一個十年略少，占百分之三十八．九九，性質則大不相同，是以狹鄉民徙寬鄉與繁榮京師為主，顯示明政府統治基礎已趨鞏固，軍事需要漸減，經濟成為主要關心的事務。

五、移徙地區與移徙路線的變遷

移徙地區可分移出地與移入地分別討論，先論移出地（請參閱表三「移出地與移出人口分布表」）。移出人口最多的地區，依次為1.山西、山東五十萬八千三百六十七人，占百分之三十．一〇；2.塞北地區

81　參見徐泓，〈明初南京的都市規劃與人口變遷〉。

82　徐泓，〈明初南京的都市規劃與人口變遷〉。

四十七萬二千三百二十六人，占百分之二十七．九六；3.江南十七萬八千九百六十一人，占百分之十．五九；4.北平、山東九萬四千三百三十二人，占百分之五．五八；5.浙東九萬三千二百六十八人，占百分之五．五二；6.陝甘五萬七千八百零一人，占百分之三．四二；7.廣東五萬二千四百六十七人，占百分之三．一；8.四川二萬九千七百五十六人，占百分之一．七六；9.江北一萬一千二百二十八人，占百分之〇．六四；10.遼東一萬零九百六十四人，占百分之〇．六四。（以下省略）

移出人口最多的是山西、山東二省。山西在元明之際的戰亂中，是華北地區受戰火摧殘較輕的地區，據表六「洪武年間地方行政單位升置降廢統計表」，華北的北平、山東、山西、河南、陝西五省中，山西是因戶口程糧不足而廢降行政單位最少的一省。又據洪武十四年全國戶口普查報告（即黃冊），（參見表五A「明洪武年間耕地、戶口統計表」）、表五B「明洪武年間戶口平均耕地表」）山西有五十九萬六千二百四十戶，四百零三萬零四百五十四口，戶占華北五省的百分之二十六，口占百分之二十七，僅次於山東。然山東耕地面積較山西為大，洪武十四年山東每戶六十二．二畝，每口九畝；山西每戶四十五．五畝，每口六．七畝。洪武二十四年，山東每戶一〇〇．五畝，每口十二．七畝；山西每戶七十．五畝，每口九．四畝。以劉九皋建議移徙時，曾說山東與山西「自入國朝，生齒日繁，宜令分丁徙居寬閒之地」，明太祖便說：「山東地廣，民不必遷，山西民眾宜遷。」[83]後來另一篇給工部的上諭也說：「山西民眾而地狹，故多貧。」[84]根據表五B，山西的戶口平均耕地是華北五省中最少的，比較起來是狹鄉，無田之民必多；因此是民戶移出的主要地區。洪武二十二年下令山西人民，「分丁於北平、山東、河南曠土耕種。」[85]尤其平陽、沁州、澤州、潞州等地移出的人最多；平陽洪洞縣更成為傳說中華北各省移民的主要來源[86]。民國三十年，據日人山縣千樹的報告，在他調查的四十個華北村落中，起於明初的有三十二個，其中可以查明來歷的有三十個，這三十個村子中，就有十二個半是明初移自山西的[87]。曹樹基根據山東各縣地名志對各縣自然村建村時代及村民原籍作的研究發現：洪武時期山東全省接受各類移民占全省人口的百分之三十四．九，其中來自山西的占全部移民的百分之六十五．八，也就是說當時山東人中約百分之二十二是山西移民。許多移民縣，移民占全縣人口一半以上，其中來自山西的移民占一半到三分之二。東昌府土著裡只占全府屯裡的百分之二十三．二，百分之八十六．八是移民建的屯。甚至如茌平縣土著村莊只占百分之五，其他村莊百分之九十五為洪武移民所建，其中由山西移民建的屯占百分之七十四．一，移民建的村占百分之七十七，村、屯兩者併計，山西遷民占全縣人口達百分之七十三．二五。又如聊城縣，洪武年間共有七十五個村莊，土著村十四，占不到百分之十九，移民村六十一，其中來自山西移民建的村達四十七個之多，占全縣百分之六十二．六[88]。即使非主要移民縣，如臨淄縣，洪武時期移民所建自然村仍

---

83 《明太祖實錄》，卷一九三，頁二，洪武二十一年八月癸丑條。

84 《明太祖實錄》，卷一九八，頁一，洪武二十二年十一月丙寅條。

85 《明太祖實錄》，卷一九七，頁四，洪武二十二年九月甲戌條。

86 郭豫才，〈洪洞移民傳說之考實〉，《禹貢半月刊》，第七卷第一〇期（一九三七年七月）。郭榮生，〈山西洪洞縣大槐樹考〉，《山西文獻》，第八期（一九七六年七月）。續琨，〈明初洪洞移民考略〉，《東方雜誌》，復刊第一五卷第七期（一九八二年一月）。

87 和田憲夫，〈華北における村落の發生と山西移民〉，《地理學》，第一一卷第二期（一九四三），頁一七三－一七九。

88 參見曹樹基，《中國移民史．第五卷》，頁一六七－二一四。主要的移民地區，如兗州府梁山縣，洪武時代共有五十一村，土著村十四，移民村三十七，其中山西移民新建的村多達十六，較土著村還多二村。鄆城縣與定陶縣，洪武時代共有一百四十八村，土著村二十六，占不到百分之十八，移民村一百二十二，占百分之八十二以上，其中山西移民新建的村多達九十四，是土著村的三．六倍，山西移民村占全縣自然村的百分之六十六。兗州、曲阜、泗水、臨沂四縣，洪武時代共有二百一十七村，土著村一百一十一，占到百分之五十一．六，移民村一百零六，占百分之四十八．四以上，其中山西移民新建的村多達五十四，是土著村的一半多，山西移民村約占全縣自然村的百分之二十五。非主要移民地區，如莒縣，洪武時代共有八十一村，土著村七，約占到百分之八．七，移民村七十四，占百分之九十一．三，其中山西移民新建的村十四，山西移民村約占

占全縣百分之三十五，只是山西移民村極少，但也有三村[89]。北平布政使司洪武時期外來移民，據曹樹基教授的推估約八十四萬八千人，其中來自山西的約三十四萬五千，占全體移民的百分之四十．七[90]。河南布政使司洪武時期外來移民，據曹樹基教授的推估約一百一十八萬九千人，其中民籍移民約九十三萬四千人，大部分來自山西，是各府州的主體移民[91]。如獲嘉縣土著氏族為十族，明初洪武時期遷入者共七十族，其中來自山西的四十六族，為占全體移民氏族的百分之六十五．七[92]。衛輝的自然村一百一十九個，元末為三十三村，其他八十六村是移民新建的，由山西移民建的達八十五村，衛輝移民村占全部自然村的百分之七十二，幾乎全是山西移民創建的[93]。

山西移民往往整個村里搬遷到河南來，例如一九五八年河南衛輝汲縣發現的〈遷民碑〉，就明白記載山西澤州建興鄉大陽都里長郭全帶領民戶一百一十戶，移徙衛輝汲縣西城南社雙蘭屯，該碑立於洪武二十四年仲秋，其移徙時間必在二十四年以前，極可能是洪武二十二年下令移徙之後的事，該地至今仍名郭全屯，附近尚有李亨屯、李源屯等，均以人名為屯名，很可能和郭全屯一樣是從山西遷來的[94]。又從華北一些縣分的鄉土誌氏族篇中，可以得到證明。《民國偃師縣風土志略》稱：「其氏族繁賾，係明初由山西洪洞遷來者，十居七、八。」[95]《范縣鄉土志》載大姓十家，其中五家係明初由山西平陽縣、洪洞縣遷來[96]。《平陰縣鄉土志》載當地氏族十五姓，其中五姓為明初由山西洪洞縣遷來[97]。《朝城縣鄉土志》載本境大姓八家，其中三家係明洪武初自山西長子、洪洞、平陽等縣遷來[98]。《肥城縣鄉土志》載氏族二十姓，其中六姓係明初自洪洞縣遷來的[99]。《菏澤縣鄉土志》載氏族大姓十四家，其中兩家，係洪武初年自洪洞縣遷來的[100]。此類例證尚多，茲不贅引。這些鄉土誌皆編印於清末或民國初年，這些大族經過二、三十代，其源流可追溯自明初的山西，尚如此之多，當時就會更多了。總之，從明初的史料（《實錄》、碑文）與後代的調查及鄉土誌的記載，都說明了洪武年間華北地區移徙人口的主要來源是山西省。

山東在元末戰亂中，由毛貴占領，他經營屯田，立三百六十屯於萊州，使山東東部的青、兗、登、萊、濟南五府受到的戰亂破壞較少[101]。因此，山東人口為華北五省之冠，洪武十四年，七十五萬二千三百六十五戶、五百一十九萬六千七百一十五口；洪武二十四年，七十二萬零二百八十二戶、五百六十七萬二千五百四十三口。其耕地面積亦為華北五省之冠，有七千二百四十萬零二千五百六十二畝之多。人口占華

全縣自然村的百分之十七。臨淄縣，洪武時代共有一百九十四村，土著村一百二十五，約占到百分之六十五，移民村六十九，占百分之三十五，其中山西移民新建的村三，山西移民村約占全縣自然村不到百分之二。

89 參見曹樹基，《中國移民史．第五卷》，頁一八七—一八八。

90 參見曹樹基，《中國移民史．第五卷》，頁二四二。

91 參見曹樹基，《中國移民史．第五卷》，頁二六四—二六五。

92 參見曹樹基，《中國移民史．第五卷》，頁二四六。

93 參見曹樹基，《中國移民史．第五卷》，頁二四七。

94 郭豫才，〈洪洞移民傳說之考實〉，《禹貢半月刊》，第七卷第一〇期（一九三七年七月），頁一〇。高心華，〈明初遷民碑〉，《文物參考資料》，一九五八年第三期，頁四九。

95 喬榮筠等，《偃師縣風土志略》（民國二十三年石印本），頁四七。

96 （清）楊沂謹，《范縣鄉土志》（光緒三十四年石印本），頁一六—一七。

97 （清）黃篤瓚，《平陰縣鄉土志》（光緒三十三年刊本），頁一七。

98 （清）吳式基，《朝城縣鄉土志》（民國九年重刊本），卷一，頁二一—二二。

99 （清）鍾樹森等，《肥城縣鄉土志》（光緒三十四年刊本），卷六，頁三五—三七。

100 （清）楊兆煥，《曹州府菏澤縣鄉土志》（光緒三十四年石印本），卷三〇，頁三一。

101 參見吳晗，《朱元璋傳》，頁九四。

北五省的百分之三十四以上（洪武十四年占百分之三十四．二六，洪武二十四年占百分之三十四．〇四），耕地面積占百分之三十一．二四。其每口耕地，洪武十四年為九畝，二十四年為十二．七畝，平均起來在華北五省中僅比山西為高。因此，可以算得上「民稠地狹」，這種情形尤以登、萊、青、兗、濟南等五府為最[102]。但東昌府由於處在交通要道上，受戰亂破壞較大，荒閒之地較多，自洪武二十二年開始更移徙山西貧民前往開墾，先後五次[103]。洪武二十五年更由登、萊二府移徙貧民無恆產者五千六百三十五戶，二十八年二月又移登、萊、青、兗、濟南五府民，五丁以上田不及一頃、十丁以上田不及二頃、十五丁以上田不及三頃、並小民無田土耕者，令其分丁就東昌府開墾，共移徙一千零五十一戶，四千六百六十六口。因此，山東東部也是主要移出人口地區[104]。

其次為塞北地區，這不是因為人口過於稠密，而是為了國防原因，將歸附的蒙古軍民和沿邊居民內徙。

其次為江南地區，是由於當地擁張士誠力量頗大，明太祖為消除反側，大舉徙民，但該地也是人口壓力較大的地區，明太祖曾說：「兩浙民眾地狹，故務本者少，而事末者多，苟遇歲歉，民即不給。」[105]江南地區所在的直隸、浙江二省，戶口一向為全國最多的。洪武十四年直隸戶一百九十三萬五千零四十六，口一千零二十四萬一千零二，占全國百分之十七．一二；洪武二十四年戶二百一十五萬零四百一十二，口一千零六萬一千八百七十三，占全國百分之十七．七二。浙江省，洪武十四年，戶二百一十五萬零四百一十二，口一千零五十五萬零二百三十八，占全國百分之十七．六四；洪武二十四年，戶二百二十八萬二千四百零四，口八百六十六萬一千六百四十，占全國百分之十五．二五。耕地面積，洪武二十四年，直隸為一億五千六百六十二萬七千四百五十二畝，浙江為五千一百七十萬零五千一百五十一畝，前者占全國百分之二十七．六，後者百分之九．一一，其每口平均耕地，洪武十四年，直隸一畝，浙江三畝；洪武二十四年，直隸十五·五畝，浙江五·九畝。（參看表五A、五B）以洪武二十四年而論，直隸平均每口耕地比浙江多了幾乎兩倍，這是因為江北地區及鳳陽一帶較空閒地區也在直隸的轄區內。由於明初江南五府的人口、土地數字資料的缺乏，比較準確地計算出其人、地比例是困難的。幸好《永樂大典》殘存的部分中，收了一部永樂年間修纂的《湖州府志》，其中記載了洪武十年左右的戶口與耕地數字，可一窺江南地區地狹民稠情況。全府六縣洪武十年成熟田土實計四百九十四萬九千二百六十七畝，軍民戶口共計戶二十二萬零二百五十六，口九十二萬九千二百五十三，平均每口耕地五·三畝。（烏程縣每口四畝，歸安縣三·七畝，長興縣七·四畝，武康縣四畝，德清縣三·六畝，安吉縣一·四畝。）[106]比較全國其他地區，湖州府的每口平均耕地是比較低的。這就是為什麼明廷一再移徙杭、湖、溫、台、蘇、松等府無田人民，赴淮南開耕的原因[107]。

其次的北平、山東與浙東地區，山東與浙東在上面單獨討論山東與江南地區時，已經述及，此處單論

102 《明太祖實錄》，卷二三六，頁五，洪武二十八年二月戊辰條。

103 《明太祖實錄》，卷一九七，頁三，洪武二十二年九月壬申條載：「後軍都督朱榮奏：『山西貧民徙居大名、廣平、東昌三府者，凡給田二萬六千七十二頃。』」這次往山東移民人數雖未有明確數字，但依洪武三年授田規定，北方無田民戶每人授田十七畝，大名、廣平、東昌三府「給田二萬六千七十二頃」，則移徙人數受田的男丁應有十五萬三千三百六十五人，若以每戶二丁計，應有七萬六千六百八十四戶，若以每戶五口計，則此三府移民總數應有三十八萬三千四百二十人，三等分，則移入東昌府的山西移民應有十二萬七千八百零六人。

104 《明太祖實錄》，卷二一六，頁五，洪武二十五年二月庚辰條；卷二三六，頁五，洪武二十八年二月戊辰條。

105 《明太祖實錄》，卷一九六，頁一，洪武二十二年四月己亥條。

106 《永樂大典》（台北：世界書局，一九六二），卷二二七七，頁二—四、六—七、九、一一、一三—一五、一七。

107 參見表五B。

北平，北平在華北五省中是人口較少，耕地較大的。洪武十四年戶三十三萬八千五百一十七，口一百八十九萬三千四百零三；洪武二十四年，戶三十四萬零五百二十三，口一百九十八萬零八百九十五，耕地面積五千八百二十四萬九千九百五十一畝。人口約占華北五省的百分之十一．八八—十二．四八，耕地約占百分之二十五．一三。每人平均耕地最高，洪武十四年為十九．八畝，洪武二十四年為二十九．四畝。（參看表五A、五B）照理說地廣人稀不應該是移出區，細查其移出情形，以蒙古舊勢力為主，多係軍事、政治性移民，與人地比無關。

其次為陝甘地區，在華北五省中人口僅次於山西、山東，洪武十四年戶二十八萬五千三百五十五，口二百一十五萬五千零一；洪武二十四年，戶二十九萬四千五百零三，口二百四十八萬九千八百零五，耕地三千一百五十二萬五千一百七十五畝。人口約占華北百分之十四．二—十四．九四，耕地約占百分之十三．六，每口平均耕地為九．四—十二．六畝，在華北各省中是較低的；因此比較有剩餘人口外徙。（參看表五A、五B）

其次為廣東，該地受戰火破壞不如華北大，但明建國後，該地反抗運動此起彼落，尤其洪武十五年的「鏟平王之亂」，參加的人很多，亂平之後，捕獲黨徒一萬七千八百五十人，家屬一萬六千餘人，斬首八千八百級，招降民戶一萬三千二百六十八戶[108]。為了削除反側，儘管廣東只有七十萬零五千六百三十三戶，三百一十七萬一千九百五十口（洪武十四年的調查數字），較鄰近各省都來得少，（江西戶一百五十五萬三千九百二十四，口八百九十八萬二千四百八十一；湖廣戶七十八萬五千五百四十九，口四百五十九萬三千零七十；福建戶八十一萬一千三百六十九，口三百八十四萬零二百五十）每口平均耕地（洪武十四年四．八畝，二十四年九．一畝），比較鄰近各省都來得大（江西三．一畝，湖廣三．三畝，福建二．四畝），卻仍大量移徙人民到淮河流域屯墾。

其他如四川、江北、遼東等地，由於所占百分比都不到百分之二，甚至在百分之一以下，並不重要，因此不再討論。

移入戶口最多的地區，依表六「移入地與移入人口分布表」，可知1.山東、河南、北平，共一百零一萬一千七百零七人，占百分之五十九・九；2.南京二十三萬九千六百九十人，占百分之十四・一九；3.臨濠、泗州二十三萬二千五百五十六人，占百分之十三・七七；4.浙江六萬零二百零一人，占百分之三・五六；5.雲南五萬八千零七十人，占百分之三・四三；6.遼東二萬一千八百二十五人，占百分之一・二九；7.江蘇一萬六千人，占百分之〇・九四；8.四川一萬五千二百二十人，占百分之〇・九。（以下省略）

移入人口最多的是山東、河南、北平三省，這個地區在元末受戰火摧殘最烈，明太祖曾說：「中原諸州，元季戰爭，受禍最慘，積骸成丘，居民鮮少。」[109]山西遼州處士高巍在其〈上時事疏〉也說：「臣觀河南、山東、北平數千里沃壤之土，自兵燹以來盡化為榛莽之墟。土著之民流離，軍伍百不存一。」[110]洪武七年，明朝政府即以「北方郡縣有民稀事簡」，而裁汰地方官三百零八人[111]。據表六可知許多府州縣因人戶稀少而省併降廢，洪武元－五年，北平降廢三十七個單位，山東三十七個單位，河南二十三個單位，共九十七個單位，占該時期全國降廢總額二百六十四個單位的百分之三十六・七四。例如山東博平、清

---

108 《明太祖實錄》，卷一四九，頁二，洪武十五年十月丙戌條。又據《天順重修盧中丞東莞舊志》（天順八年刊本），卷二，〈戶口〉：「洪武十四年，土孽蘇友興作亂，人民凋喪。」

109 《明太祖實錄》，卷一七六，頁三，洪武十八年十一月乙亥條。

110 〔明〕鄧士龍輯，許大齡、王天有點校，《國朝典故》（北京：北京大學出版社，一九九三），中冊，頁九二六，宋端儀，《立齋閒錄一》，〈處士高巍上時事疏〉。

111 《明太祖實錄》，卷九〇，頁三，洪武七年六月戊午條。

平、夏津、朝城、觀城、范、館陶七縣，即因「戶少地狹」，而於洪武三年「併入附近州縣」[112]。為了復興這個地區的農村經濟，明廷實行移徙政策，將別處無田或田少人民移至此處屯墾。山東雖然是華北人口最多的省分，洪武十四年首度實行黃冊制度戶口普查的結果，戶七十五萬二千三百六十五，口五百一十九萬六千七百一十五；洪武二十四年的數字更高，人口增加了四十七萬六千八百二十八口，而有戶七十二萬零二百八十二，口五百六十七萬二千五百四十三；一直高居華北五省之首，約占百分之三十四。其耕地面積亦為華北各省之冠，而有七千二百四十萬零二千五百六十二畝。然該省西部東昌府、臨清州、高唐州、濮州一帶，「戶少而遺地利」，荒地甚多，洪武二十二年以後，一再遷民以實之，如洪武二十五年，御史張式奏：徙山東「登、萊二府貧民無恆產者五千六百三十五戶就耕於東昌」[113]。但到洪武二十八年，山東布政使還說：「東昌則地廣民稀，雖嘗遷閑民以實之，而地之荒閑者尚多。」[114]所以，山東雖人口較多，是主要的人口移出區，但部分地區如東昌府，仍然是主要的人口移入區[115]。

河南是受戰火破壞最烈的地區，明太祖曾對新任開封府知府宋冕說：「今喪亂之後，中原草莽，人民稀少。」[116]其中，洧川縣，洪武初「百姓流移，存者十二三。郊原曠野，鞠為茂草」[117]。延津縣，在明太祖定天下時，「籍民占田，而土著止數十家」[118]。獲嘉縣，洪武三年，「戶口土著不滿百」[119]。鄧州，元季「民流城破，闔境數百里，草昧於荊棘者二十餘年」[120]。據表五A，洪武十四年實行黃冊制度，第一次全國普查結果，河南布政司轄區有戶三十一萬四千八百九十五，人一百八十九萬一千零八十七口，在華北五省中，其人口數居華北五省末位。經過十年的努力，洪武二十四年，第二次全國普查結果，河南布政司轄區戶數雖減為三十三萬零二百九十四戶，但人口增加二十一萬五千九百零四口，成為二百一十萬零六千九百九十一口；其人口數較北平布政司略高，居華北五省倒數第二位。由於「久罹兵革，疲困為甚」，人民既「無耒耜以耕，且乏食」，生活極端貧困[121]。其耕地面積，洪武二十四年為二千七百七十萬零五千畝，占華北的百分之十一．九五；每口平均耕地十三．一畝，居華北各省第二位，僅次於北平。因此，是個「土宜桑棗，民少而遺地利」的地區，為主要的人口移入區[122]。例如洪武元年九月，即移北平在城軍民

112 《明太祖實錄》，卷五〇，頁八，洪武三年三月條。

113 《明太祖實錄》，卷二一六，頁五，洪武二十五年二月庚辰條。

114 《明太祖實錄》，卷二三六，頁五，洪武二十八年二月戊辰條。

115 據曹樹基教授的研究發現：即使主要人口移出區的青、兗、登、萊、濟南五府，在明初也有不少來自山西及河北真定府棗強的，也有大批軍戶移民。至於是否有傳說中的雲南少數民族移民，眾說紛紜。（如風良，〈明初移民山東的雲南地望考〉，《中國歷史地理論叢》，一九九三年第二輯；朱端強，〈〈明初移民山東的雲南地望考〉商榷〉，《雲南師範大學學報》，第三〇卷第二期〔一九九八〕），曹教授認為所謂來自雲南移民，應該是衛所調防而來的軍戶移民。筆者贊成曹教授的論斷，因為明政府對內徙西南少數民族的建議，明太祖早於洪武二年明白批示：「何必遷也？」至少洪武年間，山東不可能有來自雲南的少數民族移民。詳見本文〈三、洪武年間的移徙政策〉及曹樹基，《中國移民史．第五卷》，頁一六〇—二一五，〈洪武大移民：山東篇〉。

116 《明太祖實錄》，卷三七，頁二二，洪武元年十二月辛卯條。

117 《洧川縣誌》（嘉慶二十三年刊本），卷四，〈職官志．宦績〉。

118 《延津縣誌》（康熙四十一年刊本），卷九，屈可伸，〈重修大覺寺記〉。

119 《獲嘉縣誌》（萬曆三十年刊本），卷五，〈官師志．熊邦基傳〉。

120 《嘉靖鄧州志》（嘉靖四十三年刊本），卷一一，〈陂堰志〉。

121 〔明〕陳子龍等選輯，《皇明經世文編》（北京：中華書局據雲間平露堂刊本影印，一九六二），卷四，頁三〇—三一，〔明〕王禕，《王忠文公集》，卷一，頁一一，〈免租稅詔〉。《彰德府志》（嘉靖元年刊本），卷五，〈官師志．周敏傳〉。

122 《明太祖實錄》，卷一九八，頁一，洪武二十二年十一月丙寅條。參見表五A、五B。

徙汴梁[123]。而河南省北部的彰德、衛輝、歸德三府更是山西遷民的主要移徙地之一[124]。

北平即今河北省，明初為消除反側，曾大規模移徙幽燕之民到南方，由於《實錄》記載不詳，僅在一份頒給高麗王的詔書中順便提到，很難知其詳情，前述洪武元年九月盡徙北平在城兵民到汴梁，可能是其中之一[125]。北平地區經過戰亂和移徙之後，人口減少，洪武二年（一三六九），範圍比今天北京市還要大得多的整個北平府只剩一萬四千九百七十四戶，四萬八千九百七十三人，城鄉幾乎成為曠野。大量移民以實之，勢所必然。由於北平是元故都，塞北軍民內徙，多置於附近諸衛府州縣。經洪武元年至十年幾次大規模移徙之後，人口仍然不多，洪武十四年調查結果，戶三十三萬八千五百一十七，口一百八十九萬三千四百零三，較華北五省末位的河南，戶僅多二萬三千七百三十二戶，口僅多二千四百零六口，人口稀少的情況，基本上與河南差不多。經過十年的努力，洪武二十四年調查結果，戶三十四萬零五百二十三，口一百九十八萬零八百九十五，戶口數增加有限，戶僅增二千零六，口僅二千六百零八，以致人口數在華北五省中反居末位，較原居末位的河南還少十二萬六千零九十六口。但其耕地面積卻遠大於河南，洪武二十四年有五千八百二十四萬九千九百五十一畝，占華北的百分之二十五．一三。其每人平均耕地為華北更省中最多的，洪武二十四年是二十九．四畝，也是全國最多的。（參見表五A、五B）因此，北平可能是全國最需要移入人口的地區。

其次是南京，南京是明太祖革命的基地，明太祖在即位以前便想將它擴建為歷代最大的都城，以破除其一向為偏安政權首都的格局。擴建後的南京城較原來大了二倍半；因此需要大量移徙軍民填實之，僅就有數字的資料言，就將近二十四萬人之多，占洪武年間全國總移徙人數的百分之十四．一九，約為南京約五十萬的都市人口的一半[126]。

其次是臨濠、泗州地區，臨濠是明太祖的故鄉，明初為中立府，洪武二年立為中都；泗州是明祖陵所在；移民填實有其必要。而且這個地區，在元明之際，受戰火與災荒摧殘最烈，至正二十六年，即明朝建立前二年，明太祖前往濠州視察歸來，就對中書省臣說：濠州地區「百姓稀少，田野荒蕪。」[127]一直到洪武四年還是「地多閒棄」[128]。所以為了繁榮明帝國的發祥地，也為了保衛這「江淮要地」[129]，便將這個地區作為主要的人口移入區。據《天啟鳳書》（卷四，頁一八）載，鳳陽地區「土民」僅編八里，而自他處移徙來的「編民」，竟達二十六里之多，即該地人口中遷民占百分之七十六．四七[130]。

其次是雲南，雲南自洪武十五年始入明朝版圖，雖然根據洪武二十一年十月的調查報告，該省田僅四十三萬四千零三十六畝，軍民六萬三千七百四十戶，每戶平均耕地僅六．八畝，若以每戶五人計，每人平

123 表一，第一〇條。

124 據〈汲縣李氏族譜稿〉：「盛，明洪武二年自山西澤州府鳳台縣嶇頭村遷汲。」而又據《孟縣誌》（民國二十二年刊本），卷四，〈大事紀〉載：「明洪武三年，徙山西民於河北，而遷至孟州者十九，皆山西洪洞籍。」並且還加按語說：「然證之故老之傳述，考諸各姓之譜牒，則實確鑿可據。且當日戶部所給之遷徙勘合，光緒初年民間尚有存者；故補錄之。」則早在洪武二、三年，明朝政府即由山西遷徙人民來衛輝府汲縣和懷慶府孟州，只是《明太祖實錄》失載。參見王興亞，〈明初山西遷民到河南考述〉，《史學月刊》，一九八四年第四期，頁三六—四二、四四。

125 表一，第一〇條。

126 參見徐泓，〈明初南京的都市規劃與人口變遷〉，頁一〇二。《明太祖實錄》，卷一八二，頁七，洪武二十年閏六月乙卯條。

127 《明太祖實錄》，卷二〇，頁六—七，洪武年五月壬午條。

128 《明太祖實錄》，卷六二，頁二，洪武四年三月壬寅條。

129 《明太祖實錄》，卷八七，頁一，洪武七年七月庚午條。

130 《天啟鳳書》，卷四，頁一八。

均耕地僅一．三六畝，似乎是個地狹民稠之地[131]。但該地尚未開發土地尚多，而且明朝政府為鞏固對新領土的統治，必須加強控制，調遣軍隊屯守，移徙軍士家屬隨往。使他們在當地生根，促進雲南內地化，以利統治。因此雲南也成為主要的人口移入區之一。

其次是遼東，遼東是明朝東北邊疆要塞，與大寧、宣府、大同等邊鎮相連，互相呼應。又是經營女真部落的前進基地。為鞏固之，不但移徙內地軍隊鎮戍，而且「徙江淮齊魯之民居之」[132]。因此遼東也是移入區之一。

其次是江蘇，即崑山與江北一帶，共移徙一萬六千人，主要是為解決崇明無田人民的生活，例證較少，似乎不能算是主要的移入區。

其次是四川，四川移入人口的資料不多，但以明初的情形看，應該是個主要的人口移入區，當四川初平定時，當地戶口僅八萬四千餘戶[133]。然而四川自古號為「天府之國」，據洪武二十四年的調查，耕地面積有一千一百二十萬零三千二百五十六畝之多；則洪武初年每戶平均耕地可達一百三十三．三七畝，是全國各省中比較地廣人稀的一省。四川自入明朝版圖後的五年間（洪武五─十年），省併了八十二個地方行政單位，占全國第一位。（參見表六）《實錄》中也屢載四川因「民稀事簡」或「地僻不通商旅」，而裁汰所屬州縣官吏或行政機關[134]。洪武十四年，戶口始增至戶二十一萬四千九百，口一百四十六萬四千五百一十五，但在全國還是人口最少的一省[135]。直到洪武二十年，還有報告說：「四川所轄州縣，居民鮮少。……成都故田數萬畝，皆荒蕪不治。」而有「以遷謫之人開耕」的建議[136]。因此，四川是個極具潛力的移入區[137]。可能明太祖認為北方蒙古的威脅較大，中原腹心之地的農村復興工作較重要，而無暇顧及四川地區。

總之，洪武年間主要人口移出區是塞北邊區、山西、山東東部、江南、陝甘、廣東。主要移入區是華北的北平、河南、山東西部、南京、臨濠、泗州、四川、雲南、遼東等地。根據表三與表四的資料顯示：1.洪武一—五年，最主要的移出地為塞北（四十六萬零四十五人，占該期的百分之八十一．五九），其次是北平、山東（四萬六千七百零五人，占百分之八．二八）與江南（二萬零一百五十四人，占百分之三．五七）。主要移入區為山東、河南、河北（五十一萬四千一百三十人，占該期移徙人數的百分之九十一．八一），其次是臨濠、泗州（二萬人，占百分之三．五四）和南京（一萬五千二百四十人，占百分之二．七），其次為山西、山東（六萬一千四百七十二人，占百分之二十五．七七）。2.洪武六—十年，主要移入區為臨濠、泗州（十八萬六千八百四十九人，占該期移徙人數的百分之七十八．三四），其次為南京（二萬三千四百九十一人，占百分之九．四四）和遼東（一萬一千三百九十四人，占百分之四．七七）。3.洪武十一—十五年，主要移出區為廣東（二萬四千四百人，占百分之八十五．二六）。主要移入區為臨濠、泗州（二萬四千四百人，占百分之八十五．二五）。4.洪武十六—二十年，主要移出區為浙東（八萬五千七百六十八人，占該期移徙人數的百分之四十三．二五），其次為陝甘（三萬三千三百八十一人，占

131 《明太祖實錄》，卷一九四，頁一，洪武二十一年十月壬寅條。
132 （明）李輔等，《嘉靖全遼志》（嘉靖四十五年舊抄本），卷四，〈風俗志〉，頁八〇。
133 《明太祖實錄》，卷七二，頁四，洪武五年二月乙巳條。
134 《明太祖實錄》，卷九六，頁一，洪武八年正月戊辰條；卷一一〇，頁三，洪武九年十月乙亥條。
135 參見表五A。
136 《明太祖實錄》，卷一八一，頁二，洪武二十年三月丙子條。
137 參見黃友良，〈明代四川移民史論〉，《四川大學學報（哲學社會科學版）》，一九九五年第三期，頁六九—七九。

百分之十六．七）和四川（二萬五千人，占百分之十二．五四）、廣東（二萬四千五百零七人，占百分之十二．三）。主要移入區為南京（六萬六千八百七十八人，占該期移徙人數的百分之三十三．五七），其次為浙江沿海（五萬九千一百三十一人，占百分之二十九．六八）和雲南（五萬八千零七十人，占百分之二十九．一四）。5.洪武二十一—二十五年，主要的移出區為山西、山東東部（三十五萬七千六百五十五人，占該期移徙人數的百分之八十五．三三），其次為南京（三萬二千七百三十四人，占百分之七．八一）和四川（一萬五千二百二十人，占百分之三．六三）。主要的移入區仍為山東西部、河南北部與北平南部即東昌、大名、彰德等七府（十三萬二千二百七十五人，占該期移徙人數的百分之五十五．二一），其次為全國各地浙江等六省（十萬人，占百分之四十一．七四）。其次是南京（十萬人，占百分之四十一．七四）。

移徙路線，若以移入區而言：1.北平地區移徙人口主要來自塞北沙漠、山後（居庸關以北，外長城以南地區）順寧、移興、嬀川等州、山西南部和遼東、雲南；2.山東遷民來自廣東、塞北、山西等地，山東東部移徙山東西部；3.河南遷民來自山西南部、北平城和甘肅；4.陝西遷民來自寧夏、山西南部、江南和遼東；5.山西遷民多來自塞北；6.遼東遷民來自河南、山東、湖廣；7.臨濠、泗州遷民來自江南、山西北部、北平真定府、浙東和廣東；8.南京遷民主要來自塞北、福州、河南、湖廣、遼東、山西、山東及直隸、浙江等地；9.浙東遷民來自湖北、陝西、紹興等府移往浙東沿海；10.湖廣遷民來自江北、鳳陽和江西；11.四川遷民有來自全國各地的，也有來自陝西的；12.廣西遷民來自合肥；13.廣東遷民來自福建；14.雲南遷民來自湖廣、四川、陝西、山東、南京及其他各地。

移徙路線也隨時代變遷：（一）洪武一—五年，移徙主要路線是：1.塞北↓北平、南京、山東；2.江南、山西北部↓鳳陽；3.塞北、山西↓南京；4.山東↓遼東；5.遼東↓北平；北平↓汴梁；6.甘肅↓汴梁；7.江南↓鳳陽；8.江北↓湖南。（二）洪武六—十年：1. 5.福建↓廣東。（三）洪武十一—十五年：1.鳳陽↓湖北；2.塞北↓北平；3.廣東↓泗州。（四）洪武十六—二十年：1.浙東、廣東與天下各地↓南京；2.河南、山東↓遼東；3.廣東↓泗州；4.四川、湖廣↓雲南。（五）洪武二十一—二十五年：1.山西↓河南北部、山東西部、北平南部；2.山東東部↓山東西部；3.江南↓淮南；4.天下各地↓南京。（六）洪武二十六—三十一年：1.山西↓河南北部、山東西部、北平南部；2.山東東部↓山東西部；3.江西↓湖南常德；4.天下各地↓南京。

簡而言之，洪武前期的主要移徙路線為：1.塞北↓華北；2.江南↓鳳陽。中期為：1.廣東↓淮南；2.四川、湖廣↓雲南；3.浙東↓浙東沿海；4.天下各地↓南京。後期為：1.山西南部↓山東西部、河南北部、北平南部；2.山東東部↓西部；3.各地↓南京。前期、中期以消除反側和加強統治為主要目的，後期以移民墾荒和填實京師為主要目的。

結論：明初移徙政策的成效與影響

移徙政策實行的目的，在於消除反側、鞏固邊防、開墾荒地與繁榮京師，前已言之，其成效如何，以下逐項討論。

消除反側與鞏固邊防方面，邊民內徙、群雄舊部分徙與內地軍民徙邊，對社會安定與國防鞏固，發生積極的作用；洪武後期，社會安定，應該與這個移徙政策有關。

開墾荒地方面，明廷為鼓勵遷民墾荒，常發給遷民交通工具、旅費和日用品，如洪武六年徙山西北邊居民赴鳳陽，便由「官給驢、牛、車輛、戶賜錢三千六百，及鹽布衣衾有差」[138]。洪武二十二年命徙江南無田人民赴淮南墾荒，即每戶「官給鈔三十錠，使備農具」[139]。到達目的地後，除驗丁授田、配給牛種外，並免租稅三年以為鼓勵，甚至期滿後，一再將免稅期延長[140]。在這樣的鼓勵下，墾田數一定大增，農產一定大為提高的。遷民墾田總數究竟是多少，留存於今日的史料中沒有直接的記載，只能從側面資料估計。《明太祖實錄》中，洪武十六年以前，每年十二月多有一條該年墾田面積的統計報告，其中應有相當的部分是遷民努力的結果。洪武元年—十六年墾田總面積為一百八十一萬六千零一十六頃四十畝[141]，此期間遷民總數至少有八十七萬八千七百四十二人，若每人墾田數依法規定的十七畝計，至少應有十四萬九千三百八十六頃十四畝，占百分之八·二二，由於遷民數字資料只占現存史料的一半多一點；因此，遷民墾田數占洪武年間全國墾田面積的百分比，可能應該還要高百分之七十—八十，才比較接近事實。又洪武二十四年的耕地面積五百六十七萬四千一百一十八頃，較十四年的三百六十六萬七千七百一十五頃，約增二百萬頃，此期間遷民數目約六十一萬八千三百二十六人，若每人也依十七畝計，其墾田數為十萬五千頃，若加倍計算，為二十一萬，約占十分之一強。如果說洪武年間，遷民墾田面積約占全國墾田面積的十分之一以上，應該不致與事實相差太遠。這些遷民墾田的生產量如何？史料記載多為質的敘述，鮮有數量的直接資料[142]。但著名的山東東部、北平南部、河南北部的東昌、大名、彰德等七府，留下一些資料，可作為一個例證。洪武二十二年，據後軍都督僉事朱榮的調查，山西貧民徙居大名、廣平、東昌三府者，給田二萬六千零七十二頃開墾[143]。三年後，朱榮再到包括此三府在內的開封、彰德、衛輝、懷慶等七府調查，見種麥苗一萬二千一百八十餘頃[144]。又過了三年，朱榮再度到此七府調查，發現棉花減產了百分之三十六·四，歲收僅七百五十萬零五千五百斤，但穀類增產了百分之八十五·三，歲收達五百五十五萬九千二百九十九石[145]。遷民墾田大有成就，無怪乎明太祖接到報告後，大為高興，他說：「如此十年，吾民之貧者少矣。」[146]華北的農業生產環境並不太好，而有如此成績，其他地區可能會有更好的績效出現才對。

農業生產的提高，必然導致人口與稅糧的增加，而使一些明初降廢的地方行政單位，逐漸重設或升級。由表六可知洪武一—五年全國降廢的府州縣達二百六十四個，升置的僅四十五個；洪武六—十年情形稍有改善，降廢的減至一百九十九個，但升置也減至三十一個，洪武十一—十五年，升置的增至一百一十五個，降廢的減為十九個。一些府縣由於戶口田賦的增加而升等，由下府升為中上府，由於《實錄》中這方面的資料不完整，只能舉例說明。如河南開封府，原為下府，洪武八年由於稅糧增至三十八萬石，而升

138 《明太祖實錄》，卷八五，頁五—六，洪武六年九月丙子條。

139 《明太祖實錄》，卷一九六，頁一，洪武二十二年四月己亥條。

140 《明太祖實錄》，卷二五三，頁二，洪武三十年五月丙寅條；卷二五七，頁四，洪武三十一年五月庚申條。

141 《明太祖實錄》，卷三七，頁二十四，洪武元年十二月條；卷四七，頁九，洪武二年十二月庚寅條；卷五九，頁一〇，洪武三年十二月條；卷七〇，頁九，洪武四年十二月條；卷八六，頁一〇，洪武六年十二月條；卷五九，頁四，洪武七年十二月庚申條；卷一〇二，頁七，洪武八年十二月條；卷一一〇，頁九，洪武九年十二月條；卷一一六，頁八，洪武十年十二月條；卷一二八，頁六，洪武十二年十二月條；卷一三四，頁七，洪武十三年十二月條；卷一五八，頁五，洪武十六年十二月條。

142 例如河南的情況，濬縣郭莊，康熙三十七年郭瑞昌撰郭氏墓碑內記：洪武初，郭濬遷於泊頭村後，「肄業農圃，築室而居焉」。且勤以治家，儉以節用，由是家遂「巨富」。田芸生在〈本支宗譜序〉中，記述明初山西遷民居新鄉事云：「時世亂田荒，來者皆力農。」參見王興亞，〈明初山西遷民到河南考述〉，《史學月刊》，一九八四年第四期，頁三六—四二、四四。

143 《明太祖實錄》，卷一九七，頁三，洪武二十二年九月壬申條。

144 表一，第一一七條。

145 《明太祖實錄》，卷二四三，頁二，洪武二十八年十一月戊寅條。

146 表一，第一一七條。

為上府。開封對於洪武八年以前至少有兩次移入人口的記載，一為洪武元年遺徙北平在城兵民，一為洪武二年移徙西安州降民；前者人數不詳，城內兵民都搬來，一定不少，幾萬人應該有的；後者為七千人。這數萬遷民對開封的升等，應該發生相當作用的[147]。

至於繁榮京師方面南京人口的增加，住民構成分子的多樣化，與移徙政策大有關係。尤其洪武二十四年移富民五千三百戶，與二十八年移徙直隸十七府與浙江等六布政司的小民二萬戶，影響最大。一方面使城市人口大增，至少陡增至十三、四萬人，一方面也使城市住宅區中出現貧民坊與富民廂一類的區劃[148]。

除了以上的成果外，全國人口的東南西北互相移徙對民族的融合，風俗、語言的互相學習，發生很大的作用。例如蒙古韃靼軍民的內徙，散處全國各地，除住在北平和南京外，有住在應天府六合、江浦的，有住在揚州、徐州、淮安、邳州、真州的，有住在東昌的，有住在廣西、雲南的，也有住在湖廣荊州、黃州、常德、嶽州、沅州、蘄州、武昌等地的[149]。例如江浦縣就有許多韃靼人居住，洪武九年海州學正曾秉正說：「前過江浦，見塞外之俘累累。」他們「多改為漢姓」，生活漢化，「與華人無異，有求仕入官者，有登顯要者，有為富商大賈者」[150]。而內地人民移徙邊塞，往往將中原文物帶去，雖不一定能使邊區少數民族完全漢化，但也可使他們感染華風。如遼寧一帶，據《嘉靖全遼志》說，由於移徙江淮齊魯之民居住的結果，與高麗、女真等土著雜居，使該地區「浸淫於衣冠文物之化者」，達十分之七[151]。又如寧夏一帶，由於洪武九年盡徙其民於長安一帶，「實以齊晉燕趙周楚之民，而吳越居多」；《嘉慶寧夏府志》載人物流寓者，明代計有十四人，其中十三人即為洪武年間謫戍的，來自浙江、江西、直隸、河南等地[152]。因此，該地「彬彬然有江左之風，服舍從風好尚，與中土不甚異」[153]。《嘉慶寧夏府志》也說：「明初……遷謫他方之人以實之，而吳楚為多；故尚詞翰，矜儒雅，迄今觀其節物禮儀，多與《荊楚歲時記》合；蓋其俗實於此一變云。」[154]而內地人民之互相移徙，如山西人移住北平新河縣的就在當地十二社中占了五社[155]；雜居的結果，語言和風俗習慣均互相影響，以致今日我國河北、河南、山東、安徽、浙江、江蘇等地，在風俗和語言上，多有相同之處，可能要歸功於明初的移徙政策了[156]。

總之，根據《明太祖實錄》所載數據所作的最保守推估，洪武年間的移徙人口至少約占總人口的百分之五。由於《明太祖實錄》失載的移徙資料頗多，實際的洪武大移民戶口數，必定遠高過百分之五[157]。移

147 《明太祖實錄》，卷九六，頁一—二，洪武八年正月辛未條。

148 參見徐泓，〈明初南京的都市規劃與人口變遷〉，頁一〇二。《明太祖實錄》，卷一八二，頁七，洪武二十年閏六月乙卯條。

149 《明太祖實錄》，卷八七，頁三，洪武七年正月壬午條；卷一九二，頁二，洪武二十一年七月壬午條；卷一八九，頁一四，洪武二十一年三月辛丑條；卷一九五，頁五，洪武二十二年正月乙卯條；卷二一四，頁一，洪武二十四年十一月壬辰條；卷一八一，頁三，洪武二十年四月甲午條；卷二一六，頁三，洪武二十五年二月乙丑條。

150 《明太祖實錄》，卷一〇九，頁二—四，洪武九年閏九月丙午條。

151 〔明〕李輔等，《嘉靖全遼志》，卷四，〈風俗志〉，頁八〇。

152 《萬曆朔方新志》，卷一，頁一〇、一六。《嘉慶寧夏府志》（嘉慶三年刊本），卷一六，頁三六—三七。

153 《萬曆朔方新志》，卷一，頁一〇、一六。

154 《萬曆寧夏府志》，卷四，頁六。

155 《嘉靖新河縣志》（嘉靖四十三年刊本），卷一，頁四。

156 郭豫才，〈洪洞移民傳說之考實〉。郭豫才先生舉山西方言為例，說明其與河南方言相近，以為是移徙政策的成效之一。詳見曹樹基，《中國移民史．第五卷》，頁五一四—五二二，〈俗文化的傳播〉。

157 曹樹基在泓拙著的基礎上，廣搜族譜、方志中的氏族志及地名志的移民資料，補充拙著因實錄失載的湖廣、江西移民資料，推估明初洪武與永樂大移民人數達一千一百萬，為當時全國總人口的百分之十五．七。若扣除曹推估永樂移民的二百二十五萬，則洪武大移民約為八百七十五萬。是泓依《明太祖實錄》不完全的紀錄所估算的兩倍半。詳見曹樹基，《中國移民史．第五卷》（福州：福建人民出版社，一九九七），尤其頁五二四—五二五及頁五六二—五七〇，〈卷後記〉。

徙的目的，主要是為消除反側、鞏固國防、復興農村和填實京師。前二十年主要是為消除反側和鞏固國防而移徙，後十一年則為復興農村與填實京師而徙民。雖然移徙之初，這個大規模群體性強制性的移民政策可能對習於「安土重遷」的人民造成種種不便，但明朝政府有規畫地採取配套措施，以發給旅費，授給土地農具，減免租稅來鼓勵遷民，使移徙政策的推行，成效斐然，不但在二十多年內有效地安定了社會，鞏固了國防，並且使農業生產大為增加，京師人口大增和居民成分多樣化。而人口的東西南北互相移徙的結果，又對民族的融合，各地語言風俗習慣的漸趨一致，發生了相當的作用。如果當時明朝政府不規畫採行這種大規模群體性的移徙政策，而任由民間自發性地自願移民，無論國防的鞏固、國內社會的安定、農業生產的恢復、區域發展的平衡及京師的繁榮，其成效不會那麼彰顯而快速。總而言之，明太祖採行的移徙政策是成功的[158]。

表一：洪武年間人口移徙資料年表

號碼	時間	移出地區	移入地區	移民身分	移民數目	資料出處（卷／頁）
1	戊戌（至正18年）12月	寧越七縣（浙江）	應天府（南京）	富民子弟	不詳	《明太祖實錄》6/8
2	甲辰（至正24）10月	江西須嶺等寨	江西南昌	降民	5,000餘人	《實錄》，15/6
3	乙巳（至正25）7月戊午	外郡（應天以外）	應天府附近	老兵	不詳	《實錄》，17/5-5
4	乙巳10月辛酉	泰州	湖廣潭州	張士誠部	129人	《實錄》，18/4

號碼	時間	移出地區	移入地區	移民身分	移民數目	資料出處（卷／頁）
5	乙巳10月癸未	泰州	濠州	張士誠降民	5,000人	《實錄》，18/5
6	丙午（至正26）3月丙申	高郵（江蘇）	濠州	張士誠部	2,212人	《實錄》，19/7
7	吳元年10月乙巳	蘇州	南京	富民	不詳	《實錄》，26/1
8	吳元年12月丁巳	浙江	汴梁（河南）	方國珍屬官	不詳	《實錄》，28上/6
9	洪武元年8月壬午	北平	南京	元故官	不詳	《實錄》，34/11
10	洪武元年9月戊子	北平城	汴梁（河南）	降兵降民	不詳	《實錄》，35/5
11	洪武2年4月乙丑	幽燕	南方	降民	不詳	《實錄》，41/1 《高麗史・世家》，41/25
12	洪武2年4月癸巳	均山、房山（湖北）	溫州、明州（浙江）	降民	70人	《實錄》，41/6
13	洪武2年4月庚寅	西安州（甘肅固原）	北京（汴梁）	降民	7,000人	《實錄》，41/6
14	洪武2年9月乙巳	不詳	和州（安徽）	流民	不詳	《實錄》，45/4
15	洪武2年12月丁卯	北口子（河北）	臨清、東昌（山東）	降民	不詳	《實錄》，47/4
16	洪武3年3月甲辰	永平（河北）	燕山衛（河北北平）	元屯田兵	1,660人	《實錄》，50/3

158 何關銀，〈論非自願移民的歷史地位與作用〉，《重慶大學學報（社會科學版）》，第八卷第四期（二〇〇二），頁四八—五一。

號碼	時間	移出地區	移入地區	移民身分	移民數目	資料出處（卷／頁）
17	洪武3年3月壬子	合肥（安徽）	廣西	軍士	1,887人	《實錄》，50/5
18	洪武3年4月戊寅	邊塞	四川	蒙古降軍	不詳	《實錄》，51/9
19	洪武3年6月辛巳	蘇、松、嘉、湖、杭五府	臨濠	民之無田產者	4000戶	《實錄》，53/11
20	洪武3年12月戊午	松江	蘭州	錢鶴皐餘黨	154人	《實錄》，59/1
21	洪武3年12月甲戌	塞外	京師（南京）	元降將家屬	3,000餘人	《實錄》，59/8
22	洪武4年3月乙巳	山後順寧州、宜興州等（察哈爾）	北平州縣	邊民	17,274戶 93,878口	《實錄》，62/3
23	洪武4年閏3月庚申	北平、山東二省	北平諸衛	元漢軍	46,705人	《實錄》，63/1
24	洪武4年6月戊申	北平山後	北平諸衛府	蒙古降民	35,800戶 197,027口	《實錄》，63/1
25	洪武4年6月戊申	沙漠	大興縣	蒙古降民	5,745戶	《實錄》，66/6-7
	洪武4年6月戊申	沙漠	宛平縣	蒙古降民	6,166戶	《實錄》，66/6-7
	洪武4年6月戊申	沙漠	良鄉縣	蒙古降民	2,881戶	《實錄》，66/6-7
	洪武4年6月戊申	沙漠	同安縣	蒙古降民	4,851戶	《實錄》，66/6-7
	洪武4年6月戊申	沙漠	通州	蒙古降民	916戶	《實錄》，66/6-7

號碼	時間	移出地區	移入地區	移民身分	移民數目	資料出處（卷／頁）
	洪武4年6月戊申	沙漠	三河縣	蒙古降民	2,831戶	《實錄》，66/6-7
	洪武4年6月戊申	沙漠	漷州	蒙古降民	1,155戶	《實錄》，66/6-7
	洪武4年6月戊申	沙漠	武清縣	蒙古降民	2,031戶	《實錄》，66/6-7
	洪武4年6月戊申	沙漠	薊州	蒙古降民	1,093戶	《實錄》，66/6-7
	洪武4年6月戊申	沙漠	昌平縣	蒙古降民	3,811戶	《實錄》，66/6-7
	洪武4年6月戊申	沙漠	順義縣	蒙古降民	1,370戶	《實錄》，66/6-7
26	洪武5年正月壬子	各地	臨濠	犯罪當謫兩廣者	不詳	《實錄》，71/1
27	洪武5年6月癸卯	廣東	山東青州	何真舊部	3,560人	《實錄》，74/9
28	洪武5年7月巳未	塞北	南京	蒙古降官、將士	1,840餘人	《實錄》，75/1-2
29	洪武5年7月戊辰	嬀川、宜興、興、雲四州（察哈爾）	北平附近州縣	州民	不詳	《實錄》，75/2
30	洪武5年10月庚辰	武昌	南京	新軍	5,400人	《實錄》，76/3
31	洪武5年11月己酉	福州	南京	元遺兵	5,000人	《實錄》，76/5
32	洪武6年3月癸卯	河南	南京	元遺兵將	2,940人	《實錄》，80/1
33	洪武6年5月甲子	四川	南京	明昇降將士	4,756人	《實錄》，82/6

號碼	時間	移出地區	移入地區	移民身分	移民數目	資料出處（卷／頁）
34	洪武6年6月戊寅	永平	北平各衛	故元軍士	1,662人	《實錄》，83/1-2
35	洪武6年7月丁卯	郴州	南京	故元降校	537人	《實錄》，83/5
36	洪武6年8月辛卯	朔州	內地	邊民	不詳	《實錄》，84/5
37	洪武6年9月丙子	山西弘州、蔚州、安定、武朔、天城、白登、東勝、澧州、雲內等州	中立府（鳳陽）	邊民	8,238戶 39,349口	《實錄》，85/5-6
38	洪武6年11月庚戌	綏德、慶陽（陝西）	內地	邊民	不詳	《實錄》，86/2
39	洪武6年11月甲戌	大同	南京	邊民（寡婦及遺棄人口）	61戶	《實錄》，86/5
40	洪武6年12月癸卯	撫寧、瑞州（遼東）	灤州等	邊民	不詳	《實錄》，86/8
41	洪武7年正月庚午	浙江杭州、金華、衢州、紹興	中立府（濠州鳳陽）	精兵	7.500人	
42	洪武7年	江南	濠州、鳳陽	人民	140,000人	《皇明開國功臣傳》1。《天啟鳳書》，5/32
43	洪武7年正月甲戌	青州、萊州	定遼都司	士軍	11,394人	《實錄》，87/1-2
44	洪武7年正月乙巳	大寧、錦川州	南京	故元官民	3.030餘人	《實錄》，87/5

號碼	時間	移出地區	移入地區	移民身分	移民數目	資料出處（卷／頁）
45	洪武7年正月癸亥	會寧、朔州	南京	故元官民	200人	《實錄》，87/6
46	洪武7年4月乙巳	河曲府	塞內	故元軍民	2,092戶 5,988人	《實錄》，88/7
47	洪武7年4月乙巳	塞北	南京	故元官屬	1,323人	《實錄》，88/7
48	洪武7年4月辛酉	塞外	內地	夷民	不詳	《實錄》，88/7-8
49	洪武8年正月辛未	太行山	南京	蒙古之民	10,400人	《實錄》，96/2
50	洪武8年2月辛亥	太原	海南	故元官屬	24人	《實錄》，97/5
51	洪武9年2月庚寅	金華	溫州	軍士	不詳	《實錄》，104/2
52	洪武9年2月庚子	揚州	登州	軍士	1,000人	《實錄》，104/4
53	洪武9年2月庚子	高郵	寧海	軍士	1,000人	《實錄》，104/4
54	洪武9年11月戊子	山西及真定	鳳陽	民無產業者	不詳	《實錄》，110/5
55	洪武9年	寧夏府	長安	邊民	不詳	《萬曆朔方新志》，1/10
56	洪武9年	齊、晉、燕、趙、周、楚、吳、越	寧夏衛	各地人民	不詳	《萬曆朔方新志》，1/10、1/16
57	洪武10年正月壬午	福建	雷州諸衛	軍士	3,000人	《實錄》，111/1
58	洪武10年5月甲申	鳳陽	宿州	官軍	不詳	《實錄》，112/2

號碼	時間	移出地區	移入地區	移民身分	移民數目	資料出處（卷／頁）
59	洪武10年5月辛卯	涼州等衛	碾北、河州	軍士	不詳	《實錄》，112/3
60	洪武10年9月丁丑	莊浪衛	碾北、西寧	軍士	2,000人	《實錄》，115/1
61	洪武10年10月丙辰	山後（北邊）	北平、永平二府	降民	530戶 2100人	《實錄》，115/3
62	洪武11年2月己未	西北邊區	平涼府	故元降官降民	1,985人	《實錄》，117/3-4
63	洪武11年4月	鳳陽	黃州衛	浙西民戶無田糧屯田鳳陽者	不詳	《實錄》，118/2-3
64	洪武12年4月戊午	浙江杭州諸府	南京	民	1,347人	《實錄》，124/1
65	洪武12年8月丙子	鳳陽	蘄州衛	鳳陽屯田夫	不詳	《實錄》，126/1
66	洪武14年7月壬寅	塞北	北平	沙漠遺民	177戶	《實錄》，138/4
67	洪武15年5月癸丑	山西保德	河曲	軍士	不詳	《實錄》，145/1
68	洪武15年6月癸未	四川茂州城	茂州城外	羌民	盡徙城內羌民	《實錄》，146/1
69	洪武15年9月乙丑	天下各地	雲南	逃軍	不詳	《實錄》，148/5
70	洪武15年9月	廣東、番禺、東莞、增城	泗州	降民	24,400餘人	《實錄》，148/9
71	洪武15年10月戊戌	廣州左衛	清遠縣	軍士	不詳	《實錄》，149/4

號碼	時間	移出地區	移入地區	移民身分	移民數目	資料出處（卷／頁）
72	洪武15年10月戊戌	潮州衛前所	程鄉縣	軍士	不詳	《實錄》，149/4
73	洪武16年5月庚戌	溫州、台州、寧波、紹興	南京	方國珍水夫	27,018人	《實錄》，154/1
74	洪武16年7月丁巳	廣州	南京	何真舊部	20,777人及家屬	《實錄》，155/4
75	洪武17年閏10月戊申	廣東	南京	何真舊部	2,423人	《實錄》，167/1-2
76	洪武16年8月己未	廣東清遠縣	泗州	「猺賊」	1,307人	《實錄》，156/4
77	洪武17年5月丁巳	岷州衛	浙江昌國	番寇	241人	《實錄》，162/2
78	洪武17年閏10月癸丑	雲南	北平	士官犯罪者	不詳	《實錄》，167/2
79	洪武17年11月乙酉	陝西	寧波、昌國	私茶犯	140人	《實錄》，168/4
80	洪武18年5月辛巳	湖廣大庸簳坪朝納洞	遼東	洞蠻	103人	《實錄》，173/2
81	洪武18年6月癸巳	各地	涼州	罪人	不詳	《實錄》，173/3
82	洪武18年5月丙午	天下各地	南京	民丁充力士者	14,200餘人	《實錄》，173/3
83	洪武18年9月庚申	遼東	北平	故元將校	2,000人	《實錄》，175/1
84	洪武19年8月辛卯	直隸應天諸府	南京	富民子弟	1,460人	《實錄》，179/1

號碼	時間	移出地區	移入地區	移民身分	移民數目	資料出處（卷／頁）
85	洪武19年8月辛丑	河南、山東	瀋陽中左二衛	校卒	10,328人	《實錄》，179/2
86	洪武20年3月丙子	各地	成都	遷謫之人	不詳	《實錄》，181/2
87	洪武20年6月己卯	沂州	金齒	土賊	70餘人	《實錄》，182/3
88	洪武20年6月丁亥	昌國縣	昌國衛	縣民	不詳	《實錄》，182/4
89	洪武20年6月甲辰	福建海洋孤山斷嶼	福建沿海新城	居民	不詳	《實錄》，182/5
90	洪武20年8月辛未	各地	大寧衛	將士有罪者	不詳	《實錄》，184/4
91	洪武20年8月癸酉	四川	雲南品甸	兵	25,000餘人	《實錄》，184/5
92	洪武20年9月戊寅	遼東	雲南、兩廣、福建	納哈出將校	1,400餘人	《實錄》，184/6，185/1
93	洪武20年10月戊午	湖廣常德、辰州	雲南	民	二府民三丁以上者出一丁	《實錄》，186/2
94	洪武20年10月丙寅	陝西西安各衛	雲南	士軍	33,000人	《實錄》，186/2，188/5
95	洪武20年11月己卯	福州	南京竹橋	女轎戶	200餘戶	《實錄》，187/1

號碼	時間	移出地區	移入地區	移民身分	移民數目	資料出處（卷／頁）
96	洪武20年11月己丑	紹興等府	寧海林山濱海之地	人民	四丁以上者出一丁，共58,750人	《實錄》，187/2
97	洪武21年正月己卯	塞北	濟南、濟寧	韃軍	不詳	《實錄》，188/1
98	洪武21年3月辛卯	廣東潮州海陽縣	大寧	亂民	不詳	《實錄》，189/13
99	洪武21年5月庚寅	遼東	南京	納哈出將校家屬	934人	《實錄》，190/5
100	洪武21年8月癸丑	山西澤潞	彰德、真定、臨清、歸德、太康諸處閒曠之地	人民	不詳	《實錄》，193/2
101	洪武21年10月庚午	長安等衛	四川瀘州、赤水、層台	官軍	15,220人	《實錄》，194/3
102	洪武21年11月庚子	平夷	卑午村	山民	不詳	《實錄》，194/4
103	洪武22年4月己亥	杭、湖、溫、台、蘇、松	淮河以南滁、和等處	民無田者	不詳	《實錄》，196/1
104	洪武22年4月丁未	山東	南京	流民	不詳	《實錄》，196/1
105	洪武22年9月壬申	山西	大名、廣東、東昌三府	貧民	不詳	《實錄》，197/3
106	洪武22年9月甲戌	山西沁州	北平、山東、河南	居民	116戶	《實錄》，197/4

號碼	時間	移出地區	移入地區	移民身分	移民數目	資料出處（卷／頁）
107	洪武22年11月丙寅	山西	河南彰德、衛輝、歸德，山東臨清、東昌	貧民	不詳	《實錄》，198/1
108	洪武24年正月甲寅	福建汀州	南京	餘丁	不詳	《實錄》，207/3
109	洪武24年4月癸酉	各地	南京	外衛軍官調京衛者之家屬	不詳	《實錄》，208/5
110	洪武24年7月己丑	南京	雲南大理、六詔	士卒之妻子	不詳	《實錄》，210/2
111	洪武24年7月庚子	天下各地	南京	富民	5,300戶	《實錄》，210/2
112	洪武24年	南方	高唐	人民	不詳	《嘉靖高唐州志》，3/11
113	洪武24年	山西洪洞等縣	東昌州	人民	不詳	《萬曆東昌府志》，12/1
114	洪武24年11月壬辰	各地	雲南	雲南韃軍之妻子	不詳	《實錄》，214/1
115	洪武25年2月庚辰	崇明縣	江北	民無田者	2,700戶	《實錄》，216/4
116	洪武25年2月庚辰	山東登、萊二府	東昌府	貧民無恆產者	5,635戶	《實錄》，216/5
117	洪武25年12月辛未	山西	彰德、衛輝、廣平、大名、東昌、開封、懷慶七府	人民	（修正）598屯，約65,780戶	《實錄》，223/3

號碼	時間	移出地區	移入地區	移民身分	移民數目	資料出處（卷／頁）
118	洪武27年2月丁酉	崇明縣	山縣	無田民	500餘戶	《實錄》，231/7
119	洪武28年2月戊辰	青、兗、濟南、登、萊五府	東昌	五丁以上田不及一頃，十丁以上田不及二頃，十五丁以上田不及三頃及小民無田者	1,051戶 4,666口	《實錄》，236/5 《實錄》，239/3
120	洪武28年11月戊寅	不詳（似為山西、山東東部五府）	東昌等三府	人民	該地遷民現有58,124戶	《實錄》，243/2
121	洪武28年11月戊寅	不詳（可能是山西）	彰德等四府	人民	縣有遷民381屯（約41,910戶）	《實錄》，243/2
122	洪武28年	山西平陽府	寧遠縣治東	新軍	1,200名	《萬曆江華縣志》，1/13
123	洪武28年	濟南、兗州等五府	東昌	居民	不詳	《萬曆東昌府志》，12/1
124	洪武28年11月甲子	直隸蘇州等17府及浙江等6布政司	南京	小民	20,000戶	《實錄》，243/1
125	洪武29年2月乙巳	安東、瀋陽	甘肅	恩軍	3,600餘人	《實錄》，244/6

號碼	時間	移出地區	移入地區	移民身分	移民數目	資料出處（卷／頁）
126	洪武30年3月丁酉	江西	湖南常德府、武陵等十縣	丁多人民及無產者	不詳	《實錄》，250/3

表二：洪武年間人口移徙分類表

	1—5年	6—10年	11—15年	16—20年	21—25年	26—31年	小計
元末群雄降兵降民	15,971人	4,756人	24,400人	50,218人	0	0	95,345人
塞北邊民蒙古官民軍士	520,410人	67,858人	2,870人	13,728人	934人	0	605,800人
墾荒移民	20,000人	140,000人	0	不詳	371,155人	134,775人	665,930人
謫戍墾荒罪囚	154人	0	不詳	1,861人	不詳	0	2,015人
軍隊移戍屯墾	7,287人	25,894人	不詳	130,950人	15220人	4,800人	184,151人
移徙京師民戶	不詳	0	1,347人	2,460人	31,800人	100,000人	135,607人
總計	563,822人	238,508人	28,617人	199,217人	419,109人	239,575人	1,688,848人

資料來源：表一。

備注：(1)每戶以五人計，富民以每戶六人計。

(2)二十六—三十一年墾荒移民的數字資料共有四條（見資料第一一八、一一九、一二〇、一二一條），其中第一二〇、一二一條係東昌、彰德等七府在洪武二十八年底現有的移民總數為十萬零三十四戶，第一一九條所載一千零五十一戶、四千六百六十六口應包括在此十萬零三十四戶中。二十一—二十五年七府移民數字資料三條（第一〇六、一一六、一一七條）總數七萬一千五百三十一戶，其中洪武二十五年十二月的六萬五千八百六十戶是當時七府現有的山西遷民數；因此洪武二十二年山西沁州遷來一百一十六戶應包括在內，計算二十—二十五年山西遷民總數時需將一百一十六戶除外，應有七萬一千四百一十五戶，每戶以五人計，為三十五萬七千零七十五人，按每年百分之一的人口成長率計之，至二十八年底應有三十六萬七千八百九十五人，以現有十萬零三十四戶，即五十萬零一百七十人，減去二十—二十五年移入及增長的人口，得出十三萬二千二百七十五人，即二十六—二十八年移入七府之人口，加上崇明移墾崑山的二千五百人，共十三萬四千七百七十五人，即二十五—三十一年墾荒移民人數。

表三：移出地與移出人口分布表

移出地	移徙人數						總計
	洪武1—5年	6—10年	11—15年	16—20年	21—25年	26—31年	
塞北地區	460,045人	9,411人	2,870人				472,326人
山東、河南				10,328人			10,328人
山東登萊青濟兗沂		11,394人		70人	28,175人	4,666人	44,305人
北平、山東	46,705人						46,705人
北平永平府	1,660人	1,662人					3,322人
山西、山東		50,078人			329,480人	128,809人	508,367人
河南		2,940人					2,940人
遼東		3,030人		3,400人	934人	3,600人	10,964人

移出地	移徙人數						總計
	洪武1—5年	6—10年	11—15年	16—20年	21—25年	26—31年	
陝甘	7000人	2200人		33,381人	15,220人		57801人
四川		4,756人		25,000人			29,756人
湖廣	5,470人	537人		103人			6,110人
江西	5,000人						5,000人
福建	5,000人	3,000人		1,000人			9,000人
廣東	3,560人		24,400人	24,507人			52,467人
浙東	不詳	7,500人		85,678人			93,268人
江南	20,154人	140,000人	1,347人	1,460人	13,500人	2,500人	178,961人
江北	9228人	2,000人					11,228人
全國各地				142,00人	31,800人	100,000人	146,000人
總計	563,822人	238,508人	28,617人	199,217人	419,109人	239,575人	1,688,848人

資料來源：表一。

表四：移入地與移入人口分布表

移入地	移徙人數						總計
	洪武1—5年	6—10年	11—15年	16—20年	21—25年	26—31年	
湖廣	7,341人						7,341人
江西	5,000人						5,000人
四川					15,220人		15,220人
兩廣	1,887人	3,024人		1,400人			6,311人
雲南				58,070人			58,070人
江蘇					13,500人	2,500人	16,000人
浙江	70人	1000人		59,131人			60,201人
南京	15,240人	23,491人	1,347人	66,878人	32,734人	100,000人	239,690人
臨濠、泗州	20,000人	186,849人	24,400人	1,307人			232,556人
山西		5,988人					5,988人
陝甘	154人	2,000人	1,985人			4,800人	8,939人
山東、河南、北平	514,130人	4762人	885人	2,000人	357,655人	132,275人	1,011,707人
遼東		11,394人		10,431人			21,825人
總計	563,822人	238,508人	28,617人	199,217人	419,109人	239,575人	1,688,848人

資料來源：表一。

表五A：明洪武年間耕地、戶口統計表

	洪武十四年			洪武二十四年		
	耕地（單位：明畝）	戶口		耕地（單位：明畝）	戶口	
直隸		1,935,046	10,241,002	156,627,452	1,876,638	10,061,873
浙江		2,150,412	10,550,238	51,705,151	2,282,404	8,661,640 (8,761,640)
江西		1,553,924	8,982,481	43,118,601	1,566,613	8,105,610
山東		752,365	5,196,715	72,402,562	720,282	5,672,543
山西		596,240	4,030,454	41,864,248	593,065	4,413,437
河南		314,785	1,891,087	144,946,982（修正）27,705,248	330,294	2,106,991
陝西		285,355	2,155,001	31,525,175	294,503	2,489,805
北平		338,517	1,893,403	58,249,951	340,523	1,980,895
福建		811,369	3,840,250	14,625,969	816,830	3,293,444
廣東		705,663	3,171,950	23,734,056	607,241 (606,241)	2581,719

	洪武十四年			洪武二十四年		
	耕地（單位：明畝）	戶口		耕地（單位：明畝）	戶口	
湖廣		785,549	4,593,070	220,217,575（修正）23,976,000	739,478	4,091,905
四川		214,900	1,464,515	11,203,256	232,854	1,567,654
廣西		210,267	1,463,139	10,240,390	208,040	1,392,248
雲南		63,740	318,700	434,036 (1,727912)	75,690	354,797
總計	366,771,549	10,718,102	59,792,005	（修正）567,411,847	10,684,455（一作）10,683,455	56,774,561（一作）56,874,561

資料來源：⑴《後湖志》，卷二，〈黃冊事產〉。⑵《明太祖實錄》，卷一四〇，頁八—九，洪武十四年十二月條；卷二一四，頁五—六，洪武二十四年十二月條；卷一九四，頁一，洪武二十一年十月壬寅條。

備注：⑴田畝修正數字，根據藤井宏，〈明代田土統計に關する一考察〉，《東洋學報》，第三〇卷第三、四號；第三一卷第一號（一九四三、一九四四、一九四七）。

⑵雲南的戶口與田畝數字，洪武十四年戶口項下為洪武二十一年的數字。洪武二十四年項下耕地數字，四十三萬四千零三十六畝為洪武二十一年數字，一百七十二萬七千九百一十二畝為弘治十五年數字。以《實錄》與《後湖志》均無各該年項下資料，乃以之代替，供參考。

⑶洪武十四年耕地總數中不包括雲南。

⑷洪武二十四年浙江、廣東戶口數下（　）內數字，係〈實錄校勘記〉所錄別本的數字。

表五B：明洪武年間戶口平均耕地表

	洪武十四年		洪武二十四年	
	戶口	平均耕地（單位：明畝）	戶口	平均耕地（單位：明畝）
直隸	5.3	1.0	83.4	15.5
浙江	15.5	3.1	22.6	5.9
江西	17.9	3.1	27.52	5.3
山東	62.2	9.0	100.5	12.7
山西	45.4	6.7	70.5	9.4
河南	56.9	9.4	83.8	13.1
陝西	71.4	9.4	107.0	12.6
北平	111.2	19.8	171.0	29.4
福建	11.6	2.4	17.9	4.4
廣東	21.7	4.8	39.0	9.1
湖廣	19.7	3.3	32.4	5.8
四川	33.7	4.9	48.1	7.1
廣西	31.5	4.5	49.2	7.3
雲南			5.7	1.2

資料來源：表五A。

備注：洪武十四年的資料中無各省耕地面積，此處係以洪武二十四年數字推算的，洪武十四年總面積為二十四年的百分之六十四．六八；因此將二十四年各省面積乘百分之六十四．六八，作為各省洪武十四年的耕地面積。

表六：洪武年間地方行政單位升置降廢統計表

布政司		1—5年	6—10年	11—15年	16—20年	21—25年	26—31年	小計
北平	升置	3	1	14	0	0	0	18
	降廢	37	19	1	0	0	0	57
直隸	升置	3	2	3	0	0	0	8
	降廢	33	0	0	0	0	0	33
山東	升置	9	6	3	1	2	0	21
	降廢	37	7	1	2	0	0	47
山西	升置	1	4	1	0	0	0	6
	降廢	26	2	0	0	0	0	28
河南	升置	18	0	9	0	0	0	27
	降廢	23	9	12	0	0	0	44
陝西	升置	4	1	12	0	0	1	17

布政司		1—5年	6—10年	11—15年	16—20年	21—25年	26—31年	小計
	降廢	15	15	0	0	1	0	30
四川	升置	3	15	40	1	1	1	58
	降廢	11	71	0	2	2	0	86
江西	升置	0	0	0	0	0	0	0
	降廢	17	1	0	0	0	0	18
湖廣	升置	2	0	21	0	0	1	23
	降廢	20	46	0	0	0	0	66
浙江	升置	0	0	1	0	0	0	1
	降廢	12	0	0	0	0	0	12
福建	升置	0	0	0	0	0	0	0
	降廢	2	0	0	0	0	0	2
廣東	升置	1	0	6	0	0	0	7
	降廢	12	11	0	0	0	0	23
廣西	升置	1	2	5	1	4	2	15
	降廢	19	10	5	0	0	4	38

布政司		1—5年	6—10年	11—15年	16—20年	21—25年	26—31年	小計
總計	升置	45	31	115	3	7	5	206
	降廢	264	191	19	4	3	4	485

備注：本表取材於〔清〕張廷玉等，《明史·地理志》。

第九章

明永樂年間的戶口移徙

前言

《明史稿．食貨志》云：「朝廷所移民曰移徙。」[1]即政府策劃下的強制性移民，稱為「移徙」。周代以來，歷朝屢有行之者[2]。明洪武、永樂年間，也大規模移徙人口，筆者曾為文討論洪武年間的移徙[3]，今繼續探討永樂年間的移徙，分析其背景與目的，說明其種類、規模和路線，討論其成效和影響，並試估移徙戶口的數量。

一、永樂年間行的移徙政策及其背景

靖難之役延續四年，主要戰場在北平與山東布政司境內，其中天津以南、濟南以北及河間以西的保定、真定一路，戰火所及，為害最烈，較洪武初年北伐蒙元之役，尤有過之[4]。洪武初年，蒙元大勢已去，徐達所率北伐軍，所過輒下，前後不過月餘，已克大都，「無兵燹之災」[5]。靖難之役則不然，「燕兵所過州縣，義民目為叛逆抗拒之，燕王憤甚，燕京以南，所過多墟，屠戮無遺」[6]，「燕南兵禍之酷，數百年來以此為最酷」[7]。如雄州戰後「枕骸蔽野，陰雲鬼哭，野無居民，途者心悸」[8]。而「天津以南，濟南以北，被禍最酷」[9]。燕京以東的豐潤一帶，也為支持建文帝的遼軍所摧殘[10]。因此造成這一地區，土地荒蕪，「民甚凋弊」[11]。將洪武年間北平布政使司移徙屯墾的結果，一掃而光。根據永樂元年五月北京行部的報告：

> 順天八府所屬見在人戶十八萬九千三百有奇；未復業八萬五千有奇，已開種田地六萬三千三百四十三頃有奇，未開種十八萬一千四百五十四頃有奇。[12]

戶口較洪武二十四年的三十四萬零五百二十三戶減少十五萬一千二百二十三戶，只有當年的百分之五十

---

1 〔清〕王鴻緒，《明史稿》（台北：文海出版社影印本，一九六二），卷五四，頁二〇五。

2 如周初封地，即移徙殷頑民，或隨往諸侯在東方的新封地，或集居於雒邑附近。秦始皇徙天下富豪十二萬戶於咸陽，漢高祖亦徙楚、齊豪族於關中。

3 徐泓，〈明洪武年間的人口移徙〉，《第一屆歷史與中國社會變遷（中國社會史）研討會論文集》（台北：中央研究院三民主義研究所，一九八二）。

4 栗永，〈靖難之變與燕王掃北〉，《當代人》，二〇一一年第十二期，頁七三—七五。

5 《鹽山縣新志》（民國五年刊本），卷二，頁六。按徐達於洪武元年間七月庚子日「發開封，徇河北」；己酉日「次臨清」；然後北上進攻德州，戊午日「下長蘆」，丙寅日「入通州」；八月庚午「進克元都」。真正由山東攻到燕京，前後只費三十一日。

6 《南宮縣志》（民國刊本），卷二三，〈掌故志．兵事篇〉，頁八—九。又據《鹽山縣新志》，卷二八，〈故實略〉，頁七：「居民爭起義以抗燕軍，燕軍恨之，遂赤其地；畿南兵禍之慘，遂為亙古所僅見。……迄今土人率云：『燕王掃北，此邦之民為化字軍吞噬無遺。』當日燕軍過此者，蓋以『化』字為號。燕王即位，屠戮忠節之士，凡畿南抗拒起義，及燕軍虔劉（劫掠）一空，均厲諱之。山西李柳西者，永樂時始遷鹽山者也，初至時，白骨青燐，怵驚心目；乃搜訪遺事，輯為《義民錄》一書，以文禁方嚴，遺教子孫永不得示人以賈禍，其家傳至清代，猶守其訓，不敢出，卒至散亡。惜哉！惜哉！」

7 《民國雄縣新志》（民國刊本），第八冊，〈故實略〉。

8 《嘉靖雄志》，卷下，〈官師志〉。

9 《民國鹽山縣志》（民國刊本），卷一八，〈故實略．兵事篇〉。

10 《萬曆樂亭縣志》，轉引自《光緒樂亭縣志》（光緒二年刊本），卷三，〈地理志．記事〉，頁一一。

11 《明宣宗實錄》（本文所引用的《明實錄》均為中央研究院歷史語言研究所校勘本，一九六二），卷八四，頁二，宣德六年十月己亥條，〈李昶傳〉。

12 《明太宗實錄》，卷二〇下，頁五，永樂元年五月癸卯條。

五·九五，其中又有八萬五千餘戶，即百分之四十四·九未復業，則已復業的人戶只占洪武二十四年的百分之二十四·九五，約為四分之一。至於耕地總面積二十四萬四千七百九十七頃，已較洪武二十四年的五十八萬二千四百九十九頃五十一畝減少三十三萬七千七百零一頃四十九畝，只有當年的百分之四十二·〇二，其中又有百分之七十四·一未開種，即已開種的田地只占洪武二十四年的百分之十·八七[13]。由此可見，靖難之役後，北平地區「地曠人稀」情形之嚴重（參見表一、二）。

永樂帝即位後，為陞崇其「肇基之地」，「遵太祖高皇帝中都之制」，將北平改為北京，設北京行部替代北平布政使司[14]。永樂七年以後，永樂帝長期駐蹕北京，逐漸將北京由一個中都式的象徵性都城，轉變為實際的首都，為永樂十九年正式遷都作準備[15]。作為一個首都，除了要考慮戰略位置與山川形勝外，附近應該地利肥饒、人口眾多，既富且庶[16]。北京所轄府縣，既然在靖難之役後，復業戶口僅及洪武二十四年的四分之一，已開種的耕地只及洪武二十四年的十分之一強；則如何進行戰後重建工作，便成為北京行部的首要工作[17]。

戰後重建工作，以復興農村經濟為主，對「地曠人稀」的難題[18]，據戶部尚書夏原吉說，當時採行「北京諸郡男女前因避兵遼東、山海及山東境內」者，「悉以詔書送赴京，轉發原籍」[19]。荒地軍民開種，並以免糧草優待，鼓勵墾荒復業。如通州的荒地，「許軍民開種」，直到「正統二年始每畝徵糧一斗」[20]。又如南宮縣，「永樂初，四萬之民流離於此，遂家焉，謂之順民。其稅有糧無草，以示優恤」[21]。

然而戰火摧殘過烈，僅輔導流民復業，不足以解決問題；因此同時仿行洪武後期「狹鄉之民遷於寬鄉」的移徙政策[22]。永樂帝於奪位成功之後，即下令戶部「實山西太原、平陽二府、澤、潞、遼、沁、汾五州丁多田少及無田之家，分其丁口，以實北平各府州縣」，以每戶「給鈔，使置牛具、子種；五年後徵其稅。」等優待，鼓勵移徙[23]。萬曆年間刊行的《保定府志》對此事有較詳細的說明：「北平列省，有地曠人稀之處，既建北京，闢土田，增民戶，非移置不可。靖難師興，遠近轉戰者數年，則燕民之彫殘，亦不少矣。故填實所不免也。……夫遷者，以其地狹人稠耳。」[24]

然移徙又不限於狹鄉無田之民，各地富民與罪囚也包括在內。由於永樂帝有意建北京為都城，而北京在洪武年間，其規模已由元代的首都，降為燕王的王城，城的北垣向南縮減五里，並將城內軍民遷往汴

---

13 洪武二十四年的戶口數據，來自《明太祖實錄》，卷二一四，頁五—六，洪武二十四年十二月條。田畝數據，來自〈諸司職掌〉（載〔明〕張鹵校，萬曆刊本《皇明制書》。），卷三，〈戶部職掌〉，頁九六，其後《正德會典》、《萬曆會典》均抄自〈諸司職掌〉而稱此為洪武二十六年，其實此乃頒布的年代，實際調查則在洪武二十四年大造黃冊之時。

14 《明太宗實錄》，卷一六，頁二，永樂元年正月辛卯條。《太宗實錄校勘記》，頁六九。

15 徐泓，〈明北京行部考〉，《漢學研究》，第二卷第二期（台北，一九八四），頁五六九—五九八。

16 尹知章注，戴望校正，《管子校正》（台北：世界書局，一九五八），卷一八，頁三〇三。

17 徐泓，〈明北京行部考〉，頁五八九—五九〇。

18 《嘉靖真定府志》（嘉靖二十六年刊本），卷一二，頁一六。

19 《明太宗實錄》，卷一二下，頁六—七，洪武三十五年九月癸卯條。

20 《明英宗實錄》，卷六七，頁八，正統五年五月丁卯條。

21 《嘉靖南宮縣志》（嘉靖三十八年刊本），卷一，頁五。

22 《明太祖實錄》，卷一九三，頁二，洪武二十一年八月癸丑條。

23 《明太宗實錄》，卷一二下，頁四，洪武三十五年九月乙未條。

24 《萬曆保定府志》（隆慶五年刊，萬曆三十五年增補本），卷二一，頁二一。

梁[25]。其後雖移徙沙漠遺民一萬一千九百一十一戶屯田於大興、宛平二縣，但繁榮景況，已非昔日元代大都可比[26]。因此要提升北京的地位，需要再加強其經濟力量，於是仿洪武二十四年移徙富民入居京師之法，據《明太宗實錄》載：

永樂元年八月甲戌，簡直隸蘇州等十郡，浙江等九布政司富民實北京。[27]

《實錄》記載簡單，未言移徙富民的戶數，及富戶來自哪些布政使司與府城。據《萬曆會典》，九布政司為浙江、江西、湖廣、福建、四川、廣東、廣西、陝西、河南，而十郡則應該是直隸的蘇、松、常、鎮、揚州、淮安、廬州、太平、寧國、安慶、徽州等府[28]。而富戶似乎來自國各地，但根據《天啟年戶部勘定錢糧總冊》中的富戶銀額推算，則以直隸、浙江、江西、湖廣為主[29]。又據《明世宗實錄》載：

初，永樂間，徙浙江、南直隸富民三千戶，實京師，充宛、大二縣廂長。[30]

又據萬曆五年十一月，順天府府尹王之垣言：

國初，徙浙江等處富民三千八百餘戶，以實京師。[31]

則實際移徙之富戶不止三千戶，而為三千八百餘戶。這些富民的主要任務為充北京附廓的宛平、大興二縣的廂長。明代里甲制，近城之里為廂，廂長即里長，而里長例由該里中「丁糧多者」擔任。北京城郊一時增加三千戶「丁糧之多者」。按明制每里里長戶十戶，增加三千戶可分配到三百個廂或里，而永樂年間宛平縣僅七十五里，大興縣也差不多，二縣廂、里數至多在二百左右，則每一廂、里至少遷入十五戶左右的富戶，其填實作用必定不小[32]。

燕王發動靖難之役，篡位成功後，大加整肅異己，死罪、流罪罪囚甚多，為充分利用勞力，永樂帝說：

朕念北京兵燹以來，人民流亡，田地荒蕪；故法司所論有罪之人，曲垂寬宥，悉發北京境內屯種，意望數年之後，可以助邊儲。[33]

因此定例：「自今凡人命十惡死罪、強盜傷人者，依律處決；其餘死罪及流罪，令挈家赴北平種田，流罪三年、死罪五年後，錄為良民。」「仍選罷黜官，假以職名，俾督民耕種，三年有成績，實授；無成，仍坐原罪。」「軍士及戶丁雜犯死罪，發北平衛所屯田。」[34] 於是派武康伯徐理等前往北平地區，「度地以處

---

25 《明太祖實錄》，卷三五，頁五，洪武元年九月戊子條。洪武初年北京城範圍的變化參閱侯仁之，〈元大都與明清北京城〉，《歷史地理學的理論與實踐》（上海：上海人民出版社，一九七九）。

26 《明太祖實錄》，卷六六，頁六—七，洪武四年六月戊申條。

27 《明太宗實錄》，卷二二，頁六。

28 〔明〕李東陽等，《大明會典》（台北：東南書報社影印萬曆十五年司禮監刊本，一九六三），卷一九，頁二一。

29 《皇明世法錄》（台北：學生書局影印本，一九六五），卷三五，頁一四—一六。參閱佐藤學，〈明初北京への富民層強制移住について〉，《東洋學報》，卷六四，第一、二號（東京，一九八二）。

30 《明世宗實錄》，卷三五八，頁一，嘉靖二十九年三月辛未條。

31 《明神宗實錄》，卷六九，頁三，萬曆五年十一月壬戌條。

32 《明太祖實錄》，卷一三五，頁四—五，洪武十四年正月條。又據《大明會典》（卷一九，頁二一），富戶選自各地「無田糧并有田糧不及五石殷實大戶」，按明初民田稅則，一般在每畝三升至五升，繳納五石稅糧的地主，應擁有一百—一百六十六畝土地。洪武三十年戶部曾以「田贏七頃者」為「富民」。（《明太祖實錄》，卷二五二，頁四，洪武三十年四月癸巳條）則歲納五石以下，甚至無田糧的「殷實大戶」，不能算是「富民」。佐藤學分析一些「北京富戶」傳記的結果，發現他們實際多為經營農業的大土地擁有者。宛平縣永樂年間的里數，見〔明〕沈榜，《宛署雜記》（北京：北京出版社據尊經閣文章藏本校點，一九六一），卷二，〈分土〉，頁一三。

33 《明太宗實錄》，卷二五，頁五—六，永樂元年十一月戊戌條。

34 《明太宗實錄》，卷一二下，頁二—三，洪武三十五年九月甲午條。

民之以罪徙者」[35]。罪囚便成為流徙的主要分子之一。

永樂的改北平為北京，最後遷都北京的原因，除為陞崇其肇基之地外，最主要的，還是為對付北邊蒙古的威脅。靖難之變後，永樂帝繼續建文帝的削藩政策，把原在邊塞守邊的塞王內徙，以免尾大不掉，重演「靖難之變」的歷史。例如「帶甲八萬」的寧王，便徙封南昌，大寧因此棄守[36]。邊防大為削弱，不但使遼東與宣府之間，聲息不通，更迫使東勝衛不得不因孤遠難守而內撤[37]。為補救邊防上的弱點，永樂帝「五出三犁」，親征蒙古，深入大漠，使蒙古騎兵遠離邊境[38]。另一方面，針對「四夷，北虜為急，倏忽來去，邊備須嚴」的情勢[39]，加緊修築保衛北京一線的長城，如宣府以西到偏關一帶，城牆增高加厚，外掘深壕。各處煙墩也增築圍牆，墩內儲存糧草、軍火，墩旁開井，井外圍牆高與墩齊，沿邊斥侯相望不絕。邊防的加強，除增強工事與兵力外，又有徙民實邊之策。一些在長城以內，卻已棄置的山後地區，也成為重新考慮為移徙的目的地。例如元龍慶州，洪武五年內附，徙其民於北平附近州縣，州遂廢。永樂十二年三月，永樂帝「以其當要衝，而土宜稼穡，而以有罪當謫遷者實之」[40]。因此，移民實邊也成為移徙的主要目的之一。

邊防的鞏固，除積極進攻、加強防禦工事和移民實邊外，永樂帝又想用「以夷制夷」的政策制止外患。例如大寧轄地分贈兀良哈三衛，封兀良哈各部酋長都督、指揮等官，拉攏為明朝「外藩」，協助守邊[41]。對外族來降者，明朝一向採取「官屬送京師，軍民居之塞內」的政策[42]。永樂初年亦然。這是從戰略和文化上的考慮，希望使外族散處於漢人之中，收分而治之的效果，同時「用夏變夷」「以革其俗」[43]。然而永樂六年以後，對於東北諸外族不再徙之內地，表面上的原因是「南方炎熱」，不適合外族居住；因此在遼東的開原，「置快活、自在二城居之，俾部落自相統屬，各安生聚」[44]。實際上可能是要配合拉攏兀良哈的政策，在遼東邊地建立一股支持明朝的力量，發揮「以夷制夷」的作用，這也就是為什歷當外族「多有思鄉土及欲省親戚」時，永樂帝要求兵部對「有欲去者，令明言於鎮官阻之」[45]。因此，永樂帝為鞏固邊防而採取的處置來降外族的政策，也影響了移徙政策的實施。

總之，永樂帝即位後，為復興遭到靖難戰火摧殘地區的經濟，調整戶口與耕地的比例，一方面移狹鄉之民（如山西），以就寬鄉的北京；一方面又訂定罪囚赴北京為民種田贖罪之例。而且從南直隸、浙江等地，移徙富戶填實北京。希望藉移徙政策的實施，繁榮北京及其周圍腹地，以陸崇永樂帝肇基之地，朝向建設北京為都城的目的前進。而遷都北京的設計，又與永樂帝改塞王守邊為「天子守邊」的新國防計畫有關。在此新計畫中，一方面棄守長城以外的據點，將塞外軍民內徙；一方面加強邊塞的防務，移民實邊，

---

35 《明太宗實錄》，卷一二下，頁七，洪武三十五年九月乙巳條。

36 《明太宗實錄》，卷一七，頁三，永樂元年二月己未條。

37 吳緝華，〈明初東勝的設防與棄防〉，《史語所集刊》，第三四本下冊（一九三四年十二月）。

38 賴家度、李光璧，《明朝對瓦剌的戰爭》（上海：上海人民出版社，一九五四），頁一二—一五。同時內撤的尚有雲川、玉林等六衛，均移到今河北省境內，參閱《明太宗實錄》，卷一二下，頁七，洪武三十五年九月乙巳條。

39 （清）章潢，《圖書編》（台北：成文出版社影印，一九七一），卷三三，〈論北龍帝都垣局〉，頁二七。

40 《明太宗實錄》，卷一四九，頁一，永樂十二年三月丁丑條。《嘉靖隆慶志》（嘉靖刊本），卷一，頁二—三；卷一二下，頁七。

41 《明太宗實錄》，卷一二下，頁七，洪武三十五年九月乙巳條。

42 《明太祖實錄》，卷八八，頁七—八，洪武七年四月辛酉條。

43 《明太祖實錄》，卷一一七，頁三—四，洪武十一年二月己未條。

44 《明太宗實錄》，卷七八，頁一，永樂六年四月乙酉條。

45 《明太宗實錄》，卷七八，頁一，永樂六年四月乙酉條。

再配合拉攏友好的外族，安置於邊境，發揮「以夷制夷」的作用。因此，永樂年間採行的移徙政策，既有社會與經濟的作用，也有政治、國防與外交的目的。

二、永樂年間戶口移徙史料的檢討

現存的移徙史料，尤其是戶口數據，都是不完整的。這些不完整的現存史料，品質不一，使用之前，須加檢討與修正。

永樂年間的移徙資料，與洪武年間的情形相似，最常被引用的是《明史．食貨志》的「戶口」條。然而這些記載，只是摘抄《明太宗實錄》，其中且有誤抄、漏抄的地方，質量並不好[46]。比較原始的史料，如族譜、鄉土誌、府州縣誌、農村調查報告、碑刻資料和《明太宗實錄》等。

族譜是研究戶口移徙的好資料，據譚其驤教授的評估，「譜牒之不可靠者，官階也，爵秩也，帝皇作之祖、名人作之宗也」，至於「其族姓之何時自何地轉徙而來」則相當可靠；因為「時與地既不能積其族之令望，亦不能增其家之榮譽」，沒有造假的必要[47]。如山東廣饒縣顏集鄉安家村《安氏家譜》記載：「始祖安亭商、安亭美於明永樂二年自直隸棗強縣分發樂邑。」就具體說明族姓遷徙的時間與來源，是品質很好的資料[48]。如果能遍蒐族譜，就其中資料加以分析、統計，應可得到堅實的結論，然而本文涉及區域甚廣，以現有的時間和能力，無法作到。

幸而鄉土誌和府州縣等地方誌中，多有〈氏族志〉或〈地方考〉，將當地諸家族姓之譜牒，綜其大要，足以補未讀族譜之缺憾。而且方志作者在當地蒐求族譜較易，較完備，利用這些資料，也許比台北一地的圖書館中翻閱族譜所得更有效。「氏族志」或「地方考」中所列，少則五、六族，多則數十族，對當地族姓之源流，記載詳備，甚至可按其中資料，統計出當地人口中何時自何地移徙而來的比例，因此這類史料品質極佳。可惜清乾嘉以前的方志，並無這類體例，直到章學誠提倡以後，才開始出現，數量不夠多，只能作為輔助資料。

地方誌的氏族資料雖不完整，但由於明朝行里甲制，方志〈輿地志〉中均列舉該府州縣管轄下的里甲。在華北，里也稱為社、屯、遷，一般來說：「社為土民，屯為遷民。」，「屯」也有稱為「遷」者[49]。因此，移民的數量及移民與土著的比例，仍可由方志〈輿地志〉的里、社、遷、屯記載推知。如《萬曆灤州志・世編二》：「（永平府灤州）以土民編社，遷民編屯。社四十有一，屯二十有六。（樂亭）縣社十有八，屯九。」則永樂初年，灤州與樂亭的外來移民與土著的比例約為三十七比六十三[50]。若能遍搜各府州縣誌的此類記載，則永樂年間移徙戶口數應可推估出來。可惜明代現存方志並不太多，據調查約有一千零一十四種，為明代修成志書三千四百七十種的百分之二十九。其中明永樂年間北京行部管轄的順天等八

46 例如永樂帝命徐理前往北平度地以處罪囚，《明史・食貨志》的「戶口」條誤為建文帝。而有關永樂徙民之事，《明史・食貨志》的「戶口」條也僅有一條記載。詳見和田清，《明史食貨志訳註》（東京：東洋文庫，一九五七），上冊，頁三一—三二；李洵校注，《明史食貨志校注》（北京：中華書局，一九八二），頁一〇—一二；朴元熇，《《明史・食貨志》校注》（天津：天津古籍出版社，二〇一四），頁八。

47 譚其驤：〈中國內地移民史—湖南篇〉，《史學年報》，第一卷第四期（北京，一九三二），頁五一。

48 李靖莉、孫遠方、宋平，〈黃河三角洲棗強移民考源〉，《聊城師範學院學報（哲學社會科學版）》，二〇〇一年第四期，頁五〇—五三。

49 《嘉靖雄乘》（嘉靖十六年刊本），卷上。《萬曆保定府志》，卷二。

50 曹樹基，〈永樂年間河北地區的人口遷移〉，《中國農業史》，第一五卷第三期（一九九六），頁三三—五二、六一。

府，現存十九種，散佚達三十三種；州誌，現存十六，散佚三十九；縣誌，現存五十六，散佚一百四十四[51]。而且有些方志的記載也不完整，如《萬曆保定府志》就有一批縣分沒有「屯」或「遷」的記載。因此，無法從方志的數據推估完整的永樂移民的戶口數，但這個數據對了解永樂移民的規模及移民與土著的比例是極為重要的。

至於近人的調查報告，民國二十至三十年間，河北省津海道與日本滿鐵、華北交通等機構，作過一些華北農村調查。其中雖有些明初移徙資料，但主要來自居民口述六百年前之事，時代過於久遠，可能有「譜牒或亡，傳聞鮮實，因多置為明初徙民」的情形[52]。不能當作主要的原始資料。碑傳資料更少，洪武年間的遷民碑尚有流傳，永樂年間的遷民碑的發現，不見有任何報導[53]。僅於少數方志或明人文集，可找到一些墓誌、行狀，記載移徙之事。如《冀縣志》載：「小寨村。村北有明斷事正趙庠墓碑，不著撰人名氏，其文云：公趙姓，諱庠，字宗周。……其先本山西澤州名族，國初徙諸富民以實冀；故今占籍為冀。」[54]又如《韓襄毅公文集》有〈故左母孺人曾氏墓誌銘〉載「曾氏世家建昌之南豐，……永樂初，朝廷選富民實京師，（左）世瑤在列，……既至京，占籍順天之宛平。」[55]此外移徙當時，「戶部所給遷徙之勘合」，據《民國孟縣志》載，「光緒初年，民間尚有存者」[56]，可惜不見於今日。因此，調查報告與文物資料，不是太少，就是沒有，難以成為主要史料。

總之，譜牒、方志與調查報告、文物資料，雖然品質極佳，但由於數量的關係，無法作為主要資料。主要資料仍是治明史的基本史料《明實錄》。《明太宗實錄》不像《明太祖實錄》那樣修改多次，而且戶口移徙資料也無造假的必要，應該是可信的。實錄是從官員的奏疏和各衙門檔案中摘抄出來的，這些檔案與奏疏，絕大部分已不存在；因此《明太宗實錄》可說是現存永樂年間移徙史料中，較完整可靠的。共約有七十一條記載，其中有數據的占三分之一。比起《明太祖實錄》中有一百二十條移徙資料，其中五分之三有數據，遜色得多。但《明太宗實錄》的移徙資料中發生像《太祖實錄》洪武二十五年十二月辛未那樣的錯誤較少[57]。唯一可議的是永樂二年九月丁卯條與永樂三年九月丁巳條。兩條的文字完全相同：

> 徙山西太原、平陽、澤、潞、遼、沁、汾民一萬戶實北京。[58]

也許永樂二年九月徙民，三年九月是某個衙門或官員討論徙民之成效，修纂實錄的官員一時疏忽，摘抄太過簡略，致有重複記載之嫌。由現存北直隸地區的明代方志中，只有永樂二年，而永樂三年的移徙記載幾乎沒有，遍查台灣現存明清民國河北省地方誌，僅見《民國南宮縣志》一條永樂三年移徙山西人民實北京地區的記載：

---

51 巴兆祥，〈論明代方志的數量與修志制度〉，《中國地方誌》，二〇〇四年第四期，頁四五—五一。

52 《淮縣志稿》（民國三十年鉛印本），卷一二，〈民社〉，頁一，「氏族」。

53 高新華，〈明初遷民碑〉，《文物參考資料》，一九五八年第三期，頁四九。如藁城縣靳莊發現〈追憶先世小序〉的遷民碑，上面記述：「明永樂二年，有詔遷外省民實內地，吾祖李公者，山西洪洞縣人也，奉詔遷直隸正定府藁城縣靳莊村，遂家焉。」參見栗永，〈靖難之變與燕王掃北〉，頁七三—七五。

54 《冀縣志》（民國十八年刊本），卷八，頁二九。同書（卷八，頁七）又記：「修玉皇廟碑。碑存，正書『庚午科鄉貢進士郡人陳相……』其文略云：『州治去西南四十里彰淮村社，隸付水，居民悉永樂中山西澤州遷來。……今廟即成，因立石以表顛末。時大明嘉靖四年，歲在乙酉春正月吉旦立石。』」

55 〔明〕韓雍，《韓襄毅公家藏文集》（明封溪草堂刊本），卷一四，頁七。

56 《孟縣志》（民國二十一年刊本），卷四，〈大事記〉，頁三七—三八。

57 徐泓：〈明洪武年間的人口移徙〉，頁二二四—二二六。

58 《明太宗實錄》，卷三四，頁四；卷四六，頁三。

但《萬曆志》載：永樂三年，山西民中外山等上言：「請分丁於真定、南宮等州縣，占籍為民。」[59]《明太宗實錄》永樂十五年五月辛丑條，有更詳細的一手記載：

山西平陽、大同、蔚州、廣靈等府州縣民申外山等詣闕上言：「本處地磽且窄，歲屢不登，衣食不給；乞分丁於北京廣平、清河、真定、冀州、南宮等縣寬閒之處，占籍為民，撥田耕種，依例輸稅，庶不失所」。從之，仍免田租一年。[60]

則這一條例外的永樂三年移徙記載，實為十五年之誤。則所謂永樂三年移徙記載，恐為二年之誤。似乎可以證明。由於編纂實錄所依據的原始資料已經不存，無法查對，這個一萬戶的數據只有闕疑，在統計時注明疑為重複記載，不列入統計。

經過以上檢討，將現存可靠的移徙資料，製成表三。以下便依此表討論永樂年間的戶口移徙，分析其種類、規模、路線、並試估其數量。這些資料雖已透露不少消息，但絕非完整的紀錄，尤其數據不詳的，占現今掌握資料的三分之二；因此試估出來的數據，只能是最低的估計。

三、移徙的類別與人數的變遷

移徙的類別與人數的變遷，正反映著永樂年間政府面臨的問題及其變遷，為便於討論起見，將永樂年間分為三期：以永樂帝巡狩北京、設行在的永樂七年以前，為第一期；永樂八年至恢復營建北京皇城的永樂十五年，為第二期；永樂十六年以後，為第三期。

（一）第一期（洪武三十五—永樂七年，一四〇二—一四〇九）

本期移徙資料可考者三十四條，其中以墾荒民戶最多，計十二條；墾荒罪囚五條次之，謫戍官吏五條，又次之；韃靼女真各四條及安南二條，又次之；最少的是衛所軍及大戶各一條。有數據資料的，共有十七條，恰好占一半。其中墾荒移民的人數可考的八萬八千五百零四人，約占本期可考的移徙人數的百分之二十四．八，若加上墾荒罪囚五千六百人及種田的謫戍官吏八百九十五人，則墾荒人數達九萬四千九百九十九人，比例升為百分之二十六．六。而衛所軍之二十二萬四千人，也是要參加屯田墾荒行列，則墾荒人數更增至三十一萬八千九百九十九人，占本期可考的移徙人數百分之八十九．五。因此本期移徙人口的目的，似以復興農村經濟為主要任務。又本期移徙人口可考的有三十五萬六千二百一十三人，占整個永樂年間可考的移徙人口五十五萬二千四百零九人的百分之六十四．四，這顯示永樂年間的人口移徙，以本期為主，其中移入北京附近的郡縣人口達三十萬零八千六百人，占三十五萬六千二百一十三人的百分之八十六．六，凸顯本期移徙主要目的在復興受靖難戰火摧殘的北京地區之農村經濟，遷「地狹人稠」地區的「丁多田少或無田之家」，前來墾荒，厚植北京地區的經濟力量，以陞崇永樂帝肇基之所。又移徙至少三千八百戶各地殷實大戶到北京城充廂長，填實北京城，為永樂七年改北京為行在，及朝向改北京為京師發展，打下較扎實的基礎[61]。墾荒的移徙人口中，除民戶外，以罪囚和謫戍官吏為主，據表四載，僅有六千

59 《民國南宮縣志》，卷二一，〈掌故志．兵事篇〉頁九。

60 《明太宗實錄》，卷一八八，頁一，永樂十五年五月辛丑條。

61 萬曆五年十一月，順天府府尹王之垣言：「國初，徙浙江等處富民三千八百餘戶，以實京師。」（《明神宗實錄》，卷六九，頁三，萬曆五年十一月壬戌條），則實際移徙之富戶不止三千戶，而為三千八百餘戶。

四百九十五人，由於沒有數據資料的占十分之六，實際的數字可能在一萬人以上，這反映了永樂帝大力整肅異己的事實。例如洪武三十五年十月，即燕王篡位，攻下南京後的四個月，將北平所屬州縣官朱寧等二百一十九人，「命入粟贖罪畢，發興州屯戍」；因為他們在靖難之役之際，未支持燕王，「棄職遠避」[62]。至於占可考人數百分之四．六八的安南人才與工匠，則為永樂五年平定安南，將安南納入版圖的結果[63]。而占百分之一．五四的韃靼、女真等外族之降附移徙，也是永樂帝招徠的成果，以示其得萬民擁戴，轉移一般人民對他篡位的不滿。總之，本期人口移徙的特色，是以移民墾荒為主，填實京城，懲罰異己與招徠外族來朝為輔，目的在鞏固篡奪來的政權。

（二）第二期（永樂八—十五年，一四一〇—一四一七）

本期移徙資料可考者二十七條，比前一期稍為遜色。其中墾荒移民五條，罪囚謫遷四條，官軍移屯一條，女真移徙者十二條，韃靼遷謫者五條。有數據的只占二十七條中的五條：計墾荒移民一條，約一萬一千五百人，占本期可考移徙人口中的百分之二十．九，占整個永樂年間可考的墾荒移民人口總數的百分之十一．四九；罪囚墾荒也是一條，約八千一百四十八人，占本期的百分之十四．八六，占整個永樂年間可考的罪囚墾荒移民人口的百分之五十九．二；若加上駐防屯田的衛所軍兵及其家屬三萬五千人，則墾荒屯田人口增至五萬四千六百四十八人，占本期可考移徙人口的百分之九十九．六七；顯示墾荒移民仍是本期的主要任務，雖然總數比前期已較遜色得多，只占各期各種墾荒人口之可考總數三十八萬零一十七人的百分之六．九。而謫戍官吏一項，未再出現，顯示永樂帝政權已鞏固，異己剷除工作已完成。官軍移屯一條，係調長沙護衛官軍三千戍守遼東，二千戍宣府，二千戍保安諸衛，餘調山東緣海六衛。長沙為谷王橞徙封地，永樂十四年十二月調其護衛軍戍邊，似為永樂十五年正月廢谷王為庶人之先兆[64]。調防的官軍與遷謫之罪囚，大多移徙實邊。而剩下兩條有數據的全屬韃靼之內附，人數僅一百七十八人，占本期的百分之〇・三二，占全期韃靼女真移徙人數的百分之三・一，數目不大；然而由於無數據者占絕大多數，實際移徙之韃靼、女真人可能會是這個數字的五、六倍以上。本期罪囚謫戍、官軍移屯，均在邊塞，目的在移軍民實邊，是永樂帝加強邊防政策的一環，而韃靼、女真的降附移徙，也是為加強邊防而御駕親征沙漠的結果。總之，本期人口移徙，仍以墾荒移民為重，但為實邊而移徙及東北的女真、塞北的韃靼之移徙，正是永樂七年以後，永樂帝長期駐蹕北京，以天子守邊，積極加強邊防的政策之反映。此外，親王護衛軍的移徙戍邊，同時也反映永樂帝削藩政策的推行。

（三）第三期（永樂十六—二十二年，一四一八—一四二四）

本期移徙資料可考者十條，比前二期顯著減少。墾荒移民之事，未再出現，也許是經過十五年的努力之後，墾荒事業大體有了成就，不需要再大規模移徙人口。軍隊移屯的資料五條：一為瀋陽右衛及河南三護衛軍調往保安、宣府、永寧、美峪等山後各衛所入伍，「且令種田治生」[65]；一為撥安東中屯衛軍一千

62 參見表三第四條。

63 安南入明版圖，在永樂五年六月。參見《明太宗實錄》，卷六八，頁一—七，永樂五年六月癸未條。

64 《明太宗實錄》，卷一八二，頁二，永樂十四年十二月甲辰條。〔清〕張廷玉等，《明史》（北京：中華書局新校標點本，一九七四），卷一〇二，頁二七五五—二七五六，〈諸王世表三〉。

65 《明太宗實錄》，卷二〇三，頁二，永樂十六年八月辛亥條。

人屯守山西懷仁縣新建城堡[66]。這兩條都屬於永樂帝調整邊防體系的行動。剩下三條均為移徙官軍前往北京，與永樂帝遷都北京有關，其中十九年五月移徙的是周王自動獻出的護衛軍[67]。則又與永樂帝削奪藩權有關。外族移徙主要是女真與韃靼，女真移至遼東邊區，韃靼仍移至內地。民戶的移徙有兩條，均與遷都北京有關，一為將北京皇城附近居民遷往城內隙地，一為將南京民匠戶二萬七千戶移至北京，若以每戶五口計，約為十三萬五千人。本期資料有數據可考者僅四條，三條與遷都北京有關，共十四萬零三百七十人，占本期可考數據的百分之九十九・二，一條與邊防有關，僅一千人，占百分之〇・八。從可考的文字資料與數字資料，均顯示本期最重要的大事，首為遷都北京，調整邊防次之。

四、移徙地區與移徙路線的分析

移徙地區可分為移出地與移入地，先討論移出地。（請參閱表五「移出地及移出人口數目表」）依可考之數據，1.南京地區，十三萬五千人，約占百分之二十四・四三；2.山西，二十八萬一千五百零四人，約占百分之五十・九；3.山東、山西，二萬五千人，占百分之四・五二；4.安南，一萬六千七百人，占百分之三・〇二；5.山東、山西、湖廣，一萬一千五百人，占百分之二・〇八；6.湖廣長沙，三萬五千人，占百分之六・三三；7.遼東、東北，六千人，占百分之一・〇八；8.塞北，五千六百九十二人，占百分之一・〇三；9.山東，四千人，占百分之〇・七二；10.江西，二千人，占百分之〇・三六；11.甘肅涼州，三百七十人，占百分之〇・〇六；12.北京，二百一十九人，占百分之〇・〇三。

移出人口最多的是南京和山西、山東，南京在洪武末年人口已有五十萬左右，軍隊不計，約有三十三萬人，據顧起元《客座贅語．坊廂始末》載：「成祖北遷，取民匠戶二萬七千以行，減戶口過半。」[68]僅此一次移徙戶口，已占永樂年間可考移徙人口總數的百分之二十四．四三。山東、山西加起來，至少占到百分之五十五．四，比南京多得多。若加上被刪除的洪武三年九月（表三第十七條）的一萬戶，則人數更不得了。因此，山西可算是各省中移出人口最多的地區，由於永樂初年戶口與耕地數據不存，只好以洪武二十四年的數據來作比較，當時山西每戶平均七十．五畝，每口平均九．四畝；山東每戶平均一百．五畝，每口平均十二．七畝。在華北五省中，山西、山東每戶每口平均擁有耕地算是比較少的；所以「地狹人稠」「丁多無田之家」較多，遂成為主要人口移出地，例如澤州若以原額八千四百頃為永樂初年的耕地數字，以洪武二十四年的戶口數字（戶二萬零五百五十，口十四萬零六百七十八）為永樂初年的數據之最低額，則平均耕地，每戶四十．八畝，每口平均五．九畝[69]。潞州亦無永樂初年數據，以洪武中而言，戶二萬八千五百二十四、口十九萬六千九百一十八，耕地五十七萬二千一百八十一畝，平均耕地更少，每戶僅二十．〇五畝，每口二．九畝。傳說移出人口最多的洪洞縣，無永樂初年耕地與人口數據，若以洪武二十四年戶一萬一千九百九十、口九萬二千八百七十二為永樂初年人口最低額，萬曆九年清丈出的六千三百頃九畝為耕地最高額，則每戶最多五十二．五畝，每口最多只有六．七八畝[70]。這些數據均較洪武二十四

66 《明太宗實錄》，卷二一一，頁一，永樂十七年四月戊戌條。
67 《明太宗實錄》，卷二三七，頁二，永樂十九年五月壬申條。
68 〔明〕顧起元著，張惠榮點校，《客座贅語》（南京：鳳凰出版社，二〇〇五），卷二，〈坊廂始末〉，頁六六。
69 《萬曆澤州志》（明萬曆三十七年刊本），卷七，〈籍賦志．戶口〉，頁一—三；卷七，〈土壤〉，頁七。
70 《洪洞縣志》（民國六年刊本），卷九，〈田賦志．田糧〉，頁一。據李景漢，《定縣社會概況調查》（民國二十二年初版），河

年山西全省平均每戶七十．五畝、每口九．四畝為低，且比全國大多數省分為低。山東戶口移出地以青州、登州、萊州為主，以青州府為例，永樂初年數據不存，只好以洪武二十四年數字來比例，當時青州府有戶二十一萬三千五百三十三、口一百六十八萬九千九百四十六，平均每戶七．九口，比全國平均每戶五．三三口多二．五八口，是「民戶丁多」之地；而官民田約一千三百三十九萬一千零五十四畝，平均每戶六十二．七畝，每口七．九畝，比山東每戶平均耕地一百．五畝、每口平均耕地十二．七畝少得多，是「民多無田」的地區[71]。成為人多田少的狹鄉，主要是因為山西與山東青、萊、登等府，未遭靖難戰火摧殘之故。

安南移出人口一萬六千七百人，占百分之三．〇二，則與人口密度無關，而與安南之併入中國版圖，為「加意綏懷」，「凡懷才抱德之庠，敦遣起京」[72]。

其次是湖廣地區，也不是因為人口過於稠密，而是削減谷王護衛，與加強中央集權的削藩政策有關。

其次是遼東、塞北地區，也不是與人口密度相關，而是為了國防，移徙歸附的邊疆民族。

其他地區如江西、甘肅與北京，移徙人數所占百分比均在百分之一以下，並不重要，因此不加討論。

移入戶口最多的地區，依表六「移入地與移入人口數目表」，可知：1.北京，十六萬零四十六人，占百分之二十八．二；2.北京郡縣，三十萬零八千六百人，占五十五．八；3.山後（居庸關以北，外長城以南地區），三萬九千八百六十七人，占百分之七．二；4.南京，一萬六千八百九十二人，占百分之三．〇五；5.遼東，一萬五千人，占百分之二．六九；6.河南裕州，七千五百零四人，占百分之一．三五；7.甘肅，五千五百人，占百分之〇．九九；8.江西，二千人，占百分之〇．三六；9.山西，一千人，占百分之〇．一八。

移入人口最多的是北京與北京附近郡縣，集中於永樂七年以前，及十五年以後，適與永樂帝改北平為北京及遷都有關，尤其以十五年以後，移入北京人數是七年以前的八．九五倍，此與永樂初年的北京，還只是兩京之一，是「中都」式的京城，象徵意義大於實質。十五年以後，營建北京城，為遷都作準備，乃有二萬七千戶民匠戶的大規模移徙。北京城移入的人口若與北京郡縣移入人口合併計算，則有數據資料的總數達四十六萬四千六百四十六人，占整個永樂年間可考移徙人數的百分之八十四．一。而北京及各府人口在永樂初年約有十九萬戶，以每戶五人計，約九十五萬人，其後先後移入人口至少四十六萬餘人，則移入人口約當當地原有人口的一半，由於有數據資料者僅有無數據資料的一半；則保守的估計，移入人口可能與當地原有人口差不多。由此可知北京地區實為永樂年間戶口移入的最主要地區。北京地區在洪武二十四年時，平均耕地每戶一百七十一畝、每口二十九．四畝，已是全國各省之中最地廣人稀之地。經過靖難

北定縣東部東亭鎮為中心的六十二個村子，一萬零四百四十五戶，約五萬八千人，約分為一百一十姓、五百二十九族，其中有二百一十七族、七十五姓係靖難之變後，由山西洪洞縣移來；又據金陵大學，《農村人口調查報告》抽樣調查，河北青縣一百九十八家農戶中有五十七家係洪洞移民戶；鹽山縣六百家中，洪洞移民戶占四百九十家；河間縣三百家中，洪洞移民戶占一百一十家；滄縣三百六十家中，洪洞移民戶占六十三家；交河縣二百家，全係洪洞移民戶。山東歷城縣龍山鎮五百五十家中，洪洞移民戶占四百一十八家；濰縣一百九十六家中，洪洞移民戶有六家；樂昌縣三百六十八家中，洪洞移民戶有九家；嶧縣二百五十四家中，洪洞移民戶為五家；安邱縣雷泉鎮一百三十四家中，洪洞移民戶有七家。河南沁縣七十四家中，洪洞移民戶有五十九家；汲縣張家店二百零一家中，洪洞移民戶占了一百七十八家。又據《深州風土記》（光緒二十六年刊本）記載，當地六十九族中，始祖原住地可考者三十六族，其中有十四族，約占百分之三十九，來自洪洞；而來自山西者有二十六族，占百分之七十。詳見牧野巽，《牧野巽著作集．第五卷．中國の移住傳說》（東京：御茶の水書房，一九八五），〈華北における洪洞傳說〉，頁三一—四一；〈《深州風土記》に見える河北深縣における氏族の變化〉，頁四二—五三。

71 《萬曆青州府志》（明萬曆四十三年刊，康熙十二年增刊），卷七，頁一下。《明太宗實錄》，卷二二四，頁二，永樂十年正月乙未條：「山東濟寧州同知潘叔正言：……青登萊諸郡，民多無田。」例如安丘縣即為「人稠地隘，無以自給」。（《明太宗實錄》，卷九三，頁八，永樂七年六月庚午條。）

72 《明通鑑》（北京：中華書局新點校本，一九五九），卷一五，頁六六五，永樂五年六月癸卯條。表三第二三、二四條。

戰火的摧殘，據前永樂元年五月北京行部的報告，北京地區田地共二千四百四十九萬九千七百畝，已復業人戶十萬零四千三百戶，即平均每戶耕地為二百三十四．七畝，為洪武二十四年的一．三七倍，且已開耕田地只占洪武二十四年的百分之十．八七。因此「地曠人稀」的情形非常嚴重；永樂帝就說過：「北京兵燹以來，人民流亡，田地荒蕪。」[73]因此成為最主要人口移入區的寬鄉[74]。

山後地區，即居庸關外的邊塞，明初「移其民入關內」，如保安州、隆慶州、縉山縣等均廢。永樂十一年，永樂帝親征蒙古沙漠，經過此處，「以其當要衝」，「且土壤饒沃」，「而土宜稼穡」，乃復設州縣，移有罪當遷謫者與山西山東、湖廣之民實之[75]。因此成為第二個主要人口移入地。

南京地區移入者主要為安南與韃靼女真等邊族領袖，永樂十九年以前南京仍為首都，邊族領袖每願歸附後住居於首都；因此常有移入南京之事。而安南工匠與才德之士之赴南京，也是因為朝廷想「加意綏懷」之[76]。山東兗州府、東昌府等地，因係靖難之役主要戰場，人口尤為減少；因此也是主要人口移入地，可惜無法找到移入人口的數據。

河南在永樂元年，「復業之民三十萬零二千二百三十戶、男女一百九十八萬五千五百六十口，未復業者尚三萬二千零五十餘戶、男女十四萬六千零二十餘口」[77]。其中裕州「地廣民稀」，情形較嚴重。因此，從「地狹民稠」的山西澤州、潞州等州縣，「於彼無田之家來耕」[78]。

甘肅、遼東均為邊塞地區，地廣民稀，其數據可考之人數的百分比，與江西、山西均在百分之一以下，不再詳論。

總之，永樂年間的戶口移出區是以山西和山東青、萊、登等府及湖廣地區、山後邊塞、山東兗州府、東昌府與南京及河南裕州、安南等處為主。遷徙的路線，以移入區而言，北京地區遷民來自山西、直轄蘇州等十一郡（包括南京，及全國九布政使司），山後邊塞遷民則來自山西、山東、湖廣及全國其他地區，山東兗州府遷民則來自山東青、萊、登等府，河南裕州遷民則來自山西，南京遷民則來自東北、塞北與安南。

73 《明太宗實錄》，卷一五，頁五—六，永樂元年十一月戊戌條。

74 如真定之戰與藁城之役尤為慘烈，因而人口大量減少，而移入山西遷民。參見毛佩琦，《永樂皇帝》（瀋陽：遼寧教育出版社，一九九四），頁一〇八—一一七、一七一—一七四。王熹，《建文帝永樂帝》（長春：吉林文史出版社，一九九六），頁一四八—一五七。明代真定望族如產生梁夢龍、梁清標、梁清遠等名士的梁氏家族，其祖籍就是山西蔚州。正定牛家莊的王士珍家族，其族譜也記：「祖籍太原、滎發正定」。遷民來到河北，除少數人與當地人雜居外，多數是按縣分村建屯設寨，另立新村。因此，有些新村甚至保留了移民原籍的村名。據調查，石家莊近郊的一百多個村落中，屬明初遷民建村的，就有東焦、西焦、馬家店、孔寨、王村、槐底等十幾處，占自然村總數的百分之十五。井陘、鹿泉、藁城、晉州這類村莊也有不少。其中一些村名就是由移民從山西帶來的。如藁城的蒲城、晉州的祁底等。至今，在一些農村，還能找到明初遷民後裔為始祖刻立的墓碑。如桃園村呂傑夏碑：「世傳家譜山西平陽府洪洞縣遷往東古城村卲同社民籍第二甲，又遷至桃園村居住」。藁城靳莊，〈追憶先世小序〉的遷民碑記：「明永樂二年，有詔遷外省民實內地，吾祖李公者，山西洪洞縣人也，奉詔遷直隸正定府藁城縣靳莊村，遂家焉。」（參見栗永，〈靖難之變與燕王掃北〉）

75 《萬曆永寧縣志》（萬曆三十年刊本），卷一，頁一八—一九、二六；《隆慶志》（嘉靖年間刊本），卷一，頁二；卷一〇，頁一。《明太宗實錄》，卷一〇九，頁一，永樂十二年三月丁丑條；《明太宗實錄》，卷一六〇，頁三，永樂十三年正月壬戌條；《明太宗實錄》，卷一八二，頁三，永樂十四年十一月丁巳條。

76 《明通鑑》，卷一五，頁六六五，永樂五年六月癸卯條。表三第二三、二四條。

77 《明太宗實錄》，卷二五，頁七，永樂元年十一月丁未條。

78 《明太宗實錄》，卷一八，頁六，永樂元年三月己未條。

五、永樂年間實施移徙政策的成效與影響

移徙的目的在於開墾荒地、鞏固邊防與繁榮京師，永樂年間實施的成效如何？以下逐項討論。

開墾荒地方面，明廷為鼓勵遷民墾荒，常發給遷民交通工具、旅費、日用品。如永樂五年五月徙江西、山東民戶五千戶於北京上林苑，即「戶給路費鈔一百錠，口糧六斗」[79]。永樂元年下令罪囚「編成里甲，並妻子發北京永平等府州縣為民種田」，山東、山西、河南、陝西遷徙罪囚，「人給鈔三百貫」，其浙江、山西、廣東、福建、湖廣、四川等六布政司及直隸府州，亦「給鈔發遣」[80]。到達目的地後，除驗丁授田，配給牛種農具外，並免租稅以為鼓勵。如永樂元年定〈罪囚北京為民種田例〉：「先於順天府所屬州縣內，（每人）撥荒開秋夏田地共五十畝，有力自願多耕者聽。」[81]又如永樂九年六月，「籍青州等三府逃民，官給牛具、種子，命就彼（東昌等府）耕種，俟三年後，科徵稅糧」[82]。在這樣的鼓勵下，戶口移入地區的人口與墾田數目，都大為增加。如河南裕州洪武年間戶止八百二十二，口止四千八百二十，由於山西遷民之徙來，永樂年間增至戶二千一百六十一，口一萬二千三百二十四，戶增一．六二倍，口增一．五五倍；移入戶口占當地總戶口數，戶約百分之六十一．九，口約百分之六十．八（含自然增長人口）。當地里甲，由原設七里增至二十四里，而洪武初官民田地僅八百一十三頃，「至永樂間闢至一千一百七十二頃，仍遺二百餘頃俱未起科」，則墾田增五百五十九頃，為原額之一．六倍[83]。又如河南城縣原有民戶三里，「今收遷民，總二十二里」；則遷民占當地人口百分之八十六[84]。又如廣平府成安縣，最初「有民十三社」，「今增山西遷民八屯」遷民占當地人口百分之三十八[85]。又其北京廣宗縣，「惟南、北二社為土著，其塘疃以下九社，則永樂二年自山西遷來附籍者」，「原保、李懷二社，則永樂四年自山東順附者」，則遷民占當地人口約百分之八十四．六[86]。又如北京城附近的大興縣，永樂二年徙山西遷來大批人口，共

立五十八營[87]。順義縣亦然，其西北有包頭營、東潞州山西營、大同營、霍州營、長子營、解州營、南蒲州營、屯留營、潞城營、紅銅（洪洞）營等，均以山西地名為營名，即為山西遷民所建的村落[88]。由於遷民努力開墾，「永樂定都北平，填聚郊圻」，「田隱草間者盡闢矣」[89]。又如保定府清苑縣，「洪武、永樂之初，生育未繁，城市多荊棘」，由於遷民的努力，「荊棘為稼穡」，「村落屯莊，闤闠相望矣」[90]。河間

79 同表三第二二條。

80 《明太宗實錄》，卷二二，頁四，永樂元年八月乙巳條。

81 《明太宗實錄》，卷二二，頁四，永樂元年八月乙巳條。

82 同表三第四一條。

83 《嘉靖裕州志》，卷三，〈戶口〉，頁四；卷三，〈保圖〉，頁五；卷三，〈田糧〉，頁一。

84 《明宣宗實錄》，卷二七，頁一一，宣德二年四月甲申條；卷八，頁五，洪熙元年八月丙戌條載：淇縣，原只有六里，也因為新收遷民二十里，吏部請增置縣丞、主簿。

85 《明宣宗實錄》，卷二一，頁八，宣德元年九月辛亥條。

86 《萬曆廣宗縣志》（萬曆二十六年刊本），卷一，頁二。又如《嘉靖新河縣志》（嘉靖四十三年刊本，卷一，頁四）載：新河縣有十二社，山西遷民便占了五社。根據新修的《新河縣志》（北京：方志出版社，二〇〇〇），申家莊村、傅家莊村、神首村、蘇田村、東千家莊、西千家莊、東高家莊、董家莊、西小漳村、東團村、西團村、牙家寨等都是永樂年間山西遷民所建或填實的。（參見黃忠懷，《整合與分化──明永樂以後河北平原的村落型態及其演變》，復旦大學歷史地理研究中心博士論文，二〇〇三。）類似例子，參見表三第十二條。

87 〔清〕吳長垣，《宸垣識略》（北京：北京出版社鉛印本，一九六二），卷一二，頁一二二。

88 尹鈞科，〈明代北京郊區村落的發展〉，《歷史地理》，一九八四年第三期，頁一一三。

89 《萬曆新城縣志》（萬曆四十五年刊本），卷六，頁六，〈地事〉〈賦役〉。

90 《萬曆保定府志》，卷二，頁一八。

府的任丘、阜城二縣及山東阿縣，均因移徙政策實行有效，「人民復盛」；永樂二十一年三月，復置縣丞、主簿各一員[91]。

鞏固國防方面，邊民內徙，移民實邊，對邊塞的繁榮，起了相當的作用。如隆慶州，當永樂十二年冬，遷民未至，據督創隆慶、保安、永寧等州縣的趙翃說：「惟本州官吏穴居野處，左右四顧，荊棘蕭然，鬼哭狼嚎，不勝悲慘。……豈意不二、三年，民益日廣，相與披荊棘，除草萊，立成街市，漸至人煙繁夥，百貨駢集，野有餘糧，民無菜色。」[92]永樂二十年調查時，戶已有一千六百四十七，口八千一百四十八，（男子四千零二十三人，婦女三千七百二十五人）[93]。邊塞繁榮，戶口增加，邊塞因此填實，國防因而得以鞏固。而男女人口的比例為一百比九十二・五，已與男子占絕大多數的邊區移墾社會不同，顯示該地區已發展得與內地社會相似。

至於繁榮京城方面，北京城人口的增加，住民構成分子的多樣化，與移徙政策大有關係。尤其永樂元年八月移各地殷實大戶三千八百戶為北京富民，及永樂後期，移民匠戶二萬七千戶填實北京，影響最大。除了以上成效外，全國人口東南西北互相移徙，對民族融合、風俗、語言的互相學習，可能產生最大的作用。例如灤州蒙古軍民的內徙，散在漢族聚落中，逐漸漢化。河北一帶，素來「為割據尚才，武習戎馬，聲教未被，以文學著者殆寡」，直到永樂徙南方之民，「以實畿輔，右文治而左武功」，於是灤俗一變「乃文武並向，以科名起家」[94]。而內地人民互相移徙，山西人移往河北、河南，不但使移入地人口增加，而且遷民與土著的語言、風俗習慣因互相影響而漸趨一致，河南方言即與山西方言因此而相近[95]。

總之，永樂年間戶口移徙，有數據可考者約為五十五萬六千餘人，由於有數據可考的只占蒐集到的資料的三分之一，實際數字可能會多到一百萬以上，很可能有一百六十六萬以上，如果加上《明太宗實錄》所未記錄從南京移防以建立京城衛所體系的四十二衛一千所，則永樂大移民總人數可能有兩百十三萬，這與曹樹基教授推估的兩百二十五萬相差只有百分之五[96]。移徙的主要目的在復興靖難戰火波及地區的經濟，以狹鄉之民墾荒於寬鄉，山西之民移徙北京、山東，占極大多數。而永樂帝之內徙塞王，改變邊防體系，以「天子守邊」代替過去的「塞王守邊」；因此將北平升為北京，進而改為京師。移徙的另一主力，即在移各地殷實大戶填實京師，而遷謫罪犯與山東、山西、湖廣民戶，前往隆慶州、保安州等邊塞地區，也是為了鞏固保衛北京地區的國防。這種由政府規劃的大規模群體性強制性移民政策實施的結果，迅速地

---

91 《明太宗實錄》，卷二五七，頁二，永樂二十一年三月丁未條。據〔明〕劉曰暘，《萬曆古田縣志》（萬曆三十四年刊本），卷六，頁四：「國朝縣編戶滿二千以上者，官全設；不滿二千者，省丞、簿二員。」

92 《嘉靖隆慶志》，卷四，頁二；卷一〇，頁四三。

93 《嘉靖隆慶志》，卷三，頁一—二。

94 《光緒灤州志》（光緒二十四年刊本），卷八，頁一六。

95 郭豫才，〈洪洞移民傳說之考實〉，《禹貢半月刊》，第七卷，一〇號（一九三七）。

96 據曹樹基的估算，永樂大移民總人數為二百二十五萬八千人，約是泓依據有具體數據估算移民總人數五十五萬六千人的四倍。但泓的推估是最低的數字，因為有三分之二的記載沒有數據。如果將五十五萬六千人乘三倍，則應有一百六十六萬八千人；則差距減至五十九萬人。我們之間估算出入最大的是衛所軍籍的數字，曹的數字是一百三十七萬人，泓的數字是二十六萬五千三百七十人。原因是泓僅依《明太宗實錄》記載的衛所官軍遷移具體數字推估二十六萬五千三百七十人，尤其是遷到北京的衛所官軍，曹教授依北京城的五十四衛一千戶所，扣掉原北平都司的軍衛官軍，則移入北京的衛所是四十二衛一千戶所；因而推估出軍籍移民為七十萬人。泓則僅依《明太宗實錄》記載的遷入北京的衛所官軍：來自山西的八衛，來自涼州的七十四戶及來自遼東的五千人；總共才二十二萬九千三百七十人，差距是四十七萬零六百三十人，其中完全沒有南京衛所官軍移防北京的數據。所以曹教授的推估較全面得多。如果把泓的二十二萬九千三百七十人換成曹教授的七十萬人；則泓推估的一百六十六萬八千人加上其間相差的四十七萬零六百三十人，則永樂總移徙人數應該有二百一十三萬八千六百三十人，與曹的推估總人數二百二十五萬八千人，只差十一萬九千三百七十人，誤差為百分之五；因此，可以說我們的推估相差不大。參見曹樹基，《中國移民史．第五卷．明時期》（福州：福建人民出版社，一九九七），第八章〈永樂移民〉。

繁榮了京師，復興了靖難戰火破壞地區的經濟，也鞏固了國防[97]。因此，其功效比較洪武年間是相差不多的。但在規模上卻遜色得多。洪武年間的戶口移徙，有數據可考的總數已達一百六十八萬人，約為永樂年間的三倍[98]。這也許是經過洪武年間大規模有計畫的移徙之後，全國大部分地區的人口與土地的分布，大致調配妥當，除了靖難之役戰火波及地區外，已不需再大規模移徙。當永樂年間移徙政策生效後，大規模移徙就很少舉行。宣德五年，陝西漢中府因為人民較少，希望移徙「山西、陝西、四川附近州縣丁多之民，以實其地」，經過六部議奏，一致建議：「天下郡縣人民版籍已定，產業有恆，遽遷之他鄉，不無驚擾，不可遷。」[99]所以盛行於洪武、永樂年間的移徙政策，就如《明史．食貨志》所云：「自是以後，移徙者鮮矣。」[100]

*本文於一九九一年發表後，一九九八年被大陸某大學教授全文照抄，改了篇名，發表於《青海社會科學》，後來該文作者打隔海長途電話道歉；為免誤會，特此注記。

表一：永樂年間戶口移徙資料年表

號碼	時間	移出地	移入地	移民身分	移民數目	資料出處（卷／頁）
1	洪武35年9月甲午	各地	北平	罪囚及家屬		《太祖實錄》，12下/2-3（以下未注明資料名稱者，即為《太祖實錄》）
2	洪武35年9月乙未	山西、太原、平陽、澤、潞、遼、沁、汾	北平各地	丁多田少，或無田之家		12下/4

號碼	時間	移出地	移入地	移民身分	移民數目	資料出處（卷／頁）
3	洪武35年9月乙巳	山西	北平各地	衛所軍	8衛（依每衛5,600戶，每戶5口計，共224,000人）	12下/7；《永平府志》，30/3
4	洪武35年10月丁巳	北平各地	興州	靖難之際棄職州縣官	219人	13/3
5	永樂元年3月乙未	山西、澤、潞等州縣	河南裕州	無田之家	最多不超過1,339戶、7,504口。	18/6；《嘉靖裕州志》，3/4
6	永樂元年5月辛丑	各地	邊地	有罪官吏家屬		20下/5
7	永樂元年8月己巳	各地	順天府、永平府	罪囚及其家屬		22/4
8	永樂元年8月甲戌	直隸、蘇州等十一郡，浙江等九布政司	北京	殷實大戶	3,800戶（以每戶5口計，約19,000人）	22/6；《明神宗實錄》，卷69，頁3。《萬曆會典》，19/21

97 何關銀，〈論非自願移民的歷史地位與作用〉，《重慶大學學報（社會科學版）》，第八卷第四期（二〇〇二），頁四八—五一。

98 徐泓，〈明洪武年間的人口移徙〉。

99 《明宣宗實錄》，卷七一，頁五，宣德五年十月乙亥條。

100 《明史》，卷七七，頁一八八〇，宣德以後的強制性戶口移徙，絕大多數屬外族（尤其是蒙古、女真）降附人口。

號碼	時間	移出地	移入地	移民身分	移民數目	資料出處（卷／頁）
9	永樂元年	南方	永樂府、豐潤等	民戶		《隆慶豐潤縣志》1/7；《永平府志》，30/4
10	永樂2年5月辛丑	北京州縣	北京人少處	吏民犯罪者		31/1
11	永樂2年7月己未	各地	北京	廢黜吏	462人	33/3
12	永樂2年9月丁卯	山西、太原、平陽、澤、潞、遼、沁、汾	北京州縣	民戶	10,000戶（以每戶5口計，為50,000人）	34/4；《新河縣志》，5/20、31，4/40；《深州風土記》12下/3-42
		洪洞	鉅鹿	民戶	500餘家	《光緒鉅鹿縣志》，1/16；《趙州志》，1/5
		長子、屯留、襄垣、黎城等縣	柏鄉	民戶	約500戶	《嘉靖南宮縣志》，1/5；《民國大名縣志》18/5、7，28/36。《冀縣志》，8/42。
		高平、長子諸縣	南宮	民戶	400餘家	
		洪洞	新河	民戶	車、武二大姓，陳、張、翟、郭、穆等元朝後裔，宋、白、蘇、安、梅、楊等姓	

號碼	時間	移出地	移入地	移民身分	移民數目	資料出處（卷／頁）
		洪洞	大名	民戶		
		襄垣	魏	民戶		
		黎城	大名	民戶		
		洪洞	束鹿	民戶		
		山東、山西	順天府	民戶	58營	《光緒順天府志》，27/4；
		山東、山西	南皮	民戶		《民國南皮縣志》，13/40
		洪洞等縣	晉縣	民戶		《晉縣鄉土志》，頁21
		洪洞	廣宗	民戶		《民國廣宗縣志》，1/3
		山西	鹽山	民戶		《民國鹽山縣志》，28/7
	永樂2年10月辛未	蒙古哈啦兀	甘州、赤州、蒙古千戶所	韃靼	男婦500餘人	35/2
13	永樂2年	江淮	豐潤、樂亭	民戶		《隆慶豐潤縣志》，1/7；《光緒樂亭縣志》，3/11-51；《萬曆樂亭縣志》
13	永樂2年	棗強	齊河	民戶		《民國齊河縣志》，20/13

號碼	時間	移出地	移入地	移民身分	移民數目	資料出處（卷／頁）
14	永樂2年	大寧、營州中屯衛	畿內如定興、雄縣、平谷、香河	民戶		《萬曆香河縣志》，5/10；《光緒定興縣志》，3/1，20/8；《雄縣鄉土志》，7/1；《民國平谷縣志》，3/14；《濰縣志》，12/4
15	永樂2年	山西洪洞	山東濰縣	民戶		
16	永樂3年7月壬寅	塔灘	甘肅	韃靼	5,000人	44/2
17	永樂3年9月丁巳	山西	北京州縣	民戶	10,000戶（疑與12條為同一事）	46/3
18	永樂3年11月乙巳	江西各地	九江、南康	有丁無田及丁多田少之家	2,000人	48/3
19	永樂4年1月己酉	湖廣、山西、山東等	北京	郡縣吏	214人	50/7
20	永樂4年2月壬申	各地	開平衛	有罪當戍邊者		51/2
21	永樂4年	小興州	雄縣	民戶		《雄縣鄉土志》，7/2

號碼	時間	移出地	移入地	移民身分	移民數目	資料出處（卷／頁）
22	永樂5年5月丙辰	山西平陽、潞、山東登萊等府	北京上林苑（南至武清，北至居庸關，東至白河，西至西山）	民戶	5000戶（以每戶5口計，為25,000人）	67/1；《明史・職官志三》，〈上林苑監〉
23	永樂5年9月癸酉	交	南京	工匠	7,700人	71/6
24	永樂5年10月丁亥	交	南京	各種人才	9,000人	72/1
25	永樂5年10月己丑	各地	北京郡縣	發戍南邊之免死囚犯		72/1
26	永樂6年4月乙酉	東北	開原	降胡（女真）		78/1
27	永樂6年4月戊子	兀者右衛等	遼東三萬衛	女真		78/2
28	永樂6年4月丁未	考郎兀等衛	開原	女真		78/3
29	永樂7年4月乙亥	箚肥河等衛	三萬衛、快活城	女真		90/1
30	永樂7年閏4月庚午	各地	清苑茂山衛	有罪僧徒	5,600人	90/3

號碼	時間	移出地	移入地	移民身分	移民數目	資料出處（卷／頁）
31	永樂7年6月庚午	山東青州、如安丘等	冀州棗強	民之無業者	800戶（約4,000人）	93/8
32	永樂7年9月庚午	甘肅	北京	韃靼		96/1
33	永樂7年11月己卯	蒙古	南京	韃靼	14人	98/2
34	永樂8年7月丁丑	東北甫兒河衛、兀者衛	遼東開原自在州	女真		106/2
35	永樂8年9月丁卯	東北古路慶之地	東寧衛	女真		108/1
36	永樂8年10月乙未	東北野人	安樂州	野人女真		109/1
37	永樂8年11月己巳	蒙古	南京	韃靼	170人	110/1
38	永樂8年12月甲辰	各地	福建邵武	罪囚（補充疫死12,000戶）		111/3
39	永樂9年5月乙酉	建州	遼東開原自在州	女真		115/6

號碼	時間	移出地	移入地	移民身分	移民數目	資料出處（卷／頁）
40	永樂9年6月癸巳	卜魯兀等衛	安樂州	女真		116/1
41	永樂9年6月甲辰	青、萊、登等府	東昌、兗州等府	逃民		116/1-2；《咸豐濟寧直隸州志》，23/6
42	永樂9年9月癸酉	建州衛	遼東快活城	女真		119/3
43	永樂9年9月己巳	蒙古	南京	韃靼		119/2
44	永樂9年9月辛未	蒙古	北京	韃靼		119/2
45	永樂9年9月己巳	蒙古	南京	韃靼		119/2
46	永樂9年11月庚辰	蒙古	南京	韃靼	8人	121/5
47	永樂10年1月乙未	山東青、登、萊等府	兗州、東昌等府，定陶等縣	民戶丁多者		124/2
48	永樂10年1月壬子	各地	北京良鄉、涿州、昌平、武清、盧龍、山海、小興州	罪囚及其妻子		124/4

號碼	時間	移出地	移入地	移民身分	移民數目	資料出處（卷／頁）
49	永樂10年4月丁巳	蒙古	北京	韃靼		127/1
50	永樂10年4月己卯	建州衛	遼東開原自在州、安樂州	女真		127/3
51	永樂10年11月丙戌	肥河衛	東寧衛	女真		134/2
		阿刺山衛	安樂、自在州	女真		134/2
52	永樂10年11月乙巳	考郎兀衛	北京	女真		134/4
53	永樂10年11月己酉	建州衛	建州	女真		134/4
54	永樂11年2月丙辰	建州	安樂州	女真		137/2
55	永樂12年3月丁丑	各地	隆慶州	罪囚當遷謫者	不超過1,647戶，8,148口	《嘉靖隆慶志》，3/1；149/1
56	永樂13年1月壬戌	各地	保安州	罪囚當遷謫者		160/3-4
57	永樂14年11月丁巳	山東、山西、湖廣	保安州	民戶	2,300餘戶（約11,500口）	182/3

號碼	時間	移出地	移入地	移民身分	移民數目	資料出處（卷／頁）
58	永樂14年12月 壬申	長沙	遼東、保安、宣府、山東緣海	官軍	往遼東3,000戶，宣府2,000戶，山東（不詳）由於官軍均攜眷移防，每戶以5口計，則遼東應有15,000人，宣府10,000人，保安10,000人	183/2
59	永樂14年	山西	城	民戶		《嘉靖城縣志》，2/5
60	永樂15年5月 辛丑	山西平陽、大同、蔚州、廣靈等府州縣	北京廣平、清河、真定、冀州、南宮等縣	貧民		188/1-2
61	永樂16年8月 辛亥	瀋陽右衛及河南三護衛軍	保安、宣府、永寧、美峪	官軍		203/2
62	永樂17月4年 戊戌	涼州	北京	衛軍及家屬	74人及家屬（每家以5口計，370人）	211/1
63	永樂18年1月 戊申	東北穩克河野人	喜樂溫河衛	女真		220/1
64	永樂18年1月 戊戌	蒙古	南京	韃靼		221/2

號碼	時間	移出地	移入地	移民身分	移民數目	資料出處（卷／頁）
65	永樂18年3月丙子	北京皇城附近	北京城隙地	居民		223/1
66	永樂19年5月壬申	開封	北京	護衛軍		237/2
67	永樂19年6月庚申	遼東安樂、自在州	北京	官軍、韃靼、女真、高麗人	5,000人	238/1-2
68	永樂21年8月丁巳	安東中屯衛	懷仁縣	官軍	1,000人	262/1
69	永樂22年3月壬寅	建州	遼東	女真		269/4
70	永樂年間	山西浮山、洪洞、長垣	束鹿	民戶		《乾隆束鹿縣志》，8/75-77
		山東諸城	山東齊河	民戶		《民國齊河縣志》，20/8.31.
		山西洪洞、交城	西平	民戶		《民國西平縣志》，8/6.13.
		直隸川陝	長清	民戶		《道光長清縣志》，2/14
		山東諸城	禹城	民戶		《禹城縣鄉土志》，頁20。
		山西洪洞	禹城	民戶		《禹城縣鄉土志》，頁20。

號碼	時間	移出地	移入地	移民身分	移民數目	資料出處（卷／頁）
		江南宿州	平陽	民戶		《平陽縣鄉土志》，頁17。
		山東武城	平陽	民戶		《平陽縣鄉土志》，頁17。
		山西洪洞	肥城	民戶		《肥城縣鄉土志》，頁36。
		山西洪洞	雞澤縣	民戶		《乾隆雞澤縣志》，19/3
71	永樂2年	河南汝陽、山東青州、萊州	陵縣	民戶		《陵縣鄉土志》，頁23。
72	永樂後期	南京	北京	民、匠戶	2,7000戶（約135,000人）	《天下郡國利病書》，14/3

表二：永樂年間移徙戶口類別表

	洪武35年—永樂7年	永樂8年—15年	永樂16年—22年	小計
墾荒罪囚	5,600	8,148		13,748
謫戍官吏	895			895
墾荒移民	88,504	11,500		100,004
移徙北京富戶、民匠戶	19,000		135,000	154,000
衛所軍	224,000	35,000	6,370	265,370

	洪武35年—永樂7年	永樂8年—15年	永樂16年—22年	小計
韃靼、女真	5,514	178		5,692
安南工匠、人才	16,700			16,700
總計	360,213	54,826	141,370	556,409

備注：表三第17條未計入

表三：移出地及移出人口數目表

	洪武35年—永樂7年	永樂8年—15年	永樂16年—22年	小計
塞北	5,514	178		5,692
東北、遼東	?		6000	6,000
北京	219			219
甘肅涼州			370	370
山西	281,504			281,504
山東、山西	25,000			25,000
山東	4,000			4,000
江西	2,000			2,000

	洪武35年—永樂7年	永樂8年—15年	永樂16年—22年	小計
山東、山西、湖廣		11,500		11,500
南京			135,000	135,000
安南	16,700			16,700
湖廣長沙		35,000		35,000
全國各地	25,276	8,148		29,424
總計	360,213	54,826	141,370	556,409

備注：表三第17條未計入。

表四：移入地與移入人口數目表

	洪武35年—永樂7年	永樂8年—15年	永樂16年—22年	小計
北京	19,676		140,370	160,046
北京郡縣	308,600			308,600
河南	7,504			7,504
山後	219	39,648		39,867
甘肅	5,500			5,500

	洪武35年—永樂7年	永樂8年—15年	永樂16年—22年	小計
江西	2,000			2,000
南京	16,714	178		16,892
山西				1,000
遼東		15,000		15,000
總計	360,213	54,826	141,370	556,409

備注：表三資料第17條未計入。

第十章

羅香林教授對中國移民史研究的貢獻：讀〈中國族譜所見之明代衛所與民族遷移之關係〉

前言

羅香林教授是中國近代史學史上的重要學者，近人論其成就：或從客家與百越、畬族、南詔論其民族史研究的成就，或從景教、回教及中外關係論其唐史研究的成就，或從太平天國、洪秀全、劉永福、丘逢甲和孫中山論其近代史研究的成就，或從中西文化交通論其港澳史研究的成就，或從羅芳伯及其他海外華人團體論其華僑史研究的成就，或從運用史料的方法論他對譜牒、方志研究的成就[1]。對於羅先生另一重要成就——中國移民史研究，即運用族譜資料論述明代衛所與民族遷移，則鮮少學者論及。本文擬據羅先生於一九六九年十一月在《大陸雜誌》第三九卷第一〇期（頁一——一〇）發表的〈中國族譜所見之明代衛所與民族遷移之關係〉為主[2]，論羅先生對中國國內移民史研究的成就。

一、明代衛所與中國移民史

中華民族形成的過程中，明初的大移民是一重要的里程碑，其中衛所制度扮演一極重要的角色。明初於洪武七年建立衛所制度，「自京師達於郡縣，皆立衛所」[3]；「度要害地，係一郡者設所，連郡者啟設衛。大率五千六百人為衛，千一百二十人為千戶所，百十有二人為百戶所」[4]。衛所軍士是由軍戶供給，軍戶的來源，有從征、歸附、謫發與垛集、抽籍等[5]；從征是元末跟隨朱元璋起兵的軍隊，「平定其地因留戍者」[6]；歸附是蒙元或群雄的降軍；謫發是罪囚充軍；垛集是籍民戶補充軍伍；抽籍是簡拔民戶為軍。每一軍戶至少出一丁應軍差，赴衛所當軍，一般都不准在附近衛所服役。為防同謀逃亡或反抗，同一縣的軍丁也不派到同一衛所或同一地區服役。一般是江南軍戶調派江北衛所，江北軍戶調派江南衛所；使他們遠離鄉土不易逃亡[7]。據楊士奇說：「有以陝西、山東、河南、北直隸之人起解南方極邊補伍者，有以兩廣、四川、貴州、雲南、江西、福建、湖廣、浙江、南直隸之人起解北方極邊補伍者。」[8]

---

1 吳建華，〈羅香林的史學成就〉，《史學史研究》，二〇〇〇年第二期，頁六〇—六七。白志武，〈羅香林的學術研究述略〉，《嘉應大學學報（哲學社會科學）》，第二〇卷第五期（二〇〇〇年十月），頁一一二—一一五。高偉濃、王國強，〈羅香林對中外關係史和華僑史的研究〉，《暨南學報》，第二五卷第五期（二〇〇三年九月），頁一〇八—一一六。劉佐泉，〈羅香林先生的客家研究〉，《學術研究》，一九九九年第一二期。羅桂祥、蕭偉蕭，〈客家研究一代宗師—羅香林〉，《嶺南文史》，二〇〇四年第一期，頁八八—九〇。周建新，〈深化客家研究的再思考——從羅香林及其《客家研究導論》談起〉http://mrbuffalo.blog.hexun.com/4117842_d.html。吳建華，〈羅香林先生對譜牒研究的貢獻〉，《學術論壇》，二〇〇一年第四期，頁一〇九—一一二。蔣志華，〈羅香林與廣東地方文獻〉，《學術研究》，二〇〇五年第五期，頁一一〇—一一三。

2 又收入羅香林，《中國族譜研究》（香港：香港中國學社，一九七一），中篇。

3 黃彰健等，《明太祖實錄》（台北：中央研究院歷史語言研究所校勘本，一九六二），卷九二，頁四，洪武七年八月丁酉條。〔清〕張廷玉等，《明史》（北京：中華書局新校標點本，一九七四），頁二二七五。

4 〔清〕張廷玉等，《明史》，頁二二九三。有關衛所的研究，近代學者以王毓銓最重要，其〈明代的軍屯〉與〈明代的軍戶〉（《歷史研究》，一九五九年八月號，頁二一—三四。）已成經典，其後研究衛戶、軍戶，最專精之學者為于志嘉與川越泰博，于志嘉的代表作為《明代軍戶世襲制度》（台北：學生書局，一九八七），川越的代表作為《明代中国の軍制と政治》（東京：国書刊行會，二〇〇一）。

5 王毓銓，《萊蕪集》（北京：中華書局，一九八三），頁三四三—三五〇。于志嘉，《明代軍戶世襲制度》，第一章〈明代軍戶的來源〉，頁一—四六。

6 〔清〕孫承澤，《春明夢餘錄》（北京：北京古籍出版社王劍英據乾隆內府原刊本點校，一九九二），卷四二，〈兵部一．兵制〉，頁八〇八—八〇九。

7 王毓銓，《萊蕪集》，頁三五四—三五五。于志嘉，〈試論明代衛軍原籍與衛所分配的關係〉，《中央研究院歷史語言研究所集刊》，第六〇本第二分（一九八九），頁三六七—四五〇。于志嘉：〈明清時代軍戶的家族關係——衛所軍戶與原籍軍戶之間〉，《中央研究院歷史語言研究所集刊》，第七四本第一分（二〇〇三年三月），頁九七—一三九。

8 〔明〕楊士奇，《東里別集．奏對錄》（北京：中華書局據光緒三年楊觀光刊本點校，一九九八），頁四二二，〈論勾補南北邊而且軍丁赴指定衛所服役時，是「一人在官，則闔門皆從」，妻兒子女甚至父母也隨行；每次軍士調防，不啻為一次規模不太小的軍事人口遷移，於是明代衛所與民族遷移產生密切關係[9]。

明朝注重邊疆地區的防務，在北方邊境為防蒙古而駐紮重兵，因軍士須攜眷前往戍地。至於歸附的蒙古軍民，為分而治之，「皆令遷入內地」，「官屬送京師，軍民居之塞內」，在靠近北邊的北平府、永平府屯戍[10]。因此，在北邊形成包括內地遷來的軍士與軍眷及歸附的蒙古軍民在內的龐大軍事移民社會。

西南邊境包括雲南、貴州、廣西與湖南西部，民族複雜。最初，中書省建議：「宜遷其人內地，可無邊患。」明太祖不同意，他說：「今惟以兵分守要害，以鎮服之；俾之日漸教化，則不為非。數年之後，皆為良民，何必遷也？」[11]於是在雲貴設置衛所，移徙內地軍民實之，分守要害，就地屯墾，也形成龐大軍事移民社會，其軍事移民人口甚至還多於當地土著[12]。

總之，明代因設立衛所而有軍事移民，衛所與民族遷徙關係密切。

二、〈中國族譜所見之明代衛所與民族遷移之關係〉

民族史是羅香林先生的主要研究領域，他也注意到「各衛所之設立與國民移殖之關係」，認為「明代對邊區之開發與國語之推行」值得研究[13]。羅香林先生研究民族史特別注重運用族譜，他運用族譜研究客家源流與廣東族群，最為典範[14]。

近代中國學界的明清國內移民（Internal Migration）史的研究，始於譚其驤先生的〈中國內地移民史——湖南篇〉，一九三二年發表於《史學年報》，第一卷第四期，頁四七—一〇四。譚先生不但開創論題與問題意識，而且深入檢討相關史學方法與史料學，尤其注意族譜在移民史研究上的優點：

譜牒之不可靠者，官階也、爵秩也，帝王作之祖，名人作之宗也。而內地移民史所需求於譜牒者，則並不在乎此，在乎其族姓之何時自何地轉徙而來，時與地既不能損其族之令望，亦不能增其家之榮譽；故譜牒不可靠，然惟此種材料則為可靠也。[15]

從此，研究移民史的學者無不依此典範，據族譜研究而論[16]。羅先生亦從族譜論中國移民史，作〈中

軍〉。如河南商城縣一千五百二十一名軍戶應役衛所分布全國各地（除四川、湖廣、福建行都司外），甚至有派至雲貴者。詳見彭勇，〈論明代州縣軍戶制度——以嘉靖《商城縣志》為例〉，《中州學刊》，二〇〇三年第一期，頁九七—一〇一；于志嘉，〈試論明代衛軍原籍與衛所分配的關係〉，《歷史語言研究所集刊》第六〇本第二分（一九八九），頁三六七—四五〇。

9 《明太祖實錄》，卷一八一，頁七，洪武二十年閏六月乙卯條；卷二〇八，頁五，洪武二十四年四月癸酉條。曹樹基，《中國移民史．第五卷．明時期》（福州：福建人民出版社，一九九七），頁四。

10 《明太祖實錄》，卷八八，頁七—八，洪武七年四月辛酉條。參見徐泓，〈明初的人口移徙政策〉，《漢學研究》，第六卷第二期（一九八八年十二月），頁一八一—一九二。曹樹基，《中國移民史．第五卷．明時期》，頁二一七—二二〇及頁四二八—四四三，〈少數民族部落遷移〉，頁四四三—四六六，〈少數民族人口內遷〉。

11 《明太祖實錄》，卷四三，頁六，洪武二年六月丁未條。參見徐泓，〈明洪武年間的人口移徙〉，《歷史與中國社會變遷（中國社會史）研討會論文集》（台北：中央研究院三民主義研究所，一九八二），頁二三九。

12 曹樹基，《中國移民史．第五卷．明時期》，頁五，〈邊疆態勢對移民的影響〉。

13 羅香林，〈中國族譜所見之明代衛所與民族遷移之關係〉，《大陸雜誌》，第三九卷第一〇期（一九六九），頁一。

14 吳建華，〈羅香林先生對譜牒研究的貢獻〉，《學術論壇》，二〇〇一年第四期，頁一〇九—一一二。

15 譚其驤，〈中國內地移民史—湖南篇〉，《史學年報》第一卷第四期（一九三二年六月），頁五一。

16 如曹樹基、劉志偉，參見曹樹基，《中國移民史．第五卷．明時期．卷後記》，頁五六四—五六九。劉志偉，〈祖先譜系的重構及其意義——珠江三角洲一個宗族的個案分析〉，《中國社會經濟史研究》，一九九二年第四期，頁一八—三〇。

國族譜所見之明代衛所與民族遷移之關係〉，他強調正史與方志中只記載「少數曾任指揮使而持有軍功可傳者」，一般「職位較低者」，幸好有各姓族譜的記載，可傳其因衛所調防而導致之人口遷徙的源流。羅先生說：

此類衛所，今若以各有關姓氏之族譜勘之，則往往反足取證其初所由設置之意義，及軍籍承襲與家族隨遷之關係。……擬就所曾閱讀之族譜，摘其所記與明代各衛所有關之軍籍中人，及其與國民之遷移，及邊區開發文化推廣有關係者。[17]

於是羅先生從蒐集到的族譜，舉例說明軍戶的來源及其軍差應役與衛所調防，跟人口與民族遷徙的關係[18]。

首先，羅先生論「因罪遷隸」的軍戶遷徙。他舉《淄川袁氏家譜》為例，說明袁氏始祖袁彥中原籍北京海岱，在南京龍虎衛左所應軍差，「永樂靖難後，隨駕至北京」，後來「因罪遷隸」被發往山東淄川石城北而定居在袁家莊[19]。又舉元代泉州著名的蒲壽庚家族的家譜為例，其曾孫蒲太初被籍為軍戶，被發往山東東昌府平山衛左所[20]。又舉《毗陵沙氏族譜》為例，說明江蘇常熟回教徒沙氏被籍為軍戶，洪武七年發往陝西莊浪衛[21]。

次論「歸附」軍戶。舉《威海畢氏宗譜》為例，說明原為元軍的巢縣人畢成，歸附廖永安部隊，編入軍戶，任南京水軍右衛右所總旗，其子畢文敬襲職百戶，曾任錦衣衛中左所等職，最後被派往北平蘇州衛。「明初由歸附而效力各地之軍籍中人，亦藉此可推知焉」[22]。

接著論「從征」而編各衛之軍戶。舉《會稽馬氏宗譜》為例，說明朱元璋攻下南京之初即從征的會稽人馬國璋，在攻下山西之後，便統領大同中屯衛，鎮守大同[23]。又舉《蘇州陶氏家譜》為例，說明安徽定遠縣人陶鬢從征北平戰死，其子陶纏兒襲封在南京的龍驤衛，後晉升山東威海衛參軍[24]。

對於族譜的價值，羅先生說：可從「衛所設立與中國民族遷移之關係」，「顯示族譜紀錄之有其史實印證諸功能」[25]。舉西北要衝之山西代縣為例，證明當地重要氏族之遷入，「多與明初之設立衛所有關」[26]。周氏先世原籍鳳陽，以任職代州衛指揮使而「遷代」；陳氏先世亦「家江南」，而任「分守山西振武衛（按：所址位於代縣北雁門關）中後所千戶」；周氏亦「祖籍江南」，「授代州衛指揮使，有功授將軍」，而「世居於此」；馮氏原籍山東壽光縣，「明初以三戶軍隸邊籍」，成化中，馮盛隸振武衛中左所籍，「乃徙代州」[27]。明初徙內地軍戶入籍邊地衛所之例，又見於西南邊區。如雲南騰衝，「其重要氏族，

---

17 引自曹樹基，《中國移民史・第五卷・明時期》，頁五〈邊疆態勢對移民的影響〉。

18 這些族譜有日本東洋文庫藏本，有日本慶應義塾大學中國文學研究室藏本，有美國哥倫比亞大學東亞圖書館藏本，亦有極不易得見的私人藏本，如《番禺羽氏族譜》即羅先生故友能振宗先生於一九四七年代向番禺回教徒羽氏家族所借觀；《鄭太崖祖房譜》係羅先生門人秦景炎碩士影印自中山鄭氏後裔遷港者藏本。

19 《淄川袁氏家譜》（光緒二十年續輯，美國哥倫比亞大學東亞圖書館藏）。

20 羅香林，《蒲壽庚研究》（香港：中國學社，一九七一），〈導論〉及〈蒲壽庚子孫及其移居各地〉。

21 《毗陵沙氏族譜》（光緒十一年重修，木刻活字本，日本東洋文庫藏）。

22 羅香林，〈中國族譜所見之明代衛所與民族遷移之關係〉，《大陸雜誌》，第三九卷第一〇期（一九六九），頁二。

23 〔清〕馬文燮修，《會稽馬氏宗譜》（道光二十七年木刊本，美國哥倫比亞大學東亞圖書館藏）。

24 陶謀嘉等修，《蘇州陶氏家譜》（民國八年木刻白紙本，美國哥倫比亞大學東亞圖書館藏）。

25 羅香林，〈中國族譜所見之明代衛所與民族遷移之關係〉，頁三。

26 羅香林，〈中國族譜所見之明代衛所與民族遷移之關係〉，頁三。

27 羅香林，〈中國族譜所見之明代衛所與民族遷移之關係〉，頁三—四。

亦多因明初於其地設立衛所而遷入者」，李氏始祖李德本山東青州府益都縣人」，隨沐英征雲南，「歷授雲南前所千戶，三傳而改調騰衝司哲所千戶」，「乃著籍為騰人」；其後李氏子孫分支遷居附近之龍陵、漾濞、永平，則「明初於雲南府與騰衝等地設立衛所與民族遷移及邊區開發等，亦關係至鉅，亦可知矣」[28]。

對於移民與語言的關係，羅先生舉廣西桂林為例，說明「其近代居民之所由遷入，與其地之通行官話，亦殆與明初之設立衛所有關」[29]。如張氏先祖從張士誠起兵泰州，後從朱元璋征戰，「官至淮安衛鎮撫」，移鎮桂林右衛[30]。桂林城內有左右中三衛，「明初殆有自別地調駐之兵一萬六千餘人」，合其家屬，應「不下數萬人」；他們大概「多數來自南京」，或如張氏來自「江淮地區」。所以桂林城內「通行南京官話而與廣西其他城鄉，遂乃語音相殊也」[31]。

對於軍事移民與民族文化的關係，羅先生認為：內地都邑與沿海要衝，其衛所所屬官兵，亦多為各省所調駐與移殖者。因此，內地各省也因為明初衛所設立，而「有其人民交互移居之現象」，「此與中國民族與文化之融和，亦不無相當關係也」[32]。他舉山東為例，引蒲松齡〈淄川蒲氏族譜序〉云：淄川之民除蒲氏、劉氏、郭氏是在地之民垛集為軍外，「鄉中則遷自棗（按：河北棗強縣）、冀（按：河北冀縣）者，蓋十室而八九」[33]，如袁氏「自京邑來淄」，牛氏來自棗強，德州衛金氏來自浙江餘姚，威海衛畢氏原籍安徽巢縣，後以太原左衛同知移駐其地[34]。又以湖南為例，長沙瞿氏先祖原為太祖為吳王在金陵（南京）時所置神武衛百戶，後遷至嶽麓之西的長沙衛[35]；又如王夫之先世出自江蘇高郵，歸附朱元璋隸軍籍，「以靖難功」，「世衡州衛指揮同知，遂籍衡」[36]；又如常德翦氏，「本姓哈，其初出自西域回部」，元初從元太祖征西夏而東徙，明初從征南北有戰功，「以其翦除寇盜」而賜姓翦，鎮守辰州、常德，遂居常德[37]。

廣東亦有來自各省之衛軍，如番禺羽氏原為回紇人，隸達官軍衛，駐南京，成化中征大藤峽有功，授指揮使，鎮守廣州衛，所部回兵亦移居番禺一帶[38]。海瑞先世海答兒，「從軍海南，著姓於瓊，遂為瓊山人」[39]。惠陽方氏原籍福建莆田，亦以軍籍，官居惠州衛指揮使，而「卜居惠州府城中所街」[40]。而原住

---

28 羅香林，〈中國族譜所見之明代衛所與民族遷移之關係〉，頁四－五。

29 羅香林，〈中國族譜所見之明代衛所與民族遷移之關係〉，頁五。

30 張普仁修，《桂林張氏家乘》（民國十年排印白紙本，美國哥倫比亞大學東亞圖書館藏）。

31 同注27。

32 羅香林，〈中國族譜所見之明代衛所與民族遷移之關係〉，頁六。

33 路大荒輯，《蒲松齡集》（北京：中華書局，一九六二），卷三，〈淄川蒲氏族譜序〉。

34 牛公勳等編，《淄川牛氏支譜》（民國二十三年重修石印本，美國哥倫比亞大學東亞圖書館藏）。〔清〕金俊書、金筠等編，《德州金氏支譜》（道光十四年木刊本，美國哥倫比亞大學東亞圖書館藏）。

35 瞿宣穎，《長沙瞿氏家乘》（民國二十三年排印本，美國哥倫比亞大學東亞圖書館藏）。

36 嵇文甫輯，《王船山詩文集．甲．姜齋文集》（北京：中華書局，一九六二），卷二，〈顯考武夷君行狀〉。

37 《常德翦氏族譜》，第一篇，〈回部世系源流〉，見張燦輝，《翦伯贊傳》（長沙：湖南師範大學出版社，一九九七），頁一－三，〈翦氏族源與翦伯贊求學生涯〉。羅香林先生則引「翦某撰」〈我的姓氏，我的故鄉〉一文，這篇文章實為翦伯贊所撰，原發表於《新華日報》一九四五年一月十六、十七日，後收入翦伯贊，《中國史論集．第二輯》（上海：國際文化服務社，一九四七年五月）。

38 《番禺羽氏族譜》（羅香林傳鈔本）。黃佛頤編，《廣州城坊志》（廣州：廣東人民出版社仇江等點注本，一九九四），卷一，頁九二－九三，〈小東營〉引〔清〕黃芝，《粵小記》與〔清〕樊封《南海百詠續編》。

39 陳義鍾編校，《海瑞集．附錄》（北京：中華書局，一九六二），頁五三三－五四五，〔明〕梁雲龍，〈海忠介公行狀〉。

40 〔清〕方綬邦、方定才，《惠陽六桂堂方氏家譜》（光緒四年修，惠陽方太玄先生家藏鈔本）。

廣東各姓軍戶則多移駐南京各衛。如中山縣鄭氏第九世德光公即「從戎南京」虎賁右衛，「遂生次子保保，聚族於斯焉」[41]。

總結以上的論證，羅先生對「族譜所見之明代衛所與民族遷移之關係」的結論是：

明代之衛所設置，乃為以集得之兵而分調屯駐，即以為全國護衛者，故就各有軍籍者之族譜分析，則其遷居與衛所之關係，皆能分別顯現，此亦族譜研究有助於史實發現之一徵也。

結語：羅先生的學術貢獻及影響

羅香林教授的這篇論文，雖然不長，不過一萬六千餘字，但以實例示範族譜在移民史研究的作用，證明族譜有助發現史實之功；誠為史學方法上的一大發明，對移民史研究之後學，大有啟迪之功。近二十年來，中國移民史研究成果斐然，學者多直接或間接受此宏文之影響；研究軍戶移民著作最多、成果最豐碩的于志嘉博士就說過：

筆者嘗試從族譜中找尋軍戶資料，是受到羅香林先生的啟發。

他在寫〈試論族譜中所見的明代軍戶〉時，就曾「查閱過族譜五百種，其中出現有關軍戶或衛所官戶之記事的有九十六種」，這就是他能寫成軍戶與衛所相關論文二十一篇的依據；因此，能修正過去學者的研究成果，如王毓銓有關軍戶「南人戍北，北人戍南」的說法，而指出：除謫充軍外，多數軍人分配的衛所，最初都與原籍不遠，以後多次改調才逐漸分散。最近他又進一步借用族譜等資料，對「衛所軍戶」乃至「寄籍軍戶」的軍役分擔問題作一些個案研究，期能呈現出明清時代軍戶戶役制之全貌[42]。

作者自己在嘗試估計明初大移民的數量及討論軍事移民時，也認識到族譜的重要性，但深以受限於「現有的時間與能力，無法做到」為憾[43]。曹樹基即利用其在大陸蒐集地方族譜史料及田野調查之優勢，

41 《鄭太崖祖房譜》（中山縣鄭氏青雲堂光緒二十一年重修，木刻活字本）。

42 于志嘉，《明代軍戶世襲制度》。〈從衛選簿看明代武官世襲制度〉，《食貨月刊》，復刊第一五卷第七、八期（一九八六），頁三〇—五一。〈試論族譜中所見的明代軍戶〉，《歷史語言研究所集刊》，第五七本第四分（一九八六），頁六三五—六六七。〈試論明代衛軍原籍與衛所分配的關係〉，《歷史語言研究所集刊》，第六〇本第二分（一九八九），頁三六七—四五〇。〈明代軍戶の社會的地位について—科舉と任官において〉，《東洋學報》，第七一卷第三、四號（一九九〇），頁九一—一三一。〈明代軍戶の社會的地位について—軍戶の婚姻をめぐって〉，《明代史研究》，第一八期（一九九〇），頁七—三一。〈明代軍制史研究的回顧與展望〉，《民國以來國史研究的回顧與展望研討會論文集》（台北：臺灣大學歷史系，一九九二），頁五一五—五四〇。〈再論族譜中所見的明代軍戶——幾個個案的研究〉，《歷史語言研究所集刊》，第六三本第三分（一九九三），頁六三九—六七八。〈明代兩京建都與衛所軍戶遷徙之關係〉，《歷史語言研究所集刊》，第六四本第一分（一九九三），頁一三五—一七四。〈明代江西兵制的演變〉，《歷史語言研究所集刊》，第六六本第四分（一九九五），頁九九五—一〇七四。〈明代江西衛所的屯田〉，《歷史語言研究所集刊》，第六七本第三分（一九九六），頁六五五—七四二。〈明代江西衛所軍役的演變〉，《歷史語言研究所集刊》，第六八本第一分（一九九七），頁一—五十三。〈明武職選簿與衛所武官制的研究——記中央研究院歷史語言研究所藏明代武職選簿殘本兼評川越泰博的選簿研究〉，《歷史語言研究所集刊》，第六九本第一分（一九九八），頁四五—七四。〈明檔案的利用與明代衛所制度研究〉，《大陸雜誌》，第九九卷第五期，頁九—二六。〈清代江西衛所的沿革與人口分布〉，《鄭欽仁教授榮退紀念論文集》（台北：稻鄉出版社，一九九九），頁二九五—三二七。〈幫丁をめぐって—明代の軍戶において〉，《西嶋定生博士追悼論文集：東アジア史の展開と日本》（東京：山川出版社，二〇〇〇），頁四四五—四五八。〈明代江西衛所屯田與漕運的關係〉，《歷史語言研究所集刊》，第七二本第二分（二〇〇一），頁三〇一—三三八。〈明清時代江西衛所軍戶的管理與軍役糾紛〉，《歷史語言研究所集刊》，第七二本第四分（二〇〇一），頁八三三—八八七。〈明清時代軍戶的家族關係—衛所軍戶與原籍軍戶之間〉，《歷史語言研究所集刊》，第七四本第一分（二〇〇三），頁九七—一四〇。〈從《簪辭》看明末直豫晉交界地區的衛所軍戶與軍民詞訟〉，《歷史語言研究所集刊》，第七五本第四分（二〇〇四），頁七四五—七九五。〈明清時代軍戶的家族關係——衛所軍戶與原籍軍戶之間〉，《顧誠先生紀念暨明清史研究文集》（鄭州：中州古籍出版社，二〇〇五）。〈虛實參半的先祖歷史：從資陽徐氏始遷祖手傳看湖廣地區的垛集軍戶〉，《明代研究》，第二五期（二〇一五），頁一—五六。〈「以屯易民」再議：從藍山縣寧溪軍戶談起〉，《明代研究》第三四期（二〇二〇），頁一—九四。

43 在討論族譜的價值時，曾說過：「如果能遍蒐族譜，就其中資料加以分析、統計，應可得到堅實的結論，然而本文涉及區域甚

運用他在全國近二百個市縣蒐集的移民史料，完成中國移民史的鉅著——《中國移民史‧第五卷‧明時期》，書中對北京、南京、湖廣、山東、北平、河南及邊疆的軍籍移民，進行深入而具體論述。對於族譜資料的運用，在方法論上，曹先生也有深入的檢討，並進一步論述羅先生提出的軍事移民與官話流通關係論題[44]。

近年來，學界對於內地與邊疆的軍事移民研究，頗感興趣。尤其他們發現在西南雲貴地區，明代軍事移民的衛所屯堡，完整保存的還有不少，可到現地田野調查及蒐集族譜史料，可以進一步推展羅先生提倡的研究課題與研究方法。這股研究的熱潮正在興起[45]。可以說羅先生示範的運用族譜研究移民史，及從衛所的設立與軍戶調防研究民族遷徙，其影響力正在擴大中；這就是羅先生對中國移民史研究的重要學術貢獻。

此外，羅先生在研究這一軍事移民的課題時，以明代衛所與唐代府兵相比較，指出兩者最大的不同是：

> 唐初府兵，則為按地徵兵乃設為集訓管區者，故與民族之遷徙，牽涉甚小。明代衛所，則以集得之兵，分調各地，而設為管區者，故與國民之遷移，關係甚大。此則衛所作用之異於府兵之初意者也。[46]

此一比較唐府兵與明代衛所的創見，超越《明史‧兵志》[47]及後來學者的史識，是為羅先生的另一重要學術貢獻。

廣，以現有的時間與能力，無法做到。」徐泓，〈明永樂年間的戶口移徙〉，《國家科學委員會研究彙刊：人文及社會科學》，第一卷第二期，頁二〇〇。

44 參見曹樹基，《中國移民史·第五卷·明時期》全書及《中國移民史·第五卷·明時期·卷後記》，頁五六二—五七〇。

45 如彭勇，〈明代「達官」在內地衛所的分布及其社會生活〉，《內蒙古社會科學》，第二四卷第一期（二〇〇三），頁一五—一九。彭勇，〈論明代州縣軍戶制度〉，《中州學刊》，二〇〇三年第一期，頁九七—一〇一。范玉春，《移民與中國文化》（桂林：廣西師範大學出版社，二〇〇五）。范玉春，〈明代廣西衛所的設置與遷徙〉，《中南民族學院學報》，一九九三年第二期。范玉春，〈明代廣西的軍事移民〉，《中國邊疆史地研究》，一九九八年第二期，頁三四—四三。古永繼，〈元明清時期廣西地區的外來移民〉，《民族歷史與文化研究》，二〇〇三年第二期，頁七五—八一。古永繼，〈元明清時期雲南的外來移民〉，《民族研究》，二〇〇三年第二期，頁六九—七八。古永繼，〈從明代滇、黔移民特點比較看貴州屯堡文化形成的原因〉，《貴州民族研究》，二〇〇六年第二期，頁五六—六二。桂曉，〈試論貴州屯堡文化〉，《貴州民族研究》，一九九九年第三期。俞宗堯等：《屯堡文化研究與開發》（貴陽：貴州民族出版社，二〇〇五）。翁乾麟，〈論廣西回族的族譜及史料價值〉，《回族研究》，二〇〇一年第三期。藍勇，〈明清時期雲貴漢族移民的時間與地理特徵〉，《西南師範大學學報》，一九九六年第二期，頁七七—八一。張彩霞，〈明初軍戶移民與即墨除夕祭祖習俗〉，《民俗研究》，二〇〇二年第四期，頁七七—八三。

46 羅香林，〈中國族譜所見之明代衛所與民族遷移之關係〉。

47 〔清〕張廷玉等，《明史》卷八九，頁二一七五，〈兵志序〉：「蓋得唐府兵遺意」。孟森，《明清史講義》（北京：中華書局，一九八一），頁四〇。

第十一章

明代灶戶階層分化與鹽業生產型態的變遷

前言

明代中期以後，由於商品貨幣經濟關係的發展，迫使明政府逐漸放棄對灶戶的勞役徵收，朝向鹽課貨幣化的道路邁進，促使灶戶從勞役生產制度中解放出來，逐漸接近小商品生產者的地位。但這只是變化的一面。在另一方面，灶戶中的貧富分化卻因此更加劇烈，使大部分灶戶淪於赤貧的境地。

明朝自英宗親政以來，閹宦專政，把明初以來所建立的制度都加以破壞，於是邊防廢弛，土地高度集中，賦役加重，使農村瀕於破產；因此，人民流亡，變亂四起。在這樣腐敗的政治下，政府既加強了對灶戶的徵課，同時由於政治腐敗又削弱了統治力量，促成地方豪強對灶戶所領的生產手段的兼併，使絕大多數的灶戶，既喪失生產手段，又增加了負擔。

一、灶戶生產手段的喪失

灶戶生產手段的喪失，表現得最嚴重的是草蕩。明初每一灶丁撥與草蕩一段，雖隨地廣狹，多寡不等，但原則上總是挨戶均分，各有定界；且草蕩地止許自行砍伐煎鹽，子孫共守，不許私相侵奪盜賣。當時草蕩廣闊，灶戶得薪易，各安其業，其後貧難下戶常因生計艱難，而啟豪強侵占之弊。早在景泰二年（一四五一），戶部就有報告稱：「各處鹽場原有山廠、灘蕩，供採柴薪燒鹽，近年多被權豪侵占」[1]。雖有「悉令還官」之命，但腐敗的官僚，不但不能執行，反而促進地方豪強兼併貧灶的蕩地。弘治元年（一四八八），兩淮巡鹽御史簡就慨嘆說：「近者，草蕩有被豪強軍民總灶恃強占種者，有糾合人重公然採打貨賣者；又有通同逃移灶丁捏稱荒閒田土立約盜賣者；其出之價甚少，而遞年所得之利甚多，既不納升合之糧，而灶丁取贖者反被虛詞假契，買雇積年刁潑證人，財囑有私貪婪官吏，以行告害，其有司官吏又不審查，輒差人勾拏淹禁，經年累歲，不得歸結，致使草蕩日漸侵沒」[2]。弘治以後，愈演愈烈，至正德年間，「小灶貧難，而豪強吞噬不已，草蕩盡歸於富室」[3]。據兩浙巡鹽御使師存智說：「近各場灘蕩，多為富豪或以近而侵削，或稱貸而抵償，或強奪而樹藝，遂使鬻灶無資」[4]。且草蕩地因「場司以灶丁屢易，不復撥與」，於是更給總催豪強占奪之機，或樵割，或開墾，「收利入己」，「仍於各灶戶名下徵取全丁額鹽」，即貧灶不因失去草蕩而免除鹽課[5]。這種情況隨著明代後期政治腐敗的加深而愈趨嚴重，如溫州「永嘉塗蕩，豪右席捲有之，而灶家不沾尺壤」[6]。嘉靖年間，屢有這類的報告。如原本灶戶用來種植柴薪的塗蕩，也被地方豪強所占有，嘉靖十二年（一五三三），御史鄧直卿奏稱：「長蘆、山東運司……各場灶灘，所以剮土淋鹵，草場所以刈草煎鹽；寸土尺地皆屬之官，自有界限，例禁不得開耕、變賣。近年以來，界限不明，以致豪強軍民越界侵耕，日久相沿任意，或肆行樵收，或占打蘆葦；遂使貧灶煎辦無

1 《明英宗實錄》（台北：中央研究院歷史語言研究所校勘本，一九六二），卷二〇七，頁一—二，景泰二年八月己巳條。

2 《明孝宗實錄》（台北：中央研究院歷史語言研究所校勘本，一九六二），卷一八，頁八，弘治元年九月丁亥條。〔明〕朱廷立，《鹽政志》（嘉靖刊本），卷七，頁九，史簡，〈鹽法疏〉。

3 〔明〕王瓊，《戶部奏議》（台北：國家圖書館藏正德嘉靖年間刊本），頁一。

4 〔明〕朱廷立，《鹽政志》，卷七，頁二七，正德九年，師存智，〈兩浙鹽法疏〉。

5 〔明〕沈淮，〈鹽政奏疏略〉，收於〔清〕顧炎武，《天下郡國利病書》（《四部叢刊初編》影印昆山圖書館藏稿本），原編第六冊，頁一二一。

6 〔明〕項喬，〈通政溪橋王公配享東甌王廟碑記〉，載《溫州歷代碑刻二集》（上海：上海社會科學院出版社，二〇〇六），頁七六。參見楊銳彬、謝湜，〈明代浙江永嘉鹽場的賦役改革與地方變遷〉，《安徽史學》，二〇一五年，第二期，頁六一—六六。

資，課額多累，利歸豪猾，害及總催，多年輾轉益甚。」[7]嘉靖二十四年（一五四五），巡按直隸御史齊宗道也奏稱：兩淮三十場「各場草蕩多被豪民侵占」，「近年以來，侵占益多，甚至妄作民田，詭認稅糧，若有業者有之；是豪民種無鹽之蕩，灶民辦無蕩之鹽」[8]。隆慶元年（一五六七），御史劉翾也奏稱：山東「灶地多被豪右侵奪，宜視舊籍清查」[9]。明末，情況更加嚴重，不但「灶戶之貧者，私將草塘典質債門，富者因得兼併之」[10]，而且由於軍隊占據鹽場，擅改草蕩屯田，「以致兵灶雜處，兵強灶弱，莫敢誰何」[11]。

灘蕩為製鹽所必需的生產手段，豪強侵占後，每將其開墾成田。弘治元年，兩淮巡鹽御史史簡就說：「近者，有被豪強、軍民、總灶恃強占種者，有糾合人眾公然採打貨賣者。」[12]至嘉靖八年（一五二九），兩淮巡鹽御史朱廷立以為蕩地除供煎之外，頗有餘地可以耕種，而灶戶「畏私墾之禁，莫敢開耕」，「以有用之產而置之無用，不無可惜」；始建議草蕩地除供煎燒外，其餘蕩地，「有願自耕種者，即赴分司告報畝數，給帖執照，免其三年之租；以後，每畝肥厚者科米一斗，磽薄者五升」；經題請遵行[13]。嘉靖十三年，兩淮巡鹽御史陳縞取得吏部尚書許纘的同意，確定草蕩地開耕得免稅三年的優惠[14]。隆慶四年，朱廷立再上疏，認為灶民草蕩地開種三年後，所徵稅糧雖一斗或五升，「稅亦稱重」；因此建議：「免其納租，以助不給。」[15]這一建議採行後，鹽場所在之方志不再記載開耕蕩地的稅額。斥鹵之處，多開墾為良田，阡陌相望。萬曆三十三年（一六〇五），兩淮巡鹽御使喬應甲巡行各場時，發現范公堤以東的蕩田，已為富豪私墾為田，地方官不但不禁止，而且「擅置簿籍，公然給帖」，謂之「升租」，其中「假公濟私，報一墾二者，又十場而九也」[16]。據調查結果，僅廟灣一場，即「開至九萬九千二百餘畝」，「一場如此，其三十場可知；況延袤千有餘里，即可比擬三十郡縣」[17]。草蕩開墾成田，不但使「草蕩日促，草無所出，鹽將何辦」，草價日昂，鹽戶煮鹽成本大增，無以為繼，而造成灶戶逃亡，產量銳減，鹽價踴貴[18]。而且由於蕩地開耕無稅，即使須納稅也不過五升、一斗，比諸州縣五、六斗以上，低得多；因此，地方豪民恃勢占墾蕩地者多，又造成「豪民種無鹽之蕩，灶民辨無蕩之鹽」[19]。

灶戶不但喪失草蕩，有的甚至喪失了鹽田。正德元年，國子生沈淮〈鹽政奏疏〉說：「又聞各場灶戶，多無灰場，往往入租於人，始得攤曬」。「夫灰場者，產鹽根本之地，與草蕩者皆灶丁之命脈也」，本

---

7 《萬曆山東鹽法志》（萬曆四十一年刊本），卷三，頁一三，鄧直卿，〈清灘蕩以補課額〉。〔明〕汪砢玉，《古今鹺略》（北京：北京圖書館出版社影印清抄本，一九九九），卷六，鄧直卿，〈添引目疏．清灘蕩以補課額〉（嘉靖十二年）。（該書無頁碼）

8 《明世宗實錄》（台北：中央研究院歷史語言研究所校勘本，一九六二），卷三〇四，頁四，嘉靖二十四年十月戊申條。《淮南中十場志》（康熙十二年刊本），卷四，〈賦役紀〉，頁一四，〈附記：御史齊宗道奏〉。

9 《明穆宗實錄》（台北：中央研究院歷史語言研究所校勘本，一九六二），卷一三，頁一二，隆慶元年十月庚戌條。

10 《天啟慈谿縣誌》（天啟四年刊本），卷一五，頁三七，秦英鸞，〈鳴鶴場鹽課議〉。

11 《嘉慶兩淮鹽法志》（同治九年重刊本），卷三六，頁二一，〈李發元傳〉。

12 〔明〕朱廷立，《鹽政志》，卷七，頁八，弘治元年，史簡，〈鹽法疏〉，「七曰均草蕩」。

13 〔明〕朱廷立，《鹽政志》，卷七，頁五七，朱廷立，〈鹽法疏〉，「二曰辟草蕩」。〔明〕汪砢玉，《古今鹺略》，卷六，朱廷立，〈免開蕩田稅以救灶荒疏〉（隆慶四年）。

14 《明世宗實錄》，卷一六九，頁六，嘉靖十三年十月甲申條。〔明〕陳子龍等選輯，《皇明經世文編》（北京：中華書局據平露堂刊本影印，一九六二），卷一三七，《許文簡公奏疏》，卷一，頁四－五，〈覆鹽去（法）事宜疏〉。

15 〔明〕汪砢玉，《古今鹺略》，卷六，朱廷立，〈免開蕩田稅以救灶荒疏〉（隆慶四年）。

16 《明神宗實錄》（台北：中央研究院歷史語言研究所校勘本，一九六二），卷四〇七，頁七，萬曆三十三年三月己亥條。

17 《明神宗實錄》，卷四一七，頁三，萬曆三十四年正月甲申條。

18 〔明〕袁世振，〈兩淮鹽政疏理成編〉，收於〔明〕陳子龍等選輯，《皇明經世文編》，卷四七四，〈鹽法議四〉，頁三一。

19 《萬曆揚州府志》（明萬曆二十九年修，三十三年刊本），卷八，〈秩官志上〉，頁一一、一四。

由官家撥給，今得入租於人始得攤曬，則必為他人兼併所致[20]。而四川、雲南貧灶也有因「稱貸不能償，至有以面鹵准還，全井斷與者」[21]。至於本為貼補灶戶生活而發給的「灶田」，也遭到同樣的命運。《萬曆興化縣新志》載：灶戶之田均為「鄰豪侵占」，「膏腴之田盡入彼券，所遺者斥鹵汙萊，如筳中棄絕」[22]。四川同樣有「田土被大戶占種不還」的情形[23]。《天啟海鹽縣圖經》也說：「富灶田連阡陌」，「貧灶無田」，當政府優恤灶戶，減灶糧耗時，富灶得利，貧灶升斗不沾，毫無實惠[24]。因此，《萬曆上海縣誌》說：「富家占地萬畝，不納粒米，而莫能究詰，貧弱不取寸草，歲輸重課，而無所控訴。」於是更加深了灶戶的貧富分化[25]。

至於政府發給灶戶製鹽「工事資本」的工本鈔，因為鈔價暴跌，鈔法不行，已如同虛設[26]。成化四年更停止發給[27]。於是灶戶不但失去草蕩、鹽田、灶田等生產手段，甚至連購置工具與供給口食的費用也沒有了。

二、灶戶鹽課負擔的加重

灶戶一方面逐漸失去生產手段與工本鈔，另一方面卻因政府的加強搜刮，負擔反而加重。

天下各產區的鹽課，按規定是「各有定額」，不得任意增減[28]。其主要目的，在於保證財政有一定的收入。然而明廷卻用其他名目或方法，來增加灶戶的負擔。例如四川鹽產區，在明初有「鹽井二百七十八，額課一千六百零五萬九千九百三十斤」；後來有些官吏悉圖陞進，漸增前額。永樂十八年（一四二〇）於永通等九井榷出鹽七十五萬一千二百二十斤，列之正額，稱為「新增鹽」；上流、通海榷出鹽五十萬八千九百九十一斤，補入額數，稱為「埋沒鹽」。永樂二十二年（一四二四），福興等井戶，因課稅難完，「別尋小井煎貼」，榷出鹽七萬四千六十六斤，稱為「添辦鹽」。宣德年間，富義等井戶亦尋井開煎，榷出鹽一萬五千三百八十八斤，稱為「增羨鹽」。景泰年間，戶部主事汪回顯又榷新舊鹽井，得井一千二百八十，灶一萬五千三百八十八，每丁歲辦八引，鹽課至二千一百三十五萬三千七百四十三斤餘，較原額增加五百三十萬餘斤，約增加三分之一的鹽課。其實這些新增的鹽課，「數多虛設」，是以「井雖增，人無餘利」。成化初年，僉都御史江弘曾建議豁除，未被接納[29]。自鹽課改為折色後，由原額二萬七千餘兩，增至七萬餘兩，將近原額的三倍，於是「井塌丁逃」，「灶戶日日告累，課銀年年稱逋，虛額雖存，實徵未

---

20 《正德松江府志》（正德七年刊本），卷八，頁一五－一七。

21 《明世宗實錄》，卷四〇六，頁八，嘉靖三十三年正月辛未條。

22 《萬曆新化縣誌》（中央研究院歷史語言研究所所藏抄本），卷三上。

23 《明英宗實錄》，卷二三〇，頁八，景泰四年六月壬子條。

24 《天啟海鹽縣圖經》（天啟四年刊本），卷六，頁四二。

25 《萬曆上海縣誌》（萬曆十六年刊本），卷四，頁一七。

26 《正德松江府志》，卷八，頁一五－一七。

27 《嘉靖浙江通志》（嘉靖四十年刊本），卷一八，頁二：「（成化）四年，復灶戶稅糧，毋運遠；工本鈔自此罷給。」又《萬曆福州府志》（序於萬曆四十一年），卷三二，頁二：「鹽課折銀米，罷辦鹽入倉之例，後工本鈔亦復住支」。則福建工本鈔之罷支，在鹽課折銀米之後。

28 〔明〕李東陽等，《大明會典》（台北：東南書報社影印萬曆十五年司禮監刊本，一九六三），卷三四，頁一。

29 《萬曆四川總志》（萬曆四十七年刊本），卷一，〈全蜀經略志〉，頁一五－一六。

有，公私兩竭，官民俱困」[30]。

寧夏小鹽池，據寧夏巡撫梁問孟說：「額課增至二十六萬有奇，第從來撈採未能足數，報部半係虛捏。」於是請定額二十萬，其餘減去；然而戶部回覆：仍然原額徵課[31]。

兩淮額鹽銀原為六十一萬兩，自嘉靖三十二年設工本鹽後，增至九十萬餘兩，三十九年，焉懋卿總理鹽法時，再增至百萬兩。這些加增鹽課，自然加重了灶戶的負擔。

三、灶戶徭役負擔的加重

灶戶的負擔，除鹽課以外，徭役的負擔也不斷加重。按規定，鹽場是獨立於州縣行政以外，「灶產、民產各有界限」，互不干涉；即使灶有民田，其錢糧也「總歸運司」徵納，不屬州縣徵課[32]；一般民戶所負擔的雜泛差役，灶戶也可優免的。然而日久之後，鹽場的獨立性漸失，灶戶既受運司管轄，又受州縣管轄，於是灶戶的負擔加重，既服鹽場之役，輸鹽課，又得服州縣之役，輸民糧。

灶戶的來源主要是附近州縣的民戶，民戶本有田土，僉為灶戶之後，田土依然屬於州縣。而且按規定灶戶所免的是雜役，里甲正役並不能免。於是田糧與差役的課徵，成為州縣與鹽場兩個不同系統行政組織間的最大矛盾。如國子生沈淮所說：「有司與鹽司分為兩家。鹽司：『吾之灶也，知督鹽課而已。』有司曰：『吾之民也，知徵賦稅而已。』其督鹽課者，雖百方箠楚，有司不問也。其征賦稅者，雖百端取索，鹽司不知也。」[33]彼此尊重對方的許可權，還算好的；事實上雙方不但在全縣之內苛斂誅求，還有許多互相干涉之事。據兩浙巡鹽御史師存智說：「運司官秩不為不尊，所司不為不重」；然而，「鹽灶雖統於運司，而錢糧辦輸於州縣」，以致「事無統攝，掣肘難行」。因此請求朝廷下令州縣，對於「事干運司者，俱聽取問追理，無得阻撓」。請求是准了，但互相干涉之事並不因此而停止[34]。由這個矛盾，產生兩種相反的情況：有錢有勢的灶戶便勾結官吏，利用優免的法令，逃脫賦役的負擔；窮苦無依的灶戶不但得不到優免的好處，反而「一身兩役，賦外加賦」。

灶戶優免差役，本無限制，凡灶戶皆得優免。成化十二年（一四七六），始規定：「丁少者蠲免，丁多者亦量（加）減除。」[35]從此灶戶之優免差役，因每戶灶丁多少而異。其後雜役多依田糧起科。於是弘治二年（一四八九）行「計丁免田法」，凡灶戶應辦全課「二十、三十丁以上者，通戶優免」，其餘「每丁貼與私丁三丁，除田二十五畝，免其差徭、夫馬」[36]。弘治十八年（一五〇五），又以「鹽課辦納之難易，視人丁之多寡」，而改灶戶三丁以下，每丁免田七十畝；四丁至六丁，每丁免田六十畝；七丁至十

30 《萬曆四川總志》，卷一，頁一九，巡撫都御史曾省吾，〈議處鹽課疏〉。

31 《明神宗實錄》，卷二一〇，頁一，萬曆十七年四月庚辰條。

32 《明神宗實錄》，卷二八八，頁一，萬曆二十三年八月辛丑條。

33 《正德松江府志》，卷八，頁一五—一七。

34 （明）王圻，《重修兩浙鹺志》（吉林大學圖書館藏明末刊本），卷二〇，〈奏議中〉，頁九—一二，正德九年御史師存智，〈修舉鹽法疏〉。《嘉慶兩浙鹽法志》（嘉慶六年刊本），卷二七，頁二三—二六，〈修舉鹽法疏〉，「兼隸攝以集事」。《明武宗實錄》（台北：中央研究院歷史語言研究所校勘本，一九六二），卷一一四，頁二—三，正德九年七月戊辰條。

35 《萬曆山東鹽法志》，卷一，頁一三。

36 《明孝宗實錄》（台北：中央研究院歷史語言研究所校勘本，一九六二），卷二九，頁五—七，弘治二年八月辛卯條。《萬曆福建運司志》（萬曆四十一年刊本），卷一三，頁三—六，御史沈松，〈奏鹽丁雜差分別優免疏略〉。

丁，每丁免田五十畝，十丁至十五丁，每丁免田四十畝；十六丁至十九丁，每丁免田三十畝；二十丁至三十丁以上者全戶優免，共分六等[37]。其後淮浙改為四等，一丁至三丁，每丁免田五十畝；四丁至十丁，每丁免田三十畝；十一丁至二十丁，每丁免田二十五畝；二十一丁至三十丁以上，全戶優免[38]。嘉靖二十八年（一五四七），改行「計課免田法」。時鹽課多以改折，遂以灶戶所納銀數為準，納銀多者，免田役多。例如六錢至七錢者，每一小丁免田三十三畝三分，四錢至五錢者，每丁免田二十五畝，二錢至三錢，每丁免田二十畝，一錢者每丁免田十畝[39]。此外又有「驗田免田法」，驗明灶戶田產的性質，民田當差，灶田優免。如嘉靖十三年（一五三四）直隸巡鹽御史鄧直卿奏准：長蘆、山東灶戶，「置買民田六十畝以上者，乃聽有司編差」[40]。二十四年（一五四五），兩淮巡鹽御史齊宗道奏准：灶戶之田係祖遺或或買自灶戶者，方許優免；其近年置買民田者，與州縣人民「一體辦納正辦糧差，止免僉頭」[41]。四十一年（一五六二），更詳細規定：灶戶田產以二十年黃冊為準，除祖產外，視其置買田產之性質分為四類：1.灶戶買灶田，止令辦糧如舊例；2.已有灶田又買民田者，灶田優免，民田三百畝以內止編銀差，三百畝以上另議；3.絕無灶田新買民田者，如灶田例優免；4.既有灶田及本縣民田又買隔縣民田者，許隔縣編為力差。其免差以各戶頭為主，止免戶長一人[42]。「驗田免田法」遂趨完備。

按規定免剩之田，不得優免。然而無論任何優免之法，皆不免發生詭寄之弊。在未定免田法之初，灶戶皆可優免；於是民戶多詭寄灶戶名下，以免雜差。弘治以後，優免雖有限定，而免剩之田糧，「止量派輕省銀差」，與民戶比較，「灶戶完課有終歲之樂，百姓雜差無息肩之時」。因此「人民作弊」，「或借義男名色，或假冒贅婿」，用盡辦法，暗將田糧詭寄於灶戶名下，以圖濫免。「又有豪強灶戶田畝千餘，人丁百拾，止當灶丁數名者」，遇州縣差役及驛遞、夫馬，「俱各推拖不行」[43]。據兩淮巡鹽御史陳蕙的報告稱：「近年以來，詭寄之弊，不在二三十丁以上富灶之家，反在數丁以下窮戶之內。或小灶明受親戚囑託而容寄在戶者有之，或里書受人私賄及將自己田畝暗寄而灶戶不知者有之，或附場衛所豪富官軍承買灶田不行過割者有之，或灶買灶田仍存原戶以夠優免之數者有之，或田多富民因其灶戶辦鹽人丁一丁免田二十五畝，而每戶詭寄田一二十畝或三四十畝者有之」，一遇州縣編僉均徭，水馬等差，「有司驗其丁田俱免」；致使「小灶徒負有田之虛名，富豪反受免田之實惠」[44]。這種情形很普遍。兩淮富灶「恃鹽課不任徭役，俱各占買膏腴田地，不止萬頃；兼以逼迫窮民，捏造文契，多以重糧為輕糧，以有站為無站，甚至作為無糧、無站」[45]於是有田僅「二三十頃而受一役者，有田積二三百頃而不受一役者」[46]。兩浙灶戶，

37 《明武宗實錄》（台北：史語所校勘本，一九六二），卷二，頁二五，弘治十八年六月癸未條。
38 《嘉靖兩淮鹽法志》（嘉靖三十年刊本，北京圖書館藏），卷六，頁二一。《萬曆兩浙鹺志》（康熙五十一年呂猶龍重刊本），卷一四，頁一四。
39 《天啟海鹽縣圖經》，卷六，頁四三—四四。
40 《明世宗實錄》，卷一六六，頁五—六，嘉靖十三年八月癸丑條。
41 《嘉靖兩淮鹽法志》，卷六，頁二二—二三，〈御史齊宗道奏〉。《明世宗實錄》，卷三〇四，頁四，嘉靖二十四年十月戊申條。
42 《明世宗實錄》，卷五一六，頁二—三，嘉靖四十一年十二月壬戌條。
43 〔明〕龐尚鵬，《龐中丞摘稿》，卷一，頁二—三，〈題為釐宿弊以均賦役事〉。《萬曆福建運司志》，卷一三，頁三—六，御史沈松，〈奏鹽丁雜差分別優免疏略〉。《光緒瓊州府志》（道光二十一年修，光緒十六年補刊本），卷一四上，頁二一。
44 《嘉靖兩淮鹽法志》，卷六，頁三三，〈清詭寄〉。
45 《萬曆興化縣新志》（萬曆三十九年刊本），卷三上。
46 《萬曆如皋縣誌》（萬曆四十六年刊本），卷四，頁二二—二三。

「其應免姓名，強半入於富人之籍。富人與奸胥為搆假灶丁若干名」，為詭免差役之計[47]。造成「富家占地至萬畝，不納粒米，而莫能究詰；貧弱不取寸草，歲輸重課，而無所控訴」[48]。浙江溫州英橋王氏等鹽場權勢得益於明廷對鹽場灶戶賦役的優免政策，趁機兼併田土，宗族勢力不斷增長。據萬曆五年（一五七七）編修的《東嘉英橋王氏族譜》，「嘉靖末年，田積逾萬」，至萬曆初年更是急遽增加到四萬畝左右[49]。福建「鹽場灶丁有田糧者，照丁優免；往往奸頑富戶私通貧灶，囑託飛詭田畝在戶，幸求優免，俾小灶徒負有田之虛名，富家反受免田之實惠」[50]。優免之法本以田糧為準，「貧灶無力置田，無田可免」，已對貧灶無利；加以詭寄影射，「至有一戶詭報二十丁，少亦不下十丁者」，遂使「田連阡陌者概得冒免」。政府惟知恤灶，「不知所恤者皆豪灶，非貧灶也」。因此，「貧灶不沾毫末之恩，而豪灶才蒙優免之利」[51]。

由於「灶戶置買民田，不復應當科差」優免的漏洞，使「灶丁登冊者日眾，灶戶之買民產者日多」，造成「編審之優免日增，而百姓傜差日重」的現象[52]。例如萬曆年間，十年一次普查人口時，福州府各州縣有司「所增才數百」，而灶戶增至「四倍」[53]。於是版籍之內，「軍匠日絕，灶丁日增，灶戶田多，民戶田少」[54]。這種情形不但「無益於貧灶」，而且「徒損於民」[55]。因為富豪大量的詭寄優免，嚴重影響州縣人民傜役徵課的公平，加重人民的負擔，引起州縣有司強烈的不滿。嘉靖三十六年（一五五七），興化縣知縣胡順華說：該縣「土瘠民貧，差繁賦重，兼以灶戶置買民田，不復應當科差；以致小民獨累，其害有不可勝言者」[56]。泉州府也因「鹽戶丁米盡數奏免」，發生「詭寄日多，編差不足」的現象[57]。州縣官吏為平均傜役，經常與鹽場官吏爭奪管轄權，破壞灶戶優免之利。早在正統二年（一四三七）刑部右侍郎何文淵已說有司對灶戶優免之利，「奉行不力」[58]。其後類似的報告，層出不窮。例如景泰五年（一四五四），兵科給事中王鉉說：對優免之事，「有司妄執不從」[59]；兩浙運司同知王彪也說：「有司視為泛常，不容優免」[60]。其後這類事例更多。如成化七年（一四七一）巡鹽御使李鎔說：「近年以來，有司不准舊例，將灶（戶）田糧與民（戶）一般加耗起運，又編水夫馬夫糧及雜泛差役」[61]。弘治元年（一四八八），兩淮巡鹽御史史簡說：「近年以來，有司多不遵守，將各場灶丁或僉點解、軍等役或小事一概勾

47 《萬曆上海縣誌》，卷四，頁一七。《嘉慶兩浙鹽法志》，卷二九，頁四九—五〇，陸明揚，〈上海劉侯（一壙）定議包補碑記〉。

48 《萬曆上海縣誌》，卷四，頁一七。

49 萬曆《東嘉英橋王氏族譜》，卷七，〈宅里志．里役〉，第六冊，頁一四〇。參見楊銳彬、謝湜，〈明代浙江永嘉鹽場的賦役改革與地方變遷〉，《安徽史學》，二〇一五年第二期，頁六一—六六。

50 《萬曆福建運司志》，卷六，〈經制志〉，頁一七，〈清覈詭寄〉。

51 《萬曆杭州府志》（萬曆七年刊本），卷三一，〈征役〉，頁一七。

52 《萬曆興化縣新志》，卷三上，〈田賦〉。

53 《萬曆福建運司志》，卷六，頁一七。

54 《萬曆餘姚縣誌》（萬曆年間刊本），卷一〇，頁八—九。

55 《天啟海鹽縣圖經》，卷六，頁四二。

56 《萬曆興化縣新志》，卷三上。

57 《萬曆泉州府志》（萬曆四十年刊本，臺大歷史系藏影鈔本），卷七，〈版籍下．鹽課〉，頁一四。

58 《明英宗實錄》，卷二八，頁一，正統二年三月壬辰條。

59 〔明〕朱廷立，《鹽政志》，卷七，頁二—三，王鉉，〈優恤灶丁議〉。

60 《明英宗實錄》，卷二四四，頁一〇—一一，景泰五年八月丙子條。

61 《明憲宗實錄》（台北：中央研究院歷史語言研究所校勘本，一九六二），卷八七，頁八，成化七年正月丙申條。

擾」[62]。工部尚書康太和說：正德年間，興化府有司「將鹽戶不受鹽官租」，也就是鹽戶擁有的濱海斥鹵田地，也要「與民問一體編排均徭」[63]。御史趙鏜也在嘉靖二十九年（一五五〇）說：長蘆、山東的州縣有司，妄將灶戶加課派民壯、夫皂等雜役[64]。於是鹽場的獨立性破壞，變成受到雙重管轄的複雜區域。

在鹽場行政與州縣行政的雙重管轄下，貧灶的負擔也是雙重的。弘治年間的兩浙清泉、長山、穿山三鹽場灶戶，即「身膺二役，縣有里長、場有總催；縣有甲首，場有頭目；縣有收頭，場有解戶；縣有支應，場有直日；縣有遞年，場亦有遞年。則灶之與民，其苦樂已倍矣。為有司者，又以灶得鹽利而每困苦之，凡征疏雜辦，咸欲與民相埒」[65]。山東各場灶戶，「既納灶課，復徵民糧」[66]。福建各場鹽戶，「既與軍民諸戶輪當本縣十年一次之里長、甲首，十年之內又輪當鹽場之總催、團首、秤子、埕長」。總催與秤子相當於里長，團首和埕長相當於甲首。鹽冊與民冊，「每十年一次攢造」，「民冊編審里役，只赴本縣清審，朝往夕歸」。鹽冊編審則須「往省赴運司候審，來往旬日，動費甚艱」。灶戶於正役之外，「凡鹽司過往公差牌票下場，及該場官吏、在官人役等費，輪月接替支應，賠敗需索之苦，過於民戶矣」。且軍民諸戶遞年均徭、驛傳之編，「凡民正米一石，只派銀二錢上下」，而鹽戶「每年每丁既納銀二錢五分，每糧一石納銀五錢五分」，「尚有私貼腳費，見年在場答應直月銀兩及僱募鹽丁等役，復照丁產另貼」。比較軍民諸戶之負擔，可謂「輕重懸絕」[67]。

四、天災人禍的襲擊

天災的襲擊，常使灶戶破產。沿海灶戶因居在海濱地方，隨時有遭受天災的危險。例如淮南鹽場在洪武二十二年（一三八九），海潮壞捍海堰，就漂沒灶丁三萬餘口。正德元年七月七日，颶風溺死灶丁三千餘人，十二月又有大水，場民死者萬計。嘉靖元年（一五二二）七月二十五日，暴風雨，海潮湧，「灶舍，灶丁俱漂沒，不知其所在。」[68]萬曆二年（一五七四），兩淮三十場大旱之後，加以暴風雨，「江海驟漲，人畜渰沒，廪鹽漂沒，廬舍傾圮，流離饑饉」[69]。廣東潮州府在萬曆四十六年（一六一八）八月的一次水災中，「渰死男婦一萬二千五百三十名口」，「漂沒田畝，鹽埕五千餘頃」[70]。加以沿海地區，常遭倭寇焚

---

62 〔明〕朱廷立，《鹽政志》，卷七，頁九，史簡，〈鹽法疏〉，「定科差」。

63 《萬曆福建運司志》，卷一五，康太和，〈興化府鹽課記〉，頁二四。《萬曆寧德縣誌》（萬曆十九年刊本），卷二，頁二四—二五：「本縣灶戶既辨國課，又當民差。」

64 《萬曆山東鹽法志》，卷三，頁二九，趙鏜，〈申舊例以杜流移疏〉。

65 《嘉靖定海縣誌》（嘉靖四十二年刊本），卷八，頁二九。《嘉靖海寧縣誌》（嘉靖三十六年刊本），卷二，頁二四：「海寧灶戶……襁褓辨鹽，……而兼民役之繁，……公差多。」《嘉慶兩浙鹽法志》引《萬曆兩浙鹺志》：「越州之民，業煮海，歲征課取盈故額，而有司復以庸調責之，有二役焉。」（卷二三，頁二一）。《萬曆溫州府志》（萬曆三十二年刊本），卷五，頁三八：「灶戶身膺諸役，如總催、伍長、解戶，視縣往日所僉收頭之應差役相等，灶之與民，苦樂居然可見。」徐泓，〈明代的鹽務行政機構〉，《臺大歷史學系學報》，第十五期（一九九〇），頁九七—一〇六。

66 《萬曆山東鹽法志》，卷三，頁三八—三九，李載，〈足編計救災困疏〉。

67 《萬曆福建運司志》，卷一五，頁二一—二三，康太和，〈興化府鹽課記〉。《福建運司志》，卷一三，〈奏議志〉，頁六—八，御史粘燦，〈奏潯美場折米優免疏略〉：「鹽戶則既納民糧當民差，……重納鹽課。……潯美場受鹽既重，而里甲雜辦仍復不免；是以土著之民，多不聊生。」

68 《嘉靖東台縣誌》（嘉慶二十二年刊本），卷七，頁四—一〇，引《天啟中十場志》。

69 《明神宗實錄》，卷二八，頁一，萬曆二年八月壬寅條。

70 《明神宗實錄》，卷五八三，頁五，萬曆四十七年六月己未條。

掠。例如嘉靖年間，倭寇劫掠兩淮鹽場，使「鹽丁罷灶」。浙東鹽場遭倭患，「焚蕩殺擄，傷殘已極」[71]。在天災人禍的襲擊下，往往使富灶降為貧灶，貧灶更是一無所有；而政府常不加救恤。王舜耕說：山東、長蘆各場，「近年來各該有司，視為秦越，每遇賑濟之時，往往有民灶之分，不肯加賑」，「今年三月內，據長蘆運司開報極貧應賑灶丁四千餘人到臣，及至行查在倉粟穀，止有一百餘石」[72]。有的鹽場非但不加救恤，甚至仍然課徵鹽課，正如興化府《莆田縣誌》所說：「民糧等科，遇災傷恩典，得以赦除，鹽引課銀得沾分毫乎？」松江司青浦場，「因海潮內侵，墩蕩坍洗，水不成鹽」，「而歲辦銀課如前，加以（嘉靖）三十二、三年兵燹，死徙灶丁，亡者過半」[73]。即使賑濟，也是按引給賑，「貧而無力，止辦鹽二三引者」，得不到多少賑米，「豈能足用」？逃移復業之人，與老疾無依之輩，「雖免辦課，悉不為賑」。無怪乎人云：灶戶之「貧者必逃，而逃者忘歸，復業之人轉於溝壑，理勢必矣」[74]。

五、商業資本的盤剝

明代中期之後，商品經濟發達，賦役逐漸納銀化，使人民由勞役制中解放出來。然而鄉里小民得銀困難，「不免臨時輾轉易換，以免逋責；有司收納，既重其權衡」，「及其交官，又雜銅鉛以為偽」[75]。在鹽場上也有類似情形。鹽課折銀與鹽准許私賣之後，雖為灶戶提供擺脫勞役制的條件，但使灶戶掉進商業資本盤剝的陷穽。因為改折對灶戶來說是「舍其所產，徵其所無」[76]。嘉靖十三年（一五三四），溫州永嘉場士紳王鉦上疏朝廷就說：「今盡徵折色，責非所有，稱貸應急，十室九空，往往窮迫逃徙，莫能為生。」灶戶為獲得銀兩納課，必須把生產品變賣，也就是必須依賴市場，依賴商人。商人便趁他們急需銀兩之際，壓低價錢，乘機訛詐。「每鹽一引，視常價僅得半之，用是日苦窘急，逃亡數多，而額不可減」[77]。因此，商業資本和高利貸資本對灶戶的剝削，情況相當嚴重。嘉靖二十六年（一五四七），據鄢懋卿說：「有奸商戀場，先將低銀放與各灶，倍息以充買補者。」[78]《嘉靖定海縣誌》也說：「商人到場買鹽，其弊又不可勝言者。蓋灶之貧者，無鹽可貨，必先貸其銀，而商人乘之以牟利，數月中，必取倍稱之息，倘遲之一年，其息奚啻十倍。」[79]《萬曆溫州府志》也說：「商人到場買鹽，貧灶率先貸其銀，而商人乘之以射利，數月之間，必取倍息，每鹽一引視常價，僅得其半。」[80]彭韶也說：沿海灶戶，「自來糧食不充，

---

71 〔明〕鄭曉，《鄭端簡公文集》（《皇明經世文編》，卷二一七），卷一，頁一，〈重大倭寇乞處錢糧疏〉。〔明〕沈朝陽，《皇明嘉隆兩朝聞見紀》（台北：學生書局影印中央圖書館藏本，一九六九），卷一〇，頁二八，嘉靖三十八年十二月條。

72 《萬曆山東鹽法志》，卷三，頁一八—一九，王舜耕，〈廣積儲以備荒歉〉。

73 《乾隆莆田縣誌》（乾隆二十三年修，民國十五年文雅堂補刊），卷六。《萬曆嘉定縣誌》（萬曆三十三年刊本），卷六，頁二四。

74 《嘉靖兩淮鹽法志》，卷五，頁三五，〈廣賑濟〉。

75 《明憲宗實錄》，卷九三，頁三，成化七年七月己卯條。

76 《萬曆山東鹽法志》，卷三，頁七八，甘一驥，〈紓灶困杜私鹽裕邊儲通商利議〉。

77 〔明〕項喬，〈通政溪橋王公配享東甌王廟碑記〉。

78 《明世宗實錄》，卷三二九，頁六，嘉靖二十六年十月丁卯條。《萬曆寧德縣誌》（萬曆十九年刊本），卷二，頁二四—二五：「隆慶末，奸商狼饕百計，……每季散銀於各灶，每銀一錢，揹銀一百六十斤。……灶戶既辦國課，又當民差，已不堪命，復為奸商法外凌虐，幾何不溝中之瘠哉！」

79 《嘉靖定海縣誌》，卷八，頁三〇。

80 《萬曆溫州府志》（兩淮鹽政採進本），卷五，頁三八。

安息無所，未免豫借他人。凡是煎鹽餘剩，盡還債主，而本身之貧，有加無已」[81]。不能償債時，商人「必訴之運司，發場督責，過於官員」。遂使「強者破產，而弱者鬻子女。」[82]

六、灶戶的貧富分化

在生產手段喪失，鹽課、傜役加重，天災人禍與商業高利貸資本的盤剝下，許多灶戶在明代中期以後，降為貧灶。而且在日趨成為小商品生產者的條件下，本來生產條件較好、人丁較多、草蕩較廣好的灶戶，已經有了剝削別人的可能，而成為富灶。

富灶利用錢財「交結本場官，以營己私。貪官易利其饋送，樂與之處，凡所指使，無敢不從」[83]。他們運用種種方法，把鹽課或傜役等負擔轉嫁於貧灶身上。如福建鹽場，即因「大戶多隱丁不報，卻將小戶丁口盡數開報，以湊原額」，遂使「各戶人丁，有一戶數丁而田僅數畝者，而一戶一二丁而田至數頃者，相差懸甚」[84]。在這種情形下，貧灶的工本既不能得，差役又不能免，灶田優免田糧之例，復為富灶所奪，不但要自身煎辦鹽課，而且要替富灶煎辦轉嫁的鹽課與傜役，前者未足，後者又來。舉凡明初優恤灶戶之利，貧灶均不能得到實惠。只有多煎餘鹽，得些米麥以求活命。但又常為官府無償沒收，或為總催富灶歛為己有。因此貧灶生活困苦，「糧食不充，安息無所」[85]，不得已，只有出諸販賣私鹽一途。可是貧灶「賣私鹽，人即捕獲」[86]。富灶則勾結場官作弊營私[87]，所以富灶「賣私鹽，公亦容隱」。貧灶私煮得餘鹽，也只好藉富室私賣，受其中間剝削[88]。每當生活無資之時，只得「先從富室稱貸米麥，然後加倍償鹽以出息」[89]，甚者「因欠私債，將弟男並鹵池埕場，准折與人」[90]。於是貧灶無論如何都逃不過富灶的剝削。鹽場上的貧富階層分化現象日益顯著。貧灶的產業因之蕩然，全遭富灶藉其財勢兼併，或為其「恃強占種」，或為其「糾合人眾公然採打」，或為其欺騙「立約盜賣」[91]，或因「貧丁已故」，為其干沒[92]。故景泰以後，「各處鹽場原有山場灘蕩，供採柴薪燒鹽」者，「多被權豪侵占」[93]，致「富灶蕩連阡陌，

81 （明）彭韶，《彭惠安集》（四庫全書本），卷一，頁二五－二七，弘治二年六月初三日，〈進呈鹽場圖冊疏〉。

82 《嘉靖定海縣誌》，卷八，頁三〇。

83 （明）張萱，《西園聞見錄》（北平：哈佛燕京學社據陳氏居敬堂明抄本及順德李氏光緒傳抄本校勘本，一九四〇），卷三六，頁一一，〈鹽法後〉，季存文說。

84 《萬曆福建運司志》，卷六，〈經制志〉，頁一九－二一，〈攢造鹽冊〉。

85 （明）彭韶，《彭惠安集》，卷一，頁二五－二七，弘治二年六月初三日，〈進呈鹽場圖冊疏〉。

86 （明）霍韜，《霍文敏公集》（《皇明經世文編》，卷一八七），卷三，〈鹽政疏〉，頁七。

87 （明）張萱，《西園聞見錄》，卷三六，頁一一，〈鹽法後〉，季存文說。

88 （明）霍韜，《霍文敏公集》，卷三，〈鹽政疏〉，頁七。

89 （明）霍韜，《霍文敏公集》，卷三，〈鹽政疏〉，頁七。

90 （明）朱廷立，《鹽政志》，卷一〇，頁一〇，嘉靖六年，兩淮巡鹽御史雷應龍，〈禁約〉，「體恤團灶」。

91 （明）朱廷立，《鹽政志》，卷七，頁八－九，嘉靖四十二年，史簡，〈鹽法疏〉，「均草蕩」。

92 （明）陳仁錫，《皇明世法錄》（台北：學生書局影印明刊本，一九六五），卷二九，頁三八，嘉靖四十二年，兩淮巡鹽御史徐爌，〈照引給蕩〉。

93 《明英宗實錄》，卷二〇七，頁一－二，景泰二年八月己巳條。

貧者無立錐」之地[94]。其後雖有「補丁辦鹽，或貧難逃移灶丁復業」，又皆不復給蕩[95]。因此貧灶的「分業蕩然」，成為無產者[96]。

這種貧富分化的情形，在弘治初年已極顯著。根據工部侍郎彭韶的報告說：「海鹽煎熬，全資人力，灶戶饒給之家，丁多力盛，因山海自然之利，無門戶不足之憂，誠與樂土之民等也。貧薄之人，雖有分業塗蕩，然自來糧食不充，安息無所，未免預借他人。凡有煎鹽餘利，盡還債主，而本身之貧，有加無減，故其艱苦，難以言盡。」[97]可見弘治年間，沿海灶戶中已有「饒給之家」與「貧薄之人」的分化了。至正德年間，情形更為嚴重。據南京國子監祭酒章懋的報告說：「海濱之民，以煎鹽為業者，謂之灶戶。其採辦薪蒭，朝夕烹煉，不勝勞苦，固皆在所當恤。而單丁老弱，家計貧難者，煎辦不前，課入不敷，屢遭鞭撻之苦，而鹽入於官，或被雨水銷鎔，又有追賠之患，此窮戶尤可哀矜者也。……其有丁力眾多，家道殷富，為總催大戶者，煎鹽既多，私賣尤廣。」[98]這種分化的情形繼續發展，至於萬曆初年，兩淮三十場極貧的灶丁已達七萬六千七十三丁，次貧丁六千三百零三丁[99]。灶中貧戶已占了絕對大多數。

明代後期，不僅灶戶中貧富分化加劇，連原來皆出於殷實上戶的總催也有了分化。據《萬曆上海縣誌》記載：兩浙運司蕩地灘場，本來是「計丁分撥，以辦課額」的，實際上則「掛冊灶丁，十無二三見在，而見在者亦不至場已百餘年」。因此灘場、蕩地俱為總催所占，由其「辦課免均徭」，「本戶未聞也」。各場歲辦的鹽課，「俱是總催各以所管田地、灘蕩，召附近貧民耕樵、曬煎，收其租銀，納場解送運司」。「但各催納銀略同，所分土地，不惟美惡懸殊，而頃畝多少亦異」。結果「分地多而又美者，完課猶餘百金；分地少而又惡者，賣男鬻女以填足」。「或地雖同而有民田多者，冒免徭銀，浮於鹽課；窮無田者，歲輸二十金，不獲免毫釐」。於是富者愈富，貧者愈貧，以致「貧催多逃，每五年一編補，凡承役者澌滅無遺，當補役者聞風先去」[100]。陳與相〈報功祠碑記〉也說：兩浙西路場灶丁課重，不但人人辦課，且「責及黃口雛」，甚至「責及腹孕」，是以虛丁供重課，灶丁負擔更重，終於逃亡，逃亡則「累催者償，償又不勝逋，而催亦貧，貧則不能終償，亦逋」[101]。這種貧催逃亡的情形，很是普遍。《萬曆嘉定縣誌》說：「隆萬以來，排催歲受賠累，無不破家」[102]。《萬曆溫州府志》也說：「總催往往破產以償，困累不勝」[103]。顯露出灶戶貧富分化情況的深刻。

灶戶分化的結果，使絕大部分淪為貧灶或無產者。弘治二年（一四八九）彭韶巡視沿海灶戶後，看見「庶民之中，灶戶尤苦」，特上〈進呈鹽場圖冊疏〉，對貧灶的苦處有深刻的描寫。其疏云：「貧薄之人，雖有分業塗蕩，然自來糧食不充，安息無所，未免豫借他人。凡是煎課餘利，盡還債主，而本身之貧，有加無減，故其艱苦，難以言盡。小屋數椽，不蔽風雨，脫粟糲飯，不能飽餐，此居食之苦也。山蕩渺漫，

94 （明）陳仁錫，《皇明世法錄》，卷二九，頁三八，嘉靖四十二年，兩淮巡鹽御史徐爌，〈照引給蕩〉。

95 （明）陳仁錫，《皇明世法錄》，卷二九，頁三八，嘉靖四十二年，兩淮巡鹽御史徐爌，〈照引給蕩〉。

96 （清）傅維鱗，《明書》（上海：商務印書館國學基本叢書本，一九三七），卷八一，〈鹽法〉，頁一六五〇。

97 （明）彭韶，《彭惠安集》，卷一，頁二五—二七，弘治二年六月初三日，〈進呈鹽場圖冊疏〉。

98 （明）章懋，《楓山集》（四庫全書本），卷一，頁四七，〈議處鹽法事宜奏狀〉。

99 《明神宗實錄》，卷三一，頁四，萬曆二年十一月壬辰條。

100 《萬曆上海縣誌》，卷四，頁二三。

101 《嘉慶兩浙鹽法志》，卷二九，頁六四—六五。

102 《萬曆嘉定縣誌》，卷六，頁二四。

103 《萬曆溫州府志》，卷五，頁三八。

人偷物踐，欲守則無人，不守則無入，此蓄薪之苦也。曬淋之時，舉家登場，刮泥汲海，午汗如雨，雖至隆寒砭骨，亦必為之，此淋鹵之苦也。煎煮之時，燒灼薰蒸，蓬頭垢面，不似人形，雖至酷暑如湯，亦不能離，此煎辦之苦也。不分寒暑，無問陰晴，日日有課，月月有程，前者未足，後者又來，此徵鹽之苦也。客商到場，咆哮如虎，既無現鹽，又無抵價，百般逼辱，舉家憂惶，此賠鹽之苦也。如有疾病死喪等事，尤不能堪！逃出別處，則身口飄零；復業歸來，則家計蕩盡。誠為去住兩難，安生無計！孟軻謂窮民無所歸，此等是矣。」[104]

七、貧灶的逃亡

在貧苦的煎熬下，灶戶為求活命，只有去留兩條路：去者逃離鹽場，另求生活；留者受雇於富灶或商人，成為靠工資過活的無產傭工。

貧灶逃亡的嚴重，始於正統、景泰年間。如正統二年（一四三七），兩淮、兩浙即有灶丁因受差徭追逼而「挈家四散求食」的報告[105]。八年（一四四三）與十二年（一四四七），山東也有報告說：永利、石河、高家港、信陽等灶戶，「因蝗旱災傷，賦役煩重，挈家逃移」，石河場逃去三百八十三戶，高家港逃去三百七十九戶，信陽場逃去八百一十餘戶[106]。景泰三年（一四五二），有報告說：江南各府州縣有許多逃亡的灶丁與文職官員在任所及鄰近州縣報作民籍，脫免原役；因此有命令要各處府縣「從今審覈差有此等，俱發原籍當差」[107]。然而一紙命令並不能禁止灶丁的逃亡。四年（一四五三）四川有報告說：「鹽井灶丁多在深山絕澗之中，無官府里鄰臨比。客商到井者，率橫索下程，多支引鹽。甚至鹽數不敷支給，抑令退悔已聘幼女兒娶為妾者。又有田土被大戶占種不還者。以此貧弱逃亡。」[108]五年（一四五四），兵科給事中王鉉也奏稱：「近者灶戶與民一體當差，又煎辦鹽額」，「雖經奏准優免，有司妄執不從」；因此灶戶「逃半」[109]。在政府為確保鹽課收入的政策下，灶戶「逃亡數多而額不可減」，逃亡者遺下課銀均由見在灶丁代納包賠，遂使見在灶丁不勝賠累而逃亡。例如山東運司官台等十場遠近逃灶遺下丁鹽銀三千零四兩九錢餘，即「俱累見在人包賠」。「一戶而逃一丁，則一丁之課加於一戶，而一戶困矣。一鑊而逃一戶，則一戶之課加於一鑊，而一鑊困矣。一場而逃一鑊，則一鑊之課加於一場，而一場困矣」[110]。今「以數千家之逃亡而責賠於見戶，雖月逼日催，勢莫能辦，而典男鬻女」，又不能，只有出諸逃亡一途。因此「年復一年，愈逃愈累，愈累愈逃」[111]。據《萬曆山東鹽法志》稱：「大抵海濱貧灶，十室九空，土著業戶潛縱逃竄，則以見在人丁包賠辦納，不勝偏累之苦。」[112]萬曆年間山東運史甘一驥說：例如西由場灶戶

104 〔明〕彭韶，《彭惠安集》，卷一，頁二五－二七，弘治二年六月初三日，〈進呈鹽場圖冊疏〉。
105 《明英宗實錄》，卷三二，頁一，正統二年七月庚寅條。
106 《明英宗實錄》，卷一〇二，頁五，正統八年三月乙丑條；卷一〇六，頁六，正統八年七月乙亥條；卷一五六，頁一，正統十二年七月甲午條。
107 《明英宗實錄》，卷二二五，頁五，景泰三年四月庚辰條；卷二三二，頁一，景泰三年十月辛卯條。
108 《明英宗實錄》，卷二三〇，頁八，景泰四年六月壬子條。
109 〔明〕朱廷立，《鹽政志》，卷七，頁二一－三，王鉉，〈優恤灶丁議〉。
110 《萬曆溫州府志》，卷五，頁三八。
111 《萬曆山東鹽法志》，卷三，頁二七－三〇，嘉靖二九年，趙鏜，〈申舊例以杜流移疏〉。
112 《明武宗實錄》，卷四八，頁二七－三〇，正德四年三月丙辰條。《萬曆山東鹽法志》，卷三，頁五七－五八，何其高，〈為邊費重大內帑詘乏多方計處以疏財用議〉；卷三，頁六四－六五，甘一驥，〈急邊儲寬民力議〉。

原額六百戶，出辦課銀九百兩，「今見存戶不過二百，包賠六百戶之差」，其丁課之重可知；因此「逃亡賠累，年甚一年」。整個山東登萊地區灶戶，遂由明朝初年的一萬三千五百七十一戶，四萬五千二百二十丁，減為二千七百戶，二萬丁[113]。長蘆地區也有類似情形。正德十六年（一五二一），據鄭光琬的報告說：「各場見在者數少，逃亡逃絕者數多，雖有招撫復業者，十無二三；其死亡逃絕，俱是見在人戶包賠」；至萬曆二十六年（一五九八），更是「灶地多被侵占，灶丁日致逋逃」[114]。四川灶丁也「往往有追賠逃竄之患」[115]。河東鹽丁「多逃絕」[116]；且富丁可納銀免役，貧丁無銀可納，只得應役，遂致「偏累」「逃亡」[117]。廣東以香山場為例，明初「灶排、灶甲約六七百」，正統年間，「僅湊鹽排二十戶，灶甲數十戶」，其後鹽田多被鄰邑豪宦「高築基壆，障隔海潮，內引溪水灌田，以致鹽漏無收；歲徒賠課，又多逃亡故絕者」，終於在天啟五年（一六二五）不得不把場官裁汰，鹽場廢除[118]。福建上里場貧灶，「貧無卓（立）錐」，場官又「每百斤勒銀一錢，次亦不下八九分，而又有保湯水錢之索，每引亦不下一二分」，貧灶「皆目不識一丁，聞官語則又若爰居之駭鐘鼓」，於是皆「俛首聽命」，鬻子賣房以償之，不足則「勸借親戚以益之」，再不足只有逃亡了。嘉靖年間，據報：「見在人丁只計七千八百有零，比之原額已少三千九百餘丁」，四十三年（一五六四）在鹽場實際參加生產的濱海灶丁，已「死亡殆盡」[119]。兩浙自正統二年（一四三七）已有灶丁逃亡的事。成化年間，據巡鹽御史李鎔的報告稱：灶戶的田糧與差役，不能優免。且「灶戶例不分戶」，因此一般人只見灶戶「田畝數多」，其實灶戶之地「多瘠鹵」，「人力單貧」，每至徵課，「不免鬻產賣子，流竄他鄉，貽累里長、總催賠納」[120]。於是在海濱辦課的人丁，「僅餘三分之一」[121]。崔富〈鹽政一覽序〉稱：松江分司灶丁額雖有三萬人，其實「在灶親煎者才三千一百七十五人」[122]。其他各廠如蘆瀝蕩，「自明萬曆年，灶戶逃亡殆盡，丁課已歸蕩地徵輸」[123]。明代後期，兩浙有些場分，灶丁額數不但沒有減少，反而有增加的現象。據《萬曆杭州府志》記載：仁和場在洪武初年實在辦鹽人丁為三千二百一十八丁，嘉靖年間增至一萬一千七百四十一丁，萬曆年間增至一萬三千九百零五丁[124]。似乎與一般趨勢相反。其實這中間有許多是「富戶因避重役，俱附鹽場充為灶戶」，他們並不辦鹽課，而是「專一結搆官利，挪移出納」[125]。隆慶初年，據龐尚鵬實際調查的結果，也發現雖然「邇來灶丁

---

113 《萬曆山東鹽法志》，卷三，頁六二—六三，甘一驥，〈存恤灶丁議〉。

114 《萬曆山東鹽法志》，卷三，頁一二—一三，鄭光琬，〈民丁僉補灶戶疏〉。《明神宗實錄》，卷三二二，頁一—二，萬曆二十六年五月戊子條。

115 《明孝宗實錄》，卷六，頁三，成化二十三年十一月庚子條。

116 《明憲宗實錄》，卷一二八，頁二，成化十年五月丁亥條。

117 《明神宗實錄》，卷六八，頁三，萬曆五年十月己亥條。〔清〕蘇昌臣，《河東鹽政匯纂》（康熙二十九年郝裕序，木刊本），卷五，頁五一—五四，〈鹽丁汰存顛末〉。

118 《乾隆香山縣誌》（乾隆十五年刊本），卷三，頁九。

119 《萬曆福建運司志》，卷六，頁二二—二四，運使何思贊，〈鹽冊議〉；卷一四下，頁一五—一六，傅國才議；卷一五，頁二一—二三，康太和，〈興化府鹽課記〉。

120 《明英宗實錄》，卷八七，頁七—八，正統二年正月丙申條。

121 《嘉慶兩浙鹽法志》，卷二八，頁六八—七〇，樊維城，〈海沙場釐弊說〉。

122 《正德松江府志》，卷八，頁一四—一五，崔富，〈鹽政一覽序〉（成化十五年五月）。

123 《嘉慶兩浙鹽法志》，卷六，頁三三、三六、三九、四六、五〇、五一、五三。

124 《萬曆杭州府志》，卷三〇，頁五八。

125 《明英宗實錄》，卷一九八，頁三—四，景泰元年十一月乙巳條。

日增，民丁日減」，但是這些增加的丁口，「要皆詭寄之明驗也」[126]。例如台州府臨海等縣灶戶，有的明明是絕灶不辦鹽，灶丁「死亡殆盡」，但冊籍上仍載有灶丁五千三百七十三丁[127]。至於全國最大的兩淮鹽場，灶丁逃亡的情形也相當嚴重。正統初年，即有灶丁逃亡的報告，雖然政府不斷地僉補，而逃亡的事也不斷地發生。弘治十二年（一四九九）監察御史史載德稱：「兩淮運司灶丁多逃往鄰縣豪家」，此等逃竄灶丁，「以三十場大約計之，不下萬數」[128]。至嘉靖九年（一五三〇），據兩淮巡鹽御史朱廷立說：「各場煎鹽灶丁，頃年以來，節遭災傷，逃亡過半」[129]。戶部尚書秦金對此有更詳盡的報告，其言曰：「兩淮運司三十場……近年以來，生齒日耗，重以嘉靖二年大災，附海偏場逃大半。遺下鹽課，總催包賠不前……加於見在灶丁代辦，未及一年，而貧難下灶各可安生者亦以代辦而逃。……角斜、丁溪、白駒三場原額灶丁二千七百三十丁，已逃灶丁五百九十九丁。……餘東、馬塘、掘港、石港、西亭、餘中、呂四七場原額灶丁八千四十三丁，……正德三年……逃亡一千八百六十八丁，……今新逃亡灶丁二千七百九十四丁。……莞瀆、天賜、臨洪、板浦、徐瀆浦五場原額灶丁八千八百零八丁，……正德三年……逃亡灶丁四千一百一十三丁，……今新逃亡灶丁一千五百四十二丁」。則角斜等十五場共逃亡一萬零九百零八丁，比較原額，僅剩四千九百七十八丁[130]。二十年（一五四一）左右，據運史鄭漳的調查：「今各灶始以三萬五千丁有零，自洪武至今百七十餘年，僅得餘丁一萬」，鄭漳認為這太不合人口增長之理，他說：「凡今人家始於一丁，不數輩，生齒盈門，即成巨族。」兩淮灶戶歷經一百七十多年，戶口不但未增長，反而降至原來的三分之一，難道兩淮灶戶「化育與人殊哉」！實際上，他們「畏避徵課，逃移相繼，或雇直為人傭工，或乞養為人男僕，或往產鹽場分為人煎辦」[131]。

逃移的灶戶，有的「雇直為人傭工」，有的「乞養為人男僕」，有的投入豪強富家為其義子贅婿，有的往其他「產鹽場分為人煎辦」。據兩淮運使鄭漳說：「如高郵、通、泰等州，如興化、如皐、海門、鹽城等縣，如富安、安豐、東台、梁垛、何垛等場」，固為兩淮「逃灶之淵藪窟宅也」[132]。此外有的灶丁還私自剃度為僧徒，有的「竄名軍伍」，以求「偷身苟免」辦鹽勞役[133]。大量灶丁的逃亡，遂使政府不得不改變方式，將原有徵收食物的灶戶勞役制度，改為徵收貨幣。而鹽課徵收貨幣後，也使灶戶脫離灶籍更為容易。有的賄賂官吏里書，竄改戶口冊籍，以求脫離灶籍，或假冒民籍，有的將新生灶丁全不造報[134]。有的利用科舉或學術成就改變社會地位，而脫離灶籍者。例如著名的理學家王艮即出身灶籍，曾治商往來齊魯，又曾學醫，後立志學為聖人，取《孝經》、《論語》、《大學》置袖中，逢人質疑，日夜講求，終得陽明先生賞識，得列門牆而脫離煮鹽之苦役[135]。又據何炳棣先生的統計，有明一代的進士，出身灶籍的就有

---

126 〔明〕龐尚鵬，《龐中丞摘稿》，卷一，頁五－六，〈題為釐宿弊以均賦役事〉。（《皇明經世文編》，卷三五七）。

127 《萬曆杭州府志》，卷三〇，頁六〇－六一。

128 《明孝宗實錄》，卷一五六，頁七，弘治十二年十一月戊寅條。

129 〔明〕朱廷立，《鹽政志》，卷七，頁六七，朱廷立，〈鹽法疏〉，「四曰溥賑濟」。

130 〔明〕戴金編，《皇明條法事類纂》（東京：古典研究會據東京大學附屬圖書館藏鈔本影印，一九六六），頁七二七－七二八。

131 《嘉靖兩淮鹽法志》，卷六，頁三〇－三一。

132 《嘉靖兩淮鹽法志》，卷六，頁三〇－三一。〔明〕朱廷立，《鹽政志》，卷一〇，頁一五－一六，朱廷立，〈禁約〉。

133 《明英宗實錄》，卷二五〇，頁一〇，景泰六年二月戊戌條。《明穆宗實錄》（台北：中央研究院歷史語言研究所校勘本，一九六二），卷七，頁三，隆慶元年四月丁亥條。

134 韋慶遠，《明代黃冊制度》（北京：中華書局，一九六一），頁一九八。《明英宗實錄》，卷二一五，頁五，景泰三年四月庚辰條。

135 〔明〕焦竑，《國朝獻徵錄》（台北：學生書局據萬曆刊本影印，一九六六），卷一一四，頁四八。〔明〕黃宗羲，《明儒學案》（台北：世界書局排印本，一九六一），卷三二，頁二一四－二一五，〈泰州學案一〉，〈處士王心齋先生艮傳〉。

三百八十八名[136]。

總之，明代初期，在官方專賣的制度中，建立的世襲勞役灶戶制度，在商品貨幣經濟的衝擊下，鹽課貨幣化，灶戶中發生貧富分化，灶戶大量逃亡，用一切方法脫離製鹽苦役，遂使灶戶制度崩潰。

八、灶戶組織的崩潰

灶戶的大量逃亡，不但使灶戶制度失去意義，而且使原有的灶戶組織發生動搖。

首先在形式上，灶戶的團里組織的標準制，為一團一百一十戶，十戶為總催，餘百戶分為十甲，每歲由一總催領十甲首應役。由於灶戶大量逃亡，不但使組織的結構發生變化，而且破壞了十年一次編審應役的規定。據《萬曆揚州府志》載：兩淮灶戶已改為「每五年一次，編審灶戶，定上中下三戶則。各場總催，俱照原額，選其殷實僉充，亦五年一換。各總下灶戶，多寡不一，或編二十名，或編三十名，務使灶舍相近，草蕩接連」[137]。《萬曆上海縣誌》也說：「今鹽課出於總催，催有逃缺，課即虧失」，因此改為「每五年一為僉補，而灶丁漸盡」[138]。即總催五年一換，每團總催戶由十戶減為五戶，而每團人戶也減至二十戶或三十戶，比之明初一百一十戶要少得多了。

其次，由於灶戶貧富分化的發展，一般富灶常利用總催的職權，兼併灶丁的場蕩，干沒灶丁的鹽課[139]；甚至「斂窮灶之餘鹽，入為己有，以罔厚利」[140]。因此貧灶的「場蕩悉為總催所併，而鹽課又為總催所欺」[141]，只得「借貸於官豪之家，為其占據役使，或避重就輕，投倚總催人等，隱射額課」[142]，成為「總催家一傭工而已」[143]。於是總催以所管田地灘蕩，招附近貧民，耕樵曬煎。煎鹽既多，私賣尤廣，「通同大夥鹽徒，撐駕船隻，出境興販」[144]。團制防止私鹽的功能，因此喪失。

而且豪灶任總催，「交通上下官攢，扶同虛出奏繳」，「逐年所辦鹽課，止納十之七八，餘皆玩愒不完」，年復一年，不為追賠，遂使團制的催徵鹽課功能大打折扣[145]。甚至催徵鹽償時，「私索輒倍之」，及得納鹽上坨，又「未必及數」[146]。例如福建七場，原收鹽課虧折「百一十二萬餘引」，即「俱係各場總催

---

136 Ping-ti Ho（何炳棣），*The Ladder of Success in Imperial China*（《明清社會史論》）（New York & London: Columbia University Press, 1962），pp. 64-65. 徐泓譯注，《明清社會史論》（台北：聯經，二〇一六），頁七四—七五。

137 《萬曆揚州府志》，卷一一，頁一七。

138 《萬曆上海縣志》，卷四，頁三一。

139 〔明〕王瓊，《戶部奏議》，頁一。〔明〕李廷機，《李文節集》（台北：文海影印本，一九七〇），卷一〇，〈鹽政考〉，頁三五。〔明〕張萱，《西園聞見錄》，卷三六，頁二一。

140 《經濟全書》（康熙六年刊本），卷六，萬曆年間，申時行〈鹽政〉。引自藤井宏，〈明代鹽場の研究（下）〉，《北海道大學文學部紀要》，第三卷（北海道，一九五四），頁一一七。

141 〔明〕陸深，《陸文裕公文集》（《皇明經世文編》，卷一五五），卷一，〈擬處置鹽法事宜狀〉，頁一—二。

142 《明憲宗實錄》，卷五一，頁九，成化四年二月丙辰條。

143 〔明〕張萱，《西園聞見錄》，卷三五，頁一〇。

144 《萬曆上海縣志》，卷四，頁二三。〔明〕朱廷立，《鹽政志》，卷一〇，頁一六，朱廷立，〈禁約〉，「七曰禁私煎」。〔明〕霍韜，《霍文敏公文集》，卷三，〈鹽政疏〉，頁七。

145 〔明〕朱廷立，《鹽政志》，卷七，頁一〇，弘治二年，兩淮巡鹽御史李嗣，〈立通關議〉。

146 〔明〕龐尚鵬，《龐中丞摘稿》（《皇明經世文編》，卷三五八），卷二，頁八—九，〈清理鹽法疏〉。

人等侵盜並包收銀錢」[147]。則其催徵鹽課的功能亦失。

組織結構已變，防止私鹽與催徵鹽課的功能既失，於是灶戶組織也隨灶戶制度而崩潰。

九、生產型態的變遷

由於貧富分化的發展，部分留在場上的貧灶或無產者，一般都變成富灶的「家傭」，或商人在鹽的生產中的直接生產者，因而改變了生產型態。

明初的生產型態是官有的勞役生產，灶戶皆領有官給的生產手段與工本，「日率老幼妻子」[148]，「舉家登場刮泥汲海」[149]，淋鹵候煎，是一種屬於官手工業的家庭手工業。自從灶戶中發生貧富分化後，絕大部分的灶戶降為貧灶，另有極小部分的灶戶則上升為富灶。此般富灶利用種種方法，兼併貧灶的生產手段，並直接再榨取貧灶的勞力，因此變得越來越富。弘治初年，彭韶說：兩浙「豪強灶戶，田畝千餘，人丁百十」[150]。福建泉州府同安縣的灶戶，在嘉靖年間，經查其鹽冊與黃冊田畝，「有自弘治年間原額不上百畝，到今（嘉靖時）逐年新收條，有增至三千畝者」[151]。

富灶經營鹽業生產方式有兩種：一種是擁有較多的灰場（鹽田）灘蕩的。他們把灰場蕩攤租給貧灶，以括取私租。正德初年，國子生沈淮說：各場灶戶「既無工本，又無柴薪，又無灰場，往往入租於人，始得攤曬。」因此建議「灶戶無灰場者，官為取置給與，無使重納私租」[152]。這個建議雖被載入鹽書、府志之中，但實際上並未實行[153]。於是隨著時代的前進，這種情形更加發展，據《萬曆上海縣誌》記載：「各場歲辦鹽課，俱是總催各以所管田地蕩灘，召附近貧民耕樵曬煎，收其租銀，納場解送運司」[154]。顯然的，這類富灶是依靠占有的生產手段向貧灶進行剝削的。由於商品貨幣經濟的發展，其剝削的形式，已由實物改為貨幣，他們收的是「租銀」，而不再是實物的鹽了。

另一類是擁有廣大鹽場和草蕩的。他們直接經營鹽業生產，以獲得的生產手段，直接再榨取貧灶的勞力。正德年間，據南京國子監祭酒章懋的報告稱：「其殷實灶戶為總催者，場蕩歸其兼併，鹽課為其干沒。煎者既多，私賣尤廣。凡諸灶丁盡其家傭」[155]。隆慶初年，總理鹽屯大臣龐尚鵬也說：「各場富灶，家置三五鍋者有之，家置十鍋者有之，貧灶為之傭工」[156]。陸深也說：「灶丁不過總催一家傭工而

---

147 《明英宗實錄》，卷二四五，頁三，景泰五年九月丁巳條。

148 〔明〕張萱，《西園聞見錄》，卷三六，頁一〇。

149 〔明〕彭韶，《彭惠安集》，卷一，頁二五—二七，弘治二年六月初三日〈進呈鹽場圖冊疏〉。

150 〔明〕張萱，《西園聞見錄》，卷三五，頁二。〔明〕黃訓，《皇明名臣經濟錄》（四庫全書本），卷二三，彭韶，〈整理兩浙鹽政議〉，頁三八。

151 《萬曆泉州府志》，卷七，〈版籍志下・鹽課〉，頁一四。

152 《正德松江府志》，卷八，頁一五—一七。〔明〕王圻，《重修兩浙鹺志》，卷二〇，〈奏議中〉，頁三—四，〈弘治間國子生沈淮鹽政奏疏〉。

153 〔清〕顧炎武，《天下郡國利病書》，原編冊六，頁一一三。

154 《萬曆上海縣誌》，卷四，頁二三。

155 〔明〕章懋，《楓山集》（四庫全書本），卷一，頁四七，〈議處鹽法事宜奏狀〉。

156 〔明〕龐尚鵬，《龐中丞摘稿》，卷一，頁二一—二二，〈清理鹽法疏〉。

已」[157]。霍韜也說：「富室豪民，挾海負險，多招貧民，廣占鹵地，煎鹽私賣，富敵王侯」[158]。此類富灶在榨取貧灶的勞力中，變得更富，經營規模更形擴大。例如長蘆運司海豐、海盈二場之間有片六十餘里的海灘，被富灶高登等買占，共立灘池四百二十七處，每年所得鹽利達十萬餘引[159]。而一般豪灶，「私立十數灶者，七八灶者」，更是普遍[160]。每灶所用傭工當在三四人至五六人之間，則富灶所經營的鹽場，規模不小，少者亦有二、三十人以上，已具有手工工廠式的生產型態，而鹽場所有型態中的官有成分，實際上已因此而消退。富灶與貧灶傭工間的生產關係，據《贛榆縣誌》的解釋：「灶戶以鹽池為恆產，貧者受直為傭」[161]，則已是帶有若干勞役性質的僱傭勞動。

明代末期，鹽的生產又出現了另一種情況。前面說過，自嘉靖以後，隨著商品貨幣經濟關係劇烈的發展，鹽課折銀在全國各產區劇烈展開，政府對於鹽的生產和流通的控制已經鬆懈，因此商人和灶戶有一定的自由可以直接買賣鹽斤，於是商業資本趁機打進鹽的生產中。正德年間，已有鹽商「招集灶徒，私煎私販」，達數百引者，甚至「交通吏徒，欺侮恣肆，莫之敢膺」[162]。至嘉靖年間，根據御史鄢懋卿的報告：「兩浙鹽額，俱征折色，則各灶既非聚團煎燒，又不由場官督率」。在這控制鬆弛的情況下，「是以有私煮私鬻者」，而鹽商也就趁機進入鹽場，以買補為名，「先將低銀放與各灶，倍息以充買補」[163]。嘉靖末年，根據《定海縣誌》記載，「商人到場買鹽」，「灶之貧者無鹽可貨，必先貸其銀，而商人乘之以牟利。數月中，必取倍稱之息；倘遲之一年，其息悉啻十倍，或不能償，則必訟之運司，發場督責，過於官員，強者破產，而弱者鬻子女」[164]。其剝削程度又遠超過國家。尤其鹽商在場官的支持下，更肆無忌憚。萬曆年間，據《溫州府志》稱：浙東地區也有同樣事情，「商人到場買鹽，貧灶率先貸其銀，而商人乘之以射利；數月之間，必取倍息」。因此貧灶所賣的鹽，「每鹽一引，視常價僅得其半」[165]。則灶戶所受商業資本剝削之苦可想而知。而且自商屯崩潰後，大部分山陝、徽州鹽商移住淮、浙，其中有不少住在鹽場附近，買補餘鹽。如歙縣人吳榮祖自明天啟初年，便在東台場買補[166]。因此得以高利貸控制灶戶。明末灶戶詩人吳嘉紀，對這種情形有深刻的描寫，在他一首因〈逋鹽錢逃至六灶河〉作的詩有云：「稱貸鹽賈（山西人）錢，三月五倍利，傷此饑饉年，追呼雜胥吏；其奴喫灶戶，爪牙虎不異。腐儒骨稜稜，隨俗受罵詈；秋清發茱萸，償錢期已至；空手我何之，鄉盧聊棄寘。」說明在山西鹽商高利貸剝削的壓迫下，灶戶只有棄家而逃[167]。此外張潮的〈灶戶謠〉，對此情形，也有描寫，其言曰：「今之灶戶……有時無衣或無食，有時兒女需婚姻，有時煎鹽或無草，有時抵價逋官銀，有時死喪及疾病，有時慶弔修明堙。諸如此類遭緩急，稱貸無門輒悲悒，含情泣訴商人前，少貸數金多數十，刻期願以鹽相償。……舊債未完新債始，若能鹽債

157 〔明〕陸深，《陸文裕公文集》，卷一，〈擬處置鹽法事宜狀〉，頁一—二。
158 〔明〕霍韜，《霍文敏公文集》，卷三，〈鹽政疏〉，頁七。
159 《明世宗實錄》，卷二一，頁五，嘉靖元年十二月丙戌條。
160 《嘉靖兩淮鹽法志》，卷六，頁二六，正德十二年，都御史藍章奏。
161 《光緒贛榆縣誌》（光緒十四年刊本），卷五，頁一三。
162 〔明〕朱廷立，《鹽政志》，卷七，頁三一，正德十三年，浙江巡鹽御史成英，〈兩浙鹽法疏〉。
163 《明世宗實錄》，卷三二九，頁六，嘉靖二十六年十月丁卯條。
164 《嘉靖定海縣誌》，卷八，頁三〇。
165 《萬曆溫州府志》，卷五，頁三八。
166 《淮南中十場志》（康熙十二年刊本），卷七，〈人物下．流寓〉，頁二六。藤井宏，〈明代鹽場の研究（下）〉，頁一一三。
167 〔清〕吳嘉紀，《陋軒詩集》（丹徒楊氏絕妙好辭齋藏本，序於康熙十八年），卷五，頁二二。

相適當，禱祀而求歌樂只」[168]。由此可見鹽商已成為以低價預購小生產者成品為條件，貸給他們現金的「包買主」，進而產生同一個鹽商包買若干小生產者的灶戶，這種生產型態就與近代西方「產業化初階」（Proto-Industrialization）的「散作制」（Putting-out System）相似[169]。灶戶在經濟上就這樣依附了商業資本。明朝後期隨著官專賣鹽法的破壞，這種情形越來越明顯。王珍錫在萬曆末年說：兩淮鹽場，「商人納引，官取其稅，如榷關然。迨執引買鹽，與灶丁相市，聊別於私販而已。」[170]則商人只要繳引稅，便可與灶戶自由買賣，灶戶完全超脫原有強制勞役式的鹽業生產，有了一定程度生產鹽斤的自由，這就使商人和灶戶在鹽的生產上發生更直接關係了。

萬曆四十五年（一五九四）實行商專賣之後，「鹽引改征折價，鹽不復入官倉，皆商人自行買補」，「官鑄盤鐵鍋之制遂止」，盤鐵工大費重，灶戶無力添設，仰給於商人，甚至鍋也由「眾商自出資本鼓鑄。」[171]從此商人不但貸給灶戶現款，收購其產品，而且提供了必要的生產手段。顯然的，兩淮灶戶在急遽破產中。生產上雖有一定程度的自由，但其生產手段多由商人供給，商人與灶戶間的關係，已是雇主與傭工的關係了。

結語

總之，明代鹽的生產，前期是「勞役經濟制度」下進行的。其主要目的在保證財政的收入，具有濃厚的自然經濟色彩。明代中葉以後，在商品貨幣經濟關係的衝擊下，政府改變鹽課徵收的方式，由徵收實物改為徵收貨幣。明政府對鹽的流通控制也逐漸放鬆，促使鹽的生產逐漸具有商品經濟的性質。同時也促使灶戶從勞役制度的束縛中解放出來，而日益接近小生產者的地位。而且由於商品經濟的不斷發展，灶戶之中發生貧富階層分化；尤其在沿海經濟發達的地區，這種變化更為明顯。絕大多數灶戶變成貧灶，有的逃出鹽區另謀出路，有的留在鹽場成為富灶的傭工。於是貧灶與富灶間的關係，已是帶有若干勞役性質的僱傭關係。明代後期，商品經濟有高度的發展，商業資本勢力大為膨脹，相對之下，政府對鹽的生產與流通，減低了控制力，商業資本因此打入鹽場，以提供貸款的方式，收購灶戶的產品。萬曆四十五年，改行商專賣制度後，商業資本取代了政府的力量，完全控制了鹽的生產，商人不但貸給現款，而且提供原料、生產工具，成為包買主，不但壟斷了商業利潤，並進而攫取生產利潤了。最終發展成類似近代西方產業革命發生前夕「產業化初階」的「散作制」。

---

168 《康熙兩淮鹽法志》（康熙三十二年成書，木刻本），卷二八，頁五六。

169 國內學者多譯為「原工業化」或「原始工業化」，但依最早提出"Proto-Industrialization"的F. F. Mendels，在他那篇著名的論文：F. F. Mendels, "Proto-Industrialization: The First Phase of the Process of Industrialization," *Journal of Economic History* 30 (1972), 241-61. 說得很清楚，"Proto-Industrialization"是Industrialization進程的初階（The First Phase）。而且"Industrialization"包含農業、工業等產業，則"Industrialization"宜譯作「產業化」；所以"Proto-Industrialization"宜譯為「產業化的初階」。「產業化的初階」發生於農業革命時期，農村家庭的生產，越來越朝向市場導向發展，而為商業資本介入，尤其家庭手工業產品，常由商人以預付方式包買，甚至商人進一步透過購買原料或生產工具的方式，投資家庭生產，並將分散的農家組織在自己的管控下，而發展出「散作制」（Putting-out System）。鹽場的生產型態的發展類似於農村，頗可與明清資本主義萌芽討論相對照。參見徐泓，〈「中國資本主義萌芽」研究範式與明清經濟史研究〉，《中國經濟研究》，二〇一八年第一期，頁一六九－一八一。

170 〔清〕清高宗，《續文獻通考》（上海：商務萬有文庫《十通》本，一九三六），卷二〇，頁二九七二－二九七三。《雍正兩淮鹽法志》（雍正六年序，木刻本），卷五，頁一七。

171 《雍正兩淮鹽法志》，卷五，頁一七。

第十二章

重論明代向上社會流動：何炳棣《明清社會史論》譯注及其後續研究

一、何炳棣教授的治學與為人

何炳棣教授於二〇一二年六月七日清晨七點十一分在睡夢中安然去世，享壽九十五歲，史學界失去一位跨世紀的大師。何炳棣先生原來念的是英國史[1]，後來轉治中國史，他的研究領域廣，包括揚州鹽商、明清至民國的人口、明清會館、明清科舉與社會流動、美洲新大陸作物輸入中國、北魏洛陽城、明代土地資料、清代在中國史上的重要性、黃土與中國農業文化的起源和近年研究的先秦諸子等。何先生蒐集史料之辛勤，運用史料之精妙，方法與史識之獨創，轟動史林，驚動萬教（教育界），當今華人治史罕有能出其右者[2]。

何先生不滿於中國文史研究被洋人歸類為「漢學」（Sinology），因為「漢學」是西方人「東方主義」（Orientalism）及其「歐洲中心論」（Eurocentrism）的產物，他們卑視漢學，不置之於西方為主流的學術殿堂正殿。因此，何先生治中國史都選重要的大問題，成果都由重量級的西方大學出版社和學術期刊出版，與主流西方史家進行對話，不把中國歷史文化研究討論局限於漢學界，力爭中國學術與西方學術的平等地位。何先生的學術受到西方學界的肯定，一九六五年榮獲芝加哥大學聘為地位崇高的湯普遜（James

何炳棣院士

Westfall Thompson）歷史講座教授，並於一九七五年當選美國亞洲研究學會（The Association for Asian Studies）首位亞裔會長。

何先生擅長於廣泛運用社會科學和自然科學的成果，又能吸納西方史學的長處。他在《東方的搖籃：紀元前五千年至一千年華夏技術及理念本土起源的探索》（*Cradle of the East: An Enquiry into the Indigenous Origins of Techniques and Ideas of Neolithic and Early Historic China, 5000-1000 B.C.*），以文獻、考古資料及古植學證明中國古代文明源於本土，打破西方學者的世界文明源自西亞的一源說，連強力主張這種學說而撰寫《西方的興起》（*The Rise of the West: A History of the Human Community: with a Retrospective Essay*）著稱的威廉·麥克尼爾（William H. McNeill）教授也為之折服。

何先生為人率真，不假顏色，很多人怕他。他成長於對日抗戰之中，有濃厚的民族意識，雖因工作關係入美國籍，但熱愛中國之心過於常人[3]。曾質問一些華人學者：你是中國人怎麼可以不愛國？從何先生

---

1 何先生於一九五二年以《英國的土地與國家（一八七三年—一九一〇年）：土地改革運動與土地政策研究》（*Land and State in Great Britain, 1873-1910: A Study of Land Reform Movements and Land Policies*）獲得哥倫比亞大學博士學位。

2 參見徐泓，〈何炳棣教授的明清史研究〉，《明代研究》，第一八期（二〇一六年六月），頁二三—四七。

3 吾友皮皮魯魯家的Cleo云：
「我曾反反覆覆仔仔細細思索過何炳棣性格的成因：父親年近五十才得一子，期望甚高，然親老家衰必須通過現代洋科舉才能獲得個人成功，父輩的人生焦慮投射到他身上，即使是年少貪玩的歲月裡，內心也是有一種對未來的不確定的陰霾。規劃甚遠，但確實在數理科目方面沒有天賦，最終轉讀史學，尋找個人價值的確立。然而……投考清華，第一次失敗，轉讀山大／重考清華入讀化學，係數學不及格／轉讀歷史。又遭遇國難，學業被迫幾起幾落，第一次投考留美公費失敗，在西南聯大時期青春已大，但人生未來還是不確定；各種機會和希望皆渺茫，終於抓住最後一次機會考試成功。但到北美讀書時已經三十出頭，種種尋求自我超越的壓力擠壓在他身上；所以性格極其暴躁。何兆武去圖書館借書的時候，對他印象就不好，因為對他們小學弟不耐煩。何（炳棣）這一代經歷戰亂國家顛沛流離的人，必然渴望一個安定和有power的中國，這是七〇年代他

的訃聞中知道他要歸葬老家金華。一九七九年底，在波士頓麻省理工學院（MIT）討論中美關係的會上，面對滿場洋人學者，親見何先生獨排眾議，大聲指斥研究中國的洋人學者的反華情結[4]。其敢言直言的態度在西方學界的華人學者中極為少見，一般華人學者在洋人屋簷下總是低頭，何先生絕不示弱[5]。

二、捍衛漢化：駁斥羅友枝的〈再觀清代〉

一九九六年，「新清史」的代表羅友枝（Evelyn S. Rawski）教授發表美國亞洲研究學會主席就職演講：「Presidential Address: Reenvisioning the Qing: The Significance of the Qing Period in Chinese History,」（〈再觀清代：清代在中國歷史上的重要性〉），針對何先生一九六七年在美國亞洲研究學會發表的「The Significance of the Ch’ing Period in Chinese History,」（〈清代在中國歷史上的重要性〉）一文，批判何先生對滿清王朝「漢化」問題的論斷。他認為清王朝能維持近三百年的統治，主要原因不在於「漢化」，在不同地區採取不同文化政策，才是清朝統治成功的關鍵。兩年後，何先生像大炮一樣地強力反擊，發表「In Defense of Sinicization: A Rebuttal of Evelyn Rawski’s ‘Re-envisioning the Qing’,」（〈捍衛漢化：駁斥羅友枝的〈再觀清代〉〉）。首先，何先生說他的論文是宏觀的，論題是多面性的，羅氏卻單挑漢化這個單一主題來討論，模糊文章的真實意義。更甚者是羅友枝曲解何先生的論點，何先生說：他的基本觀點，明明是滿族創造了一個包括滿、漢、蒙、回、藏和西南少數民族的多民族國家，羅友枝無視於此，在漢化和滿族與非漢民族關係之間，構建一個錯誤的二分法。他無視於滿族之所以能有效地統治人口最多、政治傳統和文化最悠久的中國，就在他們成功地運用漢族傳統和制度。羅友枝又主張：遼、金、元、西夏政權統治漢

人與漢地，都只任用漢族官員，他們都拒絕漢化。其實，這四個政權最終都採用漢文化和制度，甚至以漢

們歌頌當時國內情況的一個原因。也是這種原因，何炳棣本人對科舉考試帶來的社會成功，比旁人有更多更深刻的體會。別的題目還不論，尤其是科舉和社會階層話題，是個人家世及一輩子的體悟！我挺喜歡他的……在我人生十九—二十五歲左右，苦悶與他類似，看了他的晚年自傳，我最終決定跳歷史坑！他的自傳反而改變了我的性格。」《微博》http://www.weibo.com/comment/inbox?topnav=1&wvr=5&f=1，下載於2014.09.22.

4 何先生說：「學界傳言：『研究蘇俄的學者都恨蘇俄，研究中國的學者都愛中國。』其實沒這回事，你們這些研究中國的學者恨死中國了。」不少洋人學者對何先生闡揚中國歷史文化和肯定中國傳統的正面價值不滿，如祁特立（David N. Keightley）就說何先生是大漢族沙文主義者：Ho has merely replaced the old "Western intellectual chauvinism" of which he complains with a modern worldwide version of Greater Han chauvinism. 請注意祁特立在講西方知識沙文主義是加了引號，意即不認同有所謂的「西方知識沙文主義」，但講到大漢族沙文主義則不加引號，坐實了有大漢族沙文主義這麼一回事。參見祁特立一九七七年針對何先生《東方的搖籃：西元前五千年至一千年華夏技術及理念本土起源的探索》（*Cradle of the East: An Enquiry into the Indigenous Origins of Techniques and Ideas of Neolithic and Early Historic China, 5000-1000 B.C.*）寫的書評："Ping-ti Ho and the Origins of Chinese Civilization [review Article On *The Cradle of the East* By Ping-ti Ho]," *Harvard Journal of Asiatic Studies* 37 (2): 381-411.

5 何先生研究清代揚州鹽商，不但論述揚州鹽商為當代世界資金最雄厚的商人集團之興衰，而且在運用史料及論題方面超越日本學者，用來估計鹽商成本的《乾隆兩淮鹽法志》和高恆的兩淮鹽政檔冊，就是日本學者都沒有用過的。五十年代初，大陸史學界開展「資本主義萌芽」的討論，論及傳統中國雖有巨量商業資本存在，最終未能使「萌芽」茁壯成長的原因。雖然傅衣凌在一九四六年以後陸續撰寫相關論文，一九五六年出版的《明清時代商人及商業資本》中也說到兩淮鹽商的主要成分是徽商，其增殖的資本不能擴大再生產，沒有出路；因而走上個人的浪費，豪侈放縱。但書中著墨不多，只有一頁，而何先生則以全文三分之一強的篇幅深入論述。日本學者和田清和加藤繁也在二〇、四〇年代開始討論明清會館，認為會館起源於明代嘉靖、隆慶間，是集中在北京的各省官吏士子按照他們的鄉籍的差別而設置的憩息場所。何先生則依據《民國蕪湖縣誌》主張會館最初創設於明永樂遷都北京之後，當時任工部主事的蕪湖人俞謨捐出他在前門外長巷三條胡同購置的房地產，設置蕪湖會館。另據周亮工《閩小紀》，明武宗正德年間，北京已有福州會館。於是會館創始年代，由於何先生的研究從明代後期提前到明代前期。過去西方與日本學者皆以中國行會及地緣性會館的發達，「強化我國小群的觀念，延展了大群觀念的產生」及「我國社會的近代化」，但何先生的研究指出：會館的地緣組織經常接觸的結果，「有助於窄狹畛域觀念的融消和大群意識的產生」；明清會館制度對「我國社會逐漸近代化」，「實曾具有積極的推動作用」。詳見徐泓，〈何炳棣教授的明清史研究〉。

族五德終始的正統論合理化其政權。征服王朝要鞏固其統治，漢化是不可避免的，這本是國際學術研究的共識，而羅友枝卻全然視而不見。何先生在文章中，以極大的篇幅，論述五千年以來，漢文化和漢化發展的歷史的各個方面，並且討論非漢族政權如何採用漢化政策，統治以漢族為主的中國。這真是一篇擲地有聲的大文[6]。

三、《明清社會史論》

《明清社會史論》1962年出版。

《明清社會史論》2013年聯經出版。

廣泛運用社會科學和自然科學的成果，又能吸納西方史學的長處是何炳棣教授治史的特色。他治明清社會史即運用社會學理論，專攻這一長久以來為社會科學家重視的社會階層化與社會流動研究課題。何先生於一九六二年出版《明清社會史論》，是第一位大量運用附有三代履歷的明清進士登科錄及會試、鄉試同年齒錄等鮮為人注意的科舉史料的學者。[7]哥倫比亞大學東亞研究所所長韋慕庭（Martin Wilbur）教授為這本書寫的〈前言〉說：「何教授能聚集為期五百年的大量統計數字資料，可能會震驚研究歐洲史的學者；因為類似質量和數量的資料，在十九世紀以前的任何歐洲社會，可能都不存在。」根據這些史料，何先生作量化統計，分析向上與向下社會流動，在資料的數量與涵蓋面，均遠遠超越前人，統計分析的樣本，進士達一萬四、五千名，舉人貢生達兩萬多名。分析結果，以平均數而言，明代平民出身進士約占總數百分之五十，清代則減至百分之三十七．二；而父祖三代有生員以上功名者，則由明代的百分之五十，升至清代的百分之六十二．八；可見平民向上流動機會漸減。清代，尤其清代後期，大行捐納制度，富與貴緊密結合，影響力量趨強；遂使平民向上流動機會大減。

何炳棣教授在書中不但處理向上流動，而且也討論向下流動及其導因，闡明促進社會流動的各種制度

6 Ping-ti Ho(1988), “In Defense of Sinicization: A Rebuttal of Evelyn Rawski's 'Re-envisioning the Qing',” *The Journal of Asian Studies* 57(1): 123-155. 張勉勵譯，〈捍衛漢化：駁斥伊芙琳．羅斯基的《再觀清代》（上）（下）〉，《清史研究》，第一期（北京，二〇〇〇），頁一一三－一二〇；第三期（二〇〇〇），頁一〇一－一一〇。詳見徐泓，〈論何炳棣撰〈清代在中國史上的重要性〉〉收入汪榮祖主編：《清帝國性質的再商榷：回應新清史》（桃園中壢：中央大學出版中心暨台北市：遠流出版公司，二〇一四年八月），頁一九三－一九九。徐泓，〈「新清史」論爭：從何炳棣、羅友枝論戰說起〉，《首都師範大學學報（社會科學版）》，二〇一六年第一期，頁一－一三。

7 Ping-ti Ho, *The Ladder of Success in Imperial China: Aspects of Social Mobility, 1368-1911*, p. viii.

化與非制度化管道的存在。何炳棣教授認為明清社會幾乎沒有制度化的機制，阻止高地位家庭長期的向下流動，均分遺產的習俗可能是最有力的因素。除縱向垂直的上下流動外，何炳棣教授又專章討論士農工商、軍民匠灶的橫向水準流動，並論及社會流動的地域差異和影響社會流動的各種因素。社會流動比較研究的結果，何炳棣教授認為明初精英的社會流動率，「即使近代西方社會精英社會流動的樣本，也可能很難超越」。[8]

近年來，何炳棣的論點遭到部分學者質疑，有的從討論社會流動依據的家族範圍立論，認為不能僅以直系父祖三代家世為據；有的從何炳棣教授運用的資料的質和量立論，認為何炳棣教授未能深入解讀資料的性質，而且受限於當時中國大陸圖書資料未開放，在資料的數量及其內容不夠完整。因此，認為何炳棣教授估計出身平民進士之比例過高，進而懷疑科舉制度對統治階層與平民階層間的「血液迴圈」是否真的有促進作用。

對於學者的質疑，何炳棣教授並未撰專文反駁，僅於自傳《讀史閱世六十年》中簡單回應。何炳棣教授與其他學者之間爭議最大的是明代向上社會流動率，要厘清爭端，從此入手最為關鍵，尤其拜大陸圖書資料開放之賜，今日能運用來分析的文獻已較何炳棣教授寫《明清社會史論》時倍增；本文試著運用現存的科舉文獻，進一步再探討明代向上社會流動率，庶幾釋眾人之疑。

選擇進士作為探討明代向上社會流動率的主體，是因為從社會身份的角度來看，進士是科舉功名的最高位階。在明代，取得進士之後，舉子便可躍身於中央或地方的官員之列，仕途上最終的官位升至三品的可能性大增，而只有舉人功名的士子，這種機會微乎其微，與政治地位相應的社會地位亦然。因此，研究向上流動，尤其是向上流動到社會的上層，進士是重要的指標。它也是是了解政府能否基於合理而廣泛的基礎，來增補統治階級高等成員。若以更堅實的統計資料來具體呈現明代進士的向上流動的關係，不但可以檢驗明朝「官場對有才能人士開放」的傳統說法，而且可以從寒微子弟向上流動到社會高層的機率，論述明代社會的穩定性及其變遷。而另一選擇進士作為研究明代向上社會流動的主要原因，便是史料樣本的完整性和嚴謹性只有進士登科錄記載的三代履歷是最為完整，最能反映進士登科當下的家庭狀況。這與後人或同鄉編纂的「履歷便覽」和「序齒錄」，或是只記載進士籍貫的「會試錄」所無法比擬的。

四、何炳棣的明代向上社會流動研究

傳統中國社會把進入仕途，當做社會向上流動的最後目標，而宋代以後，進入仕途最主要的途徑是科舉考試。近代學者中最早注意到科舉與社會流動的關係的人，是清末在京師同文館擔任總教習的美國傳教士丁韙良（William A.P. Martin）。十九世紀末，當一千三百年歷史的科舉考試制度將被廢除之際，丁韙良卻認識到科舉考試的正面作用，認為它不但是傳統中國政府選拔人才的管道，而且是中國人上升社會地位的機會與途徑，也就是何炳棣稱之為的「成功的階梯（Ladder of Success）」。近代以來，研究科舉與社會流動的學者，始于潘光旦與費孝通，他們於一九四七年發表〈科舉與社會流動〉一文，分析康熙至宣統年間九一五份舉貢、進士樣本，發現其父是紳士者六〇九人，占總數百分之六十六・六，但五個世代之內均無功名者一二二人，占有百分之十三・三；因此，科舉雖對紳士階層維繫其社會地位有利，但也相對提供

8 Ping-ti Ho, *The Ladder of Success in Imperial China: Aspects of Social Mobility, 1368-1911*, p. 258. Vernon K. Dibble and Ping-ti Ho, "The Comparative Study of Social Mobility," *Comparative Studies of Society and History* Vol. III, no. 3, April, 1961.

平民上升社會地位的流動機會。同年，美國宋史學者柯睿格（Edward A. Kracke, Jr.）也發表「Family versus Merit in the Chinese Civil Service Examinations during the Sung Empire,」分析南宋紹興十八年（一一四八）《題名小錄》，從中找到家庭背景可考的進士二七九人，發現出身上三代均無官位或功名家庭者一五七人，占百分之五六・三。又分析寶佑四年（一二五六）《登科錄》，找到家庭背景可考的進士五七二人，發現出身上三代均無官位或功名家庭者三三一人，占百分之五七・九。則顯示宋代進士出身三代均無官位或功名的平民家庭者占總樣本數的一半以上；因此，柯睿格也同意科舉制對促進社會流動作用甚大。Robert Mortimer Marsh於一九六一年發表*The Mandarins : The Circulation of Elites in China,1600-1900*，分析五七二名明清官員的家庭背景、及第年齡與官員升遷率等，也有類似結論。

約略同時，何炳棣教授出版《明清社會史論》。他是第一位大量運用附有三代履歷的明清進士登科錄及會試、鄉試同年齒錄等鮮為學者注意的科舉史料；根據這些史料，何教授利用量化統計法，分析社會流動；在資料的數量與涵蓋面，均遠超越前人，統計分析的樣本，進士達一萬四五千名，舉人貢生達兩萬多名。《明清社會史論》第三章〈向上流動：進入仕途〉討論明代向上社會流動率，運用當時在北美圖書館和台北中央圖書館能找到的二十二科明代進士登科資料，取其中有效的六三三二個明代進士案例，統計分析明代向上社會流動率。

從明代社會特有的權力結構和名聲體系出發，何炳棣教授把獲得進士功名舉子的社會成分分成四類：

A類：包含的舉子，是其父祖三代未有一人得過生員以上的功名。生員一般被稱為「窮秀才」，絕大多數要靠教書、做文書工作，甚至有時靠體力勞動，勉強維持微薄的生活。如果一個家庭三代連初階功名的生員都沒有，可以合理地認定是家境寒微的。A類舉子是在其有生之年，從寒微升入廣泛定義的統治官僚體系；這種案例，在明清社會被視為「白手起家，由窮致富」向上社會流動的範例。

B類：包含的舉子，是祖宗三代中產生過一個或更多生員，但未有更高的功名與官位的。內于絕大部分出身于生員家庭的舉子是相當寒微，甚至是貧窮的。只有在以儒家社會對書本知識與學生身分的高度重視作為評價標準時，生員家庭才可被視為一個有代表性的社會過渡群體。

C類包含的舉子，其出身家庭的祖宗三代中，產生過一個或更多擁有較高的科名或官位的；所謂較高的科名，系指高於生員的科名。這個類別，在明代包括監生，在整個明清時期，包括各種貢生；此外，還加上吏員家庭及祖宗捐過官銜或官職的。整體而論，C類包括官員與有任官資格者，或稱之為廣義官僚群體的後代。雖然他們的法律與社會地位不同於平民，然而許多出身於這廣義官僚群體的下層家庭，實際上擁有的名聲、特權和經濟手段均相當有限。

D類：為C類的亞類，包含的舉子，其祖宗三代中產生過一個或更多任三品以上的高官者；由於三品以上的高官，除了其他的特權以外，尚有蔭子的權利，其家庭因而被視為有「全國性名望」的。此外，還要加上皇家與異姓世襲高階貴族家庭出身的舉子，他們與三品以上高階官員一樣享受世襲特權。而較低級的貴族則不屬此類，但列於C類中；因為他們只是官品的較低的掛名虛銜而已。

對於A類的標準何炳棣教授採較嚴格的標準，對C類則較寬鬆，以舉子祖宗三代中擁有的最高官位來決定其家庭的社會地位。何炳棣教授說：「除因版本不完全而未能檢索出來外，我們並未誇張來自寒微家庭舉子的百分比。」

據以上標準，何炳棣教授製作〈表1：明清進士的社會成分〉。為方便討論，且把表中清代進士部分刪除，改作成〈明代進士的社會成分表〉。其中不同年分（科）進士的總數，只有祖宗資訊的舉子才計入。

表一：明代進士的社會成分（A+B+C=100%）[9]

年代	進士總人數	A類人數	百分比	B類人數	百分比	A+B百分比	C類人數	百分比	D類人數	百分比
1371 洪武4年	28	21	75.0	—	—	75.0	7	25.0	—	—
1412 永樂10年	106	89	84.0	—	—	84.0	17	16.0	9	8.40
1457 天順元年	294	182	62	—	—	62	112	38.0	9	3.0
1469 成化5年	248	149	60.0	—	—	60.0	90	40.0	9	3.6
1472 成化9年	250	137	54.8	—	—	54.8	113	45.2	13	5.2
1475 成化11年	289	154	53.3	—	—	53.3	135	46.7	11	3.8
1496 弘治9年	298	140	47.0	—	—	47.0	158	53.0	14	4.7
1505 弘治18年	303	126	41.6	—	—	41.6	177	58.4	12	4.0
1521 正德16年	330	156	47.3	—	—	47.3	174	52.7	13	3.9
1535 嘉靖14年	329	154	47.0	—	—	47.0	175	53.0	22	6.9

年代	進士總人數	A類人數	百分比	B類人數	百分比	A+B百分比	C類人數	百分比	D類人數	百分比
1538 嘉靖17年	317	154	48.6	1	0.3	48.9	162	51.1	23	7.3
1544 嘉靖23年	312	151	48.4	2	0.6	49.0	159	51.0	24	7.7
1553a 嘉靖32年	384	182	47.4	24	6.2	53.6	178	46.4	15	3.9
1559 嘉靖38年	303	151	49.8	2	0.6	50.4	150	49.6	14	4.6
1562 嘉靖41年	298	133	44.6	—	—	44.6	165	55.4	17	5.7
1568 隆慶2年	405	203	50.1	—	—	50.1	202	49.9	17	4.2
1577 萬曆5年	301	126	41.8	6	2.0	43.8	169	56.2	23	7.6
1580 萬曆8年	302	134	44.4	—	—	44.4	168	55.6	12	4.0
1583 萬曆11年	351	117	33.3	48	13.7	47.0	186	52.9	26	7.4

9 截取自*Ping-ti Ho, The Ladder of Success in Imperial China*（*1967*）, pp. 112-113. 表九：〈明清進士的社會成分〉。百分比計算與C類總類數有些微錯誤，今重加計算。又依何著体例，D類進士人數包含在C類，但成化五年進士總數二四八人，而A類、B類和C類加總才二三九人。很可能何先生在計算C類人數時忘了把D類人數加入計算。

年代	進士總人數	A類人數	百分比	B類人數	百分比	A＋B百分比	C類人數	百分比	D類人數	百分比
1586萬曆14年	356	105	29.5	54	15.1	44.6	197	55.4	18	5.0
1601萬曆29年	298	129	43.3	1	0.3	43.6	168	56.4	14	4.7
1610萬曆38年	230	61	26.5	40	17.4	43.9	129	56.1	18	7.8
總計或平均	6,332	2,954	46.66	178	2.81	49.47	3200	50.53	335	5.29

a：這一年只有祖宗三代的資料，而不是一般的三代。Ping-ti Ho, *The Ladder of Success in Imperial China*（1967）,p. 358.〈中文原始資料．進士名　〉將《嘉靖癸丑（三十二年）科進士同年便覽錄》誤為《嘉靖癸巳（十二年）科進士同年便覽錄》。明朝科舉無癸巳科進士[10]。

表二：明代進士社會成分的變遷（百分比）

時期	A類	B類	A＋B	C類
1371-1496洪武四年—弘治九年	57.6	—	57.6	42.4
1505-1580弘治十八年—萬曆八年	46.6	1.0	47.6	52.4
1583-1610萬曆十一年—萬曆三十八年	33.3	11.6	44.9	55.1
明代平均	46.7	2.8	49.5	50.5

整個明代，何炳棣教授發現A類占全體舉子的百分之四十六．六六，B類占百分之二．八一，C類占百分之五〇．五四，D類占百分之五．二九；A類與B類，也就是在定義上代表來自平民家庭的舉子，共占百分之四十九．四六。除了永樂十年（一四一二），嘉靖二十三年（一五四四），萬曆五年（一五七七）、三十八年（一六一〇）四科外，出身高官家庭的進士從未超過總數的百分之七．五，在整個二又四分之三世紀中D類的平均百分比為百分之五．二九。

何炳棣教授把明代分為三個時期：1.洪武四年至弘治九年（一三七一—一四九六）；2.弘治十八年至萬曆八年（一五〇五—一五八〇）；3.萬曆十一年至三十八年（一五八三—一六一〇）。何炳棣教授認為明初的綜合情勢環境對貧寒的人出奇地有利，在第一個時期，這些寒微舉子占了進士總數的大半。隨著時代的前進，官員家庭能享受的各種有利條件，使他們不可能不占上風。至十六世紀，C類就穩定地抬頭，多於平民群體達百分之十；最關鍵性的變遷自十六世紀晚期開始，當A類急速大減至低於百分之三十，但這一大減靠著B類的急遽上升得以彌補。何炳棣教授對這兩種現象解釋是平民的社會學術流動是越來越困難了，他們需要隔代的準備，才能達成社會流動的最終目標。

10 徐泓譯注，何炳棣著，《明清社會史論》（北京：中華書局，二〇一九），沿何先生之誤，在頁一四四—一四六，將嘉靖三十二年（一五五三）改為一五五三（嘉靖十二年）。嘉靖年間並無癸巳科進士（參見潘榮勝主編，《明清進士錄》，北京：中華書局，二〇〇六。）

表三：官員家庭出身進士的次分類

科次	同科總人數	平民家庭出身	官員家庭出身					
		百分比	低階a		中階		高階	
			人數	百分比	人數	百分比	人數	百分比
1469 成化五年	248	60.0	34	13.7	54	21.8	11	4.5
1472 成化八年	250	54.8	55	22.0	45	18.0	13	5.2
1538 嘉靖十七年	317	48.9	61	19.3	78	24.5	23	7.3
1562 嘉靖四十一年	298	44.6	73	24.5	75	25.2	17	5.7
1610 萬曆三十八年	230	43.9	58	25.2	53	23.1	18	7.8
總計或平均	1,343	50.3	281	20.9	305	22.7	82	6.1

※本表材料取自表1。

a成化五年（一四六九）、成化八年（一四七二）、嘉靖十七年（一五三八）、嘉靖四十一年（一五六二）、萬曆三十八年（一六一〇）等年的監生被視為有出任低階官員的可能。

表3透露出的重要事實：第一，明代進士中平均有百分之二十・九出身低階官員官員家庭，又有百分之五十・三出身平民家庭的進士，二者相加為百分之七十一・二，也就是超過三分之二的新科進士來自平民家庭和現任的低級官員及候補的低階官員家庭；因此，政府官員的成分經常處於流動狀態。第二，只有

百分之六・一的進士來自高級官員家庭，受制於一種幾乎是內建的向下流動機制，使高階家庭長期維持其擢升地位是困難的。第三，儘管政府經常注入新血輪，官僚體系仍能維持內部的持續性與平衡，因為將近百分之二十九，的新進士出身中級與高級官員家庭；這一事實有助徹底而從容不迫地同化那些來自普通平民家庭和來自低階官員家庭的新生。

表四：生員的家庭背景

時期	南通縣		
	總數	出身未有科名的家庭人數	百分比
1358-1487a 洪武元年—成化二十三年	267	263	98.6
1488-1505	88	78	88.6
1506-1521	143	120	83.9
1522-1566	444	332	74.8
1567-1572	35	22	62.9
1573-1620b	549	375	68.3
1621-1627	195	138	70.8
1628-1644	303	186	61.4
明代總數	2,024	1,514	74.8

本表所用史料：《國朝虞陽科名錄》（光緒三十年〔一九〇四〕後刊印）、《靜庠題名錄》（民國二十二年〔一九三三〕）、《通庠題名錄》（民國二十二年〔一九三三〕）。

a.這些時期都是每位皇帝在位的時期，從明太祖洪武元年（一三六八）直到成化二十三年（一四八七），由於授受官品的生員人數很少，因此把幾個明朝前期的皇朝合為一期。
b包括短命的明光宗朝。（泰昌元年〔一六二〇〕）。

何炳棣教授最後討論為數極大的生員群體之社會成分資料，他運用南通縣的資料，發現這個縣分的生員，在明代平均百分之七四・八來自出身未有科名的寒素家庭，有功名家庭出身的生員，在明初的生員總數中，只占百分之一・四，其後逐漸升高，但還只在百分之三十到百分之四十之間。這意味著廣大生員群體，甚至比他們更小得多的進士群體，其社會成分是經常在流動的狀態中。

何炳棣教授總結說：明代向上社會流動統計顯示A類進士人數，從十六世紀後半起呈持續減少趨勢。這個持續衰減現象，放在社會脈絡中解釋，意指寒微人士要爬升社會—官僚體系的階梯，其困難與挫折是越來越大。但直至明代後期，A類進士人數仍占進士總人數的百分之四十四左右，而且就整個明代來說，平均也有一半的進士出身寒素之家；因此，明代向上社會流動率仍可說是很高的。

何先生在書中不但處理向上社會流動，而且也討論向下社會流動及其導因，闡明促進社會流動的各種制度化與非制度化管道的存在。何先生認為明清社會幾乎沒有制度化的機制，阻止高地位家庭長期地向下流動，均分遺產的習俗可能是最有力的的因素。除縱向垂直的上下流動外，何先生又專章討論士農工商、軍民匠灶的橫向水平流動，並論及社會流動的地域差異和影響社會流動的各種因素。社會流動比較研究的結果，何先生認為明初菁英的社會流動率，「即使近代西方社會菁英社會流動的資料，也可能很難超越」[11]。

五、學界的仿效及質疑

《明清社會史論》討論明清社會流動，根據的樣本數量極多，被譽為討論科舉與社會流動最全面的一部經典巨著，影響中國社會史與明清史及東亞史研究甚巨。如許師倬雲教授的《先秦社會史論》（*Ancient China in Transition: An Analysis of Social Mobility, 722-222 B.C.*）、毛漢光的《兩晉南北朝士族政治之研究》、吳金成〈中國의 科舉制와그政治·社會的機能——宋·明·淸時代의社會의階層移動을中心으로——〉，《科舉》（서울：一潮閣，一九八一）、吳建華〈科舉制下進士的社會結構與社會流動〉，《蘇州大學學報》，一九九四年第一期及研究韓國科舉與社會流動之崔永浩（Yong-ho Choe）的 *The Civil Examinations and the Social Structure in Early Yi Dynasty Korea, 1392-1600*（《朝鮮李朝初期的科舉制度與社會結構》），均以此書為典範。

近年來，何先生的論點遭到部分學者質疑。較著名的有美國的郝若貝（Robert M. Hartwell）、韓明士（Robert P. Hymes）、與艾爾曼（Benjamin A. Elman），中國的沈登苗。一九八二年，郝若貝的論文〈中國的人口、政治與社會的轉型：750-1550〉（"Demographic, political and social transformations of China, 750-1550"），分析宋朝官員傳記資料，發現宋朝政府被幾個或幾十個大家族所壟斷，科舉造成的社會流動並

11 Ping-ti Ho(1967), *The Ladder of Success in Imperial China: Aspects of Social Mobility, 1368-1911*(New York and London: Columbia University Press), p. X, "Preface to the Second Printing." 根植於新古典自由主義（neoclassical liberalism）廣為接受的觀點認為：社會流動量愈大，社會愈開放，對社會是好的；因為這鼓勵個人依其能力而不是依據其家世取得社會地位。參見Michael Hout（1988），"More Universalism, Less Structural Mobility：The American Occupational Structure in the 1980s," *American Journal of Sociology* 93（6）：1358-1400.

不大。韓明士在一九八六年發表《政治家與士大夫》（*Statesmen and Gentlemen: The Elite of Fu-chou, Chiang-Hsi, in Northern and Southern Sung*）一書，則認為研究科舉所促成之社會流動，不能僅以直系父祖三代家世為據，應該擴大「菁英」定義的範圍，將寺廟捐獻者與從事地方公益事務者及其親戚族人、學生等均列為分析的對象，於是大大縮減平民範圍，把平民在科舉上的成功率大為低估；他進而懷疑科舉制對統治階層與平民間的「血液迴圈」有促進作用。稍後，艾爾曼發表〈科舉制下帝制中國晚期的政治、社會與文化的再生產〉（"Social and Cultural Reproduction via Civil Service Examinations in Late Imperial China,"）與《帝制中國晚期的科舉文化史》（*A Cultural History of Civil Examinations in Late Imperial China*），也認為何先生估計出身平民進士之比例過高，過分低估中式家族及其婚姻對向上流動力的作用，進而論定：「近千年來，科舉制度在很大程度上，不過是統治階層的政治、社會、文化的『再生產』而已。」[12]沈登苗則於二〇〇六年發表〈也談明代前期科舉社會的流動率——對何炳棣研究結論的思考〉，批評何著對「明代前期」的界定，及以何先生未能使用天一閣獨家收藏的三十一種明代進士題名錄為憾，並指出「明代前期科舉流動率高，主要是元代特殊的用人政策」造成的，何先生的「結論在科舉史上並不具備典型的意義」。但錢茂偉《國家、科舉與社會——以明代為中心的考察》使用的二十一種（其中五種為天一閣獨家收藏前人未使用過的）明代前期題名碑錄，分析的結果，仍然支持了何先生的結論。對於韓、艾二氏的批評，何先生並未撰專文反駁，僅於自傳《讀史閱世六十年》簡單回應稱：自己的統計「完全是根據八十幾種中試者的祖上三代履歷，最能反映社會階層間的上下流動」，而艾氏所用的資料卻「沒有最能反映社會血液迴圈的祖上三代履歷」；而且根據艾氏的統計，明清出身平民的舉人，占總數的百分之五十四．二七，出身平民的進士，占總數的百分之六十一．七八，反而坐實了何先生的結論。至於韓氏的評論，何先生則認為是對「菁英」的定義混亂而誤導的[13]。其實明朝政府早已認識到科考中試者多平民出身，《明神宗實錄》卷五三五載，禮部言：「績學博一第者，強半寒素之家。」可以說近年來少數學者質疑科舉制與社會流動的關係，似乎是難以撼動何先生論點的，大部分學者仍認為「科舉為寒門子弟架起了通向『天門』的階梯」[14]。真正需要進一步討論的是沈登苗的質疑，解決的方法，只有運用比何炳棣先生做這個研究時更多分布更均勻的現存史料，重新估算明代向上社會流動率。

六、科舉與社會流動研究新史料的公開及研究

近年來，研究科舉與社會流動的史料陸續公開，已較五十年前何先生出版《明清社會史論》為多：明代鄉試錄三百一十三種、會試錄五十四種、進士登科錄五十四種、進士同年序齒錄十五種及進士履歷便覽十七種。整理編印的工作，也不斷展開。伴隨著《明代登科錄彙編》[15]、《清代硃卷集成》[16]與《天一閣

12 Benjamin A. Elman（艾爾曼）(1991), "Social and Cultural Reproduction via Civil Service Examinations in Late Imperial China," *The Journal of Asian Studies* 50(1): 7-28. Benjamin A. Elman(2000), *A Cultural History of Civil Examinations in Late Imperial China* (Berkeley, CA: University of California Press). 艾爾曼及韓明士等人貶低科舉制度對社會流動的作用，李弘祺對他們的論點展開討論，參見李弘祺：〈中國科舉制度的歷史意義及解釋——從艾爾曼（Benjamin Elman）對明清考試制度的研究談起〉，《臺大歷史學報》，第三二期（台北，二〇〇三年十二月），頁二三七—二六七。

13 何炳棣，《中國會館史論》，〈附錄・家族與社會流動論要〉，頁二三一—二九。

14 鄭若玲，《科舉、高考與社會之關係研究》（武漢：華中師範大學出版社，二〇〇七），頁一六六。如吳建華，〈科舉制下進士的社會結構和社會流動〉，《蘇州大學學報》，第一期（蘇州，一九九四），頁九八—一〇三。

15 一九六九年，台北學生書局編印。

16 顧廷龍主編，《清代硃卷集成》（台北：成文出版社有限公司，一九九二）。計收有清代硃卷八千三百六十四種。「硃卷」即科

藏明代科舉錄選刊．登科錄．會試錄》[17]等明清科舉史料的整理印行，科舉的研究再度興盛，而有所謂「科舉學」的出現[18]。于志嘉利用《萬曆三十八年（一六〇〇）庚戌科序齒錄》，分析七十七名軍籍進士祖孫五代社會身分的變遷[19]。而論述科舉與社會流動的相關研究，更是在方法上、資料的運用上，都很明顯地看出沿襲何教授《明清社會史論》的痕跡。二〇〇三年，張傑的《清代科舉家族》，即用統計分析法，處理《清代硃卷集成》中的家族背景資料，討論中舉者的垂直流動、應試者的水平流動，及科舉與士人居住地遷移的關係[20]。二〇〇七年，廈門大學鄭若玲發表《科舉、高考與社會之關係研究》，將科舉與大陸、台灣及東亞地區大學入學考試類比，討論其與社會的關係；其第四章論述科舉與社會流動的關係，也是「基於清代硃卷作者之家世」，用統計方法所作的量化分析。其分析的樣本雖多達八千餘名科舉人物，但仍較何教授的近四萬名樣本還有相當大的距離；其特別之處，在何教授分析科舉人物的祖上三代家世，鄭若玲則延伸到五世，多考察兩代祖先，兼及妻系與母系情況，而且還統計分析了功名大小之間的流動。其結論雖部分有異，但主體仍與何教授的論述一致：「科舉制是清代社會流動的重要途徑。儘管獲得功名的舉子大多數還是出身於較高社會階層，但一定比例的布衣藉著科舉得以升遷的事實，說明他們仍有一個較為公平的向上流動管道。」[21]

近年來明清科舉與社會流動的研究趨勢，除研究縱向垂直的上下流動及橫向的水平流動外，又注重區域研究。在相關資料的整理方面，一九八〇年，朱保炯、謝沛霖在房兆楹、杜聯喆編《增校清朝進士題名碑錄附引得》的基礎上，編輯《明清進士題名碑錄索引》，確認全國進士的籍貫，由上海古籍出版社出版。何教授《明清社會史論》最早注意這一論題，並在該書特立第六章〈科舉的成功和社會流動的地域差異〉（"Regional Differences in Socioacademic Success and Mobility"）論述之。中國地大，地形複雜，各地舉之各類試卷彌封後，謄錄人員用朱筆重新謄寫的卷子。依清代成例，新中式的舉人、進士都將履歷、科分、試卷刻印，亦稱「朱卷」。朱卷為三個部分所組成：

一、履歷：登載本人姓名、字號、排行、出生年月、籍貫、撰述、行誼，並載本族譜系，最簡單的只記載為祖妣三代。詳細的還上自始祖下至子女，同族尊長、兄弟姪輩以及母系、妻系無不載入。凡有科名、官階、封典，著作亦注入名下。再錄師承傳授，如受業師、問業師、受知師之姓名、字號、科名、官階以示學問淵源有自。這部分提供的資訊，對研究社會流動最為珍貴。

二、科分頁：載本科科分、中式名次、主考官姓名官階與批語等。

三、試卷與文章：八股本身是一種駢散文菁華的文學體裁，追求修辭技巧形式的完美，是研究八股文的第一手材料。在考官的評語中，可辨別清代取士的標準，及清代教育狀況。

《清代硃卷集成》可說是集科舉文獻、傳記檔案、文學、教育資料之大成，清代文武百官履歷、傳記撰述、行誼盡收於此；是研究科舉制度及社會階層及社會流動的重要史料。參見劉海峰，《科舉學導論》（武漢：華中師範大學出版社，二〇〇五），頁三四八—三五一。

17 現存明代科舉錄的百分之八十收藏在天一閣裡，有洪武四年至崇禎十三年登科錄五十一種，會試錄三十八種，各地鄉試錄較多，約二百八十種，共三百九十餘種，多為成化以後的。又有武舉錄十一種，武舉鄉試錄八種，均為嘉靖、隆慶、萬曆本。其所藏百分之九十以上為孤本，被列入中國大陸「國家古籍重點出版規劃」。二〇〇六年，天一閣博物館影印出版《天一閣藏明代科舉錄選刊．登科錄》共五十六種；二〇〇七年影印出版《天一閣藏明代科舉錄選刊．會試錄》共三十八種。另外，在二〇一〇年，中華全國圖書館文獻微縮複製中心將北京國家圖書館所藏的登科錄、會試錄等科舉錄彙集出版為《中國科舉錄彙編》十六大冊以及《中國科舉錄續編》十八大冊，內收南宋至清末登科錄、會試錄、鄉試錄、武舉錄、題名錄等共一百一十二種。

18 劉海峰，〈「科舉學」——二十一世紀的顯學〉，《廈門大學學報（哲社版）》，一九九八年第四期。劉海峰，《科舉學導論》。

19 于志嘉，〈明代軍戶の社會的地位について—科舉と任官において〉，《東洋學報》，第七一卷，第三、四號（一九九〇），頁九一—一三一。

20 張傑，《清代科舉家族》（北京：社會科學文獻出版社，二〇〇三）。張傑分析陝西二十三份舉人履歷，統計平民出身之非科舉家族實現向上流動理想所需的時間。陳小錦，〈科舉家族的考試情結——評張傑〈清代科舉家族〉〉，《中國圖書評論》，二〇〇六年第六期。

21 鄭若玲，《科舉、高考與社會之關係研究》。何炳棣統計的結果，明清進士，出身無功名家庭者，占百分之三十一．一，出身生員家庭者，占百分之十一．六；鄭若玲統計的結果，明清進士與舉人，出身無功名家庭者，占百分之十三以上，出身於三代中至少有一個生員家庭者，占百分之三十以上。似乎鄭若玲的統計結果與何炳棣幾乎相反，但鄭若玲也說：「若將生員和無功名同計為平民，則本研究的結果與何氏還是基本接近的。」

發展不平衡，差異性極大，是治中國史者當特別放在心上的；否則便會把中央集權體制視為極有效率的，誤以為所有制度實施時，是全國一致的。何教授認識這一特性，深入討論地域的差異。一九九三年，何教授更發表〈明清進士與東南人文〉，論述東南進士人才輩出的人文環境[22]。同年，王振忠翻譯《明清社會史論》第六章"Regional Differences in Socioacademic Success and Mobility"為〈科舉的成功和社會流動的地域差異〉，發表於《歷史地理》第十一輯。這一章的中譯本方便許多中國學者直接閱讀何教授的論著，受其啟發，而開展對進士地域分布和分區的研究。為照顧邊遠落後地區，不致因其文化水準劣勢，而乏人參與政府，尤其唐宋以來，因北方戰亂及經濟重心南移，導致南北文化水準之巨大差距；因此，明廷確立各鄉試省解額，建立會試南、北、中卷制，依地域比例，訂立錄取名額，使全國各地均有人才加入政府，鞏固明朝作為代表全國各地人民的統一帝國。對於科舉錄取題名。靳潤成、檀上寬、李濟賢、林麗月、劉海峰、王凱旋研究明代科舉的區域配額與南北卷，汪維真研究鄉試解額，沈登苗研究進士與人才的時空分布，及進士的地域流動，曹國慶研究江西科第世家，范金民與夏維中研究江南進士的數量與地域分布，分析其數量眾多的原因。其他地區如安徽、浙江、福建、廣東、貴州、山西、山東、四川等地均有學者研究。

除了上述學者的研究外，近年來有關明清科舉與社會流動的論著與論點，多與何教授相似，不過在資料的運用上有新進展，如對於現存登科錄的調查整理及個別登科錄的考證，近年來也頗有進展。一九六九年，台北學生書局編印《明代登科錄彙編》。二〇〇六年，寧波出版社影印《天一閣藏明代科舉錄選刊·登科錄》，是目前規模最大的明代科舉文獻彙編，給學者們在研究上很大的方便。其他與科舉相關研究，近年來大量湧現，對譯注工作，大有幫助。

七、重論明代向上社會流動：對《明清社會史論》的再肯定

近年，學界質疑何院士的論點，有必要採取實證的方法對何院士的研究進行檢驗。首先，何院士受限於當時資料公布的情況，使用的明代進士登科錄只有二十二科次，且各朝分布不均。如今，大陸各大圖書館和藏書樓紛紛開放，且出版科舉史史料（以天一閣藏書樓和北京國家圖書館最為豐富），讓我們能夠使用高達五十七科次的明代進士登科錄，作為研究的基礎資料。不但資料量多出原先樣本的三倍之多，且分布平均，明代的每一朝都有可靠的資料。這些新的資料不但可以檢驗明代「官場對有才能人士開放」的傳統說法，而且可以從寒微子弟向上流動到社會高層的機率，證實明代社會的穩定性及其變遷。因此，擬利用這些何院士未能運用的史料，重論明代向上社會流動，而獲得「國科會」贊助研究計畫《明代向上社會流動新探》[23]。

---

22 繆世鴻編，《中國東南地區人才問題國際研討會論文集》，（杭州：浙江大學出版社，一九九三）。

23 《明代向上社會流動新探》（101-2410-H-031-038），國科會專題計畫，二〇一二年八月一日至二〇一三年十二月三十一日。

表五：何先生與本計畫運用史料比較表

科次與樣本數比較						
編號	朝代	何先生使用的明代登科錄科次與樣本數		本計畫使用的登科錄科次與樣本數		備注
		科次	有效樣本數	科次	有效樣本數	
1	洪武朝	洪武四年	28	洪武四年	20	
2	建文朝			建文二年	110	
3	永樂朝			永樂九年	84	
4		永樂十年	106	永樂十年	104	
5	宣德朝			宣德五年	100	
6				宣德八年	99	
7	正統朝			正統元年	100	
8				正統四年	98	
9				正統七年	147	
10				正統十年	150	
11				正統十三年	138	
12	景泰朝			景泰二年	200	
13				景泰五年	335	

科次與樣本數比較

編號	朝代	何先生使用的明代登科錄科次與樣本數		本計畫使用的登科錄科次與樣本數		備注
		科次	有效樣本數	科次	有效樣本數	
14	天順朝	天順元年	294	天順元年	291	
15				天順四年	155	
16				天順八年	246	
17	成化朝			成化二年	349	
18		成化五年	248	成化五年	246	
19		成化八年	250	成化八年	249	
20		成化十一年	289	成化十一年	300	
21				成化十四年	333	
22				成化十七年	292	
23				成化二十三年	350	
24	弘治朝			弘治三年	296	
25				弘治六年	298	

科次與樣本數比較

編號	朝代	何先生使用的明代登科錄科次與樣本數		本計畫使用的登科錄科次與樣本數		備注
		科次	有效樣本數	科次	有效樣本數	
26	弘治朝	弘治九年	298	弘治九年	291	
27				弘治十二年	300	
28				弘治十五年	293	
29		弘治十八年	303	弘治十八年	297	
30	正德朝			正德三年	349	
31				正德六年	336	
32				正德十二年	346	
33		正德十六年	330	正德十六年	320	
34	嘉靖朝			嘉靖二年	409	
35				嘉靖八年	322	
36				嘉靖十一年	316	
37		嘉靖十四年	329	嘉靖十四年	325	
38		嘉靖十七年	317	嘉靖十七年	320	
39				嘉靖二十年	298	

科次與樣本數比較

編號	朝代	何先生使用的明代登科錄科次與樣本數		本計畫使用的登科錄科次與樣本數		備注
		科次	有效樣本數	科次	有效樣本數	
40	嘉靖朝	嘉靖二十三年	312	嘉靖二十三年	311	
41				嘉靖二十六年	301	
42				嘉靖二十九年	320	
43		嘉靖三十二年	384	嘉靖三十二年	375	
44				嘉靖三十五年	296	
45		嘉靖三十八年	303	嘉靖三十八年	303	
46		嘉靖四十一年	298	嘉靖四十一年	298	
47				嘉靖四十四年	393	
48	隆慶朝	隆慶二年	405	隆慶二年	399	
49				隆慶五年	386	
50	萬歷朝			萬曆二年	299	
51		萬曆五年	301	萬曆五年	301	
52		萬曆八年	302	萬曆八年	301	
53		萬曆十一年	351	萬曆十一年	341	

科次與樣本數比較

編號	朝代	何先生使用的明代登科錄科次與樣本數		本計畫使用的登科錄科次與樣本數		備注
		科次	有效樣本數	科次	有效樣本數	
54	萬曆朝	萬曆十四年	356	萬曆十四年	351	
55		萬曆二十九年	298	萬曆二十九年	301	
56		萬曆三十八年（何先生認為版本不完整）	230	萬曆三十五年	286	
57	天啟朝			天啟二年	345	
總計			6,332		15,519	

首先，本研究取樣采最嚴格的標準，在進士登科錄、序齒錄、履歷便覽等史料中，因會試錄不載三代履歷，對統計分析社會向上流動無效而未加利用，對於字體模糊難以分辨之不佳版本，譬如萬曆與崇禎朝時的序齒錄與履歷便覽，均予剔除，挑選版本較為清晰、並較具代表性的科次為樣本；因此，雖搜集了五十九科的資料，最後只選用五十七科，而崇禎朝也和何著一樣，未列於統計分析的科次之列。

再者，將何炳棣教授運用的史料與科次、科數及每科進士人數作成一比較表，從這個表可知兩者的差別：

(1) 科數與進士樣本總數不同：何著二十二科六三三二名進士，本研究五十七科一五五一九名進士，科數為何著二・五九倍，人數為二・四五倍強。

(2) 科次分布不同：我們均缺崇禎朝，但何著缺建文朝、宣德朝、正統朝、景泰朝和天啟朝，較本研究少了五朝的史料，尤其本研究所運用的史料分布均勻，遍布崇禎朝以外的明代各皇帝統治時期，取樣比較全面。

(3) 將每科次人數（何著缺的科次不計）與兩者都用的科次，比較其有效樣本的採用，本研究取樣嚴格，剔除其中字體模糊難以斷定其家世出身的樣本；因此，本研究的取樣，每科均比何著少，最多少十人，一般少三、五人，總計二十二科少七十四人，平均每科少三・三六人。總之，本研究所採樣本之科數與人數均為何著的二・五倍左右，但由於取樣嚴格，即使相同的科次平均每科也少三人以上。

八、進士三代履歷中的社會流動資料之擷取

在抄錄每一科次的「進士三代履歷」，以及進士履歷的類別判定時，我們設定了一套嚴謹的標準，力求每一筆資料的選材、規格一致化，利於樣本的有效性。

1. 擷取原則：

A. 若登科錄內容不清，先查找其進士三代履歷，若三代履歷不清，列入書況不佳情況。

B. 抄錄進士資料以是否有「三代履歷」為主，若無三代履歷便不收樣本，但標記情由。

C. 若文字不清楚，請用「○○」或「□□」表示，若可辨字但無法輸入，用符號「〔〕」表示，比

如「損」字，〔左提手旁右上口右下貝〕來表現。

D. 鄉試地與其人戶籍所在地不同者，在備註中說明並標記。

E.「籍貫」有異者，如「貫貴州普安衛軍籍浙江紹興府山陰縣人」，則以「貴州普安衛軍籍」為准。另在備註中將「貫貴州普安衛軍籍浙江紹興府山陰縣人」一段皆摘錄之，做為說明。

2. 屬性的類別：

A類：三代履歷中未曾出現任何功名、任官與封贈。包含的舉子，是其祖宗三代未有一人得過初階科名的生員，遑論更高的功名與官位或官銜。

B類：三代履歷中出現過一個以上的生員資格，不包含任官與封贈。包含的舉子，是祖宗三代中產生過一個或更多生員，但未有更高的功名與官位的，絕大部分出身于生員家庭的舉子是相當寒微，甚至是貧窮的。

C類：三代履歷中出現過高于生員資格，包含任官（低於三品）以及與其相應的封贈。包含的舉子，其出身家庭的祖宗三代中，產生過一個或更多擁有較高的科名或官位的；所謂較高的科名，系指高於生員的科名。這個類別，在明代包括監生和貢生。此外，還應加上吏員家庭及祖上捐過官銜或官職的。整體而論，C類包括官員與有任官資格者，或稱之為廣義官僚群體的後代。雖然他們的法律與社會地位不同于平民，然而許多出身于這廣義官僚群體的下層家庭，實際上擁有的名聲、特權和經濟手段均相當有限。

D類：三代履歷中出現過高于生員資格，包含任官（三品以上）以及與其相應的封贈、榮譽。為C類的次類，包含的舉子，其祖宗三代中產生過一個或更多任三品以上的高官者；由於三品以上的高官，除了其他的特權以外，尚有蔭子的權利，其家庭因而被視為有「全國性名望」的。此外，還要加上皇家與異姓世襲高階貴族家庭出身的舉子，他們與三品以上高階官員一樣享受世襲特權。而較低級的貴族則不屬此類，但列於C類中；因為他們只是官品的較低的掛名虛銜而已。

3. 其他情況說明：

A. 若同輩兄弟有功名或任官，則以兄弟輩自身的成就，多添加一項判定。

B. 若其人三代履歷（包含兄弟）中無人有功名或任官，但其母或妻卻受封、追贈品級，視為特例，依官品判定為「C類」或「D類」，並添加說明。

C. 若其人三代履歷中出現非官方性質的名號，譬如「山長」，則等同於學官。

D. 若其人三代履歷中出現散官、佐雜官、吏職等，視為高於生員的「Cc」或「Dc」類（廣泛的官僚群體）。譬如：巡檢、倉掾、典膳、驛丞、陰陽官、醫官、引禮、儀賓、大使等等（名號眾多不及備載，但仍要查詢職官志確定，譬如醫官在王府或中央單位則非雜流。若有特殊情況或名號請注明情況，但大抵可能不需要擁有生員身分即可任職）。

E. 有軍職者（軍隊、錦衣衛、衛所等）則多添「b」為表示。比如「Cb」或「Db」。

F. 若其人三代履歷（包含兄弟）中無人有功名或任官，但卻出現封或贈的情況，則基本上視為「C類」或「D類」（譬如父一代的兄弟有任官或功名，故祖父有贈或封），但要特別注明其情況。

G. 原則上，屬性判定取其三代履歷中官品最高者（包含追封贈）。

4. 明代進士社會流動基礎樣本資料庫：

根據上述擷取資料方針，挑選出版本較為清晰、並較具代表性的57個科次，製成〈明代進士社會流動

表六：明代進士社會流動基礎樣本資料庫

1. 洪武四年：共130名。第三甲無三代履歷且直接授官，有效樣本只剩20名。
2. 建文二年：共110名。
3. 永樂九年：共84名。
4. 永樂十年：共106人。本科特色，籍貫詳細至都圖坊裡。有效樣本104人。
5. 宣德五年：共100人。
6. 宣德八年：共99人。
7. 正統元年：共100人。
8. 正統四年：共99人，有效樣本98人。
9. 正統七年：共149名；有效樣本147人。
10. 正統十年：共150名。
11. 正統十三年：共150名，有效樣本138人。
12. 景泰二年：共201名，有效樣本200人。
13. 景泰五年：共349名；有效樣本335人。
14. 天順元年：共294人；有效樣本291人。
15. 天順四年：共156名；有效樣本155人。
16. 天順八年：共247名，有效樣本246名。
17. 成化二年：共353名，有效樣本349人。
18. 成化五年：共247人，有效樣本246人。
19. 成化八年：共250人；有效樣本249人。
20. 成化十一年：共300人。
21. 成化十四年：共350人；有效樣本333人。
22. 成化十七年：共298名，有效樣本292人。
23. 成化二十三年：共351名；有效樣本350人。
24. 弘治三年：共298名；有效樣本296名。

25. 弘治六年：共298名。
26. 弘治九年：共298；有效樣本291人。
27. 弘治十二年：共300人。
28. 弘治十五年：共297名；有效樣本293人。
29. 弘治十八年：共303人，有效樣本297人。
30. 正德三年：共349人。
31. 正德六年：共349人，有效樣本336人。
32. 正德十二年：共348人，有效樣本346人。
33. 正德十六年：共326人，有效樣本320人。
34. 嘉靖二年：共410人，有效樣本409人。
35. 嘉靖八年：共324人，有效樣本322人。
36. 嘉靖十一年：共316人。
37. 嘉靖十四年：共325人。
38. 嘉靖十七年：共320人。
39. 嘉靖二十年：共298人。
40. 嘉靖二十三年：共314人；有效樣本311人。
41. 嘉靖二十六年：共301人。
42. 嘉靖二十九年：共320人。
43. 嘉靖三十二年：共403名，有效樣本375名。
44. 嘉靖三十五年：共296人。
45. 嘉靖三十八年：共303人。
46. 嘉靖四十一年：共299人，有效樣本298人。
47. 嘉靖四十四年：共393人。
48. 隆慶二年：共402人；有效樣本399人。
49. 隆慶五年：共386人。
50. 萬曆二年：共299人，有效樣本299人。
51. 萬曆五年：共301人。
52. 萬曆八年：共302人，有效樣本301人。
53. 萬曆十一年：共341人。

54. 萬曆十四年：共363人，有效樣本351人。
55. 萬曆二十九年：共301人。
56. 萬曆三十五年：共298人，有效樣本286人。
57. 天啟二年：共409名，有效樣本345人。無兄弟履歷。

接著，將每一個進士資料再製成以下例表，其中包含最重要的「三代履歷」，並使用何炳棣先生的分類法來判定其社會成分屬性。

表七：進士資料例表

科名	姓名	籍貫1	籍貫2	籍貫3	籍貫4	戶籍	應考身分	專長	字型大小	曾祖	祖父	父	叔伯	兄弟	附注	屬性	備注
萬曆二十六年三甲	畢懋康	直隸	徽州	歙縣		民	縣學附學生	書	孟		效欽知州	力德縣主簿		兄懋良知縣		C	
	尹東白	湖廣	德安	應城		軍	縣學附學生	易經	蘇民		思洪典吏	理知州				C	

九、明代進士社會成分的分析與統計

利用五十七個進士登科錄科次，以及各個進士的三代履歷，依照何炳棣先生在《明清社會史論》中的表9的操作方式，制做出〈明代進士社會成分表〉：

表八：明代進士的社會成分表

年代與科次	有效進士總數	A類		B類		A類＋B類		C類		D類		情況不清人數	備註
		人數	百分比	人數	百分比	人數	百分比	人數	百分比	人數	百分比		
洪武四年	20	13	65.00%	0	0.00%	13	65.00%	7	35.00%	0	0.00%	110	
建文二年	110	110	100.00%	0	0.00%	110	100.00%	0	0.00%	0	0.00%	0	
永樂九年	84	67	79.76%	0	0.00%	67	79.76%	17	20.24%	0	0.00%	0	
永樂十年	104	88	84.62%	0	0.00%	88	84.62%	15	14.42%	1	0.96%	2	
宣德五年	100	59	59.00%	0	0.00%	59	59.00%	37	37.00%	4	4.00%	0	
宣德八年	99	66	66.67%	0	0.00%	66	66.67%	32	32.32%	1	1.01%	0	
正統元年	100	61	61.00%	0	0.00%	61	61.00%	34	34.00%	5	5.00%	0	
正統四年	98	59	60.20%	0	0.00%	59	60.20%	37	37.76%	2	2.04%	1	
正統七年	147	92	62.59%	0	0.00%	92	62.59%	52	35.37%	3	2.04%	2	
正統十年	150	107	71.33%	0	0.00%	107	71.33%	38	25.33%	5	3.33%	0	
正統十三年	138	83	60.14%	0	0.00%	83	60.14%	47	34.06%	8	5.80%	12	

年代與科次	有效進士總數	A類		B類		A類＋B類		C類		D類		情況不清人數	備註
		人數	百分比	人數	百分比	人數	百分比	人數	百分比	人數	百分比		
景泰二年	200	128	64.00%	0	0.00%	128	64.00%	66	33.00%	6	3.00%	1	
景泰五年	335	180	53.73%	0	0.00%	180	53.73%	143	42.69%	12	3.58%	14	
天順元年	291	181	62.20%	0	0.00%	181	62.20%	97	33.33%	13	4.47%	3	
天順四年	155	87	56.13%	0	0.00%	87	56.13%	64	41.29%	4	2.58%	1	
天順八年	246	156	63.41%	0	0.00%	156	63.41%	83	33.74%	7	2.85%	1	
成化二年	349	210	60.17%	0	0.00%	210	60.17%	127	36.39%	12	3.44%	4	
成化五年	246	145	58.94%	0	0.00%	145	58.94%	87	35.37%	14	5.69%	1	
成化八年	249	133	53.41%	0	0.00%	133	53.41%	107	42.97%	9	3.61%	1	
成化十一年	300	154	51.33%	0	0.00%	154	51.33%	135	45.00%	11	3.67%	0	
成化十四年	333	191	57.36%	0	0.00%	191	57.36%	122	36.64%	20	6.01%	17	
成化十七年	292	149	51.03%	0	0.00%	149	51.03%	134	45.89%	9	3.08%	6	
成化二十三年	350	166	47.43%	0	0.00%	166	47.43%	166	47.43%	18	5.14%	1	
弘治三年	296	140	47.30%	0	0.00%	140	47.30%	138	46.62%	18	6.08%	2	
弘治六年	298	142	47.65%	0	0.00%	142	47.65%	138	46.31%	18	6.04%	0	
弘治九年	291	144	49.48%	0	0.00%	144	49.48%	126	43.30%	21	7.22%	7	
弘治十二年	300	153	51.00%	0	0.00%	153	51.00%	131	43.67%	16	5.33%	0	
弘治十五年	293	133	45.39%	0	0.00%	133	45.39%	155	52.90%	5	1.71%	4	

年代與科次	有效進士總數	A類		B類		A類+B類		C類		D類		情況不清人數	備註
		人數	百分比	人數	百分比	人數	百分比	人數	百分比	人數	百分比		
弘治十八年	297	140	47.14%	0	0.00%	140	47.14%	141	47.47%	16	5.39%	6	
正德三年	349	174	49.86%	0	0.00%	174	49.86%	148	42.41%	27	7.74%	0	
正德六年	336	160	47.62%	0	0.00%	160	47.62%	149	44.35%	27	8.04%	13	
正德十二年	346	157	45.38%	0	0.00%	157	45.38%	172	49.71%	17	4.91%	2	
正德十六年	320	159	49.69%	0	0.00%	159	49.69%	141	44.06%	20	6.25%	6	
嘉靖二年	409	197	48.17%	0	0.00%	197	48.17%	184	44.99%	28	6.85%	1	
嘉靖八年	322	158	49.07%	0	0.00%	158	49.07%	148	45.96%	16	4.97%	2	
嘉靖十一年	316	141	44.62%	1	0.32%	142	44.94%	164	51.90%	10	3.16%	0	
嘉靖十四年	325	152	46.77%	0	0.00%	152	46.77%	164	50.46%	9	2.77%	0	
嘉靖十七年	320	153	47.81%	1	0.31%	154	48.13%	138	43.13%	28	8.75%	0	
嘉靖二十年	298	159	53.36%	1	0.34%	160	53.69%	126	42.28%	12	4.03%	0	
嘉靖二十三年	311	151	48.55%	1	0.32%	152	48.87%	137	44.05%	22	7.07%	3	
嘉靖二十六年	301	150	49.83%	0	0.00%	150	49.83%	140	46.51%	11	3.65%	0	
嘉靖二十九年	320	154	48.13%	1	0.31%	155	48.44%	144	45.00%	21	6.56%	0	
嘉靖三十二年	375	137	36.53%	16	4.27%	153	40.80%	205	54.67%	17	4.53%	28	
嘉靖三十五年	296	138	46.62%	0	0.00%	138	46.62%	150	50.68%	8	2.70%	0	
嘉靖三十八年	303	151	49.83%	0	0.00%	151	49.83%	140	46.20%	12	3.96%	0	

年代與科次	有效進士總數	A類		B類		A類＋B類		C類		D類		情況不清人數	備註
		人數	百分比	人數	百分比	人數	百分比	人數	百分比	人數	百分比		
嘉靖四十一年	298	129	43.29%	0	0.00%	129	43.29%	144	48.32%	25	8.39%	1	
嘉靖四十四年	393	191	48.60%	0	0.00%	191	48.60%	192	48.85%	10	2.54%	0	
隆慶二年	399	197	49.37%	0	0.00%	197	49.37%	180	45.11%	22	5.51%	3	
隆慶五年	386	172	44.56%	2	0.52%	174	45.08%	185	47.93%	27	6.99%	0	
萬曆二年	299	132	44.15%	8	2.68%	140	46.82%	142	47.49%	17	5.69%	0	
萬曆五年	301	133	44.19%	2	0.66%	135	44.85%	145	48.17%	21	6.98%	0	
萬曆八年	301	132	43.85%	0	0.00%	132	43.85%	151	50.17%	18	5.98%	1	
萬曆十一年	341	157	46.04%	0	0.00%	157	46.04%	160	46.92%	24	7.04%	0	
萬曆十四年	351	129	36.75%	42	11.97%	171	48.72%	155	44.16%	25	7.12%	12	
萬曆二十九年	301	129	42.86%	0	0.00%	129	42.86%	155	51.50%	17	5.65%	0	
萬曆三十五年	286	126	44.06%	0	0.00%	126	44.06%	145	50.70%	15	5.24%	12	
天啟二年	345	103	29.86%	63	18.26%	166	48.12%	160	46.38%	19	5.51%	64	
總計或平均	15,519	7,758	49.99%	138	0.89%	7,896	50.88%	6,840	44.08%	783	5.05%	344	

十、明代進士家庭的出身

利用57個進士登科錄科次，以及各個進士的三代履歷，依照何炳棣教授在《明清社會史論》的表14的操作方式，制做出〈明代進士家庭出身表〉：

表九：明代官員家庭出身進士的次分類表

年代與科次	有效進士總數	平民家庭出身總數（A＋B）		官員家庭出身				官員家庭出身總數（C＋D）		情況不清人數	備註
				低階（低於三品C）		高階（三品以上D）					
		人數	百分比	人數	百分比	人數	百分比	人數	百分比		
洪武四年	20	13	65.00%	7	35.00%	0	0.00%	7	35.00%	110	
建文二年	110	110	100.00%	0	0.00%	0	0.00%	0	0.00%	0	
永樂九年	84	67	79.76%	17	20.24%	0	0.00%	17	20.24%	0	
永樂十年	104	88	84.62%	15	14.42%	1	0.96%	16	15.38%	2	
宣德五年	100	59	59.00%	37	37.00%	4	4.00%	41	41.00%	0	
宣德八年	99	66	66.67%	32	32.32%	1	1.01%	33	33.33%	0	
正統元年	100	61	61.00%	34	34.00%	5	5.00%	39	39.00%	0	
正統四年	98	59	60.20%	37	37.76%	2	2.04%	39	39.80%	1	

年代與科次	有效進士總數	平民家庭出身總數（A＋B）		官員家庭出身				官員家庭出身總數（C＋D）		情況不清人數	備註
				低階（低於三品C）		高階（三品以上D）					
		人數	百分比	人數	百分比	人數	百分比	人數	百分比		
正統七年	147	92	62.59%	52	35.37%	3	2.04%	55	37.41%	2	
正統十年	150	107	71.33%	38	25.33%	5	3.33%	43	28.67%	0	
正統十三年	138	83	60.14%	47	34.06%	8	5.80%	55	39.86%	12	
景泰二年	200	128	64.00%	66	33.00%	6	3.00%	72	36.00%	1	
景泰五年	335	180	53.73%	143	42.69%	12	3.58%	155	46.27%	14	
天順元年	291	181	62.20%	97	33.33%	13	4.47%	110	37.80%	3	
天順四年	155	87	56.13%	64	41.29%	4	2.58%	68	43.87%	1	
天順八年	246	156	63.41%	83	33.74%	7	2.85%	90	36.59%	1	
成化二年	349	210	60.17%	127	36.39%	12	3.44%	139	39.83%	4	
成化五年	246	145	58.94%	87	35.37%	14	5.69%	101	41.06%	1	
成化八年	249	133	53.41%	107	42.97%	9	3.61%	116	46.59%	1	
成化十一年	300	154	51.33%	135	45.00%	11	3.67%	146	48.67%	0	
成化十四年	333	191	57.36%	122	36.64%	20	6.01%	142	42.64%	17	

年代與科次	有效進士總數	平民家庭出身總數（A＋B）		官員家庭出身				官員家庭出身總數（C＋D）		情況不清人數	備註
				低階（低於三品C）		高階（三品以上D）					
		人數	百分比	人數	百分比	人數	百分比	人數	百分比		
成化十七年	292	149	51.03%	134	45.89%	9	3.08%	143	48.97%	6	
成化二十三年	350	166	47.43%	166	47.43%	18	5.14%	184	52.57%	1	
弘治三年	296	140	47.30%	138	46.62%	18	6.08%	156	52.70%	2	
弘治六年	298	142	47.65%	138	46.31%	18	6.04%	156	52.35%	0	
弘治九年	291	144	49.48%	126	43.30%	21	7.22%	147	50.52%	7	
弘治十二年	300	153	51.00%	131	43.67%	16	5.33%	147	49.00%	0	
弘治十五年	293	133	45.39%	155	52.90%	5	1.71%	160	54.61%	4	
弘治十八年	297	140	47.14%	141	47.47%	16	5.39%	157	52.86%	6	
正德三年	349	174	49.86%	148	42.41%	27	7.74%	175	50.14%	0	
正德六年	336	160	47.62%	149	44.35%	27	8.04%	176	52.38%	13	
正德十二年	346	157	45.38%	172	49.71%	17	4.91%	189	54.62%	2	
正德十六年	320	159	49.69%	141	44.06%	20	6.25%	161	50.31%	6	
嘉靖二年	409	197	48.17%	184	44.99%	28	6.85%	212	51.83%	1	

年代與科次	有效進士總數	平民家庭出身總數（A＋B）		官員家庭出身				官員家庭出身總數（C＋D）		情況不清人數	備註
				低階（低於三品C）		高階（三品以上D）					
		人數	百分比	人數	百分比	人數	百分比	人數	百分比		
嘉靖八年	322	158	49.07%	148	45.96%	16	4.97%	164	50.93%	2	
嘉靖十一年	316	142	44.94%	164	51.90%	10	3.16%	174	55.06%	0	
嘉靖十四年	325	152	46.77%	164	50.46%	9	2.77%	173	53.23%	0	
嘉靖十七年	320	154	48.13%	138	43.13%	28	8.75%	166	51.88%	0	
嘉靖二十年	298	160	53.69%	126	42.28%	12	4.03%	138	46.31%	0	
嘉靖二十三年	311	152	48.87%	137	44.05%	22	7.07%	159	51.13%	3	
嘉靖二十六年	301	150	49.83%	140	46.51%	11	3.65%	151	50.17%	0	
嘉靖二十九年	320	155	48.44%	144	45.00%	21	6.56%	165	51.56%	0	
嘉靖三十二年	375	153	40.80%	205	54.67%	17	4.53%	222	59.20%	28	
嘉靖三十五年	296	138	46.62%	150	50.68%	8	2.70%	158	53.38%	0	
嘉靖三十八年	303	151	49.83%	140	46.20%	12	3.96%	152	50.17%	0	
嘉靖四十一年	298	129	43.29%	144	48.32%	25	8.39%	169	56.71%	1	

年代與科次	有效進士總數	平民家庭出身總數（A＋B）		官員家庭出身				官員家庭出身總數（C＋D）		情況不清人數	備註
				低階（低於三品C）		高階（三品以上D）					
		人數	百分比	人數	百分比	人數	百分比	人數	百分比		
嘉靖四十四年	393	191	48.60%	192	48.85%	10	2.54%	202	51.40%	0	
隆慶二年	399	197	49.37%	180	45.11%	22	5.51%	202	50.63%	3	
隆慶五年	386	174	45.08%	185	47.93%	27	6.99%	212	54.92%	0	
萬曆二年	299	140	46.82%	142	47.49%	17	5.69%	159	53.18%	0	
萬曆五年	301	135	44.85%	145	48.17%	21	6.98%	166	55.15%	0	
萬曆八年	301	132	43.85%	151	50.17%	18	5.98%	169	56.15%	1	
萬曆十一年	341	157	46.04%	160	46.92%	24	7.04%	184	53.96%	0	
萬曆十四年	351	171	48.72%	155	44.16%	25	7.12%	180	51.28%	12	
萬曆二十九年	301	129	42.86%	155	51.50%	17	5.65%	172	57.14%	0	
萬曆三十五年	286	126	44.06%	145	50.70%	15	5.24%	160	55.94%	12	
天啟二年	345	166	48.12%	160	46.38%	19	5.51%	179	51.88%	64	
總計或平均	15,519	7,896	50.88%	6,840	44.08%	783	5.05%	7,623	49.12%	344	

十一、明代進士社會成分的變遷

利用57個進士登科錄科次，以及各個進士的三代履歷，依照何炳棣先生在《明清社會史論》中的表10的操作方式，將表9、表14再分析，制做出「明代進士社會成分變遷表」：

表十：明代進士的社會成分變遷表

時期	A類	B類	A類＋B類	C類	D類	C類＋D類	總計 [A＋B＋C＋D]
	百分比	百分比	百分比	百分比	百分比	百分比	
洪武四年至宣德八年	75.95%	0.00%	75.95%	20.89%	1.16%	22.05%	100.00%
正統元年至弘治十八年	54.47%	0.00%	54.47%	41.15%	4.38%	45.53%	100.00%
正德三年到嘉靖四十四年	47.34%	0.35%	47.69%	46.92%	5.39%	52.31%	100.00%
隆慶二年到天啟二年	42.34%	3.53%	46.13%	47.67%	6.19%	53.87%	100.00%
明代的平均值	49.99%	0.89%	50.88%	44.08%	5.05%	49.12%	100.00%

若將此表製作成條狀圖能更直觀地看出變化：

十二、成果與驗證

以上的各表顯示：整個明代，A類占全體舉子的百分之四十九・九九，B類占百分之〇・八九，C類占百分之四十四・〇八，D類占百分之五・〇五；A類與B類，也就是在定義上代表來自平民家庭的舉子，共占百分之五〇・八八，比何先生的百分之四十九・四六略高百分之一・四十。C類與D類，也就是在定義上來自仕宦之家的舉子，共占百分之四十九・一二，比何先生的百分之五十・五四略低百分之一・四二。

不同於何炳棣教授把明代分為三個時期，我們因為運用的登科名錄較多，且各皇帝統治時期均不缺，因此分為四期：⑴洪武四年至宣德八年（一三七一—一四三三）；⑵正統元年至弘治十八年（一四三六—一五〇五）；⑶正德三年至嘉靖四十四年（一五〇八—一五六五）；⑷隆慶二年到天啟二年（一五六八—一六二二）。明代前二期，情勢環境對貧寒的人較有利，尤其第一時期，A類

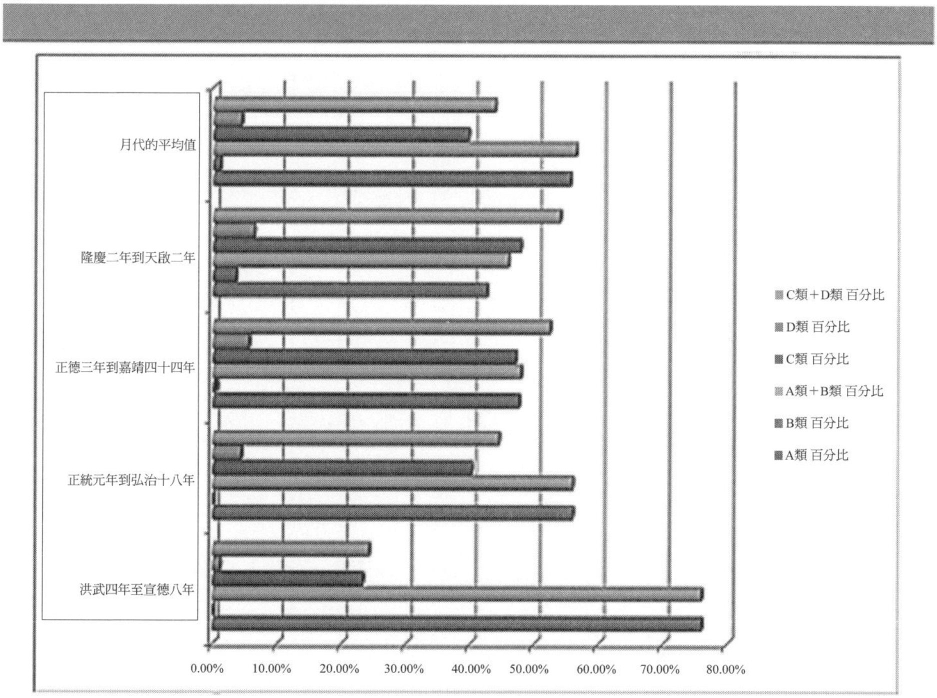

寒微舉子占了進士總數的大半，高達百分之七十七・九五，甚至有建文二年的百分之百和永樂九年的百分之七十九・七六、永樂十年的百分之八十四・六二的極端情況。明朝初期的樣本數量比較少，洪武、建文朝甚至有登科者即授官的記錄，而進士父祖三代履歷中有任官記錄者偏少，這應該是開國不久，有功名者和仕宦子弟人數尚少之故。[24]但若不計這出奇高的三科，A類進士的百分比仍高達百分之六十三・〇一。第二期，A類百分比下降，但平均仍高達百分之五十四・四七，而且高達百分之六十以上的，在本期二十三科中占了九科，科次全在成化二年以前。可見明代中期以前是A類舉子占優勢的時代。但A類舉子占比在成化二年以後就開始下降，不再有占比達到百分之六十的科次，甚至成化二十三年至弘治十八年的七科，除弘治十二年占百分之五十一以外，其他六科均降至百分之五十以下。第三期的正德至嘉靖年間降至百分之四十七・三四，第四期隆慶以後更降至百分之四十二・六〇，甚至有兩科低至百分之三十六・七五和百分之二十九・八六。這一大減少雖靠著B類的資料出現而稍得彌補，但B類樣本數不多，整個明代只有五科一三八位進士，其中一一七位出現在第四期。

值得一提的是，B類（三代履歷中出現過一個以上的生員資格，不包含任官與封贈；包含的舉子，其祖宗三代中產生過一個或更多生員）的樣本相當奇特，嘉靖八年以前的進士登科錄中，沒有一個是出身生員家庭的，至隆慶後，人數上升一些，出現個別科次的十六人、四十二人、六十三人等較大的數字，其他科次不是仍然掛零，就是只有一兩人。生員雖被稱為「窮秀才」，但其身分至少高於一般平民，生員家庭總算是書香門第，其子弟在科場上的競爭力應不致于比一般平民低，登科錄上各科次大多掛零是不可思議的。這應該是登科錄大多不載進士家庭的生員出身的緣故，很可能A類中包含相當不少的應列入B類的窮秀才。登科錄失載生員出身，使生員家庭混入無功名的平民家庭，如果這樣的推論可以被接受的話，由於生員沒有任官資格，一般只以做私塾老師、為人寫信為業，其地位遠不能與舉人家庭相比，而被視為與一般平民家庭同列；生員家庭未被標示，並不影響討論寒素之家向上社會流動率的結果。沈登苗要以登科錄中生員身分的失載，完全推翻何炳棣教授的研究成果，其力道似乎不大，難為人信服的。[25]

隨著時代的前進，明代中期以後的人口量大增，相對比例來說，A類與B類的進士，競爭更為激烈。就如何炳棣教授對這兩種現象的解釋，平民的社會學術流動是越來越困難了，他們需要隔代的準備，才能達成社會流動的最終目標。而官員家庭較能享受的各種有利條件，使他們在科舉競爭占上風。成化年間，也就是十五世紀末，相對于平民進士百分比下降，官員出身的進士穩定地上升，至成化二十三年，官員家庭出身的進士高於平民出身進士達百分之五左右。最關鍵性的變遷是隆慶五年以後，當A類減至大體穩定在百分之四十五以下，C類進士則逐步上升，穩定在百分之四十五以上。D類進士，即三品以上的官員子孫，能夠一直維持有相當水準的教育和經濟環境，在各朝的比率相對穩定，多在百分之五左右；成化年間，也就是明代中期以前，大多在百分之一—四，其後便升至多在百分之五、百分之六以上，甚至高到百分之七、百分之八。D類舉子總人數不多，但在整個二又四分之三世紀中，D類的平均百分比為百分之五・〇五。

總之，明代中期的成化年間，是寒素之家與官宦世家的社會流動率黃金交叉的消長關鍵期，也就在這段期間，社會成分開始多元且複雜起來。匠戶、軍戶的出身比例也越來越多。舉弘治十八年為例：

24 沈登苗，《也談明代前期科舉社會的流動率》，《社會科學論壇（學術評論卷）》二〇〇六年九期。

25 沈登苗，《就明代進士祖上的生員身份與何炳棣再商榷——以天一閣藏明代進士登科錄為中心》，《中國社會歷史評論》第一二卷（天津：天津古籍出版社，二〇一一年）。

表十一：弘治十八年登科錄二甲（95人）

科名	姓名	籍貫1	籍貫2	籍貫3	籍貫4	戶籍	應考身分	專長	字型大小	年紀	曾祖	祖父	父	叔伯	兄弟	附注	屬性
1	崔銑	河南	彰德府		安陽縣	軍	國子生	詩	子鑒	28		崔剛，庫大使封主事贈知府	崔升，右參政				D
2	嚴嵩	江西	袁州府		分宜縣	匠	國子生	詩	維中	26							A
3	湛若水	廣東	廣州府		增城縣	民	國子生	書	元明	40							A

在何教授研究明代社會向上流動的基礎上，我們以分布均勻和數量更多兩倍的樣本，嚴格取樣所做的統計分析，我們發現，從明代初期到後期，A＋B類平民家庭出身各科次進士比較進士總人數的比率，平均從七成五跌至四成五，而C＋D類官員家庭出身的進士人數的比例，反而從二成四提高到五成四；兩者在明代的平均值則是五成六比四成四，坐實了何炳棣教授所言：「意指寒微人士要爬升社會—官僚體系的階梯，遭遇到的困難與挫折更大」的論點。另外，若從進士三代履歷的資料來看，平民家庭出身與官員家庭出身的統計資料，約略從明中期成化、弘治年間開始出現黃金交叉，尤其是C類（廣義的官僚群體）比率大幅上升，又似乎與明代中後期的社會發展脈絡相暗合。

明代中期以後，商品經濟蓬勃發展，隨著社會經濟發展，社會財富分配越趨向富者益富和貧者益貧的兩極化。明代後期，生產力提高，人口增加，參加科舉考試的考生增加，考試競爭愈演愈烈。準備考試的條件和機會，富者更占優勢，較貧者較易獲得科舉考試上的成功。科舉制度的開放性隨著社會經濟發展，不是趨向提升，而是逐漸下降；這應該是社會經濟越發展的結果。[26]但不管如何，總有一半的機會是提供給平民的。這正可與明朝當代負責科舉考試官員的觀察所得相印證，《明神宗實錄》載禮部官員的話：「績學博一第者，強半寒素之家。」

我們根據一五五一九個樣本所製作的各表，具體而有效地回應了近年來論者的質疑，並且更能全面地呈現明代社會流動的面貌。尤其經過嚴謹篩選，使用多達五十七科相對精確並具代表性的進士樣本來探討向上流動的實況，進一步修正了何炳棣先生利用二十二科所研究出的結論：「以平均數而言，明代平民出身進士約占總數百分之五十；而父祖三代有生員以上功名者，也約略占百分之五十。」而我們得出的二者分別占約百分之五十・八八和百分之四十九・一二的結論，幾乎與何教授的統計結果完全相同，更加支撐何炳棣教授的論點：平民向上流動機會占了整體社會向上流動的一半以上，證實了所謂明朝「官場對有才能人士開放」的傳統說法。因此，我們的研究，再度證明何炳棣教授在科舉與傳統中國社會階層與社會流動研究史上，無論在運用的史料與統計分析的方法上，其開創的地位、堅實的結論，均歷久彌新，屹立不動。

何先生的《明清社會史論》，自一九六二年出版至今雖已半個世紀，此期間這個研究領域雖有上述的發展，但無論在論題的開創，運用史料與統計分析方法的精到，獲致結論的堅實，仍是其他相關著作不可

26 這似乎呼應了湯瑪斯・皮克提（Thomas Piketty）2014年的新書《二十一世紀資本論》（*Capital in the Twenty-First Century*. Cambridge, MA:Harvard University Press）的論點。大陸研究社會分層與流動的學者楊雪冬在觀察大陸近年的社會流動也說：「分層和流動，是任何一個社會前要面對的根本問題。市場經濟的出現，為社會的分層和流動提供了基礎性條件。但現時貧者愈貧，富者愈富的『馬太效應（Matthew Effect）』，也即是社會階層的固化，卻是市場經濟的另一個結果。最近流行的法國學者皮克提的著作就論証了這個問題。如果金錢再與權力結合起來，那麼就會擴大並固化社會的差距。必然抑制社會的活力，引發一系列社會問題和矛盾。」（引自楊雪冬，《流動社會中的向上流動》《南風窗》，二〇一四年第一九期，頁一四。）楊雪冬說的是現代中國大陸，在研究明清社會的人看來，就像在論述明清的市場經濟發展和社會流動一般。

倫比的。《明清社會史論》可說是一本中國史研究、社會史研究與東亞史研究及社會科學界劃時代之經典巨著。尤其經過我們這一次的的驗證，何先生在科舉與傳統中國社會階層與社會流動研究史上的成就，再度得到堅實有力的肯定，其地位迄今仍是屹立不可動搖的。[27]

十三、《明清社會史論》的譯注

何教授的《明清社會史論》至今已有義大利文、日文和韓文譯本問世，但仍未有中譯本刊行，實為一大憾事。泓最初讀到何教授的巨著，是一九六五年的夏天，剛考上臺大歷史研究所碩士班，所長劉崇鋐教授將何教授送給他的這本《明清社會史論》，賜贈於泓。於是開始一頁一頁地讀，初讀英文寫的中國史論著，最頭痛的還不是英文，而是中國史上的人名、地名、官名與書名等專有名詞，如何從英文還原為中文，尤其這些字詞，在一般英文字典是查不到的，只好試著猜，猜到一個自以為是的，就高興得不得了。當時邊看邊試著翻譯，居然譯了四章半，後來因為忙著寫論文而中斷。泓之治明清鹽業史，完成碩士論文《清代兩淮鹽場的研究》與博士論文《明代的鹽法》實受何先生大著〈揚州鹽商：十八世紀中國商業資本的研究〉（"The Salt Merchants of Yang-chou: A Study of Commercial Capitalism in Eighteenth-century China"）與《明清社會史論》啟發，是從中得知什麼是鹽戶、灶戶，什麼是社會階層與社會流動，明清鹽業與鹽商在中國史上有多重要；因而投入明清尤其是兩淮鹽業的生產與運銷的研究。取得學位以後，有幸留在臺灣大學歷史學系任教，由於教學工作忙碌，也就擱下翻譯《明清社會史論》的工作。時值七十年代前期，正是保衛釣魚台運動的高潮，許多留美學人學生不滿國民政府的對日態度軟弱，而投身運動；遭國民政府或吊銷護照，或視為拒絕往來戶，何教授便是後者。當時國民政府對外雖軟弱，但對內卻很強硬，台灣在威權統治下，校園氣氛甚為嚴峻，尤其身為學術教育界龍頭的臺灣大學，更是陷於「白色恐怖」中；先有哲學系事件，兩次整肅之後，幾乎完全改組；繼而傳說矛頭指向歷史系，於是風聲鶴唳，人人自危。何教授既然已列為台灣的拒絕往來戶，當然不宜再談他的著作。直至八十年代後期，解除戒嚴，何教授也恢復每兩年回來參加中央研究院院士會議的權利，泓乃重拾舊譯稿，以完成這一對泓學術生涯有重要關鍵作用的工作。無奈當時承擔學術行政，正負責臺灣大學歷史學系與研究所；一九九一年卸下重擔後，榮幸地被香港科技大學學術副校長錢致榕教授與校長吳家瑋教授找了去創辦人文學部；一九九三年底回台以後不久，又為袁頌西校長找了去創辦暨南國際大學的歷史學系與研究所，並擔任教務長，尤其九二一大地震後，代理校長承擔校園復建及延聘新校長等善後工作；沉重的學術行政工作，阻擋了大部分研究工作。直到二

---

27 詳見徐泓：〈何炳棣《明清社會史論》在明清科舉與社會流動研究史上的地位：〈明清社會史論〉譯序〉，《東吳歷史學報》，21（臺北，二〇〇九年六月），頁一九一—二〇一；收入徐泓，《二十世紀中國的明史研究》（台北：臺大出版中心，二〇一一），頁二四七—二六〇。承蒙何先生惠允，又獲國家科學委員會贊助（97-2420-H-031-029-MY2），於二〇一一年完成這本書的中文譯注稿，二〇一三年十二月由聯經出版公司印行。何先生在《〈明清社會史論〉中譯本自序》《明清社會史論》（頁iii-iv）云：

事實上，當英文原著出版後，即已獲得高度評價，如名聞寰宇，主編《劍橋中國史》的杜希德（崔瑞德，Denis C. Twitchett，1925-2006）教授，早年曾在他主編的《倫敦大學亞非學院集刊》（*Bulletin of the School of Oriental and African Studies, University of London*）發表書評，對拙著推介如下：

This is a brilliant book which, together with the same author's *Studies on the Population of China, 1368-1953*, provides the English reader with the best outline of the social and economic history of Ming and Ch'ing China available in any language…the author combines first-rate Chinese scholarship with a real understanding of modern Western historiography, a lively creative imagination, and a sharp eye for telling illustrative detail.（這是一部輝煌的著作，與同一作者所寫《中國人口史論，1368-1953》，均為英文讀者提供了在所有語文中最精要的明清社會經濟史綱。此書作者之所以能達到第一流水平，由於他能兼通中國傳統學問與近代西方史學之長，且具充沛的原創想像力，並能以敏銳的眼光寫出動人的案例。）

〇〇二年自暨大退休，轉任東吳大學歷史學系的教職，教學工作單純，遂能重拾研究寫作工作。東吳大學歷史學系是劉崇鋐老師創辦的，泓擁有的何教授《明清社會史論》，原是何先生送呈他讀清華大學歷史系時的業師和系主任劉崇鋐老師的，後來劉老師賜贈予泓，真是機緣湊巧。於是重拾舊譯稿，矢志完成此未竟之業。不久，又蒙何教授約見，鼓勵泓繼續翻譯，並惠允協助解決翻譯中遇到的困難，隨後又獲國家科學委員會贊助此翻譯計畫，工作於是再度展開。

《明清社會史論》於一九六二年出版後，何教授又獲得到北京國家圖書館藏翁同龢蒐集的清代進士履歷便覽、會試錄與會試齒錄、舉人鄉試錄、貢生同年齒錄及在台北中央研究院歷史語言研究所見到四種明代進士登科錄等新資料，一九六七年第二版即據以修訂，重新估算表九、表十、表十二之資料，並修改其文字；因此，一九六七年修訂版與一九六二年原版中本章的內容有所不同。本譯文即以一九六七年修訂本（Ping-ti Ho, *The Ladder of Success in Imperial China: Aspects of Social Mobility, 1368-1911.* New York and London: Columbia University Press, 1967）為底本。

這次出版的譯本翻譯時，一一查對何教授引用之原始文獻，還原於譯文之中，若有出入則以「譯者注」形式說明，其特色是力求詳盡，徵引許多何先生未引用的史料和近人研究的成果。何先生認為這「足以教導入門者如何蒐集與運用史料」。由於這本書出版已五十年，此期間有不少相關文獻與研究論著出版，與何教授對話，對於不同的意見及補強或修正的文獻資料，也以「譯者注」形式說明。長達萬言的「譯者注」，何先生說：「對我這個原作者以及廣大讀者都極有參考價值。」編排上也大大改善了英文原著中的排印次序與方式，將全書每一注腳都與同頁正文密切聯繫，何先生說：「讀來令人重生親切之感」[28]。這個《明清社會史論》譯注本，得到何先生的讚許，《何炳棣著《明清社會史論》譯注》應該是比英文的《明清社會史論》更為理想的版本。

十四、誌謝

《明清社會史論》中文譯注工作及後續的研究工作的進行，得到國家科學委員會「人文及社會科學經典譯注計畫」（97-2420-H-031-029-MY2）及《明代向上社會流動新探》（101-2410-H-031-038）專題計畫的贊助，謹此誌謝。

《明清社會史論》中文譯注本的出版，首先要感謝何炳棣先生的賜序和校讀初稿，劉壽民（崇鋐）老師的贈書，業師夏卓如（德儀）老師的指導。感謝幾位匿名審稿先生仔細校讀，提出修改意見。感謝張繼瑩、曾美芳、許馨燕、劉婷玉、柯淑芳和江豐兆等諸位學棣在譯注過程中，協助查對史料，討論和校對譯稿。尤其江豐兆學棣在《明代向上社會流動新探》方面幫助統計和製表用力最多。感謝聯經出版公司發行人林載爵兄的關心和支持，還有梅心怡小姐的細心編校。最後要感謝內人王芝芝教授五十年來的關心與全力支持，不但使泓無後顧之憂，並且不時討論斟酌譯注文字。由於大家的幫助與支持，何炳棣先生的這本曠世巨著《明清社會史論》的中文譯注本才得以問世。

28 詳見何炳棣，〈《明清社會史論》中譯本自序〉，《明清社會史論》，頁i—ii。

十五、一點遺憾

何先生過世之前一直關心這本書的出版，他在〈《明清社會史論》中譯本自序〉上說道：

徐序與崔評對我早年學術著作價值的肯定，不啻是我近二十餘年來，孜孜不倦考證先秦思想與制度的精神支柱。

這本《明清社會史論》在我所有的著作裡，運用社會科學理論較多，也最為謹慎，曾引起不少學者仿效。但此書問世若干年後，驀然回首，我對某些社科觀點、方法與理論逐漸感到失望與懷疑，最主要是由於其中不少著作不能滿足歷史學家所堅持的必要數量和種型的堅實史料，以致理論華而不實，容易趨於空誕。因此我自退休以來二十餘年間，「僅」求諸己，致力於考證學的更上層樓，欣然頗有所獲。此日回想，這本舊著可稱我個人學術路程上的一個分水嶺，而今舊著以「譯注」的新顏出現，於我個人固然可喜，更希望對廣大的中文讀者有所幫助。[29]

無奈由於哥倫比亞大學出版社中文譯本版權授權問題的拖延，非常遺憾，何先生生前只看到稿本，沒看到聯經平裝版的《明清社會史論》出版，更不可能看到中華《何炳棣先生全集》精裝本《明清社會史論》的出版。因為一些問題，北京中華書局從我們科技部得到中文譯稿困難重重。比台灣人口多出六、七十倍的大陸同胞只能從網路流通的盜版閱讀何先生的大著，這真是又一大無奈和遺憾，一直到二〇一八年，才有轉機。後來契約期滿，《明清社會史論》中譯稿權利人回歸譯者所有。中華書局始取得譯者授權中文譯稿，於二〇一九年九月出版簡體字版。何先生生前一直對發行簡體字版，念茲在茲，終於可以告慰何先生在天之靈。《明清社會史論》正體字修訂版未來將由聯經出版，使這本書可以最完美的版本呈現，更是令人興奮。

29 何炳棣，〈《明清社會史論》中譯本自序〉，《明清社會史論》，頁iv。

後記

這本《聖明極盛之世？：明清社會史論集》是從泓寫過的相關論文整理出來的。最早一篇發表於二十世紀八十年代中期，最晚的一篇則是前年年底出版的；這是泓從事明清社會史教學研究近四十年的縮影。主持南開大學中國社會史研究中心的老友常建華教授鼓勵泓把寫過的論文，重加彙整、增刪，以期與近三十多年來中國社會史學研究潮流對話。

二〇一一年底，泓應郭潤濤、李新峰教授之邀，到北京大學歷史學系短期講學，乘便與北京大學出版社張晗先生商議，簽下出版合同。本以為離二〇一三年二月從東吳大學退休的日子不遠，應有較多研究時間；孰知同鄉老友陳支平教授見泓即將退休，當即邀約前往廈門大學任教。廈門大學是我們福建人最感驕傲的至高學府，前副校長已故傅衣凌先生又是我畢生仰慕的當代明清社會經濟史研究開拓者。傅先生桃李滿門，大弟子楊國楨、陳支平和鄭振滿、王日根等傳承衣缽，更將廈大打造成明清社會經濟史教研重鎮。機緣難得，遂欣然受邀，沒想到賓主兩歡，四年轉眼而過。

因台灣法律規定，退休人員一年不能在大陸居留一百八十三天以上，否則停發月退俸；在廈大任教期間，無奈下只得台北、廈門兩地奔波，扣除教學和備課，少有時間安靜讀書寫作，遑論整理舊文。二〇一六年六月，廈大聘約期滿，隨即又被好友何孝榮教授、余新忠教授和江沛院長邀來南開客座。南開大學鄭天挺先生也是開拓中國明清史學研究的前輩，哲嗣鄭克晟教授、門下馮爾康教授、陳生璽教授、南炳文教授、常建華教授、何孝榮教授、孫衛國教授和柏樺教授，向為泓所景仰，情誼深厚。得能筆硯相親，切磋交流，真因緣殊勝之事，遂又不顧一切，慨然成一快！南開規定較彈性，每年最少到校兩個月即可，乃約定每年前來授課一學期，毋須兩岸頻繁奔波，宛如陀螺。因此，較有時間安靜地讀書和修改論文，大致整理出約三十餘萬字的十三篇明清社會史相關論文。

十三篇文章及其來源如下：

1. 〈代序：明清史研究的學與思〉。敘述泓從事明清教學研究的源起、師承，選擇學習研究的領域，入手過程及心得；讀者當可由此了解此書寫作緣起與背景。文章初稿於二〇一四年五月四日，東吳大學研討會宣讀。係泓退休演說講稿：《我與明清史研究》（第九屆史學與文獻學國際學術研討會：從社會到政治——再現中國近世歷史。東吳大學歷史學系主辦。二〇一四年五月三日至四日）。另外，還參考了兩篇訪談錄，一為曾美芳博士〈專訪徐泓教授〉（中央研究院《明清研究通訊》，（電子期刊）第三六期（二〇一三年七月十五日）。http://mingching.sinica.edu.tw/Academic_Detail/143），一為何孝榮教授〈明清史研究的學與思：訪徐泓教授〉《中國史研究動態》，二〇一八年第三期（二〇一八年六月），頁四六—五五。http://history.nankai.edu.cn/main/info/12182.
2. 〈幸生聖明極盛之世——十六、七世紀中國的社會與經濟〉。發表於一九九一年十月出版的《故宮文物月刊》，第九卷第七期（總一〇三期），頁四七—五二。這是應台北故宮博物院之邀，為故宮文物赴歐洲特展寫的一篇說明，以見明清之極盛。「幸生聖明極盛之世」語出宋應星《天工開物》序言。
3. 〈明代社會風氣的變遷：以今江浙地區為例〉。初稿〈明末社會風氣的變遷〉是應邀參加漢城大學（今名首爾大學）「第五屆東洋學術演講會：明末社會變化與文化新傾向研討會」而寫。後來修改為〈明代社會風氣的變遷：以江、浙地區為例〉，於一九八九年中央研究院主辦「第二屆國際漢學會議：明清與近代組」上宣讀，刊載於《第二屆國際漢學會議論文集：明清與近代組》（台北：中央研究院），頁一三七—一五九。後又被收入邢義田、林麗月主編，《台灣學者中國史研究論叢．社會變遷》（北京：中國大百科全書出版社，二〇〇五），頁二九二—三一八。拙文寫作始於一九七四年，運用由故宮博物院典藏，甫從美國運回台灣的北平圖書館藏明代方志。彼時圖書資料較不開放，此文所引用文獻較為難得，頗引起注目，曾作過幾次相關論題的學術報告。一九九三年也到廣東社科院報告，其摘要，以「明後期商品經濟與社會風氣的變遷」為題，刊登於《廣東社會科學》，一九九三年第一期，頁一一一—一一二。最近，商傳教授還在《走進晚明》（北京：商務印書館，二〇一四）裡討論過這篇文章。

4. 〈明代後期華北商品經濟的發展與社會風氣的變遷〉。一九八九年，發表於中央研究院主辦「第二次中國近代經濟史研討會」，收入《第二次中國近代經濟史研討會論文集》（台北：中央研究院經濟研究所，一九八九），頁一〇七—一七四。這是接續〈明代社會風氣的變遷：以江、浙地區為例〉寫的，以與江浙地區比較，以見明代南北社會和經濟發展的不平衡。文章談到北方部分地方貧困情況，於注一三七引《萬曆新修霑化縣志》（萬曆四十七年刊，崇禎年間增補）載邑人李魯生《丙辰記》人食人史料，敘述之詳細，極為罕見；內容觸目驚心，使人不禁掩面而泣。晚明社會發展不平衡，江南城市社會聲色犬馬，華北鄉村卻災荒壓境，人民為生存乃至人相食。一個貧富極端不平均的社會而不大亂，終不可得也；不久，華北便陷入農民蜂起抗暴的動亂，終於亡明。東吳大學歷史系碩士生李政宇曾以此為主要史料完成學位論文《萬曆四十三至四十五年的山東災荒》。今人研究晚明歷史，多盛稱明代經濟繁榮，社會富庶，士人生活優雅，甚至歌頌社會菁英的頹廢文化（Decadence）。台灣治明史，攻讀博、碩士學位者，亦多以此選題，對於晚明政治、社會、經濟大事，反乏人問津。以經世為主軸的中國傳統史學，五四以來，迭受攻擊；傅斯年就反對史學「疏通」知遠，主張證而不疏；這與注重國計民生大問題之通經致用史學傳統，漸行漸遠。其後的史學發展，尤其近年台灣的史學界，更是如此。本不忍刊登此一史料，但為呼籲回歸中國史學經世傳統，多多注重國計民生大題，關心貧苦弱勢，遂予以收錄。〈附錄〉題為〈萬曆四十三、四年山東饑荒與人相食史料〉。原名〈介紹幾則萬曆四十三、四年山東饑荒導致人相食的史料〉，刊載於《明代研究通訊》，第六期（二〇〇三年十二月），頁一四三—一四九。

5. 〈明清福建社會經濟的發展與社會風氣的變遷〉。這是一篇整合了四篇論述明清福建社會經濟的發展與社會風氣變遷的論文而成的：⑴徐泓：〈明代福建社會風氣的變遷〉，《東吳歷史學報》，第一五期（二〇〇六年六月），頁一四五—一七一。亦收入田澍、王玉祥、杜常順主編，《第十一屆明史國際學術討論會論文集》（天津：天津古籍出版社，二〇〇七），頁三七一—三八三。另收入韓昇主編，《古代中國：社會轉型與多元文化》（上海：上海人民出版社，二〇〇七年十二月），頁三一二—三二四。英文版 Hsu, Hong. Dec. 2008. "The Transformation of Social Customs in Ming Dynasty Fujian." *Frontiers of History in China*《中國高等學校學術文摘・歷史學》（Beijing and New York：Higher Education Press and Springer-Verlag), 3(4): 551-577. ⑵徐泓，〈風華再現：清代福建社會風氣的變遷〉，《歷史人類學學刊》，第四卷第二期（二〇〇六年十月），頁三七—七〇。⑶徐泓，〈明代閩南社會經濟發展與社會風氣變遷〉《閩台文化的多元詮釋（一）》（廈門：廈門大學出版社，二〇一三年六月），頁一二五—一四一。特別關注與華北、華中不同的華南發展特性，藉以理解大中國內部區域發展的不平衡和差異。

6. 〈明代婚姻制度〉。原分（上）（下）兩部分刊載於《大陸雜誌》，第七十八卷，第一期，頁二六—三七和第二期，頁六八—八二。泓的這一研究始於二十世紀六十年代選修楊懋春教授「中國社會史」，閱讀了瞿同祖《中國法律與中國社會》和仁井田陞《中國法制史研究》、《支那身分法史》，受他們的影響，開始研讀明清律令、案例，學習利用傳記、小說和方志史料以補正史之不足。這篇論文就以《古今圖書集成・閨範典》及三言二拍為主要史料，探討明清社會的核心——婚姻與家庭，論述近代前夕的中國社會，構建家庭的婚姻制度有何變化。

7. 〈明代家庭的權力結構及其成員間的關係〉。上篇論婚姻，這一篇用同類史料和同樣方法論述家庭制度，著眼於解決同樣問題，即近代前夕的中國社會，作為社會的基石的家庭制度有何變化。

8. 〈明初的人口移徙政策〉。一九八八年發表於《漢學研究》，第六卷第二期，頁一七九－一九〇。（英文版Hsu, Hong. 1988. "The Internal Migration Policy during the Early Ming Period." *Bulletin of the College of Liberal Arts, National Taiwan University* [36:51-57].）二〇〇三年，田餘慶先生寫了〈元朝後中國不存在分裂可能性〉，討論歷史上的中國統一。他提出人口、族群遷徙與國家統一的論題。中國從上古時代滿天星斗的多元族群，經過不斷的遷徙和融合，至二十世紀摶成一個多元一體的中華民族。泓認為明初的太祖、太宗從大戰略出發，考慮到民族融合、社會生產力的恢復和國防的需要，以國家力量強力推動國內人口移徙政策，據估計差不多有六分之一人口的居住空間重新分配，在短期間收到很大效果；對日後中華民族的摶成起了很大作用。此文即討論明初人口移徙政策形成的背景、主要內容及執行的成效。

9. 〈明洪武年間的人口移徙〉。此文最早於一九八一年「歷史與中國社會變遷研討會」上宣讀，修改刊載於《歷史與中國社會變遷研討會論文集》（台北：中央研究院三民主義研究所，一九八二），頁二三五－二九四。旨在討論明太祖人口移徙政策的落實及其作用。當時，泓剛從哈佛大學進修回國，由於選修過David Landes與Robert W. Fogel的「計量史學」（Quantitative Method for Historians），初次以計量方法估算人口遷徙的數字，得到當時正在台灣師範大學歷史研究所客座的老友墨子刻（Thomas A. Metzger）的讚賞。其後，曹樹基教授在此基礎研究更深入、更好。此次修改，補充部分文獻資料，也與曹教授的研究對話。老友中國社科院歷史所林金樹也賞識此文，曾在《中國史研究動態》一九八七年第三期上發表〈台灣學者徐泓論明初的人口移徙〉，為之推薦。

10. 〈明永樂年間的戶口移徙〉，此文接續上一篇寫成，中間隔了差不多十年。一九九二年發表於《國家科學委員會研究彙刊：人文及社會科學》，第二卷第二期，頁九六—一二八。一九八四年從普林斯頓大學進修歸來，接掌臺大歷史系系務，時值威權向民主轉型，政治對學術控制逐漸放鬆，許多過去不可能做的事，逐步可以做了，興革事務特別多，奪占大量研究時間與空間；這個研究計畫遂一拖十年。卻也在研究過程中，釐清一個連明代中期史家都已搞不清楚的制度——北京行部。（徐泓，一九八四年，〈明北京行部考〉，《漢學研究》，第二卷第二期，頁五六九—五九八。）此次修改，除補充部分文獻資料，也與曹教授研究對話。唯一遺憾的是，此論文發表後五、六年，竟被某同行全文照抄，刊登在一個比較不知名的學報之上。

11. 〈羅香林教授對中國移民史研究的貢獻：讀〈中國族譜所見之明代衛所與民族遷移之關係〉〉。明初大移民中，衛所扮演極重要角色。衛所軍移防是全家隨行；因此，每次軍士調防即是一次軍事人口遷徙。羅教授運用族譜資料論述明代衛所與民族遷徙，卻鮮少學者論及。這篇論文即論述羅先生對國內移民史研究的貢獻及對後學的啟迪之功。

12. 〈明代灶戶階層分化與鹽業生產型態的變遷〉。此文取材自博士論文的一部分，原題為〈明代後期鹽業生產組織與生產型態的變遷〉，一九七六年發表於《沈剛伯先生八秩榮慶論文集》（台北：聯經出版公司），頁二八九—四三二。最近由於收集到一些以前未見之史料，乃修訂舊文，改名〈明代灶戶階層分化與鹽業生產形態的變遷〉（《南開史學》，二〇一九年第二期，頁一一七—一四六）。明朝把全國人口分為軍、民、匠、灶四種戶籍，人以籍為定，不得隨意平行流動。實際上，隨著社會經濟的發展，四大族群間流動的障礙漸失。而這四類人戶的內部也隨著社會經濟的發展，發生階層分化，貧灶生產手段與生產工具逐漸為富灶所奪；明初政府設定的小生產者制度，逐漸向大生產型態發展，許多貧灶淪為富灶的雇傭，甚至鹽商的商業資本也插手生產，控制鹽場。此文實在談不上什麼階級分化，然而在上世紀七十年代的台灣，討論社會階級分化猶為時諱；教育部國家博士論文口試，因此被某位口試委員教授指責，差一點被扣上了「紅帽子」。

13. 〈重論明代向上社會流動：何炳棣《明清社會史論》譯注及其後續研究〉。發表於二〇一六年十一月出版，常建華教授主編《中國社會歷史評論》第一七卷上冊。這是譯注何先生鉅著《明清社會史論》的後續研究，何先生大作運用大量舉人三代履歷探討明清社會階層化，估算階層上下流動的流動率，得到明清社會中，高比率平民向上流升的結論。最近二十多年來，不斷有人質疑何先生的研究，卻無人真正觸碰他的研究方法與文獻。尤其近年來大陸各圖書館相關資料相繼開放，可用來估算的資料較何先生當年在北美所能運用者幾達三倍，真可好好檢視。此文雖不長，處理分析樣本卻達一萬五千五百二十八件，約當何先生所處理的六千三百三十三件之二．五倍，而且資料分配平均到明朝每個皇帝統治期間（何先生的資料，有四個皇帝統治期間付之闕如）。但即使如此，結論也與何先生極為近似，由此證明了何先生鉅著論證難以撼動。

作為晚期傳統中國社會的明清時代是中國社會進入近代的前夕，是社會發展的過渡期。因此，社會性質非常複雜，社會發展不平衡，新舊雜陳，發展與守舊並生，繁榮與貧困共存。以縱向時間論，明清社會一方面有其不同於前代的發展，呈現出變的新顏；一方面又有與前代沒什麼不同的堅持，維持著不變的舊貌。以橫向空間論，在同一時間內，不同的空間有不同的情況。全國有些地區，突破前代而有新發展，有些地區卻仍停滯而無進展。有些地區，城鄉社會繁榮，風氣奢靡；有些地區連城市社會都仍貧窮，風氣淳樸，遑論鄉村了。因此，要評價明清社會的歷史地位，相當困難。有的史家偏在負面評價明清社會，認為明清是近代中國衰落的源頭，是中西歷史消長的關鍵。有的史家則正面評價明清社會，認為明清社會具備早期近代社會發展的因素，比同時代的世界其他地區來得進步和繁榮。其實，明清學者評價自己所處的時代，也有類似的情況。例如明清之際，宋應星就說：「幸生於聖明極盛之世」，而黃宗羲卻說這是個「天崩地解」的時代。這本論文集就是從⑴社會經濟發展與社會風氣變遷；⑵婚姻與家庭；⑶移民與人口變遷；⑷社會階層化與社會流動，這幾個角度來試圖論述明清社會的複雜性。借用宋應星「聖明極盛之世」的論斷，但加一問號（？），請讀者讀完本書自作論斷；書名因此訂為《聖明極盛之世？：明清社會史論集》。

這本論文集初步集結了泓近四十多年的研究，談不上什麼大成果，卻得到許多師友學生，乃至家人的協助。師友的鼓勵切磋，學生的教學相長，家人無怨的支援，化入了字裡行間。沒有大家的熱情扶持，這本書是難以完成的。

在這裡，首先要感謝恩師夏德儀（卓如）教授，從一九六一年泓入學，直到一九九八年恩師仙逝，近四十年間，泓的學士、碩士、博士論文及其他論文，從選題、史料考訂、論文結構和論述，恩師總是仔細指導，甚至逐寫逐改，宛如執著幼童之手寫字。回首雲天，感恩無門，但只祈念無愧所學耳。感謝已故的何炳棣教授，他的社會流動、人口變遷、鹽商和清史研究，啟發泓的明代人口遷移、向上社會流動與新清史的研究。感謝已故的牟復禮教授與劉子健教授，一九八三—一九八四年，泓在普林斯頓大學進修時，指導泓的明清政治制度與南京城市研究。牟教授帶泓參加一九七九和一九八〇年在普林斯頓大學舉行的「劍橋中國史．明代卷」暑期工作坊，接受泓提出修改意見，並在書的前言注明；劉教授指導泓寫〈北京行部考〉，並為該文寫跋文。感謝已故王毓銓教授，一九八〇年在普林斯頓大學訪問時提醒深化明清江南的研究，泓以江、浙地區為例的明代社會風氣研究即受王教授的啟發。感謝已故的韋慶遠教授，他的明代黃冊制度和明清政治社會史研究啟發泓的研究，並鼎力相助泓在香港科大的工作，惠允擔任客座講席，並推介加入大陸的華南研究和清史學術圈，協助創建香港科大華南研究中心，後來還要泓為韋先生張居正研究鉅著寫序，使泓有附驥尾的機會。常建華教授，贊助泓整編此一論文集，又慨允撰序，無任感銘。陳支平教授，同鄉老友，一直在贊助、鼓勵我的學問、志業發展。通過他，結交了更多同道好友，堪稱此生「貴人」，繼《二十世紀中國的明史研究》（台北：臺大出版中心，二〇一一）之後，再度為泓所叨擾，為此書寫了一篇直言不俗的序文，真是感激不盡。

感謝曹樹基教授與泓切磋討論人口與移民史問題，幫助我到上海圖書館閱覽難得開放的善本書。感謝大陸和香港明史為主的史學界諸多好友：張顯清教授、鄭克晟教授、陳梧桐教授、毛佩琦教授、商傳教授、林金樹教授、南炳文教授、葛劍雄教授、張正明教授、李孝聰教授、趙令揚教授、鄭培凱教授、葉顯恩教授、常建華教授、陳支平教授、李華瑞教授、柏樺教授、林文勛教授、李伯重教授、范金民教授、夏維中教授、郭潤濤教授、方志遠教授、何孝榮教授、余新忠教授、江沛教授、卞利教授、萬明教授、科大衛教授、李中清教授、朱鴻林教授、陳春聲教授、劉志偉教授、蔡志祥教授、趙世瑜教授、鄭振滿教授、陳寶良教授、莊國土教授、馬楚堅教授、田澍教授、黃純艷教授、劉小萌教授、定宜莊教授、劉東教授、張海英教授、錢茂偉教授、張英聘教授、王劍教授、劉曉東教授、胡凡教授、彭勇教授、梁志勝教授、張憲博教授、張兆裕教授、阿風教授、高壽仙教授、卞利教授、郭培貴教授、黃挺教授、胡英澤教授、魯西奇教授、鈔曉鴻教授、林楓教授、張建民教授、謝貴安教授、馮賢亮教授、陳榮開教授、張瑞威教授、卜永堅教授、遊子安教授、成一農教授、張獻忠教授和李新峰教授等等，及已故劉重日教授、張德信教授、李龍潛教授和王天有教授。一九八五年，香港大學趙令揚教授舉辦、首次兩岸學者明清史研討會陸續結識結交以來，他們給予泓的幫助和指教，對泓的明史研究進展起了極大的作用。

感謝日本明清史學界的前輩和老友，如已故的山根幸夫教授，他的明史研究專著和工具書及其獨立編輯、親手抄寫的《明代史研究》學報，嘉惠史林，每有新作一定贈送並工整題詞。森正夫教授、濱島敦俊教授、濱下武志教授、川勝守教授、夫馬進教授、檀上寬教授、岸本美緒教授、山本英史教授等帶來日本篤實的學風及對明清地方社會的開拓性的研究論述，深深影響泓的明清教學和研究。森正夫教授不但對明代賦役和鄉紳研究深入，而且對日本侵華應道歉非常堅持，九二一大地震之後，不到兩天便致電慰問，率先捐款受災嚴重的暨南國際大學，是很有正義感和愛心的明清史學界領袖。濱島教授退休後還接受泓的邀請，來暨南國際大學任教，一來就是十幾年，盛情感人。感謝美國范德（Edward Farmer）教授的兩京制度研究，啟發泓的南京研究，他創辦的*Ming Studies*學報和明代研究年會，介紹歐美的明代研究，推動國際明史學界交流，其功偉矣。我們的《明代研究》學報創刊，范德教授立刻慨允出任學術顧問，盛情感人。感謝卜正民（Timothy Brook）教授的明代社會與文化的研究，影響泓的明史教學與研究；感謝他接受泓的邀請，不遠千里前來東吳大學作短期密集講學，並慨允出任《明代研究》學報的學術顧問。

感謝已故老學長錢新祖教授把泓的〈明初的人口移徙政策〉譯成英文。一九九一年，錢學長又推介泓，且與泓共同創辦香港科技大學人文學部，傳授泓許多美式大學學術行政的做事方式，使泓主持人文學部，署理人文社會科學院院務時，得以圓滿達成任務；錢學長可說是泓的導師（Mentor），他的教導泓永誌不忘。同時也要感謝四川大學原祖杰教授，沒有他的幫助，泓的《明代福建社會風氣的變遷》英文版無法出版。

言及台灣師友，特別感謝大學學長呂士朋教授的提攜，為《二十世紀中國的明史研究》撰序，他首倡籌組中國明代研究學會，推動台灣明代研究。感謝許倬雲老師，從大學到研究所，以至後來泓主持臺大歷史系系務，一直給予的精心教導與鼎力支持。感謝已故的臺灣大學歷史系博士班的老大哥逯耀東教授，領導我們在研究所組織研討會，創辦《史原》學報，帶我們進入學術圈；當泓去香港科技大學任教時，又傳授泓在香港學術圈的待人應世之道。感謝張存武教授多年來對泓研究的關心，在泓主持臺大歷史系系務與創辦暨南國際大學歷史研究所時，給予的幫助，張教授以七十多歲的高齡，還雙週一次前往埔里講授華僑史和指導研究生。感謝陶晉生教授在泓初入研究所時，講授西方史學研究方法與理論，領我們入門。感謝臺大歷史學系已故李敖學長、汪榮祖和陸善儀教授、王德毅教授、劉翠溶教授、蔣孝瑀教授、阮芝生教授、張哲郎教授、張元教授、孫鐵剛教授、莊吉發教授、尹章義教授和朴元熇教授，好友林麗月教授、朱鴻教授、黃兆強教授、張力教授、張璉教授、周惠民教授、李廣健教授和已故的鄭樑生教授，多年來對泓的文章學問的針砭與教學研究的支持。

還要感謝眾多和泓一起在臺灣大學、暨南國際大學、政治大學、東吳大學、輔仁大學、文化大學的學生，如于志嘉、賴惠敏、尹貞粉、李聖光、林皎宏、邱澎生、邱仲麟、王鴻泰、巫仁恕、劉季倫、林美玲、費絲言、唐立宗、劉士永、宋惠中、黃秀顏、安碧蓮、鄭俊彬、宋家復、李卓穎、鐘月岑、呂世浩、李毓中和列永強等等，及創系以來就在暨大歷史系一同工作最重要夥伴廖文媛老師，多年下來，我們早成要好的朋友；他們都已事業有成，獨當一面，研究教學兩忙之餘，卻還往來不斷。近年拜網路之賜，一有新文章便彼此互寄，討論切磋；如此「風義兼師友」，當是身為教育工作者的最大幸福了。

近年來，電子資料庫陸續問世，蒐集史料方便許多，但有不少資料仍得上圖書館，究竟年紀多有，跑不大動，遂得依靠年輕朋友，他們不但在台灣，也在大陸圖書館幫泓影印資料，翻拍文獻，尤其寫〈明清福建社會經濟的發展與社會風氣的變遷〉和〈重論明代向上社會流動：何炳棣《明清社會史論》譯注及其後續研究〉時，不但到南港中研院，更組隊去廈大圖書館，廣州中山大學圖書館和中山圖書館，寧波天一閣，上海圖書館，北京國家圖書館和北京大學圖書館蒐集資料，而且協助分析與統計大量的取樣個案。這些兩岸年輕朋友還常幫泓的論文校對改錯字，甚至理順文稿，修改文句。特別要感謝的包括台灣的：曾美芳、許馨燕、張繼瑩、林修合、張皓政、陳啟鐘、吳大昕、魏樹達、柯淑芳、江豐兆、劉伊芳、黃素慧、莊博智、許富翔、陳怡行、張雅雯、賴亮吟、葉菜萍、涂柏辰、朱冬芝、李宗育、黃翊峰和施亞霓等。以及廈門大學劉婷玉、徐夢，吉林大學耿雪和南開大學冀欽、蕭奔、劉玉、姚星、蔡亞龍等。

最後，感謝泓的家人，天倫之樂使泓無憂且歡欣，真此生教學研究與學術事業的最大支柱。最要感謝內人王芝芝教授，今年是我們共組家庭的第五十一年，半個世紀裡，我們互相扶持，總是她出力多，泓貢獻少，尤其在學問上經常針砭泓鼓勵泓，對泓的文稿毫不留情，絕不縮手，甚至改到泓已「聞過則怒」，也不放過；我們是伴侶，是好友，也是諍友。「持論偶然有齟齬，事後回想皆相思」。這本集泓研究成果的論文集就是要獻給王芝芝教授，作為五十一年柳樹婚紀念的。

最最後要感謝聯經出版公司的同仁，尤其發行人林載爵先生，總經理陳芝宇女士和主編沙淑芬女士，你們的推動、支持、耐心與細心，使這本書得以圓滿順利地與大家見面。

徐泓

民國壹佰晉捌年（二〇一九年）五月初八日

於台北景美仙跡岩下二閑居

歷史大講堂
聖明極盛之世：明清社會史論集

2021年7月初版　　定價：新臺幣680元

著者	徐泓
叢書主編	沙淑芬
校對	潘貞仁
內文排版	菩薩蠻
封面設計	兒日

出版者	聯經出版事業股份有限公司
地址	新北市汐止區大同路一段369號1樓
叢書主編電話	(02)86925588轉5310
台北聯經書房	台北市新生南路三段94號
電話	(02)23620308
台中分公司	台中市北區崇德路一段198號
暨門市電話	(04)22312023
台中電子信箱	e-mail：linking2@ms42.hinet.net
郵政劃撥帳戶第	0100559-3號
郵撥電話	(02)23620308
印刷者	世和印製企業有限公司
總經銷	聯合發行股份有限公司
發行所	新北市新店區寶橋路235巷6弄6號2樓
電話	(02)29178022

副總編輯	陳逸華
總編輯	涂豐恩
總經理	陳芝宇
社長	羅國俊
發行人	林載爵

行政院新聞局出版事業登記證局版臺業字第0130號

本書如有缺頁，破損，倒裝請寄回台北聯經書房更換。　ISBN 978-957-08-5828-0 (平裝)
聯經網址：www.linkingbooks.com.tw
電子信箱：linking@udngroup.com

國家圖書館出版品預行編目資料

聖明極盛之世：明清社會史論集/徐泓著．初版．
新北市．聯經．2021年7月．608面．17×23公分（歷史大講堂）
ISBN 978-957-08-5828-0（平裝）

1.社會史 2.明代 3.清代

540.9206 110007009